A COR DO TEMPO
QUANDO FOGE

EDITORA AFILIADA

Dados Internacionais de Catalogação na Publicação (CIP)
(Câmara Brasileira do Livro, SP, Brasil)

Santos, Boaventura de Sousa
  A cor do tempo quando foge : uma história do presente. Crônicas 1986-2013 / Boaventura de Sousa Santos. – São Paulo : Cortez, 2014.

  ISBN 978-85-249-2169-8

  1. Artigos de opinião 2. Ciências sociais 3. Crônicas I. Título.

13-13490   CDD-300

Índices para catálogo sistemático:

  1. Ciências sociais   300

BOAVENTURA DE SOUSA SANTOS

A COR DO TEMPO QUANDO FOGE

uma história do presente

Crônicas 1986 - 2013

A COR DO TEMPO QUANDO FOGE: Uma história do presente. Crônicas 1986-2013.
Boaventura de Sousa Santos

Capa: de Sign Arte Visual sobre fotografia de Lynn Whitford, *Errant Messages with poems by HD, Dana Goia and Boaventura Santos*
Preparação de originais: Ana Paula Luccisano e Solange Martins
Revisão: Marta Almeida de Sá e Patrizia Zagni
Composição: Linea Editora Ltda.
Coordenação editorial: Danilo A. Q. Morales

Nenhuma parte desta obra pode ser reproduzida ou duplicada sem autorização expressa do autor e editor.

Direitos para esta edição
CORTEZ EDITORA
Rua Monte Alegre, 1074 – Perdizes
05014-001 – São Paulo – SP
Tel. (11) 3864 0111   Fax: (11) 3864 4290
E-mail: cortez@cortezeditora.com.br
www.cortezeditora.com.br

Impresso no Brasil – março de 2014

Sumário

Prefácio, 11

1986 — Para uma democracia participativa, **21** • A renovação do PCP, **33** • Balanço pouco convencional da esquerda, **38**

1990 — Dez meses que abalaram o mundo, **47**

1993 — O racismo, **59** • A reforma do sistema de saúde nos EUA, **61** • O Prêmio Nobel da Paz de 1993, **63** • Os EUA e o Vaticano no Haiti, **65** • Timor-Leste – Direitos Humanos, **67**

1994 — O movimento zapatista, **71** • Vuvu Grace e Benedicte, **73** • Concepção integrada de Direitos Humanos, **75** • A solidariedade não é palavra vã, **80** • Moçambique e a democracia, **86** • O patrimônio comum da humanidade, **88** • O injusto embargo a Cuba, **90** • O silêncio das notícias, **92**

1995 — Os tribunais e os portugueses, **97** • A renovação necessária do movimento sindical, **99** • Porto Alegre: a democracia participativa, **105** • Colômbia entre a democracia e a vio-

1995 lência, **107** • *Evangelium vitae*: um documento intolerante, **109** • Atentado em Oklahoma, **111** • A guerra e a paz, **114** • A intranquilidade utópica, **116** • O racismo dos que não são racistas, **118** • O racismo português, **120** • A reinvenção do Estado, **123** • A catástrofe, **125** • Não alinhados. Em relação a quê?, **127** • Estado, comunidade e mercado, **129** • O Mediterrâneo é um mar. Não é um muro, **131**

1996 Como resolver o imbróglio da anistia, **135** • Como reformar a justiça, **137** • São Paulo e eu, **139** • Prospectiva sem perspectiva, **141** • O Estado injusto e repressivo, **143** • O EZLN e a democracia, **145** • Os cidadãos ciganos, **147** • Depois do dilúvio neoliberal, **149** • O regresso do Estado, **152** • Timor-Leste: o doce e o amargo, **154** • Os tribunais e a globalização, **156** • As eleições americanas e nós, **160** • Os negócios e os Direitos Humanos, **162**

1997 Carta aberta aos hemofílicos, **169** • Quando o local é global e vice-versa, **171** • Sinais de fundamentalismo?, **174** • A descertificação do continente americano, **176** • Galdino Jesus e o fascismo, **179** • O fim do neoliberalismo, **181** • O debate sobre a diplomacia, **183** • As zonas civilizadas e as zonas selvagens, **185** • Quando os mortos sobrevivem aos vivos, **187** • E as crianças, senhor?, **189** • O novo Contrato Social, **191** • Os gigantes dormem?, **193** • O novo Manifesto, **195**

1998 As coisas e os nomes, **199** • As novas solidariedades, **201** • O acordo multilateral de investimentos, **203** • A sociologia das ausências, **205** • Esquecer Macau?, **207** • A Indonésia, Timor-Leste e o resto, **209** • Os movimentos sociais em redor do aborto, **211** • O referendo, *the day after*, **213** • Participação e representação, **215** • Racismo em Moçambique?, **217**

1998 • Os fascismos sociais, **219** • O sexo dos anjos, **223** • A economia de cassino, **225** • Da Expo 1998 ao Nobel 1998, **227** • O catolicismo global, **229** • O Chile e os modelos chilenos, **231**

1999 A verdadeira Terceira Via, **235** • Quando a democracia funciona, **238** • O 25 de Abril nunca existiu?, **240** • De Lisboa para Istambul, **242** • Carta aberta ao Papa João Paulo II, **244** • Sífilis, descobrimentos e comemorações, **246** • Anos de esperança, **249** • E agora, Macau?, **251** • Os desafios da cooperação, **253** • As eleições em Moçambique, **255**

2000 Moçambique: a catástrofe silenciada, **259** • Moçambique: as calamidades e a oportunidade, **261** • Reflexões moçambicanas, **264** • Progresso imoral, **266** • Esquecer Fukuyama, **268** • Os novos europeus, **270** • A África humilhada renasce, **272** • Mosquitos e globalização, **274** • O macmártir e os alimentos transgênicos, **276** • Uma democracia de baixa intensidade?, **278** • Carlos Cardoso, **280** • O Plano Colômbia e a União Europeia, **282** • Reflexos e reflexões, **285**

2001 A ciência e o risco social, **289** • O princípio do futuro, **291** • A sociedade civil global, **293** • A nossa prisão perpétua, **295** • O novo milênio político, **297** • O outro estado da nação, **299** • As lições de Gênova, **301** • Por que pensar?, **305** • Eu, pecador, me confesso, **307** • Quando começou a história?, **309** • O antraz dos ricos, **311** • Bifurcação entre diálogo e violência, **313** • O capitalismo universitário, **315** • A era dos extremos, **317**

2002 Celso Daniel: desassossego, **321** • Um fórum para durar, **323** • O fim da imaginação do centro, **326** • Uma sociedade em

2002 busca de medida, **328** • A construção de um insulto, **337** • O novo espectro, **341** • A Igreja e a nova reforma, **343** • Um futuro sustentável?, **346** • Um ano de desassossego, **348** • Uma guerra infame, **359** • O Brasil e o mundo, **361** • Viemos de Bagdá, **363**

2003 Lula, a utopia realista, **367** • O segredo de justiça, **371** • Suicídio coletivo?, **373** • O império incessante, **376** • *Dear Issa*, **378** • A judicialização da política, **380** • Os neoconservadores, **384** • Angola na viragem, **386** • Cancún, Brasil, **388** • Said, o intelectual e a causa, **390** • Tribunais e comunicação social, **392** • Cartões de Boas-Festas, **394**

2004 Mumbai e o futuro, **399** • Manipulação maciça, **402** • Insegurança em curso, **404** • Os Direitos Humanos, **406** • Saramago, **408** • 1974-2004, **410** • Sociologia da tortura, **412** • Boicote a Israel, **414** • O novo século americano, **416**

2005 Um Fórum para o futuro, **421** • A economia e a guerra, **424** • Difícil libertação da teologia, **427** • Pedagogia constitucional, **430** • Luto e utopia em português, **433** • Os zapatistas, **435** • Terrorismo: dois discursos, **437** • Pós-lulismo progressista, **439** • E se a justiça fosse parte da solução?, **441** • O julgamento de Saddam, **443** • Integração pluralista, **445** • O meu balanço, **448**

2006 O otimismo trágico, **453** • O mundo solidário, **455** • As nossas caricaturas, **457** • As escalas do despotismo, **459** • Morales e a democracia, **461** • Os magistrados do futuro, **463** • Timor: é só o começo, **465** • Carta a Thomas Franck, **468** • Um acontecimento histórico, **470** • Cuba, **472**

2006	• As dores do pós-colonialismo, **475** • O futuro da democracia, **477** • A exatidão do erro, **479** • Lula e a esquerda, **482** • A Ásia, **484**
2007	O espectro de Saddam, **489** • África renasce, **491** • Aprender com o Sul, **493** • Socialismo do século XXI, **495** • O estado do mundo segundo três interrogações, **498** • A partilha da África, **501** • As grandes manobras, **503** • A urgência e o infinito, **505** • Lixo e cidadania, **507** • Nem tudo o que reluz é verde, **509** • ¿Por qué no te callas?, **512** • Ser real em Al Walajeh, **514**
2008	A África provincianiza a Europa, **519** • Libertem a língua, **522** • A fome infame, **524** • A cultura do ludíbrio, **526** • Bifurcação na justiça, **528** • A transição em Angola, **530** • O impensável aconteceu, **533** • Uma Casa Branca negra, **536** • Obama: The Day After, **539** • O longo 2008, **541**
2009	Réquiem por Israel?, **545** • Consensos problemáticos, **547** • Justiça social e justiça histórica, **549** • De Copenhague a Yasuní, **552** • Justiça: a década da visibilidade, **555**
2010	Os EUA estão doentes, **561** • O fascismo financeiro, **563** • A CPLP vista da África, **565** • A desuniversidade, **567** • A reuniversidade, **569** • Respirar é possível, **571** • Wikiliquidação do império?, **573**
2011	Poderá o Ocidente aprender?, **579** • As mulheres não são homens, **581** • Inconformismo e criatividade, **584** • A pensar nas eleições, **586** • A água é nossa, **588** • Os limites da ordem, **590** • Primeira carta às esquerdas, **593** • Segunda

2011 carta às esquerdas, **595** • O desenvolvimento do subdesenvolvimento, **597** • O que está em jogo, **599** • As lições da Europa, **602** • Terceira carta às esquerdas, **604**

2012 Diário: de Goa a Chiapas, **609** • Quarta carta às esquerdas, **614** • Rio+20: as críticas, **616** • Construir a Cúpula dos Povos, **618** • Quinta carta às esquerdas, **620** • A sociologia crítica da catástrofe, **622** • As mulheres, a crise e a pós-crise, **625** • Sexta carta às esquerdas, **627** • Sétima carta às esquerdas, **630** • Moçambique: a maldição da abundância?, **632** • Oitava carta às esquerdas: as últimas trincheiras, **635** • À procura de sujeitos políticos, **640** • As lições da vitória de Obama, **643** • A privataria em curso, **645** • A frente da ciência, **648** • O Estado social, Estado-Providência e de Bem-Estar, **650**

2013 PS (Política Surrealista), **657** • Nona carta às esquerdas, **659** • Chávez: o legado e os desafios, **662** • A vida está acima da dívida, **668** • O Mediterrâneo em chamas, **670** • O Diktat alemão, **672** • Há alternativa, **675** • Um manifesto de mudança, **677** • Democracia ou capitalismo?, **680** • Brasil: o preço do progresso, **682** • Brasil: a grande oportunidade, **685** • Desculpe, presidente Evo Morales, **688**

Índice analítico, **691**

Prefácio

Reúno neste livro artigos de opinião, crônicas e comentários que ao longo dos últimos vinte e sete anos fui publicando em jornais e revistas portugueses e brasileiros (*Folha de S.Paulo, O Estado de S. Paulo, Carta Maior*), muitos deles posteriormente republicados em vários países da Europa, América Latina e África. São textos de vária índole, uns maiores outros menores, uns mais analíticos outros mais normativos, uns sobre temas nacionais outros sobre temas internacionais ou globais.

Os artigos dos primeiros anos são, em geral, mais longos e analíticos. Trata-se de colaborações irregulares num tempo em que os jornais publicavam textos de opinião com uma dimensão muito superior à que hoje é aceitável. A partir de 1993 passei a colaborar regularmente nos órgãos de comunicação social, primeiro na rádio *TSF* e depois na revista semanal *Visão*. O formato que me foi proposto e aceitei alterou profundamente a minha escrita. Dominam, a partir de então, textos curtos, incisivos, necessariamente menos analíticos e mais normativos. Não é só por isso que este livro carece da coerência própria de um livro planejado de raiz ou escrito num prazo relativamente curto. Os textos aqui reunidos foram escritos em tempos e circunstâncias distintos, para responder a estímulos e urgências de intervenção muito diversos, cada um deles pleiteando por uma autonomia total em relação a todos os demais. Seria estultícia esperar que toda esta heterogeneidade desaparecesse pelo mero fato de os textos serem alinhados em correnteza.

No entanto, a reunião em livro e a leitura seguida da escrita intermitente que ela torna possível permitem levantar questões que seriam descabidas se suscitadas em relação a qualquer dos textos tomado isoladamente. Que ideia do país e do mundo emerge deste conjunto de textos? Uma ideia otimista ou pessimista? Uma ou várias ideias consistentes ou uma cacofonia de ideias contraditórias? Perante os vagares ou as vertigens da transformação social, tenho eu sido um Velho do Restelo, pessimista imortalizado por *Os lusíadas* de Camões, ou, pelo contrário, um arauto de exaltantes utopias? Ou tenho sido ambas as coisas em contextos distintos? Quantas vezes acertei e quantas errei nas previsões que fiz? Quais os temas mais recorrentes e quais os silêncios mais evidentes? Como decorre destas perguntas e de muitas outras que podem fazer-se, as respostas que for possível dar às interpelações feitas ao conjunto dos textos dirão mais a meu respeito do que a respeito do mundo sobre que tenho refletido: as minhas prioridades e até obsessões, os meus critérios éticos e políticos, os meus anjos e demônios, os meus silêncios e cumplicidades. Ao longo destes anos, mudei apenas de estilo ou também de posição? Tornei-me mais ou menos radical? Assumi compromissos que acabaram por comprometer a minha escrita? Até onde vai a lucidez de quem foi treinado para apenas a ter em relação às ações dos outros? Quantas vezes passei pela vertigem de educar sem curar de saber se tinha educação à altura da que queria dar? As minhas opiniões foram úteis a mais alguém que a mim próprio e, se o foram, a quem especificamente, aos que detêm o poder social, econômico e político ou aos que apenas têm o poder de compra dos jornais e revistas em que escrevi? Se me pagam para escrever, o fato de me darem total liberdade de escrita é suficiente para que não me considere um mercenário? Assumindo que sou um criador de opinião, o que é que me distingue de outros comentadores que, crônica após crônica, perseguem o mesmo preciso objetivo de promover ou minar este ou aquele partido, este ou aquele líder político? Sou mais objetivo ou genuíno ou apenas menos eficaz? Tenho escrito mais como sociólogo do que como cidadão, ou o contrário? Consegui em algum momento ou em algum texto ser sinteticamente sociólogo-cidadão? Como é óbvio, não tenho respostas para nenhuma destas perguntas e suspeito que tampouco a terão os meus leitores depois de lerem este livro. Penso, no entanto, que, à partida, estarão em melhores condições do que eu para as procurar e para errar menos nas que encontrarem. No que me diz respeito, não me quero aventurar para além de umas poucas observações sobre as quais julgo não me enganar. À medida que os anos foram passando, tornei-me muito mais sensível aos temas internacionais e globais. Terá sido essa uma das partidas que a globalização me pregou? O certo é que de uma visão mais centrada em realidades nacionais virtualmente autorreferenciadas na sua inteligibilidade fui evoluindo para contextualizações num mundo mais vasto e, portanto, para o tratamento de temas transnacionais que fui considerando importante e necessário introduzir ou vincar na opinião pública portuguesa, brasileira e de outros países.

Por que é que textos sobre temas a dada altura tão presentes na comunicação social perderam toda a importância? Essa perda de importância circunscreve-se aos textos ou abrange também os acontecimentos sobre que discorriam? E, no último caso, será que os acontecimentos perderam a importância ou, pelo contrário, nunca a tiveram, mesmo nos momentos em que o dramatismo da comunicação social lha pretendeu atribuir? Quem define afinal o critério de importância? Será que é a própria classe política e que os comentários da conjuntura são escritos para circularem apenas no círculo restrito dessa classe? E, sendo assim, os comentadores são a classe política a pensar como se o não fossem? Fora desse círculo restrito, os leitores de então teriam mais interesse em ler esses comentários do que os leitores de hoje que, segundo ajuizei, não teriam nenhum? Mas se de fato os leitores de então os leram, leram-nos para se ilustrarem, para se distraírem, para se divertirem, por voyeurismo — ou apenas por não terem mais nada para ler?

A segunda situação, a de temas conjunturais que eram sintoma de problemas estruturais, levou-me a produzir textos que, apesar de incendiados pela paixão e apontados às questões precisas que ao tempo da escrita se punham, mantiveram, na minha opinião, a atualidade própria dos problemas que, passado o fogacho da conjuntura, continuaram a preocupar o público. Aprendi há muitos anos com um colega chileno, membro do Governo de Salvador Allende, que, por mais teorias que elaboremos sobre a importância relativa das lutas sociais, na prática, nunca escolhemos as lutas em que nos envolvemos. São elas que nos escolhem ou o acaso ou a ocasião em nome delas.

Refletindo a intensificação dos movimentos contraditórios da globalização e o seu impacto nas sociedades nacionais, a década passada seguiu a linha de aprofundamento da internacionalização dos meus interesses. Comecei a década muito envolvido no Fórum Social Mundial (FSM), um processo iniciado no Brasil, mas de vocação global, orientado para articular os movimentos e organizações sociais que, nas mais diversas partes do mundo e com agendas muito diferentes, convergiam nos objetivos globais de luta contra as injustiças sociais causadas pelo capitalismo global em sua versão mais recente e destrutiva, o neoliberalismo; pelo colonialismo, sempre renovado tanto no plano interno (racismo, repressão da diversidade cultural, colonialismo interno, *apartheid*, genocídio, mão de obra escrava) como no plano internacional (neocolonialismo, imperialismo, subimperialismo, guerras de agressão); pelo patriarcado — eternamente mutante mas sempre discriminatório contra as mulheres; e por tantas outras formas de discriminação assentes na orientação sexual, na religião, no regionalismo, na idade e na incapacidade definida por critérios convencionais de funcionalidade. Tratava-se de criar uma resposta política global aos propósitos de dominação também global confirmados, ano após ano, no Fórum Econômico Mundial que se reunia e reúne em Davos, Suíça. Com o FSM, vincava-se no início da década de 2000 uma clara polarização entre duas globalizações. Era a confirmação da crescente tensão entre uma globalização organizada política e socialmente de cima para baixo, hegemônica, neoliberal, por um lado, e, por outro, uma globalização de baixo para cima, contra-hegemônica, anticapitalista ou antineoliberal, a qual eu teorizara, no plano sociológico, alguns anos atrás (*Toward a New Common Sense: Law, Science and Politics in the Paradigmatic Transition*. New York: Routledge, 1995). Não é este o lugar para avaliar o processo do FSM (fi-lo em *Fórum Social Mundial: manual de uso*. São Paulo: Cortez, 2005). Entre outros méritos, ele contribuiu para a eleição de governos progressistas na América Latina, e vários dos textos incluídos neste livro dão conta dessa mudança em diferentes momentos. À medida que a década avançou, o FSM foi perdendo algum do seu fôlego inicial, os governos progressistas foram perdendo brilho e fazendo cedências cada vez mais perigosas ao neoliberalismo, até que este veio a conquistar, no final da década, o território geopolítico que lhe parecia mais adverso, a União Europeia. Digo "parecia" porque de maneira insidiosa o neoliberalismo vinha já minando as instituições europeias, criando as condições para a rendição final dos países europeus, o que veio a acontecer no final da década com a crise grega, a que se seguiram as crises irlandesa, portuguesa e espanhola, italiana, cipriota, não sendo de prever que as crises se fiquem por aqui. De todas as versões do capitalismo nos últimos cem anos, a atual versão neoliberal está a revelar-se como a mais destrutiva, tanto no plano social como no plano político. Entra na vida dos cidadãos na forma de crise que simultaneamente cria e resolve. Impõe como soluções da crise o que para a esmagadora maioria dos cidadãos são problemas (empobrecimento, desemprego, desigualdade social, precariedade, ausência de expectativas positivas, ideologia da autonomia disfarçando práticas de submissão abjeta dos mais fracos, Estado disciplinador e repressor) e estigmatiza como problemas causadores da crise o que para a esmagadora maioria dos cidadãos são soluções (direitos sociais, segurança humana, trabalho decente, vida digna, responsabilidade coletiva, Estado protetor). Se a história fosse mestra, esta relação perversa entre soluções e problemas que favorece uma pequena minoria de super-ricos em detrimento de grandes maiorias empobrecidas só seria possível em ditadura política. Mas como a história só é mestra do passado, assistimos hoje, entre o atônito e o incrédulo, entre o indignado e o resignado, ao esvaziamento ou mesmo à suspensão da democracia levados a cabo com plena normalidade democrática. Tudo isto, ante os nossos olhos, como se a única alternativa fosse a falta de alternativa, como se o consenso social fosse igual à resignação, como se a existência em muitos países de dois partidos de governo fosse igual a um partido dividido em partes iguais, enfim, como se a visão fosse igual à cegueira. A ditadura está a instalar-se na sociedade sem precisar de se ver ao espelho da política, enquanto a democracia está na política sem precisar de se ver ao espelho da sociedade. Como tenho vindo a afirmar há já alguns anos, estamos a viver em sociedades politicamente democráticas e socialmente fascistas. Por quanto tempo se sustenta uma situação em que a resistência antifascista parece ser tão descabida e ao mesmo tempo tão necessária quanto a defesa da democracia que (ainda) temos? Nestas condições, não surpreende que eu tenha começado a última década com textos de tom mais otimista e a tenha terminado com textos mais sombrios, mesmo que sempre irredutível na defesa da ideia de que a solução para a asfixia não é a falta de ar, ou seja, de que há alternativas. Ao longo da última década, a minha aprendizagem a partir do Sul anti-imperial intensificou-se, não apenas com o FSM, mas também com os projetos de investigação que realizei na Bolívia, no Equador e, por último, em Angola e Moçambique, e isso se reflete nos textos incluídos neste volume. Esta aprendizagem é a ideia fundacional do novo projeto que tenho em curso, financiado pelo European Research Council, intitulado *Alice — espelhos estranhos, lições imprevistas: definindo para a Europa um novo modo de partilhar as experiências do mundo* (<http://alice.ces.uc.pt>). Sem surpresas, neste volume surgem com grande frequência os meus temas de sempre: a democracia, o Estado, a administração da justiça, a universidade, o imperialismo, as desigualdades sociais, as lutas sociais, a renovação da esquerda.

Os textos incluídos neste livro estão alinhados por ordem cronológica. Poderia ter optado por agrupá-los por temas, mas com isso criaria a ilusão de uma coerência que o livro não tem nem pretende ter. A ordem cronológica tem a vantagem de facilitar aos leitores a contextualização dos textos e a revisitação de momentos e vivências que, por uma ou outra razão, os prenderam mais a uma temporalidade específica. Para facilitar a contextualização, sempre que adequado e possível, os textos são acompanhados por uma pequena nota de rodapé que explicita os acontecimentos ou as circunstâncias que suscitaram a escrita do texto. Os títulos são quase sempre os originais e o mesmo se passa com as versões dos textos. Por vezes, a versão aqui produzida é ligeiramente maior do que a originalmente publicada, uma vez que no livro foi possível libertar-me da tirania do limite de caracteres.

Na elaboração dos textos fui ajudado por muitos dos meus colaboradores e colegas, tanto do Centro de Estudos Sociais da Faculdade de Economia da Universidade de Coimbra, como do departamento de Sociologia e da Faculdade de Direito da Universidade de Wisconsin-Madison (EUA), como de outras instituições a que me associei ao longo destes anos. Seria fastidioso nomeá-los a todos e correria sempre o risco de cometer a injustiça da omissão. Um obrigado geral nunca é anônimo quando os destinatários sabem exatamente por que lhes é dirigido. Devo, no entanto, fazer alguns agradecimentos especiais. O mais especial de todos, no que respeita à edição brasileira, vai para o César Baldi que leu pacientemente e comentou todos os textos publicados nestes anos, e se responsabilizou pela seleção dos que poderiam interessar mais aos leitores e leitoras do

Brasil. A Maria Irene Ramalho que leu, comentou e reviu todos os textos, como tem sempre feito a tudo o que publiquei nos últimos quarenta anos. Na seleção dos textos contei com a preciosa ajuda, numa primeira fase, de Ana Cristina Santos e Sílvia Ferreira e, num segundo momento, para além do César Baldi, da Maria Paula Meneses e da Natércia Coimbra. Para além do trabalho de seleção, Maria Paula Meneses fez uma leitura crítica e atenta de todo o manuscrito, melhorando-o no seu todo. A Lassalete Simões, a minha mais chegada e imprescindível colaboradora há mais de vinte anos, que geriu todos os contatos necessários à publicação. A minha assistente Margarida Gomes, que preparou competentemente o manuscrito para publicação, tal como tem feito com todos os meus manuscritos nos últimos onze anos.

1986

world of
scales
effects
measured toils
followed by like
conversations ever
laughs at the beach
for home
wouldn't like to
problem was how to
too diffuse
names
everywhere
vowels and
at the doors
in a greater
day
not where I live
live at home

Para uma democracia participativa[1]

Em que sentido faz sentido falar hoje do Movimento Pintasilgo? Não faz sentido, por exemplo, falar dele enquanto movimento de apoio a um candidato às últimas eleições presidenciais. As eleições realizaram-se, temos um novo Presidente da República, o processo político que então se gerou encerrou-se. A análise das características que assumiu tem certamente interesse para historiadores, sociólogos ou cientistas políticos, mas não cabe num debate político, ou pelo menos num debate político capaz de mobilizar o meu interesse e a minha participação.

Tampouco faz sentido falar do Movimento Pintasilgo enquanto movimento social e político destinado a dar corpo às ideias de uma pessoa, a Eng.ª Maria de Lourdes Pintasilgo. Se o movimento alguma vez teve esse caráter (do que eu duvido), certamente deixou de o ter ao longo de todo o período em que as eleições presidenciais monopolizaram a nossa atenção política. Durante esse período, o movimento coletivizou-se em termos ideológicos, ou seja, enquanto conjunto de ideias político-culturais destinado a dar corpo a um projeto de ação política e de transformação social. As ideias da Eng.ª Maria de Lourdes Pintasilgo foram apropriadas e transformadas, por vezes significativamente, por milhares de pessoas que espontaneamente intervieram nesse projeto. Por outro lado e reciprocamente, a Eng.ª Maria de Lourdes Pintasilgo apropriou e transformou, por vezes também significativamente, o pensamento político de centenas dos seus colaboradores mais próximos espalhados por todo o país e, mais do que isso, o pensamento espontâneo e vivo, feito de um quotidiano de

---

1. Maria de Lourdes Pintasilgo foi a única mulher a desempenhar o cargo de primeiro-ministro em Portugal, tendo chefiado o V Governo Constitucional, em funções de julho de 1979 a janeiro de 1980. Foi candidata independente às eleições presidenciais de 1986. Sem o apoio de qualquer máquina partidária e gozando do prestígio que recolhera enquanto primeira-ministra, Maria de Lourdes Pintasilgo formalizou a sua candidatura em 9/12/1985 com cerca de 15.000 assinaturas, e surgia como a candidata mais bem posicionada nas sondagens de intenções de voto. Todavia, na primeira volta, foi preterida (com 7,3% dos votos) em face dos candidatos de esquerda dotados de apoios dos partidos políticos. Mário Soares venceria a segunda volta com 51,3% dos votos.

carências e de desejos, de milhares e milhares de pessoas com quem contatou por um período muito superior ao dos restantes candidatos. De tudo resultou um pensamento coletivo. Não, contudo, um pensamento de massa, ou um pensamento coletivista, porque a tanto obstava a prática das ações organizativas em que o movimento se concretizou. Desprovido de um aparelho central com capacidade para produzir um pensamento pensado em vez de todos e o traduzir em organogramas e projetos de ação a todos impostos, o movimento foi em cada sítio o que dele fizeram os ativistas locais e a autonomia da ação, o que acarretou certamente alguns custos políticos, mas teve, como natural contrapartida, a autonomia das ideias. Daí que cada um pudesse partilhar à sua maneira, isto é, seletivamente, o fundo comum de ideias e projetos que se foi constituindo. A quem estava de fora, e a muitos que estavam dentro, este processo interativo pareceu caótico, anárquico, fragmentário, mesmo contraditório. Foi certamente um espaço feito de espaços que permitiu a cada um então e agora — a mim neste momento — falar de si e tão só de si no movimento de todos e tão só de todos. Esta criação, a um tempo individual e coletiva, faz com que não tenha sentido reduzir às ideias da Eng.ª Maria de Lourdes Pintasilgo as ideias do Movimento Pintasilgo.

Não fazendo sentido falar deste movimento enquanto corpo das ideias políticas de uma pessoa, nem tampouco enquanto processo de candidatura presidencial, regresso à pergunta inicial: em que sentido faz hoje sentido falar do Movimento Pintasilgo? Julgo que em termos de debate político só nos interessa das coisas do passado o que há nelas de futuro. E o que há nelas de futuro não é necessariamente o que de mais óbvio delas se prolonga no presente. Assim, as tentativas em curso para fazer continuar no plano organizativo o Movimento Pintasilgo não são necessariamente portadoras de futuro, podem até ser portadoras de passado. Tudo depende do modo como capitalizarem no que, em meu entender, é o que mais genuinamente prefigura o conteúdo futurante de qualquer processo político: as ideias a que conferiu credibilidade e as formas de mobilização social em que as soube traduzir. Numas e noutras reside o sentido de incluir o Movimento Pintasilgo num debate sobre os caminhos futuros da política e da sociedade portuguesa; e a discussão que tiver lugar a este nível pode muito bem envolver alguma crítica e até algum distanciamento em relação às análises e às práticas políticas que o movimento subscreveu, enquanto movimento de candidatura à eleição presidencial. Sem preocupação de ser exaustivo, passo a mencionar, em forma de tese seguida de justificação, alguns dos momentos futurantes do Movimento Pintasilgo.

O 25 de Abril de 1974 é e será por muito tempo a referência primordial da identidade política e social dos portugueses.[2] Como é sabido de todos, por mais de uma vez no passado e muito insistentemente nos últimos meses, tem-se decretado o fim do ciclo da vida portuguesa aberto pelo 25 de Abril. Fala-se do fim do período revolucionário, do fim do período militar ou, simplesmente, do fim do pós-25 de Abril. Trata-se por vezes de um exercício intelectual que tem o mérito de apontar para o que falta fazer na sociedade portuguesa e para os novos moldes em que deve ser feito. Trata-se, outras vezes, de um descarado ou encoberto exorcismo político, destinado a retirar ou relativizar o mérito de tudo o que se fez em nome do 25 de Abril, com a eventual implicação de legitimar, ou pelo menos desculpar, tanto do que se fez contra ele. O Movimento Pintasilgo, ao contrário, partiu do princípio de que o 25 de Abril detém uma fortíssima presença no imaginário social das classes populares portuguesas e que essa presença, longe de poder riscar-se por via de decretos ou de quaisquer outros exorcismos, só se irá paradoxalmente desvanecendo à medida que se forem tornando presentes na carne vivida do nosso quotidiano as ideias de realização pessoal e social que ele inculcou simbolicamente em todos nós. O Movimento Pintasilgo corporizou este princípio de modo complexo e profundo. Não se tratou da mobilização eleitoralista de palavras arrancadas à pressa ao esquecimento ou ao desperdício da história, como aconteceu no discurso da segunda volta do Dr. Mário Soares, embora todos nós lhe augurássemos que o pouco ou muito que lhe faltara em convicção não fizesse falta depois de se juntar à convicção total e quiçá excessiva de todos nós. As referências expressas ao 25 de Abril foram, aliás, relativamente poucas nas palavras do movimento. Tratou-se antes de dar corpo a ideias que considerávamos por fazer desde 1974, de mobilizar para a ação política pessoas que estavam por viver desde 1974, de libertar o potencial de uma experiência social que foi multissecular apesar de durar poucos meses e que, enquanto bloqueada,

---

2. Referência à Revolução dos Cravos, que pôs fim a 48 anos de ditadura em Portugal.

continuará presente sobretudo nos jovens e sobretudo naqueles que se recusam, e muito bem, a lembrar-se do que nunca viveram.

Este modo de referenciar o 25 de Abril desdobrou-se em várias ideias e princípios de ação, analisados nas teses seguintes.

É política toda a ação social que se traduz no exercício de poder. Quanto maior for a desigualdade da relação de poder, mais urgente e difícil se torna conceber politicamente as práticas sociais em que se traduz. Conceber politicamente significa reconhecer autonomia própria dos interesses que se jogam numa dada ação e conferir-lhes meios de expressão e de intervenção específicos na esfera da cidadania, sejam eles próprios da ação familiar, da ação escolar, da ação cultural, da ação econômica, da ação hospitalar, da ação prisional ou de qualquer outro tipo de ação social. Esta globalização da política é o grande sinal da modernidade porque é através dela que se multidimensiona a cidadania. O princípio da cidadania é um princípio sem fim e a sua afirmação progressiva é um processo pensado a grosso e realizado a fino, à medida que se constroem as condições culturais, econômicas e políticas que o tornem possível. Não é despiciendo que o cidadão seja um depositário de sondagens e um depositante de votos, mas cada vez nos conformamos menos com ser tão só isso. Não porque rejeitemos as sondagens ou não exerçamos o voto, mas apenas porque umas e outro nos dão de nós uma imagem em que cada vez menos cabe o quotidiano das nossas preocupações, dos nossos desejos, das nossas aspirações, das nossas utopias. Dão-nos de nós uma radiografia, certamente real, mas pouco parecida conosco.

O Movimento Pintasilgo levou a cabo uma pedagogia de globalização da política, tentando mostrar os perigos, sobretudo na sociedade portuguesa, de reduzir a política à política profissional, esta à política partidária e esta à política parlamentar. Sobretudo na sociedade portuguesa, porque são muitas e pronunciadas as assimetrias de poder e porque, correspondentemente, são muitos e dolorosos os silêncios de opressão e de exploração a que o voto, sobretudo no atual sistema eleitoral, não dá nem pode dar voz adequada. Mas precisamente porque as desigualdades são muitas e profundas, tratava-se de uma pedagogia difícil, ao arrepio de muitos interesses bem instalados na nossa vida política. Difícil também porque — e regressamos sempre ao 25 de Abril — sendo curta e contraditória a memória coletiva da experiência parlamentar, o que nós achávamos pouco na representação política, achavam outros suficiente, e achavam ainda outros excessivo. Não admira, pois, que o projeto de globalização da política fosse interpretado por alguns como aversão à política. E não admira, por duas razões fundamentais. Em primeiro lugar, estavam em jogo conceitos distintos de política e a lógica do debate eleitoral era hostil a qualquer diálogo real entre os vários campos em presença. Em segundo lugar, a força do Movimento Pintasilgo neste domínio era também a sua fraqueza. Por um lado, a afirmação das limitações da participação política por via eleitoral corria no seio de um movimento que concorria às eleições, nelas concentrava a sua força e, à medida que as eleições se aproximavam, nelas depositava a sua própria razão de ser. Por outro lado, se é verdade que a participação de muitos ativistas sem experiência político-partidária, e por vezes nada desejosos dela, era a manifestação mais viva do conceito globalizante de política que os animava, não é menos verdade que era por isso mesmo presa fácil de quantos queriam ver neste conceito a marginalização do sistema partidário.

No que hoje nos toca, o importante é reconhecer que neste como noutros domínios o contributo político do Movimento Pintasilgo supera em muito as condições conjunturais da sua produção. A ampliação e o aprofundamento do conceito de política está hoje presente no debate sobre a renovação da esquerda.

A democracia mantém-se, ampliando-se. A democracia representativa é a condição necessária da ampliação da prática democrática, mas não a sua condição suficiente. Daí a necessidade de articular a democracia representativa com a democracia participativa. Esta terceira ideia futurante do Movimento Pintasilgo está relacionada com a ideia anterior. É dela a especificação principal. O que a globalização da política representa no plano ideológico, representa a democracia participativa no plano institucional.

O fato de sermos todos indivíduos e indivíduos-cidadãos é uma conquista histórica de valor incalculável. A democracia representativa é a forma política dominante dessa conquista nos dias de hoje. Nela se tece a relação matricial que nos une a todos os portugueses para, no conjunto, formarmos a sociedade portuguesa, a Pátria portuguesa. Sucede porém que essa relação, sendo a mais envolvente, é também a mais abstrata. Raramente a vivemos no nosso quotidiano. A este nível, são muito mais mobilizadoras as relações de âmbito mais restrito que nos unem a outras pessoas que conosco partilham condições econômicas: estatutos profissionais, zonas residenciais, hábitos de lazer, satisfações do corpo, interesses culturais, aspirações de uma vida melhor, desejos utópicos. Com base nessas relações construímos múltiplas microssociedades que gerimos sequencial ou mesmo simultaneamente, repartindo-nos por elas de modo diverso e com intensidades diferentes, mas a todas elas pertencendo e em todas elas tecendo os fios da nossa identidade social. Estas cidadanias parcelares por que nos repartimos não podem ser contabilizadas, senão muito grosseiramente, pela lógica do funcionamento da democracia representativa. O caráter formal desta não reside no ser ilusória, mas antes no tornar ilusórias essas múltiplas pertenças.

Na sociedade portuguesa, que é uma sociedade de relações face a face — uma sociedade em que as formas de interconhecimento com que nos reconhecemos, aceitamos ou repudiamos uns aos outros dependem fortemente dos laços pessoais que estabelecemos ao nível dos vários anéis das nossas relações —, o não reconhecimento das cidadanias parcelares pode facilmente conduzir a um muro de incomunicação entre os cidadãos e o sistema da democracia representativa. Este muro de incomunicação é uma ameaça à prática democrática no seu todo, e é ao tentar neutralizar esta ameaça que a democracia participativa adquire todo o seu valor político. Trata-se de fazer intervir no espaço de cidadania global os espaços das cidadanias parcelares, tornando-os presentes no poder local e no poder central, mediante o alargamento do conceito de parceiros sociais e de grupos de pressão, ouvindo e fazendo ouvir as expressões dos interesses sociais parcelares em petições e audições, em consultas e referendos, em manifestações e nas associações. Não se trata de modo nenhum de basismo, trata-se, isso sim, de construir o edifício democrático, como qualquer outro edifício, a partir da base.

Para ser eficaz, a dimensão participativa e direta da democracia tem de se articular com a sua dimensão representativa e parlamentar. Esta articulação não é fácil. Aliás, sabemos hoje que o modelo político liberal, à imagem do qual se constituiu a democracia representativa, longe de pretender aprofundar e universalizar a participação política ativa dos cidadãos, olhou-a com a maior suspeição e defendeu-se zelosamente dos seus eventuais desmandos. Numa sociedade desigual como a nossa, essa defesa tem de defender-se a perder de vista, ou seja, para ser eficaz tem de ser provavelmente suicida. Por isso, o objetivo da democracia participativa não é o de confrontar-se com a democracia representativa, é antes o de tornar a democracia representativa participativa. A Constituição da República prevê mecanismos muito concretos que permitem realizar um tal objetivo. É mau sinal que eles nunca tenham sido acionados. Contra isso se insurgiu veementemente o Movimento Pintasilgo, fazendo dessa denúncia um dos pontos principais do seu programa.

Também aqui pode dizer-se que o contributo político do Movimento Pintasilgo transcende em muito as condições em que foi produzido ou, pelo menos, as condições em que foi divulgado a milhões de portugueses. Julgo que neste domínio o Movimento Pintasilgo se deixou enfraquecer por um erro de avaliação e por uma contradição que, aliás, só foi motivo de enfraquecimento porque não foi plenamente assumida. Quanto a esta última, é legítimo duvidar de um movimento que se propõe um programa de democracia participativa a partir dos anéis básicos de sociabilidade e que, no entanto, se organiza quase exclusivamente para conduzir uma pessoa, pela via eleitoral, ao cume da pirâmide do poder do Estado. Pode mesmo dizer-se que o movimento, que se pretendia animado de uma aspiração de poder amplo e difuso, acabou por se render à tentação de um poder estreito e concentrado. Esta contradição, se plenamente assumida, pode ter sido fonte de debate e gérmen de criatividade política. Como não o foi, permaneceu como uma tensão nevoenta que impediu de ver os limites entre o que unia e o que desunia os militantes do movimento.

O erro de avaliação consistiu, a meu ver, em não ter previsto que a formalidade da democracia representativa, que lhe advém do seu caráter abstrato e remoto em relação ao cidadão comum, pode, em certas condições específicas, transmutar-se simbolicamente em materialidade, em coisa concreta e íntima que pertence ao quotidiano como tudo o mais que faz de nós cidadãos comuns. E essas condições específicas ocorreram de fato entre nós. Se tivermos em mente que no espaço de quatro meses os portugueses foram chamados quatro vezes a votar, é difícil atribuir a este ato o caráter formal que lhe advém, nas democracias plenamente institucionalizadas, de ser exercido uma vez de quatro em quatro anos. Pela frequência com que solicitou os portugueses, a democracia representativa tornou-se concreta e íntima, ocupou as conversas, os serões, foi dramatizada pela comunicação social e, sobretudo, pelos debates na TV, entrou em nossa casa e até na roupa dos nossos filhos. Pela sua lógica de funcionamento, ou seja, porque teve de criar as opções por que depois fomos chamados a optar, a participação a que nos convocou foi em grande medida ilusória, mas foi uma ilusão tão real e verossímil que tornou supérflua ou mesmo intrusa toda a participação real que em seu lugar pudesse ser pensada. O espaço ideológico da democracia participativa viu-se assim restringido por via do processo político que estruturalmente o devia ter ampliado.

O atraso do desenvolvimento social e econômico não impõe como fatalidade soluções historicamente atrasadas para lhe pôr fim. Esta ideia futurante do Movimento Pintasilgo constituiu uma das linhas mestras do discurso político que então produziu e é, sem dúvida, um contributo importante para o debate entreaberto sobre a renovação da esquerda portuguesa. O modelo político liberal consagrou constitucionalmente a liberdade, mas não as condições da liberdade. A experiência histórica posterior revelou que o maior perigo para a democracia está em os cidadãos não lhe reconhecerem qualquer utilidade para melhorar o seu quotidiano. Por isso, a democracia política tem de saber promover a democracia social e econômica e, por sua vez, buscar nelas o alimento da sua consolidação. Democracia e desenvolvimento estão, pois, indissociavelmente ligados.

Que desenvolvimento? Nos últimos dez anos, e muito particularmente no período político que antecedeu imediatamente a última vaga eleitoral, instalou-se entre nós, com foros hegemônicos, a convicção de que um país pequeno e pobre como o nosso está condenado a depender das oportunidades que os países maiores e mais ricos lhe criam, e a usá-las de modo a não pôr em risco os laços de dependência que a esses países o ligam. A princípio, essa ideia abriu a nossa boca de pasmo, nós que estávamos habituados a ser mundo e a dar novos mundos ao mundo. A pouco e pouco foi-se instalando em nós como um fato há muito usado e, assim, nos foi fechando a boca até o silêncio da aceitação pacífica do que é evidente e inelutável.

O Movimento Pintasilgo procedeu a uma crítica radical desta ideia. Proclamou que um país nunca é tão pobre nem tão pequeno que tudo lhe possa ser feito sem consequências. Procedeu a uma nova contabilidade nacional, incluindo a crédito do nosso país uma série de condições que, juntas, poderiam granjear-nos algumas vantagens comparativas na renegociação da nossa nova posição no sistema mundial após a perda das colônias. Entre essas condições, contavam-se: a história multissecular do Estado português no mesmo espaço peninsular e a possibilidade de com ela se constituir uma nacionalidade mobilizadora; o longo curso dos descobrimentos e as relações que fomos fazendo com países com que comerciamos e dos quais ficaram muitas memórias e disponibilidades mesmo depois de terminar o comércio; a história comum que vivemos com as colônias do último império e o modo como se processou a descolonização, uma e outra suscetíveis de se transmutarem em novas relações de vantagem mútua e sem traço de neocolonialismo; uma posição geoestratégica relativamente importante, até agora pouco mais do que desbaratada; recursos humanos apreciáveis, apesar da emigração e da devastadora política de ensino que sofremos desde 1977; recursos energéticos variados até agora por explorar, mais por falta de vontade política do que por critérios sérios de rentabilidade; uma sociedade de desenvolvimento intermédio e ainda dotada de formas ricas de sociabilidade capazes de compensarem informalmente os custos mais drásticos do desenvolvimento.

Enfim, estas e outras condições, se realisticamente avaliadas, poderiam alterar, a nosso ver, o balanço das nossas contas nacionais e, com elas, o balanço das nossas contas com o mundo. A partir daí seria possível lançar uma estratégia de desenvolvimento integral que, sem perder de vista as realidades das nossas fraquezas estruturais, não se contemplasse nelas como no retrato de uma morte anunciada. Por outras palavras, o Movimento Pintasilgo procurou destruir o monopólio da direita sobre o tema do nacionalismo, procurou instaurar um nacionalismo antichauvinista, inconformado com as desigualdades interiores e exteriores de um país dinâmico, declarado tísico e manco por uma classe política a fazer autobiografia.

A forma política da modernidade é um Estado policêntrico numa sociedade auto-organizada. O Movimento Pintasilgo partiu do pressuposto de que uma estratégia de desenvolvimento coextensiva da ampliação do espaço democrático tem de basear-se numa forma de Estado adequada e de que essa não é a atual forma do Estado português. A atual estrutura burocrática do Estado português foi cunhada e consolidada no Estado Novo. O 25 de Abril, porque começou por ser uma revolta por dentro e por cima no interior do Estado, ofuscou-se com as rupturas produzidas ao nível político estrito e deixou passar despercebida a continuidade dos aparelhos, dos processos, das práticas e das ideologias administrativas.

Essa continuidade foi, no período posterior, o tecido envolvente da reconstrução do Estado concentrado e centralista, agora sob a forma democrática. A crítica desta forma de Estado levada a cabo pelo Movimento Pintasilgo não se confundiu, contudo, com o antiestatismo dito liberal tão em voga no nosso país. Distinguiu-se dele por duas vias principais. Em primeiro lugar, avisado de que, nas condições socioeconômicas da nossa sociedade, o Estado terá de desempenhar um papel central para que o processo de acumulação do desenvolvimento vá de par com o processo de acumulação da democracia, o Movimento Pintasilgo não se centrou em medições quantitativas de mais ou de menos Estado. Procurou antes definir os traços de um Estado diferente, desconcentrado e descentralizado, aberto à participação organizada dos cidadãos, dinamizado a partir do poder local. Daí o acento tônico na política de regionalização, na dotação de instrumentos técnicos de gestão capazes de cumprir e fazer cumprir a Lei das Finanças Locais, no apoio à organização intermunicipal, numa nova forma de relacionamento dos órgãos do poder local e do poder central com os cidadãos, organizados em associações locais capazes de intervir eficazmente na definição das políticas setoriais.

Em segundo lugar, e ao contrário do que propõe o modelo liberal, o Movimento Pintasilgo não aceitou uma distinção simplista entre Estado e sociedade civil, que veja nesta última uma massa amorfa de indivíduos entregues afanosamente aos seus cuidados, forças e fraquezas pessoais. Ao contrário, o Movimento Pintasilgo concebeu a sociedade civil como uma sociedade auto-organizada, tecida de múltiplas associações e organizações, constituídas ou a constituir, dedicadas a uma variedade de objetivos sociais específicos, reconhecidas politicamente como parceiros sociais e cogestores do desenvolvimento. Ou seja, os novos poderes sociais e políticos de intervenção não foram tirados ao Estado para os concentrar na mão de grupos econômicos poderosos, como sucede em geral na concepção individualista da sociedade. Foram, antes, concebidos como portas de vaivém, dentro e fora do Estado e da sociedade civil, de modo a dividir e a distribuir competências políticas, como se fossem correntes de ar bafejando a sociedade no seu todo.

A criação de uma cultura científica e técnica passa pela culturização da ciência e da técnica. Esta ideia é de todas quiçá a mais central, porque nela se inscreve a matriz cultural do Movimento Pintasilgo enquanto movimento político. Uma ideia complexa feita de muitas ideias. A nível mais abstrato, é a ideia de que o projeto de desenvolvimento social é em si um ato cultural porque deve comprometer, em seu andamento, o reforço da identidade cultural portuguesa. A nível mais específico, é a ideia de que esse reforço passa por uma transformação profunda dessa cultura, de modo a afetá-la às exigências do desenvolvimento científico e tecnológico onde se vão concentrar os ganhos de produtividade da economia mundial nas próximas décadas. Mas, por outro lado, salienta-se que estas exigências não caem no saco roto de uma sociedade igual a outra. Pelo contrário, para serem verdadeiramente exigentes e eficazes na sua exigência, devem adequar-se às condições de uma sociedade semi-industrializada, rica em tecnologias tradicionais, dotada de recursos humanos capazes de animar uma política de criação científica credível e de a converter em tecnologias apropriadas, criadoras elas próprias de cultura a partir dos dados culturais preexistentes que reconhecem e não violentam.

Só assim se poderá superar construtivamente no nosso país a ideia inculta da existência de duas culturas: a cultura humanística e a cultura científico-técnica. Só as duas culturas em conjunto são uma cultura.

São estas, em meu entender, as ideias futurantes do Movimento Pintasilgo, as ideias que o movimento fez circular e consumir muito para além dos seus consumidores eleitorais. Aí reside o seu contributo político. Um contributo político que, como disse, transcende em muito a conjuntura da sua produção. É certo que, à medida que se aproximaram as eleições, a candidatura oficial se transformou para muitos na quase exclusiva razão de ser do movimento. Mas vista do futuro, essa luta eleitoral não foi mais do que uma limitação conjuntural que não afeta nada a validade das ideias com que o movimento enriqueceu o nosso imaginário político.

Trata-se de um contributo simultaneamente rico e difuso, já que sociologicamente pouco depende das formas organizativas que o quiserem apropriar. A meu ver, o espaço envolvente mais adequado a esse contributo é, como fui referindo, o debate ora aberto sobre a renovação da esquerda. E aqui, de novo, o contributo do Movimento Pintasilgo supera algumas das limitações deste. Considero que foi uma limitação o fato de o movimento não ter afirmado inequivocamente a dicotomia esquerda/direita e, pelo contrário, se ter por vezes enredado no discurso da superação da dicotomia, um discurso originário desde sempre da direita e falseador das realidades sociopolíticas do nosso país, como ficou demonstrado na segunda volta das eleições presidenciais. A ambiguidade que isso gerou impediu por vezes que a renovação pretendida visse claramente o que estava a renovar. Decididamente a esquerda, não a direita.

Jornal de Letras, 7 a 20 de julho de 1986

A renovação do PCP

O processo histórico da renovação do Partido Comunista Português (PCP) já começou. Marca o seu começo uma série de fatores, de que distingo os seguintes: as transformações em curso nos países do Leste Europeu (o processo húngaro; a eleição de Gorbachev para secretário-geral do Partido Comunista da União Soviética e, em especial, as recentes medidas do Soviete supremo no sentido de um certa — e marginal — privatização da iniciativa econômica); a eleição de Vítor Constâncio para secretário-geral do Partido Socialista (PS); as discussões internas no seio do MDP/CDE com vista à recuperação da identidade política que terá sido perdida na prolongada aliança com o PCP, nos termos em que teve lugar.

Estes são os fatores políticos em sentido estrito, mas o processo histórico da renovação do PCP é ainda propiciado por outros fatores, quiçá mais decisivos, cuja produção social é mais lenta e profunda. Entre eles, as transformações que estão a ter lugar na composição social do operariado português em função de um modelo de acumulação capitalista de tipo semiperiférico que está atualmente a ser posto em prática no nosso país, modelo esse que, ao contrário do que diz o discurso político, não é o efeito, mas sim a causa da nossa integração no Mercado Comum, nos termos em que está a ser feita. Muito em geral, este modelo combina, de modo novo, a concentração do capital com a descentralização ou até a pulverização do processo produtivo através de vários mecanismos, entre os quais a subcontratação, o trabalho em domicílio e as redes de produção computadorizada. Esta combinação permite que a maior produtividade do trabalho, típica do capitalismo mais avançado, possa ocorrer no seio de relações de trabalho aparentemente típicas do capitalismo mais retrógrado, relações mais individualizadas e paternalistas, em que a hiperexploração do trabalho convive com a proximidade e até a afetividade entre o patrão direto e o trabalhador. Por outro lado, este modelo, ao ruralizar a indústria ou ao industrializar os campos, cria uma nova relação cidade/campo ou indústria/agricultura, dando origem a um tipo de trabalhador que é simultaneamente operário e camponês. Por este duplo processo, o modelo de acumulação em curso tira peso social ao tipo de trabalhador proletário que obtém os seus rendimentos exclusivamente da (e de uma só) relação de trabalho e que está habituado à reivindicação frontal e coletiva contra o patronato. Ora, este último tipo de trabalhador, mais do que o votante médio do PCP, é o tipo ideal do militante no imaginário político do partido, pelo que o seu declínio social não pode deixar de se refletir na estratégia partidária sob pena de esta se transformar numa máquina de produzir derrotas.

A eficácia destes fatores na produção da renovação do PCP é uma questão em aberto. As razões para acreditar que a renovação está já em movimento são por enquanto meramente negativas. Por um lado, a veemência com que a atual liderança do PCP reage a qualquer sinal de renovação, bem documentada na resposta descabeladamente dura e intimidativa do Comitê Central à recente entrevista de José Manuel Tengarrinha ao *Diário de Notícias*, sobretudo tendo em vista que se trata da resposta ao líder de um partido *irmão* (*não um inimigo de classe*), bem documentada também no epíteto de "iniciativazita falhada" dado por Álvaro Cunhal ao projeto da convenção da esquerda democrática. Uma tal veemência contra alvos de esquerda numa situação de hegemonia política da direita revela insegurança quanto a posições futuras num campo da esquerda renovada. A outra razão negativa para acreditar na renovação está na veemência igualmente descontrolada com que alguns anticomunistas ferrenhos se recusam a ver os sinais de renovação, por mais evidentes que sejam. Quase todos vindos do PCP ou da esquerda M-L do PCP, as suas trajetórias políticas estão tão marcadas pelo imobilismo do PCP que admitir qualquer transformação neste último equivale a questionar um passado de contas aparentemente ajustadas. É bom que o PCP continue a ser o que tem sido para que eles continuem a ser e a escrever aquilo a que se habituaram nos últimos anos e nos habituaram a nós.

Deixando, por agora, de lado o fator Leste, passo a analisar as condições de eficácia dos outros fatores políticos de renovação. Quanto ao fator Vítor Constâncio, a sua importância está em este ser um técnico competente e um político sério (às vezes demasiado sério para uma classe política habituada a campanhas alegres). A competência e a seriedade são dois ingredientes fundamentais para uma nova cultura política alternativa à cultura política de direita que tem dominado a política portuguesa e que hoje assume a sua mais refinada configuração no populismo autoritário de Cavaco Silva. Mas tais ingredientes só serão verdadeiramente eficazes se forem postos ao serviço de uma política alternativa e não de uma política de alternância. Trata-se de fazer coisas diferentes e não de fazer melhor as coisas que a direita fez. Neste contexto, a alternância só é aceitável enquanto transição para a alternativa. Por último, a seriedade e a competência, para serem eficazes, têm de ter eficácia organizativa e institucional, têm de ser servidas por uma equipe de líderes menos diletantes e mais trabalhadores. Se assim não for, Vítor Constâncio pode transformar-se na carne para canhão da travessia do deserto do PS, o que será um golpe de consequências irreversíveis no processo de renovação da esquerda em Portugal. E um dos testes é constituído pela próxima convenção da esquerda democrática. Nas condições em que foi preparada, esta tem de se propor objetivos modestos mas deve empenhar-se em ter êxito neles. Por mais que o PS se distancie, o fracasso da convenção será o fracasso da política de renovação do PS protagonizada por Vítor Constâncio, e tanto Jaime Gama como Álvaro Cunhal não deixarão de colher os respectivos dividendos. Se o PS não se renovar à esquerda, o PCP tampouco se renovará, quanto mais não seja porque não haverá perdas eleitorais suficientemente significativas para que a renovação se imponha como necessidade e não apenas como moda.

Quanto ao fator MDP/CDE, a sua possível eficácia na renovação do PCP é mais dramática, mesmo se não mais profunda. O drama consiste em que provavelmente o MDP/CDE terá de se dissolver para fazer vingar a prazo, num amplo setor da esquerda, as ideias da democracia socialista ou do socialismo democrático que agora defende com renovada convicção. O drama consiste ainda em que a entrevista de J. M. Tengarrinha dá por vezes a ideia de ser o testemunho de um líder comunista renovador que, por enquanto, é forçado a levar a cabo a política de renovação fora do PCP. Como se a renovação *dentro* do PCP tivesse de começar enquanto renovação *fora* do PCP.

As duas questões principais são as seguintes: em que medida uma possível autonomização do MDP/CDE acarreta quebra eleitoral do PCP? O que vão fazer os militantes do MDP/CDE no caso de essa autonomização ter lugar? Quanto à primeira questão, é evidente que o prestígio dos militantes do MDP contribuiu muito para a legitimação local e nacional do PCP. É de prever que em próximas eleições o PCP invista mais nos locais ou setores em que tal contribuição foi mais decisiva para demonstrar que ela fora sempre dispensável. Duvido que tenha êxito. Quanto à segunda questão, a dificuldade está em que se, por um lado, a aliança com o PCP, nos termos em que foi feita, retirou identidade política ao MDP/CDE, enquanto partido nacional, por outro lado conferiu essa mesma identidade a muitos militantes que anos a fio aceitaram essa aliança como natural e a primazia também natural do PCP como vanguarda das forças de esquerda que a aliança pressupunha. Uma total (e desejável) autonomização do MDP/CDE provocará por certo uma profunda desorientação nesses militantes. Sobretudo os mais velhos e os mais isolados nos seus locais de trabalho ou de residência serão intimidados pelos quadros do PCP com o discurso da luta antifascista, da velha unidade de esquerda, da primazia natural do PCP. Aguentarão tal terror psicológico? Terão alguma alternativa para lhe resistir positivamente? Entrarão para o PCP? Despedir-se-ão da política?

É bem possível que o MDP/CDE esteja ainda suficientemente forte para tecer críticas ao PCP, mas já demasiadamente fraco para tirar delas as devidas consequências. Nem se pode esquecer que, embora sejam justas e fundamentadas as críticas ao PCP, elas podem ser também o álibi para ocultar outras causas da desmotivação dos militantes que, entretanto, têm vindo a ter lugar. De qualquer modo, pelas reações que já provocou dentro do partido e dentro do PCP, a discussão interna no MDP/CDE é um elemento importante da renovação da esquerda em geral. Só não o será da renovação do PCP em particular se o PS, entretanto, não souber assumir o seu papel decisivo na renovação da esquerda neste momento histórico da vida portuguesa.

Como se vê, a renovação do PS e do PCP não são dois processos históricos independentes. Se nos últimos anos o PS nada nos disse que fosse *próprio* da esquerda, o PCP nada nos disse que fosse *atual* da esquerda. Entre a descaracterização e o anacronismo criou-se um espaço vazio que é preciso preencher. No caso do PS, a próxima convenção da esquerda democrática poderá constituir o início da correção de um erro que, de tão reiterado, quase parece constitutivo. No caso do PCP, o processo de renovação, apesar de *historicamente* já iniciado, está ainda muito atrasado *sociopsicologicamente*. E isto porque o PCP continua a ser o elemento sagrado da vida política portuguesa, para uns divino, para outros diabólico. O poder do PCP é um buraco negro de que apenas se tem medo, quer seja o medo da reverência ou o medo da repulsa. A necessidade e a urgência da renovação está em que uma democracia plenamente institucionalizada não se compadece com a sacralização da política. Se alguns a sacralizarem, outros a profanarão. É o que tem sucedido entre nós.

Diário de Notícias, 2 de dezembro de 1986

Balanço pouco convencional da esquerda[3]

Impossibilitado de estar presente na Convenção de Esquerda Democrática, Jorge Luis Borges autorizou-me a elaborar uma classificação chinesa das pessoas que estiveram na convenção. Reza assim:

1. *Os que foram do Partido Comunista Português (PCP)*. Bem na lógica desta classificação, não se incluem neste grupo todas as pessoas que pertenceram ao PCP, tão só aquelas que ainda não superaram isso. Do ponto de vista sociológico, o PCP é um fenômeno político perturbadoramente importante e estranho. É, sem dúvida, uma instituição total, no sentido do sociólogo americano Erving Goffman, na medida em que envolve a totalidade da personalidade dos seus militantes num universo de referências concêntricas, de tal modo que, quando aqueles procuram sair, a "libertação" é sempre traumática, e obriga a um ajuste de contas que chega a ser chocante e faz cometer injustiças. A reação tem em geral as seguintes características: autoflagelação (que se distingue da autocrítica por não se referir ao indivíduo, mas antes à esquerda no seu todo); pessimismo niilista; agressividade, autoritarismo e triunfalismo na crítica do que até há pouco era verdade incontestada; vazio ideológico; atribuição à totalidade da esquerda do ideário e das práticas políticas do PCP; ignorância, nas delícias da ortodoxia, de tudo o que se foi escrevendo no campo da renovação da esquerda. O mais importante, porém, é que neste tipo de reação contra o PCP revela-se muito do próprio PCP, pelo que ele só na aparência é um partido pouco transparente.

2. *Os que não leem*. As condições da luta antifascista, as exigências erráticas do Poder nos últimos doze anos e o nível de cultura geral da classe política portuguesa fizeram com que um grupo significativo tenha revelado na convenção uma pasmosa falta de cultura política. Quando eram marxistas, não liam Marx (talvez lessem a Martha Harnecker);

---

3. No primeiro fim de semana de dezembro de 1986, realizou-se no cinema Império, em Lisboa, a Convenção da Esquerda Democrática. Central ao debate foi a reflexão sobre o que significa ser de esquerda e os caminhos para a sua renovação.

agora, que são liberais, não leem o riquíssimo pensamento liberal (talvez leiam a versão que tem dele a nova direita).

3. *Os que não se lembram.* Neste grupo cabem aqueles para quem a convenção foi uma espécie de *Twilight Zone*, que lhes permitiu esquecerem-se do que foram e do que outros foram e são, e desdizerem-se sem terem disso noção.

4. *Os que não são de esquerda.* Apesar de achar que é tão natural ser-se de esquerda como ser-se de direita, este grupo pensa que é natural que a gente o continue a considerar de esquerda, independentemente de tudo o que diz e faz. Dado o vazio ideológico em que pretende mergulhar a esquerda, este grupo manifesta, pelo seu comportamento, a hegemonia cultural da direita. Hoje em dia, em Portugal, é fácil à direita ser de esquerda.

5. *Os que não são portugueses.* Neste grupo cabem aqueles que conhecem de Portugal o aeroporto, a banca de jornais, duas ou três livrarias, três ou quatro restaurantes, a baixa lisboeta. O resto do país é igual a tudo o que conhecem, em detalhe, noutros países. São de esquerda, mas, de fato, da esquerda de outros países.

6. *Os que não estavam lá.* Entre estes contam-se muitos que lá não estavam e alguns que lá estavam. Estes últimos vieram visitar amigos ou, os mais pessimistas, em romagem ao cemitério depor flores, com laivos de masoquismo póstumo, na sua própria sepultura.

7. *Eduardo Lourenço.* Eduardo Lourenço representa o que de mais fundo e genuíno habita a nossa consciência coletiva destes últimos doze anos. Habita-a de muito longe, de um futuro que nem sequer sabemos se é nosso e de um passado que julgávamos resolvido. Daí também a nossa perplexidade perante a limpidez obsessiva da sua reflexão. O pensamento filosófico português de Teixeira de Pascoaes a Leonardo Coimbra e Sant'Ana Dionísio é atravessado pelo pessimismo da saudade. O específico de Eduardo Lourenço é que ele canta a saudade do futuro, de um futuro que, sabe, não existirá nunca. É que o seu discurso jeremiádico não encerra sequer a esperança da consolação do profeta. A sua lucidez chega a comover-nos, mas é trágico para a esquerda portuguesa que ela seja algo alienígena, que nos condene à triste condição de não podermos senão

cometer hoje os erros que os outros cometeram ontem, e não nos deixe nenhum espaço para inventar soluções novas nesta sociedade que somos e que, não sendo bávara, também não é bárbara. A prazo, Eduardo Lourenço será provavelmente mais um problema para a esquerda portuguesa. Sendo um pensador profundo e brilhante, não é um pensador sistemático e, por isso, dificilmente terá discípulos. Mas terá por certo adeptos e adversários. Nessa altura, é bem provável que Eduardo Lourenço se retire, com um sorriso irônico, para *la vallée des loups*.[4]

Como compete à lógica da classificação chinesa de Borges, devem fazer-se duas qualificações. Em primeiro lugar, muitos dos presentes na convenção cabem em mais de um grupo. Em segundo lugar, não cabem nesta classificação muitos outros. E felizmente que entre estes está a maioria e, mais importante, todos quantos se empenharam na organização desta convenção e asseguraram o seu êxito. E o que de melhor trouxe a convenção pode resumir-se neste caderno de encargos exigente mas factível:

1. É difícil de prever se a convenção contribuirá decisivamente para a transformação e a convergência da esquerda. Que uma e outra são essenciais ficou provado. Este começo dará tantos mais frutos quanto mais alargado for no futuro o espectro político dos participantes. Houve um tempo em que mesmo desunidos parecíamos muitos, hoje nem mesmo unidos somos bastantes.

2. É importante que a reflexão feita na convenção seja eficazmente filtrada para dentro do Partido Socialista (PS). Seria perigoso que o debate entre alguns setores do PS e os independentes não frutificasse, com as necessárias adaptações, num debate interno no PS. O perigo residiria em que, em vez de renovação do PS, teríamos uma crispação no PS entre os adeptos e os adversários da convenção.

3. Feita a catarse, a convenção criou novos espaços de mobilização. A convenção do próximo ano pode ser um desses espaços. No entanto, para que ela não se transforme num ritual de anticomemoração (de algum modo presente na primeira convenção), é

---

4. Referência à Quinta de Vale de Lobos para onde se retirou, desiludido do país, o grande escritor e historiador Alexandre Herculano. Aí morreu a 13 de setembro de 1877.

necessário que seja precedida de um trabalho sério de aprofundamento e sistematização dos temas que foram abordados nesta convenção e de outros que foram omitidos.
4. O trabalho a empreender deve ser mais virado para o presente e para o futuro (o passado dominou a primeira convenção), menos crítico e mais positivo, tecnicamente competente e politicamente culto.
5. A cultura política é um dos problemas mais sérios da esquerda. A esquerda portuguesa está ideologicamente exangue.
6. A cultura política de esquerda não pode negligenciar o conjunto de ideias e princípios com que contribuiu para o patrimônio cultural da nossa civilização e que é hoje muitas vezes apropriado nominalisticamente pela direita. Mas tem sobretudo de criar novas ideias e princípios, e mais do que isso criar uma cultura de inovação permanente.

A reflexão global deve assentar nos seguintes temas centrais, a que, a título de ilustração, junto alguns tópicos de debate:

a) *A questão da democracia socialista*. Sem democracia representativa não há democracia participativa. Sem ambas não há democracia socialista. À luz deste critério, os regimes sociais e políticos do Leste Europeu não podem ser modelos da luta socialista. No entanto, porque não são regimes imobilizados na história, há que analisar em pormenor as transformações que neles estão a ter lugar para não sermos amanhã surpreendidos pelo imobilismo das nossas ideias a respeito deles.

b) *A questão do capitalismo*. Não há hoje um, mas vários capitalismos, e não há nenhuma razão para crer que qualquer deles represente o fim da história. O autoritarismo do capitalismo não reside em ele ter de recorrer, em tempos de crise, a regimes autoritários e antidemocráticos, mas antes no fato de, em tempos normais, não poder estender eficazmente a democracia aos domínios da produção e do trabalho que ocupam a maioria dos anos de vida da esmagadora maioria da população. É, por isso, equívoco afirmar sem mais que não há hoje em Portugal o perigo do fascismo. Esse perigo não existe, se se entender o fascismo como regime político do Estado, mas existe, e é até muito grande em Portugal, se se entender o fascismo como regime político da empresa. O capitalismo só será superado na medida em que não puder conter o processo de aprofundamento da democracia que é a exigência fundamental da esquerda.

c) *O Estado e a sociedade civil*. É necessário encontrar alternativas teóricas para esta dicotomia. Tal como tem sido glosada, ela já não cobre os processos sociais e políticos do nosso tempo. Um dos processos mais intrigantes nos países capitalistas avançados é o modo como o Estado se expande sob a forma de sociedade civil. Em Portugal, é urgente investigar se o Estado forte (seletivamente forte) que temos é a causa ou o efeito da sociedade civil fraca (seletivamente fraca) que somos. Não temos em Portugal verdadeiramente um Estado-Providência, mas antes uma sociedade-providência. O caráter social do Estado é demasiado precário para que possa aguentar uma erosão muito significativa. Não faz sentido proclamar a excelência do regime democrático e, ao mesmo tempo, retirar-lhe as condições sociais da sua consolidação.

d) *Os conflitos sociais*. Se não há sujeitos privilegiados da história, é possível criticar a concepção tradicional de luta de classes. Mas há conflitos sociais com uma base social bem determinada. Pode dizer-se que, havendo duas estratégias, a Esquerda e a Direita, é absurdo pensar que para cada um dos portugueses é indiferente seguir qualquer dessas estratégias para prosseguir eficazmente os seus fins. Há, pois, que definir sociologicamente essa base social e organizá-la politicamente para as tarefas da democracia socialista.

e) *A questão ideológica*. Como nos aconselhava Descartes, a esquerda deve exercer a dúvida, mas não deve sofrê-la. Se o fizer, nunca conseguirá hegemonia cultural. Para exercer a dúvida, a esquerda deve ser pluralista nos seus recursos teóricos. O marxismo deve ser condenado enquanto doutrina oficial da política; mas não faz sentido esconjurá-lo enquanto teoria social. Enquanto tal, oferece boas pistas de investigação e é combinável com outras teorias. Nomeadamente com teorias produzidas pelo pensamento liberal. Mas o liberalismo, enquanto doutrina, deve ser igualmente condenado, pois está a tornar-se na forma ideológica do autoritarismo nas sociedades dependentes.

f) *Os modelos de desenvolvimento*. A crise dos modelos de desenvolvimento, tanto a oriente como a ocidente, é uma crise paradigmática, a crise do paradigma do progresso que nos acompanha desde o século XVIII. A primeira luta da esquerda é precisamente a luta pela definição da crise que atravessamos. Só uma definição paradigmática da crise permite formular certas perguntas, que pertencem ao nosso quotidiano e nos preocupam cada vez mais e que, no entanto, não foi até agora possível integrar nas lutas socialistas, cobrindo, pelo contrário, muitas vezes de ridículo quem as faz. Sem qualquer preocupação de sistematização, eis algumas dessas questões:

Por que é que a roda do desenvolvimento produz simultaneamente a riqueza e a miséria? Por que é que as mais nobres lutas contra a opressão e as concepções oligárquicas do poder desembocaram em soluções políticas autoritárias, com forte dinâmica de exclusão? Por que é que o progresso científico está cada vez mais ligado aos aparelhos militares e aos projetos bélicos e, portanto, à política de destruição? Por que é que sabemos cada vez mais a respeito do que nos é supérfluo e cada vez menos a respeito do que é estritamente necessário ao nosso bem-estar físico e psíquico? Por que é que se passou, nas sociedades contemporâneas, da gestão do tempo à gestão da falta de tempo? Por que é que perdemos mais tempo nos transportes quanto mais rápidos eles são? Por que é que as possibilidades de estar doente aumentam na proporção direta do aumento dos profissionais de saúde teoricamente ao nosso dispor? Por que é que poluir um rio é criminalmente menos grave do que matar um homem? Por que é que não se pode beber água da torneira, quer no Nordeste brasileiro, por excesso de micróbios e vermes, quer em Los Angeles, por excesso de produtos químicos? Por que se lavam os dentes depois da refeição e não se limpa a mata depois do piquenique? Por que pagamos cada vez mais caro por alimentos cada vez menos ricos? Por que é que a industrialização do turismo e dos tempos livres faz com que preenchamos o nosso lazer subordinados a ritmos, controles, programações e incômodos estruturalmente semelhantes aos que nos esmagam na fábrica ou no escritório?

Só uma crítica paradigmática poderá conferir um sentido socialista a estas questões. Para que tal crítica seja possível são necessárias armas teóricas de que por ora não dispomos. Daí que a frente cultural seja neste momento uma das mais decisivas. É uma frente de muitas frentes, que envolve crítica de muitas categorias, distinções, evidências de senso comum, postulados pseudocientíficos largamente partilhados, que o paradigma do progresso soube infiltrar no mais fundo do nosso processo de socialização. É por isso uma frente difícil, já que os elementos operativos do discurso e da comunicação estão inscritos nas nossas estruturas mentais, são "naturais" ao nosso modo de pensar e é extremamente penoso pensar sem eles.

g) *Portugal e o mundo*. Portugal não é um mundo à parte, mas é uma parte do mundo dotada de especificidade histórica, social, cultural e política. Somos uma sociedade intermédia, semiperiférica, onde não se aplicam sem adaptações as teorias sociológicas, econômicas e políticas formuladas para dar conta das realidades sociais, quer do Primeiro Mundo, quer do Terceiro Mundo. Estamos pois condenados a inventar, tanto no domínio da teoria como no domínio da prática. Se o não fizermos, alguém o fará por nós, sem nós e, quase inevitavelmente, contra nós.

Diário de Notícias, 24 de dezembro de 1986

1990

Dez meses que abalaram o mundo

Um desassossego epistemológico perante a hegemonia, hoje em profunda crise, do paradigma positivista percorre o nosso tempo. O nosso conhecimento é menos representação/reprodução do que imaginação controlada do social, exato, só e quando muito, a respeito de nós próprios, investigadores que nos reconhecemos em tudo o que conhecemos. É questionável se com isto preparamos a gestação de um novo paradigma. Mas é importante que estejamos cada vez mais atentos ao caráter argumentativo do conhecimento científico para a partir dele aprofundar as relações entre a produção e a divulgação científica, de modo a aumentar a competência argumentativa dos cidadãos, acicatando neles e reencantando neles o gosto e a capacidade de interpretar a sua sociedade e o seu quotidiano. Em última instância, o que está em causa é um novo pragmatismo virado para as relações entre ciência social e democracia, esperando delas a emergência de um novo senso comum sobre a sociedade, menos mistificador e conservador, mais esclarecido e emancipador.

A oportunidade para repensar as ciências sociais é talvez maior nos países periféricos e semiperiféricos do que nos países centrais onde as lealdades institucionais à epistemologia positivista foram mais extensas e fundas. A crise das ciências sociais nos países centrais e, muito particularmente, a crise da sociologia norte-americana criam o espaço para uma nova substituição de importações, desta vez no campo da cultura científica e — mais avisados que antes — com o objetivo de substituir não por repetição mas por inovação.

Transição para o capitalismo

Esta postura epistemológica implica que, em primeira linha, os desafios com que nos defrontamos não sejam específicos das Ciências Sociais em língua portuguesa, e sim das ciências sociais em geral. Os últimos dez meses abalaram o mundo e como tal abalaram o conhecimento que sobre ele fomos acumulando nos últimos cento e cinquenta anos. Os acontecimentos nos países do Leste Europeu, na África do Sul e na Nicarágua caíram como meteoritos nas águas paradas dos nossos pressupostos inquestionados.

Um deles, o pressuposto evolucionista, desconhecido ou odiado pela maioria dos que, de fato, o assumiram, fez-nos construir mil teorias sobre a transição do capitalismo para o socialismo e, naturalmente, nenhuma sobre a transição do socialismo para o capitalismo. É certo que para muitos de nós os países do Leste Europeu não eram socialistas senão com a nódoa de alguns adjetivos pejorativos (socialismo autoritário, burocrático etc.), mas supunha-se que a nódoa pudesse sair sem que o terno e o dono do terno tivessem que colapsar, e, para mais, colapsar no que, pensávamos nós, tinha sido irreversivelmente ultrapassado naqueles países.

Sabíamos, pelo menos desde Dahrendorf, que os conflitos de classe se podiam institucionalizar, mas custar-nos-ia admitir que o mesmo pudesse suceder com os conflitos raciais, sobretudo numa situação em que, como no caso da África do Sul, a população negra fosse a maioria e estivesse despojada de toda a representação política e do acesso aos meios de produção. Por último, partimos, com boas razões, do pressuposto de que a transformação social ocorreria, no nosso século, segundo um de dois modelos, a reforma ou a revolução. Admitimos várias combinações entre eles mas era quase inimaginável que uma revolução se deixasse serenamente desarmar numa mesa de voto, sabendo que essa mesa fora minada pela guerra civil e pelo boicote instigados por uma potência estrangeira, como aconteceu na Nicarágua.

Os acontecimentos dos últimos dez meses constituem, pois, um desafio a questionar muito do nosso senso comum científico e político. Para além das questões já referidas, as transformações ocorridas nos países do Leste Europeu questionam os modos convencionais de conceber a construção, o desenvolvimento e a resolução dos conflitos internacionais. O conflito Leste-Oeste foi concebido, sobretudo desde a Segunda Guerra Mundial, como o conflito matricial da vida política interna e internacional de virtualmente todos os países do mundo. Um conflito compacto e explosivo feito de contradições sobrepostas, econômicas, políticas, culturais, militares, sempre à beira de fugirem ao controle dos gestores do conflito. Um conflito irresolúvel, uma vez que as teses da convergência dos dois sistemas a cada passo se desacreditavam e, por outro lado, era impensável que um dos sistemas estivesse disposto a cair nos braços do outro.

E, no entanto, foi isto o que aconteceu ou está a acontecer. O socialismo sai da cena e o capitalismo, que as teses do pós-industrialismo tinham declarado irreconhecível, revela uma nova autenticidade e uma nova pujança. Por acontecer e por acontecer tão de repente tudo isto é dramaticamente importante, e o impacto nas ciências sociais será sem dúvida grande na década final do século. Se é verdade que a teoria econômica não se recuperou ainda das surpresas que lhe trouxe a primeira crise do petróleo, não é menos verdade que as teorias sociais levarão algum tempo a recuperar-se do Inverno de 1989-Primavera de 1990.

No entanto, a dramática e mediática importância de tudo isto oculta-nos ou faz-nos esquecer dois outros fenômenos em curso.

O Leste-Oeste e o Norte-Sul

Em primeiro lugar, a resolução do conflito Leste-Oeste ocorre de par com o agravamento do conflito Norte-Sul. A engenharia do fracasso das políticas de desenvolvimento nunca atuou com tanta eficácia como na década de 1980, o abismo entre o Norte e o Sul nunca foi tão grande e não há sinais de que se atenue nas próximas décadas. Este desenvolvimento assimétrico dos dois conflitos constitui um desafio decisivo às ciências sociais.

Afinal, o conflito Leste-Oeste, que era um conflito entre inimigos, apostados na destruição um do outro, resolve-se com uma facilidade desarmante, enquanto o conflito Norte-Sul, que sempre foi concebido como um conflito entre "amigos", apenas uns menos desenvolvidos que outros, mostra-se cada vez mais irresolúvel. Por outro lado, todos nós fomos na última década testemunhas ou ativistas de uma certa degradação do valor explicativo dos fatores econômicos em face do valor explicativo dos fatores políticos e ideológicos, os quais, de repente, nos parecem mais determinantes e as explicações que proporcionam mais convincentes.

Perante isto, é perturbador verificar que, enquanto o conflito assente em razões políticas e ideológicas se derrete como cera, o conflito que parece não ter outras razões que as econômicas revela uma total rigidez. Será que o determinismo econômico entrou pela janela depois de ter sido deitado fora pela porta? Mas mais desafiante ainda é verificar em que medida os dois conflitos estão ligados, em que medida a progressiva resolução do conflito Leste-Oeste é parte do mesmo processo que produz o constante agravamento do conflito Norte-Sul, e neste caso por Sul devemos entender também a Europa do Sul.

É perturbador verificar a rapidez com que o discurso e as políticas anticomunistas são substituídos nos Estados Unidos da América pelo discurso e as políticas antidroga com a reposição da dialética inimigo interno/ inimigo externo mas deslocada, desta vez, para o Sul de tal modo que o conflito Norte-Sul passa a assumir características de conflito Leste-Oeste.

A "perestroika" no Ocidente

Relacionado com este, os acontecimentos nos países do Leste Europeu produzem ainda um outro fenômeno de ocultação, cuja análise ou desocultação constitui um outro desafio importante às ciências sociais neste final do século. O desmoronamento dos regimes do Leste constitui o grande espetáculo midiático dos últimos meses, o que deu grande visibilidade pública à falência dos mecanismos de regulação social em que tais regimes assentavam. Em contraste, o Ocidente deixou de ser notícia, as relações sociais capitalistas pareceram mais naturais do que nunca e os seus efeitos menos recomendáveis foram facilmente ocultados ou desculpabilizados de acordo com o princípio de que não há bela sem senão ou de que não há rosa sem espinhos.

Nesta estratégia de ocultação não está apenas envolvido o agravamento do conflito Norte-Sul, está também, quiçá relacionado com ele, a degradação da qualidade de vida nos países centrais. O aumento das assimetrias sociais e regionais, os desequilíbrios crescentes na representação dos interesses e a consequente formalização da competição democrática a que o cidadão responde com "apatia eleitoral", a mercantilização da vida privada, a situação de anomia narcisista em que a autenticidade do ser e fazer se reduz à verossimilhança da simulação do que se é ou faz, a precarização e alienação do trabalho numa sociedade com cada vez maiores riscos e piores seguros, sobretudo no seguimento da retração do Estado-Providência, a diferenciação extrema de bens e serviços subordinada a uma lógica de desaparição de que as imagens televisivas são campo privilegiado, a multiplicação aparentemente infinita das relações sociais do consumo feita de satisfações que criam necessidades com que se escamoteia a questão do acesso a que tipo de consumo, enfim, e acima de tudo, a degradação alarmante do meio ambiente, produto de causas por vezes recentes, mas cujas consequências são irreversíveis durante várias gerações.

Tudo isto é, de repente, muito pouco com o que se passava até há meses nos países do Leste Europeu. O que nisto se oculta é a ideia de que a exposição dos erros dos regimes do Leste Europeu não desculpa os erros das sociedades capitalistas e que, pelo contrário, a "perestroika" no Oriente, para ter o pleno êxito que todos lhe auguramos, tem de ser seguida por uma "perestroika" no Ocidente, uma "perestroika" sem dúvida muito diferente dela, mas, por certo, não menos profunda. É precisamente a "perestroika" no Ocidente que constitui o outro grande desafio às ciências sociais neste fim de século. Este desafio desdobra-se no cumprimento de uma série de tarefas novas, cuja importância não pode ser minimizada.

Em primeiro lugar, começa hoje a ser generalizadamente reconhecido que se verificaram as previsões mais pessimistas de Schumpeter sobre a progressiva distância entre representantes e representados nos regimes democráticos. Se é certo que acumulação dos "paradoxos" ou das "promessas não cumpridas" da democracia moderna não nos podem fazer desistir dela, não é menos certo que cada vez mais se impõe uma reconstrução profunda da teoria democrática que expanda e enriqueça o conceito de cidadania, que garanta a autonomia dos cidadãos perante a burocratização da vida pública e as indústrias culturais e midiáticas, que reponha o princípio da igualdade não formal como condição do exercício da liberdade e, finalmente, que assegure a transparência dos processos de informação e de decisão.

Em segundo lugar, as transformações recentes nos regimes de acumulação capitalista têm vindo a aumentar o potencial destrutivo da força bruta da necessidade econômica. Este fato ligado ao efeito ideológico do produtivismo, isto é, à ilusão de que todo o problema humano se pode resolver sempre com mais produção, tem vindo a provocar um desastre ecológico para cuja configuração e análise as ciências sociais se encontram despreparadas. De diferentes formas, as ciências sociais aprenderam sempre a centrar-se nas relações sociais de produção e de reprodução social. Com isto, deram menos atenção à estrutura material da produção e negligenciaram as relações entre os processos humanos de produção e os processos vitais dos sistemas macroecológicos, tal como, de resto, negligenciaram as relações entre o trabalho assalariado e outras formas de trabalho, o trabalho doméstico, o trabalho camponês, o trabalho comunitário, o trabalho artístico e recreativo, o trabalho do lazer. O desafio consiste em redefinir as prioridades teóricas e analíticas, ampliando os conceitos de produção e de reprodução humanos até incluir a produção e a reprodução da natureza, criando campos explicativos contingentes mas cúmplices onde seja possível pensar conjuntamente a produção de utilidades sociais, a salvaguarda do meio ambiente, a crítica do sexismo e do racismo e a criatividade do trabalho não alienado.

Em terceiro lugar, a "perestroika" no Leste Europeu produziu um efeito de desidentificação que transmutou inimigos em amigos e vice-versa e que, ao fazê-lo, tornou mais difícil, momentaneamente pelo menos, saber de que lado se está ou sequer se há lados para se estar. Este efeito, em si mesmo estimulante, pode ser paralisante se entretanto não for possível reinventar o sentido da transformação e da emancipação sociais. Este é mais um dos grandes desafios postos às ciências sociais neste fim de século. Um desafio particularmente difícil de cumprir, uma vez que as próprias transformações no Leste Europeu vieram demonstrar que não há uma teoria geral de transformação social. De um mundo de sobredeterminação passamos a um mundo de subdeterminação que obriga a investigar em concreto as condições sociais e históricas de cada formação social. O que significa que ninguém é medida, modelo, ou futuro de ninguém e que, por isso, é muito difícil aprender com a experiência dos outros. As ciências sociais são assim desafiadas a construir uma nova relação entre universalismo e particularismo e a aprender sem limites os limites do que nos podem ensinar.

Daí a importância da postura epistemológica que comecei por referir. Conjugada com os acontecimentos dos últimos dez meses, recomenda-nos como orientação geral para as ciências sociais neste fim de século o sermos mais idealistas a respeito das nossas ciências e mais sociológicos a respeito dos nossos ideais.

Estes são alguns dos desafios que se colocam às ciências sociais em geral e, portanto, às ciências sociais em língua portuguesa, tal como às ciências sociais em qualquer outra língua. Mas, para além destes, haverá outros desafios que se colocam especificamente às ciências sociais em língua portuguesa? Pensamos que sim.

As ciências sociais em língua portuguesa

Antes de mais, eles decorrem do modo como as nossas sociedades partilham o mundo. Nenhuma delas ocupa uma posição central ou hegemônica no sistema mundial. Para alguns, Portugal e Brasil são duas sociedades semiperiféricas, uma no contexto europeu e outra no contexto americano, e as sociedades africanas de expressão oficial portuguesa pertencem inequivocamente, com as outras sociedades africanas, à periferia do sistema mundial. Em qualquer dos casos, e apesar das diferenças significativas, partilhamos posições de vulnerabilidade perante os efeitos de processos transnacionais que não controlamos. Se o conflito Norte-Sul divide o mundo entre o mundo das causas e o mundo das consequências, pertencemos inequivocamente ao mundo das consequências.

Os desafios às ciências sociais em língua portuguesa derivam antes de mais nada da compreensão profunda desta posição e da criatividade social que é preciso mobilizar para a alterar a favor das nossas sociedades nas próximas décadas. Mas eles derivam sobretudo das condições sociais específicas, internas das nossas sociedades, na medida em que as especificidades dessas condições em relação às dominantes nas sociedades centrais onde foi produzido o conhecimento sociológico hegemônico nos obrigam a um esforço constante de inovação teórica e de criatividade analítica. E neste caso os pedaços de história que partilhamos, sendo como que águas subterrâneas que mesmo de longe alimentam os problemas na aparência específicos de cada uma das nossas sociedades, podem ser também recursos preciosos para os esforços conjuntos de inovação e de criatividade científicos a empreender.

Quando falamos de "democracia e desigualdades sociais" pretendemos assinalar um primeiro conjunto de desafios. As nossas sociedades têm estruturas de classes muito distintas entre si, mas, no conjunto, igualmente distintas das estruturas de classes das sociedades centrais. Cada uma de sua maneira, constituem complexas misturas de *Gemeinschaft* e *Gesellschaft*[1] onde tem ainda importância a pequena agricultura familiar e onde as redes de sociabilidade, de solidariedade e de interconhecimento desempenham um papel importante na produção de providência social. São também sociedades com curtíssima ou curta mas sempre tortuosa tradição democrática, pronta a resvalar para o autoritarismo dos múltiplos anéis burocráticos e para a discrepância entre quadros legais civilizados e práticas sociais por vezes bárbaras. Sociedades que, pela sua posição de vulnerabilidade no sistema mundial, são susceptíveis de sofrer a crise do Estado-Providência sem nunca terem tido um Estado-Providência.

Os desafios à compreensão analítica da complexidade destes processos sociais são ainda maiores quando se trata de, a partir destes processos, tentar conceber vias de transformação social ajustadas e realistas. Daí, a questão dos "novos sujeitos sociais". Nas nossas sociedades, esta questão traz de imediato consigo a questão dos velhos sujeitos sociais. Umas mais que outras, as nossas sociedades denotam o que podíamos designar por déficit corporativo, que se caracteriza em geral por um grande desequilíbrio na organização de interesses, pela baixa representatividade das organizações, pela resistência à institucionalização dos conflitos, enfim, pelos baixos índices de cidadania coletiva. Onde estão, pois, os velhos sujeitos sociais para que no lugar deles ou ao lado deles se anunciem os novos sujeitos sociais? É uma questão complexa uma vez que as nossas sociedades, ou algumas delas, não tendo ainda cumprido algumas das promessas de modernidade (liberdade, igualdade e fraternidade), sentem-se simultaneamente atravessadas por traços de pré-modernidade e, sobretudo, nos grandes centros urbanos, por identidades culturais, estilos de vida e de consumo que nas sociedades centrais fazem o discurso da pós-modernidade.

Por estas razões, quando analisadas em corte sincrônico, as nossas sociedades constituem aos olhos desatentos como que uma anomalia

---

1. Conceitos cunhados pelo sociólogo alemão Ferdinand Tonnies (1855-1936) para definir tipos de laços e relações sociais. Tradução em português: sociedade, comunidade.

geológica fruto de ancestrais e recorrentes abalos tectônicos ou curtos-circuitos históricos.

A transnacionalização da cultura e os saberes locais

A complexidade social que daqui resulta é também uma complexidade cultural feita de culturas nacionais, locais, comunitárias, étnicas. A posição de vulnerabilidade das nossas sociedades no sistema mundial desafia-nos a problematizar o modo de inserção de toda essa complexidade em processos cada vez mais pujantes de transnacionalização da cultura. Perguntamo-nos se existe um modo de regulação cultural periférico ou semiperiférico. Mas curiosamente este processo de transnacionalização tem vindo a ser confrontado na última década com um processo inverso, de fragmentação, que se revela na crítica da cosmologia modernista entendida como uma abstrata, homogeneizante e super-racional marcha civilizacional, de costas para o passado e assente no evolucionismo, no materialismo e no coletivismo: a cosmologia hegemônica dos anos de 1960. Ao contrário, o processo de fragmentação que, aliás, para complicar as coisas, se apresenta em duas versões, uma, revivalista e neotradicionalista, e outra, pós-modernista, proclama a rebeldia das periferias contra os centros, tanto nas sociedades como nos indivíduos, e traduz-se na emergência de novas autonomias, identidades e lealdades culturais, nacionais, subnacionais, locais, étnicas, sexuais, linguísticas. A revolução integradora de que falava o antropólogo norte-americano Cliford Geertz no início dos anos 1960 transmuta-se em saber local, revoluções desintegradoras de que os países do Leste Europeu fornecem atualmente um exemplo particularmente esclarecedor.

Para alguns, este processo de fragmentação é típico de um período de retração do sistema mundial e assinala alterações no centro e mudanças profundas de hegemonia. Como quer que seja, o desafio que se nos coloca é o de saber como aumentar o espaço de manobra das nossas culturas nos interstícios das contradições entre processos de transnacionalização e processos de fragmentação.

Jornal de Letras, 10 de julho de 1990

1993

O racismo

Acontecimentos recentes e não tão recentes indicam que o país vive um período de hostilidade racial, tendo como alvo privilegiado as minorias étnicas, os ciganos e os africanos. De repente, as equações racistas emergem nos relatórios policiais, nos noticiários e nas conversas: ciganos igual a tráfico de droga; jovens africanos igual a delinquência. Sem que ninguém note, uma série de outras equações é, pelos mesmos meios, omitida: ciganos e africanos igual a marginalização social; ciganos e africanos igual aos postos de trabalho mais duros e mais mal remunerados na construção civil; jovens africanos igual a discriminação num sistema escolar eurocêntrico e mal disfarçadamente racista; africanos igual a tratamento discriminatório em repartições de um Estado ainda autoritário e cheio de tiques colonialistas; africanos igual a uma comunicação social totalmente insensível à sua cultura, às suas tradições, à sua maneira de estar e falar, aos seus problemas.

Donde vem este alarme racista? Para muitos, ofuscados pelas aparências, o preconceito racial é sobretudo forte nas classes populares e instala-se nelas em face da violência e criminalidade que testemunham quotidianamente. No sistema social profundamente injusto em que vivemos, as verdadeiras causas e os verdadeiros causadores sabem ocultar-se. Por isso, as vítimas são muitas vezes feitas vítimas por outras vítimas: ciganos e africanos a viver em bairros degradados a serem agredidos por brancos a viverem em bairros degradados. Vítimas de vítimas. Contudo, é hoje possível saber que o racismo nasce no discurso racista das elites políticas e sociais, sendo depois filtrado para as classes populares. A classe política portuguesa é mais racista do que o que pensa ou quer admitir. Quantas insinuações racistas na recente campanha de legalização dos imigrantes ilegais e na discussão da infeliz lei do asilo? Onde está a punição exemplar dos polícias culpados de comportamento racista? Onde está na CGTP e na UGT a defesa dos interesses dos operários africanos?[1] Onde

---

1. Confederação Geral dos Trabalhadores (CGTP), central sindical pró-comunista; União Geral dos Trabalhadores (UGT), central sindical pró-socialista.

está a representação eficaz das associações de africanos na vida pública portuguesa, a começar pela Câmara Municipal de Lisboa? Onde estão os locutores e apresentadores de televisão africanos? Onde está o Portugal que, com atrocidades pelo meio, ajudou a construir a maior sociedade multirracial do mundo, o Brasil?

Um país sente-se confortável nos seus preconceitos racistas quando os governantes e as elites o reconfortam diariamente com mentiras e meias verdades sobre o comportamento racial que, pronunciadas com a autoridade pública, apenas subscrevem e sublinham o autoritarismo privado.

TSF, 16 de setembro de 1993

A reforma do sistema de saúde nos EUA

O Presidente Bill Clinton acaba de propor ao Congresso uma alteração radical do sistema de saúde americano, tão radical que é já considerada uma revolução social. Examinemos a situação atual, a que a proposta pretende pôr cobro. Os Estados Unidos gastam em saúde proporcionalmente mais que qualquer outro país do mundo e, no entanto, o seu nível de saúde — medido pela taxa de mortalidade infantil, pela taxa de vacinação e outros indicadores — é mais baixo do que o da maioria dos países da Europa. O sistema de saúde é basicamente privado, organizado para dar lucro e gerido pelas companhias de seguro e pela chamada indústria da saúde (hospitais e clínicas privadas, indústria farmacêutica e de equipamentos). Os prêmios de seguro que variam de acordo com o elenco das doenças e dos tratamentos cobertos são pagos pelos patrões e pelos empregados. Em alguns casos, um terço do rendimento familiar é gasto com os seguros de saúde. Há patrões que oferecem bons seguros, outros maus seguros, e outros nenhum seguro. E se se estiver desempregado, não se tem seguro. Em resultado, este é um sistema injusto, em que 37 milhões de americanos não têm qualquer seguro de saúde, chegando a vender a casa e outros bens para pagar uma operação. Entretanto, a indústria da saúde é uma das mais lucrativas e os preços sobem anualmente mais de duas vezes o valor da inflação. Perante esta situação, o Plano de Clinton, ao pretender garantir a todos os americanos um seguro de saúde que não mude quando se muda de emprego ou se perca quando se perde o emprego, um plano que permita a todos os americanos um acesso a serviços de saúde de razoável qualidade, é, sem dúvida, um plano revolucionário. Em que consiste? Numa fortíssima intervenção do Estado a favor dos grupos sociais mais vulneráveis, no controle estatal dos preços e da qualidade dos serviços, na organização dos consumidores, através do Estado, de modo a aumentar o seu poder de negociação frente às seguradoras e à indústria da saúde.

Sendo os Estados Unidos uma grande potência, este plano não pode deixar de ter impacto entre nós. Em primeiro lugar, os nossos liberais, da nova esquerda e da nova direita, devem estar desolados ao ver que o país que lhes ensinou as maravilhas do mercado durante a década de 1980, de repente, descrê do mercado, declara-o injusto e põe-no sob a tutela do Estado. Em segundo lugar, a destruição do Serviço Nacional de Saúde, que está a ser levada a cabo pelo governo português, vai criar uma situação tão desastrosa como aquela a que Clinton tenta pôr cobro, e bem mais injusta: os portugueses vão pagar mais pela sua saúde e muitos não vão ter meios para isso. Em terceiro lugar, uma vez aberta a porta do lucro às seguradoras e à indústria da saúde, é muito difícil fechá-la. À luz disto, é forçoso concluir que a política do governo está no caminho errado: defrauda os portugueses no presente e compromete a sua saúde no futuro.

TSF, 30 de setembro de 1993

O Prêmio Nobel da Paz de 1993[2]

A atribuição conjunta do prêmio Nobel da Paz a Nelson Mandela e a Frederick De Klerk deixou-me inquieto. Aparentemente, não há nada de novo nesta atribuição conjunta. Corresponde a um padrão de atuação do Comitê Nobel: sempre que num conflito de grandes proporções os contendores decidem fazer a paz, o Comitê distribui o prêmio por ambas as partes. Assim, em 1973, no fim da guerra do Vietnã, atribuiu-o a Henry A. Kissinger e a Le Duc Tho, que aliás o recusou. Em 1978, por ocasião dos primeiros acordos de paz entre israelitas e árabes, atribuiu-o a Menachem Begin e a Mohamed Anuar Al-Sadat. E agora atribuiu-o a Mandela e De Klerk, no momento de liquidação do *apartheid* e com a expectativa de uma África do Sul democrática. É bem possível que Yitzhak Rabin e Yasser Arafat o venham também a conquistar nos próximos anos. Apesar disto, a atribuição do prêmio Nobel da Paz deste ano perturbou-me. Se a atribuição do prêmio a Mandela aqueceu o meu coração, a atribuição a De Klerk deixou-me frio. Tento compreender as razões do Comitê.

O regime do *apartheid* foi um dos mais violentos e repugnantes regimes políticos do pós-guerra e, sem dúvida, o mais odiado internacionalmente e, além disso, ocorreu num país com valor estratégico para o Ocidente. Não surpreende, pois, que o Comitê Nobel tenha estado interessado na luta dos negros sul-africanos. No prazo de 33 anos, quatro sul-africanos ganharam o prêmio Nobel da Paz: em 1960 ganhou-o o Chefe Zulu Luthuli, na altura presidente do Congresso Nacional Africano; em 1984, ganhou-o o bispo negro Desmond Tutu; e agora foi a vez de Mandela e De Klerk. Mandela foi, no início da década de 60, o ativista negro mais procurado pela polícia sul-africana. Ao fim de dois anos de clandestinidade, foi preso, num momento em que se fazia passar por motorista. Pouco depois, condenaram-no à prisão perpétua. Foi libertado ao

---

2. O presidente reformista Frederik de Klerk e o líder negro Nelson Mandela conquistaram o Prêmio Nobel da Paz, referente a 1993, na sequência de distinções que já haviam obtido nos Estados Unidos e na Unesco, "pelo seu trabalho para o término pacífico do regime do *apartheid*, e por estabelecer as bases para uma nova África do Sul democrática".

fim de 27 anos, em 11 de fevereiro de 1990. E quanto a De Klerk? Fez, obviamente, toda a sua carreira política dentro do regime do *apartheid*, subiu as fileiras do partido nacionalista e, no final da década de 1980, ascendeu à Presidência da República. Tal como Gorbachev, é um homem do regime que contribui para pôr fim ao regime. Apesar disso, tenho sérias dúvidas de que De Klerk mereça o prêmio Nobel. Em primeiro lugar, suspeito de que a paz precária da África do Sul esteja a ser em parte obtida à custa da guerra em Angola e do impasse em Moçambique. O massacre hediondo de populações civis pelas tropas da Unita[3] não seria possível sem a conivência da África do Sul e, portanto, de De Klerk. Em segundo lugar, De Klerk não tem a mínima intenção de abrir mão dos mais importantes privilégios dos brancos, nomeadamente econômicos, tem apresentado propostas no sentido de atribuir aos brancos um direito constitucional de veto e tem feito tudo para desmobilizar o ANC e dividir a população negra. Desde 1990, mais de 10.000 mil negros morreram na África do Sul, muitos deles às mãos da polícia de De Klerk. Para mim, da martirizada Angola e do martirizado Moçambique aos massacres nos bairros negros da África do Sul, as mãos de De Klerk estão manchadas de sangue. De fato, esta concessão do prêmio Nobel da paz não me deixa frio, deixa-me gélido.

TSF, 28 de outubro de 1993

---

3. A União Nacional para a Independência Total de Angola foi fundada em 1966. Depois da independência de Angola (1975), proclamada pelo MPLA, conduziu a luta armada contra o partido no poder até 2002, ano em que foi assassinado o seu líder, Jonas Savimbi. Por sua vez, o Movimento Popular de Libertação de Angola foi fundado em finais dos anos 1950 e liderou a luta contra o colonialismo português. É o partido que governa Angola desde a independência.

Os EUA e o Vaticano no Haiti[4]

A situação no Haiti revela uma convergência preocupante entre os dois grandes atores internacionais a emergir do fim da Guerra Fria: os Estados Unidos da América e o Vaticano. Merece, pois, uma reflexão.

O Haiti é um dos países mais pobres do continente americano. Apesar de se ter tornado independente em 1804 a partir de uma revolta de escravos — caso inédito —, em breve se transformou numa das mais injustas e violentas sociedades do continente. Ao longo de quase dois séculos, raramente houve eleições, nenhum presidente terminou pacificamente o mandato e muitos foram mortos. A ditadura mais longa e mais sangrenta foi a de Duvalier, entre 1957 e 1986. Finalmente, em 1989, realizaram-se as primeiras eleições livres deste século e foi eleito o padre salesiano Jean Bertrand Aristide, com 68% dos votos. Padre progressista, adepto da teologia da libertação, o Presidente Aristide tomou algumas medidas políticas corajosas como, por exemplo, tentar minimizar a situação de pobreza extrema da esmagadora maioria da população, promover a reforma agrária e denunciar a participação das forças armadas no tráfico de droga. Isso custou-lhe a presidência. Deposto em 1991, a comunidade internacional foi até agora impotente para forçar os golpistas a repor a legalidade democrática. Qual o papel dos Estados Unidos e do Vaticano? Os Estados Unidos têm uma longa tradição de tutela sobre o Haiti, que, aliás, ocuparam entre 1915 e 1934. Sempre apoiaram os ditadores haitianos e, desde a década de 1960, usaram-nos como seus aliados contra Cuba. Dadas as inclinações de esquerda do padre Aristide, o golpe que o depôs

---

4. O acordo de Governor's Island, assinado a 3 de julho de 1993 pelo Presidente Jean-Bertrand Aristide e pelo chefe das Forças Armadas, o General Raoul Cédras, obrigava este último a abandonar as suas funções até 14 de outubro, data prevista para o regresso do presidente, exilado desde o golpe de Estado, em setembro de 1991. Mas a 11 de outubro de 1993, cerca de 200 soldados, pertencendo a um contingente de 1.300 soldados da ONU que deveriam ajudar no processo de transição democrática, foram impedidos, por manifestantes armados, de desembarcar na doca de Port-au-Prince. Na noite de 13 de outubro, o Conselho de Segurança da ONU decidiu restabelecer as sanções econômicas ao Haiti, caso o acordo de Governor's Island não fosse cumprido.

não desagradou à Administração de George Bush. Uma democracia progressista podia pôr em causa interesses americanos no país e na região. Por outro lado, os militares haitianos são desde há muito colaboradores da CIA e foi, aliás, com base em informações por eles fornecidas que a CIA tentou agora desacreditar o Presidente Aristide, com um relatório sobre a sua suposta instabilidade mental. Por sua vez, Bill Clinton não mostra nenhum zelo especial em repor a democracia no Haiti. Terminada a Guerra Fria, a atuação dos Estados Unidos no Haiti levanta duas preocupantes questões: até onde vai o zelo americano na defesa dos ideais democráticos? Como vão os Estados Unidos reagir quando outros líderes de esquerda vierem a ganhar eleições democraticamente (por exemplo, Daniel Ortega na Nicarágua, ou Lula no Brasil)?

Por seu lado, a atuação do Vaticano no caso do Haiti, mais do que preocupante, é revoltante. A Igreja de Roma procurou impedir a atividade política do padre Aristide, censurou-o publicamente e acabou por suspendê-lo. Não é crível, porém, que a razão esteja na intervenção política em si mesma. Não conheço ministro da Igreja mais político no mundo de hoje do que o bispo de Varsóvia, e não consta que tenha tido problemas com o Vaticano. O que suscitou a hostilidade do Vaticano foi antes a política progressista e a pregação da teologia da libertação. O sectarismo da Igreja de Roma foi ao ponto de o Vaticano ter sido um dos primeiros Estados a restabelecer as relações diplomáticas com os militares golpistas. E é revoltante que estes tenham chegado a indicar o Vaticano como árbitro da sua confiança contra o Padre Aristide. A situação no Haiti mostra até que ponto o Papa polaco está a transformar a Igreja Católica num ator internacional conservador, mais atento aos seus interesses do que aos seus princípios. E aqui reside a perigosa convergência com os Estados Unidos. Estiveram juntos na Europa de Leste e estão agora juntos no Haiti. Onde está a verdadeira defesa da democracia? Onde está a verdadeira Igreja dos pobres?

TSF, 4 de novembro de 1993

Timor-Leste – Direitos Humanos[5]

Fez na semana passada dois anos que ocorreu o massacre de Santa Cruz em Timor. Por pura coincidência, nessa semana recebi um telefonema de estudantes da Faculdade de Direito de Yale, pedindo-me informações sobre o direito português eventualmente necessário para uma ação judicial intentada por um grupo de direitos humanos contra o comandante das tropas indonésias em Timor, à data do massacre. Formalmente, os estudantes atuam em representação da mãe de uma das vítimas, pedindo muitos milhões de dólares pela morte do filho. A ação judicial tornou-se possível pelo fato de o comandante, depois do massacre, ter ido estudar para os Estados Unidos. Uma vez descoberta a sua presença, o grupo de direitos humanos atuou. Esta solicitação dos estudantes de Yale fez-me pensar. Era-me feita por estudantes de uma das melhores universidades americanas, que faziam da sua militância pelos direitos humanos um trabalho escolar a ser avaliado como qualquer outro. Pensei, pois, sobre o contraste de tudo isto com a nossa realidade, quer quanto à mobilização social pelos direitos humanos, quer quanto à atitude das Faculdades de Direito.

Quanto à mobilização social, é evidente que não existe ainda em Portugal uma cultura política de cidadania ativa: pouca tradição democrática, um Estado autoritário de quem tudo se espera mesmo quando se tem uma atitude de oposição em relação a ele, ausência de uma pedagogia democrática e de direitos humanos nas escolas. Tudo isto tem contribuído para que os portugueses, ainda hoje, se sintam mais como súditos do que como cidadãos, sobretudo nas situações de crise. Felizmente, há alguns

---

5. Em 1996, José Ramos-Horta e o Bispo de Díli, D. Ximenes Belo, receberam o Nobel da Paz pela defesa dos direitos humanos e da independência de Timor-Leste. Em 1998, com a queda de Suharto, após o fim do "milagre econômico indonésio", B. J. Habibie assumiu a presidência deste país, tendo acabado por concordar com a realização de um referendo onde a população votaria "sim" se quisesse a integração na Indonésia com autonomia, e "não" se preferisse a independência. O referendo foi realizado em 30.08.1999 e o povo timorense rejeitou a autonomia proposta pela Indonésia escolhendo a independência formal. Em maio de 2002, Timor-Leste tornou-se o primeiro país a nascer no século XXI.

sinais de mudança. Nos últimos anos, surgiram em Portugal várias associações de defesa dos direitos humanos. No entanto, por enquanto, pelo menos, a sua atividade é baixa. Acresce que, em relação a algumas delas, dá a impressão de que foram criadas apenas para adiar a passagem à reforma de algumas figuras políticas. Em relação a outras, organizadas por gente mais jovem, dá a impressão de que são trampolins para carreiras políticas a prosseguir dentro de momentos no lugar próprio, isto é, nos grandes partidos. Entre umas e outras, escapam algumas organizações genuinamente solidárias com o sofrimento humano. Nelas reside a nossa esperança.

E quanto às Faculdades de Direito? Seria possível vê-las a apoiar ou sequer a tolerar o trabalho escolar dos estudantes que me consultaram? Penso que não. As Faculdades de Direito são de todas as instituições universitárias portuguesas as mais retrógradas. Em geral, os professores são pedagogicamente conservadores, mesmo quando são politicamente de esquerda. Estupidificam os estudantes com a memorização de definições e leis que hoje qualquer banco de dados pode fornecer instantaneamente. Se simples estudantes propusessem combinar a militância ativa pelos direitos humanos com trabalho escolar, isso seria certamente considerado político e descabido. Entretanto, os professores escrevem pareceres, pagos a peso de ouro, para processos que envolvem grandes empresas ou criminosos endinheirados, tráfico de droga, alta-burla, políticos acusados de corrupção etc. Isso, no entanto, não é política — é ciência jurídica. O povo maubere merecia melhor. E nós?

TSF, 18 de novembro de 1993

1994

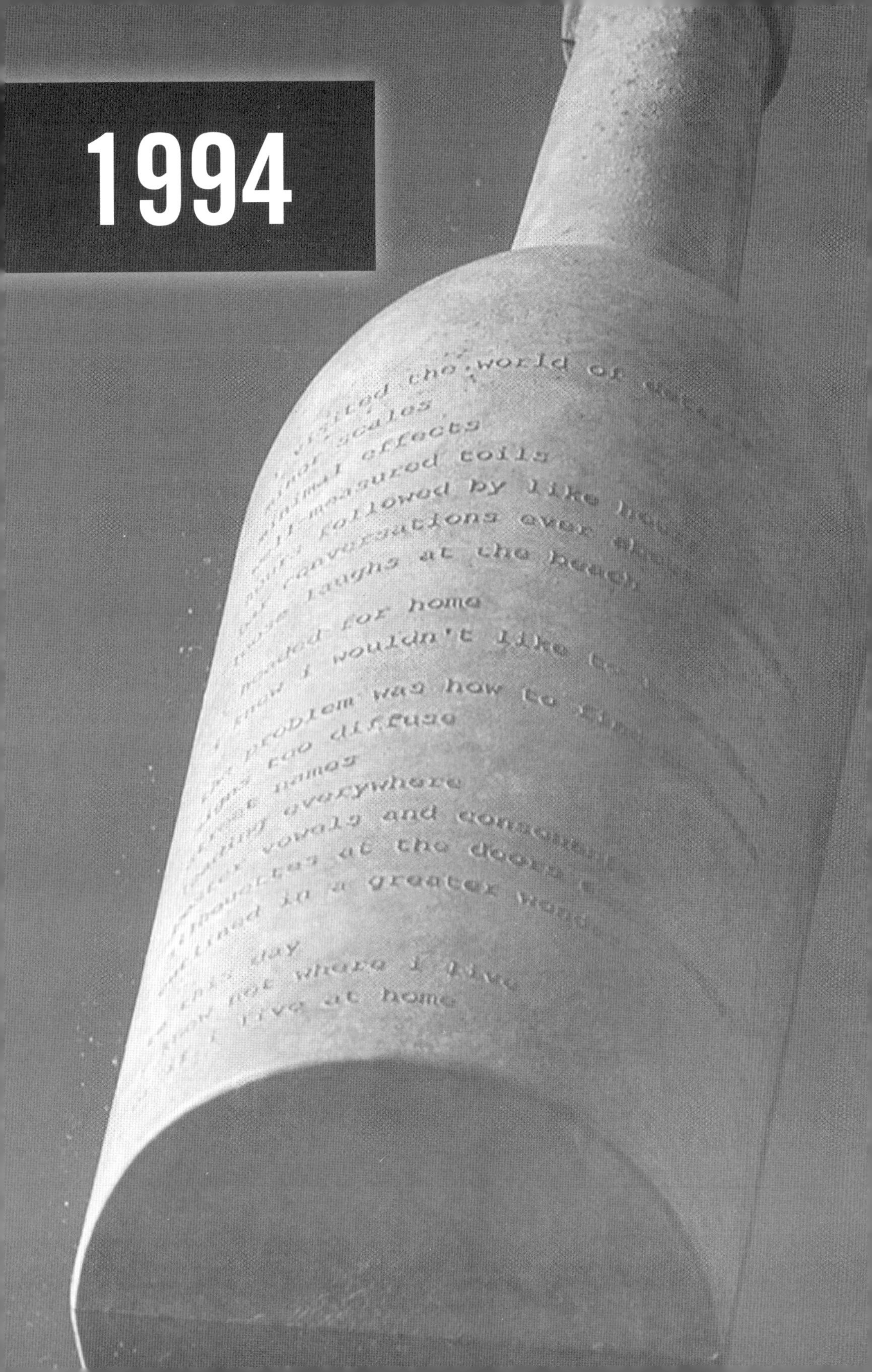

O movimento zapatista[1]

A revolta dos índios mexicanos estava anunciada há muito tempo. Em 12 de março de 1545, Frei Bartolomeu de las Casas chegou a Chiapas, três anos depois de ter denunciado o genocídio dos índios pelos espanhóis. Trazia com ele as novas leis, promulgadas por Carlos V, que proibiam a continuação da escravatura dos índios após a morte dos seus proprietários, os *encomenderos*. Estes pouco caso fizeram dessas leis, tentaram matar o Bispo e a este, no seu leito de morte, em 1566, nada mais restava senão implorar aos amigos que defendessem os índios. A opressão, a violência e a injustiça social continuaram. De nada valeram as revoltas Tzeltal de 1712 ou Tzotzil de 1868. De muito pouco valeu a revolução do México de 1910. Chiapas é hoje a região mais pobre do México: com a maior concentração de terra, 70% das casas não têm eletricidade, 48% da população adulta é analfabeta, 80% das famílias têm um rendimento mensal inferior a 40 contos. Desde 1982, a exploração capitalista da madeira destrói por ano tanta floresta como a que anteriormente levava 50 anos a destruir. Sem floresta nem terra, os índios tornam-se párias e fogem da miséria dos campos para a miséria das cidades.

Aparentemente, o que se está a passar no México não tem nada a ver conosco. Afinal, em Portugal nem sequer há índios. Se o México foi uma colônia, nós fomos uma potência colonial. Se o México é um país latino-americano, com fortes traços de Terceiro Mundo, nós somos um país europeu, desenvolvido. Para além das aparências, porém, gostaria de chamar a atenção para uma semelhança inquietante e para uma diferença que só existe se lutarmos por ela. A semelhança inquietante é que tanto o

---

1. No dia 21 de dezembro de 2012, "o dia em que o mundo ia acabar", 12 mil mulheres, homens, jovens, idosos e crianças marcharam em silêncio pelas ruas e praças do México. Os zapatistas escolheram esse dia para fazer tomadas simbólicas das cidades chiapanecas de San Cristóbal de las Casas, Ocosingo, Palenque, las Margaritas e Altamirano. Em todas as marchas, o silêncio foi absoluto. Nenhuma palavra de ordem, nenhum cântico, nenhum grito de protesto. Ao final do dia finalmente foi divulgado um comunicado oficial do líder máximo do EZLN, Subcomandante Marcus, dizendo apenas: "Escutaram? É o som do vosso mundo desmoronando. E do nosso ressurgindo".

México como Portugal são estruturalmente dois países de desenvolvimento intermédio, nem pertencem ao Terceiro Mundo nem ao Primeiro Mundo. E os governos dos dois países têm recorrido à integração das suas economias em espaços económicos dominados pelos países desenvolvidos, com o objetivo de promover os seus países ao escalão superior: Portugal com a integração na Comunidade Europeia e o México com o Acordo de Comércio Livre da América do Norte (Nafta). Em ambos os casos, esta promoção é objeto de demagogia política. Quando foi aprovada a instalação da fábrica Ford-Volkswagen, o nosso ministro da Indústria disse que, com este empreendimento, Portugal entrava no grupo dos países industrializados. Uma demagogia em tudo semelhante à do presidente Salinas ao dizer, na semana passada, que com a entrada em vigor do Nafta o México entrava no grupo dos países desenvolvidos.

Estas promoções fáceis chocam com a revolta dos camponeses em Chiapas ou com a destruição de uma agricultura familiar em Portugal. No México, as terras férteis estão a ser compradas pelos americanos. Em Portugal, os bancos rentáveis estão a ser comprados pelos espanhóis. Mas há uma diferença cujo âmbito depende de nós. Um dos líderes zapatistas declarava "Não há trabalho, não há terra, não há educação. Nada disto se pode mudar com eleições". Quem conhece o sistema político mexicano, compreende-o bem. Em Portugal, as eleições são livres e acreditamos que algo possa mudar com elas. Mas, para isso, é necessário que, além de livres, assentem num debate profundo, e que as alternativas sejam claras e globais. Que as eleições são livres, não tenho dúvidas. Que se queira um debate profundo, já duvido, e que as alternativas sejam claras, ainda duvido mais. A medida das tarefas necessárias para nos diferenciarmos dos mexicanos afere-se pelo tamanho destas dúvidas.

TSF, 13 de janeiro de 1994

Vuvu Grace e Benedicte

O caso de Vuvu Grace e Benedicte[2] é exemplar a vários títulos. Em primeiro lugar, é um sinal do emergir de uma sociedade civil dinamizada para a defesa dos direitos humanos, e para o exercício da solidariedade para além do círculo da família, da amizade ou da vizinha. Em segundo lugar, é mais uma manifestação de uma tensão nova na sociedade portuguesa e, neste caso, de muito bom augúrio, entre o poder judiciário e o poder político. E, em terceiro lugar, e acima de tudo, é um sintoma perturbador do modo como o governo português guarda as nossas fronteiras, desguarnecendo a nossa história e a nossa identidade. Concentrar-me-ei neste último aspecto.

Os movimentos migratórios internacionais intensificaram-se extraordinariamente nas últimas décadas. Calcula-se que atualmente sete milhões de pessoas cruzam todos os dias as fronteiras entre países. Uns fazem-no com total autonomia, grande conforto e munidos de seguros de vida. São os homens de negócios, os turistas, os governantes e os cientistas. Outros fazem-no a fugir da guerra e da fome, em condições precárias e correndo todos os riscos. São os emigrantes ilegais e os refugiados em busca de asilo. Ao contrário do que pode concluir-se dos discursos dos nossos governantes ou da comunicação social, a esmagadora maioria dos movimentos de emigrantes ilegais e refugiados não se dirige aos países ricos da Europa e da América do Norte, antes tendo lugar entre os países do Terceiro Mundo. A Ásia absorve cerca de 50% desses movimentos e a África 30%. Os movimentos são quase sempre para os países contíguos àqueles onde eclodem a guerra ou a fome: da Palestina para a Jordânia, do Vietnã para o Sul asiático, do Sudão para a Etiópia, do Cambodja para a Tailândia, da Somália para o Quénia, da Guatemala para o México, de Moçambique para o Malawi. Até há pouco tempo, havia um milhão de refugiados

---

2. No dia 9 de fevereiro de 1994, a cidadã angolana Vuvu Grace e a sua filha Benedicte foram retidas no Aeroporto da Portela por não possuírem bilhete de regresso, o que revelaria a intenção de permanecer em Portugal para além dos 60 dias autorizados pelo visto. O ministro da Administração Interna Dias Loureiro decidiu dar 30 dias para que Vuvu Grace abandonasse o país, ao que se seguiria um processo de expulsão.

moçambicanos no Malawi; um país pobre cuja população é apenas sete vezes esse número.

A Europa nunca foi objeto de uma pressão migratória indesejada comparável, se excetuarmos a que resultou, no final da década de oitenta, do colapso dos regimes comunistas; uma pressão que, aliás, só muito levemente se repercutiu em Portugal. Ao contrário, os maiores movimentos migratórios modernos foram sempre de europeus a caminho de outras partes do mundo. Entre 1846 e 1930, emigraram 50 milhões de europeus. O que distingue Portugal neste contexto, é que a nossa emigração começou muitos anos antes de 1846 e prolongou-se muito para além de 1930, chegando até os nossos dias. Esta especificidade histórica deveria, por força, refletir-se nas nossas leis de asilo e de imigração. Um país com o perfil de Portugal não deveria ter aderido ao sistema de Schengen, como de resto não o fizeram outros países europeus. E em democracia, em face das imposições da União Europeia, teria sido possível acautelar melhor as nossas responsabilidades históricas para com brasileiros e africanos; em África, a guerra e a fome de hoje estão demasiado ligadas ao colonialismo e à descolonização para nos serem estranhas. Nada podemos fazer agora contra o fato de o nosso império ter durado mais tempo do que os outros impérios europeus. No final do século, teremos ainda de receber milhares de macaenses e, se calhar, antes disso, milhares de portugueses brancos e negros atualmente residentes na África do Sul.

Portugal tem uma longa história, mas, nos últimos anos, dá a ideia de que se encolhe todo para caber na história dos outros. O que me inquieta mais é estarmos a erguer uma parede contra africanos e brasileiros, sem saber se amanhã não seremos nós a ter de a trepar.

TSF, 21 de fevereiro de 1994

Concepção integrada de Direitos Humanos

Os direitos humanos são uma das promessas principais do projeto da modernidade e, na aparência pelo menos, uma das que obteve um maior grau de realização. Sinal disso mesmo será porventura o consenso em torno dos direitos humanos, um consenso que é virtualmente total nos países desenvolvidos. Este consenso é um fenômeno sociológico importante em si mesmo e merece, por isso, alguma reflexão. Em primeiro lugar, cabe indagar em que medida o consenso está relacionado com a ambiguidade conceptual dos direitos humanos, pelo que uma maior precisão conceptual destes fará surgir, no lugar do consenso, o dissenso. Se for este o caso, o consenso não é uma conquista ideológica incondicional; tem um custo, que alguns considerarão elevado, o custo da ambiguidade conceptual. Em segundo lugar, pode perguntar-se se o consenso apenas diz respeito aos direitos humanos da primeira geração ou se, pelo contrário, abrange também os novos direitos humanos, da segunda ou da terceira gerações. Da resposta a esta pergunta depende saber se o consenso é o resultado de uma prática de inclusão ou de uma prática de exclusão de direitos humanos. Em terceiro lugar, sendo certo que o consenso sobre os direitos humanos exerce uma função legitimadora do poder político que lhes proclama obediência, e que os direitos humanos são consignados em conceitos e normas abstratos, deve investigar-se em que medida esta função pode ser exercida independentemente de um juízo social sobre a efetiva aplicação dos direitos humanos, sobretudo em países cuja cultura jurídica e política dominante favorece as proclamações legais em detrimento da avaliação das práticas sociais.

Desde meados do século XVIII, a trajetória da modernidade está vinculada ao desenvolvimento do capitalismo nos países centrais, o que pode ser ilustrado também no campo dos direitos humanos. Este desenvolvimento pode ser dividido em três períodos: o período do capitalismo liberal, que cobre todo o século XIX; o período do capitalismo organizado, que se inicia nos finais do século XIX e se prolonga até o fim da década de 1960; e o período do capitalismo "desorganizado" ou neoliberal, que se inicia então e se prolonga até hoje. Um tanto esquematicamente, pode dizer-se que o primeiro período é o período da expansão e consolidação dos direitos cívicos e políticos (da liberdade de expressão ao direito de voto), pois, como é sabido, a componente democrática do Estado liberal começou por ser muito tênue e só se foi ampliando em consequência das lutas sociais pela democracia. O segundo período, o do capitalismo organizado, é dominado pela conquista dos direitos sociais e econômicos (do direito à segurança social ao serviço nacional de saúde), a segunda geração dos direitos humanos, e a forma política do Estado em que veio a traduzir-se é o Estado-Providência. Por fim, o terceiro período, que estamos a viver, é um período complexo, pois se é certo que nele se tem vindo a pôr em causa os direitos conquistados no período anterior, os direitos sociais e econômicos, por outro lado, tem-se vindo a lutar, e nalguns países desenvolvidos com algum êxito, pelo que poderia considerar-se a terceira geração de direitos humanos, os chamados direitos pós-materialistas, como o direito à qualidade de vida, ao meio ambiente saudável, à fruição cultural, à igualdade sexual e à paz.

As relações sociais capitalistas geram três formas específicas de desigualdade: a desigualdade política, que se traduz no conceito de dominação; a desigualdade socioeconômica, que se traduz no conceito de exploração; e a desigualdade simbólico-cultural, que se traduz no conceito de alienação. As lutas pelos direitos humanos no período do capitalismo liberal visaram confrontar e democratizar, na medida do possível, a forma política das relações sociais capitalistas, isto é, a dominação. As lutas do período do capitalismo organizado tiveram como alvo privilegiado a forma social econômica destas relações e, portanto, a exploração. Por último, as lutas do período do capitalismo desorganizado ou neoliberal têm vindo a incidir prevalentemente na dimensão simbólico-cultural das desigualdades, isto é, na alienação. O valor democrático dominante por detrás das lutas sociais pelos direitos humanos foi, no primeiro período, a liberdade, no segundo, a igualdade e, no terceiro, a autonomia e a subjetividade.

Em todos os períodos, o que se tem consolidado é, contudo, a liberdade possível, a igualdade possível e a autonomia e subjetividade possíveis no marco das relações sociais capitalistas. Trata-se, porém, de possibilidades ativas, criadoras, na medida em que as lutas sociais pelos direitos humanos acabaram por transformar significativamente as relações sociais capitalistas. Até onde pode ir tal transformação é ponto de debate. Aliás, hoje o consenso sobre a bondade dos direitos humanos corre de par com a verificação do agravamento das condições sociais que tornam possível a sua vivência prática. A crise do Estado-Providência e as filosofias políticas neocontratualistas, muito em voga ultimamente, põem em causa os direitos humanos da segunda geração, os direitos sociais e econômicos, que até há alguns anos pareciam uma conquista irreversível. E como os obstáculos à liberdade e vice-versa, a crise dos direitos humanos da segunda geração parece arrastar consigo a crise dos direitos humanos da primeira geração, os direitos cívicos e políticos, do que resulta um crescente autoritarismo e uma nova reformalização da democracia. Por outro lado, os direitos da terceira geração, cujo emergir aponta para a necessidade de enfrentar uma crise civilizacional bem mais profunda do que a crise de um dado modo de produção, também não se sustentam socialmente sem os direitos humanos das duas primeiras gerações.

A especificidade da sociedade portuguesa no domínio dos direitos humanos assenta em que a ideia das três gerações de direitos humanos não se lhe adequa nem histórica, nem sociologicamente. Pelo contrário, as três gerações de direitos são, em Portugal, uma única geração. De fato, o 25 de Abril provocou um curto-circuito histórico, uma vasta mobilização social em que se lutou pelo reconhecimento simultâneo dos direitos cívicos e políticos, dos direitos econômico-sociais e dos direitos à qualidade de vida e ao meio ambiente. Ao mesmo tempo que se restaurava a democracia política e se organizavam os partidos políticos, os trabalhadores viam reconhecidos o seu direito à contratação coletiva e ao salário decente, à saúde e à segurança social, enquanto o incipiente movimento ecológico barrava o caminho à central nuclear de Ferrel.

Por este curto-circuito histórico, que sem dúvida significou uma dramática aceleração histórica na nossa sociedade, pagamos um preço. Em primeiro lugar, ao contrário do que aconteceu noutros países, a sucessão geracional dos direitos começou paradoxalmente depois de todos terem sido implantados. Cedo se verificou que o reconhecimento efetivo dos direitos cívicos e políticos iria mais longe do que o reconhecimento dos direitos econômicos e sociais e o reconhecimento destes, mais longe que o dos direitos à qualidade de vida, à cultura, ao meio ambiente. É esta a situação em que ainda nos encontramos. Em segundo lugar, se os direitos cívicos e políticos nasceram contra o Estado, os direitos econômicos e sociais assentam em transferências de pagamentos e políticas redistributivas que só o Estado pode realizar, e que historicamente realizou através do Estado-Providência. Ora, a concessão dos direitos econômicos e sociais ocorreu entre nós num momento em que eles estavam a entrar em crise nos países desenvolvidos devido fundamentalmente à crise financeira do Estado. Como não tínhamos tido anteriormente a possibilidade de consolidarmos um Estado-Providência, caímos em breve na situação paradoxal de importarmos a crise do Estado-Providência sem nunca termos tido um verdadeiro Estado-Providência. É nessa situação que nos encontramos hoje.

Mas o curto-circuito histórico do 25 de Abril teve neste domínio ainda um outro efeito.

A concessão de direitos fez-se, como é próprio do Estado moderno, através de leis gerais, abstratas e de aplicação universal. Ocorre, porém, que esta arquitetura constitucional e legislativa foi enxertada numa tradição política autoritária, de um Estado distante, mais predador que protetor, de uma administração elitista e autocrática habituada a conhecer amigos e inimigos, mas não cidadãos. Este enxerto teve como efeito que muitos dos direitos nunca foram efetivamente respeitados ou só o foram muito seletivamente e que muitas leis não foram aplicadas. Daqui resultou uma enorme discrepância entre quadros legais, em geral, avançados, e práticas sociais normalmente mais retrógradas. O Portugal legal continua hoje muito à frente do Portugal real e o Estado tem sido o gestor principal dessa diferença. Quase como uma lei sociológica, pode dizer-se que nos últimos vinte anos quanto mais eficazmente a legislação procurou defender os interesses das classes de menos recursos, maior foi a probabilidade de ela não ser aplicada eficazmente. Penso que esta lei sociológica continua ainda em vigor.

Nestas circunstâncias, é fácil concluir que a luta pelo aprofundamento da democracia em Portugal deve pautar-se por uma concepção integrada dos direitos humanos. A adoção de tal concepção tem uma consequência de peso.

Nos países desenvolvidos da Europa, as lutas pelas sucessivas gerações de direitos humanos foram protagonizadas por diferentes agentes coletivos:

as duas primeiras gerações, pelos partidos e pelos sindicatos, os chamados velhos movimentos sociais; a terceira geração, pelos novos movimentos sociais (movimento ecológico, movimento feminista, movimento de consumidores etc.).

Em Portugal, os velhos movimentos sociais são novos, e os novos são apenas emergentes. O curto-circuito histórico dos direitos humanos terá por força de se repercutir nas formas organizativas das lutas por eles. Se os partidos e os sindicatos se isolarem dos movimentos emergentes e das suas agendas, acabarão eles próprios isolados. Se os novos movimentos privilegiarem a luta contra os partidos e os sindicatos em detrimento da luta contra os limites dos partidos e dos sindicatos, estarão condenados à inanição. As próximas revisões da Constituição e do sistema eleitoral deverão reconhecer sem ambiguidades que a aprendizagem da cidadania ativa em Portugal não se faz apenas numa escola, seja ela a dos partidos, dos sindicatos ou dos movimentos e associações de cidadãos. Faz-se em todas, dado que o analfabetismo democrático é ainda muito grande e, consequentemente, a democracia que temos é ainda de muito baixa intensidade.

Expresso, 14 de maio de 1994

A solidariedade não é palavra vã

Tem-se falado muito ultimamente de solidariedade, procurando nela uma solução para os problemas sociais que nos afligem neste fim de século. O aumento da exclusão social, do desemprego, do racismo, da violência urbana ou do isolamento dos idosos são males para os quais se aponta com frequência a solução da solidariedade. Este tipo de discurso tende, no entanto, a assentar em dois esquecimentos fundamentais.

Em primeiro lugar, esquece que a solidariedade é talvez mais uma consequência do que uma causa. Se não estiverem realizadas as condições que tornam a solidariedade possível, esta não ocorrerá, por mais urgente que seja o seu exercício. Este "esquecimento" faz com que os que apelam à solidariedade sejam por vezes os mesmos que defendem a erosão das condições que a tornam possível. Em segundo lugar, o discurso dominante sobre a solidariedade tende a esquecer que há vários tipos de solidariedade, correspondendo a vários tipos de relações sociais que têm diferentes graus de congruência com a filosofia política de uma sociedade democrática.

Perante isto, é de todo em todo conveniente pôr os pontos nos "ii" da solidariedade, sobretudo numa sociedade como a portuguesa, onde a solidariedade não é uma palavra vã e está, assim, sujeita a ser confundida com o seu uso oportunista pelo discurso político dominante.

A solidariedade é um componente essencial da cidadania e da democracia. Ser cidadão é hoje acima de tudo ser solidário para com os outros cidadãos e ter por igual o direito à solidariedade deles. Ser democrata é hoje acima de tudo querer uma sociedade solidária, uma sociedade em que a participação política tenha como objetivo último melhorar as condições econômicas, sociais e culturais de participação de molde a delas beneficiarem grupos sociais cada vez mais amplos, uma sociedade em que a representação política seja avaliada e condicionada pelo grau de solidariedade que os representantes manifestam, na sua prática política concreta, para com os que os elegeram.

A solidariedade é um princípio de ética política e, portanto, o seu cumprimento é uma questão de direitos e deveres, e avalia-se pelo modo como uns e outros são exercidos numa dada sociedade. A solidariedade exercida em nome da religião, do associativismo, da amizade, da família, da vizinhança, constitui um patrimônio moral fundamental desde que o seu exercício se paute por este princípio e seus corolários.

A solidariedade, como exercício de cidadania que é, não confere a quem a exerce nenhuma autoridade pessoal sobre quem a recebe e, vice-versa, não coloca quem a recebe numa posição de subordinação pessoal perante quem a exerce. A solidariedade é um investimento social de longo alcance: a sua contabilidade não pode ser feita em termos estreitamente econômicos, nem confinada aos benefícios e aos custos que ela envolve para uma dada geração.

A solidariedade traduz-se sempre numa rede de relações sociais, econômicas, políticas e culturais. O seu raio espacial de ação e de interação pode ser tanto a sociedade local como a sociedade nacional e a sociedade global, enquanto o seu raio temporal é sempre uma linha de ligação entre as gerações presentes e as gerações futuras.

Dado o chocante aumento das desigualdades sociais entre países ricos e países pobres, e entre ricos e pobres dentro de cada país, e dada a marginalização crescente a que estão a ser votadas camadas cada vez mais significativas da população — desempregados, jovens à procura de primeiro emprego, idosos com pensões de miséria, doentes mal servidos por um serviço nacional de saúde em processo de preocupante deterioração, estudantes perante um ensino médio e superior cada vez mais caro e de pior qualidade, mulheres sobre quem recai muitas vezes a dureza quotidiana provocada pelo agravamento das condições sociais da família, trabalhadores da indústria e dos serviços que veem ameaçados pelos avanços do liberalismo econômico os esquemas da segurança social por que lutaram e para que contribuíram ao longo de uma vida de trabalho, imigrantes africanos discriminados — dado tudo isto, são cada vez mais prementes e mais urgentes as razões que fundamentam o princípio da solidariedade e os motivos que reclamam o seu exercício.

No entanto, o mesmo modelo de desenvolvimento que está a provocar o agravamento das condições de vida que tornam urgente o exercício da solidariedade é o mesmo modelo que destrói as condições para o exercício da solidariedade. Destrói-as de muitas maneiras, pela adoção de um liberalismo econômico sem alma, assente na racionalidade cega do mercado que conduz às maiores irracionalidade sociais e éticas, pela promoção do individualismo, do narcisismo e do consumismo que fecham as pessoas numa privacidade alienante, pela redução dos critérios do mérito profissional à competição a qualquer preço e por todos os meios, pelo modo como contrapõe aqueles a quem nega uma vida decente àqueles a quem permite um enriquecimento fácil, pela destruição do espaço público, desinvestindo na cultura e no associativismo em benefício de uma indústria midiática que entre outros espetáculos produz o espetáculo da política.

Nestas condições, quanto mais necessária é a solidariedade, mais difícil é o seu exercício. A saída para esta situação dilemática está na adoção de um outro modelo de desenvolvimento, democrático e sustentado, assente num novo Contrato Social.

Este Contrato Social tem por força de ser mais abrangente do que os contratos sociais anteriores, nomeadamente do que esteve na origem do Estado-Providência, mas tem por isso de os incluir a todos.

A primeira dimensão deste contrato diz respeito à proteção das sociedades locais, dos seus sistemas de produção e das suas formas de sociabilidade onde se geram informalmente laços e redes de solidariedade e de entreajuda que colmatam até certo ponto as deficiências de providência estatal. Este objetivo pressupõe a adoção de uma nova filosofia e de um novo modelo de desenvolvimento local e o reforço do poder das autarquias.

A segunda dimensão do novo Contrato Social diz respeito à sociedade nacional, ao reforço e à transformação criativa e positiva das obrigações políticas entre cidadãos, entre Estado nacional e cidadãos e entre as diferentes classes sociais. Exige-se, antes de mais nada, o reforço e não o desmantelamento do Estado-Providência, o que, no entanto, deverá ser feito através de grande inovação institucional, de um controle credível do desperdício, do peso burocrático, da corrupção e das injustiças nas prestações sociais, e ainda de uma reavaliação radical das prioridades orçamentais do Estado. Exige-se, por outro lado, que entre cidadãos e entre classes e grupos sociais se desenvolvam formas institucionalizadas de proteção social, de cooperação e de mutualismo, públicas mas não estatais, geridas pela sociedade civil mas não pela sociedade mercantil. A realização deste objetivo pressupõe um enorme aprofundamento da consciência democrática, uma nova cultura política da cidadania ativa que, entre outras coisas, reclama uma transformação profunda do nosso sistema educativo e do nosso sistema político.

A terceira dimensão do novo Contrato Social diz respeito às crescentes e aparentemente irreversíveis desigualdades entre países ricos e países pobres do planeta. É absurdo que a riqueza e o progresso científico e tecnológico acumulados nas últimas décadas, apesar de suficientes para garantir uma vida decente a toda a população do planeta, deixem na miséria, na fome e, muitas vezes, na guerra, quase 4/5 dessa população. Torna-se imperioso reconhecer e aplicar sem ambiguidades um novo direito ao desenvolvimento e à autodeterminação que seja, ele próprio, a garantia do exercício dos demais direitos humanos, hoje tão proclamados mas tão cruel e sistematicamente violados. Este objetivo não pode dispensar a atuação dos estados nacionais enquanto atores internacionais mas exige que ao lado deles sejam reconhecidos outros atores, movimentos sociais, Organizações Não Governamentais, minorias étnicas, povos indígenas etc.

Finalmente, a quarta dimensão do novo Contrato Social, sem dúvida a mais ampla, visa estabelecer laços novos de solidariedade entre as gerações presentes e as gerações futuras muito para além do que exigido pelas políticas de segurança social. O atual modelo de desenvolvimento econômico, além de produzir enormes injustiças sociais, produz também a destruição maciça do meio ambiente, dos equilíbrios ecossistêmicos e da biodiversidade. A rapidez com que esta destruição está a ocorrer faz prever que as gerações futuras serão privadas da fruição de um meio ambiente minimamente saudável. Em solidariedade para com elas, é preciso pensar numa nova relação, ela própria mais solidária, entre os seres humanos e a natureza.

Este novo Contrato Social de solidariedade assumirá diferentes formas em diferentes sociedades. A traço muito grosso, eis algumas das linhas desse contrato na sociedade portuguesa.

A sociedade portuguesa tem sido muito rica em laços de solidariedade locais e informais baseados na família, na amizade e na vizinhança, o que designamos por sociedade providência. No entanto, o modelo de desenvolvimento adotado recentemente entre nós em resultado de uma má negociação da adesão à União Europeia e das suas consequências mais visíveis — tais como a destruição da nossa agricultura, a desertificação do interior, o reforço da litoralização, a eucaliptação maciça das nossas serras, a desindustrialização das zonas industriais tradicionais — tem vindo a submeter tais laços e redes de solidariedade a uma enorme pressão e a um enorme desgaste. Dada a incipiência do Estado-Providência entre nós, a degradação da sociedade providência não pode deixar de envolver uma deterioração enorme das condições de vida dos portugueses.

Não existe em Portugal um Estado-Providência comparável ao que existe nos países desenvolvidos da União Europeia. É, pois, preocupante o modo como o poder político fala em crise do Estado-Providência e o modo como usa esse discurso para legitimar cortes drásticos nas já modestíssimas despesas sociais. Em Portugal, a tarefa a empreender é, pois, a da construção do Estado-Providência e não a do seu desmantelamento. Existe em Portugal um problema de direitos humanos e ele é particularmente grave no domínio dos direitos econômicos e sociais, tais como o direito à saúde e à educação, à reforma e à segurança social, o direito à contratação coletiva e ao emprego. Nos próximos anos, a luta por estes direitos deve assumir uma prioridade especial.

No plano internacional, a sociedade portuguesa está perante dois desafios exigentes. O primeiro desafio tem lugar no seio da União Europeia. Os portugueses devem lutar pelo reforço da coesão social entre os membros da União e pelo reforço da democracia que a torna possível. Devem ser igualmente exigentes no controle democrático das decisões políticas sobre a aplicação dos fundos estruturais. A Europa dos cidadãos e da solidariedade parece ser uma aspiração cada vez mais distante em face do avanço da Europa dos negócios à qual tudo o mais parece estar subordinado. Os próximos alargamentos da União correm o risco de deixar os países do Sul da Europa, e especialmente Portugal, mais distantes de Bruxelas e podemos estar certos de que ninguém reivindicará por nós os nossos direitos.

O segundo desafio deve ser visto como complementar e não como contraditório em relação ao primeiro. Trata-se da solidariedade atlântica de Portugal para com a África e para com o Brasil. As responsabilidades históricas que nos advêm do longo ciclo colonial em África não podem ser evitadas sob o pretexto de não serem reconhecidas como tal pelas diretrizes comunitárias. Há, pelo contrário, que reivindicar a especificidade da nossa história como o melhor modo de contribuirmos para a construção da Europa Comunitária e, no fim de contas, como o melhor modo de sermos europeus.

Nos últimos anos, e afinal com a mesma rapidez com que ocorreram outros processos sociais, perderam-se muitos dos equilíbrios ecológicos que distinguiam o nosso país e multiplicaram-se as zonas e as situações de catástrofe ecológica. Num país que só muito seletivamente usufrui dos benefícios do desenvolvimento econômico são já visíveis os muitos e muito negativos custos desse desenvolvimento. A solidariedade internacional na proteção do meio ambiente é sem dúvida uma luta internacional, mas assume hoje em Portugal a dimensão de um verdadeiro imperativo nacional.

À luz do que fica dito, torna-se claro que sermos solidários com uma forma qualquer de solidariedade pode ser o modo de nos dispensarmos de ser solidários com a forma de solidariedade mais ampla e mais exigente que aqui delineei, a única por que merece a pena lutar numa sociedade democrática.

Público, 23 de maio de 1994

Moçambique e a democracia[3]

Realizam-se hoje as primeiras eleições democráticas em Moçambique; sete séculos depois do Império do Grande Zimbábue, cinco séculos depois do colonialismo português, dezenove anos depois do governo revolucionário da Frelimo.[4] Este fato deve ser motivo de regozijo para todos os democratas. No entanto, penso que há mais motivos para preocupação do que para regozijo.

Em primeiro lugar, a democracia que se está a implementar em Moçambique é um modelo de democracia ocidental. Existem em África várias tradições democráticas, de poder partilhado e participado, e os filósofos e cientistas sociais africanos da Tanzânia ao Zimbábue, do Quênia à África do Sul, produzem hoje uma reflexão riquíssima sobre as possíveis combinações entre a democracia europeia e a democracia africana. Esta reflexão é, contudo, totalmente marginalizada e ignorada quando se impõe atabalhoadamente o modelo de democracia ocidental.

Em segundo lugar, a versão deste modelo que é imposta é a mais pobre e a mais grosseira de todas as que existem na vasta tradição europeia. Em verdade, o modelo que está a aplicar-se em Moçambique, como de resto tem vindo a aplicar-se noutros países do Terceiro Mundo, contraria o que de mais progressista existe na tradição europeia. Assim, na história da Europa, a democracia e o liberalismo econômico desenvolveram-se sempre de costas um para o outro. A democracia floresceu quando o libe-

---

3. Em todas as eleições realizadas em Moçambique, desde a introdução do multipartidarismo, em 1994, os partidos da oposição do país têm acusado a Comissão Nacional de Eleições (CNE) e o Secretariado Técnico de Administração Eleitoral (STAE) de favorecerem a Frelimo e os seus candidatos. A legitimidade revolucionária da Frelimo sobrepõe-se cada vez mais à sua legitimidade democrática, com a agravante de estar agora a ser usada para fins bem pouco revolucionários; a partidarização do aparelho de Estado aumenta em vez de diminuir; a vigilância sobre a sociedade civil aperta-se sempre que há suspeita de dissidência; mesmo dentro da Frelimo, a discussão política é vista como distração ante os benefícios indiscutidos e indiscutíveis do "desenvolvimento" assente na exploração desenfreada dos recursos naturais, cujos rendimentos são apropriados por uma pequena elite ligada ao poder.

4. Frente de Libertação de Moçambique constituída em 1962 para lutar pela independência de Moçambique, então uma colônia de Portugal.

ralismo econômico foi controlado em nome do Estado-Providência e da justiça social. Ao contrário, a democracia sofreu sempre que o liberalismo econômico dominou. Ora, hoje, nos países do Terceiro Mundo, a democracia está a ser propagandeada e imposta juntamente com o liberalismo econômico e como se fossem irmãos gêmeos. Alguém está a armadilhar alguém. E a armadilha reside em que esta democracia é, em grande medida, a fachada política das medidas de ajustamento estrutural e de abertura dos mercados impostos pelo Banco Mundial (BM) e pelo Fundo Monetário Internacional (FMI). Estas medidas estão a desarticular as economias, a provocar a violência social e a guerra civil e, nalguns casos, chegam mesmo a pôr em causa a viabilidade da existência destes países. Fomos recentemente chocados com a violência étnica no Ruanda. Mas poucos de nós souberam que ela surgiu depois de uma queda de 50% no preço do café que sustentava a economia ruandesa, queda engendrada a partir de 1989 pelas multinacionais nas bolsas comerciais de Chicago e Londres, depois de uma primeira desvalorização da moeda de 50% e de uma segunda de 20% ordenadas pelo BM, depois da destruição das economias de subsistência, através do *dumping* de produtos alimentares importados sob as ordens de liberalização do comércio do FMI, e depois da privatização dos serviços públicos ordenada, dois anos antes, pelo BM. Ou seja, procurou-se impor a democracia, ao mesmo tempo que se destruíram as condições para ela poder existir.

Oxalá Moçambique não desperte para o sonho da democracia apenas para mergulhar no pesadelo de ser privado das condições que tornam a democracia possível.

TSF, 27 de outubro de 1994

O patrimônio comum da humanidade

Entrou ontem em vigor a Convenção do Direito do Mar. Negociada durante os anos 1960, assinada em 1982, só agora, doze anos mais tarde, entra em vigor, depois de ter sido ratificada por um mínimo de sessenta países, todos eles países do chamado Terceiro Mundo, nenhum país industrializado.

Qual é a importância desta Convenção? Por que é que não foi até agora ratificada por nenhum dos países desenvolvidos, nem por Portugal?

A importância principal desta Convenção reside em consagrar um dos conceitos mais inovadores e mais generosos até agora produzidos pela comunidade internacional: o conceito de patrimônio comum da humanidade. Este conceito, avançado pela primeira vez por um diplomata de Malta em 1957, estabelece que certos recursos naturais, nomeadamente os fundos marinhos, pelo seu valor inestimável para a sobrevivência e a qualidade de vida no planeta Terra, não são apropriáveis por nenhum país, por mais poderoso que seja — constituem o patrimônio comum da humanidade. A sua exploração, a ter lugar, e só para fins pacíficos, tem de ser organizada por uma autoridade internacional e os benefícios que dela resultem através da comercialização, segundo preços fixados pela mesma autoridade, devem ser distribuídos por todos os países e tendo em atenção especial as necessidades dos países mais pobres. Trata-se de um conceito revolucionário, totalmente contrário à lógica dominante do mercado e do lucro e da manutenção das desigualdades entre o Norte e o Sul. Este é um conceito com enormes virtualidades para se aplicar a outras áreas e recursos com um valor estratégico especial na criação de uma sociedade mais justa, sejam eles a energia, a ciência e a tecnologia, a proteção ambiental, a Antártida ou a Lua.

À luz disto, compreende-se por que é que nenhum dos países desenvolvidos ratificou até agora a Convenção do Mar. Além do petróleo, os fundos marinhos têm uma riqueza mineral quase inesgotável, que constitui cobiça fácil para os países com poder financeiro e tecnológico para explorar. Com essa exploração, pretendem gerar lucros que obviamente não querem partilhar com os países mais pobres. O impasse a que se chegou foi recentemente desbloqueado por um protocolo de compromisso, adotado sob os auspícios da Organização das Nações Unidas (ONU), que de fato dilui em grande medida os efeitos inovadores e generosos do conceito do patrimônio comum da humanidade. Passam a vigorar as leis do mercado e as desigualdades que elas geram.

Para já não falar de outros recursos, a Antártida e a Lua, excelentes candidatos à categoria de patrimônio comum da humanidade, estão agora mais vulneráveis à voragem do lucro, à loucura militar e à degradação ecológica. Estamos, pois, todos mais pobres. E Portugal, que teve papel de relevo na preparação da convenção através do Prof. Mário Ruivo, encolheu-se atrás da posição dos países da União Europeia, até agora, solidários com os Estados Unidos na recusa da ratificação. Um país feito pelos oceanos, pelo menos desde o século XV, e que quer organizar a Expo 98 sob o lema "Oceanos: Patrimônio para o Futuro", bem podia ter um protagonismo maior nesta matéria. Mas, como noutros domínios, preferiu-se a mediocridade e a subserviência, como se navegar já não fosse preciso.

TSF, 17 de novembro de 1994

O injusto embargo a Cuba[5]

As violações dos direitos humanos são um dos males mais endêmicos do mundo contemporâneo. Acontecem um pouco por toda parte, algumas atingem notoriedade nos meios de comunicação mundiais, outras passam despercebidas. O mesmo país pode estar no centro de vários tipos de violações dos direitos humanos, alguns deles badalados nos noticiários internacionais e outros quase totalmente ignorados e silenciados. Cuba é, a este respeito, um caso paradigmático. Quando analisamos a história de Cuba, nos últimos trinta anos, colhemos duas imagens contraditórias. Por um lado, Cuba foi, durante este período, um dos símbolos mais fortes da luta anti-imperialista no continente americano. A ideia de que um país pequeno e pobre pode afrontar um país grande e rico, de que é possível criar e viabilizar uma alternativa mais forte às injustiças da sociedade capitalista e de que o poder político pode ter uma relação mais próxima e mais direta com o povo, inspirou gerações sucessivas de revolucionários e mesmo de socialistas e de sociais-democratas de esquerda. Os resultados auspiciosos da revolução no domínio da educação, da saúde, da habitação, das infraestruturas e da cultura, que puseram Cuba à frente, de longe, dos restantes países do continente, serviram de confirmação constante da bondade do modelo. Mas, por outro lado, e aqui está a contradição, Cuba foi, no mesmo período, um embaraço constante e uma fonte de ambiguidade para todos aqueles para quem o socialismo não era separável da democracia. Quando, logo em 1960, Jean-Paul Sartre perguntou a Fidel Castro por que não organizava eleições livres, certo como estava que as ganharia, Fidel respondeu que isso descaracterizaria a revolução e prejudicaria a unidade de ação. A ideia era criar uma democracia direta, e uma

---

5. Por 188 votos contra três, a Assembleia Geral da Organização das Nações Unidas aprovou a 13 de novembro de 2012 uma nova resolução de condenação ao embargo econômico e comercial que os Estados Unidos impõem a Cuba. Foi a 21ª vez que a Assembleia Geral da ONU condenou o embargo a Cuba. A primeira vez ocorreu em 1992, quando contou com 59 votos a favor, três contra e 71 abstenções. O embargo foi imposto de maneira oficial em fevereiro de 1962, sob a administração do presidente John F. Kennedy, mas o governo norte-americano já havia imposto algumas sanções em 1959, ano do triunfo da revolução cubana.

pessoa humana desalienada, como Che Guevara, alternativa tanto ao modelo capitalista como ao modelo soviético. É sabido, por isso, que ao arrepio das propostas o fracasso da campanha para a produção de 10 milhões de toneladas de açúcar em 1970 marcou o início da dependência de Cuba em relação à União Soviética, culminada a partir dos anos 80 com a institucionalização de um poder popular fossilizado e burocratizado. A partir daí, o regime passou a assentar em dois apoios: a ajuda soviética e o carisma de Fidel. A primeira terminou, o segundo vai definhando.

Estas são as duas imagens contraditórias e, afinal, ambas verdadeiras. No entanto, só a segunda, a de Cuba como ditadura, é hoje difundida internacionalmente como estando na origem das violações dos direitos humanos, enquanto a primeira imagem, a de Cuba como ousadia de afrontar o poder norte-americano, é totalmente suprimida, sendo silenciadas as violações maciças dos direitos humanos de que, por tal ousadia, é hoje vítima o povo cubano no seu conjunto. Refiro-me, como é óbvio, ao brutal bloqueio comercial por parte dos Estados Unidos que, contra todas as convenções internacionais, está a destruir a economia e a estrangular o quotidiano dos cubanos. Quanto a mim, este bloqueio é uma violação dos direitos humanos e tão condenável quanto a primeira. Mas, nas condições atuais e, ao contrário do que afirma Washington, o bloqueio econômico é um dos maiores obstáculos a uma verdadeira transição democrática em Cuba. Por isso, em nome dos direitos humanos, quem é a favor da transição democrática tem, por força, de ser contra a continuação do bloqueio.

TSF, 8 de dezembro de 1994

O silêncio das notícias

A lógica da atualidade noticiosa nos meios de comunicação social assenta num paradoxo. Para que o conjunto permaneça atual é necessário que cada notícia se desatualize rapidamente e desapareça totalmente da cena para dar lugar à seguinte. Países e situações que são notícia abundante num dado momento, deixam de o ser no seguinte: Afeganistão, Sudão, Somália, Ruanda, Chiapas, Burundi, Cuba, Haiti etc. etc. Se o aparecimento dramatiza as ocorrências, o desaparecimento induz à crença de que tudo se resolveu ou que nada mais acontece de relevante no país. De fato, assim não é e, para termos uma compreensão adequada do que se passa nesses países, seria necessário conhecer o que se passa em cada um deles nos intervalos das notícias.

Tomemos dois casos exemplares: o Sudão e o Haiti. A situação no Sudão há muito desapareceu dos noticiários internacionais. No entanto, neste país está a travar-se há onze anos uma das guerras étnicas e religiosas mais cruentas do mundo contemporâneo. A guerra opõe o governo islâmico de Kartum aos revoltosos cristãos e animistas do Sul do Sudão, e calcula-se que já tenha matado um milhão de pessoas e tenha forçado outro milhão a abandonar as suas terras, deslocando-se para outros lugares dentro do país ou refugiando-se nos países vizinhos. Uma destruição com estas proporções e com esta duração acaba por se trivializar a si mesma e desaparece dos noticiários. Voltará talvez daqui a uns tempos, se o governo islâmico do Sudão tiver êxito nas suas tentativas em curso para desestabilizar, com o seu zelo islâmico, os países vizinhos, especialmente Uganda e a Eritreia.

E quanto ao Haiti? O que se estará a passar nos intervalos das notícias, hoje muito mais raras? Desde que regressou ao Haiti, há dois meses e meio, o Presidente Aristide transformou totalmente a sua personalidade política. Por iniciativa própria ou por estar refém da potência ocupante, os Estados Unidos, que o repôs em funções impondo-lhe condições? A verdade é que o libertador dos pobres se transformou no pregador de reconciliações. E a reconciliação, neste caso, é entre os seus adeptos e os aliados que mataram os seus adeptos (mais de 3.000): nomeou Ministro da Defesa um homem que colaborou com os militares; apesar de ter sido obrigado a abandonar a ordem religiosa a que pertencia, foi à capital haitiana abraçar o bispo François Gaillot, conhecido por nunca ter condenado a repressão militar. Entretanto, os polícias e militares que reprimiram violentamente as populações durante a ditadura são reciclados, em cursos de uma semana, e enviados para todo o país com uniformes de cores diferentes. A economia haitiana continua desmantelada. Qualquer novo investimento estrangeiro, sobretudo no vestuário, não quererá ouvir falar de justiça social. Os 550 milhões de dólares de ajuda econômica norte-americana continuam a ocupar os burocratas da ajuda que enchem os *lobbies* dos hotéis, sem que nada de palpável chegue aos bolsos dos pobres, a esmagadora maioria da população deste país, a braços com uma taxa de desemprego de 60% a 70%.

Quando voltaremos a ouvir falar por extenso do Haiti? O que ficaremos a saber então que desconhecemos agora?

TSF, 29 de dezembro de 1994

1995

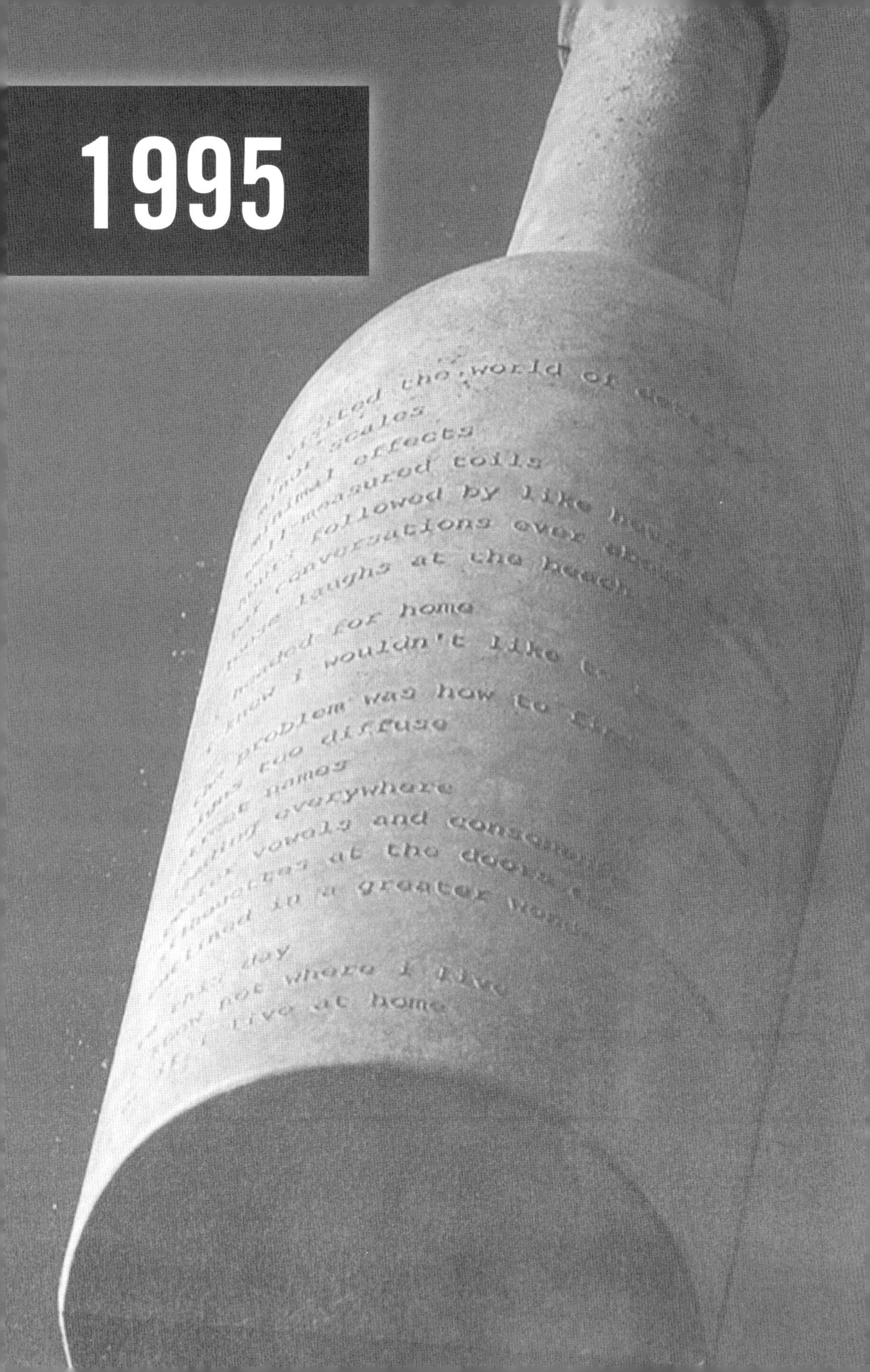
visited the world of
scales
effects
measured toils
followed by like
conversations ever
laughs at the head
for home
I wouldn't like
problem was how to
too diffuse
names
everywhere
vowels and conson
at the doors
in a greater
day
not where I live
I live at home

Os tribunais e os portugueses[1]

Recentemente, uma equipe de investigadores do Centro de Estudos Sociais da Universidade de Coimbra, que tive o gosto de dirigir, apresentou a público os resultados de uma investigação sociológica sobre a administração da justiça em Portugal. Tratou-se, no fundo, de responder a três questões: quem usa os tribunais, para quê e com que resultados? O que pensam os portugueses da justiça e dos tribunais? E, por último, o que fazem concretamente quando têm um litígio ou veem os seus direitos violados, sendo certo que, na esmagadora maioria dos casos, não recorrem aos tribunais?

Não caberia no espaço desta crônica analisar os resultados desta investigação, os quais, aliás, estão já a ser divulgados pela comunicação social e serão o tema de um livro a publicar proximamente. Muito esquematicamente, pode concluir-se do nosso trabalho que os portugueses recorrem pouco aos tribunais e, quando o fazem, tendem a não ficar muito satisfeitos com a experiência, que os tribunais servem muito mais eficazmente os interesses judiciais das empresas do que os interesses judiciais dos cidadãos e que, por esta razão, a igualdade formal perante a lei coexiste com a desigualdade real perante os tribunais, que os portugueses conhecem os seus direitos, mas têm pouca capacidade ou motivação para os reivindicar quando são violados, sendo, por isso, elevada a propensão à resignação. Estes resultados suscitam-me três comentários muito breves.

O primeiro é que os problemas da justiça portuguesa são profundos, alguns vêm de longe e levarão bastante tempo a resolver, não são imputáveis a entidades ou organização específicas num dado momento histórico e muito menos são resolúveis em ambiente de querela institucional e de guerrilha individualizada. Pelo contrário, reclamam um debate amplo e sério na sociedade civil, na classe política e no próprio interior dos vários

---

1. O livro a que se refere esta crônica foi publicado em coautoria com Maria Manuel Leitão Marques, João Pedroso e Pedro Lopes Ferreira. Trata-se de *Os tribunais nas sociedades contemporâneas: o caso português*. Porto: Afrontamento, 1996. Foi galardoado com o Prêmio Gulbenkian de Ciência em 1996.

setores administrativos e políticos do Estado. Neste domínio, sabemos agora melhor o que está em debate, o que é talvez meio caminho andado, e o que está em debate são as desigualdades enormes do exercício efetivo da cidadania na nossa sociedade.

O segundo comentário é que os tribunais são uma instituição crucial para aferir da qualidade e da intensidade da vivência democrática no nosso país. De pouco valem os direitos, se não se podem exercer adequadamente e se, quando violados, são deficientes ou mesmo inexistentes os meios de repor a legalidade que eles implicam. A garantia de exercício efetivo dos direitos humanos não cabe, de modo nenhum, em exclusivo aos tribunais, mas estes têm de ser um vigilante atento, pronto e eficaz contra as violações desses direitos. De outro modo, não nos podemos surpreender se muitos portugueses pensarem ser legítimo fazer justiça pelas próprias mãos.

O terceiro comentário é que, se é deficiente a garantia dos direitos individuais, é-o ainda mais a garantia dos direitos coletivos que, quando violados, atingem os interesses de grupos sociais, sejam eles as mulheres, os consumidores, os utentes de um rio poluído ou as crianças espectadoras de programas violentos na televisão. É urgente criar em Portugal a advocacia de defesa dos interesses coletivos dos cidadãos, orientada para a defesa eficaz destes direitos, direitos tão importantes para os indivíduos, quanto insusceptíveis de serem defendidos individualmente.

TSF, 2 de março de 1995

A renovação necessária do movimento sindical

O movimento sindical está perante um desafio global e as oportunidades para o vencer não são menores que as de ser vencido por ele. Este desafio coloca-se a diferentes níveis. Os mais importantes são os seguintes:

O desafio da solidariedade. O movimento sindical tem de revalorizar e de reinventar a sua tradição solidarista de modo a desenhar um novo, mais amplo e mais arrojado arco de solidariedade adequado às novas condições de exclusão social. É antes de mais nada necessária uma nova solidariedade entre trabalho com emprego e trabalho sem emprego e é à luz dela que, em parte, deve discutir-se a questão da redução nacional e internacional do horário de trabalho e do trabalho entre idosos. É, desde logo, também necessária uma nova solidariedade entre homens e mulheres trabalhadores. Os estudos de sociologia do trabalho demonstram à sociedade as múltiplas discriminações de que são vítimas as mulheres no processo de seleção e nas carreiras, no modo como são sujeitas a exames médicos discriminatórios e a questionários sobre a vida íntima, indiscretos quando não mesmo indecentes. E tudo isto ocorre muitas vezes perante o silêncio, senão mesmo a conivência, do sindicato ou da comissão de trabalhadores.

Acima de tudo, é necessário reconstruir as políticas de antagonismo social que confiram ao sindicalismo um papel acrescido na sociedade e o transformem num fator de esperança na possibilidade de uma outra forma de organização social. Um sindicalismo menos partidário e mais político, menos setorial e mais solidário. Um sindicalismo de mensagem integrada e alternativa civilizacional, onde tudo liga com tudo: trabalho e meio ambiente; trabalho e sistema educativo; trabalho e feminismo; trabalho e necessidades sociais e culturais de ordem coletiva; trabalho e Estado-Providência; trabalho e terceira idade etc.

Para isto, o sindicalismo tem de saber beber inovadoramente nas suas melhores raízes e tradições. O sindicalismo tem de voltar a ser parte integrante da "sociedade-providência", capaz de absorver funções tradicionais do Estado em vários domínios da "assistência" e susceptível de recuperar o que de melhor existia na tradição comunitária e autoeducativa do sindicalismo do fim do século XIX e início do século — um sindicalismo não simplesmente prestador de serviços, de repartições de horário normal, mas dinamizador de espaços comunitários. Esta atividade social conferirá uma nova acuidade à questão do financiamento dos sindicatos. É exigível que o Estado transfira para os sindicatos os recursos necessários ao desempenho adequado destas atividades, à semelhança do que fez em relação a outras instituições da sociedade civil. Por outro lado, é necessário repensar a questão dos fundos de solidariedade para iniciativas de reconversão da atividade profissional, de apoio aos jovens, aos idosos, aos desempregados. É recomendável que uma parte das receitas sindicais seja obrigatoriamente afetada a tais fundos de solidariedade.

O desafio da unidade. Nas sociedades capitalistas, a luta entre os sindicatos e os empresários é sempre desigual e o Estado não é solução para essa desigualdade. No entanto, os desequilíbrios são dinâmicos e mutáveis. Assim, se é fácil ao capital e ao Estado dividir o movimento sindical, este não deve desistir de (1) manter a unidade, (2) dividir o capital e o Estado de modo a tirar proveito da divisão.

As razões que levaram à divisão do movimento sindical já não se mantêm hoje. Na luta por um capitalismo civilizado, não há qualquer justificação para um movimento sindical dividido. Na luta pelo socialismo civilizacional, o movimento sindical é apenas um entre muitos outros movimentos, e não será sequer o mais importante.

Foi historicamente mais fácil dividir o movimento sindical do que será voltar a uni-lo. Será um processo mais ou menos longo, em várias etapas, algumas delas só possíveis com a sucessão das gerações. Se a concertação da ação sindical é um imperativo da presente geração de sindicalistas, a fusão só será possível com a próxima geração. E nessa altura será imperativa, se não for entretanto tarde demais.

A unidade não é um valor em si mesma. Só faz sentido onde o capital quer ver os trabalhadores divididos, ou seja, na concertação social e na negociação coletiva. Para além disso, quer ao nível nacional, quer ao nível transnacional e sobretudo local, a diversidade das situações e das expectativas não deve ser escamoteada em nome de pretensas unidades que quase sempre escondem a preponderância dos interesses de algum grupo sindical. A inovação e a criatividade das iniciativas de base devem ser sempre promovidas como fonte de novas possibilidades de unidade e de solidariedade. Um bom caminho para a unidade e para a solidariedade construídas a partir da base é a eleição pelo universo dos trabalhadores das comissões sindicais, tal como das comissões de trabalhadores, a realização de referendos sobre decisões importantes.

O desafio da escala organizativa. Contrariamente às aspirações do movimento operário do século XIX, foram os capitalistas de todo o mundo que se uniram e não os operários. Pelo contrário, enquanto o capital se globalizou, o operariado localizou-se e segmentou-se. Há que tirar as lições deste fato. O capital desembaraçou-se muito mais facilmente da escala nacional do que o movimento sindical. Na fase que se avizinha, o movimento sindical terá de reestruturar-se profundamente, de modo a apropriar-se da escala local e da escala transnacional pelo menos com a mesma eficácia com que, no passado, se apropriou da escala nacional. Da revalorização das comissões de trabalhadores e de comissões sindicais com funções alargadas à transnacionalização do movimento sindical, desenha-se todo um processo de destruição institucional e de construção institucional.

O desafio da lógica organizativa. Apesar da experiência do trabalho ser cada vez mais absorvente, quer quando se tem essa experiência, quer quando se está privado dela, o coletivo dos trabalhadores está social e culturalmente isolado. Quanto maior o isolamento social, maior é a predisposição para criar sentimentos de desconfiança e de ressentimento em relação a todos os que não partilham o quotidiano do trabalho, e entre eles estão os próprios dirigentes sindicais. A atual lógica organizativa dos sindicatos pode, assim, contribuir para aprofundar o isolamento social do coletivo do trabalho.

Da lógica do controle e do aparelho à lógica da participação e do movimento, o movimento sindical deve reorganizar-se de modo a estar simultaneamente mais próximo do quotidiano dos trabalhadores enquanto trabalhadores e das aspirações e dos direitos legítimos dos trabalhadores enquanto cidadãos. Para isso, é preciso desenhar estratégias para "premiar" os sindicalistas mais ativos em vez dos sindicalistas mais dóceis perante diretivas centrais; para fazer assentar a formação dos sindicalistas na ideia da solidariedade concreta para com trabalhadores concretos e não na ideia abstrata do patrão como inimigo, uma ideia inviável na prática e psicologicamente inibidora; e, finalmente, estratégias para evitar a burocratização dos dirigentes e para permitir que eles enriqueçam os seus lugares de trabalho com a experiência de dirigentes através da rotação frequente e de mandatos não renováveis ou só restritamente renováveis.

Em suma, é necessário um sindicalismo de base, radicalmente democrático, onde o peso dos aparelhos nos processos de decisão seja drasticamente limitado e os processos de decisão coletiva usem todas as formas de democracia, nomeadamente as que diminuam as suspeitas de instrumentalização.

Esta transformação da lógica organizativa interna deverá, para ter êxito, ser complementada por uma transformação da lógica organizativa externa. O movimento sindical tem de procurar articulações com outros movimentos sociais e tem de reivindicar o direito de estar presente, enquanto tal, em lutas não especificamente sindicais. Mas a solidariedade para fora não pode ser imposta para dentro. A solidariedade para fora ou nasce de dentro ou é manipulação política.

O desafio da lógica reivindicativa. A fragmentação do processo produtivo acarreta a da força de trabalho, mas também, de algum modo, a da atividade empresarial pelo menos ao nível local e regional. Embora as forças sejam muito desiguais, o trabalho deve tentar diferenciar e segmentar o capital no próprio processo em que é diferenciado e segmentado por este. A flexibilização é uma via de dois sentidos e os sindicatos têm de ser tão seletivos em face dos empresários e gestores como estes o são em relação aos trabalhadores. Daí a necessidade de um cada vez maior pragmatismo na opção entre contestação e participação, nas muitas combinações possíveis entre ambas e nas mudanças entre elas de um momento para outro, de uma empresa para outra, de um setor para outro. O importante é que, em cada opção, cada uma das estratégias seja adotada ou reivindicada com autenticidade: contestação genuína em vez de contestação simbólica; participação em assuntos importantes em vez de participação em assuntos triviais.

Para além de pragmáticas e de autênticas, as formas de luta têm de ser inovadoras e criativas. Numa sociedade midiatizada, é preciso ir além da greve de 24 horas e da manifestação, ainda que se reconheça que a luta pela presença da comunicação social possa introduzir fatores de combate estranhos ao conflito.

Por outro lado, a ação reivindicativa não pode deixar de fora nada do que afete a vida dos trabalhadores. Não se trata apenas do desenvolvimento regional, da formação profissional, da reestruturação dos setores. Trata-se também dos transportes, da educação, da saúde, da qualidade do meio ambiente e do consumo. O sindicalismo já foi mais movimento do que instituição. Hoje é mais instituição do que movimento. No período de reconstituição institucional que se avizinha, o sindicalismo corre o risco de se esvaziar se entretanto não se reforçar como movimento. A concertação social tem de ser um palco de discussão e de luta pela qualidade e a dignidade da vida e não incidir meramente sobre rendimentos e preços.

O desafio da cultura sindical. O desafio cultural é talvez o maior com que se confronta o movimento sindical. Historicamente, os trabalhadores começaram por ser trabalhadores e só à custa de muitas lutas em que os sindicatos tiveram um papel preponderante conquistaram o estatuto democrático da cidadania. Essa história, rica e nobre, continua a pesar no movimento sindical. Hoje, porém, os tempos mudaram. O trabalhador está hoje menos interessado em eliminar o patrão do que em forçá-lo a agir de modo a que dignifique o trabalho e o trabalhador e que conceda igualdade de condições quando não há nenhum motivo razoável ou justo para a desigualdade. Os trabalhadores são cidadãos que trabalham e os sindicatos só farão justiça às suas preocupações e aspirações se os reconhecerem acima de tudo pelo seu estatuto de cidadãos. Para isso, a cultura sindical terá de mudar. Sem renunciar à história, sem a qual não estaríamos onde estamos hoje, é preciso substituir uma cultura obreirista, que associa progresso a crescimento do Produto Interno Bruto (PIB), por uma cultura democrática de cidadania ativa para além da fábrica.

A sociedade está a mudar. Seria absurdo pensar que o sindicalismo poderia manter-se inalterado ou apenas mudar o necessário para permanecer como está. Nos tempos que se avizinham, a vitalidade do sindicalismo aferir-se-á pela capacidade para se autotransformar, por iniciativa própria e não a reboque da iniciativa dos outros, antecipando as oportunidades em vez de reagir à beira do desespero, acarinhando a crítica e respeitando a rebeldia quando ela vem de sindicalistas dedicados e com provas dadas. Se assim fizer, evitará a deserção dos melhores, atrairá as gerações mais novas e barrará o caminho ao sindicalismo defensivo. Democracia interna construída a partir da base, criatividade nas soluções desde que assentes na participação e no risco calculado, unidade descomplexada entre as diferentes organizações sindicais, articulação entre o movimento sindical e todos os outros movimentos sociais que lutam pela qualidade da cidadania, da democracia e, afinal, pela qualidade da vida: estas parecem ser as receitas para o êxito nos momentos difíceis que se avizinham.

Lanço um apelo às duas centrais para que o Primeiro de Maio deste ano seja comemorado em conjunto, vinte e um anos depois da primeira e única vez em que tal sucedeu. Será um ato simbólico que por si não significa unidade efetiva, mas será um sinal com a força própria dos símbolos, um sinal de que os dirigentes sindicais, no seu conjunto, estão conscientes de que, nos anos que se avizinham, a dignificação do trabalho e dos trabalhadores exigirá que se potencie tudo o que pode unir os trabalhadores e se desincentive tudo o que pode dividi-los. Não haverá, assim, entre os promotores de tal iniciativa, vencedores ou vencidos. Vencidos serão os que apostam na modernização neoliberal do nosso país, assente num capitalismo tão pouco civilizado que facilmente se confunde com o capitalismo selvagem. Vencedores serão os trabalhadores portugueses no seu conjunto e a democracia portuguesa.

Público, 16 de março de 1995

Porto Alegre: a democracia participativa

Encontro-me em Porto Alegre, onde estou a convite conjunto da Universidade Federal e da Câmara Municipal/Prefeitura. A Universidade convidou-me a proferir a aula inaugural do ano letivo sobre o tema a Universidade, a ciência e a utopia, e a Prefeitura convidou-me a proferir uma conferência sobre a Cidade do Futuro. Por que refiro isto? Não obviamente pelo interesse dos meus ouvintes em saberem por onde ando e o que faço, mas antes por duas razões que me parecem dignas de menção.

A primeira é que esta minha estadia em Porto Alegre, por via de um convite conjunto da Universidade e da Prefeitura, não é uma coincidência. É apenas um exemplo, entre muitos, da ligação intensa e orgânica entre a Universidade e a Cidade que existe aqui em Porto Alegre. São de todos nós conhecidas as dificuldades que sempre tem havido nas relações entre as universidades e as cidades. Historicamente, essas dificuldades traduziram-se num divórcio quase total e numa hostilidade recíproca. E ainda hoje, quando olhamos para as Universidades portuguesas, sentimos esse divórcio e essa hostilidade. E quando a universidade propõe abrir-se à comunidade, tem da comunidade um entendimento muito estreito. A comunidade são as empresas, o capitalismo, a tecnologia. Pois bem, estou numa Universidade onde a comunidade é entendida em sentido amplo. As empresas fazem parte dela e daí a constituição de um parque tecnológico de colaboração com a cidade e vocacionado para o Mercosul, o mercado comum da América do Sul, do qual Porto Alegre se vê como capital. Mas comunidade para esta Universidade são, acima de tudo, as classes populares, os moradores dos bairros de lata, as crianças, os reformados, a cultura urbana, os trabalhadores que precisam de assistência jurídica e não têm dinheiro para pagar a advogados. Uma atividade de extensão riquíssima mobilizando professores e alunos. E tudo isto feito em colaboração íntima com a Cidade. E daí a segunda razão para vos falar da minha estadia em Porto Alegre.

Estou numa cidade onde a administração municipal é uma verdadeira administração popular, assente numa prática consolidada de democracia participativa. Paralelamente aos autarcas eleitos pela democracia representativa, existem os conselhos regionais ou populares em cada uma das dezesseis regiões da cidade, constituídos por delegados e conselheiros eleitos nas assembleias. São estes conselhos que decidem as prioridades do orçamento camarário para a região, são eles que negociam com os autarcas, em pé de igualdade, o perfil do desenvolvimento da cidade, são eles que acompanham a execução das obras uma vez decididas as prioridades e o dinheiro disponível. Está-se assim a constituir, desde há seis anos, uma verdadeira sociedade civil pública não estatal mobilizadora de uma cidadania ativa e protagonista.

Ainda ontem assisti a uma das reuniões do que significativamente se chama o orçamento participativo. Vi pessoas de todas as classes, homens e mulheres, discutir a localização da creche, limpeza das praças, arborização das ruas. Vi autarcas sem qualquer arrogância dialogando e negociando. Porto Alegre é já hoje internacionalmente conhecida por esta gestão municipal participativa. Idealizada por um Prefeito que é um intelectual de primeira linha, cujo último livro se intitula *Utopia possível*, esta é uma experiência com êxito. É assim, combinando a eficácia com democracia e participação, que se distingue uma gestão autárquica de esquerda de uma gestão autárquica de direita.

Como é que essas gestões se distinguem em Portugal?

TSF, 23 de março de 1995

Colômbia entre a democracia e a violência

Estou em Bogotá, capital da Colômbia. Quero-vos falar do fervilhar de iniciativas com que venho deparar neste país de violência, de guerrilha e de narcotráfico, no sentido de dar conteúdo efetivo aos princípios de participação cidadã consignados na Constituição de 1991 e que apontam para exercícios mais avançados de democracia.

Ontem assisti, no Instituto para o Desenvolvimento da Democracia Luís Carlos Galan, e com a presença do Presidente da República, ao lançamento do livro *Viver a democracia* da autoria de Luz Escalante. Luís Carlos Galan era candidato à Presidência da República pelo Partido Liberal e foi assassinado pelos narcotraficantes em 1989. Logo depois, foi criado o Instituto para o Desenvolvimento da Democracia que tem o seu nome, um instituto virado para a pedagogia da cidadania e da democracia, sobretudo junto da juventude. O livro *Viver a democracia* é uma cartilha ilustrada onde se ensinam os jovens das escolas secundárias a criar os órgãos de gestão democrática nas escolas e a participar neles. As ilustrações são de jovens, o texto foi feito em colaboração com eles e está redigido de modo a fazer do exercício da democracia uma aventura aliciante.

Se menciono este evento é apenas porque ele não é um caso isolado de pedagogia da democracia. Num país dilacerado pela violência política e sujeito à tutela imperialista dos Estados Unidos que, a pretexto da luta contra a droga, lhe impõem restrições inadmissíveis à soberania nacional, é consolador ver surgir em toda parte, e com grande criatividade, as mais diversas iniciativas de aprofundamento da democracia, de cidadania concreta, de respeito pela diferença cultural dos povos indígenas, e tudo para desenvolver um novo espírito de convivência política assente no diálogo e na tolerância em que os jovens parecem ser os grandes protagonistas. A grande maioria destas iniciativas são da sociedade civil, dos movimentos sociais, das Organizações Não Governamentais e das autarquias. Eis alguns exemplos.

Ao contrário do que sucede entre nós, a nova Constituição veio permitir que cidadãos independentes se candidatem nas eleições autárquicas, o que contribui enormemente para a renovação da classe política e para a renovação do exercício da política. Nas horas de maior movimento, circulam nas ruas de Bogotá palhaços empunhando cartazes com dísticos sobre os direitos humanos, seguidos de outros que distribuem cartões vermelhos ou verdes aos transeuntes, consoante algum detalhe do seu comportamento na rua merece nota negativa ou positiva. O propósito é dar um componente lúdico à cidadania. Os estudantes de várias universidades criaram a Opção Colômbia, uma espécie de serviço cívico dos estudantes que passam seis meses nos diferentes municípios do país exercendo diversas atividades e documentando-se sobre a diversidade cultural, sendo com isso creditados no seu currículo, como se tivessem frequentado cursos normais da Universidade. Os ex-guerrilheiros dos grupos que já abandonaram a luta armada são reintegrados na sociedade através de programas imaginativos. É o caso das milícias populares de Medellín, que se converteram em cooperativas de serviços de segurança.

O que, como sociólogo, me fascina em tudo isto é a capacidade que a sociedade tem para, nas condições mais difíceis e no meio de violência e de miséria, não cair no cinismo e no desumano e continuar a reinventar-se na convicção de que a solidariedade, a tolerância, o multiculturalismo e a participação cidadã são utopias possíveis.

TSF, 30 de março de 1995

Evangelium vitae: Um documento intolerante[2]

Um pouco por toda a parte, os católicos de bom senso e os bispos esclarecidos procuram fazer vista grossa, minimizar o significado, disfarçar os debates, mas a verdade é que a última encíclica do Papa, *Evangelium Vitae*, é um documento intolerante, fundamentalista e hipócrita e, é por tudo isso, é também um documento perigoso. O perigo não advém tanto das conhecidas posições da Igreja de Roma sobre o aborto — habituamo-nos, desde há muito, aos seus anacronismos neste domínio, sobretudo a misoginia endêmica que converte a mulher num instrumento de procriação, desprovido de igualdade de direitos frente ao homem, muito para além, aliás, do direito ao corpo (por exemplo, no domínio do direito ao exercício de funções sacerdotais). O perigo advém de uma relativa novidade que quase passou despercebida nos meios de comunicação social portugueses: o fato de esta encíclica não se limitar a orientar a conduta individual dos católicos, mas, muito para além disso, de os incitar à desobediência civil às leis que permitem o aborto ou a eutanásia. Ou seja, renova-se, como em tempos idos, uma posição de confrontação direta com o poder civil do Estado, com a agravante de que este poder, agora deslegitimado pela Igreja, está hoje, em muitos casos, legitimado pelo voto democrático e livre dos cidadãos. Este incitamento à rebelião, por razões de zelo religioso, constitui um fundamentalismo em tudo semelhante àqueles que são execrados pelos meios de comunicação ocidentais.

Se nos lembrarmos que nos Estados Unidos da América já muitos médicos que praticam o aborto legal foram assassinados por fanáticos religiosos, teremos a noção do que está realmente em causa. Não se trata, pois, da apologia de uma cultura de vida, como diz a Encíclica, mas antes da apologia de uma cultura de morte. Este fundamentalismo ocidental faz parte de uma cultura de intolerância que, para já não recuar ao tempo das

---

2. A 30 de março de 1995, foi apresentada publicamente no Vaticano a 11ª encíclica do Papa João Paulo II. No texto de *Evangelium Vitae*, divulgado pelos então cardeais Joseph Ratzinger da Congregação para a Doutrina da Fé, Florenzo Angelini do Conselho Pontifício para a Pastoral da Saúde e Lopez Trujillo do Conselho Pontifício para a Família, estão contidas reflexões do Papa que condenam duramente o suicídio, o aborto e a eutanásia.

Cruzadas, data de 1492, com a queda de Granada, tomada pelos cristãos aos mouros, a primeira confiscação dos bens dos judeus e a primeira queima de livros dissonantes do dogma. Daí que o Ocidente tenha hoje poucas lições de tolerância a dar ao mundo árabe ou ao Terceiro Mundo em geral. Sobretudo se tivermos em conta que, no caso do Ocidente, o fundamentalismo religioso corre de par com o fundamentalismo econômico, do medo neoliberal que está a impor a fome e a miséria e, afinal, a cultura da morte a quatro quintos da população mundial.

Mas, no caso da Igreja de Roma, a intolerância é, quiçá, ainda mais hipócrita. Não se compreende que o apelo à desobediência civil não se estenda a outras áreas da cultura de morte como, por exemplo, à pena de morte e que, ao contrário, a Igreja continue inequivocamente a defender a legitimidade desta. É assim que a Igreja dos pobres se transforma na igreja dos polícias.

TSF, 6 de abril de 1995

Atentado em Oklahoma[3]

O atentado a bomba no edifício do governo federal em Oklahoma continua a produzir ondas de choque na sociedade americana e, devido ao poder midiático e sobretudo televisivo dos Estados Unidos, essas ondas de choque propagam-se um pouco por todo o mundo. Trata-se de um acontecimento grave e com múltiplas implicações a merecerem todas elas a nossa reflexão. Eis algumas das principais.

A primeira implicação é a geografia e autoria do atentado. Ocorreu no coração dos Estados Unidos, bem no centro da pacatez provinciana do *american way of life* e, alegadamente, foi cometido por cidadãos norte-americanos sem mancha étnica ou sexual, isto é, por homens brancos. A mitologia americana estabelece que o país assenta em valores superiores e altamente partilhados, e que, como tal, só podem ser questionados por inimigos externos, quer os que fisicamente atacam a partir do estrangeiro, quer os que, vivendo nos Estados Unidos, não pertencem de fato à sociedade onde vivem. Ao longo deste século, os negros, os imigrantes radicais, os comunistas ou os muçulmanos fundamentalistas têm sido, em diferentes períodos, o nome da ameaça externa. O atentado de Oklahoma simboliza o fim desta mitologia. O inimigo é interior e é de fato o americano médio. Ou os valores em que assenta a sociedade americana não são tão superiores quanto se reclama, ou deixaram de ser tão partilhados quanto se pensa.

A segunda implicação é que os terroristas não atuaram sozinhos, são parte de organizações paramilitares integradas em movimentos de extrema-direita e que, ao que se sabe, estão espalhados por todo o país, e os seus membros podem atingir o número de 100.000. Muitas destas

---

3. Timothy McVeigh foi condenado em 2 de junho de 1997 à pena de morte pela explosão de um caminhão-bomba estacionado em frente a um edifício federal de Oklahoma, em 19 de abril de 1995, que provocou a morte de 168 pessoas, entre elas 19 crianças, e 600 feridos. Executado aos 33 anos de idade, nada na sua história pessoal nem no seu comportamento enquanto soldado-modelo norte-americano explica o que o levou a cometer o atentado, do qual nunca se arrependeu.

milícias são de constituição recente, e o motivo próximo parece ser a reação a uma lei federal que proibiu a venda de certas armas de fogo e submeteu a venda de outras a algumas condições, uma lei considerada por muitos demasiada tímida para combater o crescente armamento privado dos americanos e a violência na sociedade americana, mas que foi combatida pelo fortíssimo *lobby* da indústria de produção de armas de fogo. As restrições ao uso e porte de armas são consideradas um ataque à liberdade dos cidadãos consagrada na Constituição e, segundo os setores mais radicais, tais restrições visam desarmar os cidadãos para que o Estado possa em ocasião próxima impor uma ditadura socialista. A legitimação do recurso à violência para resistir contra estes propósitos satânicos tem, em muitas destas organizações de extrema-direita, uma forte componente religiosa que vai desde o ataque aos defensores do aborto até o propósito de criar exércitos de deus e uma teocracia cristã fundamentalista. Uma mensagem dos Arquivos Patrióticos difundida na Internet apela a manifestações anuais dos milicianos sempre a 19 de abril e dá instruções precisas de como tais manifestações devem decorrer. Por exemplo, em frente dos edifícios do governo federal exibirão as bandeiras em protesto e recitarão o seguinte juramento antigovernamental: juramos defender e proteger a Constituição dos Estados Unidos contra os inimigos externos e internos. Aqui reside uma outra implicação importante do atentado.

Os movimentos religiosos de direita e os novos conservadores que nas últimas eleições passaram a dominar o Congresso têm vindo a radicalizar o seu discurso contra a intervenção do Estado, contra os movimentos progressistas, contra os impostos, contra a segurança social, incitando à desobediência civil e à resistência ativa. Nestas duas últimas semanas, têm-se desdobrado em declarações para mostrar que o radicalismo do seu discurso não tem nada a ver com a violência radical dos terroristas de Oklahoma. Mas não terá?

Depois de Oklahoma, o povo americano vai ter de se defrontar com dois fatos muito perturbadores. Por um lado, foi muito mais fácil defender a sociedade americana contra supostas ameaças comunistas ou árabes palestinas, do que será defendê-la da ameaça real da decomposição do tecido social americano. Por outro lado, dos países mais desenvolvidos, os Estados Unidos é aquele em que são mais gritantes as desigualdades sociais. Sendo certo que a extrema-direita é um dos sintomas do fosso crescente entre ricos e pobres, este fosso não parará de crescer se a extrema-direita e, sobretudo, a direita continuarem a ter poder para desacreditar e eliminar as tímidas políticas sociais que no passado procuraram reduzir as desigualdades mais gritantes.

TSF, 4 de maio de 1995

A guerra e a paz[4]

Na Europa e nos Estados Unidos estão a comemorar-se os cinquenta anos do fim da Segunda Guerra Mundial. Festejam os Aliados a vitória sobre o nazismo hitleriano. Lembram-se os milhões de soldados mortos e os milhões de vítimas inocentes, com destaque para os judeus. Cantam-se hinos à paz e à concórdia e ao espírito de solidariedade que trouxe cinquenta anos de prosperidade à Europa e aos Estados Unidos e transformou a Rússia numa grande potência europeia.

Sem querer pôr em causa as comemorações em curso, penso que há nelas alguns esquecimentos perturbadores. Esquece-se, por exemplo, de que o genocídio nazi não atingiu apenas os judeus, mas também outras "raças inferiores", nomeadamente os ciganos. Calcula-se que de uma população de 5 ou 6 milhões, 400.000 ciganos terão sido assassinados pelos nazis, um holocausto oculto, mas, proporcionalmente à população, talvez tão cruel quanto o dos judeus. Porém, o maior esquecimento é talvez o da guerra que persiste. Festeja-se o armistício, cantam-se hinos à paz, tenta-se, pela lembrança dos mortos, reavivar a memória dos horrores ocorridos há muitos anos. E, com tudo isso, esquece-se, se é que se não oculta, de que a guerra continua tão feroz como dantes. Esquece-se, ou oculta-se, de que assim tem sido desde o fim da Segunda Guerra Mundial. Da Coreia à Palestina, do Vietnã ao Afeganistão, do Cambodja ao Laos, da Nigéria ao Sudão, do Chade à Eritreia, do Ruanda ao Burundi, da Rodésia ao Zaire, do Congo-Brazaville à África do Sul, da Bolívia à Colômbia, das Honduras ao Panamá, das Malvinas a Granada, de El Salvador à Nicarágua, do Peru ao Equador, da ex-Iugoslávia à Chechênia, do Kurdistão ao Punjab — o mundo tem estado em guerra nos últimos cinquenta anos e continua em guerra. Sucede apenas que a guerra que terminou em 1945 foi uma guerra entre potências com níveis elevados e equi-

---

4. A 5 de maio de 1995 iniciaram-se, em Londres, as celebrações do 50º aniversário do fim da Segunda Guerra Mundial. Estas incluíram diversas cerimônias, banquetes, concertos, missas pela paz e fogo de artifício em Londres, Paris, Berlim e Moscou. O ponto alto das comemorações aconteceu a 9 de maio, com a parada militar de 4 500 veteranos na Praça Vermelha, que contou com a presença de Boris Ieltsin e Bill Clinton, entre outros.

paráveis de desenvolvimento, enquanto, desde então, as guerras têm eclodido entre os países menos desenvolvidos ou entre países com níveis de desenvolvimento muito desiguais. Os holocaustos foram espalhados pelo mundo e os horrores foram grotescamente trivializados pela sua recorrência e pela midiatização desta.

Mas nas comemorações da paz de 1945 há talvez um esquecimento ou uma ocultação ainda mais grave. É que os Aliados, que agora festejam a paz, foram os que ao longo destes cinquenta anos, de uma ou de outra forma, promoveram a guerra e beneficiaram-se dela. Norte-americanos e soviéticos, ingleses e franceses estiveram ao longo destes anos envolvidos, direta ou indiretamente, nas muitas guerras que continuaram a eclodir. Se, exceção feita ao Vietnã, quase sempre evitaram baixas significativas nos seus soldados, apoiaram, sempre longe das suas fronteiras, um ou outro beligerante, arrecadaram lucros vantajosos com a venda de armamento e ainda colheram os louros ao promoverem a paz quando a guerra se tornou insustentável. E a paz tem quase sempre sido precária e, quando é conseguida num conflito, é contrabalançada pela eclosão da guerra noutro conflito.

Os cinquenta anos do fim da Segunda Guerra Mundial seriam festejados com a consciência mais tranquila se não houvesse tantos mortos mais recentes, a juncar de tropeços o caminho cerimonioso para os mausoléus e para a deposição das coroas de flores.

Visão, 11 de maio de 1995

A intranquilidade utópica

Porque é que os Romanos, que atribuíam um deus a cada ação e a cada movimento e lhes prestavam cultos públicos, não reconheciam oficialmente a deusa da Quietude (*Quies*), que lhes assegurava a tranquilidade, e, invocando-a embora, faziam construir o seu templo fora de portas? Quem faz esta pergunta é Santo Agostinho em *A Cidade de Deus*, indagando retoricamente sobre as causas de intranquilidade dos Romanos. Podemos dizer que, tantos séculos depois, estamos hoje tão intranquilos quanto os Romanos e parcialmente pelas mesmas razões, por mais diferentes que sejam os mecanismos concretos da intranquilidade. Estamos de novo perante uma dupla intranquilidade.

Antes de mais nada, a intranquilidade do possível. Do crédito ao consumo à midiatização da intimidade, das autoestradas da informação à engenharia genética, da rede da Internet ao ciberespaço, tudo parece possível. A intranquilidade que estas possibilidades causam reside, por um lado, em que, sendo infinitas, exigem de nós energias infinitas para as realizarmos plenamente. Ora, sabemos que as nossas energias são finitas e sentimo-las tanto mais assim quanto maior é a discrepância entre elas e as possibilidades que se nos abrem. Por outro lado, é-nos cada vez mais claro que nem tudo o que é possível é desejável. Quando observamos as famílias a ser escravizadas pelas prestações mensais, a sociedade de informação a criar novas formas de exclusão social e de violação da privacidade, a Internet a servir para espalhar ódio fascista, a engenharia genética a fazer do corpo uma mercadoria pronto-a-ser — instala-se entre nós a intranquilidade do possível.

A segunda grande intranquilidade é a intranquilidade do desejável. Com as possibilidades cresceram os desejos e, como estes cresceram mais que aquelas, é-nos cada vez mais claro que nem tudo o que é desejável é possível. Quando observamos a guerra na ex-Iugoslávia, em Angola ou na Chechênia, como se fossem os despojos sempre renovados da Guerra Fria, os agricultores a serem pagos para não produzir ou a enterrar toneladas de fruta por não ter as dimensões exatas enquanto morrem de fome centenas de crianças por minuto em todo o mundo, ou ainda o lixo tóxico a ser espalhado pelos nossos campos e lançado ao mar para que Lisboa exulte na exposição mundial dedicada aos oceanos — torna-se-nos claro que muito do que é desejável não só é impossível, como parece absurdo à luz do absurdo modelo econômico e político que vigora.

Nesta dupla intranquilidade do possível e do desejável, algo nos distingue dos Romanos. É certo que, entre eles, alguns sábios foram capazes de perguntar: se os deuses são feitos pelos homens, por que são deuses? No entanto, ninguém os ouviu. Nós, pelo contrário, sabemos que os deuses são o nome humano das nossas carências. Não há, pois, que ir fora da cidade prestar culto clandestino à deusa da tranquilidade. Há, pelo contrário, que lutar na cidade para que só o desejável seja possível e para que tudo o que é desejável seja possível. É essa a intranquilidade utópica do tempo presente e a razão por que ser utópico é a única maneira de ser realista neste fim de século.

Público, 23 de maio de 1995

O racismo dos que não são racistas

Portugal está a chegar ao fim de um ciclo que começou com o 25 de Abril. Um ciclo que teve momentos exaltantes — da revolução à entrada na União Europeia — mas também frustrações perturbadoras. A Europa desenvolvida está cada vez mais longe, em termos reais; o agravamento da exclusão social nem sequer é compensado pelo crescimento econômico; e existe a sensação difusa de que o país está vertiginosamente parado, com autoestima perdida, receando dar um passo que seja, por não saber como, nem para onde. Como diria Freud, depois do princípio do prazer, o princípio da realidade. A realidade é, nestas condições, muito dolorosa. É, em parte, por isso que o partido do governo, embora perdendo provavelmente as eleições, talvez não as perca pela diferença que as sondagens anunciam. Mas, de todo o modo, o contato com a realidade começa: os fantasmas da guerra colonial; o que do pré-25 de Abril continuou no pós-25 de Abril; a corrupção do poder; a mediocridade dos políticos; a miséria e a fome de quem até há pouco tinha uma vida decente; o aumento da criminalidade e do suicídio, sobretudo no Sul do país; o racismo.

Começo pelo racismo. Finalmente, confrontamo-nos com o fato de vivermos numa sociedade racista. Mais ou menos racista do que outras? Pouco importa. Desde que haja racismo, é mais importante combatê-lo do que medi-lo. Dois tipos de racismo me parecem merecer uma atenção especial. Em primeiro lugar, o racismo dos detentores do poder na nossa sociedade. Do poder econômico, quando os patrões exploram os trabalhadores africanos em trabalhos mais duros, com menor segurança e piores salários porque "para preto basta". Do poder repressivo, quando o ódio racial transparece no espancamento e nos maus-tratos de que são vítimas jovens africanos, cometidos pela polícia ou perante a complacência da polícia. Do poder escolar, quando os programas, os professores e os funcionários não estão preparados para levar a cabo uma educação multicultural. Do poder político-administrativo, quando inicia ou interrompe o processo de legalização dos imigrantes ao sabor das conveniências políticas ou quando subscreve os acordos de Schengen sem qualquer atenção às responsabilidades históricas de um país que terminou o ciclo colonial mais tarde do que os outros. O segundo tipo de racismo é o racismo difuso das relações sociais e das práticas quotidianas da grande maioria da população, que não se considera racista e apenas tem preferências que, por coincidência, se alinham pela pigmentação da pele. Deste racismo, apresentou recentemente um retrato brutal João Paulo N'Ganga, jovem estudante angolano da Universidade de Coimbra, num livro notável intitulado *Preto no Branco*. Como ele diz, em Angola, era homem, por sinal negro; quando chegou a Portugal, passou a ser negro, por sinal homem.

É urgente enfrentarmos com coragem o problema do racismo. Numa sociedade com forte cultura política autoritária, é crucial exigir do poder mensagens antirracistas inequívocas (sistema de quotas, punição exemplar e rápida dos racistas, multiculturalismo como política cultural). É, acima de tudo, necessário criar, sobre as ruínas de um universalismo republicano desacreditado, uma nova dialética da igualdade e da diferença, subordinada a um novo imperativo categórico: é imperativo sermos iguais sempre que a diferença nos inferioriza; é imperativo sermos diferentes sempre que a igualdade nos descaracteriza.

Visão, 8 de junho de 1995

O racismo português[5]

Na semana passada, numa intervenção na televisão e na minha coluna numa revista semanal, eu chamava a atenção para o fenômeno do racismo em Portugal e exortava as autoridades políticas, administrativas, judiciais e policiais a darem à sociedade portuguesa mensagens antirracistas inequívocas. Mal imaginava eu que, poucos dias depois, voltassem a eclodir ataques racistas de gravidade, a suscitar um aprofundamento das reflexões então feitas e a confirmar com redobrada intensidade o papel do Estado na repressão e na prevenção do racismo.

Começo pelas reflexões. O racismo português tem algumas causas e características próprias, mas partilha muitas outras com o racismo europeu. Distingo duas características principais no racismo europeu. Em primeiro lugar, uma característica política: o racismo europeu tem uma consciência de extrema-direita vinculada ao nazismo e ao fascismo. Daí que, embora possa haver opiniões racistas espontâneas, não há comportamentos racistas espontâneos. Mais ou menos conscientemente, mais ou menos organizadamente, tais comportamentos relevam de um projeto político de extrema-direita que começa a tomar forma e força em vários países europeus e é internacional em sua constituição. Estamos, pois, perante comportamentos políticos terroristas e que, como tal, devem ser enfrentados pelo Estado democrático. A segunda característica é social. A Europa viveu o pós-guerra até a década de 1970 sob os bons auspícios de um círculo virtuoso de consolidação democrática, desenvolvimento econômico e proteção social. Esta última, sob a forma do Estado-Providência, conferiu à Europa um lugar à parte nas possibilidades civilizacionais do capitalismo, o qual pareceu realizar no continente um certo equilíbrio entre o egoísmo do lucro e a solidariedade da distribuição social do rendimento. Este modelo entrou em dificuldades a partir do início da década

---

5. Na madrugada de 11 de junho de 1995, cerca de 50 jovens *skinheads* atacaram jovens negros do Bairro Alto, em Lisboa, utilizando navalhas, garrafas, pedras, ferros e paus. As agressões prolongaram-se durante duas horas, provocando onze feridos e uma vítima mortal.

de 1970, com a primeira crise do petróleo e, sem ter sofrido um colapso total nos anos que se seguiram, não mais voltou à euforia inicial. Os racistas de hoje são basicamente a geração que nasceu no início da crise e chega agora à idade adulta confrontada com a perspectiva de que do modelo social europeu só viverá a sua crise e uma crise cada vez mais profunda. Nas condições específicas europeias, a perspectiva social é lida pelas lentes políticas do pensamento de extrema-direita. É característico deste pensamento que, perante situações de injustiça social, se culpe quem está por baixo e não quem está por cima. Foi assim que os nazis culparam os judeus de todos os males da sociedade alemã, é assim que os racistas europeus culpam os africanos, os árabes e os asiáticos dos males da sociedade europeia.

Os racistas portugueses partilham com os racistas europeus estas características, mas têm outras que lhes são próprias. Em primeiro lugar, a nossa contemporaneidade está mais do que qualquer outra europeia vinculada ao fim do ciclo colonial, a guerra colonial e a descolonização. Ao longo de vinte anos, o nosso sistema educativo não foi capaz de fazer a pedagogia destas realidades e deixou, portanto, que elas se tornassem presa fácil do oportunismo político. Em segundo lugar, o modelo social europeu nunca vigorou entre nós e foi-nos apenas oferecido como ideologia da democracia de sucesso e em títulos de autoestradas dadas pela Europa desenvolvida. Ao contrário, as medidas essenciais para a inserção social dos jovens desbarataram-se: a educação nunca foi uma prioridade; o acesso à universidade foi bloqueado para encher os bolsos dos negociantes de universidades privadas; a formação profissional dissolveu-se num mar de fraudes e de corrupção.

Indicar as causas do racismo não significa desculpá-lo. Significa, pelo contrário, identificar as políticas estruturais que devem de imediato ser adotadas para o combater a longo prazo. A curto prazo, são necessárias, como disse, inequívocas mensagens antirracistas por parte das autoridades. Infelizmente, nos últimos anos, por ação e por omissão, o ministro da Administração Interna, Dias Loureiro, tem vindo a transmitir mensagens altamente ambíguas que, por vezes, roçam o descaso, senão mesmo a conivência, perante comportamentos racistas, nomeadamente das autoridades policiais.

Tenho sempre pensado que Cavaco Silva será candidato às eleições presidenciais e que quererá apresentar-se como candidato credível. Será, nesse caso, o adversário mais sério de Jorge Sampaio. Sei que será difícil fazer uma remodelação ministerial a poucos meses das eleições. Mas o teste é inequívoco: se quer ser um candidato presidencial credível, deve demitir imediatamente o ministro Dias Loureiro.[6]

TSF, 15 de junho de 1995

---

6. Dias Loureiro viria a ser um dos protagonistas da maior burla financeira do século XX, o Banco Português de Negócios.

A reinvenção do Estado

A forma política do Estado moderno, em vigor desde meados do século XIX, apresenta evidentes sinais de crise. Os fatores da crise estão inscritos na própria matriz do Estado. Apesar de pretender representar o interesse geral, foi sempre uma minoria de cidadãos ou a classe dominante a definir, segundo os seus interesses, o suposto interesse geral. A criação e o reforço das forças armadas teve sobretudo a ver com o interesse das burguesias nacionais em assegurar a hegemonia no acesso às matérias-primas e no controle dos mercados. Nestes desígnios, as classes populares não foram mais do que carne para canhão. Apesar de se apresentar como um Estado mínimo, que deixava vastas áreas de vida social à livre-iniciativa dos cidadãos, o Estado teve, desde o início, a apetência de se transformar em Estado máximo, não só porque se lhe foi exigindo uma intervenção cada vez mais ampla na sociedade, como porque, ao contrário do que hoje professa o credo neoliberal, a criação da livre-iniciativa pressupôs sempre muita regulação estatal. O Estado começou por se definir como um Estado de direito e de ordem, conferindo segurança aos cidadãos contra as ilegalidades nos negócios e a criminalidade. Foi-se, porém, incumbindo de dar segurança em outras situações de vulnerabilidade, do desemprego à velhice, da doença aos acidentes de trabalho. Da segurança *tout court*, passou-se para a segurança social. Sendo fundamental ao Estado moderno a distinção entre o Estado e a sociedade civil, esta distinção foi sempre muito problemática, sendo difícil determinar com rigor onde acaba o Estado e começa a sociedade civil. Um hospital da Misericórdia, totalmente financiado pelo Estado e operando segundo regulamentos públicos, pertence à sociedade civil ou ao Estado? Provavelmente, pertence a ambos.

Estas contradições estão hoje a manifestar-se com uma virulência cada vez maior e é bem possível que, nas próximas décadas, atinjam um ponto de ruptura. Não será, pois, despropositado ir vendo na crise do Estado a necessidade de repensar e até de reinventar o Estado numa dimensão utópica. A utopia é a realidade que vai à frente da que existe. Mas, por outro lado, a utopia realista só se constrói a partir de uma escavação nas raízes históricas das ideias dominantes. Tomemos uma dessas ideias:

a ideia da distinção entre o Estado e a Sociedade. Na raiz desta distinção está uma realidade muito rica constituída pelo modelo original da regulação social moderna. Nos termos deste modelo, a ordenação racional da vida social deve assentar em três princípios básicos: o Estado, o mercado e a comunidade. Estes três princípios devem desenvolver-se articulada e harmoniosamente, e o sacrifício de qualquer deles acarreta a irracionalidade da regulação social. Se analisarmos a experiência histórica dos últimos cento e cinquenta anos, verificamos que um dos princípios foi sistematicamente sacrificado: o princípio da comunidade. Ao contrário, o princípio do mercado foi inflacionado, até se converter em sinônimo de sociedade civil. Assim, a distinção Estado/sociedade civil é uma versão muito empobrecida da regulação social moderna, assente originalmente em três pilares: o Estado, o mercado e a comunidade.

Versões pobres e simplificadas da filosofia política moderna não podem deixar de redundar em políticas míopes e medíocres. É por isso que hoje, ao falar-se da crise da segurança dos cidadãos, não se consegue ir para além da alternativa: mais segurança proporcionada pelo Estado ou mais segurança proporcionada pelo mercado (polícias privadas, isto para além de se não saber se uma polícia privada, financiada pelo Estado e com poderes repressivos públicos, é parte da sociedade civil ou do Estado). E é por isso também que o princípio da comunidade só aparece numa sua versão desviada, degradada e anônima: a versão das milícias populares.

A reinvenção progressista da segurança estatal obrigaria, ao contrário, a uma nova relação entre as forças policiais e as comunidades residenciais, à organização autônoma destas últimas para poder impor, num quadro de democracia participativa, critérios socialmente validados de segurança a levar à prática, com a participação ativa e organizada das comunidades de cidadãos.

Visão, 22 de junho de 1995

A catástrofe

O país está a arder. Arde há vinte anos sem que nada tenha sido feito para prevenir e combater com eficácia os fogos florestais. Por que tanta ineficácia?

Em primeiro lugar, os proprietários dos bens que estão a ser destruídos não estão organizados nem têm peso político. São camponeses que, pela mesma razão, foram impotentes para travar uma política agrícola de integração europeia que está em vias de destruir a pequena agricultura familiar.

Em segundo lugar, são poderosos, estão organizados e têm peso político os interesses econômicos que se beneficiam com os fogos florestais. O que está em causa nos incêndios é a reconversão violenta da floresta camponesa com objetivo de acelerar a sua industrialização. Outros países, noutros momentos históricos e por outras razões, passaram por períodos de reconversão violenta da floresta, nomeadamente, os países nórdicos e o Norte dos Estados Unidos, e também aí o incêndio foi o instrumento privilegiado. Não se sabe quem incendeia ou manda incendiar, mas sabe-se quem se beneficia com os incêndios. Basta ver quem arrendou ou comprou as imensas áreas ardidas para nelas plantar eucaliptos: as empresas de celulose. Entretanto, no momento de passagem de um sistema florestal a outro, quem se beneficia são os madeireiros.

Em terceiro lugar, o crime de fogo posto florestal não foi ainda interiorizado como um crime grave, nem pela Polícia Judiciária, nem pelo Ministério Público, nem sequer pelos bombeiros. A origem da esmagadora maioria dos incêndios é criminosa. Sempre houve descuidos, mas eles nunca atearam incêndios sistemáticos, simultâneos e em lugares estratégicos. As motivações do crime têm sido várias. Descontando o ocasional pirômano louco ou vingativo, os incêndios tiveram sempre causas econômicas, ainda que, em 1975, quando começou a epidemia, também tivessem causas políticas. Em casos isolados, a motivação econômica pode estar ligada a interesses imobiliários, mas, acima de tudo, do que se trata é de crime organizado para reconverter a floresta e obter lucros com os incêndios. Manuel Monteiro está longe de ser paranoico ao chamar a atenção para interesses estrangeiros envolvidos neste crime. É um crime tão grave para o futuro do país quanto a corrupção, as facturas falsas ou o desvio de fundos do Fundo Social Europeu (FSE), e, no entanto, não entra nos estereótipos dos crimes graves das nossas polícias, nem recompensa politicamente detectá-lo. Ao contrário de outros crimes em que estão envolvidos interesses poderosos, a notícia está no crime e não na identificação dos suspeitos. Para os bombeiros, sem formação profissional, floresta é mato e só o combate ao incêndio urbano dá prestígio.

Por último, a atuação do Estado neste domínio é tão inepta que chega a ser suspeita. Limito-me a fazer perguntas. Qual é o impacto na nossa política florestal da promiscuidade, sobretudo nos últimos quinze anos, entre os departamentos florestais do Estado e as celuloses, com técnicos a passarem de uns para outras quando não a servirem uns e outras simultaneamente? Por que é que, durante algum tempo, os bombeiros foram desaconselhados de mencionar a origem criminosa dos incêndios e de indicar as suas verdadeiras proporções? Por que é que os porta-vozes encartados usam expressões minimizadoras da gravidade quando o patrimônio natural do país está a ser destruído? Por que é que, ao contrário de outros países, não se declaram as zonas de catástrofe ou de emergência? Para não tornar visível o fracasso do Estado? Para não pagar indenizações? Por que a reconversão industrial da floresta tem de continuar? Por que é que se inauguram tantos quartéis de bombeiros, por vezes com salões de festas quase luxuosos, e depois vemos os bombeiros a combater incêndios com agulhetas ridículas? Por que é que as Forças Armadas não patrulham as florestas? Por que é que, sendo sabido, há já vários anos, que muitos incêndios são ateados por meio de bombas incendiárias lançadas de avionetas, a Força Aérea não cumpre o seu papel de defender o espaço aéreo do país? Talvez uma resposta indireta a estas perguntas esteja a ser dada pela intensidade muito especial dos fogos florestais deste ano: vai haver eleições, talvez a política florestal mude, há que queimar enquanto é tempo.

Visão, 31 de agosto de 1995

Não alinhados. Em relação a quê?

O Movimento dos Países Não Alinhados, constituído por 112 países do chamado Terceiro Mundo, é a maior organização internacional depois da ONU e acaba de realizar a sua 11ª Cimeira em Cartagena de Índias, na Colômbia. Nascido em 1955, na Conferência de Bandung (Indonésia), por iniciativa de Josip Broz Tito, Gamal Abd el-Nasser, Jawaharlal Nehru e Ahmed Sukarno, o movimento desempenhou um papel importante no período da Guerra Fria. Envolveu inicialmente 29 países e teve a sua primeira reunião formal em 1961, em Belgrado, capital da então Iugoslávia. Propôs-se representar um modelo de desenvolvimento alternativo, tanto em relação ao modelo capitalista, como ao modelo soviético, então dominantes e em confronto. Se é verdade que o movimento nunca conseguiu consolidar uma tal alternativa — tão diversos eram os países que o constituíam — teve o mérito de alterar, a favor dos países que o integravam, as condições de diálogo e de negociação com as duas superpotências. E teve um papel particularmente importante na luta contra o colonialismo, sobretudo o colonialismo português, e contra o *apartheid*.

À luz disto, compreende-se facilmente a crise de identidade que atravessa o movimento. Num mundo dominado por uma superpotência, que sentido faz o não alinhamento? A fraqueza política do movimento aprofundou-se muito nos últimos seis anos. A presidência da Iugoslávia, de 1989, terminou com o colapso do país. A presidência da Indonésia, de 1992, foi desautorizada pelo genocídio do povo de Timor-Leste, em frontal violação dos princípios básicos da Conferência de Bandung, de 1955, que serviram da base ao movimento. A presidência da Colômbia, que agora se inicia, será certamente afetada pela crise política do governo provocada pelas suspeitas de financiamento da campanha eleitoral do Presidente Samper por parte dos narcotraficantes do cartel de Cali. Que margem de não alinhamento pode esperar-se da parte da Colômbia quando os Estados Unidos da América são o maior investidor e o maior credor estrangeiro e o destinatário principal das exportações colombianas? Que margem de não alinhamento, quando a agência norte-americana de combate ao tráfico de drogas, a *Drug Enforcement Agency*, atua livremente no país e decide a seu bel-prazer a política criminal da Colômbia?

A verdade é que, talvez mais do que nunca, se justifique hoje um movimento dos países do Sul, não alinhados com um modelo econômico predador que impõe aos países menos desenvolvidos a abertura das fronteiras comerciais, em nome do neoliberalismo e do neointervencionismo, ao mesmo tempo que lhes fecha as fronteiras dos países mais desenvolvidos sob um mal disfarçado neoprotecionismo. Com mais de metade da população mundial, o movimento usufrui apenas de 7% do Produto Interno Bruto (PIB) mundial e nenhum dos países que o compõem tem assento permanente no Conselho de Segurança da Organização das Nações Unidas (ONU). Detentores de 44% das florestas do mundo, de 86% do petróleo e da biodiversidade, as populações destes países vivem na miséria e na fome e assistem impotentes às condições leoninas do crédito internacional, à desvalorização das matérias-primas tradicionais e à pilhagem da biodiversidade.

O movimento dos não alinhados tem de ser o catalisador de uma nova cooperação Sul-Sul que altere as regras de jogo da "cooperação" Norte-Sul. O problema é saber se um país refém dos Estados Unidos da América pode dirigir uma tal política.

Visão, 2 de novembro de 1995

Estado, comunidade e mercado

Para quem tinha dúvidas sobre o projeto político global das organizações multilaterais, tais como o Banco Mundial (BM) ou o Fundo Monetário Internacional (FMI), as recentes declarações da técnica do FMI no Funchal terão proporcionado uma sólida aprendizagem. Terá visto que o FMI tem muitos pesos e muitas medidas e que atua mais por critérios políticos do que por critérios estritamente econômicos. Doutro modo, como explicar a "operação de salvamento" do México no ano passado, ditada pelos Estados Unidos e sem consulta real aos restantes membros do Fundo? Como explicar a censura prévia ao governo PS depois de anos de silêncio cúmplice? O caso português é perturbador para o FMI porque a vitória retumbante do Partido Socialista (PS) tem um significado que transcende em muito o nosso país. Numa Europa que foi, durante décadas, a pátria da proteção social, tanto da proteção social-democrática como da comunista, a vitória do PS, a vitória dos partidos de esquerda na Europa de Leste e a provável vitória do Partido Trabalhista inglês significam a impossibilidade de consolidar na Europa o modelo neoliberal proposto pelo FMI e a emergência de uma alternativa que, se tiver êxito, envolverá uma reinvenção (não o desmantelamento) do Estado-Providência e das políticas sociais assente num maior equilíbrio entre Estado, comunidade e mercado. O FMI tudo fará para inviabilizar tal alternativa.

A estratégia do BM e do FMI no domínio das políticas sociais é a seguinte: reduzir ao máximo os direitos econômicos e sociais; transferir para o mercado toda a proteção social rentável; dar total prioridade à assistência social emergencial, assente em critérios administrativos de necessidade e não em direitos; transferir para as comunidades parte substancial da proteção social sob a forma de solidariedade, mas de tal modo que o Estado possa continuar a controlar as prestações e a capitalizar politicamente nelas. Este modelo está a ser aplicado em todo o mundo, sobretudo na América Latina e mesmo nos Estados Unidos. Seguindo esta receita, todos os países latino-americanos têm vindo a adotar os mesmos programas assistenciais, dando-lhes inclusivamente nomes semelhantes: programa nacional de solidariedade (México), comunidade solidária (Brasil), rede de solidariedade nacional (Colômbia).

Este modelo está votado ao fracasso e não tem qualquer viabilidade na Europa. Na Europa, a nova social-democracia terá de formular uma alternativa assente no seguinte: reforço da proteção social, como condição de cidadania, sobretudo nos países com fraco Estado-Providência, como é o nosso; possibilidade de os cidadãos, a partir de certo patamar, escolherem as suas prioridades de proteção social, quer como beneficiários, quer como contribuintes; condicionamento de certos direitos à prestação de serviços de bem-estar comunitário; dar às comunidades locais (sindicais, empresariais, associativas) amplas competências de proteção social participativamente formulada e aplicada; abrir ao mercado as áreas de proteção social em que ele pode funcionar segundo a sua lógica, ou seja, onde não houver clientes cativos ou onde o Estado não for o único cliente.

Visão, 16 de novembro de 1995

O Mediterrâneo é um mar. Não é um muro[7]

A importância dos povos do Mediterrâneo na criação do que designamos por cultura ocidental ou civilização ocidental é hoje bem conhecida. Sabemos, por exemplo, ser falsa a ideia, que todos aprendemos na escola, de que a cultura europeia e, portanto, ocidental, tem as suas raízes num momento histórico-cultural único, distintamente europeu, a Grécia antiga. Trata-se de uma ideia posta a circular em meados do século XIX, com o objetivo de justificar o expansionismo econômico e cultural da Europa, uma ideia com fortes conotações racistas, à semelhança de muitas outras produzidas no mesmo século e que ainda hoje passam por conhecimento científico. Sabemos que, ao contrário, o que designamos por cultura grega é um complexo caldo de culturas com importantes raízes africanas e asiáticas, mergulhadas nos terrenos fertilíssimos do Vale do Nilo. E sabemos também que, no domínio da "civilização material", o Mediterrâneo teve um papel determinante na gestação do capitalismo europeu e mundial.

A verdade é que, a partir de meados do século XV, e, em grande medida, por iniciativa dos portugueses, a Europa virou costas ao Mediterrâneo. A jangada de pedra de Portugal nunca foi mais do que a proa da jangada de pedra da Europa. Desde então, aprofundou-se o divórcio entre a Europa e o Mediterrâneo, e muito do que se passa hoje na Europa não pode entender-se senão à luz desse divórcio. Não se trata apenas da xenofobia contra os imigrantes. Trata-se também da Bósnia, onde a Europa se recusa a reconhecer no seu solo uma presença muçulmana. Trata-se também da Turquia, a quem a Europa ocidental impôs sempre uma crise de identidade, a escolha impossível entre a identidade europeia e a identidade islâmica. Vendo fechadas as portas da União Europeia, a Turquia

---

7. A parceria euromediterrânica foi instituída em Barcelona, em novembro de 1995, pela Conferência de Ministros dos Negócios Estrangeiros dos então 15 Estados-membros da União Europeia, acrescidos da Argélia, Chipre, Egito, Israel, Jordânia, Líbano, Malta, Marrocos, Síria, Tunísia, Turquia e Autoridade Palestina. O principal objetivo da parceria foi a criação de um quadro de relações euromediterrânicas suscetível de permitir enfrentar desafios comuns num amplo espírito de cooperação e solidariedade e a criação de uma zona de paz, estabilidade e prosperidade.

encontrará talvez uma alternativa nas repúblicas turcas da orla Sul da ex-União Soviética. Os países do Magreb nem sequer essa alternativa têm.

Daí a importância da recente reunião entre a União Europeia e os países do Magreb. A importância não reside em contrabalançar, a Sul e a Ocidente, o peso que a Europa está a ganhar a Norte e a Leste. Reside, acima de tudo, em reconstruir uma identidade cultural, que hoje, depois de tantos séculos de separação, é uma identidade multicultural, e com base nela realizar uma aspiração distintamente mediterrânica: o cosmopolitismo, a identidade que consiste em reconhecer as outras identidades. Portugal deveria ter um papel ativo neste processo, até porque sabe melhor que nenhum outro país europeu que o Mediterrâneo foi sempre o outro caminho marítimo para a África e a Ásia.

Visão, 14 de dezembro de 1995

1996

Como resolver o imbróglio da anistia[1]

A anistia é um ato de graça do poder político que em nada interfere com o poder judicial. A menos, claro, que entre as razões justificativas da anistia o poder político invoque a incapacidade do sistema judicial para julgar definitivamente os crimes a que ela respeita. Foi isto o que sucedeu no caso da anistia de Otelo Saraiva de Carvalho e das FP25, e é por isso que esta constitui hoje um foco de tensão entre o poder político e o poder judicial. São conhecidas as enormes dificuldades do nosso sistema judicial em resolver atempadamente casos complexos, sejam eles civis ou criminais. Tais dificuldades justificam uma urgente e profunda reforma do nosso sistema judicial, da lei processual à organização judiciária, passando pela formação dos magistrados e pela reestruturação da polícia de investigação. Mas não podem em caso algum justificar uma anistia, sob pena de se pôr em causa a existência mesma de um Estado de direito.

Várias razões de fundo militam a favor de uma anistia total e irrestrita para o caso de Otelo e das FP25. A primeira é que a criminalidade em causa foi incubada num período de profunda turbulência política e social, um período em que a emergência de uma sociedade nova e democrática conviveu com radicalismos vários, de direita e de esquerda. Para encerrar definitivamente este período de transição, impõe-se a anistia. A segunda razão, ligada à anterior, é o fato de a esmagadora maioria dos acusados ter entretanto refeito a sua vida e estar inserida numa vida social normal. Não há, pois, considerações fortes de política criminal contra a anistia. A terceira razão é que houve dois pesos e duas medidas

---

1. Otelo Saraiva de Carvalho foi um dos capitães de Abril, um dos líderes do golpe militar que, em 25 de Abril de 1974, derrubou o governo fascista (que dominou Portugal durante 48 anos) e abriu caminho para a Revolução do 25 de Abril. Dela emergiu a democracia portuguesa dos últimos quarenta anos. Forças Populares 25 de Abril (FP-25) foram uma organização armada clandestina de extrema-esquerda que operou em Portugal entre 1980 e 1987. A anistia concedida a alguns membros das Forças Populares 25 de Abril, em 1998, pelo então Presidente Mário Soares, foi contestada e objeto de um acórdão, que concluiu todavia pela sua conformidade com a Constituição. O tribunal considerou que se tratava de uma "anistia pacificadora", aplicada a casos passados, que de modo algum tinha "ligação lógica" com a ideologia das chamadas FP-25.

na investigação da violência de direita e da violência de esquerda. Quanto à primeira, apesar dos fortes indícios, nunca foram julgados os assassinos do Padre Max; as diligências de investigação no caso da morte de Ferreira Torres só se iniciaram um ano depois de ela ter ocorrido; o único membro da rede terrorista condenado pôde evadir-se da prisão, ser contratado por uma empresa pública e convidado da embaixada de Portugal em Madrid. Anistiar Otelo e as FP25 é fechar um ciclo de injustiças com alguma justiça.

A anistia só pode ser total. Se se limitar ao crime de associação terrorista, os anistiados podem em breve — numa afirmação de eficácia judicial que a muitos surpreenderá — estar de novo na prisão. Só de lá sairão por via do indulto presidencial, uma decisão complexa a que seria justo poupar o Presidente Jorge Sampaio em início de mandato. Valha a verdade, o Presidente Soares tem feito tudo para não deixar esta pesada herança ao seu sucessor. Honra lhe seja. O maior obstáculo à anistia total é a posição do primeiro-ministro, contrária à anistia dos crimes de sangue. Mas o Eng. Guterres não nos habituou a posições rígidas. Dada a tensão que este caso tem provocado entre o poder político e poder judicial, julgo que este último, através das suas mais altas instâncias, e em colaboração com a Ordem dos Advogados, é quem está em melhores condições para demover o primeiro-ministro, assegurando-lhe que a anistia total não afronta o sistema judicial nem põe em perigo a sociedade portuguesa.

Visão, 22 de fevereiro de 1996

Como reformar a justiça

A justiça portuguesa — entendida no seu sentido mais amplo, tribunais, polícias de investigação e de segurança pública, prisões — passa por um momento particularmente difícil. Os fatores de crise têm vindo a acumular-se ao longo dos anos, mas nos últimos tempos uma série de acontecimentos conferiram-lhe uma nova e mais vincada acuidade: a anistia das FP25, as decisões sobre os casos José Beleza, Costa Freire e Carlos Melancia, as cargas policiais em Santo Tirso e a posição do Governo sobre elas, as tensões entre os tribunais superiores e os comentários desencontrados dos magistrados a respeito delas, o recurso das populações ao vigilantismo para se defenderem do aumento da criminalidade perante o absentismo das autoridades, a saga das escutas no gabinete do Procurador-Geral da República, as declarações públicas e contraditórias sobre a situação das prisões por parte dos seus responsáveis, a eternização prevista do processo Leonor Beleza, o arrastamento da investigação de crimes com grande notoriedade pública como os dos desvios do fundo social europeu, a denúncia do descrédito do SIS (Serviço de Informações de Segurança) por parte do magistrado encarregado da sua fiscalização, os sinais de corporativismo exacerbado por parte das organizações sindicais dos magistrados etc., etc. Mas talvez os sinais mais perturbadores da crise da justiça estejam inscritos na resignação ou na revolta silenciosas dos cidadãos perante a inacessibilidade dos tribunais, os adiamentos incompreensíveis dos julgamentos, a displicência arrogante de magistrados, funcionários e advogados, as decisões que, de tão demoradas, perdem os seus efeitos úteis.

Todos estes sinais convergem na necessidade de se proceder a uma reforma profunda da justiça portuguesa. Sem ela, a democracia portuguesa continuará a ser uma democracia de baixa intensidade. Tal reforma deve assentar em três precondições básicas: um conhecimento tanto quanto possível rigoroso do modo como funciona a justiça; um consenso político alargado sobre os grandes vetores da reforma; uma reforma feita com a participação ativa dos profissionais da justiça, mas não feita por eles. Respeitadas tais precondições, a reforma poderá avançar e, em meu entender, os seus vetores principais serão os seguintes:

Acessibilidade: é necessário criar um sistema de advocacia pública e regulamentar à ação popular, tendo em mente a crescente importância dos interesses coletivos ou difusos; e mecanismos alternativos de resolução de pequenos litígios, desjudicializados, mas com recurso para o sistema judicial.

Celeridade: as leis processuais têm de ser profundamente revistas. É preciso distinguir entre o direito adequado de defesa e o excessivo garantismo, e o juiz deve ter poderes para decidir quando acaba um e começa o outro. É intolerável que um réu, com paradeiro certo, possa faltar ao julgamento vinte ou mais vezes desde que justifique a falta. Tal como é intolerável que, num processo com quarenta arguidos, todos possam recorrer com o mesmo objetivo de recurso e a decisão de um deles não valha para os demais. Deve eliminar-se a sobreposição de instâncias de recurso e rever os efeitos suspensivos. É necessário retirar dos tribunais todos os casos que não configuram um litígio real.

Democraticidade: enquanto um número restrito de empresas inunda os tribunais com a cobrança de dívidas, milhões de cidadãos estão, na prática, desprovidos da garantia dos seus direitos, sobretudo laborais e sociais. A sociedade civil e o sistema político devem ter mecanismos efetivos de controle das polícias e do poder judicial. A falta de meios para a investigação criminal é sempre uma questão política que deve ser discutida democrática e transparentemente. A Polícia de Segurança Pública e a Guarda Nacional Republicana devem ser desmilitarizadas e incutidas de uma nova e democrática cultura de serviço. O sistema de autogoverno não pode ser relaxado no exercício da autodisciplina. A independência corporativa dos magistrados não pode transformar-se em obstáculo à independência democrática da justiça.

Visão, 7 de março de 1996

São Paulo e eu

Ser declarado cidadão paulista é, contraditoriamente, ser declarado o que se não é. O ser da terra é uma trivialidade pouco afeita aos caprichos dos decretos. O desafio que esta declaração constitui para mim consiste, pois, em apropriar-me tão intensamente do título do que não sou até me transformar, sem fingimento, no que ele diz de mim. Que há entre mim e São Paulo que propicie a cumplicidade? Que condições existem para que eu possa dizer um dia como Mário de Andrade: "São Paulo, comoção da minha vida"?

Oriento-me há muito por uma sentença de Epicarmo: "os mortais só deviam ter pensamentos mortais". Ora, São Paulo é, para mim, a metáfora da mortalidade do pensamento: da pujança à beira da exaustão; da razão à beira do absurdo. O pensamento mortal é o pensamento que se exalta perante a incontinência da realidade que se lhe rebela e se autoteoriza. É por isso que a violência urbana, com as suas grotescas chacinas de fim de semana, se banaliza pelo excesso antes que alguém a dramatize por defeito. Uma cidade de pensamentos mortais é uma cidade de desconfianças cúmplices e de fronteiras. A Avenida Paulista consome mais espaço eletrônico do que todo o resto do Brasil. Vizinha íntima de Nova Iorque ou de Tóquio, está a uma distância telescópica das ruas transversais cobertas pela sombra dos seus arranha-céus. De um lado, a cidade imensa, mas opaca, que vive no desequilíbrio incontido da sobrevivência precária. Do outro, uma cidade minúscula, mas vistosa, que vive na abundância chocante e que tem de psiquiatrizar os seus excessos até os reduzir à normalidade dos desequilíbrios automáticos.

Uma cidade assim é uma cidade experimental, campo aberto para novas utopias, para exercícios tão profundos de democracia quanto de despotismo. O experimentalismo sufocante das elites ao lado do experimentalismo sobrevivencial do povo. Por isso, São Paulo contradiz aquela parte da sua intelectualidade para quem afirmar a irreversibilidade da crise dos paradigmas, sejam eles o paradigma do desenvolvimento capitalista ou o paradigma da modernidade, significa sempre ceder ao pessimismo murcho de Paris. Ao contrário, São Paulo mostra despudoradamente que a crise destes paradigmas é irreversível, mas que, precisamente por isso, não podemos cruzar os braços. Diz-nos que os seus problemas são modernos, mas não são resolúveis em termos modernos.

Contra o pós-moderno reacionário, São Paulo é uma cidade de pós--moderno de oposição, inquietante em vez de celebratório. Por esta razão, São Paulo, mais do que qualquer outra cidade do mundo, exige de nós que saibamos de que lado estamos: do lado da democracia participativa ou do despotismo pronto-a-vestir que se justifica só porque existe? Do lado da dignidade das diferenças ou da indignidade das desigualdades? Formular estas questões à beira do desespero, mas com a ambição suficiente para lhes dar resposta e a energia necessária para agir em conformidade, é o que pode designar-se por otimismo trágico, o timbre cúmplice que faz com que eu reconheça o meu rosto no espelho de São Paulo. Penso, pois, que me posso paulistanizar sem deixar de ser quem sou.

Visão, 4 de abril de 1996

Prospectiva sem perspectiva[2]

No passado fim de semana reuniu-se, em Coimbra, a Unidade de Prospectiva da União Europeia. Esta unidade tem por objetivo refletir sobre as grandes tendências e os desenvolvimentos de longo prazo da construção europeia. Uma Unidade, pois, de perfil mais intelectual do que político, mais reflexivo do que burocrático. O tema geral da reunião de Coimbra foi a identidade europeia: o que é? Por que necessitamos dela? Onde encontrá-la? Como fortalecê-la política e culturalmente?

A reunião desiludiu-me profundamente. Pese embora o esforço dos participantes portugueses (Mário Soares, Eduardo Lourenço, Adriano Moreira, Romero Magalhães e eu próprio), o âmbito do debate foi, em geral, muito estreito. A questão da identidade cultural é hoje um tema polêmico, e quando se trata da identidade europeia é fácil imaginar que a polêmica suba de tom. Nada disso, porém, ocorreu nesta reunião. Os *habitués* desta Unidade, uma espécie intermédia entre intelectuais e burocratas — talvez intelectocratas — souberam anestesiar o debate com uma série de chavões bem pensantes (mas mal pensados), que serviam a preceito a preocupação obsessiva do presidente da Unidade com o consenso e a unanimidade. Não houve, pois, debate — houve uma simulação de debate. A frustração que isto me causou foi vincada pelo contraste entre este debate e os muitos que tivera ao longo da semana anterior sobre o mesmo tema geral — a identidade cultural — com a comunidade indígena dos Kamentsas no Vale de Simbundoy, em Putumayo, no Sul da Colômbia. Aí, numa pequena localidade perdida entre a Cordilheira dos Andes e a Selva Amazônica fora possível, com todo o respeito pelos rituais comunitários — da rotação incessante da *chicha* à veneração pelo saber dos *taita* —, ir até o fundo do debate sobre a identidade, confrontando-o em toda a sua complexidade dilemática. Os ensinamentos que aí colhi ajudaram-me a formular as questões que não foi possível discutir em Coimbra.

---

2. Em 1996, Coimbra foi o palco escolhido para a realização do Seminário Europeu de Ciência e Cultura, que reuniu personalidades dos vários países da União Europeia e ainda da Hungria, Polônia (na altura ainda fora da UE), Noruega e Suíça. Em discussão, a identidade europeia num continente repleto de diversidades culturais.

A primeira questão é a de saber o que é a Europa, onde começa e onde acaba geopolítica e geoculturalmente. A União Europeia é a Europa ou parte da Europa? Se é parte, o que a distingue, em termos de identidade cultural, das outras partes (quais?)? Como potência imperial, a Europa criou "novos mundos", países violentamente construídos (e destruídos) pelos colonos europeus. O que é que há de "europeu" nos Estados Unidos da América, no Canadá, no Brasil ou na Nicarágua? No período pós-imperial, muitas comunidades originalmente não europeias se instalaram na Europa. A identidade europeia é hoje cultural ou multicultural?

A segunda questão diz respeito ao modo como os povos criam as suas identidades. Sabemos hoje que o que designamos por identidade, memória ou tradição é em grande medida inventado, socialmente construído num contexto histórico específico que define os critérios com que selecionamos as nossas raízes a partir de um *stock* quase infinito. A identidade europeia é hoje declarada humanista, democrática, capitalista e cristã. A verdade, porém, é que, quer se queira quer não, o nazismo e o fascismo são tanto parte do *stock* identitário europeu quanto a democracia. E o mesmo pode dizer-se do comunismo e do socialismo em relação ao capitalismo. Ou do islamismo em relação ao cristianismo. A questão central é a de saber por que razão, em dado momento histórico, escolhemos certas raízes, em detrimento de outras?

A terceira questão diz respeito às condições sociais da construção da identidade. É possível uma identidade europeia sem coesão social? É legítimo afirmar uma identidade europeia quando, ao mesmo tempo, se procura adaptar o mercado europeu às exigências globais (isto é, asiáticas), quando a desigualdade entre ricos e pobres aumenta descontroladamente, quando se procura desmantelar o sistema da segurança social, ainda há pouco considerado a marca principal da identidade europeia? Em Coimbra, lembrei-me muito de Simbundoy e de uma pequena aldeia perdida na montanha em frente chamada Portugal, por certo assim batizada pelos nossos missionários. Portugal, Putumayo.

Visão, 18 de abril de 1996

O Estado injusto e repressivo[3]

Fala-se hoje muito da erosão da soberania do Estado e da diminuição das suas capacidades de regulação social. Há uma ponta de verdade nisto sobretudo ao nível da regulação econômica, em face da globalização dos mercados. Julgo, no entanto, que estas não são as transformações mais importantes por que está a passar o Estado moderno.

O Estado moderno tem três funções principais: a função extrativa, que se traduz na capacidade de cobrar impostos e arrecadar receitas; a função integradora, que consiste na capacidade de criar coesão social por via da redução das desigualdades sociais e culturais geradas pelo capitalismo; e a função repressiva, que reside na capacidade de defender a soberania contra o inimigo externo e de reprimir o inimigo interno, mantendo a ordem e a segurança contra o criminoso e o marginal. As mudanças da forma política do Estado não decorrem da atenuação generalizada destas funções, mas antes da alteração do peso relativo delas no desempenho do Estado. As situações variam muito de país para país. Mesmo assim, talvez seja possível detectar alguma tendência geral e, dentro dela, analisar a especificidade do Estado português.

A primeira tendência geral é a de diminuição da capacidade extrativa do Estado. O sistema fiscal foi desenhado para tributar rendimentos de bens facilmente identificáveis (trabalho, capital, propriedade) gerados no espaço nacional. Ora, nos países desenvolvidos, a diminuição do peso da propriedade, a globalização da atividade econômica e o crescimento dos mercados financeiros, com dinheiro eletrônico a circular à velocidade da luz, criaram problemas, até agora não superados, ao sistema fiscal. A política fiscal passou a ser, de todas as políticas do Estado, a mais injusta e a mais classista. A especificidade do Estado português neste domínio reside em que a sua incapacidade extrativa tem pouco a ver com estes

---

3. Na noite de 6 de maio de 1996, Carlos Manuel, 25 anos, foi conduzido ao posto da GNR em Sacavém para um interrogatório sobre o seu alegado envolvimento num assalto. Durante o interrogatório, o sargento-ajudante Santos disparou a sua arma, que feriu mortalmente Carlos. Na tentativa de dificultar a identificação do corpo, o jovem foi ainda decapitado e atirado para uma mata da localidade de Apelação.

fatores. O Estado português não consegue sequer tributar bens facilmente identificáveis que circulam no espaço nacional. Em termos de fiscalidade, o Estado português é um Estado pré-moderno.

A segunda tendência geral consiste na articulação entre a perda de peso da função integradora e o reforço da função repressiva contra a violação da ordem. Os cortes nas despesas de segurança social, saúde e educação são, um pouco por toda parte, o sintoma do enfraquecimento da função integradora, ao mesmo tempo que a função repressiva se reforça com o aumento das despesas de segurança, tanto públicas como privadas. A articulação entre estes dois movimentos é clara: a perda de coesão social e a agitação social a que ela pode dar azo têm de ser compensadas com o reforço da repressão. Neste domínio, o nosso país segue esta tendência, mas segue-a, de novo, com importantes especificidades. O ataque à segurança social está na ordem do dia. Os mensageiros do colapso da proteção social desdobram-se em esforços (ao serviço de quê ou de quem?) para criarem um clima social e político favorável ao desmantelamento da segurança social. Sabem que esse consenso só se criará no momento em que os que mais precisam dela começarem a aceitar a contingência de a perder. Mesmo assim é de prever revolta social. Não é por outra razão que está em estudo um novo decreto-lei agravando a punição dos cortes de estrada. As multas são superiores às que punem a fuga aos impostos ou às contribuições para a segurança social. Neste domínio, as especificidades do Estado português são duas. Por um lado, a segurança social que está sob ataque é já uma insegurança social à luz dos padrões dos países desenvolvidos. Por outro lado, a repressão legal continua a conviver impunemente com a repressão ilegal. É, para mim, incompreensível que o Comandante Geral da GNR não tenha sido demitido imediatamente após o conhecimento da barbárie de Sacavém. É, para mim, incompreensível que as forças de segurança não sejam totalmente desmilitarizadas. Tudo isto só é compreensível se o Estado português for também, neste domínio, um Estado pré-moderno.

Visão, 30 de maio de 1996

O EZLN e a democracia[4]

Na última semana, realizou-se em Chiapas, México, um encontro internacional contra o neoliberalismo organizado pelo Exército Zapatista de Libertação Nacional (EZLN). Desde que se tornou internacionalmente conhecido, em 1 de janeiro de 1994, com o seu levantamento armado contra o Estado mexicano, o EZLN tem assumido posições e tomado iniciativas de tal modo desconcertantes, para o que seria de esperar de um movimento revolucionário, que nos obriga a rever profundamente o modo como concebemos estes movimentos. Em primeiro lugar, e ao contrário de outros movimentos guerrilheiros anteriores, que foram protagonistas de lutas armadas prolongadas, o EZLN teve apenas oito dias de combate com o exército mexicano, no início de 1994, e desde então tem-se dedicado à ação política através de posições que designa por "paz armada". Um fato notável, se tivermos em conta que o EZLN levou dez anos a organizar-se e que as populações camponesas e indígenas que lhe servem de suporte têm sido vítimas da maior violência por parte do Estado e da burguesia latifundiária. Só entre 1974 e 1987 foram assassinados 982 dirigentes indígenas. Em segundo lugar, o EZLN não quer tomar o poder, mas sim organizar a sociedade civil e assegurar as condições democráticas que garantam a liberdade e o exercício efetivo da cidadania às maiorias trabalhadoras. A sua primeira grande ação política foi a convocação da Convenção Nacional Democrática, que reuniu, no Verão de 1994, mais de seis mil delegados e simpatizantes para discutir a democracia e os direitos humanos no México. Em terceiro lugar, o EZLN não quer ser vanguarda de nenhum grupo social e, pelo contrário, pede à sociedade civil que decida sobre os modos mais eficazes de luta democrática. Em 1995 organizou um plebiscito nacional sobre se devia transformar-se num partido político. Recolheu um milhão e duzentos mil votos!

---

4. Em 27 de julho de 1996 teve início, nas montanhas de Chiapas e na selva Lacandona, o Encontro Internacional pela Humanidade e contra o Neoliberalismo, convocado pelo Exército Zapatista de Libertação Nacional (EZLN). Este encontro, com a participação de 2.500 delegados de 47 países, 700 delegados mexicanos e centenas de indígenas mexicanos de vários grupos étnicos de origem maia, visou discutir o modo de combater, local e globalmente, o neoliberalismo.

Em minha opinião, o que de mais importante há no EZLN é o seu contributo para a renovação da teoria democrática. Em contradição aparente com o desempenho medíocre das democracias reais, a teoria democrática tem vindo a ser objeto de uma reflexão muito rica nos últimos vinte anos. Apesar de a direita democrática ter participado ativamente nesta reflexão (no que o mais destacado exemplo, entre nós, é João Carlos Espada), é, sem dúvida, a esquerda que tem contribuído mais decisivamente para o alargamento dos horizontes democráticos. O EZLN é um exemplo, entre muitos outros. Eis algumas das questões que ele lança para debate. Num período de globalização predatória da economia capitalista, há lugar para um nacionalismo de esquerda? A ideia de pátria e de nação, apropriada quase sempre pelas classes dominantes, deve ser apropriada pelas classes populares? Como combinar uma luta democrática local com uma luta democrática nacional e mesmo internacional? Como articular formas (plebiscitárias, comunitárias, tradicionais) de democracia direta com a democracia representativa? Como abrir espaços de convivência democrática nas relações sociais, sobretudo em sociedades dominadas pelo autoritarismo social e a violência estrutural? Para a grande maioria da população mundial, fará algum sentido distinguir entre o direito ao trabalho, à saúde, à habitação, à educação, à paz, e o direito de livre opinião e associação e o direito de voto? Num mundo onde aumenta a desigualdade e a proletarização (mesmo quando disfarçada de trabalho independente), mas diminui a "classe trabalhadora" enquanto tal, devem os movimentos sociais (sindicatos e outros) organizar-se cada vez mais à volta das questões da cidadania e da participação democrática?

Visão, 8 de agosto de 1996

Os cidadãos ciganos

As provações por que têm passado as comunidades ciganas entre nós nos últimos tempos têm um significado político e ético que extravasa em muito o âmbito dos incidentes: dizem mais sobre a sociedade portuguesa no seu conjunto do que sobre as comunidades ciganas em si mesmas.

A etnia cigana foi sempre objeto de discriminação, tanto na nossa sociedade, como noutras. O holocausto dos ciganos na Alemanha de Hitler é um dos feitos mais negros e menos conhecidos do nazismo. Entre nós, os regulamentos da GNR chegaram a conter determinações discriminatórias especificamente dirigidas contra os ciganos, as quais, por essa razão, foram desafiadas constitucionalmente. A persistência das discriminações faz com que seja pouco convincente atribuir os incidentes mais recentes ao suposto envolvimento dos ciganos no tráfico de droga. As causas são muito mais profundas e merecem reflexão. Em sociedades, como a nossa, que nos últimos duzentos anos evoluíram com grande distância em relação ao imaginário igualitário da modernidade, as identidades dos grupos sociais tiveram sempre uma raiz comunitária. Isto é, as identidades foram definidas a nível muito local (rural, urbano, profissional etc.), intensificando a igualdade entre os que pertencem ao grupo (os iguais) e tratando com grande distância e intolerância todos os demais (os diferentes). Esta forma de identidade está hoje duplamente ameaçada. Pelos processos de globalização, que tendem a desestabilizar os padrões de vida comunitários e a aumentar a proximidade entre os diferentes. Pelo aumento da exclusão social, que obriga os grupos sociais atingidos por ela a estabelecer novos patamares de dignidade e a estigmatizar como bandidos, desonestos, criminosos todos os que consideram estar abaixo desse patamar. A ânsia de diferenciação leva a erigir muralhas simbólicas entre os iguais e os diferentes. A droga, o mau cheiro, a vida desorganizada, o indecoro, tudo serve para estigmatizar quem ameaça uma identidade já de si ameaçada. Esta ânsia de diferenciação e de estigmatização está no cerne da emergência do senso comum conservador.

Não se pode combater este senso comum com o mero recurso aos princípios de igualdade da modernidade. A igualdade moderna nunca soube lidar igualitariamente com a diferença. Por isso, brancos e negros, homens e mulheres, nunca foram iguais, mesmo quando uns e outros foram igualmente operários. Há, pois, que substituir o princípio da igualdade moderna por um princípio multicultural de igualdade e de diferença. Podemos formulá-lo da seguinte forma: temos o direito a ser iguais quando a diferença nos inferioriza; temos o direito a ser diferentes quando a igualdade nos descaracteriza. Segundo este princípio, os ciganos têm o direito a ser iguais a todos os demais portugueses no que respeita à defesa da propriedade, à liberdade de movimentos, às garantias processuais; e têm o direito a ser diferentes no que respeita às suas tradições, aos seus rituais, aos seus costumes e à sua cultura.

Visão, 19 de setembro de 1996

Depois do dilúvio neoliberal

É apropriado caracterizar como dilúvio neoliberal a política econômica que tem dominado a economia global nos últimos quinze anos. A mesma receita econômica — desregulamentação da economia, privatização do setor empresarial do Estado, liberalização dos mercados, controle da inflação, redução do déficit público, corte nas despesas sociais — tem sido aplicada com idêntica intensidade e radicalismo em países social, política e culturalmente muito distintos, fazendo tábua rasa das especificidades locais, canibalizando com insaciável voracidade todas as aspirações dos cidadãos ou grupos sociais que estejam em contradição com ela. Segundo alguns, pese embora a amplitude e violência desta política econômica, não pode falar-se de um dilúvio, porque os dilúvios têm princípio, meio e fim. Ao contrário, argumenta-se, a receita neoliberal significa apenas que a "ordem natural" do capitalismo vigora, finalmente, sem obstáculos nem oposições e que, por isso, se teve um início, não é previsível que tenha fim. A teoria do fim da história não é mais do que a teoria de que o capitalismo não terá fim. A prova estará no fato de o neoliberalismo ter entregado o controle dos cinco recursos estrategicamente mais importantes a quem está em melhores condições para os gerir e valorizar de um ponto de vista capitalista, ou seja, os países mais desenvolvidos e as empresas multinacionais. Tais recursos são: a tecnologia; a informação e os meios de comunicação; os mercados financeiros; os recursos naturais; as armas de destruição maciça.

Esta visão já teve mais aceitação do que tem hoje. Acumulam-se os sinais de que a ortodoxia neoliberal está a ponto de ter esgotado as suas virtualidades e que, por isso, como todos os dilúvios, ela terá fim. Que sinais? Em primeiro lugar, os efeitos perversos do Estado mínimo. É sabido que a aplicação da receita neoliberal pressupõe a existência de um Estado forte, um Estado que possa desregulamentar e privatizar com eficácia. Por outras palavras, só um Estado forte pode produzir eficazmente a sua fraqueza. Acontece, porém — e nisto consiste o dilema neoliberal —, que, uma vez enfraquecido, o Estado perde capacidade para continuar a aplicar as políticas neoliberais. A corrupção, a evasão fiscal, a perda de controle territorial, o reforço das organizações paramilitares e paraestatais privadas, o desperdício no uso dos fundos e créditos — tudo isto são manifestações de um Estado disfuncional. O segundo sinal de exaustão neoliberal é o aumento abissal da desigualdade social e da exclusão social, e o impacto destas na governabilidade democrática. Por mais que as estatísticas nacionais procurem disfarçar, é um fato insofismável que a pobreza, tanto dos que trabalham como dos que estão fora do mercado de trabalho, tem vindo a aumentar na África, na América Latina e em várias regiões da Ásia. As políticas compensatórias com que se quis minimizar o impacto do desmantelamento do Estado-Providência — como, por exemplo, as políticas estatais de solidariedade, em vigor em quase todo o continente americano — têm sido um fracasso rotundo. O aumento da pobreza não tem qualquer significado para o modelo neoliberal, a menos que ponha em causa a governabilidade das sociedades nacionais. Ora, acumulam-se os sinais de que o aumento da polarização social está a fragilizar de tal modo os mecanismos de institucionalização dos conflitos sociais (políticas sociais, negociação coletiva, concertação social), que os limites da governabilidade podem ser rapidamente atingidos. A emergência ou reforço da luta armada (guerrilha), várias vezes declarada extinta, em várias partes do mundo, o aumento do protesto social, rural e urbano, organizado por partidos populares, sindicatos e movimentos sociais, e a emergência do nacionalismo étnico, tantas vezes produto direto ou indireto de políticas de ajuste estrutural, apontam para os limites da governabilidade.

Tudo leva a crer, pois, que o dilúvio neoliberal caminha para o seu fim. E como o que virá depois não será necessariamente melhor, há que preparar o pós-dilúvio. Duas reconstruções têm de ser desde já preparadas pelas forças democráticas. Em primeiro lugar, a reconstrução do Estado. A devastação neoliberal criou uma classe política venal, que privatizou o Estado ao privatizar a economia, e que, ao fazê-lo, reduziu a sociedade civil ao mercado e os cidadãos a consumidores ou indigentes. Assim desfigurada, a sociedade civil, longe de ser o oposto do Estado, é o espelho do Estado. Por isso, a reconstrução do espaço público estatal não é possível sem a reconstrução do espaço público não estatal. Descentralização e participação cidadã são as marcas de um Estado alternativo, um Estado cuja força política se mede pela sua capacidade de ser democraticamente controlado pelas classes populares. Em segundo lugar, a reconstrução do movimento operário. Apesar da sua morte muitas vezes anunciada, os sindicatos estão a regressar. Mas o seu regresso só tem futuro se eles souberem ser os sindicatos do futuro. Isto é, se souberem defender igualmente os trabalhadores e os desempregados, os trabalhadores formais e os informais, os homens e as mulheres, os brancos, os negros e os mulatos. Em suma, se souberem estar na vanguarda da cidadania, sem serem a vanguarda da cidadania.

O Estado de S. Paulo, 29 de setembro de 1996

O regresso do Estado

O Estado moderno tem uma característica paradoxal. Por um lado, é uma entidade autônoma, separada do resto da sociedade, dirigida por uma classe política profissionalizada, atuando através de um corpo de funcionários que não deve ter outro interesse ou objetivo senão o de obedecer e fazer obedecer à lei. Por outro lado, o Estado só existe para servir a sociedade, para promover a economia e a cultura, para garantir o bem-estar das famílias e dos grupos sociais. O paradoxo está em que o Estado tem de dominar a sociedade e, ao mesmo tempo, estar ao serviço dela; tem de ser autônomo sem, no entanto, se isolar da sociedade. Este paradoxo está na base de um debate, que dura há mais de um século, sobre as relações entre o Estado e a sociedade e sobre a exata medida da intervenção do Estado na economia, no bem-estar dos cidadãos, na cultura etc. As posições que, sequencialmente, dominaram este debate são as seguintes. Num primeiro período, que se consolidou no fim da Primeira Guerra Mundial e vigorou até a década de 1970, dominou a posição que propunha um Estado forte, com grande intervenção na sociedade. Nos países comunistas, o Estado forte transformou-se num Estado máximo que absorveu em si a sociedade. Pesem embora as diferenças, o mesmo sucedeu no nazismo e, mais atenuadamente, no fascismo. Nos países capitalistas democráticos, dominaram as políticas social-democráticas que propunham forte regulamentação da economia, concertação social, empresas públicas, políticas sociais avançadas. Fora da Europa, os Estados desenvolvimentistas da Ásia e da América Latina, estes últimos com menos êxito, mantiveram níveis altos de intervenção estatal. A partir da década de 1950, os novos Estados que emergiram da independência das colônias europeias também se afirmaram como Estados fortes. A chegada de Margaret Thatcher e de Ronald Reagan ao poder marca o início de um novo período, o período neoliberal, em que domina a posição do Estado fraco, com a redução ao mínimo da sua intervenção na sociedade. As propostas são conhecidas: desregulamentação da economia, privatizações, liberalização dos mercados, cortes nos gastos públicos, sobretudo nas políticas sociais (saúde, segurança social), redução do déficit público. Este modelo, conhecido por "Consenso de Washington", vem sendo aplicado em todo o mundo nos últimos quinze anos, apoiado pelo discurso de que o Estado é mau gestor, antro de desperdício e corrupção, obstáculo ao desenvolvimento.

Há múltiplos sinais de que este modelo está a entrar em crise. Em primeiro lugar, as economias europeias e latino-americanas cresceram mais no período do Estado interventor do que nos últimos quinze anos, e os Estados asiáticos que se mantiveram fortes, apesar das pressões neoliberais, foram os que melhor garantiram o desenvolvimento das suas economias. Em segundo lugar, o modelo neoliberal fez aumentar dramaticamente a pobreza no mundo e a desigualdade social entre ricos e pobres, tanto nos países desenvolvidos, como nos menos desenvolvidos. A violência, a criminalidade e a desorganização social estão a atingir níveis alarmantes. Cresce a ideia de que o Estado é, para já, insubstituível na sua capacidade de criar alguma equidade social através da política fiscal e das políticas sociais e de promover uma certa pacificação social através da concertação social. Por outro lado, o funcionamento do mercado livre exige um Estado forte, servido por funcionários preparados e motivados, capazes de identificar e promover estratégias nacionais numa economia agressivamente globalizada. Por tudo isto, o Estado está a regressar.

Visão, 3 de outubro de 1996

Timor-Leste: O doce e o amargo

A atribuição do Prêmio Nobel da Paz ao Bispo Ximenes Belo e a José Ramos-Horta é motivo de júbilo. Algumas das reações internacionais a esta atribuição são, porém, motivo de apreensão. As razões que subjazem à reação ambígua, ou mesmo negativa, dos EUA devem ser motivo de apreensão, não apenas para a causa de Timor-Leste mas também para todas as outras causas humanitárias, e devem suscitar alguma reflexão sobre as estratégias a adotar neste fim de século. Ao longo dos últimos vinte anos, a posição americana sobre as aspirações do povo timorense foi sempre de grande distância, se não mesmo de hostilidade. Mas o que deve causar maior apreensão não é tanto a consistência dessa posição como a diversidade das razões que a têm sustentado ao longo destes vinte anos.

É sabido que Henry Kissinger e o Presidente Gerald Ford visitaram a Indonésia nas vésperas da invasão de Timor, e que esta não teria ocorrido sem o consentimento tácito ou explícito dos visitantes americanos. Ao tempo, a justificação dada seguiu o padrão típico da Guerra Fria: a Indonésia era um país amigo do Ocidente. A sua posição geoestratégica numa zona do mundo então ainda dominada pelo perigo chinês, o fato de ter sido um dos países fundadores do movimento dos países não alinhados e o de ser o maior país islâmico do mundo faziam da Indonésia uma peça valiosa no tabuleiro da Guerra Fria, nada devendo ser feito para pôr em risco as suas relações com o Ocidente e, muito menos, a defesa de uma causa que parecia ter uma forte componente marxista.

Hoje o contexto internacional é totalmente distinto. A Guerra Fria acabou e os EUA passaram a ser o país hegemônico sem concorrência; o perigo chinês diluiu-se num mar de possibilidades para o capitalismo mundial; as agências financeiras multilaterais passaram a considerar a democratização como condição de ajuda internacional e, a essa luz, o regime autoritário de Jacarta deveria merecer pouca simpatia e nenhuma solidariedade. Mesmo assim, o governo americano continua a apoiar a Indonésia sem reservas, e não se coibiu de expressar alguma irritação pela atribuição do Prêmio Nobel aos resistentes timorenses. Mas agora as razões são diferentes e, por não terem a sustentá-las uma base ideológica definida (como a que justificava a Guerra Fria), são mais difíceis de neutralizar ou contornar. Trata-se do poder do dinheiro; dos grandes interesses econômicos que hoje influenciam, mais do que nunca, tanto a política interna como a política externa dos EUA. Em ano de eleições, essa influência atinge o paroxismo. No caso que nos interessa aqui, trata-se da "Indonesia connection" da Casa Branca, das relações que ligam Clinton ao poderoso grupo Lippo e da generosidade com que este tem financiado o Partido Democrático e, especificamente, a campanha de reeleição do presidente. Estas ligações, que na Europa seriam corrupção, são *lobbies* legais nos EUA, desde que, no caso, os "doadores" estrangeiros residam neste país.

Perante isto, o movimento de resistência de Timor-Leste vai continuar a enfrentar um ambiente internacional hostil, tanto mais que muitos outros países têm razões econômicas ou outras para não hostilizar a Indonésia. Basta lembrar a própria ambiguidade de alguns países da União Europeia e do Brasil. Por esta razão, penso que o movimento deve centrar a sua luta na transformação democrática da Indonésia. O regime de Suharto é um regime autoritário, corrupto e decrépito, e está a ser abalado internamente, tanto pelas forças islâmicas fundamentalistas como pelas forças democráticas. É preciso intensificar as relações com elas e fazer com que a independência de Timor-Leste seja um efeito imediato da queda do regime de Suharto.

Visão, 17 de outubro de 1996

Os tribunais e a globalização

É já hoje trivial dizer-se que estamos a entrar num período de globalização — globalização dos mercados, das instituições, da cultura. Fala-se também cada vez mais da globalização da democracia e do direito. Como acontece com todos os conceitos que se tornam senso comum, o conceito de globalização é quase sempre empregado acriticamente, como se se referisse a um fenômeno evidente e inelutável, que não merece discussão. Ora, a verdade é que a globalização é um fenômeno muito complexo e problemático. Se por globalização entendermos toda a intensificação de relações sociais transfronteiriças, não é possível identificar o que é a globalização sem conhecermos o conteúdo e o sentido das específicas relações sociais que lhe subjazem. Por exemplo, quando a luta dos índios brasileiros pela terra ancestral entra na Internet e suscita um movimento mundial de solidariedade, não só por parte dos movimentos indígenas de outros países como por parte de grupos de direitos humanos, estamos perante um fenômeno de globalização muito diferente daquele que consiste na pressão que, no período post-Uruguay Round, está a ser exercida sobre todos os países do globo para que adotem um tipo de lei de patentes e de propriedade intelectual semelhante à que vigora nos Estados Unidos. Diferentes relações sociais transfronteiriças criam, pois, diferentes globalizações.

Devemos ter isto em mente quando analisamos um dos fenômenos de globalização mais intrigantes da década de 1990: a globalização do interesse público e político pelos tribunais e pela reforma do sistema judicial. Os tribunais, que até há dez anos eram em quase todos os países uma instituição apagada e ignorada, e, em muitos deles, um apêndice servil do governo de turno, saltaram de repente para as primeiras páginas dos jornais, revelando um protagonismo de intervenção e de reivindicação até há pouco desconhecido. Este interesse público pelo sistema judicial tem duas vertentes.

A primeira vertente está vinculada sobretudo a fatores internos e é global apenas porque os mesmos fatores têm emergido em vários países. O primeiro fator tem sido a luta judicial contra a corrupção política, sobretudo na Europa, mas também na Índia, na Colômbia e em outros países. O caso da Itália é paradigmático — 633 mandatos de captura em Roma, 623 em Milão, 444 em Nápoles, contra ministros, homens de negócios e deputados, um terço dos quais chegou a estar sob investigação — mas não é único, sendo também de realçar neste domínio a ação dos tribunais em França, Espanha e Portugal. Curiosamente, a publicidade dada a este ativismo judicial fez com que noutros países, sobretudo na América Latina, os tribunais fossem publicamente questionados pela sua timidez na luta contra a corrupção política e, nalguns casos, pela sua timidez na luta contra a corrupção no interior do próprio sistema judicial. O outro fator do interesse público pelos tribunais, um fator importante sobretudo nos países que passaram recentemente por transições democráticas, foi o fato de, em muitos deles, os tribunais, e em especial os tribunais constitucionais, se tornarem rapidamente nos garantes mais credíveis da defesa das instituições democráticas. Exemplares a este respeito são o caso russo, sobretudo na sua primeira fase, o caso húngaro e o caso sul-africano. Mas também aqui o teste democrático dos tribunais teve o seu reverso. De fato, nos países em transição democrática, o primeiro teste público do sistema judicial foi o julgamento dos crimes cometidos no período anterior pelos ditadores ou a seu mando. Este teste falhou em geral, quer por causa dos pactos estabelecidos entre os militares e as forças democráticas (caso do Chile e do Brasil), quer por causa da instabilidade política criada pelos julgamentos (caso da Argentina), quer por compromissos entre a via judicial e a via das Comissões de Verdade para lavar o passado (tudo leva a crer que será este o caso da África do Sul).

A segunda vertente do interesse público pelos tribunais assenta menos em fatores internos do que em fatores transnacionais. Trata-se do interesse crescente das agências internacionais pela reforma do sistema judicial no sentido de o tornar mais eficiente e acessível. A Agência Americana de Apoio ao Desenvolvimento (USAID) transformou os programas de reforma jurídica e judicial numa das suas grandes prioridades da década de 80. E tanto o Banco Mundial (BM) como o Banco Interamericano do Desenvolvimento (BID) têm vindo a investir quantias avultadíssimas na reforma judicial através de financiamento de diverso tipo e com diferente participação dos países. Só para termos uma ordem de grandeza, eis alguns números. USAID: 2 milhões de dólares na Argentina (1989 e 1993); 38 milhões de dólares na Colômbia (1986-96); 15,8 milhões de dólares nas Honduras (1987-94). BID, em 1993: 30 milhões de dólares na Venezuela; 11 milhões na Bolívia. 1995: 16 milhões na Costa Rica; 27 milhões em El Salvador; 15,7 milhões na Colômbia. 1996: 30,9 milhões em El Salvador e Honduras; 12 milhões na Bolívia; 1,7 milhão na Nicarágua.

Estamos, pois, perante uma operação global de grande vulto que, para além da América Latina, envolve também a Europa Central e de Leste, a Ásia e a África.

Estamos ainda perante duas vertentes do interesse público global pelos tribunais na nossa década. Terão ambas o mesmo significado social e político? Ambas têm sido descritas como parte da luta pela democracia. Será assim? Julgo que não. O primeiro tipo de interesse pelos tribunais tende a responder a aspirações populares, a exigências políticas definidas no âmbito nacional, ainda que normalmente sujeitas a influências internacionais. O seu conteúdo democrático é contraditório, na medida em que a maior credibilidade dos tribunais é quase sempre o reverso da perda de legitimidade dos governantes e da classe política em geral. O que está verdadeiramente em causa é uma deslocação ou recomposição da legitimidade democrática. O segundo tipo é impulsionado por uma pressão globalizante muito intensa que embora, no melhor dos casos, procure articular-se com as aspirações populares e exigências políticas nacionais, fá-lo apenas para atingir os seus objetivos globais. E esses objetivos globais são, muito simplesmente, a criação de um sistema jurídico e judicial adequado à nova economia mundial de raiz neoliberal, um quadro legal e judicial que favoreça o comércio, o investimento e o sistema financeiro. Não se trata, pois, de fortalecer a democracia, mas sim de fortalecer o mercado.

O que está em causa é a reconstrução da capacidade reguladora do Estado pós-ajustamento estrutural. Uma capacidade reguladora que se afina pela capacidade do Estado para arbitrar, através dos tribunais, os conflitos entre os agentes econômicos. A resistência justa dos magistrados contra uma reforma tecnocrática do sistema judicial, exclusivamente orientada para as necessidades da economia mercantil, não pode servir de álibi para justificar a resistência a uma profunda reforma do sistema judicial orientada para a efetiva democratização da sociedade e do Estado. O sistema judicial precisa ser radicalmente reformado para responder às aspirações democráticas dos cidadãos, cada vez mais sujeitos ao abuso de poder por parte do Estado e por parte de agentes econômicos muito poderosos. Se esta reforma política e democrática não tiver lugar, o vazio que a sua ausência produzirá será certamente preenchido por uma reforma tecnocrática virada para servir preferencialmente os interesses da economia global.

O Estado de S. Paulo, 31 de outubro de 1996

As eleições americanas e nós

À primeira vista, a democracia e as eleições nos Estados Unidos da América têm poucas lições a dar ao mundo democrático. De fato, apesar de muito promovida entre nós ultimamente, a democracia americana é hoje uma democracia de baixa intensidade, a precisar urgentemente de ser reinventada. Descontadas algumas facções mais "extremistas", hoje totalmente marginalizadas, as diferenças entre o Partido Democrático e o Partido Republicano são de pormenor, mais de estilo do que de substância. Ao contrário do que sucede na Europa, não há terceiros partidos com propostas alternativas e credibilidade eleitoral, e todo o sistema eleitoral e político está organizado para impedir a sua emergência. Por outro lado, mais do que qualquer outra no mundo, a democracia americana merece o epíteto de democracia capitalista; nas questões decisivas, o grande capital e os grandes negócios controlam com mão firme o desempenho do sistema político. Inquiridos poucos dias antes das eleições, apenas 16% dos dirigentes de grandes empresas consideraram que a eleição de um ou de outro candidato poderia afetar os seus negócios. Por outro lado, visto de fora, o financiamento dos partidos e das campanhas eleitorais é um escândalo.

Os interesses organizados do capital e também do movimento sindical transformaram a luta política num mercado financeiro de futuros em que a televisão faz de bolsa de valores. Comparados com os seus congêneres americanos, os políticos italianos do período "pré-Mãos Limpas" são meninos de coro. A diferença entre a Itália e os Estados Unidos é que, neste último, a corrupção, além de organizada, está legalizada.

Não admira, pois, que os cidadãos americanos estejam desiludidos da política e dos políticos e se desinteressem das eleições. Menos de metade do eleitorado participou nestas eleições e, do que participou, menos de metade votou em Clinton. Clinton tem o mandato expresso de apenas 25% dos cidadãos.

Pese embora tudo isto, as recentes eleições americanas dão-nos algumas lições que seria bom serem tomadas em conta, tanto pelos políticos como pelos cidadãos portugueses. Saliento cinco. A primeira é que o discurso político anti-Estado, que faz do Estado o grande inimigo dos cidadãos (o Estado coercivo, asfixiante, ineficiente e corrupto), é um discurso esgotado. Em tempos de insegurança quanto ao futuro e de aumento das vulnerabilidades e desigualdades sociais, os cidadãos querem ouvir falar do Estado protetor, benfazejo, um Estado em que a eficiência não seja obtida à custa da proteção. A segunda lição é que o investimento na educação é considerado, pelo eleitorado, o que melhor garante o futuro. Esta lição deve merecer uma reflexão especial entre nós. Num estudo sobre a estratificação social levado a cabo no Centro de Estudos Sociais, a publicar proximamente, revela-se que a educação tem um papel na melhoria das condições de vida das pessoas muito superior ao que tem nos Estados Unidos.[5] A terceira lição é que, de todas as políticas sociais, a política de saúde continua a ser a que mais ressonância obtém junto dos eleitores, aumentando esta, naturalmente, com a idade desses eleitores. De todas as vulnerabilidades, a que advém da perda da saúde continua a ser a mais ameaçadora. A quarta lição é que, em tempos de ceticismo a respeito de grandes transformações sociais, a política é tanto mais relevante quanto melhor se articular com a vida quotidiana das pessoas (transportes, segurança, escolas etc.). Na sociedade americana, tal como na portuguesa, são as mulheres quem mais responsabilidades assumem na gestão da vida quotidiana e, portanto, as mais sensíveis à securização do dia a dia. Votam, por isso, com cada vez maior autonomia em relação aos homens. Por último, a quinta lição é que o movimento sindical, declarado várias vezes extinto, continua a ser uma força política importante, e uma força que tende a aumentar e não a diminuir. No sistema americano, essa força manifesta-se como uma política de interesses como qualquer outra. Mas tem o potencial para se transformar numa política de movimento social, sobretudo se a luta contra o desemprego continuar a assentar numa política de salários muito baixos e de promoção do endividamento das famílias.

Visão, 14 de novembro de 1996

---

5. O estudo referido foi publicado pela editora Afrontamento em 1997 e é da autoria de José Manuel Mendes e Elísio Estanque, trata-se de *Classes e desigualdades sociais em Portugal: um estudo comparativo*.

Os negócios e os Direitos Humanos

Na última década, os Direitos Humanos transformaram-se na linguagem privilegiada dos movimentos populares. Com base nesta, eles passaram a formular as suas aspirações a uma sociedade melhor, mais justa e mais humana, e a definir o perfil da sua intervenção política. Tal como qualquer outra, não se trata de uma linguagem inequívoca. Se é verdade que, sobretudo depois da Segunda Guerra Mundial, os direitos humanos foram emergindo como uma das bandeiras da emancipação humana e, em defesa dela, muitos militantes perderam a vida, não é menos verdade que os direitos humanos foram oportunisticamente usados como instrumentos de Guerra Fria, caucionando a hipocrisia dos critérios duplos que até hoje se mantêm (basta ver como o mesmo tipo de violação de direitos humanos "justifica" o embargo econômico a Cuba e não impede a concessão de estatuto de nação mais favorecida à China). Aliás, o fim da Guerra Fria tem sido festejado como o grande triunfo dos direitos humanos, e os governos da maioria dos países, bem como as organizações internacionais — mesmo as que durante muito tempo foram mais refratárias à linguagem dos direitos humanos, como, por exemplo, o Banco Mundial (BM), o Fundo Monetário Internacional (FMI) e o Banco Interamericano do Desenvolvimento (BID) — passaram a pagar tributo verbal à defesa dos direitos humanos. Significará esta consonância que finalmente os direitos humanos se transformaram na prioridade política do nosso tempo, numa prioridade desta vez genuína, de princípio, e não oportunista? De modo nenhum. À revelia dos discursos, os imperativos da globalização da economia constituem desde a última década uma ameaça para os direitos humanos talvez superior à que foi protagonizada pela Guerra Fria.

A este respeito, o que se passou na Conferência da Cooperação Econômica da Ásia Pacífico, realizada há quinze dias em Manila, é exemplar e deve, por isso, merecer alguma reflexão. Aqueles que pensam que, com a globalização da economia, os Estados nacionais deixaram de ter importância terão ficado surpreendidos com o afã com que os chefes de governo asiáticos procuraram obter as boas graças do Presidente Clinton.

Certamente encorajados pelo exemplo do Grupo Lippo, da Indonésia, cujas contribuições vultuosas para o partido democrático norte-americano terão algo a ver com a estranha e aparentemente inexplicável insensibilidade dos EUA perante o genocídio do povo de Timor-Leste, ocupado pela Indonésia, os chefes de governo e homens de negócio asiáticos procuram marcar posições em Washington e fazer girar a seu favor as alavancas do comércio internacional, que os EUA, hoje, controlam mais do que nunca. Em meu entender, esta proeminência norte-americana no final do século não é de bom augúrio para os direitos humanos.

Vejamos o caso da China. Em finais de 1994, os EUA pareciam finalmente decididos a usar o seu poder para impor à China uma política mais consentânea com os direitos humanos, ameaçando-a com sanções comerciais. Vemos agora que essa dureza dos EUA, ainda que formulada em termos da defesa dos direitos humanos, visava sobretudo pressionar a China e pôr fim à reprodução ilegal de discos compactos, filmes e programas de computador, a qual causaria às empresas norte-americanas um prejuízo anual de 1 bilhão de dólares. No momento em que a China se comprometeu a respeitar os direitos de propriedade intelectual, o fervor norte-americano na defesa dos direitos humanos desapareceu.

Na perspectiva dos direitos humanos, o que é mais preocupante na proeminência dos EUA no comércio mundial é o fato de este ser, de todos os países desenvolvidos, o que mais rigidamente pauta a sua política externa pelos interesses das empresas multinacionais (EMN). As preocupações são de dois tipos: no domínio das regras de comércio internacional e no domínio do controle das operações das EMN. No primeiro caso, é já claro que a Organização do Comércio Internacional vai centrar a sua ação na liberalização das trocas, sobretudo no domínio da alta tecnologia e na promoção de leis de patentes que garantam a proteção eficaz da propriedade intelectual. Pelo contrário, vai estar pouco interessada em eliminar o trabalho infantil ou em estabelecer padrões mínimos de condições de trabalho. No que respeita às operações das EMN, a preocupação reside em que atualmente estas são, quiçá, os grandes violadores dos direitos humanos, já que as violações que protagonizam tendem a atingir não apenas os direitos individuais mas também os direitos coletivos das populações onde operam. E, curiosamente, se na China as EMN são criticáveis pelo fato de operarem num país onde o Estado comete violações graves de direitos humanos, noutros continentes, como por exemplo na América Latina e na África, são criticáveis por serem elas próprias responsáveis por violações maciças dos direitos humanos, quase sempre com a conivência dos governos. Em África, o caso mais grosseiro hoje em dia é o da empresa petrolífera Shell, que tem vindo a semear a morte e a devastação ecológica entre o povo Ogoni da Nigéria. Uma operação vasta, que inclui quase 100 poços de petróleo, duas refinarias e um complexo de produção de fertilizantes, tem vindo a destruir a qualidade de vida deste povo que continua hoje tão pobre como quando a Shell começou a operar no seu território, em 1958. A conivência do governo nigeriano ficou sinistramente atestada quando, em novembro de 1995, mandou executar o escritor Ken Saro Wiwa, líder da resistência do povo Ogoni. Na América Latina, a enumeração dos atentados contra os direitos humanos por parte das empresas multinacionais é muito longa. Para nos mantermos apenas no domínio da exploração petrolífera, basta recordar os casos da Texaco e da Maxus no Equador ou, mais recentemente, o caso da Occidental na Colômbia. Há cerca de dois anos, a Organização dos Estados Americanos decidiu investigar as violações dos direitos humanos que terão ocorrido na Amazônia equatoriana a partir de 1972 com a exploração petrolífera, liderada até 1992 pela Texaco. Trata-se de um território de 13 milhões de hectares de floresta tropical, com riquíssima biodiversidade, onde vivem 95.000 indígenas pertencendo a oito grupos étnicos e 250.000 imigrantes recentes que, atraídos pela atividade das empresas e pela abertura de estradas, vieram em busca de terra e trabalho. Com uma emissão diária de 4,3 milhões de galões de produtos tóxicos, a exploração petrolífera destruiu a floresta, contaminou os rios e os solos, eliminou as bases da alimentação e da vida social dos povos indígenas, alguns dos quais, minados pela doença, subnutrição e alcoolismo, acabaram por desaparecer (é o caso dos Tetetes). Um relatório do Banco Mundial descreveu a situação econômica da região como "calamitosa". As ações judiciais e as indenizações, apesar de importantes, de pouco conforto são para as vítimas de danos irreversíveis. Por outro lado, as garantias de cumprimento de códigos de conduta são necessariamente precárias quando se trata de empresas com rendimentos anuais de 42 bilhões de dólares, e o país em que operam, neste caso o Equador, tem um PNB de 12 bilhões.

No momento em que as violações mais graves dos direitos humanos tanto podem provir dos Estados como de agentes privados muito poderosos, sejam eles latifundiários, EMN ou barões da droga, a luta pelos direitos humanos, longe de estar ganha, só agora verdadeiramente começa.

O Estado de S. Paulo, 1 de dezembro de 1996

1997

visited the world of
scales
effects
measured toils
followed by like
conversations ever
laughs at the beach
for home
wouldn't like
problem was how to
too diffuse
names
everywhere
vowels and
at the
in a greater
day
not where I
live at home

Carta aberta aos hemofílicos[1]

Prezados membros da Associação Portuguesa dos Hemofílicos, prezados hemofílicos com sangue contaminado com vírus da Aids, prezadas famílias dos setenta hemofílicos mortos com Aids distribuída pelo Estado português. Não é crível que tenhais tido Boas-Festas. Mas gostaria, ao menos, de vos desejar um Bom Ano. O que seria para vós um Bom Ano? Um ano de dignidade conquistada com o respeito pelo sofrimento que tão levianamente vos foi imposto e com a solidariedade pela vossa luta para honrar os mortos e punir os culpados.

As condições para que essa dignidade vos fosse restituída seriam basicamente duas. Primeiro, seria necessário que o Estado, para além das parcas indenizações concedidas, vos pedisse desculpas, de modo muito concreto e enfático, por agentes seus, quaisquer que tenham sido as circunstâncias, terem causado a morte de tantos dos vossos entes queridos e o perigo de vida a muitos mais de entre vós. Tratou-se de um ato grave pela incompetência e pela incúria que revelou. Não reconhecer isso mesmo e não se penitenciar prontamente foi, sem dúvida, a manifestação mais grotesca de arrogância, por parte do poder político português, nos últimos vinte anos. Num Estado democrático, em situação de paz, não há bem mais precioso para o Estado e seus agentes que a vida dos cidadãos. Quando assim não sucede, é a democracia que não sucede. A segunda condição para o respeito da vossa dignidade seria que a justiça portuguesa, em cujas mãos acabou por cair este ato funesto, decidisse com serenidade e independência se, para além das óbvias responsabilidades políticas, houve ou não responsabilidade criminal por parte dos agentes do Estado envolvidos.

---

1. Leonor Beleza, Ministra da Saúde nos X e XI Governos Constitucionais de Portugal (1985-90), foi responsabilizada pela infecção de dezenas de hemofílicos com Aids, devido a transfusões, realizadas em hospitais públicos, de sangue contaminado, proveniente da Áustria e não inspecionado. Em novembro de 1995, os hemofílicos começaram a receber as indenizações de 60 mil euros determinadas por um tribunal arbitral criado pelo governo. Dois anos mais tarde, em março de 1997, o Tribunal de Instrução Criminal arquivou o processo contra Leonor Beleza. O MP recorreu e renovou a acusação. Em novembro de 1998, foi anulado o arquivamento e o processo foi a julgamento, mas os arguidos recorreram para o Tribunal Constitucional. Entretanto, o processo prescreveu.

Trata-se de duas condições muito exigentes. Dou-vos a minha opinião sobre as probabilidades de cada uma delas se realizar. Quanto à primeira, o meu pessimismo é grande. Assististes recentemente ao espetáculo midiático de uma parte da classe política cerrar fileiras em volta de um dos seus membros, a visada por uma eventual pronúncia criminal. Nem todos estiveram presentes pelas mesmas razões e não excluo que nalguns casos elas tenham sido honrosas. Mas, objetivamente, tratou-se de um ato de afronta à justiça portuguesa e à vossa dignidade. Por que o terão feito? Porque estão habituados ao poder e à arrogância e displicência com que o exercem. É admissível a ignorância técnica do ministro, mas não é admissível que ele não tenha de assumir a responsabilidade pelos atos que não evitaram, podendo tê-lo feito, a perda de vidas. Como diria o insigne jurista brasileiro Raymundo Faoro, eles são os donos do poder. Têm-no tido, quase sem interrupção, nos últimos vinte anos e alguns deles já o tinham no Estado Novo. Se não o poder político, pelo menos o poder social e econômico. Felizmente, nem toda a classe política esteve presente no espetáculo e só por isso é que o meu pessimismo não é maior.

Quanto à segunda condição, é sabido que a justiça portuguesa tem graves problemas. Vós próprios já fostes vítimas da sua ineficiência e lentidão e é daí, em grande medida, que advém a pouca confiança que os cidadãos depositam nela. No entanto, os nossos magistrados judiciais e do Ministério Público têm, nos últimos vinte anos, feito jus a uma imagem de independência, probidade e indiferença às pressões políticas. Tais virtudes justificam algum otimismo na salvaguarda da vossa dignidade. Um otimismo moderado, mesmo assim, que neste caso as pressões são muito fortes. Todos nós, que lutamos pela igualdade dos cidadãos perante a lei, assistimos atônitos ao desempenho do advogado de defesa. Curiosamente, o mesmo advogado publicou em 1976 um livro intitulado *Cinco casos de injustiça revolucionária* em que juntava peças de defesa em "processos de profunda raiz política com tratamento de justiça comum" e em que esgrimia contra a intoxicação política e midiática. Desconcertante é que o advogado equipare os dias de hoje aos do Processo Revolucionário em Curso (PREC). Talvez a acusação esteja interessada em juntar ao processo o livro mais antigo para relativizar o mais recente. Oxalá daqui a um ano possamos concluir que os meus votos de Bom Ano para vós foram realistas.

Visão, 2 de janeiro de 1997

Quando o local é global e vice-versa

Um dos problemas mais complexos na compreensão do mundo contemporâneo é o da articulação entre o global e o local. Se é comum afirmar-se que vivemos num período de globalização, é menos comum reconhecer-se que vivemos igualmente num período de localização, e que a expansão da globalização vai de par com a expansão da localização. Passa-nos despercebido que a experiência que temos da globalização é sempre local. Por exemplo, quando a mídia global puser à nossa disposição centenas, se não milhares de canais de televisão, será sempre na nossa sala de estar, na nossa casa, no nosso bairro que assistiremos a essa vertigem midiática. Do mesmo modo, quando compramos os *blue jeans*, que nos são recomendados pela publicidade global, é para os usarmos no nosso corpo, agradarmos aos nossos namorados, ou sentirmo-nos mais confiantes no baile do clube local. Por outro lado, dificilmente nos apercebemos de que, quando um determinado fenômeno ou produto se globaliza, um outro, potencialmente rival, tende a localizar-se, isto é, a ser visto como específico, particular, típico, tradicional ou vernáculo. Por exemplo, a globalização da língua inglesa fez com que a língua francesa (potencialmente globalizável) se localizasse como língua de um grupo específico de população. Isto, para não falarmos da língua portuguesa. Do mesmo modo, à medida que se globaliza o hambúrguer ou a *pizza*, localiza-se o bolo de bacalhau português ou a feijoada brasileira no sentido de que serão cada vez mais vistos como particularismos típicos da sociedade portuguesa ou brasileira.

Talvez ainda mais importantes, e também mais imperscrutáveis, são as relações entre fenômenos que ocorrem concomitante ou sequencialmente em locais diferentes por efeito da globalização. Eis alguns exemplos. O japonês, que nos últimos vinte anos se habituou a comer carne de vaca, ao comer o bife não imagina, que, para tornar possível a sua degustação, milhares de camponeses brasileiros pobres foram expulsos das suas terras nos anos 1970 para que fosse produzida a soja necessária à alimentação do gado japonês. Quando um de nós come um hambúrguer, dificilmente se lembrará de que está a consumir floresta tropical, pois não sabe que, entre 1960 e 1990, 25% da floresta da América Central desapareceu para dar lugar aos pastos que tornaram possível a produção de carne que a indústria americana de hambúrgueres precisa importar (cerca de 1/10 dos hambúrgueres norte-americanos usam carne importada). Quando entramos numa *boutique* de roupa de marca, por exemplo, Gap, e nos apetece comprar um novo modelo de camisa, não nos ocorre que a Gap muda hoje de estilo de seis em seis semanas e que as mudanças de estilo envolvem muitas vezes mudanças de fornecedores, ou seja, de empresas subcontratadas. Não nos ocorre, pois, que a nossa preferência pelo novo estilo possa ter a ver com o desemprego de centenas de famílias nas Filipinas ou na Costa Rica e, eventualmente, com o emprego de outras tantas na Malásia ou nas Honduras. Finalmente, algum europeu ao comer bananas da Colômbia se lembrará de que a terra em que foram criadas, na região de Urabá, está encharcada de sangue de camponeses pobres apanhados no fogo cruzado entre latifundiários, traficantes de droga, guerrilha, exército e grupos paramilitares?

Esta opacidade dos nexos que tornam tudo e todos mais interdependentes é ainda mais grave quando se trata de inovações locais que respondem com êxito a uma aspiração local de mais democracia, mais participação, mais qualidade de vida, mais equilíbrio ecológico, mais igualdade. Estas inovações, verdadeiras alternativas democráticas ou de desenvolvimento, apesar de ocorrerem em diferentes partes do mundo e serem muito sensíveis ao contexto global que as envolve, têm dificuldades em ser conhecidas fora do âmbito local, em multiplicar-se ou em entrar em rede umas com as outras. E, quando são conhecidas e reconhecidas globalmente, correm muitas vezes o risco de ser desvirtuadas. Mais alguns exemplos. Em 1976, numa aldeia do Bangladesh, Muhammad Yunus fundou o banco Grameen com o objetivo de tornar possível o acesso ao crédito às mulheres pobres mas empreendedoras da região. A inovação consistiu em que o crédito, sempre de pequeno montante, para a criação de microempresas era concedido a grupos de cinco mulheres, cada uma recebendo um empréstimo e garantindo que todos os membros do grupo reembolsariam o dinheiro emprestado. Hoje, com um volume de empréstimos de cerca de 500 milhões de dólares, poderá o Banco Grameen ser o modelo de uma instituição alternativa de desenvolvimento local? Será suficientemente conhecido? Saberão os seus protagonistas de experiências bancárias populares do mesmo tipo existentes noutras partes do mundo? Seria possível associarem-se e, com o volume de negócios acumulado, disputarem o terreno da banca comercial? O segundo exemplo vem do Quênia e nele são também as mulheres o núcleo central da inovação. Desde os anos 1960, as mulheres Kikuyu em Laikipia têm vindo a formar grupos com vista a coordenar as decisões comunitárias sob o acesso à terra e o uso dos recursos naturais. Os grupos, que variam entre 20 e 100 vizinhos, uns invasores e outros camponeses pobres, constituem uma forma de cooperativa: os membros contribuem com dinheiro, produtos, trabalho, e o grupo distribui os recursos equitativamente por todos e realiza poupanças com vista a investimentos futuros. Um desses grupos, Mwenda-Niire, constituído em 1963 por camponeses sem terra, conseguiu, vinte anos depois, com as poupanças realizadas, comprar 567 hectares de terra de cultivo, permitindo a 130 famílias sem terra tornarem-se agricultores. Partilha de trabalho, infraestruturas e comercialização coletivas, são as chaves do êxito deste projeto. Quantas mulheres e homens, camponeses pobres e sem terra aspirariam a seguir o modelo da cooperativa Kikuyu para obter acesso à terra e melhorar as suas vidas? O terceiro exemplo é brasileiro. Trata-se do orçamento participativo que a gestão municipal PT propôs e conseguiu realizar com particular sucesso em Porto Alegre. Trata-se de uma inovação notável que, nesta cidade, se deve, em grande medida, ao gênio político de Tarso Genro. O seu êxito levou a que, ultimamente, o Banco Mundial se interessasse por ela, tendo em vista as suas virtualidades para gerir com eficácia os empréstimos aos municípios. Se o orçamento participativo vier a ser adotado pelo Banco Mundial será certamente globalizado. Mas não será política e ideologicamente desvirtuado no processo? Poderia ser globalizado por outra via, que garantisse melhor a fidelidade à sua vocação democrática, e não tecnocrática?

Enquanto não for possível globalizar o caráter local destas iniciativas, não será possível defender a democracia da globalização predatória da economia.

O Estado de S. Paulo, 5 de janeiro de 1997

Sinais de fundamentalismo?

Vivemos numa época de fundamentalismos. Consideramos como tal as práticas e as doutrinas éticas, políticas ou religiosas extremistas nas suas elaborações e realizações, incondicionais e intolerantes nos privilégios que se atribuem, maximalistas nos propósitos que se impõem e aos seus seguidores. Apesar da frequência com que hoje nos deparamos com os fenômenos do fundamentalismo, vêmo-los sempre como algo de estranho, geográfica e culturalmente remotos, social e politicamente alheios e alienígenas. Os verdadeiros fundamentalismos são sempre os dos outros. No interior de si mesma, a cultura ocidental tem dificuldade em ver extremismos que não sejam moderados, intolerâncias que não sejam dialogantes, maximalismos que não sejam minimalistas. Nestas condições não é tarefa fácil identificar os nossos próprios fundamentalismos, tanto mais que eles aparecem sempre como contrapontos benevolentes dos fundamentalismos, esses, sim, genuínos, dos outros. Identificar os nossos fundamentalismos é, no entanto, uma tarefa urgente, porque sem ela não serão possíveis os diálogos interculturais em que deve assentar a globalização emancipatória ou contra-hegemônica, aquela que pode vir a ter lugar como resistência dos grupos e das classes subordinadas à globalização hegemônica da economia neoliberal.

A identificação dos nossos fundamentalismos exige, pois, o exercício constante de uma hermenêutica de suspeição em relação à evidência e familiaridade com que os nossos extremismos são o que são e que, precisamente por evidentes e familiares, deixam de sê-lo. Em minha opinião, são três os principais fundamentalismos do Ocidente neste final de século e de milênio: o fundamentalismo neoliberal que, pela mão férrea dos Estados hegemônicos e das instituições financeiras internacionais, impõe a mesma receita econômica a todos os países, independentemente da sua vontade e das suas especificidades; o fundamentalismo do consumo, que transforma a posse real ou simbólica de bens no equivalente universal da felicidade, aprisionando uma pequena parte da população mundial nas práticas compulsivas do consumo, e a esmagadora maioria na ideologia, não menos compulsiva, do consumo; por último, o fundamentalismo da

Igreja de Roma, sob a direção de João Paulo II, que converte o plano da salvação numa escada dogmática armadilhada de preconceitos. Este último fundamentalismo é o que merece hoje uma reflexão mais detalhada.

A Unicef é consabidamente uma das mais prestigiadas agências das Nações Unidas, com uma obra notável a favor das crianças em risco, e, talvez mais que nenhuma outra, contribui hoje para a imagem da ONU como uma instituição que, com todos os seus defeitos e precariedades, é um sinal de paz e solidariedade num mundo cada vez mais desprovido de uma e de outra. Pois bem, o Vaticano acaba de suspender a sua contribuição anual para a Unicef, acompanhando esta decisão de uma nota de imprensa em que se "sente obrigado a advertir os fiéis católicos contra os nefastos meios da Unicef". Os padres e as instituições da Igreja são exortados a retirar o seu apoio à Unicef, incluindo a aquisição dos cartões de Boas-Festas por esta emitidos. Qual terá sido o grave crime cometido pela Unicef para justificar tão violenta reação, suscetível aliás de prejudicar significativamente a ação desta agência? Foi o fato de a Unicef ter subscrito um manual das Nações Unidas sobre as necessidades das mulheres em situações de emergência e nos campos de refugiados. Nesse manual, declara-se que as mulheres "têm iguais direitos de acesso, com base em escolha livre e voluntária, à informação e aos serviços de saúde reprodutiva incluindo planeamento familiar e maternidade". Ao assinar este documento, que aliás não foi de sua iniciativa, a Unicef veio permitir às mulheres violadas da Bósnia salvar uma gota de dignidade, e com isso transformou-se, aos olhos do Vaticano, num perigoso arauto das práticas nefastas de contracepção e de aborto.

Dado o peso institucional e cultural do Vaticano, à escala do globo, este boicote da Unicef pode ter consequências muito gravosas para a agência e, em última instância, para as crianças de quem ela cuida. Que valor têm estas crianças para o Vaticano? Aparentemente nenhum. Pelo contrário, óvulos fecundados parecem valer mais que crianças nascidas. Uma posição reveladora, pelo seu extremismo, fanatismo e intolerância, de uma das vertentes do fundamentalismo ocidental, neste caso, uma nódoa bem negra na brancura aurática do peito de um pastor relutante.

O Estado de S. Paulo, 5 de fevereiro de 1997

A descertificação do continente americano

As relações internacionais no continente americano atravessam um momento conturbado. A interferência norte-americana nos negócios internos dos países a sul do Texas atinge proporções escandalosas que em nada desmerecem das dos tempos áureos do imperialismo, enquanto os países centro e latino-americanos estão mais divididos do que nunca, buscando cada um deles uma relação privilegiada com a potência hegemônica e balbuciando apenas a solidariedade com Cuba. A OEA continua em busca da iniciativa que a torne uma organização credível. Um dos casos mais recentes e dramáticos de interferência é a descertificação da Colômbia, na luta contra a produção e o tráfico de droga, por parte da Administração Clinton. O contexto político desta decisão faz com que ela tenha relevância para todos os países do continente e não apenas para a Colômbia. Por isso merece reflexão.

A certificação não é um procedimento multilateral baseado num consenso internacional sobre princípios básicos de governação interna como é, por exemplo, o princípio do respeito pelos direitos humanos fundamentais. É antes um procedimento unilateral, um "exame" a que os Estados Unidos da América submetem vários países do mundo sobre questões formuladas pelo examinador, o qual também estabelece os critérios de correção das respostas. No caso concreto, a questão é a luta contra a droga e os critérios de resposta são as medidas jurídicas e políticas que, segundo os Estados Unidos, devem ser tomadas para que essa luta seja eficaz. E as medidas são enumeradas com grande detalhe. No caso da Colômbia, envolvem o aumento da fumigação de cultivos ilícitos (apesar de estar provado que os produtos químicos utilizados produzem alterações genéticas e malformações nos seres humanos); aumento drástico das penas de prisão até a virtual prisão perpétua; aplicação retroativa de leis penais no caso do confisco de bens adquiridos por meios ilícitos; extradição dos réus para serem julgados pelos tribunais norte-americanos. Se o país não passa o exame, a descertificação pode incluir sanções graves: perda automática de ajuda externa; suspensão de preferências tarifárias outorgadas pelo Sistema Geral de Preferências e pela Lei de Preferências

Andinas; aumento das tarifas de importação; oposição por parte dos Estados Unidos a empréstimos dos bancos multilaterais; perda de créditos no Eximbank e no Overseas Investment Corporation; restrição das rotas aéreas entre o país examinador e o país examinado; medidas de congelamento de contas bancárias. E, no caso da Colômbia, pode ainda envolver suspensão da quota açucareira; pressão para que abandone o acordo com a União Europeia sobre exportação de bananas; pressão para aumentar a proteção dos investimentos norte-americanos e garantir que não haja expropriação sem indenização. Claro que a descertificação não tem de envolver todas estas sanções e, no caso da Colômbia, elas estão, por agora, suspensas, e as 150 multinacionais norte-americanas presentes neste país estão a fazer um *lobby* intensíssimo em Washington para que as sanções sejam políticas e não econômicas.

Muito para além do seu impacto imediato, a descertificação levanta questões que devem ser meditadas por todos os países do Sul afetados ou não por ela. Em primeiro lugar, a questão das prioridades de política interna: no último ano, o Congresso da Colômbia esteve praticamente ao serviço das imposições norte-americanas, legislando afanadamente as leis saídas da Embaixada Americana. Quais foram as outras matérias de interesse para a sociedade colombiana que, por esta razão, deixaram de merecer a atenção dos Congressistas? Por exemplo, a violência, a impunidade, a proliferação de grupos armados, as violações dos direitos humanos. Com legitimidade internacional, a União Europeia tem vindo a chamar a atenção da Colômbia para as gravíssimas violações de direitos humanos, sobretudo no Urabá. O silêncio sobre este tema é total, quer por parte do Governo colombiano, quer por parte dos Estados Unidos da América. A segunda questão diz respeito aos efeitos perversos. Pela sua arrogância e lucratividade, o narcotráfico só conhece duas estratégias: ou corrompe ou mata. Há sérias suspeitas de que os narcotraficantes contribuíram generosamente (seis milhões de dólares) para a campanha do Presidente Samper. Calcula-se que tenham adquirido na última década entre três e cinco milhões de hectares de terra com objetivo de lavar dinheiro. A pressão dos Estados Unidos aumenta o interesse dos narcos em controlar as próximas eleições presidenciais (1998). Aparentemente, já têm candidato. A interferência interna permite-lhe jogar uma cartada sempre eficaz na América

Latina: a cartada do nacionalismo ofendido. Pelo contrário, o candidato antidrogas, que também já se perfila, aparecerá facilmente como o candidato dos gringos. Por isso, o afã dos Estados Unidos pode acabar por favorecer os narcotraficantes. A terceira questão é do ônus da luta antidroga. Os Estados Unidos são, de longe, o maior consumidor de drogas, e a Administração Clinton tem mostrado uma total ineficácia na repressão do consumo que não cessa de aumentar, sobretudo nas camadas mais jovens. Perante isto, e porque, à partida, não há nenhuma razão para fazer incidir a luta prioritária na produção e não no consumo, não seria totalmente descabido se os países latino-americanos decidissem descertificar os Estados Unidos. Esta hipótese só é absurda porque são absurdas as relações internacionais que dominam no continente e no mundo. Finalmente, a quarta questão é a da moral proibicionista. Só porque é ilegal, um produto, que podia ser vendido ao preço do café, vale dezenas de vezes o preço do ouro. Por que não legalizar as drogas leves e medicalizar as drogas pesadas? O fato de que o proibicionismo, quanto mais acirrado, mais faz subir o preço da droga, combinado com o fato de que 90% do dinheiro movimentado pela droga fica nos Estados Unidos, talvez ajude a explicar a fúria proibicionista norte-americana, enquanto na Europa vai crescendo o movimento de legalização das drogas. Por quanto tempo vão esperar os países latino-americanos até se juntarem a este movimento, eliminando assim um fator dramático de subordinação e de humilhação que mais tarde ou mais cedo os atingirá a todos?

O Estado de S. Paulo, 10 de março de 1997

Galdino Jesus e o fascismo

Galdino Jesus era um índio pataxó, membro de uma tribo do Sul da Bahia, talvez uma das primeiras a ter contato com Pedro Álvares Cabral. Na madrugada do dia 20 de abril, enquanto dormia no banco de um ponto de ônibus, foi queimado vivo por um grupo de adolescentes da classe média-alta de Brasília. Em declarações à polícia, estes disseram que não o fizeram por qualquer motivo racista. Não sabiam sequer que ele era índio. Julgaram que era apenas um mendigo e, para se divertirem, regaram-no com gasolina e atearam-lhe fogo. Uma semana antes, o mundo inteiro havia assistido pela televisão à gravação em vídeo da brutalidade da polícia militar de São Paulo, batendo e matando indiscriminadamente à entrada de um dos bairros pobres da cidade.

Que significa isto? Trata-se da emergência de uma nova forma de fascismo que, ao contrário do anterior, não é uma forma de Estado; é antes uma forma de sociedade perfeitamente compatível com os Estados democráticos no final do século. Assenta na ideia de que existem na sociedade vastos grupos de pessoas — mendigos, tóxico-dependentes, prostitutas, mas também deficientes, desempregados de longa duração, minorias étnicas, homossexuais e lésbicas etc. — que estão fora do Contrato Social. Não são, pois, verdadeiramente gente e, portanto, não podem usufruir dos direitos que o Contrato Social atribui em exclusivo aos cidadãos. Podem viver ao nosso lado, mas não vivem conosco. Vivem antes no estado de natureza, no estado de violência selvagem, de guerra de todos contra todos que, segundo Hobbes, precedeu o estado de civilidade instaurado pelo Contrato Social. A arbitrariedade e a violência com que são tratados são as únicas formas de tratamento compatíveis com a sua condição.

As ocorrências acima relatadas, longe de serem únicas, são apenas formas extremas de um fascismo social emergente que, ao expulsar da cidadania um número cada vez maior de pessoas e grupos os coloca numa condição de total vulnerabilidade e incerteza, desprovida de qualquer estabilidade de expectativas quanto ao presente ou ao futuro. Tanto podem ser objeto de misericórdia como de barbárie. Estão sujeitos ao que lhes acontece; não são sujeitos do que lhes acontece.

É sabido que, na modernidade ocidental, o Estado-Providência foi a instituição inventada para estabilizar, minimamente, as expectativas das classes populares. A crise do Estado-Providência não pode, pois, deixar de ser ligada à emergência do novo fascismo social.

Visão, 8 de maio de 1997

O fim do neoliberalismo

A vitória da esquerda em França marca o fim da tentação neoliberal na Europa. O chamado "Consenso de Washington", que há quinze anos pretende ditar as normas da globalização da economia e da atuação das agências financeiras multilaterais, como o Banco Mundial e o Fundo Monetário Internacional, assenta na liberalização dos mercados e prevalência das regras de mercado na gestão da economia e da sociedade; desregulamentação estatal da economia e redução dos impostos; redução dos custos do trabalho e da proteção social; privatização do setor empresarial e, na medida do possível, do próprio setor administrativo do Estado; controle da inflação e redução do déficit público; crescimento econômico, assente na competitividade internacional e virado para a exportação; fim das políticas ativas de emprego; reforço dos mercados de capitais e do capital financeiro como garantes últimos do império das leis do mercado na economia mundial. É agora claro que este "Consenso" só muito mitigadamente passará na Europa. Quão mitigadamente? — é a questão que dominará a política europeia nos próximos anos.

As consequências nefastas da aplicação do modelo neoliberal começam a preocupar os seus próprios patrocinadores: o aumento da injustiça social com o enriquecimento fabuloso de poucos de par com o empobrecimento da grande maioria da população; aumento do desemprego (Europa), ou, em alternativa, aumento do emprego sem proteção social, não permitindo a quem trabalha deixar de ser pobre (EUA); 40 milhões de americanos não abrangidos por qualquer seguro público ou privado de saúde; um sexto da população mundial com um rendimento diário inferior a 170 escudos (1 dólar); um continente inteiro, África, fustigado pela fome, pela guerra, com milhões de mortos em lutas étnicas e outros tantos deslocados das suas terras; ingovernabilidade generalizada em muitos países, onde o governo do Estado é substituído pelo governo do mercado da economia subterrânea e das máfias; devastação ecológica de países inteiros para pagar a dívida externa.

Quão mitigadamente, pois, o modelo neoliberal passará na Europa? A este respeito não há consenso mesmo dentro do campo da esquerda socialista, e os Estados Unidos da América, que são os grandes promotores do "Consenso de Washington", sabem-no. É por isso que Bill Clinton nas últimas semanas tem vindo a querer identificar-se com as vitórias da esquerda europeia, despolitizando-as ao transformá-las numa questão geracional: Bill Clinton = Tony Blair[2] = António Guterres.[3] Nesta equação não cabe Lionel Jospin[4] e não apenas por razões geracionais. E caberão Guterres ou mesmo Blair? Em termos europeus, Clinton é um político de direita, não de esquerda. O povo americano, que sempre se viu como a geração mais jovem do mundo, é mais vulnerável a cair no logro do disfarce geracional que os povos europeus. Na Europa, as diferenças serão sempre políticas e não de gerações.

Visão, 5 de junho de 1997

---

2. Líder do Partido Trabalhista da Inglaterra entre 1994 e 2007 e primeiro-ministro entre 1997 e 2007.

3. Líder do Partido Socialista de Portugal entre 1992 e 2002 e primeiro-ministro entre 1995 e 2002.

4. Líder do Partido Socialista da França e primeiro-ministro entre 1997 e 2002.

O debate sobre a diplomacia

Se não estivéssemos absorvidos por amuos entre deputados, pela questão do número de ministros numa visita de Estado, pela questão de uma revisão constitucional que não revê o que devia (a criação de cidadania ativa; a articulação entre a democracia representativa e a democracia participativa) ou ainda pela questão da regionalização que parece oscilar entre não nascer e nascer sem alma, teríamos certamente disponibilidade para iniciar um debate público sobre a nossa diplomacia e a nossa cooperação internacional. Trata-se de um debate urgente, porque as condições de exercício da diplomacia e da cooperação estão a mudar aceleradamente e as suas consequências têm um impacto interno cada vez maior: não há globalização, mas sim globalizações e todas acontecem localmente; a globalização tanto opera por inclusão como por exclusão e tanto globaliza quem ganha como localiza quem perde.

Eis alguns temas desse debate. Primeiro debate: sobre a posição de Portugal no sistema mundial. Sendo Portugal um país de desenvolvimento intermédio, esta característica confere-lhe alguma vantagem comparativa em funções de intermediação entre o centro e a periferia do sistema mundial? Qual o papel da língua e da cultura portuguesas nessa intermediação? Qual o lugar da América Latina e dos Países Africanos de Língua Oficial Portuguesa (PALOPs)? Qual deve ser a especificidade da diplomacia portuguesa no contexto da diplomacia da União Europeia? Quando se afirma que Moçambique e a Guiné-Bissau são livres e soberanos para integrar outros espaços de cooperação para além da Comunidade dos Países de Língua Portuguesa (CPLP), trata-se de uma posição de princípio estratégico ou o princípio de uma posição de capitulação?

Segundo debate: as relações entre diplomacia e cooperação. Qual o impacto, nas relações entre Estados, da emergência de uma "sociedade civil global" onde os atores não estatais são cada vez mais importantes? Se na globalização hegemônica (a dos ganhadores líquidos) dominam as empresas multinacionais, na globalização contra-hegemônica (a dos perdedores líquidos) dominam as Organizações Não Governamentais (de defesa dos direitos humanos, ecológicas, feministas etc.) Deve a diplomacia ser equidistante de ambas ou deve privilegiar uma delas? Quando a Guiné-Bissau decide mudar de posição em face da Indonésia, estamos perante uma derrota da nossa diplomacia ou um sinal de fraqueza da nossa cooperação?

Terceiro debate: a formação dos diplomatas. Seria importante começar por uma investigação sociológica sobre a origem social dos nossos diplomatas para averiguar se o "grau de democratização" da nossa diplomacia é parificável com o de outros corpos do Estado, por exemplo, com o das Forças Armadas. Depois deveríamos averiguar se a formação "de tarimba" que tem dominado é adequada às exigências do mundo contemporâneo. Que pensar da importância e dos correspondentes meios conferidos ao Instituto Diplomático, enquanto espaço de formação dos nossos diplomatas, sobretudo quando comparado com a escola diplomática espanhola ou o Instituto Rio Branco brasileiro?

Visão, 31 de julho de 1997

As zonas civilizadas e as zonas selvagens[5]

Escrevo em Villa de Leyva, pequena cidade ao norte de Bogotá, um do mais belos e mais harmoniosos exemplares de arquitetura colonial no continente americano. Situada entre montanhas, onde a cordilheira dos Andes se começa a apear das suas alturas para descer até o mar das Caraíbas, foi fundada em 1572 por políticos, militares e frades que aqui buscaram um lugar de paz, de repouso e de meditação. Assim se manteve até hoje, apenas acrescentada de um turismo intenso, mas, apesar de tudo, pouco predador.

A poucos quilômetros da latitude pastoril deste lugar, o grupo guerrilheiro Exército de Libertação Nacional (ELN) acaba de matar o senador Jorge Cristo Sahium. Um assassínio político entre milhares de outros mais que têm ocorrido nos últimos anos sobretudo na zona norte da Colômbia como parte da guerra civil entre grupos guerrilheiros (FARC, ELN e EPL), nascidos na extrema-esquerda dos anos 1960, grupos paramilitares, de extrema-direita, Exército regular e "assassinos de aluguel" a mando dos narcotraficantes. Nesta guerra suja, morrem políticos, líderes cívicos e sindicais e ativistas de direitos humanos, mas morrem sobretudo camponeses pobres, apanhados no fogo cruzado. Em muitos massacres não se faz sequer levantamento de cadáveres; são simplesmente lançados aos rios.

Este contraste brutal entre a paz idílica de Villa de Leyva e o horror bélico de Santander e Bucaramanga é uma metáfora do mundo em que vivemos, cada vez mais dividido entre zonas civilizadas e zonas selvagens, entre Contrato Social e exclusão cruel. A separá-las pode estar uma montanha ou um rio, mas pode estar também uma rua ou a vedação de um condomínio fechado. Nas zonas civilizadas, existem ordem e primado do direito; o Estado está presente como facilitador de bem-estar social pro-

---

5. Na manhã de 8 de agosto de 1997, o senador liberal colombiano Jorge Cristo Sahium foi assassinado a tiro em atentado reivindicado pelo grupo guerrilheiro Exército de Libertação Nacional. Em comunicado de imprensa, o Presidente Ernesto Samper apelou à não cedência à chantagem dos "terroristas" que pediram o boicote às eleições em algumas localidades, marcadas para o dia 26 de outubro do mesmo ano.

duzido democraticamente. Nas zonas selvagens, vigora o caos ou a ordem das máfias; o Estado ou está ausente ou age como Estado predador, fascista ele próprio ou promotor de fascismos sociais.

As razões imediatas desta divisão variam de país para país e de período para período. Por exemplo, o assassínio do senador colombiano está relacionado com as próximas eleições autárquicas e com o processo de negociação com a guerrilha. Mas as razões profundas convergem cada vez mais numa realidade comum a um número sempre crescente de países: o aumento dramático das desigualdades, produzidas pelo modelo de desenvolvimento neoliberal: entre ricos e pobres, entre incluídos e excluídos, entre multinacionais fabulosamente lucrativas e a desindustrialização nacional e o desemprego estrutural, entre latifundiários ou agroindustriais e camponeses sem terra. Nos últimos seis anos, ocorreram oitenta e dois conflitos armados importantes; desses conflitos, setenta e nove ocorreram dentro de países e não entre países. Em todos eles, no subsolo de muitas outras razões, estão sempre presentes a exclusão e a desigualdade social. Aqui reside o problema que dominará as sociedades contemporâneas nas próximas décadas: o problema da governabilidade.

Visão, 14 de agosto de 1997

Quando os mortos sobrevivem aos vivos

Nos últimos tempos, o mundo foi várias vezes convocado a comover-se com a vida e a morte de pessoas que, por razões diferentes, souberam mobilizar sentimentos coletivos intensos, de veneração, comunhão, compaixão ou exaltação. Duas dessas pessoas morreram já há bastantes anos, Che Guevara e Elvis Presley. Duas outras acabam de morrer, a Princesa Diana e a Madre Teresa de Calcutá. O que há de comum entre elas? Aparentemente pouco ou nada. Che Guevara, médico argentino, companheiro de Fidel Castro, foi morto há trinta anos pelo Exército boliviano quando procurava acender, nas montanhas da Bolívia, o rastilho da revolução que devia incendiar todo o continente. As comemorações do aniversário da sua morte reconfirmaram Che como símbolo dos ideais revolucionários que exaltaram o mundo na década de 1960 e o seu rosto voltou a decorar os quartos e as roupas de jovens que nem sequer tinham nascido quando ele morreu. Elvis, o humilde motorista de caminhão que se tornou rei do *rock and roll* e estrela de Hollywood, morreu de *overdose* em 16 de agosto de 1977. Anualmente, 750.000 pessoas visitam o seu túmulo e em agosto deste este ano quase o mesmo número afluiu a Memphis, em agosto, para comemorar o vigésimo aniversário da sua morte e para cantar, em memória dele, *Love Me Tender*. A Princesa Diana, "a rapariga inglesa" que, não tendo conquistado o coração do seu ex-marido, soube conquistar o coração do mundo inteiro, acaba de morrer violentamente no apogeu de uma entrega desinteressada a causas nobres, entre as quais não posso deixar de destacar a da proibição das minas antipessoais, a arma mais covarde e vergonhosa que os homens da guerra inventaram. Poucos dias depois, a Madre Teresa aceitou a dignidade da morte depois de ter oferecido a dignidade da vida a tanta gente privada dela.

Vivemos hoje, talvez mais do que nunca neste século, num momento desencantado, onde as alternativas de desenvolvimento parecem reduzidas às escolhas de supermercado, onde a realidade está limitada ao que existe, onde a vertigem da transformação social não parece mais que repetição acelerada do *status quo*. O que há de comum entre Che, Elvis, a Princesa Diana e a Madre Teresa é que, cada um à sua maneira, todos eles souberam transcender a estupidez anônima do quotidiano e, com isso, contribuíram para o reencantamento genuíno do mundo. A realidade nunca foi para eles mais que um campo de possibilidades. Fulguração da capacidade transformadora dos homens e das mulheres, eles não foram Deus, mas lembram-nos de como tudo seria diferente se Deus existisse ou se, em alternativa, nós fossemos Deus. Por isso alguns de nós vivem neles a saudade de Deus, enquanto outros vivem neles o ressentimento de não serem Deus. Melhor seria se, em memória deles, a luta por uma sociedade mais justa e mais feliz fosse a nossa única rotina, o hábito saudável de desestabilizar as rotinas da repetição do mundo.

Visão, 11 de setembro de 1997

E as crianças, senhor?

Enquanto escrevo estas linhas mil crianças morrerão no mundo de doenças fáceis de curar e de prevenir. O sofrimento e a exploração das crianças é hoje um assunto cruelmente banalizado na comunicação social. Por isso, quero referir-me a duas formas de exploração que talvez escapem, por enquanto, à atenção midiática.

A primeira tem a ver com tapetes e carpetes persas e indianos que o leitor certamente aprecia. Muitos deles são feitos na Índia e no Paquistão e o fato de serem feitos com trabalho infantil já não é novidade. O que talvez não se saiba é que em muitas das fábricas trabalham crianças em regime de cativeiro. Trata-se de crianças, às vezes com apenas cinco anos, vendidas por 50 dólares pelos pais, desesperadamente pobres, para serem sujeitas a trabalho forçado durante anos. Por vezes, trabalham acorrentadas aos teares para não fugirem. Teoricamente, ao fim de dez anos poderão "comprar" a sua liberdade, mas os patrões cobram por vezes juros altos ou aplicam multas elevadas por erros das crianças na produção, a fim de prolongar o cativeiro. As organizações de direitos humanos calculam que no Sul da Ásia há mais de 15 milhões de crianças a trabalhar em regime de cativeiro. Está neste momento em discussão no Congresso dos Estados Unidos da América uma proposta de lei que proíbe a importação de produtos feitos com trabalho infantil em regime de cativeiro. Esses produtos ascendem anualmente a 100 milhões de dólares. A lei é tímida e os exploradores portugueses de trabalho infantil podem, por enquanto, estar descansados: a lei só se aplica a trabalho infantil em regime jurídico de cativeiro. Os seus promotores consideram-na um pequeno primeiro passo no sentido da proibição total de importação de produtos produzidos com trabalho infantil. Mas a lei pode nem sequer ser promulgada. Entre os vários pretextos invocados pelos seus opositores, o mais divulgado é o de que a aplicação da lei será muito dispendiosa para as alfândegas.

A segunda forma de exploração consiste na promoção das crianças em consumidores privilegiados. Segundo um reputado analista de mercados, é hoje, pela primeira vez, possível definir uma estratégia de *marketing* global dirigido às crianças. Só nos Estados Unidos as crianças "valem" cerca de 17 bilhões de dólares por ano em presentes e podem influenciar as despesas dos pais em cerca de 172 bilhões de dólares. As chamadas *energy drinks* estão a apostar nos consumidores a partir dos 6 anos por ser nessa idade que se enraíza mais profundamente a dependência. Nem os bebês escapam "no crucial primeiro ano de vida". Por exemplo, o *Babyscapes Video Mobile* é instalado no berço do bebê para ajudar os pais a dar às crianças "estímulos apropriados": produz figuras geométricas computorizadas facilmente reconhecíveis pelos bebês, acompanhadas por música clássica. Por sua vez, o *Time Out* é um aparelho que permite gravar mensagens positivas para serem ouvidas regularmente durante o dia pelo bebê, na ausência dos pais. Segundo um especialista de desenvolvimento infantil, a fim de melhorar a autoestima das crianças é necessário dizer-lhes algo positivo, pelo menos cinco vezes por dia.

Duas formas de exploração capitalista das crianças, aproveitando, num caso, a pobreza desesperada e, no outro caso, o consumismo compulsivo.

Visão, 9 de outubro de 1997

O novo Contrato Social

Um dos temas mais recorrentes do discurso político dos últimos anos é o da necessidade de um novo contrato social. Analisam-se as condições que tornaram possível o velho Contrato Social, discutem-se as transformações sociais e econômicas que levaram à crise dessas condições e, à luz disso, propõe-se um novo contrato social. O que é afinal o contrato social? É uma metáfora que os filósofos iluministas do século XVIII utilizaram para mostrar as dificuldades, mas também as virtualidades, de uma ordem social pacífica e progressiva entre indivíduos livres e iguais. Porque ninguém era inferior a ninguém, a ordem só poderia ser obtida por negociação e consenso. Nessa negociação, os cidadãos cederam parte da sua liberdade (por exemplo, liberdade de não pagar impostos) para, em troca, poderem viver numa sociedade ordeira garantida pelo Estado. Deste consenso nasceram os direitos cívicos e políticos e mais tarde os direitos do trabalho, da segurança social, da saúde e da educação públicas, em suma, o que hoje designamos por Estado-Providência.

É este o contrato social que hoje é declarado em crise e é nessa base que se apela à necessidade de um novo contrato social. Talvez seja pouco sabido que foi a direita ou, se preferirmos, o capital quem lançou a ideia do novo contrato. Foi formulado pela primeira vez em 1971 por David Rockefeller, que o justificou com as transformações na economia e com a necessidade de as empresas se colocarem na vanguarda dessa discussão. O que então disse não é muito distinto das políticas que vieram a ser sufragadas pelo chamado "Consenso de Washington" e impostas em todo o mundo pelo Banco Mundial e pelo Fundo Monetário Internacional.

Este fato não exclui que o novo contrato social possa ser discutido a partir de outras perspectivas. Pelo contrário, a esquerda, os trabalhadores e os movimentos sociais têm todo o interesse em entrar na discussão, sobretudo com o objetivo de produzir uma concepção alternativa de novo contrato social. Ao fazê-lo, estas forças devem estar atentas a dois fatores. Primeiro, todo o contrato social é um mecanismo de inclusão e de exclusão. No velho contrato social, por exemplo, ficaram de fora a natureza, as mulheres, as minorias étnicas e os emigrantes. Estes só a pouco e pouco foram integrados e nunca completamente nem irreversivelmente. Antes de desenhar o perfil do novo contrato — o qual só será progressista se for mais inclusivo do que o anterior — há que perguntar quem está hoje a ser excluído do velho contrato social: os jovens em busca do primeiro emprego sem esperança de o conseguir, os trabalhadores de quarenta ou cinquenta anos que são despedidos de um emprego seguro para nunca mais voltarem a ter outro equiparável, os emigrantes, sobretudo de minorias étnicas, as mães solteiras etc. etc. O segundo fator, talvez o mais perturbador, é que a industrialização não produz desenvolvimento humano. Pode-se hoje mostrar, com segurança, que o bem-estar dos cidadãos depende menos do nível de riqueza do país do que da distribuição da riqueza. Países com menos riqueza mas bem distribuída produzem níveis mais altos de bem-estar do que os países mais ricos mas mais injustos. Dado o aumento das desigualdades em Portugal na última década, não nos surpreendamos, pois, se a maioria dos portugueses fruir hoje menos bem-estar que há dez anos, apesar do aumento do produto interno bruto que entretanto se verificou.

Visão, 23 de outubro de 1997

Os gigantes dormem?[6]

Há mais de cinquenta anos, o economista e sociólogo americano de origem austríaca, Joseph Schumpeter, afirmou que o capitalismo devia temer menos os seus inimigos do que a sua lógica de desenvolvimento. A sua ideia era que o capitalismo tinha recursos suficientes para vencer os seus inimigos, basicamente o movimento operário socialista e comunista, mas poderia vir a sucumbir em resultado dos efeitos perversos do seu próprio êxito. Entre outras coisas, uma sociedade totalmente dominada pela lógica do mercado e do lucro acabaria por ser ingovernável e deixaria de manter o impulso constante da inovação e do empreendimento que é essencial à reprodução do capitalismo.

O capitalismo norte-americano é hoje dominante no contexto mundial, procurando submeter à sua lógica e aos seus interesses o desenvolvimento dos outros países e regiões do mundo e a atuação das organizações internacionais, incluindo a Organização das Nações Unidas (ONU). A recente crise das economias asiáticas é uma demonstração dramática deste domínio. A avaliação das economias asiáticas foi feita por empresas norte-americanas de *rating* — empresas cujo enorme poder reside no fato de se encontrarem internacionalmente creditadas para avaliar a situação financeira dos Estados e, consequentemente, os riscos e oportunidades que eles oferecem aos investidores internacionais — e os Estados viram-se impotentes para reagir depois de duas décadas de desregulamentação da economia sugerida ou imposta pelos EUA. Acresce que, pelo menos para já, o capitalismo norte-americano beneficiou-se enormemente com a crise dos países asiáticos. Este resultado é, em geral, justificado com a ideia de que, embora os economistas asiáticos tenham sido exímios na imitação

---

6. Durante a primeira semana de dezembro de 1997, realizou-se em Quioto, no Japão, a Terceira Sessão da Conferência de Signatários da Convenção das Nações Unidas sobre Mudança Climática (UNFCCC-COP3), onde estiveram representados 170 países. Esta conferência visou estabelecer taxas específicas de redução de emissões de dióxido de carbono, metano e óxido de azoto, os três principais responsáveis pelo aquecimento global do planeta. Os EUA foram os mais renitentes em assumir compromissos.

tecnológica, a inovação tecnológica, que é o que conta, continuou sempre nas mãos dos EUA.

No entanto, e em contradição com isto, a Conferência de Quioto sobre as Alterações Climáticas acaba de dar uma imagem perturbadora do capitalismo norte-americano, uma imagem que faz lembrar a previsão de Schumpeter. Nesta conferência, a delegação norte-americana, onde pontificaram os grupos de pressão econômicos, foi uma das mais conservadoras e as suas propostas das mais tímidas, sobretudo tendo em mente as responsabilidades globais dos EUA, de longe o país mais poluidor do mundo. Descontada a retórica, dominaram a preocupação com o lucro das empresas poluidoras e a recusa, verdadeiramente surpreendente, de que a inovação tecnológica possa alguma vez tornar compatível a economia com a despoluição do meio ambiente. O mais grave, porém, é que os compromissos assinados, apesar de tímidos e de conterem uma enorme armadilha para os países menos desenvolvidos (o eventual mercado dos créditos da poluição), não serão provavelmente ratificados pelo Congresso norte-americano onde dominam as forças mais conservadoras e os *lobbies* das indústrias poluidoras, do petróleo, das minas, dos automóveis, da energia e da madeira.

O cenário schumpeteriano surge assim com renovada credibilidade: os sinais da máxima pujança do capitalismo norte-americano combinam-se com sinais de decadência. A verdade é que, ao contrário do que pensava Schumpeter, os grandes saltos de inovação no capitalismo surgiram, em geral, de pressões externas, tais como a guerra, o *New Deal*, a Guerra Fria, o choque do petróleo, a força dos movimentos sociais e em especial do movimento operário e o papel regulador do Estado. É a história acumulada a esses fatores que permitiu ao capitalismo europeu aparecer como mais progressista e ousado em Quioto. Na Europa, o controle político da economia sobre o Estado e o deste sobre a economia têm sido mais equilibrados do que nos EUA, e as empresas europeias têm menos dinheiro e menos legitimidade do que as suas congêneres americanas para exercer pressão sobre os governantes e a opinião pública.

Visão, 18 de dezembro de 1997

O novo manifesto

Estamos a entrar em 1998, o ano em que o *Manifesto Comunista* celebra o seu 150º aniversário. O *Manifesto* é um dos textos mais importantes da modernidade. Com uma clareza inexcedível, Marx e Engels apresentam em poucas páginas uma visão global da sociedade do seu tempo, uma teoria geral do desenvolvimento histórico e um programa político de curto e longo prazo. Um texto eurocêntrico que expressa uma crença inabalável no progresso, elogia a classe revolucionária que o tornou possível, a burguesia, e profetiza, pela mesma razão, a derrota desta ante a classe emergente capaz de garantir a continuidade do progresso para além dos limites burgueses, o operariado.

Alguns dos temas, análises e apelos contidos no *Manifesto* continuam hoje a ter atualidade e pertinência. Quem não verá no seguinte passo uma descrição exata do que hoje designamos por globalização? "A burguesia, pela sua exploração no mercado mundial, deu um caráter cosmopolita à produção e ao consumo de todos os países. Para desespero dos reacionários, roubou à indústria a base nacional em que assentava. As velhíssimas indústrias nacionais foram aniquiladas ou estão a ser dia a dia aniquiladas. São desalojadas por novas indústrias cuja introdução se torna uma questão de vida ou de morte para todas as nações civilizadas, por indústrias que já não utilizam matérias-primas nacionais, mas matérias-primas que pertencem às zonas mais afastadas, e cujos produtos são consumidos não só no território nacional, mas em todos os continentes ao mesmo tempo. Em lugar da velha autossuficiência e do velho isolamento locais e nacionais, surgem um intercâmbio generalizado e uma dependência generalizada de todas as nações entre si."

Contudo, as previsões de Marx não se realizaram. O capitalismo, pelo menos até agora, não morreu às mãos dos inimigos que forjou e a alternativa comunista falhou irremediavelmente. O capitalismo globalizou-se muito mais do que o movimento operário e o êxito que este teve, nomeadamente nos países mais desenvolvidos, consistiu em humanizar, não em superar, o capitalismo.

Apesar disto, os males sociais denunciados no *Manifesto* são talvez hoje mais graves que então. O progresso entretanto conseguido foi de par com guerras que mataram e continuam a matar milhões de pessoas, e as desigualdades entre ricos e pobres nunca foram tão grandes como hoje. Por isso, penso que, em face do fracasso do comunismo, há que escrever um *Novo Manifesto*. Proponho, pois, aos políticos progressistas e aos ativistas dos movimentos sociais que durante o ano que entra leiam ou releiam o velho *Manifesto Comunista* e tentem responder às seguintes questões:

1 — Quais os temas, análises e apelos do *Manifesto* que ainda hoje são atuais e pertinentes? 2 — Quais deles estão hoje totalmente desatualizados? 3 — Quais deles suscitam hoje dúvidas, não podendo rejeitar-se ou aceitar-se sem grandes ressalvas? 4 — Quais os silêncios mais significativos do *Manifesto*? Isto é, quais os temas, análises e apelos que hoje consideramos muito importantes e que, no entanto, estão ausentes do *Manifesto*?

Das respostas que derem a estas questões, dependerá a qualidade da vida política do nosso país nos próximos anos.

Visão, 30 de dezembro de 1997

1998

the world of
scales
effects
measured toils
followed by like
conversations ever
laughs at the
for home
I wouldn't like
problem was how to
too diffuse
names
everywhere
vowels and
at the
in a greater
day
not where I live
live at home

As coisas e os nomes[1]

Pergunto-me por que me emocionei ao ver na televisão a chegada do Papa a Havana e seu encontro com Fidel Castro. O que há nestes dois homens que tange em mim uma corda que mais nenhum líder mundial tange? Tenho discordâncias profundas com ambos e ambos representam muito do passado e pouco do futuro. Apesar disso, despertam em mim sentimentos profundos de admiração. O que admiro neles é a genuinidade das suas convicções e a força com que as defendem. Num mundo de políticos triviais e venais, sem lealdades que não possam sacrificar, sem compromissos que não possam assinar ou violar segundo as conveniências, em quem vícios privados se transformam em critério de virtudes públicas, ao mesmo tempo que os vícios públicos se desculpam ou disfarçam com virtudes privadas, estes dois homens são gigantes de ideais e de convicções, mesmo que os seus ideais se não agigantem perante nós e as suas convicções não nos movam.

O que há de comum entre eles é, por um lado, a crença na possibilidade de uma sociedade justa em que se realizem harmônica e plenamente os valores da igualdade e da liberdade e, por outro, a trágica consciência de que, pelas vias que propõem, esse objetivo nunca será atingido. Daí que, não entrando em compromissos, tenham de entrar em contradição. O Papa e a doutrina social da Igreja acabaram por sacrificar a igualdade à liberdade e por reduzir a sociedade justa à sociedade capitalista menos injusta, a social-democracia. Fidel acabou por sacrificar a liberdade à igualdade e por reduzir a sociedade justa à autoridade de a poder declarar como tal.

Cada um deles teve quem lhe chamasse a atenção para as contradições. A Igreja teve na teologia da libertação a consciência de que sem igualdade

---

1. Entre os dias 21 e 25 de janeiro de 1998, o Papa João Paulo II visitou Cuba (o único país hispânico que nunca visitara), tendo sido recebido no aeroporto de Havana por Fidel Castro. Após 30 anos de ateísmo oficial cubano, o Papa celebrou quatro missas, sendo que, na última, Fidel e membros do Clero cubano se abraçaram (perante quinhentos mil cubanos). Insistentemente, foi afirmado pela Igreja e pelo Estado que esta visita não assumiria um caráter político, mas tornou-se claro que os dois homens precisavam um do outro: o Papa queria mais espaço para os seus fiéis e Fidel procurava o apoio da Igreja contra o embargo norte-americano.

não há liberdade, enquanto Fidel teve em Che Guevara a consciência de que só a revolução permanente da liberdade pode conduzir à igualdade. A teologia da libertação está para o Papa como Che está para Fidel. A primeira foi asfixiada, o segundo morreu e, como qualquer outro mártir, transformou-se em símbolo tanto daquilo em que acreditava, como daquilo em que não acreditava.

A nossa tragédia está em que a consciência que temos das contradições destes dois homens é tão forte quanto a crença que eles nos transmitem no ideal de uma sociedade justa e na necessidade de lutar por ela. Para sermos fiéis às suas causas, temos de recusar as consequências que eles retiram delas. Temos de lhes prestar homenagem pelo modo como nos levam a discordar deles. Isto significa que temos de reinventar o ideal da sociedade justa. Esse ideal só pode ser o da democracia sem fim, o ideal de uma sociedade cuja justiça se justifica exclusivamente pelo aprofundamento constante da democracia: na família, no trabalho, na comunidade, no espaço público, na escola, nas relações com a natureza, nas relações entre Estados e entre grupos sociais. Uma tal sociedade é incompatível com o capitalismo tal como o conhecemos e, curiosamente, representa um ideal que nem o Papa nem Fidel subscreveriam. Chamemos, à sociedade da democracia sem fim, socialismo ou sociedade da Palavra. O importante não é o nome que pomos às coisas, mas antes as coisas que pomos nos nomes.

Folha de S.Paulo, 3 de fevereiro de 1998

As novas solidariedades

A forma originária de solidariedade é aquela que exercemos para com aqueles que conhecemos e cujo bem-estar prezamos, os nossos familiares, os amigos, os vizinhos. Como temos múltipla convivência com eles, esperamos sempre que a solidariedade que hoje lhes manifestamos seja por eles retribuída amanhã, caso seja necessário. A solidariedade está, assim, muito ligada à reciprocidade. A partir do final do século XIX, começou a surgir uma outra forma de solidariedade, exercida pelo Estado. Trata-se do Estado-Providência que, por via das políticas sociais (saúde, segurança social etc.), ajuda quem precisa (o doente, o deficiente, o desempregado, o reformado, o pobre), mediante contribuições dos próprios e impostos pagos por todos. Também aqui há reciprocidade: contribuímos hoje para as pensões dos reformados na expectativa de que amanhã, quando reformados, os mais novos contribuam para as nossas pensões.

Estas duas formas de solidariedade, uma local e a outra nacional, são hoje tanto ou mais importantes do que antes e há, por isso, que preservá-las. Mas a elas devemos juntar uma terceira forma de solidariedade, emergente e de âmbito global. É exercida em muitos contextos dos quais distingo dois: o consumo e a produção.

Desde os anos 1960, os consumidores de vários países têm-se unido para, através dos seus atos de consumo, manifestarem a sua solidariedade para com populações vulneráveis, fisicamente muito distantes. Todos se lembram do boicote do consumo de produtos da África do Sul para protestar contra o *apartheid*. Este tipo de consumo, ativo e responsável, está hoje a ampliar-se em múltiplas direções e ao serviço das mais variadas causas. Assim, muitos consumidores deixam de comprar tênis de marca "X" porque são produzidos na Indonésia, país que continua a oprimir o povo de Timor-Leste; outros não compram roupas para treino da marca "Y" porque são feitas com trabalho infantil ou semana de trabalho de 65 horas na Guatemala ou na Tailândia; outros ainda preferem comprar os legumes no mercado local em vez de ir ao hipermercado, para apoiar o pequeno agricultor das redondezas e consumir produtos ecologicamente mais saudáveis. Este consumo promove uma reciprocidade muito envolvente, a ideia de que o meu bem-estar nunca pode ser pleno se for obtido à custa do sofrimento dos outros. É um tipo de consumo solidário ainda pouco desenvolvido entre nós. Zelamos, quando muito, pela qualidade dos produtos, mas não pelo modo como ela foi produzida.

A outra forma de solidariedade global tem hoje lugar no domínio do trabalho e da produção. Se antes foi um *slogan*, hoje é cada vez mais necessária para fazer face à globalização da economia, dos investimentos e dos mercados. Em maio último houve uma surpresa na rotina das negociações entre os sindicatos e a General Electric, a multinacional gigante de produtos elétricos e eletrônicos. Para além das reivindicações habituais de salários, os sindicatos reivindicaram a negociação de um código de conduta a ser adotado pela Comunidade Europeia em todas as suas fábricas espalhadas pelo mundo. Esse código inclui direitos à sindicalização, à saúde e à segurança no trabalho, proteção do meio ambiente e relações eticamente responsáveis com as comunidades onde operam, entre outros. Para sublinhar esta reivindicação, os sindicatos fizeram sentar à mesa das negociações representantes dos sindicatos de trabalhadores da empresa no Canadá, Brasil, Chile e México. Uma iniciativa semelhante está a ser planeada pelos sindicatos da Volvo na Suécia e da Volkswagen na Alemanha. Os trabalhadores canadenses da Custom Trim incluíram nas negociações as reivindicações dos operários mexicanos da mesma firma.

Estas novas formas de solidariedade são difíceis de exercer. No entanto, sem elas o mundo será em breve um arquipélago cruel com as ilhas protegidas para os poucos cidadãos de luxo cercadas por ilhas de miséria e de campos de concentração para a esmagadora maioria.

Visão, 12 de fevereiro de 1998

O acordo multilateral de investimentos[2]

Um dos paradoxos da sociedade de informação é que quanto mais vasta é a informação potencialmente disponível, mais seletiva é a informação efetivamente posta à disposição dos cidadãos. E como, neste tipo de sociedade, o exercício ativo da cidadania depende mais do que nunca da informação que o sustenta, a luta democrática mais importante é a luta pela democratização dos critérios da seleção da informação. Quem tem poder para difundir notícias tem poder para manter segredos e difundir silêncios e tem, sobretudo, o poder para decidir se o seu interesse é mais bem servido por notícias ou por silêncios. Podemos, pois, concluir que uma parte do que de importante ocorre no mundo ocorre em segredo e em silêncio, fora do alcance dos cidadãos. O dilema para a democracia daqui resultante é que os segredos só podem ser conhecidos *a posteriori*, depois de deixarem de o ser, depois de produzirem fatos consumados que escaparam ao controle democrático. Acresce que, quando isto acontece, nada garante que o que é noticiado sobre o segredo não deixe o mais importante em silêncio.

Vem tudo isto a propósito do Acordo Multilateral de Investimentos (AMI) que tem vindo a ser negociado no mais completo segredo nos últimos dois anos entre os países desenvolvidos da Organização do Comércio e Desenvolvimento Econômico (OCDE), por iniciativa dos EUA e da União Europeia (UE). Durante um período das negociações o segredo foi considerado do tipo do segredo nuclear, e a verdade é que até agora nem mesmo os peritos em comércio internacional sabiam com precisão o que estava a ser negociado. Recentemente, Renato Ruggiero, diretor-geral da Organização Mundial do Comércio (WTO), caracterizou melhor que ninguém as

---

2. Desde 1995, os países-membros da OCDE negociam o Acordo Multilateral de Investimentos (AMI), pretendendo posteriormente apresentá-lo aos países em desenvolvimento. Trata-se de um acordo que visa impor o alargamento da desregulamentação e liberalização sistemáticas a decorrer no âmbito da Organização Mundial do Comércio a setores vitais ainda não contemplados como, por exemplo, as condições de investimento na indústria e nos serviços, as transações sobre divisas e outros instrumentos financeiros como as ações e obrigações, a propriedade fundiária e os recursos naturais.

negociações em curso: "Estamos a escrever a Constituição de uma economia global única". O AMI visa, de fato, levar até às últimas consequências o processo de liberalização da economia mundial, desregulamentando por completo o investimento estrangeiro. Nos seus termos, os países serão obrigados a tratar igualmente os investidores estrangeiros e os investidores nacionais, sendo proibidos tanto os condicionamentos ao capital estrangeiro como os incentivos ou subsídios ao capital nacional. Do mesmo modo, são proibidas todas as medidas estatais no sentido de responsabilizar as empresas multinacionais por práticas comerciais ou outras consideradas ilegais a nível nacional. São igualmente proibidas todas as estratégias nacionais no sentido de restringir a fuga de capitais para zonas de salários mais baixos. Qualquer empresa multinacional que se sinta prejudicada por uma lei da cidade ou do Estado onde está implantada pode interpor queixa no painel AMI e este poderá impor a anulação da lei em causa. Significativamente, as cidades e os Estados nacionais não têm o direito recíproco de demandar as empresas em nome do interesse público.

Trata-se do fim de qualquer ideia de desenvolvimento nacional e do confisco total da possibilidade de deliberação democrática no domínio da política econômica. Sociologicamente, se o AMI é uma Constituição, é uma Constituição fascista escrita por investidores e para proteger exclusivamente os seus interesses. O segredo do AMI foi recentemente revelado pelas desavenças entre a França e os EUA sobre a chamada "exceção cultural". As consequências do AMI para o cinema e demais indústrias culturais francesas são, sem dúvida, negativas, mas não são em nada comparáveis às que afetarão milhões e milhões de pessoas nos países do terceiro e do quarto mundo. Tais consequências, porém, continuam em segredo.

Folha de S.Paulo, 15 de março de 1998

A sociologia das ausências

Vivemos um período de euforia, um período de lusoforia com euforia em pano de fundo. Entramos no euro com níveis de desempenho financeiro superiores aos da França e da Alemanha; a economia vai crescer acima da média europeia e a nossa bolsa de valores respira otimismo; a Expo'98 está prestes a proporcionar-nos a exaltante manifestação de universalidade que a modernidade iluminista nos negou mas que, afinal, nos era devida desde o século XV; a Fundação Gulbenkian coloca Portugal no centro da reflexão sobre a cultura europeia; as autoestradas expandem-se em comprimento e largura e não cessam de ser inauguradas; a Ponte Vasco da Gama inaugura-se com rituais de abundância, quilômetros de progresso multiplicados por quilômetros de feijoada. Se Antero de Quental pudesse voltar a cursar Direito em Coimbra envergonhar-se-ia de ter escrito *As causas da decadência dos povos peninsulares* e dedicaria o resto da sua vida a escrever um posfácio de autocrítica. Talvez, por isso, não se suicidasse.

Com tudo isto, Portugal, que parecia estar há séculos abaixo do nível dos portugueses, enche-nos finalmente os olhos, um espelho prazeroso de reconciliação. Perguntar se este espelho nos oculta algo é talvez heresia, investigar o que não quadra com a euforia é talvez sociologia marciana. Neste final de século, hiperinformacional e hipermidiático, tudo o que reluz é ouro e aquilo de que se não fala nas primeiras páginas, ou não existe ou é irrelevante. Nestas circunstâncias, a reflexão crítica converte-se em enumeração de ausências e a análise destas, em sociologia das ausências.

Algumas ausências, pois.

Quanto à economia, onde estão os 30% de portugueses que vivem abaixo do limiar da pobreza? A pobreza envergonhada que acorre num ritmo alarmantemente crescente às "sopas dos pobres"? A procura que exige a expansão do nosso sistema bancário a um novo e promissor ramo: o banco alimentar contra a fome? Os muitos milhares de pensionistas com pensões de trinta e poucos contos? Os portugueses que contribuíram para que o nosso país fosse, de todos os países da União Europeia, aquele em que, nos últimos anos, mais cresceu o consumo de antidepressivos e ansiolíticos?

Quanto ao euro, onde está o impacto de uma moeda forte numa economia de desenvolvimento intermédio? Não significará, como no Brasil, o agravamento das já escandalosas desigualdades sociais? Perante as regras da estabilidade, como se acautelam as crises que serão inevitáveis, se entretanto os mercados financeiros não forem regulados a nível global? Haverá alternativas à alternativa: ou salários mais baixos ou desemprego mais alto?

Quanto à Expo'98, onde estão os 800 milhões de pessoas que sofrem de desnutrição? O fato de que a área florestal do globo terá diminuído em 2010 em mais de 40% em relação a 1990? O cálculo de que se todos os habitantes da Terra tivessem o mesmo nível de vida que os suíços o planeta apenas satisfaria às necessidades de 600 milhões (somos quase 6.000 milhões)?

Quanto às autoestradas e pontes, onde estão os impactos ambientais e o efeito de ocultação do país? Será que teremos de voltar à proposta de Saint-Simon, feita há cerca de 150 anos, de criar museus etnográficos, paisagísticos e culturais à beira das estradas para dar a conhecer o que elas não permitem ver?

Quanto aos encontros de cultura europeia, será que as mulheres não têm nesta qualquer papel? Quem é afinal misógina, a cultura europeia ou os organizadores do culto dela?

Nenhum destes portugueses tem valor de mercado político ou informacional. São o contraponto silenciado do novo turismo de reconciliação nacional: estão fora, cá dentro.

Visão, 7 de maio de 1998

Esquecer Macau?

Os acidentes da nossa vida profissional raramente têm significado suficiente para serem motivo de crônica. Ouso pensar que o que passo a narrar é uma exceção à regra. Fui recentemente informado pelo Instituto Cultural de Macau (ICM) de que "uma vez que já se encontravam, desde o ano transacto, aprovados os nossos Planos Editorial e Orçamento, comunicamos não nos ser possível aceder ao pedido de subsídio para as traduções para inglês e chinês e respectivas edições da obra acima mencionada". A obra acima mencionada é o livro que, conjuntamente com Conceição Gomes, acabo de publicar: *Macau, o pequeníssimo dragão* (Edições Afrontamento). O pedido de subsídio visava à publicação do livro em chinês, um compromisso que assumíramos com os representantes da comunidade chinesa que nos tinham ajudado na investigação, no sentido de lhes tornar acessíveis os resultados do nosso trabalho e assim retribuir a confiança que em nós tinham depositado. A recusa do subsídio — cujos motivos são muito pouco convincentes para quem conheça a atividade e os recursos do ICM — inviabiliza o cumprimento deste compromisso, o que significa que as nossas análises, valham o que valham, não podem ser conhecidas por aqueles a quem elas dizem respeito, ou seja, a 97% da população de Macau. Esta incomunicação, juntamente com o fato de ter de traduzir primeiro o livro para inglês a fim de garantir a qualidade da tradução para chinês, é uma metáfora do que tem sido, ao longo dos tempos, o nosso relacionamento com a comunidade chinesa de Macau.

Do meu conhecimento, o projeto de investigação sociológica que está na base do livro constitui o primeiro estudo de cientistas sociais ocidentais centrado privilegiadamente na sociedade chinesa de Macau. O que me levou a realizar este projeto foi a relevância sociopolítica de Macau no contexto do multisecular império português: se descontarmos o doloroso caso de Timor-Leste, a devolução de Macau à China representará o fim do império; será o único território do império que se liberta por via negocial e pacífica; por coincidência, será também o único território que, nesse processo, não se tornará independente, e antes será reintegrado noutro espaço político bem mais amplo, onde o seu lugar e o seu futuro são incertos.

No nosso estudo, confirmamos a grande distância entre a Administração Portuguesa e a comunidade chinesa; a maior parte das interfaces não repressivas são muito recentes e de tal modo que, em muitos aspectos cruciais, a sociedade chinesa de Macau tem dado conta da chegada da Administração Portuguesa apenas no momento em que esta se prepara para partir. Verificamos a ausência de estímulo às aspirações democráticas que a certa altura emergiram em Macau, a debilidade da política de garantia dos direitos e liberdades, a rapidez com que se deixou que fosse a China a conduzir o processo de transição, a adoção da política de avestruz com a ilusão de que, assim, 1999 chegaria mais depressa. Surpreendeu-nos a facilidade com que os poderes econômicos recorriam aos serviços das seitas para cobrar dívidas ou desocupar terrenos, e o modo quase cúmplice como as seitas eram toleradas.

Os acontecimentos recentes vieram dar-nos mais razão, que aquela que desejaríamos. Macau é uma bomba-relógio e apenas podemos esperar que a política de avestruz não torne este fim de império menos pacífico e menos digno do que se pretendia. Uma coisa o estudo parece mostrar: não soubemos estar em Macau como uma potência europeia; não podemos esperar sair de Macau como uma potência europeia.

Visão, 21 de maio de 1998

A Indonésia, Timor-Leste e o resto

O modo como se constroem as notícias que dominam o nosso quotidiano é bem menos neutro e mais seletivo do que à primeira vista pode pensar-se. Se, por um lado, somos brindados com os detalhes que tornam as notícias convincentes, por outro, são-nos omitidas informações que permitiriam ampliar a compreensão histórica e sociológica do que é noticiado. As notícias são, pois, feitas à custa das não notícias e têm, sobretudo, a memória curta. Tomemos como exemplo a transição política na Indonésia e a questão de Timor-Leste.

Todos os dias as notícias nos dizem que as manifestações estudantis contra o regime de Suharto tiveram finalmente êxito: a Indonésia está a entrar num processo de transição democrática. A construção noticiosa deste levantamento nacional é feita de várias omissões. Omite-se que a ação da oposição ao regime foi precedida das drásticas medidas de ajustamento econômico impostas pelo Fundo Monetário Internacional (FMI). Sem estas medidas e as consequências impopulares que tiveram, é bem possível que o regime de Suharto continuasse por mais algum tempo a oprimir o povo indonésio. Omite-se também que as receitas do FMI não visam fazer da Indonésia uma sociedade mais justa, mas, ao contrário, uma sociedade mais injusta. Do que se trata é de passar de um capitalismo protegido, corrupto e familista para um capitalismo puro e duro, totalmente submisso aos mercados globais. As reduções salariais e o fim dos subsídios levaram o subsecretário de Estado norte-americano para os assuntos da Ásia Oriental a prever uma deterioração grave do mundo rural indonésio, "uma vez que milhões de desempregados vão querer regressar às suas aldeias". A transição democrática vai, pois, herdar uma situação social explosiva.

Mas as notícias omitem ainda que a estigmatização do regime de Suharto não impediu que os EUA tivessem até agora treinado intensivamente as tropas de elite do regime (por exemplo, o Kopassus), responsáveis pela tortura e morte de civis em todo o país e nomeadamente na Papua Ocidental e em Timor-Leste. O comandante dessas tropas não foi até agora substituído. Foi ele que em 1990 presidiu a uma reunião do Exército em que se discutiu abertamente se Dom Ximenes Belo devia ou não ser assassinado. A manutenção desta estrutura militar não é bom augúrio para os democratas indonésios e muito menos para os timorenses.

Quanto a Timor-Leste, as notícias mostram-nos que a autodeterminação do território não é apenas um desígnio dos Timorenses, é igualmente um desígnio nacional dos portugueses. Também estas notícias têm a memória curta. Omitem que, durante muitos anos após a ocupação de Timor-Leste, o governo português esqueceu totalmente os Timorenses. Omitem que, durante esse tempo, foi Moçambique quem quase sozinho apoiou a resistência timorense. Nesses anos, sem qualquer apoio de Portugal, os líderes da resistência, que hoje todos conhecemos, eram integrados na delegação moçambicana para poderem circular na ONU. Omitem ainda que, pese embora o recente empenho da diplomacia portuguesa, que todos saudamos, a autodeterminação de Timor-Leste é uma questão geoestratégica de monta que vai ser resolvida — esperemos que a contento do povo timorense — em instâncias e segundo estratégias que o governo português pouco pode influenciar.

Visão, 4 de junho de 1998

Os movimentos sociais em redor do aborto

A sociedade portuguesa não tem sido capaz até agora de se organizar em fortes movimentos sociais. Nenhum dos movimentos que nas últimas décadas ganharam força e notoriedade nos países desenvolvidos — movimentos ecológico, feminista, pacifista, de consumidores, de defesa dos direitos humanos etc. — tem tido entre nós grande expressão social e política. A falta de tradição democrática, uma dependência excessiva da sociedade em relação ao Estado, um sistema educativo indiferente às exigências da cidadania, são alguns dos fatores que explicam a relativa indiferença da sociedade portuguesa às formas modernas de agregação de interesses e de luta por direitos. Será que a movimentação social em redor da despenalização do aborto vai desmentir esta interpretação sociológica?

À primeira vista, parece que sim. São vários os movimentos constituídos que, quer a favor, quer contra a despenalização do aborto, dão sinais de grande militância, aumentando a sua visibilidade midiática à medida que se aproxima o referendo. Parece-me, no entanto, que a realidade é mais complexa e bem diferente. Verdadeiramente organizado está apenas o movimento contra a despenalização do aborto, não por mérito próprio, mas porque tem a sustentá-lo a Igreja. As divisões no seio da Igreja são menores entre os extremistas e os moderados na luta contra o sim. Ao contrário do que sucedeu noutros países, não existe, até agora pelo menos, um grupo de católicos progressistas que, enquanto tal, se manifestem publicamente a favor da despenalização. O movimento a favor da despenalização, apesar de ter provavelmente a seu lado a maioria da população do país e o maior partido político, está menos organizado, e no passado recente, a avaliar pelo número de abortos legais, não foi sequer suficientemente forte para impor socialmente a aplicação da lei atualmente vigente. A fraqueza do movimento feminista, a ambiguidade incompreensível do Partido Socialista (PS) e o fato de a plena cidadania das mulheres ser entre nós um fenômeno muito recente — lembremo-nos de que há pouco mais de vinte anos as mulheres estavam privadas do exercício pleno de direitos fundamentais — explicam esta assimetria entre os movimentos do sim e do não.

A movimentação social em redor do aborto revela aspectos positivos e negativos da sociedade que transcendem em muito a questão do aborto. Entre as revelações negativas, saliento, por um lado, a fragilidade da nossa democracia parlamentar, que se desvota a si própria, submetendo a referendo o que ela própria decidiu. Por outro lado, a arrogância do discurso machista entre nós, à luz das intervenções dos intelectuais orgânicos do não — quase todos homens, padres, bispos e médicos — um discurso que, no afã de cidadanizar o feto, objetualiza a mulher, reduzindo-a a um recipiente fungível, suspeita de ser culpada de todos os fatores que a vitimizam.

Entre as revelações positivas saliento o recuo da Igreja que, depois de se ter oposto à lei anterior, acaba agora por aceitá-la para evitar uma despenalização mais vasta. Mas, acima de tudo, é positivo ver, finalmente, a Igreja e, em geral, as forças conservadoras a defender a educação sexual nas escolas, uma política familiar verdadeiramente orientada para defender a mulher das discriminações de que é vítima, e mesmo o planeamento familiar que inclui os meios contraceptivos mesmo quando tal seja ocultado. Deus continua a escrever direito por linhas tortas. Esta é, quiçá, a única prova da sua existência.

Visão, 18 de junho de 1998

O referendo, *the day after*[3]

O referendo é um importante instrumento de democracia participativa. Se não queremos que ele se desacredite entre nós, temos de aprender as lições que decorrem dos resultados da consulta do último domingo. A primeira lição é que os portugueses querem ser consultados sobre temas que reputem importantes e de cuja decisão decorram consequências importantes. No passado domingo, a ausência de um forte movimento feminista entre nós fez com que os portugueses não achassem que o tema da despenalização do aborto era um tema importante. Para muitos, tratava-se de uma questão que só interessa às mulheres e, mesmo assim, só àquelas que não se comportam bem ou não tomam os cuidados que deviam. Pensaram também que, com tantas dúvidas sobre as capacidades do Serviço Nacional de Saúde e sobre o número de médicos objetores de consciência, pouco mudaria qualquer que fosse o seu sentido de voto. Os dois próximos referendos tratam de temas importantes, mas do referendo sobre a Europa nenhuma consequência importante resultará.

A segunda lição é que os portugueses querem que a consulta seja genuína e não o resultado de conveniências eleitorais ou clientelísticas da classe política. No passado domingo, foi incompreensível para muitos portugueses que os partidos, tendo iniciado uma alteração legislativa no âmbito da Assembleia da República, decidissem passar-lhes a bola a meio do jogo. Muitos viram aí um cálculo eleitoral. O Partido Socialista (PS) quer ganhar as próximas eleições por maioria absoluta e sabe que não o conseguirá se contar com a hostilidade ativa da Igreja. Imagine-se a Igreja a advertir os fiéis de que não devem votar no "partido do aborto". Dos dois

---

3. No dia 28 de junho, os portugueses pronunciaram-se no primeiro referendo da democracia portuguesa. À pergunta "concorda com a despenalização da interrupção voluntária da gravidez, se realizada por opção da mulher nas dez primeiras semanas, em estabelecimento de saúde legalmente autorizado", 50,9% pronunciaram-se pelo "não" e 49,1% pelo "sim". Porém, a grande surpresa não veio tanto destes resultados mas sim da enorme taxa de abstenção, 68%, na estreia deste mecanismo de participação. No segundo referendo realizado sobre o mesmo tema, em 11 de fevereiro de 2007, foi aprovada a despenalização do aborto a pedido da mulher nas primeiras dez semanas da gravidez.

próximos referendos, o referendo sobre a regionalização está já demasiado inquinado com a necessidade de atender a clientelas político-partidárias.

A terceira lição é que a consulta só é participativa quando reflete a pluralidade e um certo equilíbrio dinâmico entre os diferentes interesses sociais organizados. No passado domingo, havia no terreno um abissal desequilíbrio. De um lado, a Igreja, a única organização da sociedade civil digna do nome entre nós; do outro, grupos amorfos de cidadãos superficialmente unidos por um fogacho eleitoral, efêmeros porque não vieram de longe e porque não garantiram que fossem longe depois do referendo, qualquer que fosse o resultado. A Igreja teve assim uma dupla vitória: entre os que levou a absterem-se e entre os que levou a votar não. Dos dois próximos referendos, só o da regionalização permite respeitar esta lição. No referendo sobre a Europa são demasiadamente fortes os interesses acantonados num dos campos.

A quarta lição é que os portugueses querem ser consultados sobre temas em que se possa discutir sem tabus e sem entrar na intimidade e só querem decidir depois de esclarecidos. No passado domingo, resultou claro que a campanha do sim não conseguiu passar a mensagem de que o que estava em causa era uma questão de política criminal e de saúde pública. Ao contrário, sem grande dificuldade, a Igreja pôde demonstrar que estavam em causa padrões de sexualidade e convicções religiosas. Por outro lado, a campanha foi mais um duelo de personalidades e de invectivas reciprocamente satanizantes do que um debate sereno e civilizado sobre o que verdadeiramente estava em causa. A televisão pública tem, neste domínio, um papel crucial de que se demitiu totalmente. Qualquer dos dois próximos referendos permite atender a esta lição. No entanto, no que respeita ao nível de esclarecimento, os portugueses poderão, no caso do referendo sobre a Europa, entender que já estão demasiado esclarecidos por fatos consumados anteriores, para os quais não foram havidos nem achados.

Visão, 2 de julho de 1998

Participação e representação

As recentes discussões a respeito dos referendos sobre o aborto, a regionalização e a Europa lançam finalmente entre nós o debate público sobre os méritos relativos dos dois princípios de legitimidade democrática da modernidade ocidental: o princípio da representação, que legitima os representantes eleitos a legislarem em nome dos cidadãos (democracia representativa); e o princípio da participação, que legitima os cidadãos a tomarem nas suas mãos, por iniciativa direta, a promulgação ou a anulação de legislação (democracia direta ou participativa). Este debate pode ser muito positivo para a democracia portuguesa se contribuir para mostrar a autonomia relativa, a complementaridade e as tensões entre os dois princípios. Pode, pelo contrário, ser muito negativo se promover a ideia da sobreposição e da acomodação de conveniência entre os dois princípios. No primeiro caso, o debate contribuirá para ampliar a nossa prática democrática, e, no segundo, para restringi-la.

A qualidade do debate depende da resposta que for dada à seguinte questão: poderão as opiniões e opções das maiorias parlamentares divergir, a longo prazo, das opiniões e opções da maioria dos cidadãos? Que pode haver divergências, pontualmente e a curto prazo, é incontestável. Problemático será apenas se tais divergências forem recorrentes e se mantiverem por muito tempo. Para quem entenda que as divergências deste segundo tipo não podem ocorrer, uma vez que as eleições regulares podem detectá-las com facilidade e pôr-lhes cobro com eficácia, o princípio da representação contém em si o princípio da participação e, por isso, o referendo e outras formas de democracia direta ou são dispensáveis, ou devem ser submetidos às concorrências parlamentares. Pelo contrário, para quem entenda que a distância entre representantes e representados está a atingir tais proporções que as eleições estão a transformar-se num espetáculo da representação que se esgota na representação do espetáculo, para esses as divergências entre cidadãos e parlamentos tendem a aumentar e só poderão diminuir na medida em que o princípio da participação ganhar mais autonomia em relação ao princípio da representação, com o consequente fortalecimento dos instrumentos da democracia direta.

Esta última posição parece ter vindo a prevalecer desde a década de 1970, a avaliar pela crescente popularidade dos referendos um pouco por toda a parte. Assim parece estar a suceder entre nós. Mas, no nosso caso, o fortalecimento da democracia é real ou apenas aparente? Façamos três testes. Primeiro teste: nos referendos, os partidos devem subordinar a sua mobilização à dos cidadãos e, quando assim não é, são os partidos da oposição que tendem a ser mais ativos, dado que os partidos do governo têm ao seu dispor o parlamento para promulgar a legislação que pretendem. Entre nós, os referendos estão a ser ativamente promovidos pelo partido do governo. Segundo teste: as perguntas dos referendos são perguntas de cidadãos para cidadãos, transparentes nas premissas, práticas nas consequências. Entre nós, as perguntas saem de negociações parlamentares e é entre parlamentares que se discute se a pergunta é ou não transparente ou prática. Terceiro teste: os referendos pressupõem a mobilização e a organização relativamente autônomas dos cidadãos. Entre nós, assistimos a partidos ativamente envolvidos na criação de "movimentos de cidadãos", ressuscitando a tradição leninista das "organizações de massas". Perante estes testes, a primeira experiência portuguesa de democracia direta pode redundar no empobrecimento da nossa vida democrática. Resta saber se os parlamentares não estão mesmo interessados em desacreditar o referendo para, depois de um breve sobressalto, recuperarem o monopólio democrático, colhendo todos os benefícios de uma representação difusa, sem arcarem com os custos de uma representação limitada.

Visão, 16 de julho de 1998

Racismo em Moçambique?

Nos últimos dois meses, tendo como pretexto próximo a campanha para as eleições autárquicas, reacendeu-se em Moçambique o debate sobre o racismo. No centro da polêmica, a candidatura à presidência do Conselho Municipal de Philipe Gagnaux, branco. Em declarações ao *Savana* (26/6/1998), o general na reserva Américo Mpfumo insurgia-se contra o fato de brancos assumirem posições de poder político num país em que a esmagadora maioria é negra. E ameaçava: "É fácil a gente mobilizar. Eu tenho, sinceramente, pena do futuro dos brancos, se as coisas continuarem assim… Porque vai chegar o momento em que os pretos se cansam e vão-se mobilizar contra os brancos. E as consequências não sei quais possam ser." O popular artista José Mucavele veio secundar as afirmações do general: "Ele [o branco] pode dominar a economia e a tecnologia em Moçambique, que é o forte dele, mas o poder e a cultura estão com os donos deste país, que são os moçambicanos pretos" (24/7/1998). Entretanto, o jornalista Albino Magaia, depois de fazer uma reflexão sobre as diferentes fases da discriminação racial em Moçambique, pergunta: "Quem quer negar que muitos desses colonos que estão a regressar temendo as mudanças na África do Sul estão carregados de ódio contra os negros?" (16/8/1998) Em resposta a este artigo, a Comissão de Naturais de Moçambique (brancos, originários de Portugal) afirmava: "O Sr. Magaia só vê exploradores de pele clara" (23/8/1998).

O debate está, pois, instalado: Quais são as suas razões profundas? Qual é o seu alcance? O racismo tem sido um tema de debate recorrente em Moçambique com múltiplos contextos: o colonialismo português e a antropologia colonial; a proximidade da África do Sul; os debates dos anos 1960 sobre a moçambicanidade (em que os negros pouco participaram); o antirracismo militante da Frelimo de Samora Machel; o debate, quando da revisão constitucional de 1990, sobre a definição do "moçambicano originário"; a imposição do neoliberalismo nos últimos 15 anos, global e branco. A questão do racismo não é uma originalidade de Moçambique. Com diferentes *nuances*, ela está hoje na ordem do dia em todo o mundo. Se o colonialismo produziu um racismo de base biológica, o capitalismo global produz hoje um racismo de diferenças hierarquizadas. Este último racismo é mais cultural (étnico, religioso) do que o racismo biologista do colonialismo, mas não é menos férreo que este e tem, no fundo, o mesmo fundamento: os processos de exclusão econômica e social que se agravam nos momentos de reestruturação da acumulação capitalista.

Em sociedades pós-coloniais, como Moçambique, os dois tipos de racismo misturam-se e as misturas alimentam o debate na mesma medida em que confundem. Específico de Moçambique é, por um lado, a especificidade do próprio colonialismo português (ainda por estudar) e, por outro lado, o fato de o período pós-colonial ter sido curto e atravessado por fluxos dramáticos de brancos: a fuga em 1975, a chegada dos cooperantes e o regresso dos investigadores quinze anos depois. Daí haver manifestações de racismo de negros contra brancos, como de brancos contra negros. A quem interessa o "novo" debate sobre o racismo? A uma classe política que, tendo perdido outras referências ideológicas, pretende municiar-se para as eleições legislativas e presidenciais de 1999. Interessa ainda aos agentes econômicos brancos para justificar imposições predatórias e aos agentes econômicos negros para ocultarem com o nacionalismo africano os benefícios que colhem da entrega do país ao capitalismo global, branco.

Visão, 27 de agosto de 1998

Os fascismos sociais

O contrato social é a metáfora fundadora da racionalidade social e política da modernidade ocidental. Como qualquer outro contrato, assenta em critérios de inclusão que, portanto, são também critérios de exclusão. Quem está fora do contrato social vive no estado de natureza mesmo quando vive na casa dos cidadãos.

O contrato social visa criar um paradigma sociopolítico que produz de maneira normal, constante e consistente quatro bens públicos: legitimidade da governação, bem-estar econômico e social, segurança e identidade coletiva. A prossecução destes bens públicos desdobrou-se numa vasta constelação de lutas sociais, desde logo as lutas de classes. As lutas pela prossecução do bem comum foram sempre lutas por definições alternativas do bem comum.

Este paradigma social, político e cultural atravessa desde há mais de uma década um período de grande turbulência.

A crise da contratualização moderna consiste na predominância estrutural dos processos de exclusão sobre os processos de inclusão. Estes últimos ainda vigoram e até em formas avançadas de superinclusão, mas confinam-se a grupos cada vez mais restritos que impõem a grupos cada vez mais amplos formas de exclusão abissais, a superexclusão. A predominância dos processos de exclusão apresenta-se sob duas formas: o pós-contratualismo e o pré-contratualismo. O pós-contratualismo é o processo pelo qual grupos e interesses sociais, até agora incluídos no contrato social (por exemplo, trabalhadores com contrato de trabalho por tempo indeterminado), são dele excluídos sem qualquer perspectiva de regresso. Os direitos de cidadania, antes considerados inalienáveis, são-lhes confiscados e, sem estes, os excluídos passam da condição de cidadãos à condição de servos. O pré-contratualismo consiste no bloqueamento do acesso à cidadania por parte de grupos sociais (por exemplo, jovens em busca do primeiro emprego) que anteriormente se consideravam candidatos à cidadania e tinham a expectativa fundada de a ela aceder.

As exclusões produzidas tanto pelo pós-contratualismo, como pelo pré-contratualismo são radicais e inelutáveis, e a tal ponto que os que as sofrem, apesar de formalmente cidadãos, são de fato excluídos da sociedade civil e lançados num estado de natureza. Na sociedade do fim do século, o estado de natureza é a desestabilização total das expectativas das classes populares, a ansiedade permanente da grande maioria da população em relação ao presente e ao futuro, o caos permanente nos atos mais simples de sobrevivência ou de convivência.

A ampliação de "estados de natureza", donde não se tem a opção individual ou coletiva de sair, configura uma crise de tipo paradigmática, epocal. É, portanto, uma situação de muitos riscos. Julgo que todos eles se podem resumir num só: a *emergência do fascismo social*. Não se trata do regresso ao fascismo dos anos 1930 e 1940. Ao contrário deste último, não se trata de um regime político, mas antes de um regime social e civilizacional. Em vez de sacrificar a democracia às exigências do capitalismo, promove a democracia até ao ponto de não ser necessário, nem sequer conveniente, sacrificar a democracia para promover o capitalismo. Trata-se, pois, de um fascismo pluralista e, por isso, de uma forma de fascismo que nunca existiu. São três as formas fundamentais da sociabilidade fascista.

A primeira forma é o *fascismo do apartheid social*. Trata-se da segregação social dos excluídos através de uma cartografia urbana dividida em zonas selvagens e zonas civilizadas. As zonas selvagens são as zonas do estado de natureza hobbesiano. As zonas civilizadas são as zonas do contrato social e vivem sob a constante ameaça das zonas selvagens. Para se defenderem, transformam-se em castelos neofeudais, os enclaves fortificados que caracterizam as novas formas de segregação urbana (cidades privadas, condomínios fechados, *gated communities*). A divisão entre zonas selvagens e zonas civilizadas está a transformar-se num critério geral de sociabilidade, um novo espaço-tempo hegemônico que atravessa todas as relações sociais, econômicas, políticas e culturais e que por isso é comum à ação estatal e à ação não estatal. Nas zonas civilizadas, o Estado age democraticamente, como Estado protetor, ainda que muitas vezes ineficaz ou não confiável. Nas zonas selvagens, o Estado age fascisticamente, como Estado predador, sem qualquer veleidade de observância, mesmo aparente, do direito.

A segunda forma do fascismo social é o *fascismo paraestatal*. Trata-se da usurpação de prerrogativas estatais (de coerção e de regulação social) por parte de atores sociais muito poderosos que, escapando a qualquer controle democrático, neutralizam ou suplementam o controle social produzido pelo Estado. O fascismo paraestatal tem duas vertentes principais: o fascismo contratual e o fascismo territorial.

O fascismo contratual é o que ocorre nas situações em que a diferença de poder entre as partes no contrato de direito civil é de tal ordem que a parte mais fraca, vulnerabilizada por não ter alternativa ao contrato, aceita as condições que lhe são impostas pela parte mais poderosa, por mais onerosas e despóticas que sejam. O projeto neoliberal de transformar o contrato de trabalho num contrato de direito civil como qualquer outro configura uma situação de fascismo contratual. Esta forma de fascismo ocorre hoje frequentemente nas situações de privatização dos serviços públicos, da saúde, da previdência social etc. Nestes casos, o contrato social que presidiu à produção de serviços públicos no Estado-Providência é reduzido ao contrato individual do consumo de serviços privatizados. Nesta redução saem do âmbito contratual aspectos decisivos da produção dos serviços que, por esta razão, se tornam extracontratuais. Na medida em que o extracontratual é submetido a controle democrático, o Estado democrático torna-se conivente com o fascismo paraestatal.

A segunda vertente de fascismo paraestatal é o *fascismo territorial*, o qual existe sempre que atores sociais com forte capital patrimonial retiram ao Estado o controle do território onde atuam ou neutralizam esse controle, cooptando ou violentando as instituições estatais e exercendo a regulação social sobre os habitantes do território sem a participação destes e contra os seus interesses. São territórios coloniais privados dentro de Estados quase sempre pós-coloniais.

A terceira forma de fascismo social é o *fascismo da insegurança*. Trata-se da manipulação discricionária da insegurança das pessoas e grupos sociais vulnerabilizados pela precariedade do trabalho, ou por acidentes, doenças ou outros acontecimentos desestabilizadores, produzindo-lhes elevados níveis de ansiedade e de insegurança quanto ao presente e ao futuro de modo a fazer baixar o horizonte de expectativas e a criar a disponibilidade para suportar grandes encargos para obter reduções mínimas dos riscos e da insegurança. No domínio deste fascismo, o *Lebensraum* dos novos *Führers* é a intimidade das pessoas e a sua ansiedade e insegurança quanto ao presente e ao futuro.

Os riscos que corremos em face da erosão do contrato social são demasiado sérios para que ante eles cruzemos os braços. Há, pois, que buscar alternativas de sociabilidade que neutralizem ou previnam esses riscos e abram o caminho a novas possibilidades democráticas. Não se trata de tarefa fácil dado que a desregulação social provocada pela crise do contrato social é tão profunda que acaba por desregular as próprias resistências aos fatores de crise e as exigências emancipatórias que lhes dariam sentido. Para começar, há que dar uma nova radicalidade à luta pela democracia, partindo da ideia de que o fascismo, longe de ser uma mera ameaça, está entre nós e convive tanto melhor com a democracia de baixa intensidade em que vivemos, quanto menor é a redistribuição de riqueza que esta permite.

Folha de S.Paulo, 6 de setembro de 1998

O sexo dos anjos[4]

As sociedades contemporâneas, sobretudo na Europa e na América do Norte, são constelações de três culturas políticas: a democracia, o liberalismo e o republicanismo. A democracia é a cultura da legitimidade dos governantes livremente eleitos para governar até o povo, por meio do voto, escolher outros que os substituam. O liberalismo é a cultura da distinção entre a esfera pública e a esfera privada, conferindo a esta última a primazia e exigindo do governo que interfira com ela o mínimo possível. O republicanismo assenta na mesma distinção mas, ao contrário do liberalismo, confere a primazia à esfera pública e exige dos governantes o cumprimento de um dever público de zelar pelo bem comum.

Estas três culturas políticas são parcialmente contraditórias entre si e combinam-se de modo diferente nos diferentes países. Em França, por exemplo, dominam a cultura democrática e a cultura republicana em detrimento da cultura liberal, enquanto nos Estados Unidos da América dominam a cultura liberal e a cultura republicana em detrimento da cultura democrática. Nesta última constelação, a relativa fraqueza da cultura democrática faz com que se tornem mais evidentes as contradições entre o liberalismo e o republicanismo. Estas contradições ajudam a explicar o processo político à volta da vida sexual do Presidente Clinton. Para o liberalismo, sobretudo quando combinado com o puritanismo, a vida sexual é o símbolo por excelência da esfera privada e como tal deve estar fora do alcance da ação política. Mas, por outro lado, o Presidente é a encarnação do bem comum republicano, um indivíduo cujos direitos privados estão subordinados aos deveres públicos. O papel do procurador Kenneth Starr, uma figura repugnante, misto de fundamentalismo e de *voyeurismo*, contribuiu para levar esta contradição ao rubro.

---

4. No verão de 1998, torna-se público um alegado envolvimento amoroso do presidente dos Estados Unidos, Bill Clinton, com uma estagiária da Casa Branca, Monica Lewinsky. Envolvendo inúmeras afirmações, desmentidos e uma cobertura midiática sem precedentes, a investigação de 4 anos e 40 milhões de dólares desenvolvida pelo procurador Kenneth Starr foi considerada por alguns analistas como a resposta deste advogado das indústrias tabaqueiras às leis antitabaco promovidas por Clinton.

Neste contexto, é importante analisar a posição dos dois grupos sociais que historicamente mais sofreram com a distinção liberal entre o público e o privado: as mulheres e os negros. A discriminação sexual foi justificada pelo liberalismo como sendo um assunto privado — para mais, assente em diferenças naturais — e, como tal, fora do escrutínio político. A luta das feministas consistiu em demonstrar que esta concepção do domínio privado era o resultado de uma decisão política — e, portanto, pública — destinada a manter as mulheres numa posição subordinada, tanto no espaço doméstico, como no espaço público. À luz disto, a ambivalência das feministas perante o escândalo sexual do Presidente é total: a politização do sexo, que serviu as causas progressistas, é agora usada contra um Presidente conhecido pelas suas posições feministas, pelos estratos mais conservadores e antifeministas da sociedade americana.

Por sua vez, os negros são o grupo social que mais duramente tem sofrido na carne a invasão da esfera privada por parte de poderes públicos, sejam eles os donos dos escravos, os políticos racistas ou as burocracias da assistência social. São, pois, o grupo social com mais capacidade para compreender existencialmente o Presidente, enquanto indivíduo, e para distinguir entre a sua vida privada e as suas posições públicas, que têm sido consistentemente antirracistas.

Os grupos sociais que lutaram contra o liberalismo sexista e racista veem-no agora reemergir disfarçado de republicanismo. E os que têm lutado contra o liberalismo classista, as classes populares, temem que a fraqueza da cultura democrática não permita tornar audível a sua preocupação com as questões para eles verdadeiramente importantes, tais como a saúde, a educação e a segurança social.

Visão, 24 de setembro de 1998

A economia de cassino

A desregulamentação dos mercados bancários e financeiros, combinada com a liberalização dos mercados de bens e serviços e as novas tecnologias de informação e de comunicação, tem vindo a transformar radicalmente a escala, a velocidade e mesmo a estrutura da atividade financeira mundial. Quantias astronômicas de dinheiro circulam diariamente de mercado em mercado em busca do lucro máximo no mais curto espaço de tempo. A maior parte deste dinheiro electrônico não tem qualquer relação com transações de mercadorias ou serviços; é dinheiro que compra e vende dinheiro. Os mestres desta vertigem eletrônica são os especuladores financeiros, cujas decisões, tomadas à velocidade das batidas no teclado dos computadores, fogem a qualquer controle por parte dos Estados e mesmo por parte das instituições financeiras multilaterais.

Os efeitos desta enorme aceleração da especulação financeira não se confinam aos lucros e perdas dos especuladores. Pelo contrário, repercutem-se na atividade econômica, no emprego e, em suma, no modo e no nível de vida de milhões e milhões de pessoas em todo o mundo que nunca participaram nem ouviram falar em especulação financeira e que não dispõem de meios democráticos para se defenderem dela. Os sinais de alarme acumulam-se, tornando-se mais audíveis à medida que a crise se começa a sentir nos países economicamente mais desenvolvidos. No entanto, o que se diz ou faz para a controlar é bem revelador da inversão das prioridades políticas e da inanição dos mecanismos democráticos neste final de século. Neste sentido, podemos dar dois exemplos.

Meriwether, um especulador "genial" de Wall Street, criou um fundo, reservado ao clube dos ricos, que, em operações de alto risco, chegou a ter em 1995 uma rentabilidade de 43%. A crise da Ásia e da Rússia levou o fundo à beira de um colapso — o que teria repercussões graves nos EUA e no Brasil — e, perante isto, o Banco Central norte-americano organizou uma operação de salvamento. É tão assustador que um grupo de especuladores tenha posto em causa a economia de países importantes, como é repugnante que os ricos tenham sido ajudados com empréstimos para continuar a especular. No momento em que o Estado se mostra indisponível para garantir a segurança social aos cidadãos, garante-a por inteiro ao capital financeiro.

Outro exemplo vem do Brasil. Há quinze dias, J. Stiglitz, economista-chefe do Banco Mundial (BM), declarava-se inconformado com o fato de o Brasil estar a sofrer as consequências da crise da Rússia quando internamente a economia tem vindo a ser bem gerida e as privatizações têm sido um êxito. Trata-se de um inconformismo cínico, uma vez que foram precisamente as políticas do BM e do Fundo Monetário Internacional (FMI) que criaram a vulnerabilidade que agora se deplora. Grave, no entanto, é que no domingo passado muitos brasileiros tenham votado menos de acordo com as suas convicções democráticas do que com a opinião que um grupo de burocratas reunidos em Washington tem sobre o futuro do seu país. Uma questão para pensar: a partir de que patamar a ingovernabilidade financeira se traduzirá em ingovernabilidade democrática?

Visão, 8 de outubro de 1998

Da Expo 1998 ao Nobel 1998[5]

Gostava de responder a uma pergunta que muitos portugueses terão feito na última semana: o que é mais importante para Portugal e os portugueses, a Expo 1998 ou a atribuição do prêmio Nobel da literatura a José Saramago? A minha resposta é que é muito mais importante a atribuição do prêmio Nobel e as minhas razões são as seguintes.

Em primeiro lugar, a obra de Saramago pertence-nos muito mais profundamente do que a Expo. É feita com as nossas matérias-primas, a nossa tecnologia e o nosso trabalho: a história portuguesa, a língua, a imaginação coletiva e o engenho do escritor. Não foram necessários intermediários, subcontratações, comissões, corrupções. Em segundo lugar, enquanto na Expo Portugal está vestido com um traje domingueiro virado para o mar como que para esquecer o que se passa nas suas costas, em Saramago a sociedade portuguesa está de corpo inteiro, com as suas grandezas e misérias, com as suas utopias de domingo e o trabalho de sol a sol. Daí também que a obra do escritor não possa ser objeto de rivalidades regionalistas. É como se fosse um fundo estrutural equitativamente distribuído por todo o país sem para isso ter tido de recorrer à regionalização. Em terceiro, tanto a Expo como Saramago têm uma vocação universalista. Mas, enquanto o universalismo da Expo está no consumo das imagens, nossas e dos outros, e oculta a arbitrariedade e as lógicas de poder que subjazem à produção dessas imagens, em Saramago o universalismo está na própria produção da obra na língua que, sendo portuguesa, não é dos portugueses nem é falada majoritariamente (muito longe disso) por portugueses. Finalmente, a excepcionalidade da Expo está no dramatismo da sua realização num país com as nossas dimensões e os nossos recursos, e de tal modo que só pôde ser realizada no lugar onde o país é maior e tem

---

5. A 22 de maio de 1998 foi inaugurada a Exposição Mundial, em Lisboa, dando início a um período de quatro meses de euforia turística e publicitária, em que todas as atenções se pareciam centralizar nas atividades realizadas no espaço. Neste mesmo ano, em outubro, a Academia Sueca divulgou a escolha do Nobel de Literatura, que recaiu sobre José Saramago. O escritor português, que recebeu a notícia no aeroporto de Frankfurt depois de participar na Feira do Livro daquela cidade, dedicou o prêmio a todos os falantes de língua portuguesa.

mais recursos — a capital. Ao contrário, a excepcionalidade da obra de Saramago está no seu nível internacional e não no fato de ser portuguesa. De fato, o prêmio poderia ter sido atribuído com justiça a outros escritores de língua portuguesa. É como se a Expo pudesse ter sido igualmente realizada em Silves, Abrantes ou Vieira do Minho. O mérito de Saramago é indiscutível, mas também sabemos que ele teve a "sorte" de ter sido vertido para inglês por um excelente tradutor. Nem todos os escritores de mérito da língua portuguesa tiveram a mesma "sorte".

Para além destas razões, devido ao seu caráter político (não necessariamente partidário), a Expo teve de negociar diferenças, realizar compromissos, evitar dissonâncias e, por isso, sem ter sido expressão de um pensamento único, foi certamente expressão de um pensamento bem pensante. A independência intelectual de Saramago e o seu posicionamento político estão nos antípodas da convergência ao centro e convidam-nos a ver o mundo de uma maneira mais complexa e mais tolerante e a fazer disso uma luta contra as investidas da direita reacionária. Um artigo execrável, publicado no influente *The Wall Street Journal* de 14 de outubro passado, ataca a Academia Sueca por, mais uma vez, conceder o prêmio a um escritor esquerdista, neste caso um "inveterado comunista" que carrega consigo a "história do comportamento sinistro do Estalinismo". Esta diatribe mostra o que está em causa quando o pensamento é cego para a cegueira do pensamento. A superioridade de Saramago é imaginar a cegueira para nos ajudar a ver.

Visão, 22 de outubro de 1998

O catolicismo global

No passado dia 16 de outubro, fez vinte anos que o Cardeal Wojtyla assumiu os destinos da Igreja de Roma. Quais foram as grandes transformações da Igreja Católica durante o pontificado de João Paulo II? Certamente que as não detectamos se nos limitarmos à consulta do Anuário Estatístico do Vaticano. Entre 1978 e 1995, a população mundial de batizados passou de 750 milhões para 990 milhões. Apesar disso, diminuiu ligeiramente em termos relativos: de 17,8% para 17,4% da população mundial. A Igreja cresceu particularmente na África e na Ásia, tanto em números absolutos como relativos. Na Europa Ocidental e nos EUA, cresceu em números, mas baixou em percentagem da população. Nada disto parece muito significativo.

O que é verdadeiramente significativo, nestes últimos vinte anos, é o aumento da supremacia papal e a conversão do catolicismo num verdadeiro regime religioso transnacional. Trata-se de transformações que começaram muito antes de João Paulo II, mas que com ele atingiram grande aceleração. Depois do colapso do sistema da cristandade medieval, de que a Igreja Católica foi uma das instituições centrais, foi sempre tensa e difícil a relação entre a Igreja e os Estados-nação modernos a cuja emergência, aliás, a Igreja resistiu enquanto pôde. A doutrina da supremacia papal e da infalibilidade do Papa — estabelecidas no Concílio do Vaticano de 1870 — coincidem com a perda da província de Roma.

Desde então, a supremacia papal e a globalização do catolicismo têm acompanhado a evolução do sistema interestatal. Nos últimos vinte anos, assistimos à intensa globalização económica, política e cultural e ao consequente enfraquecimento dos Estados nacionais. Estas condições revelaram-se ideais para as estratégias expansionistas do Vaticano. As principais manifestações são as seguintes: ampliou-se a produção de encíclicas papais dirigidas não apenas aos fiéis mas ao mundo em geral e tratando não apenas, como antes, questões de fé mas também temas políticos e sociais; centralizou-se e internacionalizou-se o governo da Igreja, dando-se cada vez menos autonomia às Igrejas nacionais e às ideias heterodoxas, um processo em todo semelhante ao que se tem passado nas relações entre as sedes e as filiais das empresas multinacionais; o papel do papado nos conflitos internacionais tornou-se mais ativo, sobretudo a partir do momento em que, com o Papa João XXIII, a Igreja se apropriou da doutrina moderna dos direitos humanos e integrou ativamente nas suas preocupações o conflito Leste-Oeste, entre socialismo e capitalismo, e o conflito Norte-Sul, entre ricos e pobres. Usando com maestria os meios de comunicação de massa, o atual Papa foi-se transformando gradualmente no primeiro cidadão de uma futura sociedade civil global.

O neoconservadorismo teológico do Papa tem pouco a ver com a necessidade de preservar a espiritualidade da comunidade, aparentemente em declínio irreversível. É antes resposta às novas responsabilidades políticas do Vaticano. Em 1973, apenas 70 Estados mantinham relações diplomáticas com o Vaticano. Em 1993, esse número aumentara para 144. A Igreja Católica é de novo um poder político global que nenhum Estado pode ignorar.

Visão, 5 de novembro de 1998

O Chile e os modelos chilenos[6]

O Chile é um país singular. Nos últimos trinta anos, foi um campo fértil de experimentação social e política, ora exaltante, ora cruel, que teve e continua a ter um impacto internacional decisivo. Em 1970, com a eleição de Salvador Allende, o Chile iniciou a mais consequente tentativa deste século no sentido de instaurar um regime de socialismo democrático, uma terceira via entre o comunismo revolucionário da União Soviética e de Cuba e o capitalismo de rosto humano em que entretanto se convertera o socialismo social-democrático da Europa. Era uma tentativa ousada que procurava combinar o que de melhor havia na tradição socialista e na tradição democrática. Os inimigos não se fizeram esperar.

Dois, um interno e outro externo, foram particularmente eficazes. O interno foi o sistema judicial chileno, em particular o Supremo Tribunal de Justiça, uma corporação conservadora que, uma a uma, foi liquidando as interpretações progressistas do direito existente propostas pelo Governo (Allende não tinha a maioria do parlamento para promulgar novas leis). O inimigo externo foram os EUA, que viram na Terceira Via uma ameaça particularmente séria — porque assente no respeito pelo jogo democrático — à sua hegemonia continental. O envolvimento da CIA na destituição de Allende e na ascensão de Pinochet ainda virá a escandalizar muita gente. Poucos meses depois da destituição de Allende (setembro de 1973), vivemos nós o nosso 25 de Abril. O pânico de Kissinger de que Portugal se tornas-

---

6. A 16 de outubro de 1998, o general Augusto Pinochet foi detido em Londres, na sequência de uma investigação levada a cabo por juízes espanhóis acerca de alegadas violações dos direitos humanos durante o regime ditatorial do Chile, entre 1973 e 1990. A 28 de outubro, o Supremo Tribunal Britânico considerou que Pinochet não poderia ser responsabilizado à luz das leis inglesas, considerando que o fato de ser senador, antigo chefe de Estado e viajar com um passaporte diplomático lhe garantia imunidade. Ficou detido em prisão domiciliária e, em 2000, uma junta médica britânica declarou-o mentalmente incapacitado para enfrentar um julgamento, pelo que Pinochet foi extradiado para o Chile. Em maio de 2004, o Supremo Tribunal Chileno declarou-o capaz de enfrentar os julgamentos que lhe fossem imputados, retirando-lhe a imunidade, sendo novamente acusado de crimes cometidos contra a oposição política e, para além disso, de fraude e evasão fiscal. Morreu em dezembro de 2006 antes do julgamento dos muitos processos-crime de que estava acusado.

se um segundo Chile levou-o a considerar a invasão militar do nosso país. Valeu-nos, entre outros, Willy Brandt. A verdade, porém, é que nem o PCP nem o PS estavam interessados na via chilena. Logo após a destituição de Allende, o Chile iniciou duas experiências cruéis, uma econômica e outra político-policial. A econômica foi a experiência do modelo neoliberal, protagonizado por uma escola de economistas até então relativamente marginal, a Escola de Chicago. Foi no Chile que se experimentou, com a brutalidade que só uma ditadura permite, o modelo econômico que, com Reagan e Thatcher, se tornaria hegemônico nos anos 1980. Esse modelo, que envolveu o desmantelamento do sistema público de segurança social e das pensões de reforma, foi adotado, no início da década de 1990, pelo Banco Mundial sob o nome de "modelo chileno". Entre nós, a Comissão do Livro Branco da Reforma da Segurança Social teve, entre os seus membros, alguns fervorosos adeptos do modelo chileno. Só o desfecho da reforma da segurança social permitirá avaliar da sua influência.

A terceira experiência chilena foi o modelo de extermínio sistemático da oposição política instaurado por Pinochet, com a ajuda da CIA, um modelo de que foi peça-chave a extraterritorialidade, isto é, a perseguição e o assassínio de opositores políticos fora do país, na Argentina, nos EUA, no México etc. Com a ajuda da corajosa justiça espanhola e britânica, é essa extraterritorialidade que agora está a virar-se contra o ditador. Estão vingados os milhares de ativistas que nestes últimos trinta anos deram a vida para criar na comunidade internacional a vivência e a urgência da defesa dos direitos humanos.

E também aqui cabe perguntar: e nós? Que esperamos para pedir a extradição de Suharto? As intervenções tecnicistas e alguns dos nossos magistrados fazem-nos crer que a paixão dos direitos humanos ainda não chegou ao nosso sistema judicial. Trata-se de um tema que merece uma investigação sociológica aprofundada. Uma coisa parece, por agora, certa: os nossos magistrados aprenderam muito melhor a prática democrática de reivindicar do poder político direitos corporativos do que a de responder à reivindicação do direito à justiça por parte dos cidadãos. Razão para preocupação: se esperarmos pelas réplicas de Pinochet para sermos corajosos, não seremos corajosos quando elas chegarem.

Visão, 3 de dezembro de 1998

1999

A verdadeira Terceira Via[1]

O Fórum Econômico Mundial, que teve lugar recentemente em Davos, na Suíça, lançou o mais recente e também o mais dramático alerta sobre a próxima evolução da economia mundial: o comércio livre assente na predominância de mercados financeiros globais desregulamentados está a lançar o mundo numa recessão de âmbito e intensidade imprevisíveis. A recessão começou na Ásia, sendo pessimistas as previsões para a China; prolonga-se hoje na América Latina; daí, é bem possível que siga para os EUA e, posteriormente, para a Europa. A economia americana é estruturalmente débil, já que a sua prosperidade assenta excessivamente no financiamento externo (o país economicamente mais poderoso é um importador líquido de capitais). Na Europa, o desemprego aumenta no interior da sua locomotiva, a Alemanha, e o Banco Central Europeu já baixou as expectativas da zona do euro.

Até agora, os governos e os bancos centrais dos países mais desenvolvidos têm assistido indiferentes à destruição arbitrária e maciça que os mercados não regulamentados têm vindo a produzir na periferia e na semiperiferia do sistema mundial, lançando na miséria súbita milhões de pessoas inocentes, ao mesmo tempo que permite aos especuladores financeiros ganhos escandalosamente desproporcionados com os que são tornados possíveis pela economia real (a economia que produz os bens e serviços que nós consumimos). Economias pujantes e relativamente saudáveis, como é o caso mais recente do Brasil, são repentinamente devastadas pela fuga de capitais e pelo ataque às suas moedas sem que nada o justifique no plano da economia real. O "sistema" que produz o mal é o mesmo que propõe o "remédio": cumprir a todo o custo as obrigações com os credores internacionais, adotar planos de austeridade, agravar a miséria e as desigualdades sociais por via de cortes drásticos nas já magras políticas de proteção social.

---

1. Nesta crônica faço apelo a um novo internacionalismo que se viria a concretizar, dois anos depois, no primeiro Fórum Social Mundial realizado em Porto Alegre em janeiro de 2001.

Quando os efeitos recessivos deste "sistema" se acumulam e ameaçam o centro — os EUA e a Europa — a indiferença dá lugar à preocupação. Mas daí até a atuação concreta vai um passo muito longo. Afinal, onde estão os sinais visíveis da crise nos países do centro? O dilema dos governos democráticos, tomados individualmente, é que só podem tomar medidas radicais quando as condições são desesperadas; porém, quando estas ocorrem, é quase sempre tarde demais para que as medidas, radicais ou outras, surtam efeito e, se acaso surtem, é sempre com grande sofrimento humano. Aliás, o instinto de sobrevivência, combinado com a lógica da concorrência mundial, leva a que cada Estado oculte ou adie o desespero das condições até o momento em que pode, no plano internacional, justificar um tratamento especial, e, no plano interno, imputar o sofrimento humano que causa a motivos que lhe são estranhos.

Daí a necessidade de um novo internacionalismo. Enquanto ele não surge, seria prudente explorar as virtualidades do último velho internacionalismo que ainda subsiste: a Internacional Socialista (IS). O dano causado por Tony Blair ao socialismo europeu não se limita a ter infiltrado no debate progressista europeu o conservadorismo americano de Clinton sob o disfarce de uma mistificadora Terceira Via. O dano maior é ter tentado reduzir a IS à inanição. De fato, a verdadeira Terceira Via só pode hoje ter lugar em nível internacional e a IS — que hoje é, de longe, dominante nos governos europeus — poderia ser uma das forças a empunhá-la com credibilidade: uma terceira via entre um mercado global ávido de sangue e sem regras e a desglobalização desesperada dos países atingidos pela recessão. Esta via proporá, entre outras, as seguintes medidas: perdão imediato da dívida externa aos quarenta países mais pobres; redução universal das taxas de juro; imposto Tobin sobre os mercados de divisas e controles de emergência sobre os fluxos de capitais; proibição dos bancos *offshore*; suspensão da Organização Mundial de Comércio, por hostil à liberdade de escolha dos consumidores (por exemplo, à escolha dos consumidores europeus em não comerem carne de vaca com hormônios); criação de parâmetros mínimos da qualidade do trabalho incorporado nos produtos que circulam no mercado mundial; demissão da atual liderança do Fundo Monetário Internacional (FMI) e transformação do FMI numa agência de reconstrução solidária das finanças nacionais; inclusão da proteção social em pé de igualdade com o comércio e as finanças na negociação do novo acordo de Bretton Woods; participação na "nova arquitetura", não apenas dos ministros das finanças e dos diretores dos bancos centrais, mas também dos líderes sindicais, dos movimentos sociais, rurais e urbanos, feministas e ambientalistas, e ainda dos líderes religiosos; resgate e valorização da ONU, defendendo-a dos ataques que lhe têm sido desferidos pelos EUA e pelas organizações paralelas por eles criadas como, por exemplo, o G7.

Folha de S.Paulo, 22 de fevereiro de 1999

Quando a democracia funciona

A lei aprovada na semana passada na Assembleia da República sobre a coincineração constitui uma vitória da democracia. Nos últimos dois meses, gerou-se um importante movimento social de contestação à decisão do Governo, um movimento que procurou mostrar, por um lado, que a opção pela coincineração era tecnicamente leviana, na medida em que não assentara em estudos completos, nem tomara em conta a divisão da comunidade científica europeia e nacional a respeito dos perigos da coincineração; e, por outro, que a escolha de Maceira e Souselas era politicamente injusta, dado tratar-se de duas localidades já martirizadas pela poluição, uma delas às portas de uma grande cidade, Coimbra, vulnerabilizada pelo seu pouco peso político.

O movimento transformou-se em pouco tempo numa das mais pujantes afirmações de democracia participativa dos últimos dez anos. Isto foi possível porque o movimento soube unir as diferentes localidades, soube congregar cientistas e cidadãos e, acima de tudo, soube manter-se estritamente apartidário. Com a aprovação da lei, o movimento não ganhou a guerra, mas ganhou uma importante batalha. O fato de, com a lei, a decisão de proceder à coincineração de resíduos tóxicos em Souselas e Maceira ter caducado e, com ela, os acordos e compromissos em que se traduziu, é certamente uma importante conquista. No entanto, outras não menores devem também ser mencionadas: 1) aprofundou-se a consciência ecológica dos portugueses que, desta maneira, ficaram mais sensibilizados para a questão dos lixos, tóxicos ou não; 2) conquistou-se a requalificação ambiental de Souselas e Maceira sem sobre elas pairar o espectro da coincineração; 3) ficou claro que, para cumprir o Plano Estratégico de Gestão de Resíduos, o Governo tem de dar prioridade, com medidas concretas, à redução, reutilização e reciclagem, não podendo tomar quaisquer medidas que prejudiquem esta prioridade; 4) a elaboração do Plano está sujeita ao parecer de uma comissão científica independente, ou seja, uma comissão em que o Governo está em minoria; 5) foi possível articular os movimentos sociais e a democracia participativa, por um lado, com os partidos e a democracia representativa, pelo outro, o que é um bom augúrio para todos aqueles que lutam pelo fortalecimento da democracia e pelos princípios da cidadania ativa.

Este último resultado é de crucial importância na nossa sociedade, onde escasseiam os movimentos sociais e onde os poucos que emergem são vistos como contrapoder, midiaticamente vistosos mas inócuos. À luz deste resultado, cada um dos intervenientes — movimento social, partidos e Governo — têm de tirar algumas ilações. O movimento tem de manter-se mobilizado, pois sabe que os seus adversários esperam a sua desmobilização para contra-atacar. Os partidos da oposição têm de manter-se vigilantes, nomeadamente sobre a constituição da comissão científica e sobre a sequência das medidas em execução do Plano. O Governo tem de perceber que a política do diálogo e do consenso é, neste domínio, crucial. Deverá, a curto prazo, sossegar os milhares de portugueses que, nesta luta, viram o perigo do autoritarismo numa situação em que o Governo tenha maioria absoluta na Assembleia da República e seja composto por ministros dados à obstinação destemperada.

Visão, 4 de março de 1999

O 25 de Abril nunca existiu?

As revoluções são feitas de rupturas e de continuidades com as sociedades que pretendem revolucionar. Estas saem das revoluções mais ou menos profundamente abaladas, mas nunca totalmente destruídas. O caso paradigmático do nosso século é a Revolução Russa de 1917. Os estudos mais recentes sobre a transição democrática na Rússia revelam continuidades, não só com a sociedade soviética, mas também com a sociedade czarista que a precedeu. E um dia se verá melhor quanto da China feudal e clânica persistiu na China popular pós-1949.

Vistas a poucos anos de distância, as revoluções tendem a ser avaliadas sobretudo pelas rupturas com a sociedade pré-revolucionária. Isto é assim porque, nos primeiros tempos, as transformações nas instituições e nos modos de vida coletiva misturam-se com rupturas mais ou menos violentas nas vidas pessoais, quer dos que realizaram a revolução, quer dos que foram dela vítimas. O abalo pessoal transmuta-se facilmente em abalo coletivo. À medida que o tempo passa, as vidas dos que viveram a revolução recompõem-se, e, entretanto, vão surgindo as gerações pós-revolucionárias para as quais a revolução já não foi um acontecimento pessoal. Estas condições favorecem a emergência e a credibilidade das leituras da continuidade entre a sociedade pré e pós-revolucionária.

Assim tem sucedido, nos últimos tempos, com o 25 de Abril. À direita e à esquerda têm surgido análises que convergem na ênfase dada às continuidades. Para a direita, a sociedade salazarista era muito menos autoritária e muito mais dinâmica do que a revolução quis fazer crer. A revolução foi, assim, um exagero desnecessário. Para a esquerda, os limites da revolução fizeram com que a sociedade que dela emergiu não seja nem muito menos autoritária, nem muito mais justa do que a sociedade anterior. A revolução foi, assim, um ato falhado. Qualquer destas leituras assenta num juízo hipotético: o que seria a sociedade portuguesa hoje se não tivesse havido revolução e a evolução tivesse sido a que é própria e normal em todas as sociedades?

Estas leituras são tão arbitrárias como o seriam as leituras que apenas salientassem as rupturas. As revoluções são simultaneamente rupturas e continuidades, e umas e outras estão desigualmente distribuídas pelo conjunto da sociedade. Se numas áreas dominaram as rupturas, noutras dominaram as continuidades. As leituras que privilegiam as continuidades têm o efeito de minimizar a revolução e de desvalorizar quem a fez. São elas, pois, que subjazem às resistências e reticências ao projeto de reconstituição das carreiras dos militares prejudicados pela participação na revolução, apresentada pela Associação 25 de Abril. É certo que a revolução não é um posto, mas não é menos certo que a revolução custou o posto a muitos militares que nela participaram. O preço que pagaram não foi apenas pessoal, foi coletivo. Se a qualidade das elites militares fica hoje, para muitos, aquém da que seria desejável é porque pelo caminho ficaram os mais brilhantes candidatos à hierarquia militar, aqueles que, em vez de fazer carreira, fizeram a revolução.

Neste domínio, o Governo socialista tem contra si um precedente histórico que deverá exorcizar. Quando, depois do fracasso da Revolução Alemã em 1918, os socialistas ascenderam ao poder, o Governo e a justiça de Weimar foram muito mais severos para com a violência da extrema-esquerda do que para com a violência da extrema-direita. Quinze anos depois, este desequilíbrio transformou-se na maior tragédia do nosso século: o nazismo.

Visão, 18 de março de 1999

De Lisboa para Istambul

Pode parecer crueldade ou masoquismo querer tirar lições da guerra dos Bálcãs. Urge, porém, fazê-lo. Por mim, tiro lições e, com base nelas, formulo um desafio. *Primeira lição*: não há estadistas. Os representantes eleitos pelo povo perderam a noção do bem comum e dos riscos que envolve lutar por ele. Transformaram-se em gestores das conveniências dos mais poderosos e da sua própria sobrevivência de acordo com o ciclo eleitoral. Só por coincidência essa gestão coincide com o bem comum. *Segunda*: a Europa dos Estados nunca existiu. A União Europeia, enquanto projeto político, é uma fraude desde o início. O que desde sempre e exclusivamente se pretendeu foi unir os mercados e os capitalismos nacionais. *Terceira*: o capitalismo ocidental transformou-se num fascismo internacional. As instituições democráticas foram reduzidas à inanição. Em nível internacional, a ONU, sem ser uma instituição plenamente democrática (devido à composição do Conselho de Segurança), é-o bem mais do que a OTAN; sofre uma humilhação à qual dificilmente sobreviverá. Em nível nacional, os parlamentos não foram ouvidos nem achados; alguns entretiveram-se mesmo com acesos debates sobre os direitos dos animais enquanto a morte e o exílio avançavam nos Bálcãs. *Quarta*: o capitalismo ocidental esconde com as suas orgias militares a sua decadência. Se a grandeza de um poder geopolítico hegemônico se mede pela estatura dos inimigos que defronta, é significativo que esta tenha vindo a diminuir sistematicamente neste século. O primeiro inimigo foi o nazismo, um inimigo gigantesco, violento, racista e expansionista que quis transformar a Europa no *Reich* para mil anos. Foi vencido. O inimigo seguinte, também de respeito, foi o comunismo, aliás, um inimigo nobre que foi aliado do Ocidente na luta contra o nazismo. Não teve de ser derrotado militarmente, já que a guerra econômica se encarregou de o liquidar. O Vietnã foi o inimigo seguinte, um país subdesenvolvido, um inimigo muito menor que os anteriores. Apesar disso, venceu. Seguiram-se inimigos cada vez menores numa sequência de "encarnações do mal" tão caras ao milenarismo norte-americano: Ayatollah Khomeini, Muhammar Khadaffi, Saddam Hussein e, agora, Slobodan Milosevic. Até agora, nenhum deles foi vencido.

Perversamente, a consequência da intervenção ocidental foi sacrificar e manter os ditadores no poder. *Quinta*: os inimigos do ocidente capitalista parecem-se cada vez mais conosco. Por muito que nos custe, Milosevic é tão ocidental quanto nós. Por quanto tempo vamos manter a ilusão de que não seremos nós a vítima final do fascismo internacional à solta? *Sexta*: Portugal é um país pequeno com argumentos pequenos para justificar o injustificável. Os nossos líderes nem sequer se lembram de que em 1975, se não fosse a Guerra Fria, ter-nos-ia acontecido o que agora está a acontecer aos iugoslavos e aos kosovares. Sem ser capaz de fazer das fraquezas força, o nosso país, quando terminarem os fundos estruturais, será tão insignificante quanto temos sido.

Perante estas lições, formulo um desafio. Se nós, Europeus, quisermos mostrar que é possível uma alternativa pós-União Europeia, teremos de começar por ser capazes de organizar um cordão humano de Lisboa a Istambul. É necessário que, no mesmo dia, à mesma hora, seja possível aos Europeus sentir, de mão em mão, a passagem da vontade de lutar pela paz e, com ela, por uma Europa multicultural unida pela força da história e da solidariedade, e não pela força dos mercados, uma Europa dos povos capaz de enfrentar os burocratas e as elites políticas que até agora confiscaram a seu favor as nossas aspirações de paz, prosperidade e solidariedade.

Visão, 15 de abril de 1999

Carta Aberta ao Papa João Paulo II

"Santidade:
Nós, cidadãos de muitas nações, de diferentes credos religiosos e convicções políticas, partilhamos a opinião de que a Sua autoridade moral pode vir em socorro de toda a humanidade neste momento de preocupação mundial sobre os trágicos acontecimentos nos Bálcãs. Vimos, pois, apelar-lhe para que transfira temporariamente a Sua residência para território iugoslavo. Temos a convicção profunda de que tal gesto seria um contributo decisivo para se eliminar o perigo de a situação atual naquela região degenerar num conflito internacional tão devastador como os genocídios e guerras mundiais que marcaram a história deste século. Estamos convencidos de que nas Suas mãos está a possibilidade de se parar imediatamente as hostilidades e abrir caminho a uma reconciliação duradoura entre os povos dos Bálcãs.
Respeitosamente."

Esta carta, que subscrevo e convido os meus leitores a subscrever, tem um duplo significado. É um apelo ao Papa, à última diplomacia da paz que nos resta depois da neutralização das Nações Unidas e da rendição da social-democracia europeia aos desígnios hegemônicos dos EUA. Ao longo de duas décadas, o Papa tem consistentemente afirmado a urgência da paz. No terreno concreto das lutas pela paz, da América Latina à África, muitos padres e religiosos têm assumido o papel de mediadores entre as facções em guerra. Alguns têm tido êxito (Moçambique), a maioria tem pago com a vida o seu fracasso.

Mas o maior significado desta carta é o fato de ser uma iniciativa originada em Moçambique, por um órgão de imprensa do Maputo, o *Metical*, um jornal distribuído por fax e atualmente a circular pelo mundo inteiro. Trata-se, pois, da iniciativa de um país do Terceiro Mundo que conhece bem a dor da guerra, cantada de maneira pungente e brutal pelo seu melhor poeta, José Craveirinha, em *babalaze das hienas*: Corpos / no troço da estrada / esquartejados no pânico / nenhuma posição era obscena. / Devassos moscardos verdes / é que profanavam / o recato puro / do sangue.

Esse apelo, vindo do Sul empobrecido e humilhado pelo neoliberalismo triunfalista do Norte, é uma bofetada moral na face de uma arrogante Europa que, desde meados deste século, quis ensinar a paz e a negociação aos inexperientes povos do Terceiro Mundo, considerados tribais e irracionais nas suas disputas, e que agora se vê repentinamente envolvida numa guerra absurda e ilegal.

A esta iniciativa de Moçambique, junta-se o sentimento dos Brasileiros de que, com esta guerra, o frágil conteúdo futurante das Comemorações dos 500 anos da sua "descoberta" acaba de ser esvaziado. A verdade é que, no fechar do milênio, já ninguém tem nada a aprender com a Europa. É este o sintoma mais irredutível da falência moral do projeto europeu. Resta saber se Próspero, desiludido com a arrogância iluminista que Shakespeare lhe destinou, ainda é capaz da humildade de aprender com Caliban.

Visão, 13 de maio de 1999

Sífilis, descobrimentos e comemorações

Ao tempo em que Garcia da Orta publicou o *Colóquio dos Simples e das Drogas da Índia* (Goa, 1563) uma das questões mais debatidas era a origem da sífilis. Orta menciona, sem tomar posição, a opinião dos que consideravam a doença como nova e a supunham importada da América. Segundo o Conde de Ficalho, na edição anotada dos *Colóquios*, de 1895, os fatos que pretensamente fundavam esta opinião eram os seguintes: os companheiros de Cristóvão Colombo haviam regressado, no ano de 1494, da sua segunda viagem à Espanhola, contaminados por um novo e grave mal, adquirido ali no contato com as mulheres indígenas; por esse mesmo tempo, Carlos VIII de França invadia a Itália, atravessando-a de Norte a Sul e cercando Nápoles onde se refugiara Fernando II; no ano seguinte, os Reis Católicos enviavam, em socorro de Fernando II, uma armada comandada por Gonçalo de Córdova; foi então que os soldados espanhóis infectados comunicaram o mal a algumas "mulheres públicas" e estas aos italianos, e também aos franceses do exército invasor, os quais, no seu regresso, o trouxeram para França, espalhando-o depois por toda a Europa.

Como ninguém queria assumir a responsabilidade pela "nova e repugnante enfermidade", chamavam-lhe *morbo napolitano* por ter começado em Nápoles, *morbo gallico*, por se ter generalizado por intermédio dos franceses, e *morbo hispanico* (ou *sarna castelhana*, como a designa Garcia da Orta) por se ter espalhado primeiro entre os espanhóis. E também foi chamada *mal dos turcos* pelos cristãos e *mal franzozo* pelos muçulmanos. Nenhuma destas designações, porém, punha em causa a origem americana da doença. Aliás, muitos anos depois, no *Candide* de Voltaire, o Dr. Pangloss, fazendo a picaresca genealogia da doença que o tinha deixado às portas da morte, diz que o primeiro da série *l'avait eu en droite ligne d'un des compagnons de Cristophe Colomb*. Como não deixa de notar o circunspecto Conde de Ficalho, esta insistência na origem americana da doença chocava com os fatos, dado que "em muitos livros correntes de medicina se podem encontrar numerosas citações, pelas quais se vê bem como a sífilis existia no Velho Mundo de antigos tempos, embora houvesse nos fins do século XV uma recrudescência de gravidade e frequência daquela enfermidade".

O discurso quinhentista sobre a sífilis simboliza a concepção moderna da descoberta como designação da diferença e da diferença como designação de distância e de hierarquia. A medida de repugnância da doença afere-se pela distância que separa os enfermos dos primeiros causadores da enfermidade, os índios americanos. Esta medida extrema é depois aplicada, em miniatura, à distância que separa os franceses dos italianos, os portugueses dos espanhóis, os cristãos dos muçulmanos. Em qualquer dos casos, designar significa distanciar e subordinar. Em graus variáveis, segundo a reciprocidade hermenêutica admissível. No limite, a sífilis, enquanto descoberta quinhentista, é a medida de uma enfermidade que estabelece a incomensurabilidade entre enfermos.

Contudo, existe uma diferença radical entre descobrir um território e descobrir um ser humano: descobrir um ser humano implica reciprocidade. Quem descobre é descoberto. Se, por qualquer razão, esta reciprocidade é negada ou ocultada, o ato de descobrir, sem deixar de o ser, torna-se simultaneamente um ato de encobrir. A negação ou ocultação da reciprocidade assenta sempre no poder de negar ou ocultar a humanidade de quem é descoberto. Só assim é possível descobrir sem se descobrir, pôr a nu sem se pôr a nu, identificar sem se identificar, encontrar sem se encontrar, ver sem se ver. A modernidade é uma vasta teia de reciprocidades negadas: entre o sujeito e o objeto, entre a natureza e o homem, entre o civilizado e o selvagem, entre o sagrado e o profano, entre o indivíduo e o Estado, entre o patrão e o operário, entre o homem e a mulher, entre jovens e velhos. Os descobrimentos de Quinhentos são como que a metáfora fundadora da negação moderna de reciprocidade. São, pois, tão decisivos como descobrimentos quanto como encobrimentos. O colonialismo é a literalização da metáfora.

Com a aproximação da celebração dos 500 anos da descoberta do Brasil, volta à atualidade um tema velho: a natureza do colonialismo português e o seu impacto nas relações luso-brasileiras. No passado, existiram a este respeito duas teorias principais. A primeira é que o colonialismo português foi um colonialismo benigno, já que os portugueses, desprovidos de orgulho racial, se adaptaram aos Trópicos melhor do que nenhum outro povo europeu, promoveram a miscigenação das raças — de que o mulato e a mulata são o mais exaltante resultado — e dissolveram a sua cultura no contato com as culturas africana e ameríndia, dando origem a novas culturas híbridas de grande complexidade e riqueza. Implícito ou explícito nesta teoria é que o colonialismo português foi melhor do que os outros colonialismos, nomeadamente o anglo-saxônico.

A segunda teoria sustenta, pelo contrário, que o colonialismo português foi pior do que os outros colonialismos europeus porque os portugueses, menos cultos e mais dados à aventura do que ao trabalho, não souberam desenvolver as suas colônias nem enraizar nelas os valores do individualismo, da liberdade e da democracia que estão na base dos Estados modernos. Segundo esta teoria, o que de melhor tem hoje o Brasil deve-se aos índios, aos negros e aos emigrantes de outros países europeus e asiáticos.

O modo como decorrerem as comemorações será indicativo do estatuto destas teorias no senso comum: qual prevalece? Estão ambas superadas? Este senso comum é, no melhor dos casos, o senso comum dos políticos que promovem e orientam as comemorações. Se o senso comum não tiver superado estas teorias é bem possível que a sífilis colonial venha a infestar as comemorações: *morbo lusitano*? *Morbo brasílico*? Há, contudo, uma razão para otimismo. No mundo científico luso-brasileiro estas duas teorias estão (definitivamente?) superadas. Por razões nada misteriosas ou míticas sabemos hoje que o colonialismo português foi muito diferente do anglo-saxônico ou holandês. Sabemos também que não foi, por isso, melhor ou pior do que o anglo-saxônico ou holandês. Aliás, todo o colonialismo foi mau e só uma ideologia histórica dominada pela ideia do progresso permite justificá-lo nos termos dúbios de que os fins justificam os meios. Se, durante muito tempo, o colonialismo português foi considerado inferior ao anglo-saxônico, foi apenas porque, a partir do século XVII, a história do colonialismo europeu foi escrita em inglês e não em português. Em grande medida, foi por reação a isso que já no nosso século surgiu a ideia da superioridade do colonialismo português de que Gilberto Freyre foi o grande arauto. Razão tem, pois, Alfredo Bosi quando pergunta: "Deve o estudioso brasileiro competir com os outros povos irmãos para saber quem foi *melhor* colonizado?" E eu acrescento: deve o estudioso português competir com outros povos europeus para saber quem foi melhor colonizador? A resposta a ambas as perguntas é um firme Não.

Folha de S.Paulo, 28 de setembro de 1999

Anos de esperança

As responsabilidades do novo Governo medem-se pelas expectativas dos portugueses sobre o seu desempenho nos próximos quatro anos. Cada um de nós tem uma lista de prioridades. Eis a minha. Não se coaduna com a atual estrutura do governo porque esta representa as prioridades do passado, não as do futuro.

Economia, justiça social e solidariedade. O país com maiores desigualdades sociais da Europa e com os mais baixos níveis salariais e de proteção social não pode deixar de pôr a política econômica ao serviço da melhoria do nível e da qualidade de vida dos cidadãos. Ao contrário do que pretendem os arautos da globalização, a capacidade de manobra nacional é maior do que se julga. Estamos a entrar no período pós-neoliberal. Os mitos da excelência da privatização, da maior eficiência do mercado e da desregulamentação estão a ser desmontados por aqueles que os criaram, sobretudo nos domínios da segurança social e da saúde, onde se joga com a estabilidade das expectativas dos cidadãos.

Ciência, educação e universidades. O país europeu com o mais baixo nível de qualificação da força de trabalho tem que dar incondicional prioridade à educação e à ciência. O desenvolvimento científico tem de ser pensado em estreita articulação com a universidade, o que até agora não foi feito. Os centros de investigação, a trabalhar cada vez mais em rede, têm de dispor de corpos de investigadores que, além das tarefas de investigação, tornem possível a plena internacionalização dos professores universitários e a sua total mobilidade entre as universidades públicas. A carreira universitária, que não deve começar antes do doutoramento, tem de ser dignificada para se poder pôr fim à acumulação de funções docentes para compor salários e ao verdadeiro crime de lesa-educação que é tolerar a existência de universidades privadas sem cursos certificados nem avaliados.

Justiça, direitos humanos e democracia. De todos os países europeus, somos talvez aquele em que existe um conhecimento mais rigoroso e sólido sobre o desempenho dos tribunais e os bloqueamentos do acesso ao direito. Infelizmente, esse conhecimento tem sido muito pouco usado e valorizado nas reformas da justiça. Os resultados estão à vista. O funcionamento da justiça é hoje, no nosso país, uma questão de direitos humanos. A impunidade dos poderosos, a morosidade e a inacessibilidade da justiça são fatores decisivos para que a democracia portuguesa seja ainda uma democracia de baixa intensidade. Todavia, as magistraturas e os profissionais de direito parecem estar ainda menos conscientes disto do que os governantes.

A cultura e o multiculturalismo. A Europa é hoje um continente multicultural e é essa a imagem mais forte e inovadora que vai dando de si no cinema e na arte, na dança e na música. Portugal, além de ser um país multicultural, é um dos que têm mais responsabilidade e experiência histórica nos contatos entre culturas. E, no entanto, teima em contentar-se com uma versão abreviada das suas múltiplas identidades culturais. A RTPi, de enorme potencial, recusa-se a ser espaço de partilha. A Cena Lusófona, um projeto inovador, em vez de florescer, é obrigado a vegetar na incerteza. O Instituto Camões, sob a tutela errada, não ousa recorrer ao vasto e rico campo de agentes culturais, cientistas e intelectuais do espaço de língua portuguesa. Não surpreende que as pontes lusófonas se desmoronem por falta de fundações.

Visão, 28 de outubro de 1999

E agora, Macau?

A um mês da devolução de Macau à China encerra-se o último cais do Império. Ao contrário de todos os outros que o precederam, este será um encerramento pacífico, negociado e mesmo festivo. Aprimoram-se a pompa e a circunstância das celebrações da transição. Nos últimos tempos, muitas figuras públicas portuguesas têm sido convidadas a visitar Macau e de regresso, muitas delas, como se espera de quem foi tratado principescamente, enaltecem o modo como Portugal tem ultimado a transição.

A sociologia obriga-nos a ir para além desta fachada. Duas especificidades de Macau devem ser tomadas em conta para avaliar o que se está a passar. Em primeiro lugar, Portugal nunca foi plenamente soberano em Macau; partilhou sempre o poder com a China, umas vezes mais, outras menos. Em segundo lugar, esta é a única colônia que não sai do domínio português para se tornar independente, mas sim para ser reintegrada num outro país. Paradoxalmente, a descolonização será seguida de colonização. Este fato talvez explique, melhor do que nenhum outro, a suavidade da transição. Mas, por outro lado, obriga-nos a perguntar: à custa de quem é obtida essa suavidade? Resposta: à custa das populações chinesas e macaenses que não querem ou não podem sair de Macau depois de 20 de dezembro.

Quando, nos últimos vinte anos, se perfilou no horizonte a devolução de Macau ao abrigo do princípio "um país, dois sistemas", aumentou significativamente a capacidade de manobra de Portugal para impor reformas no território, reformas que deviam ir numa dupla direção: reforço da identidade de Macau, redução do déficit democrático. A mesma capacidade de manobra foi dada, pelas mesmas razões, à Inglaterra em relação a Hong Kong. A pergunta inquietante é esta: por que é que a Inglaterra usou muito mais agressiva e eficazmente essa capacidade do que Portugal? O balanço da atividade portuguesa no período de transição é desarmantemente deficitário, o que significa que a aplicação dos princípios da Declaração Conjunta foi precária. Da ausência da língua portuguesa à escassez do direito disponível em língua chinesa, da precária independência dos tribunais à debilidade de instituições democráticas e à falta de regulamentação dos direitos e garantias fundamentais, estão fragilizadas as condições essenciais da autonomia e da identidade próprias de Macau e, com isso, penhorado o futuro das populações de Macau. A complexidade do processo de transição não é desculpa. Senão antes, depois da assinatura da Declaração Conjunta Luso-Chinesa, as regras do jogo estavam definidas e a complexidade era conhecida, sendo pois à luz de umas e outra que a eficácia da Administração portuguesa deve ser avaliada.

Nos últimos vinte anos, houve uma política concertada para apagar a realidade de Macau do imaginário dos portugueses. Aliás, o mesmo foi tentado em relação a Timor e só a força do nacionalismo dos timorenses e a brutalidade da Indonésia impediram que esse apagamento se desse. Os militares de abril sempre pensaram que Timor, tal como Goa em relação à Índia, seria pacífica e facilmente absorvido na grande Indonésia. Aplicada a Macau, esta ideia contribuiu para o erro histórico de ter sido nomeado e mantido no cargo o atual governador quando tudo aconselhava a escolha de uma personalidade civil de alto prestígio nacional e com créditos firmados na defesa da democracia e da cidadania social. Quando o espetáculo da transição terminar, alguém vai ter de varrer o lixo. Espero veementemente que ninguém tenha de o comer ou de morrer afogado nele.

Visão, 25 de novembro de 1999

Os desafios da cooperação

A cooperação portuguesa com os PALOPs é um mundo insondável. Pese embora o esforço meritório do atual secretário de Estado, não é ainda hoje possível identificar uma política de cooperação. Não há uma política, há um caos político. A Secretaria de Estado, os diferentes ministérios, o Instituto Camões, a Comissão dos Descobrimentos e até os diplomatas individualmente, cada um tem a sua "política de cooperação". Não admira que os esforços reais de cooperação raramente deixem marca e que o montante, o destino e a eficácia do dinheiro gasto seja um mistério. De admirar é apenas que a Assembleia da República não procure desvendar esse mistério perguntando-se, por exemplo, quanto dinheiro é gasto para premiar amigos, complementar salários com ajudas de custo ou fazer férias.

Porque a descolonização teve lugar há pouco tempo e foi traumática e porque as desigualdades entre os países ricos são cada vez mais escandalosas, a política de cooperação com os PALOPs devia ter grande prioridade. E porque o colonialismo português foi muito específico e Portugal é um país de desenvolvimento intermédio, tal prioridade deveria traduzir-se em atuações criteriosamente selecionadas e transgressivas em relação ao modelo convencional de cooperação. A longa duração do colonialismo português fez com que este marcasse tanto as sociedades coloniais como a sociedade portuguesa. A política de cooperação tem, assim, de ser concebida como uma política de reciprocidades, que inclua o contributo dos países pós-coloniais para o conhecimento e reconhecimento do nosso país. Por outro lado, como Portugal não tem capacidade para se envolver em grandes infraestruturas físicas ou atuações sociais de grande escala, a política de cooperação devia centrar-se em ações com forte componente cultural e científica.

Dois exemplos de Moçambique que são também duas sugestões. Está neste momento em fase de instalação o Centro de Formação Jurídica e Judiciária onde irão formar-se os magistrados moçambicanos. Porque muitos dos juristas moçambicanos cursaram universidades portuguesas, porque o sistema jurídico e judiciário moçambicano mantém estreitas afinidades com o sistema português e porque está neste momento a realizar-se um grande projeto de investigação sobre a administração da justiça em Moçambique, parcialmente financiado por Portugal, por todas estas razões a área da justiça devia ser uma área de cooperação prioritária. No entanto, o modo como Portugal tem vindo a participar no financiamento do Centro de Formação — não por via bilateral, mas através do PNUD — não parece o mais eficaz. Como as coisas estão, é bem possível que o dinheiro gasto pelos portugueses venha a contribuir para imprimir ao Centro uma marca... italiana.

O segundo exemplo é a Ilha de Moçambique. A Ilha é um lugar mágico, uma metáfora demasiado grande para o seu tamanho. Nela cabem a moçambicanidade, a portugalidade, a indianidade, a swahilidade, a islamidade etc. A Ilha é o lugar do mundo onde melhor se exprime o contato entre culturas: o multiculturalismo em todo o seu esplendor e violência; o paroxismo da miscigenação e da escravatura. Declarada Patrimônio Mundial, a Ilha é hoje uma ruína viva e, como diz o arquiteto moçambicano José Forjaz, o seu fascínio é tão poderoso que esconde a sua agonia. A Universidade Eduardo Mondlane, Maputo, incluiu no seu plano estratégico criar na Ilha um polo de extensão nas áreas de biologia, oceanografia, arqueologia e antropologia. E não seria este o lugar ideal para instalar uma Universidade Global (assente em cursos de Verão) sobre encontros de culturas e multiculturalismo? Para isto e para a reabilitação da Ilha é preciso dinheiro. Talvez menos do que se julga, mas muito mais do que o que pode ser dispendido por Moçambique. Em concertação com as autoridades moçambicanas, a Ilha devia ser uma das grandes prioridades de cooperação portuguesa em Moçambique. Tanto mais que as agências de cooperação de outros países consideram miopemente que o patrimônio arquitetônico da Ilha é português e devia ser reabilitado pelos portugueses. O patrimônio da Ilha é bem moçambicano e, através dele, os Moçambicanos oferecem-nos fraternalmente a oportunidade de nós, portugueses, nos conhecermos melhor.

Visão, 9 de dezembro de 1999

As eleições em Moçambique

À hora em que escrevo, não se conhecem os resultados definitivos das eleições presidenciais e legislativas em Moçambique. A contagem manual e em conferência de 200.000 votos nulos (por vezes, a um ritmo não superior a 6 votos por hora) e o julgamento de recursos pelo Tribunal Supremo vão certamente atrasar a proclamação dos resultados. Apesar dos protestos da Renamo,[2] a comunidade internacional não estará certamente disposta a financiar a repetição das eleições. Tudo leva a crer que Joaquim Chissano ganhou as eleições presidenciais com cerca de 52% e que a Frelimo elegerá entre 132 e 138 dos 250 deputados que compõem a Assembleia Legislativa, sendo os restantes conquistados por inteiro pela Renamo. Do Centro para o Norte, a Renamo ganhou em todas as províncias, exceto Cabo Delgado.

Como interpretar estes resultados? Se considerarmos que a Frelimo é Governo desde a Independência e detém um controle total sobre o aparelho administrativo do Estado, e se tivermos em conta a desproporção de meios de que dispuseram os dois partidos na campanha eleitoral, os traços mais salientes destas eleições são os notáveis resultados da Renamo e a quase derrota da Frelimo. A surpresa destes traços não deve impedir-nos de tentar explicá-los. À primeira vista, os resultados revelam que os Moçambicanos estão muito divididos nas suas preferências pelos programas políticos dos dois maiores partidos. Creio, no entanto, que a esmagadora maioria dos eleitores não conhece nenhum dos programas e muito menos a diferença entre eles. Aliás, em muitas regiões do país, a Renamo não teve sequer meios para fazer campanha e dar a conhecer o seu programa. Julgo, pois, que o voto maciço na Renamo é, sobretudo, um voto de protesto contra o Governo Frelimo da última década.

Trata-se de um voto de protesto contra a corrupção, a exclusão social e o regionalismo. Com a perda de referências ideológicas, o poder políti-

---

2. Resistência Nacional Moçambicana, partido da oposição de Moçambique, conduziu durante 16 anos a luta armada contra a Frelimo, partido no poder, tendo assinado os acordos da paz em 1992.

co da Frelimo tem vindo a transformar-se num mero trampolim para a obtenção de poder económico, para "engordar", como se diz na gíria de Maputo, sendo as privatizações e a aquisição de terras os dois alimentos favoritos. A corrupção avassaladora (em que o capital estrangeiro colabora ativamente) combina-se com a injustiça regional. A divisão eleitoral, mais do que diferenças étnicas, reflete injustiças regionais. Daí o regionalismo, que não só corrói as relações entre a Frelimo e a Renamo, como ameaça corroer, por dentro, a própria Frelimo.

As injustiças regionais acumulam-se com as injustiças sociais. Ao aplicar rigidamente as receitas neoliberais, a Frelimo pensou que poderia compensar os custos políticos do aumento da exclusão social com a promoção do capitalismo negro freliminiano, um pouco ao jeito do ANC na África do Sul e a política da "African Renaissance". Acontece que o colonialismo do *apartheid* foi muito distinto do colonialismo português. Neste último, o racismo manifestou-se sobretudo sob a forma das desigualdades de classe de que o Brasil é o melhor exemplo. Daí o desaire da Frelimo ao tentar imitar o ANC: em Moçambique, as desigualdades não se deixam facilmente disfarçar pelo antirracismo ou pela negritude.

Apesar de os resultados apontarem para a bipartidarização, o comportamento dos dois partidos políticos parece ir em sentido contrário. A Renamo faz oposição destrutiva enquanto, para muitos dirigentes da Frelimo, a Renamo continua a ser "os bandidos armados". Daí a pergunta: politicamente Moçambique é um sistema bipartidário ou um sistema de dois partidos únicos? Da resposta a esta pergunta depende o futuro da democracia moçambicana.

Visão, 23 de dezembro de 1999

2000

Moçambique: a catástrofe silenciada

Vivemos numa época de pretensa transparência global dos acontecimentos que constituem o que se designa por atualidade. Parafraseando um *slogan* feliz, crê-se que tudo o que se passa passa na comunicação social. Esta crença condiciona tanto as ações e decisões dos agentes políticos como a percepção que os cidadãos comuns têm da sociedade e do mundo em que vivem. Porém, como muitas outras crenças, assenta numa ilusão. De fato, nem tudo o que acontece é notícia, e são por vezes insondáveis os critérios que levam a que certos acontecimentos sejam omitidos ou não lhes seja dado o mesmo realce que a outros acontecimentos do mesmo tipo e dimensão.

Vem isto a propósito do modo como tem sido noticiada na comunicação social portuguesa a calamidade que se abateu recentemente sobre Moçambique em consequência das devastadoras inundações que assolaram o Centro e o Sul do país. Um dos países mais pobres do mundo que, após três décadas de guerra e de destruição, soube erguer com dignidade a bandeira da paz e do desenvolvimento, vê o seu sonho de um futuro melhor deitado por terra e certamente adiado por alguns anos. 800 mil pessoas afetadas, muitos milhares de desalojados, a agricultura arrasada, bairros inteiros levados pelas águas, dezenas de mortos, centenas de desaparecidos, pontes e estradas destruídas, escolas fechadas e transformadas em centros de acolhimento, um surto iminente e sem precedentes de malária. Que sabem disto os portugueses? Certamente muito pouco porque muito pouco tem sido noticiado.

Se ponderarmos a dimensão da catástrofe pela capacidade econômica do país para lhe fazer face, a calamidade que se abateu sobre Moçambique é de gravidade semelhante à que se abateu recentemente sobre a Venezuela. E, no entanto, enquanto neste último caso se despacharam enviados especiais, se despertaram as emoções para o drama social, se deu voz aos apelos à solidariedade, no caso de Moçambique tem-se feito, em geral, notícia de agenda sem drama nem alma. A gravidade da catástrofe tem sido, assim, escamoteada e as suas consequências trivializadas.

É difícil entender as causas desta discrepância chocante mas, uma vez conhecidos os fatos, é fácil concluir que o descaso dado à tragédia de Moçambique é uma dimensão adicional, talvez a mais oculta, desta tragédia. Está a impedir que se constitua em Portugal uma mobilizadora rede de solidariedade para com o povo moçambicano. Está a permitir ao Governo desincumbir-se do seu dever de ajuda com uns escassos milhares de dólares. O momento e o contexto para tal indiferença, se esta se mantiver, não poderiam ser mais desastrados. Cresce o investimento português em Moçambique, chegam novos emigrantes-investidores, alguns deles (felizmente não todos) com comportamentos que, quando comparados com os dos colonos do antigamente, fazem ter saudades destes últimos. A solidariedade pronta e empenhada dos portugueses e do seu Governo seria a grande oportunidade para mostrar aos moçambicanos que os portugueses se lembram deles para outros fins que não a busca de lucros fáceis. Ainda estaremos a tempo de não perder esta oportunidade?

Visão, 24 de fevereiro de 2000

Moçambique: As calamidades e a oportunidade

Agora que a ajuda internacional começou a chegar a Moçambique é tempo de propormos uma visão mais ampla das calamidades que assolam Moçambique e uma linha de ação mais ambiciosa para lhes pôr termo. Falo de calamidades porque o dilúvio que se acaba de abater sobre Moçambique é apenas a ponta do *iceberg*, um elo de uma cadeia de calamidades, algumas bem mais tenazes, com que Moçambique se vai defrontar nas próximas décadas. Por esta razão, é incorreto considerar as inundações como uma calamidade natural. É natural, por certo, quanto às causas, mas não o é quanto às consequências, o que mais importa. O mesmo nível de inundações na Holanda teria certamente consequências bem menos dramáticas. O que torna o drama de Moçambique particularmente excruciante é o nível de subdesenvolvimento sobre que se abateram as chuvas torrenciais. Aí residem duas das maiores calamidades com que Moçambique se vai defrontar na próxima década: a pobreza absoluta e a Sida/Aids. Segundo os dados do Relatório do Desenvolvimento Humano de 1999, que será publicado no próximo mês de abril, e que me foram amavelmente facultados pelo Prof. António Francisco da Universidade Eduardo Mondlane, em 1997, 69% da população de Moçambique vivia abaixo da linha de pobreza absoluta, definida como meio dólar por pessoa por dia, o que significa que dois em cada três moçambicanos vivia com menos de 80 centavos por dia. Mas o mais grave é que em duas das províncias mais duramente atingidas pelas cheias, Sofala e Inhambane, essa percentagem era de 88% e 83%, respectivamente. Se a incidência da pobreza não for entretanto reduzida, em 2010 haverá 16,8 milhões de pessoas em pobreza absoluta, tantos quanto a população atual do país.

Por outro lado, Moçambique, com 0,3% da população mundial, conta atualmente com cerca de 5% a 6% da população mundial infectada com vírus HIV. Em 1999, entre 600 e 700 pessoas por dia foram infectadas com o vírus, 20% das quais crianças de 0 a 4 anos, por transmissão materna. O número de pessoas infectadas era de 1,1 milhão em 1998 e será de 2 milhões no corrente ano. Se as previsões atuais sobre o impacto da Sida/Aids se concretizarem, a esperança de vida à nascença dos

Moçambicanos reduzir-se-á cerca de 8 anos, de 43,5 anos em 1999 para 35,4, em 2010.

É esta a verdadeira dimensão das calamidades que se abatem sobre Moçambique e é a partir desta constatação que se deve construir a oportunidade para atacar a catástrofe para a qual não há imagens tão pungentes quanto as da gente à beira de afogar-se salva pelos helicópteros. Esta oportunidade consiste nas condições privilegiadas para os cidadãos ativos de Portugal, do Brasil, de Moçambique e de todo o mundo fazerem uma dupla exigência, à comunidade internacional e ao Governo moçambicano. A primeira exigência é de que a dívida externa moçambicana, tanto bilateral como multilateral, seja totalmente perdoada. A dívida externa moçambicana é insustentável e incobrável e os credores sabem disso. Entre 1996 e 1998, enquanto o Produto Interno Bruto (PIB) *per capita* nominal rondou os 215 USD, a dívida externa oficial rondou os 325 USD *per capita*. Isto significa que no período 1996-98, o *stock* da dívida externa oscilou em torno de 150% do PIB. Acresce que a dívida externa de Moçambique é injusta. Uma enorme percentagem dos créditos é, de fato, financiamento a fundo perdido de empresas estrangeiras. É o que decorre do fato de, à luz do *International Competitive Bidding* adotado pelo Banco Mundial, as empresas moçambicanas não terem faturação suficiente para entrar nos concursos. Outra parte dos créditos é gasta em assistência técnica estrangeira e outra ainda nas importações dos países credores ou doadores. Nem 10% do dinheiro atribuído entra, de fato, no país. Esse dinheiro gera PIB (e, para mais, livre de impostos) nos países credores, não em Moçambique. E nunca ninguém se lembrou de pagar a dívida internacional a Moçambique pela destruição que sofreu por ter encabeçado, na região, a luta contra os regimes racistas da Rodésia e da África do Sul. Em termos morais, a dívida está paga e mais que paga.

Depois das reduções da dívida decididas pelo Banco Mundial e Fundo Monetário Internacional, no âmbito da Iniciativa do Alívio da Dívida para os Países Altamente Endividados (HIPC), o valor atual líquido da dívida de Moçambique é de cerca de 1,1 bilhão de dólares. Só em juros, Moçambique terá de pagar este ano cerca de 76 milhões de dólares, ou seja, mais ou menos o mesmo que o conjunto da despesa com a saúde e a educação. Moçambique deve a Portugal cerca de 350 milhões de dólares, ou seja, 4 anos e meio da saúde e da educação dos moçambicanos. O Governo português decidiu perdoar apenas 38% da dívida. Isso equivale a privar os moçambicanos de 2 anos e meio desse precioso e já tão escasso bem. A dívida de Moçambique ao Brasil é de 290,2 milhões de dólares. O Senado brasileiro acaba de aprovar os parâmetros de negociação da dívida saídos do Clube de Paris, mas não se faz qualquer referência ao perdão da dívida, apesar de ser uma migalha do dinheiro que o Estado brasileiro tem vindo a arrecadar da venda da economia brasileira ao capital global. Peço aos meus leitores inconformados que exijam o perdão total da dívida, escrevendo ao Primeiro-Ministro de Portugal nesse sentido (pm@pm.gov.pt) e ao Presidente da República do Brasil (pr@planalto.gov.br).

Mas a nossa exigência é dupla. O perdão da dívida deve ser total, mas não incondicional. O perdão deve ser concedido em troca de um compromisso moral do Governo moçambicano de que os fundos libertados serão aplicados nas tarefas do desenvolvimento que permitam pôr fim às calamidades da pobreza absoluta e da Sida/Aids. As condições até agora impostas pelo Banco Mundial e pelo FMI aos países sujeitos à sua intervenção têm sido míopes, injustas e mesmo imorais. É tempo de as substituir por condições dirigidas ao desenvolvimento humano das populações e ao seu bem-estar. As calamidades que têm vindo a assolar Moçambique, combinadas com os sinais de que estamos a entrar num período pós-Consenso de Washington, podem ser a oportunidade para substituir as condicionalidades predadoras por condicionalidades solidárias. Estas últimas exigem compromissos novos e mais exigentes por parte dos Estados intervencionados. No caso de Moçambique, o cumprimento desse compromisso, sujeito à fiscalização externa, deve exigir, entre outras coisas, que se ponha fim à aliança parasitária entre burocracias internacionais e setores corruptos da classe política nacional. Os meus leitores interessados na troca da dívida financeira por uma dívida moral devem escrever nesse sentido ao Presidente Chissano (fax: 258 1 497 311).

Folha de S.Paulo, 21 de março de 2000

Reflexões moçambicanas

Quando, há um mês, escrevi a minha primeira crônica sobre Moçambique, a comunidade internacional e a portuguesa pareciam não se ter dado conta da gravidade da calamidade que estava a ocorrer. Felizmente, esta distração ou indiferença foi gradualmente substituída pelo alerta e pela mobilização da ajuda humanitária. A ajuda de emergência vai ainda ser necessária durante vários meses e as tarefas da reconstrução das infraestruturas levarão ainda mais tempo. Calcula-se que serão necessários 2 milhões de contos para reconstruir os postes de energia elétrica e respectivas estações e 18 milhões de contos para a recuperação dos sistemas de água, estradas e pontes. Uma grande emergência como esta levanta sempre questões que a transcendem e, tragicamente, a reflexão sobre elas é a única vantagem que podemos retirar da desgraça. Que cada leitor junte as suas às minhas reflexões:

1. No respeitante à disponibilidade moral para ajudar as vítimas de catástrofes, não se progrediu muito entre o início e o final do século XX. Basta comparar a mobilização atual com a ajuda internacional contra a fome na Rússia depois da Primeira Guerra Mundial. Esta situação é tanto mais preocupante quanto existem hoje para o caso de catástrofes naturais sofisticados meios de detecção, via satélite, da dimensão das emergências. As informações que eles fornecem estão disponíveis em Washington e Londres mas não onde as calamidades, em geral, ocorrem. Não será possível submeter esta informação a controle democrático?

2. A comunicação social global, sobretudo a televisão, tem hoje uma influência crucial em tornar visível e dramatizar o sofrimento humano. Esta influência, que é intrinsecamente benéfica, tem, contudo, dois contrapesos. Por um lado, a capacidade para tornar visível é tão grande quanto a capacidade para ocultar e, por isso, o que não é mostrado não entra na agenda política internacional. Os Timorenses sofreram na carne as consequências de vinte anos de ocultação. Por outro lado, tornou-se muito difícil manter o

ritmo da ajuda internacional depois que as câmaras e os jornalistas abandonam o lugar da tragédia.

3. As agências financeiras multilaterais são hoje o símbolo do cinismo, do egoísmo e da arrogância internacionais. Há um mês, o presidente do Banco Mundial atacou a campanha internacional de inspiração cristã, Jubileu 2000, considerando que o perdão da dívida dos países mais pobres era uma campanha leviana que "daria cabo do mercado". Esta atitude contrasta com a de alguns Estados que se têm mostrado disponíveis para perdoar as dívidas. O contraste reside em que no nível dos Estados — de que Portugal é, neste caso, um bom exemplo — existem meios de pressão democrática a que o Banco Mundial está imune.

4. A capacidade de liderança e a aposta na vontade de recuperação são meio caminho para sair da tragédia. Estão bem patentes no otimismo antecipatório do Presidente Chissano: "O nosso desejo é antes do fim do ano voltarmos para onde estávamos."

5. Nas grandes emergências, há sempre grupos sociais que são esquecidos e injustiçados por não corresponderem ao perfil das vítimas. No caso de Moçambique, um desses grupos pode bem ser o dos pequenos comerciantes portugueses do Xai Xai, do Chokwe e de outras localidades que perderam todos os seus haveres. Aliás, ajudar os "empresários do mato" significa ajudar muita pequena atividade moçambicana em seu redor. O Governo português não pode furtar-se a essa ajuda.

Visão, 23 de março de 2000

Progresso imoral

20 de abril. Reúno-me em Nova Délhi com ativistas do Movimento Narmada Bachao Andolan (Movimento Salvemos o Narmada). Trata-se de uma vasta campanha, hoje transnacionalizada, que desde meados dos anos 1980 vem lutando contra um gigantesco projeto hidroelétrico e de irrigação que envolve a construção de várias barragens no rio Narmada. Este megaprojeto, inicialmente financiado pelo Banco Mundial — que entretanto se retirou dada a controvérsia gerada — vai destruir a agricultura tradicional do vale do Narmada, considerado um dos berços da civilização agrícola, e vai obrigar à deslocação de centenas de milhares de camponeses e de povos tribais. Estes últimos, também conhecidos por "adivasi" (povos originários), habitam este vale desde tempos imemoriais, e muitos deles foram sendo expulsos para terras menos férteis e para as florestas, quando a Índia, muitos séculos antes do contato com os portugueses, foi ocupada pelos povos arianos vindos da Ásia Central. Hoje, os minérios, a biodiversidade, a madeira e os megaprojetos agroindustriais tornam estes territórios apetecíveis para a cobiça desenvolvimentista e, com ela, instala-se entre os povos indígenas o desassossego permanente da subsistência. Desesperados, alguns povos indígenas ameaçam suicidar-se coletivamente através da "Jal Samarpan" (oferta às águas). Na reunião falamos da luta dos índios brasileiros contra o canal entre os rios Araguaia e Tocantins, e da luta dos indígenas colombianos Embera-Katio contra a barragem do rio Sinu.

23 de abril. Recebo em Nova Délhi notícias de Portugal e do Brasil sobre o fiasco das comemorações dos 500 anos e a brutal repressão policial dos índios e dos camponeses do MST em Porto Seguro.

27 de abril. No avião, entre Nova Délhi e Lisboa, leio no *Financial Times* que a Mozal, a megafábrica de alumínio, de capital sul-africano, em construção a Sul do Maputo, está seriamente preocupada com o surto de malária entre os trabalhadores africanos: em fevereiro deste ano tinham sido detectados 5.000 casos, dos quais 12 mortais, entre os 25.000 trabalhadores que durante um período ou outro trabalharam na empresa desde julho de 1998. Para a Billiton, o grupo britânico que lidera o investimento, o surto de malária pode vir a afetar a rentabilidade do investimento e alterar a data da entrada em laboração. Segundo um porta-voz da empresa: "a malária faz-nos pensar na variedade de desafios inesperados — políticos, sociais e médicos — com que as empresas de recursos naturais se têm de confrontar à medida que intensificam a sua ação no Terceiro Mundo".

29 de abril. Abro o meu correio eletrônico para saber dos últimos desenvolvimentos numa luta que acompanho há anos: a luta dos indígenas U'wa da Colômbia contra a exploração de petróleo nos seus territórios ("resguardados") por parte da empresa norte-americana Ocidental. Os indígenas continuam em greve de fome junto ao bloco de prospecção e ameaçam com suicídio coletivo, o mesmo que os seus ancestrais cometeram quando no século XVII os espanhóis procuraram aprofundar a colonização na Sierra Nevada de Santa Marta.

O que há de comum entre estas notícias? Primeiro, em todas elas está em causa a sorte de povos que habitavam os territórios e fruíam riquezas que, sobretudo nos últimos cinco séculos, se tornaram objeto de cobiça externa. Segundo, a cultura e o bem-estar destes povos foram desde então convertidos em objetos descartáveis postos ao serviço de interesses estranhos: os rios sagrados transformaram-se em projetos agroindustriais; a saúde dos trabalhadores africanos, como a dos seus ancestrais, os escravos nas plantações da América, é apenas um custo adicional do investimento; o petróleo, que para os U'wa é o sangue da terra, cuja extração suga a energia da vida individual e coletiva, é convertido numa matéria-prima crucial para aliviar a recessão econômica e aprofundar os interesses comerciais norte-americanos na Colômbia. Terceiro, quando, nos melhores momentos desta história, estes povos receberam alguma compensação, esta foi uma migalha ínfima comparada com os benefícios que outros deles extorquiram.

Qual foi o progresso moral deste longo processo histórico? Penso que o monstruoso déficit moral de que todos somos cúmplices não tem ainda um pensamento à altura da indignação que deveria causar. É por isso que nem sequer a resistência pode ser comemorada. Há, primeiro, que criá-la.

Folha de S.Paulo, 5 de maio de 2000

Esquecer Fukuyama

Quando Hegel morreu, em 1831, prevalecia, entre os filósofos alemães e europeus familiarizados com a filosofia alemã, a ideia de que o sistema filosófico hegeliano constituía o culminar do pensamento filosófico, a forma última para além da qual não era possível pensar. O esplendor máximo da filosofia coincidia assim com o fim da filosofia. A partir daí não restava outra alternativa aos pensadores senão repetir Hegel. Dada a complexidade do seu pensamento, os debates e divisões não podiam senão assentar em diferentes interpretações da herança hegeliana. Foram então particularmente acirradas as divisões entre os "hegelianos de esquerda" e os "hegelianos de direita". Para os primeiros, o culminar da filosofia impunha o fim da história como tarefa a realizar com base na crítica da sociedade de então; para os segundos, o fim da história era a síntese da filosofia com o tempo presente, o que envolvia a aceitação deste. Marx viveu intensamente estes debates. À sua maneira, foi um hegeliano de esquerda. Segundo ele, o fim da filosofia era, afinal, o fim de muito pouco: depois de se esgotarem as possibilidades de transformação das ideias sobre o mundo era preciso começar a transformação do mundo. Levou muitas décadas e filósofos da envergadura de Nietzsche e de Heidegger para se tornar claro que, afinal, o fim da filosofia era apenas o fim de uma filosofia, a hegeliana, e que para além dela havia outras filosofias em curso ou a começar.

Quando Fukuyama publicou, em 1989, o seu primeiro texto sobre o fim da história, reivindicou uma herança hegeliana e, sem ter noção disso, a herança dos hegelianos de direita. O objetivo era dar densidade filosófica ao pensamento conservador que até então parecia não estar à altura da revolução conservadora iniciada com Ronald Regan no princípio da década de 1980. Este objetivo foi prosseguido nas suas publicações subsequentes e também nas de outros autores, como Samuel Huntington, e um sem-número de epígonos.

Acontece que o pensamento de Fukuyama está nos antípodas do de Hegel e que, ao recorrer a este, revela a indigência própria de um pensamento que não é capaz de pensar senão o que é evidente à luz da construção midiática do que existe e de fazer apologia dos interesses dominantes como se não houvesse outros interesses, os dos grupos sociais dominados. Um exemplo ajuda a ver quão de pacotilha é o hegelianismo de Fukuyama. Propõe-se, segundo ele, tal como Hegel, analisar os três componentes da modernidade: Estado, sociedade civil e família. Ora em Hegel não há componentes; há momentos, e os três momentos não estão ao mesmo nível do movimento dialético. A família é a tese, o momento dos objetivos comuns numa pequena comunidade, obtidos com o sacrifício da liberdade, da individualidade e do particularismo. A sociedade civil é a antítese, o momento que resgata toda essa diversidade, mas que, ao fazê-lo, corre o risco de perder de vista o bem comum. Para que isso não suceda, é necessário um momento de síntese que contenha e supere as virtualidades dos momentos anteriores. Essa síntese é o Estado. À luz disto, deitar no lixo a dialética e reclamar-se de Hegel para criticar o Estado e fazer a apologia dos valores da família tradicional e das virtudes do capitalismo e da democracia liberal é ignorância ou oportunismo científico.

Visão, 29 de junho de 2000

Os novos europeus[1]

Nos últimos cento e cinquenta anos, em três ondas sucessivas, as migrações transformaram a economia e a identidade cultural da Europa Ocidental. Na segunda metade do século XIX foram os muitos milhões de europeus que emigraram para as Américas. Em meados do século XX foram os milhões de *Gastarbeiter* que, sobretudo a partir da Europa do Sul, emigraram para a Europa desenvolvida. Hoje são os milhões de imigrantes na União Europeia vindos da Ásia, da África, da América Latina e da Europa de Leste. Dois fatores distinguem esta última onda da anterior. Em primeiro lugar, é muito superior a incidência da imigração clandestina. Os 58 chineses encontrados mortos num contentor em Dover são um pequeno "acidente" no negócio das máfias globais de tráfico humano que, segundo as Nações Unidas, têm lucros anuais de 7 bilhões de dólares (o preço para fazer entrar um chinês na Europa ou nos EUA é de 4.000 a 8.000 contos). Em segundo lugar, os imigrantes vêm de países muito distantes e de culturas muito diferentes. À medida que a Europa se torna multicultural, transforma-se a própria identidade europeia.

Este último fator é talvez responsável pela enorme ambiguidade atual da Europa face à imigração. Por um lado, domina a política repressiva e quase todos os imigrantes e candidatos a asilo têm histórias de horror para contar. A pátria dos direitos humanos deixou cair o véu da hipocrisia, com o que dá mais campo de manobra aos partidos de direita. Por outro lado, a Europa começa a rever-se na contribuição econômica (e mesmo cultural) dos imigrantes. Em 1999 os 16 milhões de imigrantes legais geraram um rendimento de 460 bilhões de dólares; as empresas de imigrantes triplicaram na Holanda de 1986 até hoje; um terço da mão de obra na indústria e nos serviços na Itália é estrangeira. Um relatório recente das Nações Unidas prevê que a União Europeia necessitará em 2025

---

1. A 19 de junho de 2000 foram encontrados dentro de um caminhão no porto inglês de Dover os corpos de 58 imigrantes ilegais chineses. A morte, presumivelmente por asfixia, foi atribuída ao fato de o sistema de refrigeração do veículo ter sido desligado durante a travessia de *ferryboat*, entre Zeebrugge, Bélgica, e Dover, Inglaterra.

de 35 milhões de imigrantes e que serão eles quem garantirá a sustentabilidade dos sistemas públicos de pensões.

Tendo como pano de fundo as necessidades urgentes de mão de obra imigrante na construção civil, a Assembleia da República e o Governo vão decidir no próximo dia 26 a nova política de imigração. Se prevalecer a posição do Governo, a imigração vai estar estritamente ligada aos contratos de trabalho. É um erro porque coloca o imigrante na dependência direta de um patrão concreto, porque não dá condições de fixação e porque o agenciamento vai acabar por engordar as máfias que tanto traficam migrantes ilegais como legais. Se, no entanto, for esta a solução adotada, faço uma proposta em nome da solidariedade internacional e do cálculo capitalista estratégico. Sabemos que as construtoras preferem imigrantes da Europa de Leste pela sua formação profissional, pela dependência linguística e por não suscitarem questões raciais. Dadas as responsabilidades históricas do nosso país, proponho que seja estabelecida uma quota para imigrantes do Brasil (trabalhadores qualificados) e dos PALOPs (trabalhadores não qualificados) e que a estes últimos seja proporcionada formação profissional acelerada. A razão de solidariedade é evidente. A razão de cálculo capitalista é a seguinte: o *boom* das obras vai durar no máximo 10 anos; depois, as empresas só terão a saída da internacionalização e a única que lhes estará aberta é a do Brasil e a dos PALOPs. Ao investirem hoje na qualificação de mão de obra africana, as construtoras estão a investir no seu próprio futuro.

Visão, 13 de julho de 2000

A África humilhada renasce

Escrevo esta crônica no Maputo, onde vim apresentar o relatório de um projeto de investigação realizado nos últimos três anos por uma equipe de quatro investigadores portugueses e de quatro investigadores moçambicanos que eu dirigi conjuntamente com um colega moçambicano. O tema da investigação foi a análise sociológica do sistema judicial oficial e de outros mecanismos de resolução de litígios durante o período da transição democrática que Moçambique tem vindo a viver. Pode parecer um luxo descabido tratar deste tema num país com tantas necessidades básicas por satisfazer e ainda há pouco fustigado pelas cheias que fizeram perigar o frágil processo de desenvolvimento econômico e social. Contudo, se se pretende que a satisfação das necessidades básicas seja construída como uma questão de direitos humanos e que o desenvolvimento, além de capitalista, seja democrático, o acesso à justiça e a garantia efetiva de direitos terão de ser entendidos como pilares fundamentais do projeto social.

Quero chamar a atenção para três observações de interesse geral. A primeira diz respeito ao modo como foi concebido e realizado este projeto, um projeto binacional e multirracial, levado a cabo por moçambicanos, negros e brancos, e por portugueses, em que a escolha dos temas foi objeto de decisões partilhadas e as análises e interpretações resultaram de discussões intensas. Foi um projeto de construção difícil em que pelo caminho houve que enfrentar diferenças e preconceitos culturais (europeus/moçambicanos), raciais (negros/brancos), políticos (neocolonialismo científico/pós-colonialismo). Os resultados do trabalho atestam a possibilidade de vencer com êxito estes obstáculos e constituem um comentário oportuno à demagogia racista que tem vindo a ganhar força entre uma certa elite política e intelectual moçambicana. A africanidade só faz sentido como supraetnicidade e nunca como superetnicidade. Moçambique é de há muitos séculos um lugar de encontro de culturas e é esse o único lugar onde pode pensar o seu futuro.

A segunda observação tem a ver com o modo como nas sociedades contemporâneas, mesmo nas que evoluem de modo mais turbulento, se acumulam resistências à mudança e continuidades insuspeitadas. Nos últimos trinta anos, Moçambique viveu períodos de guerra e de paz e passou por três modelos de desenvolvimento: o colonial, o socialista-revolucionário e o capitalista-democrático. No entanto, o sistema judicial oficial, a legislação em vigor e a formação e cultura jurídicas dos magistrados têm profundas continuidades com a herança colonial e, nestas condições, é muito difícil pensar em soluções próprias, moçambicanas, adequadas à realidade do país e às aspirações do seu povo.

A terceira observação diz respeito ao modo como, ao lado desta oficialidade um tanto estagnada e distante dos cidadãos, a sociedade civil vai dando provas de grande criatividade, multiplicando-se em alternativas de resolução dos litígios que asseguram a paz e a ordem, a decência e a previsibilidade nas comunidades: dos tribunais comunitários às autoridades tradicionais, das associações de ajuda mútua às igrejas. Trata-se de formas organizativas que extravasam dos modelos eurocêntricos de sociedade civil e de democracia participativa. Mas não estará aí a possível contribuição de África, tão humilhada pela globalização neoliberal hegemônica, para a renovação do pensamento político?

Visão, 10 de agosto de 2000

Mosquitos e globalização

O que hoje designamos por globalização neoliberal é a versão mais recente da dominação que a Europa, desde há cinco séculos, a América do Norte, desde há um século, e o Japão, desde há quatro décadas, exercem sobre o resto do mundo. As versões anteriores foram o colonialismo e o imperialismo. Em qualquer destas versões, a dominação assumiu duas formas principais: exploração e opressão. Qualquer delas começou por ser exercida no interior dos países desenvolvidos e foi depois difundida no sistema mundial. A diferença entre as duas formas é a seguinte. No caso da exploração, há uma relação direta e desigual entre o explorador e o explorado, e de tal modo que o explorador não existe sem o explorado. A relação entre o senhor e o escravo e entre o patrão e o operário foram nos últimos séculos as duas grandes formas de exploração. No caso da opressão, a relação desigual não é direta e sim estrutural, e por isso nem o opressor precisa do oprimido, nem o oprimido sabe muitas vezes quem é o opressor. Um desempregado, um deficiente, um camponês autônomo, uma mulher, um membro de uma minoria étnica ou religiosa podem ser oprimidos sem serem explorados. Em nível mundial, entre as classes dominadas, os explorados foram sempre um pequeno grupo quando comparado com a massa dos oprimidos, e as classes dominantes dos países desenvolvidos temeram sempre mais os explorados que os oprimidos. Os explorados foram o motor do sistema, enquanto os oprimidos foram um resíduo descartável.

O que há de novo na globalização neoliberal é a fusão tendencial entre explorados e oprimidos. Transformado o trabalho num recurso global, tornou-se tão fácil explorar que os explorados deixaram de ser uma ameaça e passaram a ser tão descartáveis quanto os oprimidos. Por isso, as classes dominantes nunca foram tão arrogantes como hoje, nem nunca temeram tão pouco o fim dos seus privilégios. Mas como a história tem razões que a razão dominante desconhece, os oprimidos, sobretudo os do chamado Terceiro Mundo, têm vindo a transformar-se nas últimas décadas numa fonte insuspeitada de temores e ameaças. Saliento três. A primeira ameaça é a Sida/Aids. Desde que, segundo se crê, nos anos 40, um caçador na África Central recebeu de um macaco o HIV, a África Subsaariana transformou-se gradualmente numa bomba relógio: 15 milhões de mortos e 70% da população mundial de soropositivos. A ameaça reside no perigo da propagação alargada da epidemia ao mundo desenvolvido e nos prejuízos para os negócios que este último pretenda expandir em África.

A segunda ameaça são os imigrantes clandestinos. Como bem demonstra a nova lei sobre a imigração ao selar a sorte dos emigrantes ao contrato de trabalho, o emigrante só interessa à Europa enquanto explorado; o emigrante oprimido, em busca de uma vida melhor, é uma ameaça. Felizmente, a imigração clandestina encarregar-se-á de pôr cobro a esta hipocrisia. A terceira ameaça são os mosquitos portadores de doenças, que viajam hoje tanto de avião quanto os executivos das multinacionais. A Organização Mundial de Saúde acaba de lançar o alerta contra "a malária de aeroporto", e quem viaja de África para a Europa já se habituou ao ritual do Primeiro Mundo a defender-se do Terceiro Mundo pela mão das hospedeiras, que percorrem a cabine do avião empunhando latas de inseticida. Apesar disso, a malária e o dengue chegam ao centro do mundo pela Internet dos oprimidos. A Sida/Aids, os emigrantes e os mosquitos não são uma perversidade. São a consequência normal de uma globalização perversa.

Visão, 7 de setembro de 2000

O macmártir e os alimentos transgênicos

A repercussão mundial da condenação do agricultor francês José Bové por ter organizado a destruição de um restaurante MacDonald's em protesto contra a invasão americana de carne com hormônios e alimentos transgênicos é mais um exemplo de que a globalização é hoje um fenômeno complexo que escapa por vezes ao controle do capitalismo global e é suscetível de se virar contra ele. Uma semana antes da condenação, Bové estivera na cidade norte-americana de Madison, donde escrevo, a falar a milhares de pessoas reunidas para defender a agricultura sustentável e a qualidade da alimentação contra os perigos da engenharia genética.

Tudo leva a crer que os alimentos transgênicos sejam um dos temas mais debatidos nos próximos anos, uma vez que neles se chocam os interesses econômicos das grandes empresas de biotecnologia com as preocupações crescentes dos Governos e dos cidadãos quanto aos perigos ambientais e para a saúde pública decorrentes dos organismos geneticamente modificados. Ao contrário do que se pode pensar, mesmo nos EUA tem vindo a diminuir o apoio da opinião pública aos alimentos transgênicos, e é por essa razão que as empresas de biotecnologia acabam de lançar uma campanha massiva de relações públicas (no valor de 52 milhões de dólares) destinada a promover os benefícios dos seus produtos. A controvérsia incide sobre três questões principais: perigos para a saúde pública; impacto ambiental; eliminação da fome no mundo.

Apesar de todo o alarido sobre a descodificação do genoma humano, sabe-se muito pouco sobre o funcionamento biológico do material genético nas plantas, nos animais e nos seres humanos e, à luz disto, não é possível garantir a inocuidade dos alimentos transgênicos para a saúde pública. São três os perigos principais: aumentos imprevisíveis de toxicidade nos alimentos; criação de bactérias resistentes aos antibióticos atualmente em uso; agravamento das reações alérgicas.

Os principais perigos ambientais são os seguintes: poluição biológica: o pólen das plantas transgenéticas não respeita as demarcações dos terrenos e a sua interação com as plantas convencionais não é conhecida nem é controlável. Dependência química: os líderes da biotecnologia — Monsanto, DuPont, Aventis e Novartis — estão ligados às empresas químicas que produzem pesticidas e herbicidas; está hoje provado que os agricultores de produtos transgênicos usam mais esses e outros produtos químicos que os agricultores convencionais. Diminuição da biodiversidade: as plantas transgênicas, por terem genes que lhes permitem sobreviver em ambientes hostis, podem vir a sobrepor-se às demais espécies e a conduzir a extinção de muitas delas.

Finalmente, no que respeita à possível eliminação da fome no mundo prometida pela agricultura transgênica, as dúvidas acumulam-se e com boas razões. Em 1999, 99% das plantações transgênicas tiveram por objetivo controlar as pragas e não aumentar a produção ou o valor nutritivo. Por outro lado, o problema da fome no mundo — 800 milhões de pessoas segundo os cálculos das Nações Unidas — não é um problema de produção. De fato, o mundo produz hoje o suficiente para alimentar cada habitante do planeta com cerca de dois quilos de comida por dia. O problema da fome é um problema de desigualdade, de injustiça e de pobreza.

Visão, 21 de setembro de 2000

Uma democracia de baixa intensidade?

Faz hoje oito dias, os estudantes da Universidade de Madison-Wisconsin pediram-me que discutisse com eles as eleições presidenciais. Acedi com gosto sobretudo porque detectei neles uma ansiedade profunda sobre a natureza e a qualidade da democracia norte-americana. A maioria dos estudantes tinha votado Al Gore ou Ralph Nader ou tinha-se abstido. Eis os principais temas de debate e algumas das conclusões a que chegamos:

1. O financiamento privado do sistema político é o cancro da democracia norte-americana. Os grandes interesses económicos nunca investiram tanto como nesta campanha e, apesar de investirem nos dois partidos, investiram muito mais em Bush do que em Gore. O desequilíbrio foi particularmente grande nos setores onde as propostas de Gore significavam perdas de lucros potenciais: seguros, saúde, armamentos, petróleo. Este desequilíbrio contribuiu para que um candidato reconhecidamente medíocre e ignorante pudesse disputar em pé de igualdade com um candidato muito mais bem preparado, vice-presidente de um governo que preside a um crescimento sem precedente da economia.

2. O paroxismo da venda televisiva das imagens visa eliminar as diferenças das agendas políticas para que os pobres e as classes médias tenham dificuldade em identificar os seus interesses. Daí que 50% dos norte-americanos não tenha votado. As mulheres foram o grupo social que melhor superou a confusão midiática: Gore teve neste grupo uma vantagem de 20% sobre Bush.

3. O fator Nader foi decisivo nos resultados e para ele contribuiu o fato de Gore ter negligenciado a sua paixão ambientalista e ter, no passado, alinhado em votações decisivas com os setores mais conservadores. É debatível se o fator Nader contribuirá no futuro para uma viragem à esquerda do partido democrático, ou, pelo contrário, para uma viragem à direita. Uma coisa é certa: as causas cívicas por que Nader tem lutado vão sentir nos cofres, se Gore perder, a raiva dos congressistas democráticos. Os jovens perguntam-se: será que os norte-americanos de esquerda estão

condenados a colocar na Casa Branca o candidato mais conservador sempre que decidem votar em consciência?

4. Estas eleições vieram revelar algumas facetas perturbadoras da democracia americana e os jovens perguntam-se se a transparência democrática é nos EUA muito superior à dos países democráticos do Terceiro Mundo: como é possível que o presidente possa ser eleito sem a maioria do voto popular e com a maioria duvidosa do colégio eleitoral? Por que não abolir o colégio eleitoral? Por que não se vota ao domingo, como na maioria dos países? Como é possível eleger um candidato morto? Por que é que as eleições, sendo federais, se cruzam com leis estaduais que variam enormemente? Por que se deu à televisão o poder de distorcer os resultados globais, transmitindo resultados parciais quando as mesas de voto ainda não encerraram? Por que é que se tentou abafar agora, como já se fez no passado, as suspeitas graves de corrupção na contagem dos votos? Que transparência é esta quando nenhuma contagem coincide com a anterior? Para responder a algumas destas questões muitos dos estudantes lembram-se do Centro Carter que nos últimos três anos fiscalizou eleições em Moçambique, Timor-Leste, Nigéria, Indonésia, Libéria e as eleições de aldeia na China. E por que não as eleições norte-americanas? Em maio de 1999, o Centro Carter realizou a sua primeira ação de fiscalização nos EUA: as eleições para o chefe tribal e para os 15 membros do Conselho Tribal dos índios Cherokees. Por que só os índios?

Visão, 16 de novembro de 2000

Carlos Cardoso[2]

Na semana passada reuniram-se em Coimbra 60 investigadores de 6 países diferentes, no âmbito de um projeto intitulado "A Reinvenção da Emancipação Social" que estou a dirigir no Centro de Estudos Sociais da Faculdade de Economia da Universidade de Coimbra, financiado pela Fundação MacArthur (investigação realizada na África do Sul, Brasil, Colômbia, Índia e Moçambique) e pela Fundação Calouste Gulbenkian (investigação realizada em Portugal). Neste projeto estamos a analisar os movimentos e as lutas que em vários países resistem contra a globalização neoliberal, tão dinâmica quanto predadora, contra a exclusão social, a corrupção e os novos totalitarismos privados que ela engendra. Trata-se de lutas difíceis em que os seus protagonistas correm muitos riscos, mas que nem por isso deixam de proliferar animadas por cidadãos que se recusam a cruzar os braços. Ao planear este encontro, mal podia imaginar que o iria dedicar a um desses cidadãos inconformados com as injustiças do mundo e, ainda por cima, a um querido amigo, o Carlos Cardoso.

Duas horas antes de ser assassinado, Carlos Cardoso tinha confirmado ao Juiz Conselheiro João Carlos Trindade que no dia seguinte faria uma palestra sobre "O Papel da Comunicação Social na Luta contra a Criminalidade" no Centro de Formação Jurídica e Judiciária, uma instituição recente e inovadora onde se estão a formar os magistrados e demais pessoal do sistema judicial em construção. Calaram-no a tiro antes que pudesse falar. Aliás, na opinião dos seus assassinos, ele já falara demais e por isso o mataram. Um dos pioneiros dos jornais por fax, Carlos Cardoso transformara o *Metical* na voz dos que não tinham voz ou tinham medo de falar. Um entusiasta do processo de paz e de democratização, Cardoso previra, antes de ninguém, o perigo de vincular o objetivo nobre

---

2. A 22 de novembro de 2000, o jornalista moçambicano Carlos Cardoso, diretor do jornal diário *Metical*, foi assassinado com rajadas de metralhadora quando saía das instalações do jornal. Profissional de reconhecido mérito, Carlos Cardoso estava a investigar um desvio de fundos de 3,4 milhões do Banco Comercial de Moçambique. Este homicídio gerou uma onda de profunda indignação na sociedade civil, exigindo uma atuação policial eficaz e a punição exemplar dos criminosos.

da democracia às imposições violentas da globalização neoliberal, ao desmantelamento das frágeis estruturas produtivas, à privatização atribiliária, incubadora de corrupção, à perda das referências ideológicas e éticas da luta por uma sociedade melhor e mais justa com que Samora Machel tinha inspirado toda uma geração de jovens moçambicanos.

Carlos Cardoso era um nacionalista esclarecido, um homem que acreditava na emergência de uma burguesia nacional, não de uma burguesia corrupta e rentista empenhada apenas em captar os negócios vantajosos das privatizações, mas sim de uma burguesia produtiva capaz de maximizar a produção dos recursos e produtos que Moçambique poderia colocar no mercado mundial. A força desta convicção era o que verdadeiramente o movia na luta contra a corrupção, o oportunismo e as violações dos direitos humanos: a especulação dos terrenos, os escândalos do BCM e do Banco Austral, a queima de pesticidas, a violência policial, os aumentos dos salários dos vereadores do Conselho Municipal, a corrupção nos serviços de floresta e nas alfândegas etc. A sua luta pela democracia, pela transparência e pela integridade era incondicional e implacável. Exigia de si uma total independência. Tanto atacava a Renamo como falava das "alas gangsterizadas da Frelimo". Atuava, pois, sem padrinhos. Foi fácil abatê-lo.

Três apelos: que a Carlos Cardoso seja atribuído um grande prêmio internacional de jornalismo de investigação; que os jornalistas moçambicanos não se deixem intimidar e continuem o *Metical* e o espírito do *Metical*; que o Governo, tal como já prometeu, não se poupe a esforços para punir os criminosos, já que este caso vai ser um teste decisivo à investigação criminal, ao sistema judicial e à democracia em Moçambique.

Visão, 30 de novembro de 2000

O Plano Colômbia e a União Europeia

Tenho sempre defendido que a União Europeia deve ter uma política externa autónoma em relação aos EUA. Entre outras razões, porque o poder militar dos EUA excede em muito o seu poder económico, tendo este último sempre a tentação de recorrer ao primeiro para prevalecer. Daqui decorrem a distorção da concorrência entre os blocos económicos e a crescente militarização do mundo. O conflito mais explosivo dos próximos anos pode vir a ocorrer na Colômbia, em resultado da aplicação agora iniciada do Plano Colômbia, com impactos decisivos na região. A União Europeia tem responsabilidades históricas que não pode alijar sob qualquer pretexto.

O Plano Colômbia foi proposto em agosto de 1998 pelo novo Presidente da Colômbia para mobilizar o apoio da comunidade internacional para o processo de paz que prometera encetar. O objetivo era partir da paz — pouco depois iniciavam-se as negociações com o maior grupo guerrilheiro, as Farc — para promover um amplo programa de desenvolvimento social que permitisse oferecer aos camponeses pobres uma alternativa real ao cultivo da coca. Acontece que, uma vez entregue nas mãos dos EUA, o Plano sofreu, entre 1998 e 2000, uma radical transformação: de um plano de paz e desenvolvimento passou a um plano de ajuda militar destinado a eliminar a guerrilha, envolvendo a guerra química — a fumigação das culturas da droga — no Sul da Colômbia, há muito controlado pelas Farc. A "ajuda" norte-americana é de 1,3 bilhão de dólares, dos quais cerca de 75% são destinados a objetivos militares: reapetrechamento de aeroportos cedidos aos norte-americanos na região (Manta no Equador, Aruba, Curaçau), assistência militar e às polícias, compra de helicópteros e radares, treino e equipamento de três batalhões especiais do exército colombiano.

O Plano Colômbia é, de fato, um plano para a região já que à Colômbia cabe apenas 65% do total da "ajuda". Por exemplo, a Bolívia receberá 110 milhões de dólares; o Peru, 32 milhões; o Equador 20 milhões; outros países, 18 milhões. Entre estes últimos, conta-se o Brasil que receberá 3,5 milhões para melhoria do sistema de detecção (a rede SIVAM de radar) e para a aquisição de pequenos barcos que deem caça aos traficantes no rio Amazonas. Do total da ajuda militar à Colômbia, 519 milhões de dólares, 417 milhões são destinados à operação no Sul (Putumayo e Caquetá). Resulta claro que o objetivo é eliminar a guerrilha ou forçá-la a negociar em condições de quase capitulação.

Esta transformação militarista ocorreu pelo processo habitual da subordinação estrita da política externa norte-americana aos interesses da política interna. Neste caso, contaram sobretudo os seguintes fatores: a preocupação de Clinton de, em ano eleitoral, não deixar nas mãos dos republicanos a bandeira da posição dura antidroga; um Congresso republicano hostil a qualquer ajuda internacional; os *lobbies* da indústria petrolífera — ansiosa por ver terminado o ataque às suas infraestruturas por parte da guerrilha — e da indústria militar. É ilustrativo, a este respeito, o caso do Senador Dodd do Connecticut, em geral contrário à ajuda militar à América Latina, que, neste caso, apoiou entusiasticamente o Plano Colômbia: é que os helicópteros Blackhawk são fabricados pela Sikorsky, uma divisão da United Technologies, um grande empregador e financiador de campanhas eleitorais no Connecticut.

Uma vez posta em movimento, esta máquina de guerra vai ter efeitos devastadores: muitos milhares de mortos e ainda mais de deslocados; destruição ecológica; aprofundamento do conflito armado; eliminação final das organizações da sociedade civil que teimam em lutar pela paz e pela defesa dos direitos humanos. Os vizinhos — sobretudo o Equador, Venezuela, Panamá, Brasil e Peru — vão ter um quinhão largo destes efeitos: invasão dos deslocados; aumento da violência em resultado do refúgio dos guerrilheiros, dos paramilitares e das mudanças de estratégia na produção e rotas de distribuição da droga. Foi o Boston Globe, e não Hugo Chávez, quem pela primeira vez falou da vietnamização da região.

As populações fronteiriças e as organizações e movimentos populares têm sido mais eloquentes na denúncia destes riscos que os Estados da região. Um exemplo dramático é o apelo da Assembleia da Sociedade Civil de Sucumbios, na Amazônia equatoriana, "a todos os cidadãos e cidadãs do mundo para que se unam a nós contra o Plano Colômbia numa rede ilimitada de solidariedade" e assim se respeitem as aspirações da população amazônica "que merece viver com dignidade e liberdade, bem-

-estar, saúde e harmonia com a natureza". Neste momento, a diplomacia norte-americana está a fazer uma grande ofensiva no sentido de "comprar" a anuência dos países da região com a promessa de ajuda militar e econômica (vantagens comerciais). Tal ajuda será, porém, uma migalha se se mantiver no nível aprovado pelo Congresso para toda a região (180 milhões de dólares). Só o Equador, que, nos termos do Plano, recebe 20 milhões, está a pedir 400 milhões para os próximos quatro anos.

A Declaração da União Europeia emitida em Bogotá em 24 de outubro passado é elucidativa do crescente afastamento da União Europeia em relação ao Plano Colômbia. No entanto, é uma posição tímida que deixa a América Latina sem uma alternativa real. Em meu entender, essa alternativa deve assentar no seguinte: 1) dar prioridade total aos direitos humanos e à paz. 2) Mostrar que do meio trilhão de dólares que a droga rende anualmente, metade circula no sistema financeiro dos EUA e a Colômbia não recebe mais de 2% a 3% e que, por isso, a luta contra a droga tem de incidir tanto na oferta como na procura. Os camponeses são o elo fraco e por isso são os visados, apesar de não lhes caber mais do que 0,6% dos lucros do negócio. 3) Lutar contra um século de proibicionismo norte-americano, mostrando que a legalização das drogas é o único caminho eficaz para pôr termo aos lucros fabulosos que semeiam a morte, tanto em quem produz, como em quem consome.

Esta alternativa acentuaria a autonomia da União Europeia e daria esperança aos latino-americanos. Seria uma posição de princípio que em caso algum poderia funcionar como moeda de troca de outros conflitos entre a União Europeia e os EUA, como, por exemplo, os atualmente pendentes na Organização Mundial do Comércio. Para que assim seja é necessário que os países latino-americanos, com destaque para o Brasil, continuem a exercer uma pressão constante sobre a União Europeia. Dadas as condições presentes, só não o forom se a "compra" da sua posição por parte dos EUA já tiver sido consumada. Seria fatídico para a região que a resistência ao Plano Colômbia se circunscrevesse à Venezuela.

Visão, 14 de dezembro de 2000

Reflexos e reflexões

Ao começar, o milênio convida-nos a refletir sobre a própria reflexão que sobre ele poderá vir a ser feita. O verbo refletir é semanticamente muito ambíguo pois que conota dois fenômenos contraditórios: reflexo e reflexão. Refletir enquanto produção de reflexos é um fenômeno passivo, não criativo, que assume como só existindo aquilo que lhe é dado refletir. É assim que a lua reflete a luz do sol. Ao contrário, refletir enquanto produção de reflexão é um fenômeno ativo, criativo, mobilizado pela identificação de uma falta ou de uma ausência naquilo que existe. É assim que refletimos sobre as nossas vidas ou sobre a sociedade e o tempo em que vivemos. Claro que a contraposição entre reflexo e reflexão não é total. Há sempre algo de criativo no reflexo: o espelho não reflete exatamente o nosso rosto; tal como a reflexão tem sempre algo de passivo: as reflexões que fazemos sobre a nossa vida são reflexos da vida que temos. Mas a contraposição é essencial, pois é através dela que medimos o grau de autonomia (ou de alienação) com que vivemos as nossas vidas: dominamos melhor o mundo sobre o qual refletimos do que o mundo de que somos mero reflexo.

Vivemos o século XX sob a égide de três mestres: um mestre do reflexo: Freud; um mestre da reflexão: Nietzsche; e um mestre da mediação entre reflexo e reflexão: Marx. Foram eles que escreveram o guião da nossa relação com o mundo — mais ou menos ativa, mais ou menos conformista — nos últimos cem anos. Ao entrarmos no novo milênio, verificamos que as lições destes mestres têm vindo a perder poder de convicção sem que, no entanto, estejam a ser substituídas por outras lições de outros mestres. Somos hoje mais exigentes ou apenas menos educáveis? Penso que a questão é outra. Só são precisos mestres quando há tensão entre reflexo e reflexão e essa tensão está a desaparecer nas sociedades mais desenvolvidas. Nestas sociedades é cada vez mais fácil passar por reflexão o que é apenas reflexo, passar por atividade o que é apenas passividade, passar por plenitude o que é uma inominável carência. Por isso, nestas sociedades o que está fora da consciência é sobretudo a consciência de que algo está fora dela.

Três exemplos, que são três ângulos sobre a mesma síndrome. Os consumidores simbolizam hoje o paroxismo de uma atividade que se agita freneticamente no interior de um círculo de escolhas ante as quais é totalmente passiva. O crédito ao consumo permite transformar a carência em plenitude antecipada. O segundo exemplo é a classe política, sobretudo a que está no poder. Como o seu poder é cada vez mais reflexo de outros poderes (capitalismo global, União Europeia), a sua capacidade de reflexão é medida pela sua disponibilidade para ser reflexo. Quem, no interior dessa classe, quiser fazer reflexão, é posto na ordem do reflexo. O terceiro exemplo diz respeito aos criadores de opinião, entre os quais me incluo. Dominados pela vertigem da autonomia e, portanto, da reflexão, ignoram as filiações de que são reflexo. Tendo perdido a mediação entre reflexo e reflexão, quando concordam entre si, ignoram-se porque se repetem, e quando discordam, ignoram-se porque as suas diferenças são incomensuráveis. Nestas condições não é possível nem o consenso nem a polêmica. Por isso, nem os educadores educam nem ninguém educa os educadores.

Visão, 28 de dezembro de 2000

2001

...ted the world of...
...nor scales
...nimal effects
...ll measured tolls
...ll followed by like...
...t conversations over...
...ose laughs at the beach
...ded for home
...new I wouldn't like t...
...problem was how to...
...s too diffuse
...nt names
...ing everywhere
...n vowels and consonan...
...aracters at the doors...
...ined in a greater who...
...he day
...m not where I live
...f I live at home

A ciência e o risco social

Sempre vivemos em sociedades de risco; o que mudou ao longo dos séculos foram os tipos de risco e os modos de os prevenir ou de lhes minimizar as consequências. Durante muitos séculos a produção de riscos teve pouco ou nada a ver com a proteção contra os riscos. Nos últimos duzentos anos, à medida que se foi caminhando para "uma sociedade totalmente administrada", a produção do risco e a proteção contra ele foram-se vinculando mais e mais uma à outra. Ou seja, as instâncias que produziram o risco foram as mesmas a que se recorreu para proteger contra o risco. Duas dessas instâncias merecem destaque: o Estado e a ciência. Ao promover o capitalismo, o Estado produziu ou sancionou muitos dos riscos sociais (fome, desemprego, criminalidade, doença, falta de habitação) que, paulatinamente e por ação de múltiplas lutas sociais, foi chamado a prevenir ou a atenuar nas suas consequências mais corrosivas. O Estado-Providência culminou esse processo de gestão controlada de riscos sociais. Por seu lado, ao converter-se em tecnologia e à medida que a tecnologia foi penetrando em mais áreas da vida social, a ciência passou a estar na origem dos riscos da chamada "sociedade tecnológica" e foi igualmente à ciência que se foi recorrendo mais e mais para encontrar soluções de eliminação ou de contenção dos riscos produzidos. O desenvolvimento destes processos levou a uma vinculação recíproca entre o Estado e a ciência. O Estado recorreu cada vez mais à ciência para proteger-se contra os riscos e, no processo, a ciência politizou-se. Ao contrário do que muitos previram, desta vinculação recíproca não resultou uma mais eficaz proteção contra os riscos. As três últimas décadas são amplo testemunho disso.

Ao promover a passagem do capitalismo nacional para o capitalismo global, o Estado aumentou a sua capacidade de produzir riscos sociais na mesma medida em que perdeu capacidade para se proteger contra eles. Por seu lado, o extraordinário avanço tecnológico veio revelar uma debilidade estrutural da ciência: o fato de que a sua capacidade para produzir novas tecnologias é imensamente superior à sua capacidade para prever as consequências sociais dessas tecnologias. Entramos, assim, num novo milênio com um Estado enfraquecido na sua capacidade de proteção e com uma ciência cada vez mais incerta a respeito das suas consequências. Para tentar disfarçar as suas incapacidades recíprocas, o Estado e a ciência procuram vincular-se mais e mais um ao outro, desculpando-se um com o outro. Assim, o Estado fraco é cada vez mais científico e a ciência incerta é cada vez mais política. As ilustrações deste fenómeno inquietante abundam: as vacas loucas, os organismos geneticamente modificados, o "impacto" ambiental, as radiações de urânio empobrecido, os riscos para a saúde pública da coincineração de resíduos industriais perigosos etc. etc.

Dado o muito que está em causa, nem o Estado pode ser deixado aos políticos nem a ciência pode ser deixada aos cientistas. O Estado será mais eficaz se assumir a participação ativa dos cidadãos como o seu principal critério político. A ciência será mais eficaz se assumir a incerteza: se for mais aberta à pluralidade de opiniões no seu seio e menos arrogante em relação ao saber-testemunho dos cidadãos que sofrem na pele as consequências da sua imprevisão.

Visão, 11 de janeiro de 2001

O princípio do futuro[1]

Porto Alegre foi uma demonstração eloquente de que não existe globalização e sim globalizações. Para além da globalização neoliberal do capitalismo que só aceita as regras que ele próprio impõe, há uma globalização alternativa, a globalização de um desenvolvimento democraticamente sustentável, das solidariedades e das cidadanias, de uma prática ecológica que não destrua o planeta, e de uma sociedade global que só aceite o comércio livre enquanto comércio justo.

Este foi o grande mérito de Porto Alegre uma vez que até agora se dizia que os que se opunham às reuniões do Banco Mundial (BM), do Fundo Monetário Internacional (FMI), da Organização Mundial do Comércio (OMC) eram grupos contra a globalização e sem alternativas. Mostramos aqui que somos a favor da globalização, mas de uma globalização justa que não produza a destruição e miséria para a maioria da população mundial. Quando se verifica que quatro cidadãos americanos têm tanta riqueza quanto o conjunto de 43 países menos desenvolvidos com uma população de 600 milhões de pessoas, não é preciso ser de esquerda para considerar que isto, além de injusto, é absurdo. E é absurdo precisamente porque há alternativas realistas, tanto no plano técnico como no plano político. Entre as que foram aqui apresentadas menciono, a título de exemplo, o perdão da dívida dos países menos desenvolvidos; o imposto Tobin sobre as transações financeiras de divisas que gerariam 200 bilhões de dólares por ano para o desenvolvimento; a democratização do FMI e do BM; a articulação entre os grandes países de desenvolvimento intermédio — Brasil, Índia, África do Sul etc. — para negociarem em conjunto melhores condições com as instituições multilaterais; a aplicação de boa-fé da Convenção da biodiversidade e dos acordos sobre o efeito

---

1. O Fórum Social Mundial (FSM) cumpre em 2013 doze anos de existência. A primeira edição, realizada na cidade brasileira de Porto Alegre, berço do Orçamento Participativo, deu um contributo determinante para a criação de uma sociedade civil transnacional e para a coordenação das lutas sociais à escala global. Desde então, tem-se realizado anualmente e, mais recentemente, bianualmente, em cidades como Mumbai, Nairóbi, Dakar e Túnis. Estimulou a criação de uma miríade de fóruns sociais regionais, nacionais e temáticos.

estufa; a aceitação de parâmetros de qualidade mínima do trabalho usado na produção dos produtos que circulam no mercado mundial. Tudo isto é possível e está ao nosso alcance. Os 4.000 delegados que estiveram em Porto Alegre e as centenas de organizações que aqui apresentaram o seu trabalho e as suas iniciativas foram uma demonstração pujante de que as alternativas estão apenas à espera da força política da sociedade civil global para serem postas na agenda política internacional. Foi esta sociedade civil global que teve aqui um auspicioso ponto de partida. Por isso Porto Alegre tem de ser prosseguido e vai ser prosseguido. Está decidido que em 2002 se reunirá de novo e de novo aqui, nesta cidade que se está a transformar na cidade global das alternativas. E tem uma justa aspiração a esse estatuto em vista da portentosa capacidade organizativa que revelou. Claro que o próximo Fórum não será igual ao primeiro, pois aprendemos aqui que há ajustamentos a fazer na articulação entre as temáticas e há ainda que tornar o Fórum mais mundial (por exemplo, os países de língua portuguesa tiveram uma presença modesta). Mas com este começo tão auspicioso, estou certo de que se farão todos os acertos para tornar o próximo Fórum uma afirmação ainda mais pujante da globalização alternativa.

Visão, 1 de fevereiro de 2001

A sociedade civil global[2]

A regulação social nas sociedades capitalistas modernas assenta em três pilares: Estado, mercado e comunidade. A articulação entre eles bem como o peso de cada um deles tem variado ao longo do tempo. Tanto o mercado como a comunidade constituem a esfera autônoma da atuação dos cidadãos, o que veio a designar-se por sociedade civil. Mas enquanto no mercado a autonomia é usada para fazer valer interesses particulares segundo a lógica da concorrência, na comunidade a autonomia é a expressão da obrigação política horizontal, entre cidadãos, na promoção de interesses comuns segundo a lógica da solidariedade. Desde o início, a comunidade revelou-se o pilar mais frágil deste modelo de regulação, e a verdadeira articulação deu-se entre o Estado e o mercado, com períodos em que o Estado dominou o mercado (o capitalismo social-democrático) e períodos em que o mercado dominou o Estado (o atual capitalismo neoliberal). Este modelo está hoje em crise porque desapareceu a simetria entre o Estado, que se manteve nacional, e o mercado que, entretanto, se globalizou.

Ao dominar a esfera da autonomia dos cidadãos, o mercado passou a estar na base da concepção dominante da sociedade civil. Ao lado desta, sobreviveu uma concepção subalterna de sociedade civil assente na comunidade e na solidariedade. Esta dualidade, que sempre existiu em nível nacional, está hoje a emergir em nível transnacional ou global e teve nas últimas semanas uma afirmação dramática. Em Davos esteve reunida a sociedade civil global assente no mercado; enquanto em Porto Alegre esteve reunida a sociedade civil global assente na comunidade. A força revelada por ambas mostra que, de fato, não há uma mas duas sociedades civis globais, e que a confrontação e o diálogo entre elas vai dominar a política internacional nos próximos anos. Tal como acontecera em nível nacional, a sociedade civil global porto-alegrense é subalterna. Tem con-

---

2. No início da década de 2000, previa-se que nos anos seguintes se intensificaria a confrontação ou o diálogo entre duas sociedades civis globais, a de Davos (FEM) e a de Porto Alegre (FSM).

sigo a maioria da população mundial, mas tem contra si os poderes e os interesses que dominam essa população. É, contudo, uma força social em ascensão, enquanto a sociedade civil global davosiana dá sinais de estar perplexa, e em posição defensiva.

Não é fácil prever o modo como se vão ou não relacionar estas duas sociedades civis. Vai depender de muitos fatores e, em especial, dos que hoje são responsáveis pela *malaise* da sociedade davosiana que, em meu entender, se manifesta de três formas: o perigo de uma recessão nos EUA; o medo de uma revolta dos oprimidos; a construção social e midiática da má consciência pela acumulação absurdamente fácil de riqueza só obtenível pela acumulação absurdamente cruel de miséria e morte desnecessárias. A tarefa da sociedade civil porto-alegrense vai incidir nos dois últimos fatores. Para isso vai ter de usar uma pluralidade de meios, da ação direta à ação institucional, da confrontação ao diálogo. O objetivo é claro: conferir credibilidade e força social e política às muitas propostas já enunciadas ou em elaboração que, em conjunto, constituem uma globalização alternativa, a globalização da solidariedade e da reciprocidade, da cidadania pós-nacional, do desenvolvimento econômico sustentável e democrático, do comércio justo como condição do comércio livre, do aprofundamento da democracia, dos parâmetros mínimos de trabalho, do respeito pela igualdade através da redistribuição e do respeito pela diferença através do reconhecimento.

Visão, 8 de fevereiro de 2001

A nossa prisão perpétua[3]

O debate em curso sobre a ratificação do Tribunal Penal Internacional é importante não tanto pelas questões jurídicas e constitucionais que levanta, mas pelo que nele se revela sobre o nosso imaginário coletivo e a nossa identidade como nação, e o modo como nos apropriamos deles consoante os interesses e as circunstâncias. Raramente estes rios subterrâneos afloram no debate político apesar de sempre lhe alimentarem as raízes. Isto acontece porque o debate político é muito codificado tanto na linguagem como no horizonte de posições que legitima. Tudo o que extravasa do código é facilmente descredibilizado por irrelevante, despropositado ou senão mesmo ofensivo. Só assim não sucede nos raros casos em que o debate político é surpreendido por uma questão que escapa à codificação. Quando o código vacila, deixa-se inundar pelo magma social. É isto o que está a suceder no caso do TPI.

A ninguém escapará que as posições sobre o TPI não se quadram com o dualismo básico do código político: esquerda e direita. As diferenças de opinião atravessam tanto a esquerda como a direita, dando lugar a convergências e divergências surpreendentes. Isto não significa que a posição sobre o TPI esteja para além ou acima da divisão esquerda/direita. Significa apenas que nem a esquerda nem a direita conseguiram até agora codificar o que está em causa no TPI. Não surpreende que assim seja. Tanto a esquerda como a direita constituíram as suas identidades por referência ao Estado e à sociedade nacionais e têm, por isso, dificuldade em codificar uma instituição que, sendo o embrião de uma governação e de um espaço público transnacionais, interfere com as matrizes nacionais de referência.

---

3. Em 17 de julho de 1998, 120 Estados adotaram o Estatuto de Roma, a base jurídica para o estabelecimento do Tribunal Penal Internacional (TPI). O Estatuto de Roma entrou em vigor em 1 de julho de 2002, após a ratificação por 60 países. A criação do TPI foi considerada um marco importante no esforço de estabelecer um sistema jurídico internacional, sendo anunciado como um instrumento contra a impunidade dos responsáveis pelas mais graves violações dos direitos humanos. O TPI tem jurisdição universal e permanente sobre o genocídio, crimes de guerra e crimes contra a humanidade e é complementar das jurisdições nacionais.

É uma circunstância propícia à emergência do nosso imaginário coletivo povoado pela nossa diferença em relação aos demais povos europeus e pelos nossos brandos costumes ensopados num caldo de humanismo cristão conservador. Como todo o imaginário, é seletivo e discriminador: privilegia a precedência histórica na abolição da pena de morte e o caráter incruento das convulsões políticas de que não se esquece; branqueia a ditadura, os seus crimes e a guerra colonial; faz vista grossa às violações dos direitos humanos dos trabalhadores, dos imigrantes, das minorias, dos doentes em lista de espera e dos presos em prisão preventiva. Este imaginário é apropriado diferentemente pelos diferentes participantes no debate sobre o TPI. Quem à direita é contra vê no TPI uma agressão antinacionalista e na prisão perpétua uma contradição com os nossos brandos costumes. Quem à direita é a favor orienta-se pela ideia de que a modernização democrática e conservadora da sociedade portuguesa tem de ocorrer num marco internacional econômico, político e cultural, sendo o TPI uma fatalidade. Quem à esquerda é contra vê no TPI um atentado à soberania nacional e na prisão perpétua um possível veículo para que a tentação autoritária que habita os nossos brandos costumes venha a contrabandear no futuro outras exceções aos direitos, às liberdades e garantias. Quem à esquerda é a favor coloca num prato da balança o indesejado regresso da prisão perpétua e no outro a possibilidade de Portugal participar numa luta internacional de prevenção contra os regimes totalitários; decide-se a favor do último tanto mais que, dada a tentação autoritária caseira, a democracia portuguesa está mais segura se estiver na frente da defesa da democracia em nível internacional.

Visão, 8 de março de 2001

O novo milênio político

Em termos políticos, o terceiro milênio iniciou-se com a entrada dos comandantes zapatistas na cidade do México no passado dia 11 de março. Esta afirmação pode parecer exagerada a quem tem seguido distraidamente as notícias sobre os zapatistas. Já não o será, no entanto, se se tiver em conta o profundo significado político do movimento e da mensagem zapatistas. Aliás, tal significado ultrapassa os próprios zapatistas, já que, segundo creio, a importância dele sobreviverá às vicissitudes futuras dos seus protagonistas de hoje. Estamos, de fato, perante um novo horizonte civilizatório, uma proposta e um processo de luta política que, ao centrar-se na humanidade, na dignidade e no respeito, extravasa em aspectos significativos do patrimônio político progressista que herdamos do século XIX e do século XX. Distingo dois aspectos principais.

A primeira novidade reside na concepção do poder e da opressão. O neoliberalismo, mais que uma versão específica do modo de produção capitalista, é um modelo de civilização assente na intensificação da desigualdade nas relações sociais. Essa desigualdade assume múltiplas formas que são outras tantas faces da opressão. A exploração dos trabalhadores é uma delas mas há muitas outras de que são vítimas as mulheres, as minorias étnicas, os povos indígenas, os desempregados, os imigrantes, os reformados, os homossexuais, as lésbicas, os jovens, as crianças, os camponeses pobres. Todas estas opressões produzem exclusões e, por isso, no centro da luta zapatista não está o explorado mas o excluído, não está a classe mas a humanidade: "por detrás dos nossos 'pasamontañas' estão todos os homens e mulheres simples e vulgares que não contam, não são vistos, não têm amanhã". Tomadas individualmente, as onze reivindicações zapatistas nada têm de transcendente: trabalho, terra, habitação, alimentação, saúde, educação, independência, liberdade, democracia, justiça e paz. É o conjunto que faz delas uma proposta civilizatória alternativa ao neoliberalismo.

A segunda novidade diz respeito à democracia e à conquista do poder. Se são muitas as formas de poder, de nada vale conquistar o poder de Estado se a sociedade não for transformada no sentido da igualdade e do reconhecimento da diferença, ou seja, no sentido da dignidade: "Tomar o poder? Não, apenas algo mais difícil: um mundo novo." O acento tónico não está na destruição do que existe mas na criação de alternativas. Tal como são múltiplas as faces da opressão, várias são as lutas e as propostas de resistência. Tão variadas que nenhuma vanguarda as pode unificar: "Não queremos nem podemos ocupar o lugar que alguns esperam que ocupemos, o lugar donde emanam todas as opiniões, todas as respostas, todas as verdades, não o vamos fazer". As rebeldias têm de se encontrar a partir de baixo, da participação de todos. A violência não é uma alternativa e a democracia representativa só peca por não aceitar ser complementada pela democracia participativa. Ao contrário do que pretendem as vanguardas, há que caminhar com os que vão mais devagar. Como não há metas mas horizontes, o importante é irmos juntos. O papel estratégico da comunicação e da informação reside em mostrar que não se está só na luta.

Visão, 5 de abril de 2001

O outro estado da nação

Há um outro estado da nação, o que não cabe no debate sobre o estado da nação, o que não muda com mudanças de governo. Diz respeito a longas durações na sociedade portuguesa, a pactos seculares das elites, a desamparos e fragilidades de uma entidade coletiva abstrata que todos amam: o povo. Este outro estado da nação revela-se no particular, em acontecimentos que, apesar de isolados, revelam, pela sua exemplaridade, aspectos cruciais da vida coletiva que a conveniência política expulsa das generalizações com que constrói o estado da nação oficial. Um desses acontecimentos é o caso da Universidade Moderna, e refiro-o aqui pela exemplaridade com que ele revela o outro estado da nação.

Sociedade civil íntima. Há entre nós uma pequena sociedade civil cuja intimidade com o Estado e a classe política lhe permite realizar para benefício próprio uma dupla privatização do Estado, quer quando o Estado abre mão dos bens públicos e os "devolve" à sociedade, quer quando o Estado reserva para si a salvaguarda do interesse geral. Esta sociedade civil não reconhece a distinção entre o público e o privado e reproduz-se precisamente através da promiscuidade que promove entre os dois domínios. Paradoxalmente fá-lo recorrendo a serviços e cumplicidades de profissionais a quem é pedido, a troco de dinheiro, manterem a sua colaboração no nível estritamente técnico e funcionalmente confinado e não perguntarem pelo "esquema maior" em que se integram.

Desigualdade perante a lei. Esta sociedade civil tem ao seu dispor todos os recursos da legalidade e da ilegalidade, e usa uns ou outros segundo as suas conveniências. Opera pelo tráfico legal e ilegal de influências. Quando, raramente, a ilegalidade é descoberta, tem ao seu serviço os melhores advogados e os mais competentes pareceres dos professores de direito. Não há inconveniente, antes pelo contrário, que haja conflitos de interesses. As elevadas remunerações existem para os resolver. No caso concreto, não há contradição nenhuma em que um dos advogados seja, por um lado, o pai e coordenador de uma reforma que almeja uma fiscalidade mais justa e mais eficaz e, por outro lado, defenda arguidos alegadamente envolvidos em evasões e paraísos fiscais. Dada a "complexidade" do caso, haverá certamente pareceres pelos quais são pagos milhares de contos. Passará despercebido que os casos "complexos" são os casos de quem tem dinheiro para comprar a complexidade.

A manipulação da opinião pública. A sociedade civil íntima tem no espaço público o seu maior inimigo e vê na comunicação social livre e independente uma ameaça constante. Daí que a procure controlar e, como sempre, pelo recurso em que abunda, o dinheiro. É, para ela, um fator de esperança que haja em Portugal muitos jornalistas avençados, tanto pelo Estado como pelos interesses econômicos e que os jornalistas livres e independentes vão sendo gradualmente substituídos por fabricantes de conteúdos. Este outro estado da nação, que não se esgota neste elenco, é vivido como trivial pelo cidadão comum enquanto olha ou lê distraído os debates sobre o estado oficial da nação. Mas o trivial não é vivido necessariamente com fatalismo. Por exemplo, no caso exemplar aqui referido, o cidadão pensará com os seus botões: "se estes não forem parar à cadeia então nunca mais nenhum poderoso será punido pela justiça que temos". E ficará na expectativa.

Visão, 28 de junho de 2001

As lições de Gênova[4]

São quatro as principais lições do que se passou em Gênova durante a reunião dos G-8. Tê-las-emos presentes no Segundo Fórum Social Mundial de Porto Alegre em fevereiro de 2002.

Primeira lição: **Esta globalização é insustentável**. O relatório mais importante da reunião dos G-8 foi elaborado por quem lá não esteve, pelos ministros das Finanças dos sete países mais ricos. Esse relatório, intitulado "O alívio da dívida e para além dele", é revelador da contradição insanável entre a economia neoliberal e o bem-estar da maioria da população mundial. Reconhecendo que esse bem-estar depende hoje do alívio da dívida externa dos países mais pobres, o relatório proclama o êxito da iniciativa nesse sentido em relação a 23 países (entre os quais, três de língua oficial portuguesa: a Guiné-Bissau, Moçambique e São Tomé e Príncipe) e assegura que, a médio prazo, a sustentabilidade da dívida assenta na maior integração desses países no comércio mundial. No entanto é o próprio relatório a afirmar que a participação dos países menos desenvolvidos no comércio mundial diminuiu na última década e por isso se empobreceram. Ora, não se propondo no documento nada radicalmente novo que altere este estado de coisas, a hipocrisia não poderia ser maior: impõe-se como solução à metade da população mundial o que se reconhece ter sido até agora o seu problema. E a hipocrisia atinge o paroxismo na abordagem das pandemias (HIV/Aids, malária e tuberculose) que afligem os países menos desenvolvidos. Depois de reconhecer que estas doenças matarão 15 milhões de pessoas por ano, insiste-se que a produção de medicamentos mais baratos deve ser feita sem violação da proteção dos direitos de propriedade intelectual das multinacionais farmacêuticas.

---

4. As ações de protesto de Gênova marcaram a agenda política mundial. Os manifestantes recorreram à desobediência civil e à ação direta como instrumentos de afirmação política e insurgiram-se contra o capitalismo global, considerado o principal causador de muitos dos males de que padece o mundo contemporâneo: guerra, pobreza, fome, exclusão social e degradação do ambiente e da condição humana. A reação do Estado foi brutal, tendo causado centenas de feridos e a morte de um jovem ativista, Carlo Giuliani.

A contradição deste modelo é insanável porque a liberalização das trocas sem condições é como um combate de boxe entre um peso-pesado e um peso-pluma. Se o Mali controlasse o preço internacional do algodão a sua dívida não seria, como é de novo, "insustentável". Se Moçambique pudesse ter resistido à imposição do Banco Mundial no sentido de eliminar as tarifas sobre a exportação do caju, não teria destruído a sua indústria de processamento de caju. Haveria menos fome no mundo se os países menos desenvolvidos pudessem proteger as suas atividades econômicas da voracidade das 200 maiores empresas multinacionais que detêm 28% do comércio global mas apenas 1% do emprego global. Se os países, endividados em dólares, pudessem resistir à desvalorização das suas moedas não veriam as suas dívidas aumentar por mero efeito da desvalorização. A balança comercial dos países menos desenvolvidos não se deterioraria tão drasticamente se os seus produtos não estivessem sujeitos ao protecionismo dos países ricos (a mãe de todas as hipocrisias do neoliberalismo) e não tivessem que competir com produtos altamente subsidiados.

Segunda lição: **Está em curso uma globalização alternativa.** À medida que o neoliberalismo deixa cair a máscara, vai emergindo uma opinião pública mundial assente no seguinte: os governos nacionais estão hoje reféns dos grandes interesses econômicos e a democracia disfarça essa dependência ao ser mais ou menos efetiva nas áreas que não interferem com tais interesses; sem formas de controle político democrático efetivo, em nível local, nacional e global, a busca incessante do lucro cria disparidades eticamente repugnantes entre ricos e pobres e causa danos irreversíveis ao meio ambiente; num modelo econômico assente no respeito sagrado pela propriedade privada, a magnitude da falta de controle público sobre a riqueza mundial reside no fato de, entre os 100 maiores Produtos Internos Brutos (PIB) mundiais, 50 não pertencerem a países, mas a empresas multinacionais; este modelo de (in)civilização não é inelutável, tem pés de barro, e a sua força reside sobretudo na apatia e no conformismo que produz em nós. Esta opinião pública mundial começa a dar vida a centenas de milhares de Organizações Não Governamentais, e de redes de advocacia transnacional que vão organizando a resistência à globalização hegemônica e formulando alternativas que, na cacofonia da sua diversidade, têm em comum a ideia de que a dignidade humana é indivisível e que só pode florescer em equilíbrio com a natureza e numa organização social que não reduza os valores a preços de mercado.

Terceira lição: **O diálogo entre as duas globalizações é inadiável**. O capitalismo global — representado pelos governos dos países ricos e pelas agências financeiras e comerciais multilaterais que eles dominam — que pensava ter caminho livre depois da queda do Muro de Berlim, é hoje obrigado a erigir muros de aço e de cimento para que os seus representantes possam continuar a tomar decisões que ele reclama. A violência deste sistema alimenta-se da violência de alguns grupos minoritários que lutam contra ele mas alimenta-se sobretudo da falta do reconhecimento da globalização alternativa, protagonizada pelos que se sentem solidários com os interesses dos muitos milhões excluídos das reuniões e vítimas das decisões. O diálogo é, pois, inadiável para que se passe de uma retórica cínica de concessões vazias à elaboração de um novo contrato social global caucionado por uma nova arquitetura política democrática também ela global. Será um diálogo difícil e certamente confrontacional, mas incontornável.

Quarta lição: **De Gênova 2001 a Porto Alegre 2002 há um longo caminho a percorrer**. À medida que cresce a globalização contra-hegemônica, cresce a responsabilidade dos seus protagonistas. Essa responsabilidade vai ser medida a três níveis: organização, atuação e objetivos. A qualquer destes níveis as tarefas são exigentes. A energia do movimento pela globalização alternativa reside na sua diversidade interna, nas múltiplas formas de organização e de atuação e nos múltiplos objetivos que acolhe. Esta diversidade vai ser mantida quanto mais não seja porque não há no movimento nenhum grupo ou organização capaz de a cooptar ou eliminar a seu favor. No entanto, no nível da organização, vai ser necessário aprofundar os processos de coordenação e assegurar o caráter global e democrático destes. No nível das formas de atuação, o movimento tem de proceder a uma distinção fundamental entre violência que deve ser rechaçada, e ilegalidade que deve ser acolhida sempre que os meios legais não estejam disponíveis ou não bastem. O capitalismo global, ao mesmo tempo que provoca a desregulamentação da economia dos países, impõe uma nova legalidade que, por exemplo, torna ilegal proteger os direitos dos trabalhadores ou o meio ambiente. Todos os grandes movimentos democráticos começaram com ações ilegais (manifestações e greves não autorizadas, ação direta, desobediência civil). Há que elaborar uma teoria democrática da ilegalidade não violenta.

Finalmente, no nível dos objetivos há que distinguir entre os primeiros passos e os horizontes. Neste momento, os primeiros passos estão razoavelmente bem definidos e são eles que integrarão os primeiros e mais difíceis momentos do diálogo entre globalizações: perdão efetivo da dívida; impostos Tobin; democratização dos processos de decisão das agências financeiras multilaterais; sujeição a referendo das mais importantes iniciativas de liberalização do comércio; inclusão em novas negociações comerciais (sobretudo no âmbito da Organização Mundial do Comércio) dos direitos humanos, em especial dos direitos laborais e ambientais. Mas estes primeiros passos devem ser integrados num horizonte civilizacional mais amplo, no horizonte de um mundo melhor. Só assim se garantirá que o sistema atual, já de si bastante injusto, não venha a ser, pela perversão dos objetivos contra-hegemônicos, substituído por outro ainda pior. São tarefas urgentes na agenda do povo de Porto Alegre.

Folha de S.Paulo, 26 de julho de 2001

Por que pensar?

Recentemente, os cientistas sociais do Centro de Estudos de Cultura Contemporânea (Cedec), um prestigiado centro de investigação sociológica do Brasil, propuseram-me que, juntamente com eles, tentasse responder à pergunta: por que pensar? O interesse específico deles era encontrar razões e caminhos para pensar o Brasil, mas queriam encontrá-los a partir de uma reflexão mais geral sobre por que e como pensar as sociedades dos nossos dias e a nossa existência pessoal nelas. A pergunta soa necessariamente estranha num tempo em que tanto se fala da sociedade de informação e do conhecimento, a qual conota o triunfo do esforço mental sobre o esforço físico, num tempo que se diz autorreflexivo, em que os indivíduos se assumem cada vez mais como sujeitos autônomos, senhores das suas escolhas, capazes de usar a reflexão para alterarem, tanto os processos de trabalho, como as trajetórias de vida. A verdade é que, num tempo que parece exigir o pensamento ativo de todos nós, são muitos, talvez a grande maioria da população mundial, que não têm condições para pensar pelas mais variadas razões: porque estão demasiado subnutridos para terem sequer energia para pensar; porque vivem um quotidiano tão cansativo e absorvente que não lhes deixa tempo para pensar; porque na ânsia de fruir a sociedade de consumo, pensam que parar para pensar seria um desperdício; porque acreditam que os meios de comunicação social e as elites políticas e culturais pensam por eles tudo o que há a pensar. Por isso, aceitei o repto e eis algumas das respostas que propus para a pergunta: por que pensar?

Primeira resposta: porque as condições que destroem a capacidade ou a disponibilidade de pensar destroem também a vida, a qualidade de vida e sobretudo a felicidade. Vivemos num mundo que tanto esgota as pessoas pelo trabalho como pela falta dele. Crescentemente, o bem-estar mínimo é obtido à custa de fortes doses de medicalização.

Segunda resposta: porque não podemos confiar em quem pensa por nós. Nunca como hoje o pensamento público esteve tão ligado a interesses minoritários mas poderosos que avaliam a sociedade — quer pelo que mostram dela, quer pelo que ocultam — em função dos benefícios que podem colher dela. Promovem o conformismo (a aceitação do que existe), o situacionismo (a celebração do que existe) e o cinismo (o conformismo com má consciência).

Terceira resposta: porque nem tudo está pensado. O possível, por ter mais energia, é mais rico que o real. Por isso, não é legítimo reduzir o real ao que existe. Há alternativas, e o importante é que o pensar que as permite ver seja o mesmo que as permite avaliar. Só assim poderemos distinguir as boas das más alternativas.

Quarta resposta: porque pensar não é tudo. A lucidez das nossas ações pressupõe que elas sejam pensadas, mas se forem só pensadas nunca serão ações. É preciso agir e sentir porque o pensamento só é útil a quem não se fica pelo pensar. Aqueles que se arrogam a só pensar passam a vida a espalhar a morte no que escrevem, a mesma morte que está dentro deles.

Quinta resposta: porque as ações lúcidas não conduzem sempre a resultados lúcidos. Quantas causas nobres terminaram em crimes hediondos? De quantas boas ações está o inferno cheio? O lado mais positivo do mundo em que vivemos reside em que aqueles que o querem mudar para melhor não dispensam ter razões para o que fazem e para o que é feito em nome deles.

Visão, 23 de agosto de 2001

Eu, pecador, me confesso[5]

Pese embora a psicanálise, confessar pecados, pedir a absolvição e cumprir a penitência continua a ser, na cultura ocidental, o modo paradigmático de os indivíduos e grupos sociais se reconciliarem consigo mesmos e com os outros. Este paradigma, não sendo originário da Igreja Católica, adquiriu com ela uma impregnação cultural hegemônica que transcende hoje o religioso e se estende às zonas de contato da cultura ocidental com outras culturas. A Conferência das Nações Unidas sobre o Racismo, que se está a realizar em Durban (África do Sul), é a manifestação mais recente deste paradigma cultural e está presente, de maneiras diferentes, tanto na questão do pecado da escravatura como na da equiparação do sionismo ao racismo. Na última década, as muitas Comissões de Verdade e de Reconciliação que se constituíram nos períodos pós-*apartheid* (África do Sul) e pós-ditadura militares (América Latina) obedecem ao mesmo paradigma.

    Este paradigma assenta em três pressupostos. Em primeiro lugar, os grupos sociais em presença são constituídos, um, em agressor, e o outro, em vítima, e é a vítima que preside à confissão e concede a absolvição mediante uma penitência. O segundo pressuposto é, pois, o da vitória da vítima. Trata-se, contudo, de uma vitória muito parcial. Tal como na confissão católica a penitência é uma licença para pecar livremente, também aqui a vítima pode impor uma penitência mas não tem poder para impedir a reincidência no pecado. Este paradigma torna apenas possível uma justiça "restaurativa" que permite a reconciliação com o passado mas não impede que o futuro seja diferente dele. Assim, as Comissões de Verdade possibilitaram o aperto de mão, entre racistas e vítimas do racismo, entre torturadores e presos políticos ou familiares de desaparecidos, mas não puderam eliminar as condições econômicas e sociais responsáveis pelo sistema de injustiça estrutural que continua a produzir o *apartheid* social

---

5. Entre os dias 31 de agosto e 8 de setembro de 2001, Durban, na África do Sul, foi palco da Terceira Conferência das Nações Unidas sobre Racismo. Os EUA e Israel não participaram. A motivação da ausência pode ter derivado da sua recusa em aceitar a inclusão do sionismo como forma de racismo. A refutação dessa equiparação já havia sido objeto de resolução da Assembleia Geral das Nações Unidas em 1992.

na África do Sul (onde 3% da população detém a quase totalidade da terra fértil) e na América Latina submete a maioria da população a formas cruéis de exclusão social que, quando convivem com democracias de baixa intensidade, não significam mais que a transformação do fascismo político em fascismo social. O terceiro pressuposto deste paradigma social cultural é que a dicotomia entre agressor e vítima tem de ser inequívoca e permanente. A transformação da vítima em agressor conduz à paralisia do juízo. O holocausto transformou merecidamente o povo judaico na vítima mais vitoriosa do século XX. O Estado de Israel foi a penitência com que a má consciência do mundo ocidental procurou perdoar-se de um pecado hediondo. Só que tal penitência foi realizada à custa da criação de uma outra vítima, o povo palestino. Por falta do cumprimento pleno das decisões da ONU, os israelitas transformaram-se num povo agressor: à expulsão e morte dos palestinos em 1948 seguiu-se uma ocupação brutal a partir de 1967. Hoje o Estado de Israel submete os palestinos que vivem no seu interior (eufemisticamente chamados "árabes israelitas") a formas degradantes de *apartheid*, e os que vivem fora, à ocupação e à expulsão. Devido em parte à força do *lobby* sionista, a imagem do judeu-vítima impede que se veja o judeu-agressor. É por isso que o holocausto continua a perdoar tudo e o sionismo não é visto como racismo.

Visão, 6 de setembro de 2001

Quando começou a história?

A perplexidade que assolou o mundo ocidental em geral, e os EUA, em particular, após as atrocidades de 11 de Setembro leva-me a pensar que, para muita gente, líderes políticos e cidadãos comuns, desta região do mundo, a história só começou em 11 de Setembro. Muitas das questões que dominam a mídia parecem partir dessa premissa: por que todo este ódio contra o Ocidente e a América? O que leva jovens, alguns engenheiros, embrulharem-se em bombas ou a transformarem aviões em bombas para se imolarem por uma causa? Por que é que estes terroristas são considerados mártires nos seus locais de origem e as suas famílias respeitadas por terem tão heroicos filhos? A perplexidade, a surpresa e a estranheza são tão grandes que nada parece existir no passado que nos ajude a compreender (sem que isso implique justificar) o que se passou.

O problema desta amnésia histórica é que, sem o passado do que se passou e, portanto, sem as lições que se podem tirar dele, não poderemos compreender e muito menos influenciar positivamente o futuro. A verdade é que esta história e estas perguntas têm um passado, por vezes bem remoto. Ilustro alguns dos seus momentos: as cruzadas dos cristãos contra os "infiéis" nos séculos XI e XII; a intolerância cristã contra mouros e judeus na Península Ibérica do século XIII ao século XVI; o colonialismo europeu a partir do século XV com os massacres massivos dos índios na América, dos negros na África, dos indianos na Ásia, dos irlandeses na Europa, com a escravatura, com a repressão violenta dos movimentos de libertação da Argélia, e da África "portuguesa"; a dependência da prosperidade do Ocidente do petróleo barato e abundante; a longa história de intervenção violenta do Ocidente, liderada pelos EUA, para derrotar no Oriente Médio movimentos democráticos (Mossadegh, em 1953, no atual Irã, sobretudo por ter nacionalizado o petróleo) e nacionalistas, laicos ou opostos ao fundamentalismo religioso (nos anos 1960, o Nasserismo, no Egito e o Baathismo, no Iraque; nos anos 1970 e 1980, o regime pró--soviético do Afeganistão, armando os extremistas religiosos, os talibã e os bin ladens); o apoio incondicional dos EUA ao terrorismo de Estado exercido por Israel contra os palestinos, da guerra de ocupação de 1967 ao massacre de 17.000 civis palestinos no Líbano e de 3 mil famílias de refugiados nos campos de Shabra e Shatila 1982-83; o apoio militar a Saddam Hussein na luta contra o Irã onde foram usadas armas químicas e morreram mais de um milhão de iranianos e curdos; o bombardeio, ordenado por Clinton, sem provas concludentes, de uma fábrica de produtos farmacêuticos no Sudão, de que resultou, segundo alguns estudos, a morte de 30.000 pessoas que dependiam dos medicamentos aí produzidos; o fato de, no dia 11 de Setembro, e segundo dados da FAO, terem morrido 5.615 crianças nos países pobres do mundo, sem que tenha havido qualquer notícia, nem nenhuma manifestação de solidariedade; a arrogância eticamente repugnante de pôr a par aviões B-52, lançando bombas, e os C-17, lançando comida para que os afegãos humilhados saibam que quem lhes mata a fome só pode matar e destruir por amor.

Esta história começou há muito e, se não for conhecida e aprendida, ao terrorismo dos desesperados seguir-se-á mais uma reação de terrorismo de Estado e a esta mais terrorismo se seguirá.

Visão, 18 de outubro de 2001

O antraz dos ricos

Os desdobramentos dos ataques de 11 de Setembro às torres do World Trade Center vão-nos continuar a surpreender por muito tempo. Eis uma das surpresas: muitas das políticas internacionais dos países ricos, apesar de justificadas com referência a interesses gerais — "o comércio livre traz prosperidade a todo o mundo" — resultam apenas do fato de esses países nunca se terem imaginado na posição dos países pobres. A ilustração mais clara disto é o que se passa com a ameaça da propagação do bacilo do Antraz nos EUA e no Canadá e as reações destes países em face da empresa (a Bayer) que detém a patente sobre o antibiótico considerado mais eficaz para combater a doença (Cipro).

Antes do Uruguai Round, concluído em 1994, cerca de 50 países, Portugal incluído, não concediam proteção a patentes de produtos farmacêuticos, e foi com base nisso que se desenvolveram as indústrias nacionais nesse setor. Desde então, com o acordo sobre os aspectos comerciais dos direitos de propriedade intelectual (Trips), já no âmbito da OMC, as grandes empresas farmacêuticas, que detêm as patentes da esmagadora maioria dos medicamentos, passaram a poder impor internacionalmente as suas patentes por um período mínimo de 20 anos, o que significa que durante esse período têm o monopólio do mercado e fixam os preços livremente sem a concorrência dos produtores dos genéricos. Só em casos de extrema emergência nacional podem os Estados preterir os direitos de patente.

Desde 1994, os países pobres e em desenvolvimento têm vindo a insurgir-se contra este regime, que os impede de ter acesso a medicamentos baratos para tratar as epidemias da Aids, tuberculose, malária e diarreias. Com a catástrofe da Aids, a situação tornou-se absurdamente desumana. Há 34 milhões de pessoas infectadas com HIV, 24 das quais na África, onde diariamente morrem 5.500 pessoas com Aids. A África do Sul, com 5,6 milhões de infectados com Aids, teve de lutar em tribunal para poder importar medicamentos baratos e mesmo assim não suficientemente baratos para os fornecer a toda a população. Para se ter uma ideia da diferença de preços, um dos antirretrovirais, o 3TC (Lamivudine), produzido pela Glaxo, custa 3.271 dólares por ano e por doente nos EUA, enquanto o genérico correspondente é produzido por uma firma indiana ao preço de 190 dólares. O Quênia, onde a esperança de vida em 1990 era de 59 anos e é hoje de 52, não podendo produzir localmente antirretrovirais, terá de os importar mas só o poderá fazer se o seu preço for acessível. No entanto, como acaba de alertar, a OMC está-lhe a proibir a importação dos genéricos do Brasil e da Índia. Só os poderá obter se lhe forem oferecidos.

O pânico do Antraz está instalado nos EUA e no Canadá. Nos EUA morreram três pessoas e umas dezenas estão contaminadas; no Canadá nenhuma. No entanto, tanto bastou para que estes países ameaçassem produzir o genérico do Cipro e para que a Bayer, que vende cada comprimido a 6 euros, aceitasse vendê-los a estes Estados a menos de 1 euro. O contraste entre os países ricos e os países pobres não podia ser mais chocante. O fato de os primeiros se verem agora a braços com um perigo que os últimos há muito conhecem como realidade poderia ser um estímulo a que na próxima reunião da OMC no Catar tomassem a única decisão justa: a de as patentes se subordinarem ao interesse da saúde pública.

Visão, 1 de novembro de 2001

Bifurcação entre diálogo e violência

No fim da semana passada participei num colóquio sobre direitos humanos (DH) na Universidade de Columbia em Nova Iorque. As tensões que dominaram o colóquio são reveladoras do ambiente pesado que se vive hoje na comunidade científica norte-americana (e suspeito que não apenas nela) quando se trata de discutir temas que direta ou indiretamente se relacionam com o 11 de Setembro. As discussões sobre DH, sobretudo quando nelas participam cientistas sociais oriundos de vários continentes e de diferentes culturas, sempre foram vivas e intensas, mas também serenas. Desta vez, porém, a vivacidade descambou frequentemente para a agressividade e o insulto e foram vários os momentos de impasse argumentativo. Quando a dificuldade do diálogo acontece no seio de um grupo social homogêneo em termos de classe social e formação acadêmica é fácil imaginar a dificuldade, se não mesmo a impossibilidade, de diálogo em grupos sociais mais heterogêneos.

As principais tensões foram as seguintes.

1. O que conta como violação dos DH? O modo como tem sido construída a doutrina dos DH faz com que muito sofrimento humano injusto não seja considerado violação de DH. A fome e a doença agravadas em várias partes do mundo pela globalização neoliberal são uma violação dos DH? Constitui uma violação dos DH o fato de os países ricos, ao mesmo tempo que impõem a liberalização do comércio aos países pobres, continuarem a proteger as suas economias das exportações destes últimos, que, segundo a ONU, significa um empobrecimento anual de 700 bilhões de dólares para o Terceiro Mundo? A morte de 500.000 crianças iraquianas, também segundo dados da ONU, em consequência do embargo são uma violação dos DH? A pena de morte — em 1999, a China, o Irã e os EUA foram responsáveis por 80% das execuções — é uma violação dos DH?

2. Quais os limites para além dos quais a defesa contra o terrorismo pode transformar-se numa violação dos DH? As mais de 1.200 pessoas (quase todas árabes e muçulmanas) que estiveram detidas

durante algum tempo depois do 11 de Setembro terão sido vítimas de violação dos DH? Correm rumores de tortura para obter informação. Uma dirigente do Partido dos Verdes foi proibida de viajar de avião pelo fato de o seu partido se ter manifestado contra os bombardeamentos do Afeganistão. As novas leis antiterroristas são tão vagas que podem bem ser usadas contra os manifestantes antiglobalização ou contra os ativistas de DH.
3. O que é o terrorismo e como lidar com ele? Esta vai ser a grande questão dos próximos tempos. Toda a luta armada é terrorismo? Os curdos, quando combatem o Iraque, são combatentes da liberdade, quando combatem a Turquia, são terroristas, apesar de as causas e os meios serem sempre os mesmos. Onde começa o terrorismo? Começa nos laboratórios russos e norte-americanos que durante anos desenvolveram a chamada "ameaça perfeita", as armas biológicas capazes de destruir populações civis inteiras sem as consequências da explosão nuclear? A partir dos anos 1970 e no contexto da Guerra Fria tornou-se popular no Pentágono a doutrina do "equilíbrio do terror". Uma das suas facetas consistia em apoiar grupos armados capazes de criar clima de terror entre as populações com vista a forçar governos inimigos a uma negociação. Foi assim que foram apoiados, entre outros, a Renamo, a Unita, os Contra na Nicarágua e os talibã. Curiosamente, a doutrina impunha aos governos a negociação com os "terroristas". Por que está agora excluída a hipótese de negociação?

O encontro de Nova Iorque foi uma metáfora do que nos espera: se desistirmos da lucidez e do diálogo, deixaremos o caminho mais livre à violência.

Visão, 15 de novembro de 2001

O capitalismo universitário[6]

Escrevo de Guadalajara onde estou a participar numa reunião do Conselho Latino-Americano de Ciências Sociais (Clacso) em que estão representados os 130 centros de investigação mais importantes da região. Duas décadas de neoliberalismo e os efeitos devastadores que provocaram nas sociedades latino-americanas contribuíram para que as ciências sociais do continente começassem a ganhar mais distância em relação às suas congêneres norte-americanas e procurassem reencontrar-se com a sua tradição crítica e analítica, renovando-a em função dos novos desafios. Esta reunião foi testemunho disso. Mas foi também testemunho da dificuldade desse reencontro num contexto universitário que se alterou profundamente nas duas últimas décadas e precisamente por influência das políticas neoliberais promovidas pelo BM.

Os títulos dos livros recentes sobre as universidades são elucidativos: *Universidade em ruínas*, *Universidades na penumbra*, *O naufrágio da universidade*, *A universidade sitiada* etc. As causas de um diagnóstico tão negativo têm a ver com a aplicação das políticas do BM, as quais, aliás, têm vindo a ter uma aplicação universal, inclusive no nosso país. Consoante os contextos, estas políticas são impostas como parte de pacotes financeiros ou são adotadas por elites locais, técnicos de educação prestigiados e com poder político. Essas políticas têm o seguinte perfil geral: promoção da privatização; fim da gratuitidade das universidades públicas, substituída por um sistema compensatório de bolsas de estudo; criação, mediante esquemas de avaliação, da estratificação entre universidades, com acessos desiguais a recursos e com valores de mercado diferenciados

---

6. A universidade é uma das mais antigas instituições modernas. Com uma cultura de autonomia muito própria, coloca obstáculos particulares a qualquer projeto de transformação. O desígnio manifesto da declaração de Bolonha era a criação de um Espaço Europeu de Ensino Superior, assente em métodos de avaliação de competências (European Credit Transfer and Accumulation System, ou seja, Sistema Europeu de Acumulação e Transferência de Créditos — ECTS) e títulos comuns reconhecidos universalmente, organizados em três ciclos sucessivos, facilitando a livre deslocação de estudantes. Na prática, foi um veículo privilegiado para a imposição do capitalismo universitário em nível nacional. Abordo este tema em detalhe nos três últimos capítulos da 14ª edição de *Pela mão de Alice* (São Paulo: Cortez, 2013).

atribuídos aos seus licenciados; atenuação da responsabilidade financeira do Estado pela universidade pública e o correspondente incentivo a que esta gere receitas próprias.

Estas políticas têm sido aplicadas de modo muito diferenciado. Por exemplo, o Canadá defendeu a universidade pública melhor que a Austrália, a Espanha, melhor que Portugal, o México, melhor que o Brasil. Mas, em geral, o que está em causa é a criação de um mercado educativo e a constituição de um capitalismo universitário. Três desenvolvimentos recentes são elucidativos. Primeiro, a emergência de universidades globais, quase todas norte-americanas e europeias, que vendem às universidades do Sul pacotes de programas de pós-graduação, presenciais ou a distância, mediante o sistema de *franchising*. Neste sistema, o controle da qualidade e da certificação dos títulos conferidos pela universidade local é feito pela universidade global. Segundo, o desenvolvimento das universidades de empresa, de que a General Motors foi pioneira em 1950 e de que há hoje, só nos EUA, cerca de 1.600, onde se destacam a Universidade de Computadores da Dell ou a Universidade Sim Microsoft. Segundo um analista do *Financial Times*: "os investidores veem o mercado da educação como uma nova fronteira que mal começou a ser colonizada pelas eficiências da Internet". Este constitui o terceiro elemento da mercantilização da universidade e da educação em geral. O BM pretende deixar de ser um banco de desenvolvimento para passar a ser um banco de conhecimento, e os documentos recentes da OMC sobre educação vão no mesmo sentido. A ideia é ambiciosa e assenta na premissa de que toda a atividade humana se organiza melhor se se organiza como mercado. Vai envolver a criação de empresas de serviços de professores, empresas de produção de materiais e textos e de empresas de avaliação dos alunos e de certificação. Vai envolver, sobretudo, a promoção do acesso ao conhecimento através de bancos de dados patenteados e, portanto, sujeitos ao pagamento de *royalties*.

Com este cenário em pano de fundo, como vai ser possível manter a autonomia analítica e crítica da investigação e do ensino universitários? Como escrevi um dia, se a universidade não se repensar, a curto prazo só terá curto prazo.

Visão, 29 de novembro de 2001

A era dos extremos[7]

A história é simples e foi publicada no *The New York Times*. Al-Najjar, palestino, foi para os EUA em 1984 para se doutorar e aí ficou a ensinar numa universidade. Em 1997 foi preso por alegadamente, segundo "prova secreta", ter reunido fundos para uma organização terrorista. Há cerca de um ano, o tribunal decidiu, em sentença de 56 páginas, que não se tinha provado qualquer colaboração com o terrorismo e mandou-o em liberdade. No final de novembro passado voltou a ser preso por ligações ao terrorismo com base nas mesmas provas que o juiz declarara improcedentes. Está em regime de isolamento durante 23 horas por dia e não pode ver a família. Como é apátrida e provavelmente nenhum país o aceitará sendo "terrorista", corre o risco de ficar o resto da sua vida na prisão sem nunca ter sido condenado por nenhum crime.

Esta história ilustra o extremismo que está por detrás das novas leis antiterroristas promulgadas nos EUA, do *USA Patriot Act* à ordem presidencial de criação de tribunais militares, os quais, apesar de se basearem em prova secreta e não admitirem recurso, podem declarar a pena de morte. A onda de suspeição e de repressão que se abate sobre os estrangeiros residentes de origem árabe ou de religião muçulmana começa a estender-se aos cidadãos americanos, com os novos poderes concedidos ao FBI para vigiar organizações políticas e religiosas. A definição de quem é terrorista ou de quem acolhe terroristas é tão vaga que o *Financial Times* se pergunta se ser senhorio de um terrorista é vínculo suficiente ao terrorismo. Muitas das organizações que têm participado na luta antiglobalização podem ser consideradas terroristas ou atentatórias da segurança nacional nos termos das novas leis.

---

7. Um mês e meio depois dos ataques ao Pentágono e ao World Trade Center (quando as tropas americanas e aliadas haviam já invadido o Afeganistão e desencadeado uma campanha contra o "eixo do mal"), o Congresso promulgou o *Patriot Act*. Entre outras medidas, o documento possibilitava a intercepção de comunicações telefónicas e de correio eletrónico, facilitava a retirada da cidadania americana a nacionais suspeitos de colaborar com terroristas e permitia a invasão de lares sem mandato judicial. Em diferentes países foram aprovadas leis antiterrorismo e a própria legislação internacional foi alterada. Os árabes e os muçulmanos transformaram-se no "outro hostil" sobre o qual se deveria exorcizar o medo.

Este extremismo ocorre em simultâneo com o que se abate na Palestina. De um lado o extremismo do Governo de Israel e do outro o extremismo do Hamas. Entre eles, um cadáver adiado, o de Arafat. Em ambos os lados do Atlântico, o mesmo discurso de guerra contra o terror, a mesma tentação dos governantes de utilizarem as crises para concentrarem os seus poderes e se furtarem ao controle democrático dos cidadãos e dos tribunais. É um extremismo tentacular com prolongamentos que passam despercebidos. Nas recentes eleições na Nicarágua foi manifesta a ingerência dos EUA contra o candidato sandinista, Daniel Ortega. Um dos *spots* publicitários mais eficazes do candidato apoiado pelos EUA tinha a foto do Osama bin Laden e em voz *off*: "Se ele pudesse votar na Nicarágua votaria no Comandante Daniel Ortega".

Eric Hobsbawm definiu o que designou por "curto século XX" (1914-1991) como uma era de extremos para significar o caráter dramático dos conflitos e das transformações que ocorreram em tão curto período, das guerras mundiais à revolução, do nazismo, do fascismo ao socialismo, dos "anos de ouro" ao colapso da União Soviética, do desenvolvimento técnico-científico sem precedentes ao risco de aniquilamento da humanidade pela ameaça nuclear ou pela catástrofe ecológica. E terminava o livro com a advertência de que, se o mundo não rompesse com este passado, o futuro seria tenebroso. Os recentes acontecimentos mostram que continuamos em plena era dos extremos. Ao extremismo da desigualdade entre ricos e pobres que se agravou nas duas últimas décadas junta-se o extremismo dos Estados poderosos e o extremismo dos únicos opositores que eles temem e agora chamam terroristas. Num mundo assim polarizado, onde está o lugar para a democracia e para os democratas?

Visão, 13 de dezembro de 2001

2002

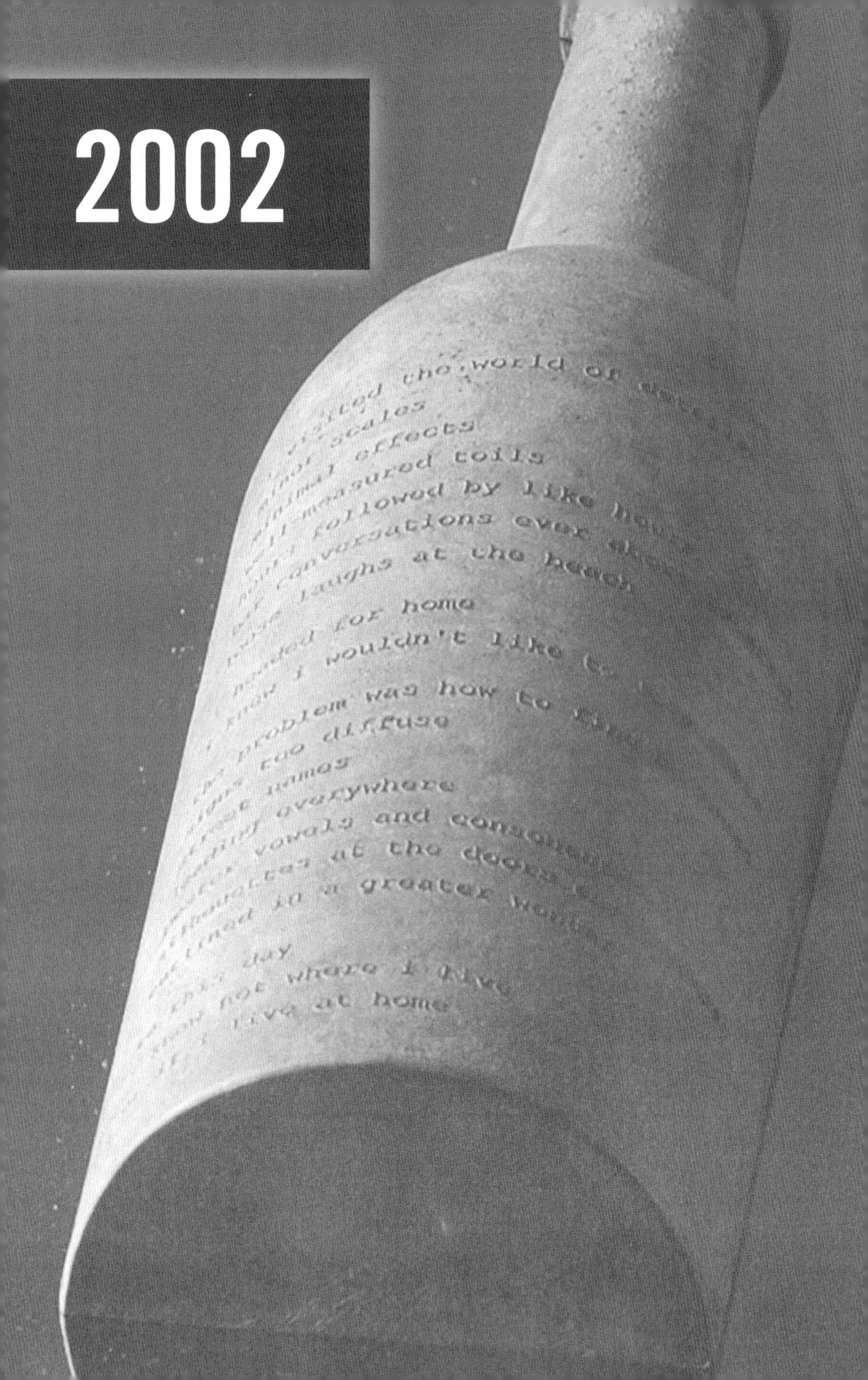

Celso Daniel: desassossego

O assassinato de Celso Daniel, prefeito de Santo André, uma cidade da cintura industrial de São Paulo, é um fato político verdadeiramente perturbador. Conheci Celso Daniel em agosto passado numa reunião preparatória do Fórum das Autoridades Locais que se vai realizar dentro de uma semana em Porto Alegre nos dias imediatamente anteriores ao Fórum Social Mundial que se inicia a 31 de janeiro. Impressionou-me a sua capacidade de articulação política. Era um líder em ascensão dentro do Partido dos Trabalhadores e coordenador da comissão do programa de governo do candidato do PT às próximas eleições presidenciais, Lula. Num espaço de poucos meses este é o quarto atentado a prefeitos do PT, o segundo fatal. O outro foi o assassinato do prefeito da Campinas. Entretanto, a casa do prefeito da Catanduva foi metralhada e uma bomba foi lançada na casa do prefeito de Embu-Guaçu. Vários outros prefeitos, incluindo a prefeita de São Paulo, têm recebido ameaças de morte. Por detrás desta violência está uma organização misteriosa provavelmente de extrema-direita. Como afirmou o presidente do PT no funeral de Celso Daniel, assistimos a atentados políticos que indicam estar em curso um processo de eliminação de quadros dirigentes do PT. Com que objetivos?

Aqui reside a perturbação. As administrações municipais do PT têm protagonizado as experiências de democracia participativa mais bem-sucedidas no Brasil. Trata-se de uma forma de gestão e de distribuição de recursos que, através da participação ativa e organizada dos munícipes, em estreita articulação com os representantes eleitos no município, torna possível políticas de inclusão social segundo critérios de equidade, democraticamente definidos e aplicados. Num dos países do mundo com mais desigualdade social, estas experiências de democracia de alta intensidade constituem uma ruptura com o clientelismo e a corrupção que, em geral, têm caracterizado o governo oligárquico tradicional, e não surpreende que sejam vistas por este como uma ameaça. Talvez nunca se venha a saber quem está por detrás destes atentados, mas os efeitos destes começam a ser evidentes. Estamos em ano de eleições presidenciais no Brasil e é sabido que o candidato do PT pretende formular um programa de governo inspirado nos mesmos princípios que têm presidido a estas experiências de democracia participativa e de inclusão social. Quaisquer que sejam os seus autores e as suas motivações, estes atentados têm por efeito desmoralizar a candidatura de Lula e intimidar quem pretende lutar por ela.

A este adicionam-se dois outros fatores de perturbação. A América Latina atravessa um momento muito difícil. A Argentina está a arder, a Colômbia e a Venezuela estão à beira da explosão. As soluções democráticas semelhantes às propostas pelo PT foram no passado recente bloqueadas pela violência, das ditaduras militares à eliminação de cerca de 1.500 dirigentes e militantes da União Patriótica na "democrática" Colômbia. Por outro lado, o último atentado ocorre a poucos dias da realização do Fórum Social Mundial, uma rede de movimentos e organizações inspirados nas ideias da inclusão social e da democracia participativa e que precisamente se realiza nessa cidade internacionalmente conhecida pelo seu "orçamento participativo", gerida, tal como o estado em que se situa, pelo PT. Há certamente forças interessadas em impedir que a voz democrática, pacífica e solidária do Fórum se ouça, que as alternativas que ele veicula sejam desacreditadas e que a sua capacidade organizativa não cresça. Espero veementemente que não consigam os seus objetivos. Para isso é decisivo que o Estado brasileiro tenha presente que a luta contra o terrorismo ou começa aqui ou não começa.

Visão, 24 de janeiro de 2002

Um fórum para durar

O segundo Fórum Social Mundial (FSM) correspondeu inteiramente às expectativas. Foi mais uma afirmação pujante do único fato político na cena internacional neste limiar do século, o movimento contra a globalização neoliberal e a favor de uma globalização alternativa, solidária, pautada pelo respeito da dignidade humana. O contexto internacional dos últimos meses que precederam o Fórum não parecia favorável e houve mesmo quem manifestasse ceticismo acerca da oportunidade do Fórum. O modo como os EUA utilizaram os trágicos acontecimentos do 11 de Setembro para lançar uma guerra global potencialmente sem fim contra um inimigo difuso pareceu relegar para segundo plano os interesses meramente econômicos da busca incessante de lucros através da ditadura dos mercados contra a qual o povo de Porto Alegre se vinha manifestando. No entanto os céticos não tinham razão. Não só mais do que duplicaram os participantes e as organizações e movimentos presentes, como foram muitos mais os temas tratados e as propostas formuladas.

Quais foram as razões deste êxito? Distingo duas fundamentais. Em primeiro lugar, o Fórum soube interpretar bem o contexto internacional; em segundo lugar, soube buscar nessa interpretação a nova exigência e a nova urgência dos seus objetivos. Interpretou a reemergência da guerra e do militarismo não como um fato novo e diferente da globalização neoliberal, mas antes como um dos componentes desta, um componente que adquiriu agora mais proeminência e visibilidade, conferindo uma nova complexidade à dominação mundial do capitalismo global. Confrontados com a debilidade e o declínio crescentes da sua economia, inseguros quanto a futuros acessos a fontes de energia, temerosos da concorrência potencial de uma nova moeda forte, o euro, os EUA lançaram mão de um recurso, a guerra e o militarismo, onde detêm total supremacia, com o objetivo de atenuar ou compensar as suas debilidades ou incertezas. O que o neoliberalismo deixou de poder fazer exclusivamente através dos mercados passou a pretender fazê-lo com a guerra. Esta interpretação por parte do Fórum exigiu que este desse uma resposta à altura da nova complexidade da cena internacional. E assim sucedeu. A resposta foi dada a dois níveis. Num primeiro nível, o Fórum procurou dar resposta às novas problemáticas e exigências debruçando-se sobre temas que anteriormente não tinham sido abordados, nomeadamente os temas da guerra e da paz e o tema da segurança coletiva contra a violência estatal ou não estatal. Ante uma globalização neoliberal que se procura reforçar sob a forma de uma cruzada militar contra o terrorismo, o FSM juntou às suas reivindicações econômicas e sociais a reivindicação da paz e de uma concepção de segurança coletiva assente no diálogo e na diminuição das desigualdades sociais como condição para que a segurança de uns não seja obtida à custa da insegurança dos outros. No momento em que os EUA procuram justificar com a cruzada antiterrorista — como antes fizeram com a cruzada anticomunista e a cruzada antidroga — a imposição da sua vontade a todos os países do mundo e nomeadamente aos seus rivais econômicos, a União Europeia e o Japão, e parecem fazê-lo com pleno êxito, o encontro de Porto Alegre afirmou-se como o único acontecimento político internacional deste período realmente autônomo em relação às imposições norte-americanas. Ao contrário, o FSM orientou-se apenas pelos seus objetivos próprios e alimentou-se com a energia de todos os que veem nesses objetivos o único modo de sair de um mundo injusto, destruidor da vida e da natureza, movido não pelas necessidades da humanidade, mas pela avareza daqueles que se pretendem apropriar dela.

Mas o FSM respondeu ao contexto internacional com um segundo nível de respostas. Teve uma preocupação consistente em complementar o discurso da denúncia com a apresentação de propostas. O segundo Fórum foi assim muito mais conclusivo e propositivo. Redigiram-se centenas de documentos com milhares de propostas setoriais para serem transformadas em temas de lutas políticas nos diferentes países e globalmente. E esta preocupação começou desde logo com a necessidade de defender a legitimidade dessas lutas contra um contexto securitário e militarista e a tentação autoritária que dele emerge no sentido de criminalizar as manifestações de protesto contra a globalização neoliberal. Assim as centenas de cidades que participaram no Fórum Mundial das Autoridades Locais, que se reuniu nos dias imediatamente anteriores ao FSM, comprometeram-se a defender o direito às manifestações. Contra um clima de guerra, as propostas afirmam o valor supremo da paz. Contra a concorrência desenfreada pelo acesso aos recursos naturais e pela privatização daqueles que até agora foram livres e públicos, o FSM aborda pela primeira vez a questão da água e propõe que ela seja considerada patrimônio mundial da humanidade.

O êxito do FSM esteve muito para além do que nele se decidiu. Esteve na afirmação e consolidação desta gigantesca rede de movimentos sociais e de organizações, uma rede que não se deixou intimidar pelos acontecimentos recentes e que, pelo contrário, colheu deles a urgência para prosseguir e ampliar a pressão organizada e pacífica contra aqueles que pretendem transformar o mundo num gigantesco condomínio fechado.

Visão, 7 de fevereiro de 2002

O fim da imaginação do centro

Em meados da década passada defini como imaginação do centro uma das funções centrais do Estado português após a adesão à União Europeia (UE). Tal função consiste em formular os problemas da sociedade portuguesa como sendo os problemas próprios das sociedades desenvolvidas que conosco partilham a UE. Tendo sido o Estado português o grande protagonista da nossa integração na UE, é também ele o principal sujeito do discurso da imaginação do centro. Este discurso produz um duplo efeito de ocultação. Por um lado, oculta o fato de que a sociedade portuguesa é uma sociedade de desenvolvimento intermédio e que, como tal, tem problemas próprios muito diferentes daqueles que enfrentam países como a Alemanha, a França ou a Suécia. Por outro lado, dada esta realidade, a imaginação do centro é um discurso que não tem tradução adequada na prática real da governação. Daí a discrepância muito acentuada entre o país oficial retratado pela imaginação do centro e o país não oficial que vive na pele a distância entre essa imaginação e a vida real de todos os dias. Ainda muito recentemente vivemos um momento alto do discurso da imaginação do centro. Ocorreu quando a Comissão Europeia confrontou Portugal e a Alemanha com a possibilidade da repreensão do "alerta rápido" ante a derrapagem do déficit orçamental. O Governo e a comunicação social forneceram então aos portugueses a imagem de que estávamos a ter um problema idêntico ao dos alemães. Do mesmo modo, a "solução feliz" encontrada, a mesma para os dois países, mais contribuiu para inculcar a ideia de estarmos nas mesmas condições que os alemães. Este discurso ocultou o fato decisivo de que o déficit orçamental tem na Alemanha, um dos países mais desenvolvidos da UE, um significado muito diferente daquele que tem no nosso país, um dos países menos desenvolvidos da Europa. Tem causas e consequências distintas e possibilidades de solução igualmente diferentes.

O discurso da imaginação do centro vai certamente continuar a reproduzir-se. Penso, no entanto, que a sua credibilidade tenderá a diminuir nos próximos tempos, quer por razões estruturais, quer por razões conjunturais. Quanto às primeiras, o euro vai ser um decisivo fator de aproximação mercantil entre os países da UE, mas vai ser também um poderoso medidor das distâncias sociais entre eles. Os portugueses vão poder fazer comparações simples entre preços de bens de consumo e sobretudo entre salários e entre pensões, e medir o fosso que separa o seu nível de vida do dos europeus mais desenvolvidos. Quanto às razões conjunturais, o período eleitoral está a assumir a característica de mudança de ciclo político (mesmo na hipótese de o governo continuar a ser liderado pelo Partido Socialista). É um tempo propício ao regresso da política sob a forma de crítica aos políticos, o que explica, por exemplo, a proliferação recente de manifestos. A lógica desta política é conferir à imaginação do centro o seu verdadeiro estatuto e, nessa medida, subvertê-la. A imaginação do centro deixa então de ser a invocação de uma experiência (somos um país desenvolvido) para passar a ser a referência a um estado imaginário, uma expectativa que gostaríamos de ver realizada um dia (virmos a ser um país desenvolvido). Nos próximos tempos, a sociedade portuguesa vai debater-se dilematicamente entre a experiência fictícia e a aspiração utópica de uma centralidade que, de uma ou de outra forma, tanto nos pertence como nos escapa.

Visão, 21 de fevereiro de 2002

Uma sociedade em busca de medida

As sociedades são teias complexas de vasos comunicantes onde tudo tem relação com tudo. As infinitas e tantas vezes caóticas interações entre as diferentes dinâmicas, ritmos, impulsos e resistências nos múltiplos campos sociais vão definindo relações e articulações entre si que, ao estabilizarem-se, conferem uma lógica — uma medida — à sociedade no seu conjunto. É essa medida que nos permite falar de sociedades desenvolvidas, dinâmicas ou progressistas ou, pelo contrário, de sociedades subdesenvolvidas, estagnadas ou conservadoras. Em todos estes tipos de sociedade há movimentos e mudanças. O que varia é o ritmo e a direção. Enquanto nalgumas todos os movimentos convergem com alguma coerência em redor de um padrão, noutras há movimentos e contramovimentos que se neutralizam mutuamente, mudanças aceleradas ao lado de resistências fortes à mudança.

A nossa sociedade não se encaixa bem em nenhuma das tipologias convencionais. É por isso que a temos designado como sociedade de desenvolvimento intermédio. Mas, nas condições atuais, esta caracterização é menos a afirmação de uma medida do que o convite à busca de uma medida que nos escapa. A razão desta perplexidade reside no fato de a sociedade ter passado nos últimos vinte e sete anos por vários processos acelerados e turbulentos de transformação social que tiveram impactos intensos, seletivos e contraditórios em diferentes campos da vida social e que até agora não se sedimentaram numa nova medida, ou seja, numa nova imagem coerente da sociedade em que os portugueses se revejam de maneira consensual. Esses processos foram quase todos de ruptura, da Revolução dos Cravos à descolonização, da transição para o socialismo à transição para a democracia, da intervenção do Fundo Monetário Internacional à integração na União Europeia. Por terem sido processos de ruptura e por essas rupturas terem ido em sentidos políticos distintos, criaram expectativas que muitas vezes não se cumpriram e puseram em movimento transformações que foram frequentemente bloqueadas. Assim, as rupturas acabaram por conviver sub-repticiamente com continuidades, algumas longas de séculos. Consoante o olhar e a perspectiva, a sociedade portuguesa pôde ser credivelmente vista como uma sociedade ávida de mudança ou, pelo contrário, como uma sociedade resistente à mudança, como uma sociedade em movimento vertiginoso ou, pelo contrário, como uma sociedade parada à beira de uma vertigem.

Estes jogos de imagens contraditórias, de rupturas e de continuidades têm ressonâncias insondáveis nos comportamentos dos indivíduos, dos grupos sociais e das instituições. Os comportamentos ora são comandados pelo conforto e a segurança da rotina, das raízes, da identidade, ora são comandados pelo desejo de afirmação e de aventura vislumbráveis numa fuga para a frente ou num salto no escuro. As mesmas pessoas ou as mesmas instituições podem oferecer-se a pulsões contraditórias em momentos diferentes ou em diferentes áreas da atividade social. Por isso, em todo o português que viveu intensamente estas últimas décadas há sempre um reformista na sombra do conservador e há sempre um conservador na sombra do reformista. Não há que esperar coerência entre padrões de comportamentos contraditórios, nem é de presumir que os mesmos tipos de comportamentos decorram das mesmas motivações ou de motivações igualmente profundas. O que pode aparecer como uma opção pode não ser mais que o produto do medo de não perder o comboio ou do desespero de se adaptar a uma nova situação considerada ameaçadora. Nestas condições, é tão fácil manipular as emoções dos portugueses, como é difícil esperar deles lealdades profundas. Enquanto não houver medida tudo aquilo que mede desmede e a desmedida, por reiterada, pode passar por medida. Somos uma sociedade fractal, feita de infinitas indeterminações por onde circula uma insuspeitada rigidez.

É contra este pano de fundo que devem ser analisados os dados estatísticos sobre a sociedade portuguesa. Na sua nudez agregadora eles não dizem respeito a cada um de nós individualmente. Em 1997, nenhum homem teve a primeira relação sexual aos 17,4 anos com uma mulher de 20,6 anos, também ela a viver a sua primeira relação sexual. Por isso, não admira que perante os dados tenhamos por vezes a sensação de estarem a falar doutra sociedade que não a nossa e de outras pessoas que não nós. Mas, por outro lado, a surpresa que, por vezes, eles nos suscitam na primeira leitura é gradualmente substituída pela ideia de que exprimem afinal a turbulência por que passou a nossa sociedade nos últimos anos e o modo como nós fomos gerindo essa turbulência individualmente e nas nossas relações com os outros. E nessa medida são merecedores de reflexão. Apenas para dar um exemplo, em que medida essa turbulência individual e coletiva se exprime no brutal aumento do consumo de antidepressivos? Fomos sujeitos a pressões novas e intensas para que não estávamos preparados? A sociedade exigiu de nós novos e desafiantes desempenhos sem nos oferecer as condições mínimas para os cumprirmos sem nos destruirmos e às nossas relações com os que nos estão próximos? Entramos numa competição absurda em que competimos mais com nós próprios do que com os outros?

O que um medicamento pode dizer de nós depende muito do significado que atribuirmos ao conjunto mais vasto de dados que nos são revelados. Começamos pelo mais básico, a população. Nas últimas três décadas, a estrutura da nossa população sofreu transformações profundas. Fomos durante séculos um país de emigrantes e as nossas identidades coletivas devem muito ao imaginário e à experiência de outras paragens, às distâncias e estranhezas com que fomos construindo as proximidades e as intimidades que nos servem de raiz. No espaço de poucos anos, diminuiu drasticamente a emigração, sobretudo permanente, e passamos a importar imigrantes, primeiro africanos e brasileiros e, na última década, europeus de Leste e oriundos do Bangladesh e Paquistão. Tornamo-nos numa placa giratória que importa e exporta migrantes, que serve de ponto de passagem aos que buscam, a partir de nós, paragens mais acolhedoras. Habituados a ver os nossos conterrâneos a servir nos restaurantes da Europa, vimo-nos, de repente, a ser servidos, em restaurantes portugueses, por croatas, ucranianos ou moçambicanos. E as novas caras, as novas línguas, as novas características fenotípicas não emergem apenas nos grandes centros urbanos. Penetram no âmago da nossa territorialidade, nas nossas aldeias e vilas.

Nas últimas décadas, a sociedade portuguesa absorveu dois importantes fluxos populacionais. Em meados da década de 1970 foram os retornados das ex-colónias, mais de 500.000 em poucos meses; na última década foi a intensificação brusca da imigração. O primeiro fluxo permitiu que a sociedade portuguesa mostrasse a sua extraordinária capacidade de integração: uma enorme massa populacional espalhou-se pelo tecido social sem grandes convulsões e sem que servisse de matéria-prima para a emergência de um partido de extrema-direita. O segundo fluxo está em aberto e é ainda mais complexo porque são mais variadas as culturas e as línguas, porque são mais precárias as condições de fixação, porque há condicionantes europeias e, sobretudo, porque a sociedade portuguesa já não é a mesma da de meados da década de 1970. Somos hoje uma sociedade multicultural, mas quantos de nós se sentirão multiculturais ou, sequer, confortáveis com a ideia de multiculturalismo? Nós, que fomos durante décadas vítimas do racismo e da xenofobia, interiorizamos os valores da tolerância e do cosmopolitismo com que então nos defendemos ou, pelo contrário, aprendemos com quem nos humilhou a humilhar quem de nós precisa?

Qualquer destes dois fluxos de pessoas contribuiu para aumentar a nossa população, neutralizando a quebra da natalidade, a outra transformação profunda e rápida da estrutura da nossa população, juntamente com o envelhecimento da população, decorrente dessa quebra e também do aumento da esperança de vida. Em 1970, a fecundidade era em Portugal de 3,0 filhos por mulher; na década de 1990, era de cerca de 1,5 filho. Foi uma das transições demográficas mais rápidas nas sociedades contemporâneas. Muitos fatores contribuíram para ela: o 25 de Abril e a libertação dos homens e das mulheres em relação à ditadura reprodutiva da Igreja Católica; o acesso a contraceptivos; a alteração do estatuto social e econômico das mulheres com a sua rápida e intensa inserção no mercado de trabalho; o decréscimo da mortalidade infantil; uma nova maneira de encarar a criação e a educação dos filhos, mais exigente e mais cara de levar à prática. No Inquérito do INE à Fecundidade e à Família de 1997 "a crise econômica e o desemprego" era apontados por 80,4% dos inquiridos como os principais motivos da quebra da fecundidade, enquanto "os encargos financeiros de educar uma criança" eram apontados por 74,8%. No mesmo inquérito, 59,2% dos inquiridos considerava dois o número de filhos desejados.

Estas transformações tiveram repercussões significativas na família e na conjugalidade. A maior escolarização das mulheres e a sua intensa participação no mercado de trabalho adiou a idade do casamento e a idade do primeiro filho. Por sua vez, as relações familiares tornaram-se mais flexíveis, com a diminuição do casamento e o aumento das uniões de fato e do divórcio. As famílias tornaram-se menores e aumentou o número de indivíduos a viver sozinhos bem como o número das famílias monoparentais. Todas estas mudanças foram simultaneamente causas e consequências do déficit de vasos comunicantes, de mecanismos compensatórios que atenuassem o *stress* das transformações ou permitissem que elas ocorressem mais lentamente. Os mecanismos compensatórios que faltaram foram, por exemplo, uma política feminista nos mercados de trabalho, as infraestruturas de apoio à família em boas condições e a baixo custo (creches, jardins de infância, lares, serviços de proximidade), valores adequados das prestações familiares, o apoio eficaz à multiplicação de dependentes decorrente do envelhecimento da população.

O que melhor caracteriza a sociedade portuguesa neste momento é o fato de todas estas mudanças terem ocorrido de par com permanências e resistências à mudança igualmente importantes. A desmedida da sociedade portuguesa reside precisamente na intensidade das contradições e no enfraquecimento das mediações entre elas. Nela reside, por exemplo, a relação profunda entre o aumento do consumo de antidepressivos e a manutenção do elevado número de abortos clandestinos. Como nenhuma mulher aborta por gosto, o aborto é uma solução para a mulher que não tem outra solução. O aborto clandestino é algo muito distinto. É a assunção de um alto risco físico e de uma ilegalidade só concebível à beira do abismo da autodestruição, o mesmo lugar onde se tomam os antidepressivos. Aqui reside a desmedida da contradição: como é possível que a sociedade que tanto se modernizou nas últimas décadas, que abriu às mulheres tantos espaços que antes lhes estavam vedados, que permitiu as uniões de fato e as uniões unissexuais, que produziu uma legislação progressista contra a toxicodependência, caia desarmada nas mãos de uma Igreja Católica ultramontana que manipula um primeiro-ministro socialista e beato (ser católico é algo mais respeitável) para dar um golpe na vontade democrática do povo? Estamos a falar da mesma sociedade ou de duas sociedades que convivem em regime de *apartheid*?

Mas as permanências e resistências à mudança não são todas negativas. Pelo contrário, muitas delas são responsáveis por que a desmedida não tenha redundado em caos ou em perda irreversível de coesão social. Uma delas é o que temos designado por sociedade-providência. Trata-se das redes de entreajuda, baseadas em laços de parentesco ou de vizinhança, através das quais pequenos grupos sociais trocam bens e serviços numa base não mercantil, antes solidária ou de reciprocidade. Com mais rigor talvez devêssemos falar de mulheres-providência em vez de sociedade-providência, já que são as mulheres quem suporta os encargos e as prestações de que é feita a sociedade-providência. Entre muitas outras vertentes, a sociedade-providência é ainda hoje forte nas relações entre pais e filhos. Por quanto tempo o será é uma questão em aberto. Neste domínio, a sociedade-providência funciona ao invés do Estado-Providência no âmbito da segurança social pública. Enquanto nesta última são os jovens de hoje que pagam as pensões dos mais velhos de hoje, tal como estes, quando mais novos, pagaram as pensões dos mais velhos de então, na sociedade-providência são os mais velhos de hoje a contribuir para o bem-estar dos mais novos de hoje. Assim, os casais jovens continuam muitas vezes a beneficiarem-se da solidariedade dos pais, apesar de a residência já não ser comum, na guarda das crianças, nas refeições conjuntas, nas relações de sociabilidade e lazer.

Essas prestações solidárias explicam em parte o acesso dos mais jovens aos bens de consumo mais caros, como carros e equipamentos domésticos, e mesmo o acesso à casa própria. Neste último caso, a ajuda dos pais é muitas vezes fulcral, quer no caso da autoconstrução (sobretudo através da doação de terrenos), quer no pagamento da "entrada" para aquisição do apartamento ou na facilitação do acesso ao crédito. Onde termina a sociedade-providência, começa o sobretrabalho (o recurso a trabalhos suplementares para reforçar o orçamento doméstico) e o endividamento que, como é sabido, tem aumentado drasticamente nos últimos anos. A resistência da sociedade-providência é fonte de perplexidade, tanto para portugueses como para os estrangeiros interessados em conhecer a nossa sociedade. Será um resíduo pré-moderno? Será o modo específico de Portugal se inserir sem grandes traumas num processo acelerado e contraditório de modernização? Será o modo pós-moderno de quem não teve tempo de amadurecer no individualismo da modernidade? Em qualquer dos casos, a sociedade-providência não substitui o Estado-Providência. Sem ela, no entanto, o fraco Estado-Providência que temos teria muito menos condições para disfarçar a sua fraqueza.

Perante a turbulência das rupturas e das continuidades, os portugueses estão divididos entre a vontade de navegar e a vontade de ancorar. Navegar significa viajar para onde o quotidiano não dói. Ancorar significa ter a certeza da segurança contra as tempestades do risco. Uma e outra vontade apelam para tipos de sociedade em que nós, portugueses, ainda hoje apenas vivemos parcialmente. A vontade de navegar apela à sociedade de consumo, sobretudo dos consumos culturais. A vontade de ancorar apela à sociedade dos direitos. Quanto à vontade de navegar, é evidente a tendência para o crescimento dos consumos culturais e das práticas de lazer dos portugueses, muito associada ao crescimento das classes médias urbanas, ao aumento dos níveis médios de escolarização e à intensificação destas práticas entre as camadas juvenis. É manifesto, ao longo dos últimos trinta anos, o domínio esmagador das práticas culturais realizadas na esfera doméstica e, portanto, a sua prevalência relativamente às que se dirigem para o espaço público. Entre as práticas domésticas, destaca-se claramente a televisão, que é, a uma distância muito grande de todas as outras, a atividade cultural que revela maiores taxas de consumo. A televisão apresenta-se, de resto, como o produto cultural de consumo socialmente mais transversal. O peso esmagador que os consumos televisivos ocupam nos consumos culturais dos portugueses enuncia um traço importante da cultura de massas no nosso país. É que embora, do lado da oferta, seja visível a expansão crescente de outras expressões da cultura de massas (cinema, imprensa, livro, música), a verdade é que elas são hoje muito pouco massificadas entre nós. Do lado dos consumos, só a televisão parece constituir-se como um campo de inequívoca afirmação da cultura de massas em Portugal.

O que estes dados sobre os consumos culturais não revelam é a diferenciação social no acesso à cultura. Navegar para longe do quotidiano penoso continua a ser entre nós um privilégio de alguns. O nível de instrução, a condição socioprofissional, a idade e a residência (urbana ou rural) continuam a ser fatores muito diferenciadores no acesso à cultura.

Para além disto, os dados apresentam ainda alguns pormenores que vale a pena reter: a crise do teatro, bem manifesta na queda continuada da frequência; a quebra do cinema até meados da década de 1990, ajudada pela concorrência do vídeo e televisão, e a recuperação a partir de então, muito auxiliada pelo incremento dos consumos juvenis e pelo surgimento das salas multiplex em espaços comerciais, onde a dimensão convivial e lúdica parece ser um fator crucial para impulsionar a apetência pela cultura; a tendência tênue, mas visível, para o aumento dos hábitos de leitura, que não deve ser desvinculada da intensificação da aposta governamental, sobretudo no último governo, na expansão da rede nacional de bibliotecas; a alteração no mercado editorial, com aumento dos títulos editados (e portanto com diversificação da oferta), mas redução das tiragens, atestando as limitações do mercado nacional; os baixos níveis de leitura de jornais, que não deve iludir no entanto a recente expansão do mercado das revistas (temáticas e orientadas para públicos segmentados).

Em mais uma manifestação de como a sociedade portuguesa se furta a ser lida de modo simplista pelos dados quantitativos que dela se extraem, é importante ter em conta que os dados relativos ao número de horas despendido em diversos tipos de atividades (inquérito aos usos do tempo) não ilustram cabalmente a importância que as práticas de lazer com maior componente de sociabilidade e convivialidade desempenham nos hábitos dos portugueses. Na verdade, se é certo que, de modo geral, as chamadas "saídas culturais" têm uma baixa expressão entre os portugueses, quando comparadas com os consumos culturais domésticos, uma exceção deve ser aberta para as práticas de saída de cariz mais convivial, que revelam em geral forte expressão entre nós: saídas em família ou com amigos para passeio (nos parques, praia, centros comerciais, centros das cidades), para restaurantes, visitas entre amigos e familiares. Esta dimensão, se é certo que de um certo ponto de vista pode refletir um prolongamento do espaço doméstico fora da casa (muitas vezes para outras casas), enuncia também uma propensão para o uso do espaço público que os indicadores relativos às formas culturais mais convencionais parecem negar. E não será esta mais uma dimensão — a dimensão expressiva — da sociedade--providência?

Os portugueses navegam, pois, como podem e à sua maneira. Não navegam à toa e é bem evidente a vontade de ancorar. E a vontade de ancorar significa consumir ou divertir-se sem o espectro do desemprego ou da desvalorização da pensão de reforma, sem o risco de ocorrência de despesas incomportáveis na educação dos filhos, na manutenção da saúde da família, sem o medo de ser vítima de fraudes imobiliárias ou outras, de crimes, acidentes ou ilegalidades sem receber indenizações devidas. Estas âncoras pressupõem nas sociedades modernas a vigência ampla e eficaz de uma sociedade de direitos. Aqui reside uma das desmedidas mais inquietantes da sociedade portuguesa. Trata-se da discrepância, particularmente elevada no contexto europeu, entre a declaração formal dos direitos cívicos, políticos, econômicos, sociais e culturais e a sua efetiva aplicação. Esta discrepância tem múltiplas causas: a continuidade de uma cultura autoritária e de submissão que não tem deixado desenvolver uma cultura democrática, de cidadania ativa, reivindicativa dos seus direitos; a debilidade dos movimentos sociais que vulnerabiliza o acesso aos direitos por parte daqueles que mais necessitam deles; a presença de fortes grupos de pressão que privatizam o Estado e transformam em pseudodireitos os privilégios que obtêm no negócio de pilhar os bens públicos; uma justiça morosa, ineficaz, corporativa, ainda dominada por uma cultura laxista que deixa impunes desempenhos deficientes.

A continuar, esta discrepância chocante entre o país oficial dos direitos e o país real da denegação impune dos direitos vai tirar aos portugueses a âncora das expectativas fundadas e, com o tempo, pode mesmo aniquilar-lhes a vontade de ancorar. E como sem âncora não se navega, a sociedade portuguesa poderá ficar bloqueada no cais de embarque, atulhada de equipamentos para viagens vertiginosas mas, em verdade, apenas vertiginosamente parada. Para que tal não aconteça, os portugueses terão de saber que na Europa de que fazem parte os direitos de cidadania não foram historicamente uma concessão desinteressada das classes dominantes ou das elites políticas. Foram antes uma conquista difícil, resultado de lutas sociais frequentemente consideradas, no seu início, criminosas ou utópicas. A vontade da viagem tem de se manter intacta e forte para que não desistamos facilmente da vontade de ter âncora.

Visão, 7 de março de 2002

A construção de um insulto[1]

A 9 de março o *Expresso* publicou uma entrevista de António Manuel Baptista (AMB) sobre um livro seu em que ataca violentamente o meu livro *Um discurso sobre as ciências*. O livro de AMB é insultuoso, irracional na sua virulência, mostrando um total desconhecimento dos debates epistemológicos dos últimos vinte anos, distorcendo e falsificando as minhas posições, partilhadas por muitos epistemólogos e cientistas, furtando-se, através desse artifício, ao labor de efetivamente as refutar.

É surpreendente que seja agora e desta forma que venha ser posto em causa um livro publicado há 15 anos. Neste prossegui os seguintes objetivos. (1) Mostrar que, nos inícios da década de 1980, o debate epistemológico sobre as condições de validade e de rigor do conhecimento científico deixara de ser um debate entre filósofos e cientistas, como fora antes, para passar a ser um debate entre cientistas, o que era, em si mesmo, o resultado do avanço extraordinário da ciência desde o início do século XX. Daí que nesse livro cite muito poucos filósofos da ciência e quase nenhum sociólogo da ciência. O meu argumento é construído na base de reflexões de cientistas, na grande maioria físicos. (2) Mostrar que o positivismo científico estava em crise à medida que a história, a contingência, a incerteza, a irreversibilidade e a complexidade faziam a sua entrada na ciência, não como corpo estranho, mas como produtos do próprio desenvolvimento científico. (3) Mostrar que o debate epistemológico abria novas perspectivas às relações entre as ciências físico-naturais e as ciências sociais. Procurei fundamentar as minhas posições com razões que obviamente são falíveis, suscetíveis de refutação, mas só por outras razões que razoavelmente as revelem como incorretas ou inadequadas. O único debate possível é com positivistas sérios que façam jus ao rigor, à objetivi-

---

1. O meu livro *Um discurso sobre as ciências* (São Paulo: Cortez, 2003) seria objeto, uma década após a sua publicação, de um violento ataque por parte do físico António Manuel Baptista (AMB) com *O discurso pós-moderno contra a ciência*. Este livro, alvo da ira descuidada de AMB, traça a história das ciências modernas, explora a sua crise a partir de debates dos anos 1980 e abre o caminho para epistemologias emergentes.

dade com que, segundo eles, a ciência se eleva acima dos contextos culturais, sociais e políticos em que é praticada, o que não é o caso do escrito de que sou alvo. Passo, pois, a repor as minhas posições pela ordem por que são falsificadas na entrevista. 1. Sobre Einstein. Espanta-se AMB que eu considere Einstein o "primeiro rombo no paradigma da ciência moderna, aliás, mais importante do que o que Einstein foi subjetivamente capaz de admitir" (*Um discurso sobre as ciências*, p. 41). De fato, esta posição é dominante entre historiadores da física. Rombo significa ruptura parcial. Por um lado, a teoria da relatividade, que veio restringir a validade da física newtoniana ao domínio das velocidades pequenas e dos campos gravitacionais fracos, é considerada a realização culminante da física clássica. Por outro lado, Einstein, que contribuiu de modo fundamental para a mecânica quântica, nunca quis admitir que com ela se pusesse em causa o determinismo e por isso rejeitou a interpretação de Copenhagen. Estas mesmas ideias estão expressas, por exemplo, em *O código cósmico*, do físico Heinz Pagels: "Albert Einstein é uma enorme figura de transição na história da física... da transição da física Newtoniana para a teoria quântica... Mas a grande ironia foi que Einstein, que abriu o caminho para a nova teoria quântica que despedaçou a imagem determinista do mundo, rejeitou a nova teoria quântica. Ele não podia aceitar intelectualmente que os fundamentos da realidade física fossem governados pelo acaso" (p. 42). Verdadeiramente espantoso é o espanto de AMB, porque esta citação é de um livro publicado pela Gradiva, com tradução revista e apresentada por... AMB. 2. Sobre o princípio da incerteza. AMB cita-me como dizendo que "não se podem medir simultaneamente os erros da medição da velocidade e da posição das partículas" e comenta, ironizando, que "não se sabe o que seja medir erros de medição". É de fato um disparate, mas que assenta numa falsificação grosseira do que eu escrevo. A citação exata é: "não se podem reduzir simultaneamente os erros da medição da velocidade e da posição das partículas" (*Um discurso sobre as ciências*, p. 44). Entre "medir um erro" e "reduzir um erro" vai toda a distância. Quem faz a confusão e dela tira tantas ilações, ou é incompetente ou está de má-fé. O que digo é apenas que estamos perante "observáveis incompatíveis": as condições experimentais que permitem medir com grande precisão a quantidade de movimento das partículas são distintas das que permitem medir com grande precisão a sua posição e por isso não podem ocorrer simultaneamente. 3. As ciências naturais e as ciências sociais. O autor declara que ciência há só uma, a ciência natural, e que tudo o mais, nomeadamente a sociologia e as "chamadas ciências culturais", nada tem a ver com a ciência. AMB mostra desconhecer o debate que surgiu no início do século XX sobre a distinção entre ciências nomotéticas (que no livro de AMB são "nomotécnicas") e ideográficas e os que se lhes seguiram até os anos 1960. Depois destes debates e da própria institucionalização das ciências sociais, foi-se sedimentando a ideia de que a ciência tem modos diversos de ser exercida e que é nessa pluralidade metodologicamente controlada que reside verdadeiramente o dinamismo da empresa científica. A esta luz, a posição de ABM é um anacronismo. 4. Filosofia do conhecimento. AMB mostra uma estupefação alarve ante afirmações que descontextualiza e cuja inserção numa longa tradição filosófica é incapaz de vislumbrar. Assim, a expressão "todo o conhecimento científico-natural é científico-social" decorre da complexidade que rodeia hoje a distinção entre natureza e sociedade e, para a fundamentar, apresento razões que corroboro com posições coincidentes de físicos de quem compreensivelmente AMB não gosta. Claro que, com base na mesma complexidade, é possível defender a posição oposta, ou seja, a de que "todo o conhecimento científico-social é científico-natural". Tem sido defendida e com razões razoáveis. Não é, contudo, o caso de AMB. Por outro lado, a expressão "todo o conhecimento é autoconhecimento" tem uma longa tradição na filosofia ocidental de Sócrates a Hume, a Heidegger e a Wittgenstein. Pior que a arrogância só a ignorância arrogante. 5. Pós-modernismo e relativismo. É ilegítimo que AMB retire das suas poucas leituras sobre este tema a confusão entre relatividade do conhecimento e relativismo. A distinção é crucial e funda a posição que defendo. A confusão está na base do espanto de AMB sobre a expressão "todo o conhecimento é local e total". É uma formulação sintética sobre os novos debates a respeito do conceito de totalidade e de sistemas de referência. Deles decorre a perspectiva de que as totalidades são contextuais, isto é, locais mesmo quando assentam na afirmação da sua validade para além ou acima de todos os contextos. Todas as culturas têm concepções de verdades últimas, mas como são várias essas concepções nenhuma delas tem a totalidade de que se arroga. Em *Toward a new common sense: law, science and politics in the paradigmatic transition*, Nova Iorque:

Routledge, 1995 (p. 338) afirmo: "Todas as culturas são relativas, mas o relativismo cultural como postura filosófica é errado... Contra o relativismo devemos desenvolver critérios processuais interculturais que nos permitam distinguir política progressista de política regressiva, capacitação de desarme, emancipação de regulação". 6. Por quê? Este escrito e o modo como ele tem sido promovido suscitam uma questão sociológica: por que agora e desta forma? Qual o objetivo de toda esta virulência e do ataque pessoal? Suspeito que este escrito tem menos a ver com uma necessidade súbita, mas genuína, da comunidade científica do que com o perfume do poder que está a inebriar uma nova direita sobre a ciência e a educação. É uma direita temerosa de que as ideias críticas levem os seus filhos à perdição ou os impeçam de aceder a uma cultura científica quando foi no confronto de ideias e na criatividade da crítica que se constituiu a cultura científica moderna. Pretende esta nova direita ultrapassar o atraso científico e educacional do país com o recurso a concepções de ciência e de educação elas próprias atrasadas. O dilema desta direita é que a forma como se pretende rejuvenescer mais a envelhece.

O Expresso — Revista, 23 de março de 2002

O novo espectro

Em 1848 Marx e Engels anunciavam no *Manifesto Comunista* que um espectro assombrava a Europa, contra o qual todos os poderes da velha Europa se uniam, tentando exorcizá-lo. Esse espectro era o comunismo, a luta dos operários contra o capitalismo que transformara a dignidade pessoal em valor de troca e reduzira todas as liberdades a uma só, a do comércio livre: "estes operários... são uma mercadoria como qualquer outro artigo de comércio e estão, por isso, igualmente expostos a todas as vicissitudes da concorrência, a todas as oscilações do mercado".

No passado século e meio, este espectro foi exorcizado por três vias principais: a social-democracia, o comunismo soviético e o nazifascismo. Os dois últimos, depois do Holocausto e do Gulag, passaram de exorcismos a outros tantos espectros a exorcizar. E para os exorcizar restou apenas a social-democracia. Desde há duas décadas, a globalização neoliberal tenta transformar a social-democracia num espectro a exorcizar pelo comércio livre. A esquerda europeia, legítima herdeira da social-democracia, não se deu conta de que, ao aceitar exorcizá-la, em nome do neoliberalismo, se ia a pouco e pouco transformando, ela própria, num espectro de si mesma. Teremos fechado o círculo? Será que o neoliberalismo está a transformar-se, igualmente, de exorcismo em espectro? Será esse espectro o neofascismo?

A história não se repete, embora não deixe de ser perturbador que os grupos sociais que menos integração obtiveram na social-democracia ou que mais rapidamente estão a ser dela expulsos — os jovens e os trabalhadores atingidos pela precarização da relação salarial — se sintam numa situação algo semelhante à descrita pelo *Manifesto Comunista*. A história europeia mostra que o espectro de uns foi o exorcismo de outros, e vice-versa. Daí a importância crucial do modo como se define o espectro.

À direita europeia interessa que o espectro seja definido como neofascismo. Com isso ela conseguirá o esvaziamento definitivo da esquerda, já quase exangue. É uma armadilha em que a esquerda europeia facilmente cairá, tão profunda está nela inscrita a luta antifascista. Para sobreviver, no entanto, a esquerda não poderá cair nela. Em minha opinião, o espectro não é o neofascismo mas algo de mais novo. É um espectro bicéfalo. A sua primeira cabeça é a eventualidade de, à medida que a democracia perde a sua capacidade para redistribuir riqueza social, estarmos a caminhar para sociedades que são politicamente democráticas mas socialmente fascistas. O novo fascismo não é, assim, um regime político; é antes um regime social, um sistema de relações sociais muito desiguais que coexiste cumplicemente com uma democracia política socialmente desarmada. A segunda cabeça do espectro é a tentação hegemônica de se pensar que a primeira cabeça do espectro pode ser exorcizada nos países ricos mediante a contínua e crescente exploração e humilhação dos países pobres. Esta segunda cabeça é a globalização neoliberal e é a mais insidiosa porque, no deserto de alternativas por ela criado, se arroga credivelmente ser a única solução do problema que ela própria constitui.

Nesta definição, o espectro, longe de ser europeu, é global e só pode ser exorcizado globalmente. Isto significa que as lutas locais e nacionais têm de ser articuladas globalmente, no pressuposto de que não é possível outra Europa mais solidária sem que outro mundo, mais solidário, seja igualmente possível.

Visão, 2 de maio de 2002

A Igreja e a nova reforma

Em 31 de outubro de 1517, Lutero afixou as suas noventa e cinco teses na porta da Igreja de Todos os Santos de Wittenberg. O Vaticano pouca importância deu ao fato. A verdade é que se estava então a iniciar o movimento que até hoje mais abalou a Igreja, a Reforma. O escândalo da pedofilia e da efebofilia que avassala a Igreja Católica dos Estados Unidos da América tem sido tratado pelo Vaticano como um acontecimento circunscrito ao "excepcionalismo americano", produto de uma comunicação social hostil à Igreja, sedenta de sexo e de uma sociedade dominada por advogados obcecados pela rapina das indenizações. Será esta a história toda do futuro? Impossível de dizer.

Quem lê os jornais ou vê televisão nos EUA chega facilmente à conclusão de que a Igreja Católica não tem neste país o poder que tem, por exemplo, na Europa ou na América Latina. Implantada com os imigrantes irlandeses em meados do século XIX, a Igreja Católica dos EUA conheceu ao longo do século XX um grande desenvolvimento, mas a sua implantação social foi sempre inferior à sua implantação política, e até hoje só deu ao país um presidente, John Kennedy. Sendo uma Igreja que se tem mantido distante das cruzadas mais recentes da política norte-americana, sejam elas a guerra do Golfo, a política pró-israelita, a luta contra o terrorismo ou a pena de morte, é uma instituição politicamente vulnerável, e os seus inimigos não deixarão de capitalizar no seu descrédito. Se esta for toda a história, o Vaticano pode minimizar e descansar.

Não creio, contudo, que o seja. O excepcionalismo americano tem, neste caso, mais a ver com a forma do que com o conteúdo. O que se passa na Igreja norte-americana é a versão dramática de um mal-estar moral e institucional que atravessa todo o mundo católico. Tem, por isso, um potencial antecipatório. O mal-estar assenta em dois fatores principais. O primeiro é a falência cada vez mais evidente de um modelo institucional autoritário e arrogante, que não aceita a efetiva participação de comunidade dos crentes na governação da Igreja, da gestão pastoral à gestão financeira (nunca a metáfora do rebanho foi tão literal); que assenta no secretismo e na opacidade, servindo-se para isso de uma interpretação manipuladora do Pentecostes; que se vangloria do privilégio da *ignorantia affectata*: o poder invocar a pretensa ignorância a respeito da má conduta de bispos e padres para tornar possível a combinação de cumplicidade com impunidade.

O segundo mal-estar reside na misoginia ancestral de que a Virgem Maria foi a primeira vítima e que é hoje cada vez mais intolerável. São hoje muitos os historiadores que interpretam a imposição do celibato, a partir do século XII e dos Concílios de Latrão, pelo medo do Vaticano de que os filhos dos padres viessem a herdar os bens da Igreja. Como quer que seja, ela não tem nenhum fundamento dogmático e foi por isso que ela sempre tolerou a duplicidade. Enquanto a Igreja do Norte da Europa interpretou a imposição do celibato como total renúncia ao sexo, a Igreja do Sul da Europa, da América Latina e da África sempre distinguiu entre casamento e sexo e soube, com isso, fazer respeitar as governantas das paróquias. Com o Concílio Vaticano II, a outra presença proibida às mulheres, a do sacerdócio, avantajou-se como um dos outros sinais incompreensíveis de imobilismo. Quarenta anos depois, se se deram alguns passos neste domínio, foram passos atrás.

O escândalo da pedofilia e da efebofilia pode ter dois impactos de consequências imprevisíveis. O primeiro será a redução da sexualidade dos padres e bispos à pedofilia e efebofilia, uma redução particularmente fácil numa sociedade puritana como é a norte-americana. Esta redução, a imperar, será mais um dos sinais da falência moral da Igreja Católica norte-americana. É lamentável assistir à retirada do Arcebispo Weakland, de Milwaukee, um dos prelados mais lúcidos e progressistas dos EUA apenas porque lhe foi descoberta uma relação homossexual com um adulto.

A outra consequência imprevisível do escândalo é o fato de a comissão de leigos nomeada para investigar os abusos sexuais de padres e bispos ter poderes para denunciar os casos às autoridades civis para procedimento criminal. Esta competência choca com preceitos do direito canônico sobretudo no que respeita aos bispos. Qual vai ser a reação do Vaticano? E a dos fiéis? A Igreja dos EUA é das que mais depende das doações dos fiéis e estes estão a dar sinais de não estarem dispostos a que as suas contribuições vão parar aos bolsos dos advogados.

A pedofilia e a efebofilia não têm aparentemente nada a ver com o "sacro-negócio" da compra e venda de bulas e indulgências, o rentismo transcendental que tanto revoltou Lutero. Mas no fundo estamos perante o mesmo abuso de uma posição de autoridade privilegiada que trafica com a ingenuidade ou a indefensibilidade das pessoas a quem vende Deus para delas receber o corpo e a dignidade. Não estaremos perante uma Nova Reforma. Mas aos milhares de padres e bispos honestos e generosos e aos milhões de católicos que nunca se deixaram reduzir à condição de rebanho é hoje claro que a Igreja precisa de reforma.

Visão, 27 de junho de 2002

Um futuro sustentável?[2]

Ultimam-se os preparativos da Conferência das Nações Unidas sobre o Desenvolvimento Sustentável que se realizará em Joanesburgo no final de agosto. Também conhecida como Conferência Rio Mais Dez, a importância desta conferência reside precisamente no fato de nela serem avaliados os resultados da Agenda 21 formulada na Cimeira do Meio Ambiente e Desenvolvimento, realizada há dez anos no Rio de Janeiro. Neste tipo de conferência, a análise dos trabalhos preparatórios permite antever com grande aproximação o êxito ou o fracasso da reunião. À luz dessa análise, se nada de dramático ocorrer em contrário nos próximos dois meses, tenho razões para estar cético a respeito da Conferência de Joanesburgo. Eis por quê.

Certamente desde há vários séculos mas, na sua forma atual, desde o início da década de noventa do século passado, dois modelos de desenvolvimento se digladiam a nível internacional: o modelo neoliberal e o modelo do desenvolvimento sustentável. O primeiro modelo, de longe, dominante, assenta nas seguintes ideias: liberalização dos mercados; prioridade ao crescimento econômico e à competitividade; intervenção mínima do Estado no pressuposto de que o mercado é eficiente; privatização dos serviços públicos, da educação à saúde, de fornecimento de água e de energia à segurança social. Por sua vez, o modelo de desenvolvimento sustentável assenta no seguinte: é possível e necessário combinar produtividade com proteção social e equidade ambiental; o modelo neoliberal, além de agravar as desigualdades sociais para além do que é tolerável, é ecologicamente insustentável na medida em que os seus padrões de produção e de consumo estão a destruir o planeta e a tal ponto que as neces-

---

2. Nos últimos vinte anos, o desafio do desenvolvimento sustentável tornou-se o centro das discussões, colocando em evidência o questionamento do modelo vigente e a necessidade de formular um outro que leve em consideração os limites do crescimento e a necessidade da preservação ambiental. A Conferência Mundial dos Povos sobre Mudanças Climáticas (2010), realizada na Bolívia, trouxe uma luz de esperança a um cenário cada vez mais nebuloso, ao debater a crise climática planetária a partir de uma visão do Sul anti-imperial e das necessidades e aspirações dos povos do mundo.

sidades básicas das gerações futuras deixam de estar asseguradas; as relações entre países ricos e países pobres devem combinar comércio com solidariedade; as responsabilidades na proteção do meio ambiente são comuns mas diferenciadas na medida em que os países desenvolvidos contribuíram mais para a destruição dos recursos naturais e a degradação ambiental; os estados dos países em desenvolvimento, as Nações Unidas e as Organizações Não Governamentais devem ter poderes que contrabalancem os do BM, do FMI e das empresas multinacionais.

Ao longo da última década, estes dois modelos tiveram múltiplos confrontos e, em todos eles, o modelo neoliberal aprofundou o seu domínio. De fato, a Cimeira do Rio foi o momento em que o modelo do desenvolvimento sustentável teve a sua mais convincente afirmação. Apesar da ausência de sanções e de fiscalização que assegurassem o cumprimento dos compromissos assumidos, a verdade é que os países desenvolvidos se sentiram na necessidade de fazer cedências aos países menos desenvolvidos em nome da justiça social e da equidade ambiental. Foi, porém, sol de pouca dura já que a reação do modelo neoliberal não se fez esperar. Logo no ano seguinte, concluíram-se as negociações do Uruguai Round e nas Nações Unidas era eliminada a agência que se propunha estabelecer códigos de conduta para as empresas multinacionais. Em 1994 nascia a Organização Mundial do Comércio totalmente consagrada à promoção do modelo neoliberal e dotada de mecanismos para impor sanções efetivas (comerciais) aos não cumpridores. Desde então para cá, e apesar da emergência do movimento por uma globalização alternativa, o modelo neoliberal tem vindo a impor as suas regras com acrescida arrogância. Tremeu em novembro de 1999 em Seattle, mas ganhou novo fôlego depois do 11 de Setembro de 2001. Esse fôlego manifesta-se hoje nos trabalhos preparatórios da Conferência de Joanesburgo. Daí o meu ceticismo. Dez anos depois do Rio, para a maioria dos países do mundo não estão garantidos nem o desenvolvimento nem a sustentabilidade, e muito menos o desenvolvimento sustentável.

Visão, 25 de julho de 2002

Um ano de desassossego

Um balanço perturbador

Um ano depois da sua ocorrência, não é possível analisar as causas do 11 de Setembro sem analisar as suas consequências. No entanto, a este respeito ocorre uma disjunção perturbadora. Um ano depois, o 11 de Setembro é tão misterioso nas suas causas como transparente nas suas consequências. Enquanto as perguntas "por que ocorreu?" e "como foi possível que ocorresse?" continuam a desafiar a imaginação e a capacidade analítica dos cientistas sociais e dos comentadores políticos, as consequências estão à vista de todos. Em 11 de Setembro de 2002 o mundo é mais injusto, mais violento, mais inseguro, mais opaco, menos democrático.

Em 10 de setembro de 2001, estavam em curso discussões no Banco Mundial, no Fundo Monetário Internacional e noutros foros internacionais sobre alterações no sistema financeiro internacional, nas regras do endividamento dos países pobres, na ajuda internacional, nos processos de decisão das instituições financeiras multilaterais de modo a aliviar a pobreza no mundo segundo as metas estabelecidas na cimeira do milênio convocada pela ONU. Estas discussões colapsaram com menos estrondo que as Torres Gêmeas, mas, por agora, com a mesma aparente irreversibilidade. Estavam igualmente em curso os trabalhos preparatórios da Conferência das Nações Unidas sobre o desenvolvimento sustentável que acaba de se realizar em Joanesburgo. Era já evidente que os países ricos, uma década depois da Cimeira do Rio, estavam menos inclinados do que nunca a comprometer-se com metas e prazos na mudança do modelo de desenvolvimento e na eliminação da injustiça mundial que este agrava cada dia. Nos primeiros momentos após o 11 de Setembro, pensou-se numa inversão auspiciosa de curso suscitada pela ideia de que a solidariedade internacional seria a melhor resposta contra terroristas interessados em dramatizar o fosso entre países ricos e países pobres. Em verdade, em vez de inversão, houve acentuação de curso, empresas multinacionais cada vez mais transformadas em interesses nacionais dos países com os interesses dos ricos. Os resultados da Conferência de Joanesburgo (ou a falta deles) são o espelho do novo (e velho) egoísmo internacional.

O complexo militar-industrial, também chamado keynesianismo militar, ressuscitou da sua morte anunciada pelo fim da Guerra Fria. O multilateralismo que, com altos e baixos, dominou nas relações internacionais nos últimos cinquenta anos, deu lugar ao unilateralismo protagonizado pelos EUA com a consequente humilhação dos aliados, nomeadamente a União Europeia, e a redução à irrelevância das mais importantes instituições multilaterais do pós-guerra: as Nações Unidas e a Otan. Embora viesse de trás, desde a eleição de Bush, a pulsão unilateralista ampliou-se dramaticamente depois do 11 de Setembro com a guerra contra o Afeganistão, a confirmação da recusa da ratificação do Protocolo de Kyoto sobre o aquecimento global e a cruzada contra o Tribunal Penal Internacional. Esta cruzada, em particular, pareceu absurda para boa parte da opinião pública mundial, já que as atrocidades cometidas por Bin Laden e seus acólitos configuravam um crime contra a humanidade, precisamente o tipo de crime para cuja punição foi criado o Tribunal Penal Internacional. A verdade é que a administração norte-americana se apressou a declarar que se não tratava de um crime contra a humanidade e sim de um ato de guerra contra os EUA. Em vez de uma resposta judicial, exigia-se uma resposta militar, e a resposta foi a guerra contra o Afeganistão. A injustiça desta guerra — para além do fato de nunca se ter averiguado o envolvimento efetivo dos fanáticos do governo de Cabul no terror que assolou os EUA — residiu em que nela morreram tantos ou mais civis inocentes quantos os que morreram na Torres Gêmeas ou no Pentágono. Esta simetria macabra, que mais pareceu obra de um instinto de vingança do que de um desígnio militar — que, aliás, não foi atingido: "Bin Laden, vivo ou morto" à boa maneira do *Far West* — foi, no entanto, substituída pela mídia global pela disjunção entre as imagens dramáticas do horror nos EUA e a abstração do conceito de "danos colaterais" em comunicados militares sem imagens nem estatísticas. No teatro de guerra, para que haja contagem de mortos são necessários soldados vivos no terreno para a fazer. As bombas não sabem contar e os satélites só se interessam pelo terreno antes dos ataques.

Mas a unilateralidade das decisões e o consequente acréscimo da violência na resolução de conflitos e da insegurança de populações inocentes não se reduziram à Ásia Central. De fato, transformaram-se numa versão nunca antes tão generalizada da doutrina do realismo político, segundo a qual cada Estado deve resolver os conflitos em que está envolvido de acordo com o seu interesse nacional e com meios exclusivamente definidos em função do seu poder relativo ao do dos seus inimigos. Foi assim que o conflito israelo-palestino — para muitos, uma das causas próximas dos ataques às Torres Gêmeas e ao Pentágono — em vez de se resolver, se agravou. Apoiado, como nunca, pelos EUA, Sharon pôde transformar a agressão contra o povo palestino em guerra contra o terrorismo e transformar a Palestina num pequeno Afeganistão, com a agravante de a violência, igual na desmedida, ser mais duradoura e ocorrer em zonas densamente povoadas. Foi assim que, igualmente apoiado pelos EUA, o Presidente da Colômbia, André Pastrana, cancelou unilateralmente as negociações de paz com as forças da guerrilha, lançando o país numa onda de violência sem precedentes onde as vítimas, mais uma vez, são quase sempre civis inocentes. Foi assim que o Presidente Putin da Rússia se sentiu internacionalmente apoiado para investir com renovada violência e cometer todas as violações dos direitos humanos na luta contra os rebeldes da Chechênia.

Um mundo, pois, mais injusto, violento e inseguro. Mas também um mundo mais opaco e menos democrático. E esta opacidade e perda de democraticidade propagaram-se a todas as regiões do globo, mesmo àquelas onde a transparência da informação e a democracia são os mitos fundadores da nação, como é o caso dos EUA. Uma nova equação foi criada entre segurança nacional, por um lado, e direitos humanos e primado da lei, pelo outro, nos termos da qual os valores da liberdade e da igualdade perante a lei têm de pagar um preço mais alto do que antes para que seja possível garantir o valor da segurança. Foi chocante, ainda que compreensível pelo pânico do momento, observar o alinhamento acrítico dos meios de comunicação social com a versão oficial dos acontecimentos. Foi chocante o interrogatório (e, por vezes, a detenção) de um número indefinido de estrangeiros (imigrantes, estudantes, residentes de longa data), apenas pela sua ascendência árabe, e a estigmatização pública dos que manifestaram reservas como, por exemplo, reitores de universidades prontamente apodados de antipatriotas e simpatizantes de terroristas. Pouco depois foi promulgada uma nova lei — a *USA Patriot Act* — que atribuiu novas competências às políticas de investigação, cerceou os direitos e as liberdades dos investigados e criou instituições paralelas às existentes, menos sujeitas ao respeito pelas garantias processuais. Com a justificação absurda de que um não cidadão suspeito não pode gozar dos mesmos direitos de que o cidadão no tribunal comum, foram criados tribunais militares onde não há publicidade, as detenções são por tempo indeterminado e as garantias de defesa fortemente cerceadas. Aliás, a estes tribunais podem ser igualmente sujeitos cidadãos americanos desde que sejam declarados "combatentes inimigos". Perturbador é que quem determina quem é suspeito de atividades ou simpatias terroristas ou quem é combatente inimigo são as autoridades político-administrativas sem contraditório nem recurso. Com a nova lei ficou claro que quem pensa que o seu correio eletrônico é privado vive numa doce ilusão. Tal como quem pensa que as suas preferências de leitura numa biblioteca pública só a ele dizem respeito. De fato, os bibliotecários podem ser solicitados a informar a polícia sobre as preferências de leitura e, no caso de o serem, não podem informar os seus superiores da natureza da solicitação.

Uma análise difícil

O balanço que acabo de fazer é tanto mais perturbador quanto persiste a disjunção entre a evidência das consequências do 11 de Setembro e a opacidade das suas causas. Este ano foi, de fato, um ano difícil para os cientistas sociais e para os seus intentos de explicar, contextualizar ou compreender a tragédia humana das Torres Gêmeas e do Pentágono. As dificuldades tiveram duas causas principais que, apesar de relacionadas, são diferentes.

A primeira reside no predomínio das teorias da conspiração. As teorias da conspiração procuram as causas de acontecimentos graves na ação clandestina e singularizada de indivíduos ou grupos de indivíduos, nos seus motivos e métodos. A explicação está na identificação destas ações individuais e não no contexto social e político em que ocorrem. Para resolver o problema não é preciso conhecer a sociedade, basta identificar e eliminar os culpados. A credibilidade das teorias da conspiração é, em geral, pequena porque estas acolhem hipóteses hiperbolicamente contraditórias sem que seja possível determinar qual delas é verdadeira. Apesar disso, as teorias da conspiração florescem em certos períodos, e um deles foi certamente o ano que passou. As hipóteses não podiam ser mais contraditórias e mirabolantes. De um lado, estão aqueles que defendem que os ataques, se não foram orquestrados pelos serviços secretos americanos, foram, pelo menos, do conhecimento antecipado destes, que, no entanto, nada fizeram para os impedir porque previam que, com a sua ocorrência, o público seria mobilizado para apoiar o Governo na guerra contra o terrorismo e no aumento do orçamento militar e da espionagem. Uma variação desta teoria pretende que os serviços secretos israelitas, a Mossad, sabia do que ia acontecer mas nada fez, pois esperaria que dos ataques emergisse uma opinião pública antiárabe e pró-israelita. No polo oposto destas teorias, estão aquelas para quem as causas dos ataques residem exclusivamente em Bin Laden e no seu grupo, a Al Qaeda, nos seus objetivos e nos seus métodos. Só eles os poderiam levar a cabo e, logicamente, se eles forem eliminados, os ataques não se repetirão e o problema estará resolvido. Esta última teoria é muito próxima da interpretação oficial do 11 de Setembro.

As teorias da conspiração são assim hostis a explicações que procurem causas em fatores sociais e políticos coletivos não redutíveis a indivíduos ou grupos e, portanto, suscetíveis de causar os mesmos acontecimentos ou outros semelhantes mesmo se tais indivíduos ou grupos não existirem. Mas as dificuldades das ciências sociais durante este ano não resultaram apenas da proliferação das teorias da conspiração. Resultaram também da ideia, prevalecente sobretudo nos primeiros meses após os ataques, de que tentar compreender, explicar ou contextualizar o 11 de Setembro equivalia a trivializá-lo, a reduzir o seu horror, se não mesmo a desculpá--lo e a mostrar simpatia para com os seus autores. Não conheço nenhum cientista social sério que não tenha expressado a sua condenação inequívoca de um ato tão brutal quanto gratuito e injusto e que não tenha manifestado a sua solidariedade para com as vítimas inocentes. No entanto, no momento em procurou uma explicação ou uma compreensão, foi em regra publicamente censurado e, por vezes, com uma violência nada habitual em democracia. Não foi a primeira vez que a opinião convencional reagiu com o dito: "tudo compreender é tudo perdoar". Foi, por exemplo, assim que reagiu quando os primeiros criminologistas, no final do século XIX, procuraram causas sociais ou biopsíquicas para as ações dos criminosos. Mas nos últimos cem anos nunca tal reação tinha sido tão intensa e tão estridente.

A pouco e pouco, porém, os cientistas sociais foram-se recompondo e os resultados das suas investigações não tardarão a ser conhecidos. Por agora, há a referir as linhas principais de investigação e as perguntas que elas suscitam. Eis algumas delas.

1. *O que é o terrorismo e quem o pratica?* Em certos momentos da história de diferentes sociedades, certos conceitos adquirem uma coerência inusitada e com ela vai normalmente de par a vacuidade do seu conteúdo. São conceitos que adquirem uma capacidade voraz de expansão. No passado, em momentos de maior repressão, aconteceu isso com o conceito de comunismo. No Portugal do Estado Novo era comunista (ou filocomunista), no discurso oficial, aquele que se opunha mais veemente e ameaçadoramente contra o regime. Nos EUA da era do macartismo (anos 1950) era comunista quem se manifestava com menos entusiasmo ou com mais espírito crítico em relação à onda de conservadorismo que assolava o país. Foi assim que Robert Oppenheimer perdeu a confiança das autoridades, apesar de ser o pai da bomba atômica. Em condições politicamente opostas, no Portugal do imediato pós-25 de Abril, era fascista todo aquele que manifestasse menos entusiasmo pela revolução em curso. É isto o que sucede hoje com o conceito de terrorismo e de terrorista. Qualquer ato de opinião política extraparlamentar, mesmo não violento, pode ser considerado potencialmente terrorista na medida em que a não violência pode sempre redundar em violência. Quem quer que mostre menos entusiasmo pela guerra contra o terrorismo carrega consigo a suspeita de ser, pelo menos, amigo de terroristas.

A história do conceito de terrorismo é complexa. Mas em tempos menos agitados que o presente tende a significar atos de violência indiscriminada e, portanto, potencialmente contra vítimas inocentes, cometidos por grupos organizados, com fins políticos ou outros, mas sempre com o objetivo de criar pânico e intimidação no Estado e/ou na população civil. Quando o Estado está diretamente envolvido em tais atos, fala-se de terrorismo de Estado, e se são praticados pelas Forças Armadas fala-se de "guerra suja". À luz desta definição, os ataques às Torres Gêmeas e ao

Pentágono são atos terroristas. Mas são igualmente atos de terrorismo, por vezes terrorismo de Estado, muitos outros atos de violência política, entre os quais muitos em que os EUA colaboraram ativamente para depor Governos considerados hostis aos interesses dos EUA (quase sempre idênticos aos interesses de empresas norte-americanas): o Irã em 1953; a Guatemala em 1954; o Líbano em 1956; a República Dominicana em 1965; o Chile em 1973. Em muitos casos, isso significou financiar grupos que praticavam violência indiscriminada contra civis e eram por isso terroristas. Ainda na década de 1970, o apoio à Unita em Angola; na década seguinte, o apoio à Renamo em Moçambique, aos Talibãs e *mujaedines* no Afeganistão, aos grupos paramilitares conhecidos por "contras" na Nicarágua e El Salvador. No caso afegão, a *jihad* armada é talvez mais um produto da CIA do que do Islã.

Ao contrário do que pretende a interpretação oficial do 11 de Setembro, reconhecer estes fatos não significa desculpar o terrorismo. Significa, pelo contrário, considerar que é um fenômeno muito mais amplo e recorrente e que para lhe pôr fim é necessária uma mudança radical no sistema de relações internacionais vigente e um reforço dramático de umas Nações Unidas transformadas.

2. *Em que é que o 11 de Setembro é uma novidade?* Não é hoje fácil saber em que medida o 11 de Setembro transformou o mundo ou, ao invés, em que medida é ele o produto de um mundo transformado. A novidade dos ataques reside em três fatores: na escala da violência levada a cabo, não por um Estado inimigo, mas antes por agentes "privados"; na sofisticação tecnológica; no fato de atingir os símbolos do poder mundial hegemônico, no território deste e usando instrumentos de tecnologia avançada por ele desenvolvidos. O problema não está, pois, na identificação da novidade, mas nas suas causas e no impacto que pode ter. Será o 11 de Setembro um resultado perverso da globalização? Em boa medida é-o, pois foi a globalização que permitiu a difusão das tecnologias, que acelerou os processos migratórios, que liberalizou os mercados financeiros, tornando-os insensíveis aos motivos da circulação do dinheiro, que limitou a capacidade dos Estados para fiscalizarem as ações dos que atuam nos seus territórios. Se assim for, é possível afirmar que depois do 11 de Setembro se aprofundou a complexidade da globalização. Desde novembro de 1999 em Seattle e desde janeiro de 2001 em Porto Alegre, sabíamos que a globalização neoliberal hegemônica tinha criado o espaço e a necessidade para uma globalização alternativa pela solidariedade, pelos direitos humanos, pela luta por um modelo de desenvolvimento sustentável, enfim, pela justiça social global. Desde o 11 de Setembro, ficamos na expectativa angustiante de estar na forja uma terceira forma de globalização, a globalização do terror. E se tal hipótese fatídica se confirmar, qual o melhor meio de a combater?

3. *A injustiça global fomenta o terrorismo?* Esta questão ainda não está no centro dos debates, mas prevejo que venha a estar nos anos mais próximos. Nenhuma injustiça de nenhum tipo justifica o terrorismo, uma vez que este inclui sempre a possibilidade da destruição de vidas inocentes. Mas o agravamento das desigualdades sociais entre ricos e pobres e o aumento da pobreza e da exclusão mais abjeta, paredes-meias com a opulência mais escandalosa, não podem deixar de criar ressentimento e desespero. Claro que estes podem ser produtivamente aproveitados para ampliar e fortalecer a luta pacífica contra a globalização neoliberal e por um mundo melhor, mais justo, mais pacífico e ambientalmente mais equilibrado. É essa luta e são esses objetivos que presidem ao Fórum Social Mundial e à globalização alternativa e solidária que ele constitui. Mas é evidente que o ressentimento e o desespero podem igualmente ser manipulados por grupos extremistas para atingir os seus objetivos, e estes podem ter menos a ver com a justiça social do que com a luta contra Satã ou o império do mal e incluir, entre os seus métodos, o "terrorismo dos pobres". Dir-se-á que se o objetivo de tais extremistas não é a justiça social global, lutar por esta de pouco adiantará como medida preventiva contra o terrorismo. Mas poderá contra-argumentar-se que, não sendo possível eliminar a possibilidade de grupos extremistas, é possível criar contextos sociais e políticos que eficazmente isolem esses grupos e lhes retirem o apoio e a legitimidade populares que fazem deles os salvadores e os vingadores dos oprimidos. Estou convencido de que, a longo prazo, a diminuição da desigualdade no mundo e o concomitante aumento da inclusão social e da participação democrática serão os remédios mais eficazes contra o terrorismo e, em geral, contra todas as formas de violência, organizada ou não, política ou não política.

4. *As diferenças culturais ou religiosas fomentam o terrorismo?* Também neste caso, é difícil saber em que medida o 11 de Setembro é uma causa ou uma consequência do choque de culturas. Sem dúvida que o 11 de Setembro foi um choque cultural antes de mais nada para os próprios norte-americanos. Mesmo para um observador estrangeiro que passa vários meses por ano nos EUA, como é o meu caso, é surpreendente a perplexidade dos cidadãos deste país ante a constatação do ódio que gente tão estranha, tão diferente e tão distante lhes possa ter e, sobretudo, ante a possibilidade de esse ódio se traduzir numa agressão violenta no seu próprio território. Afinal, os EUA estão fundados sobre o mito da terra prometida, abençoada por Deus, com graças excepcionais que fazem dos EUA o país mais cobiçado do mundo e os tornam (por vezes, relutantemente) guardiães do mundo livre, democrático e civilizado. Este mito é confirmado todos os dias em práticas tão diferentes quanto o afluxo constante de imigrantes em busca de uma vida melhor e a organização militar territorial. A qualquer estrangeiro, é surpreendente que as forças armadas dos EUA não estejam dispostas no território para o defender de possíveis invasores, como acontece em qualquer país, mas estejam antes dispostas em função das suas possíveis missões em diferentes regiões do mundo.

Nestas condições, se é pouco imaginável que estrangeiros considerem a globalização hegemônica um mal, é-o ainda menos que esse mal seja atribuído à América e que lhe façam pagar um preço por ele. A mudança cultural que está a ocorrer nos EUA em resultado do 11 de Setembro corre por enquanto em labirínticos rios subterrâneos e não se sabe sob que formas aflorará no futuro: em correntes caudalosas e avassaladoras ou em deltas aprazíveis, repousados e em harmonia com o meio ambiente? Mas esta é a face menos visível do choque cultural. A mais visível é obviamente a que resulta da litania, tanto dos conservadores do Ocidente como dos do Oriente, de que o choque das culturas ou das civilizações está em curso e de que as Cruzadas dos cristãos, com que se iniciou o segundo milênio, estão a ser vingadas pelo fundamentalismo Islâmico no início do terceiro milênio. Nesta leitura, o 11 de Setembro é simultaneamente uma consequência de longa duração e uma causa de duração imprevisível do choque de culturas. Se a globalização neoliberal veio pôr fim ao desenvolvimento nacional que muitos países periféricos tiveram na década de 1970, declarada pela ONU como a década do desenvolvimento, a leitura do choque cultural ou civilizacional pode pôr fim a todos os avanços no reconhecimento das diferenças e na promoção do multiculturalismo granjeados nas duas últimas décadas.

O choque de culturas é particularmente inverossímil quando aplicado ao Islã que tem a seu crédito uma história de tolerância e de convivência com a diferença (que, contudo, nunca incluiu as mulheres) de que nem os cristãos nem os judeus se podem orgulhar. Talvez por isso e porque os muçulmanos são hoje minorias importantes, tanto nos EUA como na Europa, e são maiorias em muitos países "amigos" noutros continentes, a leitura do choque entre culturas teve pouca duração na sua formulação inicial e foi sendo substituída por uma variante interna, a do choque entre os bons islâmicos, contra os quais o Ocidente nada tem, e os maus islâmicos, contra os quais a luta será implacável e interminável se tal for necessário. Esta leitura não tem mais consistência do que as teorias da conspiração referidas acima. O que há de específico no Islã que torna crucial a imposição a partir de fora de uma distinção tão fracturante? Não haverá igualmente que distinguir entre bom e mau cristianismo ou entre bom e mau judaísmo? Não será preferível pensar que em todas as culturas ou civilizações há bons e maus cidadãos e que as leis nacionais e internacionais devem ser acionadas para punir os casos em que a maldade se traduz na prática de crimes?

Um futuro incerto

As possibilidades de futuro nunca foram tantas e tão discrepantes. Não sabemos se estamos no fim de uma época, se no começo de uma época. Este último ano ora pareceu o mergulho num novo inquietante, ora a repetição mil vezes ampliada de uma normalidade que só por isso pareceu anormal. Num mundo polarizado entre poderosos e oprimidos e entre ricos e pobres, os oprimidos e os pobres continuaram a viver o seu mundo de humilhações e privações. Alguns suficientemente menos oprimidos e menos pobres para lerem ou verem notícias poderão ter tido um consolo momentâneo ao constatarem que os poderosos e os ricos também podem ser humilhados. Mas esse consolo em nada se traduziu que melhorasse de fato as suas experiências e as suas expectativas de vida. Por sua vez, os poderosos e os ricos e os que vivem em condições suficientemente próximas das deles, para não se sentirem nem oprimidos nem pobres, perderam a inocência ao verificar o ressentimento e o desespero que as desigualdades e a humilhação podem causar e as reações violentas e terríveis a que podem dar azo.

Bin Laden e os seus acólitos cometeram um crime contra a humanidade que o Tribunal Penal Internacional poderia vir a julgar e a punir ante uma opinião pública confiante na eficácia das instituições democráticas. Em vez disso, iniciou-se uma guerra, que não pôde ser declarada como tal, contra um inimigo mal definido e com objetivos suficientemente vagos para poder continuar enquanto os interesses particulares dos que a promoveram o exigirem. Com isso, fizeram-se mais vítimas inocentes; violaram-se os direitos humanos como se quem foi vítima de uma violação brutal dos direitos humanos se pautasse pelo mesmo código de conduta dos seus agressores; intimidaram-se os opositores políticos e procurou-se limitar o âmbito e o modo do dissenso legítimo; perdeu-se o pudor em ocultar que as regras da ortodoxia econômica neoliberal são afinal flexíveis e podem ser alteradas por razões políticas, legitimando o perdão e o reescalonamento da dívida externa do Paquistão apenas pelo papel deste na luta contra o terrorismo. A incerteza do futuro pode resumir-se nesta pergunta: até que ponto pode a democracia resistir contra aqueles que em nome dela destroem as suas condições de sobrevivência?

Visão Especial, 11 de setembro de 2002

Uma guerra infame

Quando a opinião pública é confrontada com a possível justificação de uma guerra espera por razões que pelo menos uma das partes em conflito possa reclamar verossimilmente como sendo de interesse nacional e como sendo suficientemente fortes para superarem os custos em destruição humana e material que a guerra implica. Não aceitará como razões os desígnios de pequenos grupos que, tendo adquirido poder suficiente para proclamar a guerra, o fazem para prosseguir os seus interesses particulares. O desconforto, perplexidade ou revolta da opinião pública mundial ante a próxima guerra contra o Iraque decorre de não terem até agora sido apresentadas razões convincentes do primeiro tipo e, pelo contrário, começarem a ser conhecidas razões do segundo tipo.

Vejamos, pois, as possíveis razões do primeiro tipo. Primeira: o Iraque foi em parte responsável pelo 11 de Setembro e merece ser punido. Ao longo do último ano foram feitas várias tentativas no sentido de ligar Saddam Hussein a Bin Laden. Por exemplo, um dos suicidas do ataque às Torres Gêmeas teria tido encontros com os serviços secretos iraquianos, mas o que se ficou a saber é que Bin Laden odiará tanto Hussein como os EUA. A segunda possível razão: o Iraque é uma ameaça para os EUA. Também neste caso têm sido feitas várias tentativas e todas têm falhado. Primeiro foi o antraz que poderia ter vindo de um laboratório iraquiano. Verificou-se que tinha sido produzido nos EUA. Agora é a possibilidade de o Iraque estar a produzir armas de destruição massiva e as poder utilizar contra os EUA, ignorando, além disso, as resoluções da ONU. Também neste caso a argumentação não é convincente. Nos anos 1980 — quando Hussein era amigo dos EUA e, com o apoio destes, usou armas químicas contra os curdos e o Irã — o Iraque estava de fato a desenvolver capacidade nuclear, um projeto que teria o apoio da Arábia Saudita, com o objetivo de neutralizar as 200 ogivas nucleares de Israel. Curiosamente, o Iraque comprou a tecnologia de enriquecimento de urânio, em troca de petróleo, à África do Sul que, por sua vez, a tinha obtido de Israel. A guerra do Golfo e as sanções destruíram esse projeto. O Iraque tem ignorado as resoluções da ONU, tal como Israel (que se recusa a aceitar inspeção das suas armas nucleares) e a Índia (em relação à Caxemira).

Perante a inexistência de razões "razoáveis", só restam as razões da direita fundamentalista que hoje domina o governo dos EUA. (1) As reservas de petróleo do Iraque são as segundas maiores do mundo; é crucial que essas reservas estejam nas mãos de um amigo dos EUA, de preferência sob ocupação militar norte-americana. (2) Não interessa manter como inimigo nº 1 um alvo difícil de abater. Ao contrário de Bin Laden, Hussein é localizável e o sucesso da guerra contra o Iraque pode fazer esquecer o fracasso da guerra contra o terrorismo. (3) O exército iraquiano é o único que pode ameaçar Israel. A direita conservadora que domina a Casa Branca — recordemos que Dick Cheney foi um dos poucos congressistas que se manifestou contra a libertação de Nelson Mandela — pretende mostrar-se inequivocamente do lado de Israel para que o poderoso *lobby* judeu, sobretudo o seu ramo zionista, deixe de apoiar o Partido Democrático. (4) A mesma direita pretende reduzir o poder da ala moderada do partido republicano, humilhando o seu mais destacado representante, Collin Powell, e o seu apelo ao multilateralismo. Ao contrário do que pode parecer, a humilhação das Nações Unidas é apenas um efeito secundário. São estas as razões que a opinião pública mundial se recusa a aceitar.

Visão, 19 de setembro de 2002

O Brasil e o mundo

O resultado das próximas eleições no Brasil é importante não só para o Brasil como para o resto do mundo. O Brasil, além de ser uma das maiores economias do mundo, é hoje o palco de uma luta desenfreada entre os interesses financeiros da globalização neoliberal e a aspiração da maioria dos cidadãos brasileiros por uma globalização mais justa e sustentável.

Para se ter uma ideia da dimensão dessa luta, a especulação dos mercados financeiros ante a possível vitória do Lula fez com que na semana passada o prêmio de risco dos bilhetes do tesouro do Brasil fosse igual ao dos da Costa do Marfim, um país em pleno golpe de Estado (*Financial Times* de 25 de setembro). É este contexto que torna a vitória de Lula tão importante. Por duas razões principais. A primeira é que a vitória de Lula representa a verdadeira conclusão da transição democrática iniciada em meados da década de 1980. A quem, como eu, acompanhou de perto o Brasil nos últimos vinte anos não escapam as profundas mudanças políticas que ocorreram, não apenas no nível das instituições, como, sobretudo, no nível das práticas e das sociabilidades dos brasileiros no seu dia a dia. O código social do "sabe com quem está falando" foi a pouco e pouco sendo confrontado com a consciência e a linguagem dos direitos e da cidadania, com a emergente capacidade coletiva dos movimentos e das organizações populares de formular reivindicações e exigir o comprometimento ético dos governantes. Sendo o Brasil um dos países mais injustos do mundo, esta emergência democrática está sempre à beira da frustração e da vulnerabilidade a novos autoritarismos. Para que tal não aconteça, tem de ser consolidada através de práticas políticas, éticas, transparentes, participativas e redistributivas. Se o Lula ganhar, os democratas do mundo inteiro terão direito a um momento de alívio. A segunda razão diz respeito ao momento presente da globalização neoliberal. O sistema financeiro internacional está a ser posto em causa por vozes particularmente autorizadas, a dos que o conhecem por dentro e têm acesso à informação que mais ninguém tem. Entre essas vozes destacam-se Joseph Stiglitz e George Soros. A irracionalidade e a injustiça do sistema e a sua propensão a transformar crises financeiras em crises econômicas são hoje do domínio público, e o consenso que se está a gerar a seu respeito não pode deixar de levar a transformações a curto prazo. Quem está em melhores condições para governar os países nos tempos que se avizinham? Não certamente quem se formou na obediência cega à ortodoxia, agora em causa, porque esse vai certamente correr o risco de ser recorrentemente mais papista que papa e sobretudo não vai ser capaz de explorar as novas capacidades de manobra que se vão abrir. Fernando Henrique Cardoso (FHC) governou o país num período de fundamentalismo neoliberal e de algum modo contribuiu para ele. O futuro creditar-lhe-á o fato de, apesar disso, não ter bloqueado a efervescência democrática de que falei acima. O modelo que seguiu está hoje reconhecidamente num beco sem saída e é precisamente de efervescência democrática que advirão as energias políticas para uma apropriação pacífica e justa das novas condições. Lula é assim o melhor sucessor de FHC, único capaz de ultrapassar o impasse a que a ortodoxia chegou, resgatando o que ela não foi capaz de destruir. No plano internacional, a vitória do Lula significa a credibilidade de uma transição pacífica e gradual por parte de um grande país para um novo pacto financeiro e econômico global, mais equilibrado e mais comprometido com o bem-estar dos cidadãos.

Visão, 3 de outubro de 2002

Viemos de Bagdá[3]

Recapitulemos o drama. Os EUA decidiram invadir o Iraque e não é previsível que algo os possa deter. Conquistar o Iraque é considerado essencial para controlar a região. Em primeiro lugar, é um alvo mais fácil que o Irã porque, enquanto o poder neste último é ocupado por dois complexos estratos de poder (secular e religioso) sobrepostos onde os indivíduos pouco contam, no Iraque o poder está nas mãos de um só homem e bastará derrubá-lo. Em segundo lugar, o Iraque tem uma cultura secular (em tempos recentes, cultivada pelo partido de Saddam Hussein, mas isso não é dito) que facilita a segurança das futuras bases militares, uma segurança que é sempre precária nos estados religiosos da Arábia Saudita e do Kuwait, onde os norte-americanos serão sempre infiéis. Entretanto, e porque o Iraque é muito mais "complexo" que o Afeganistão, consultam-se os dossiês da ocupação do Japão e da Alemanha, após a Segunda Guerra Mundial, para escolher o melhor sistema pós-Hussein. Por seu lado, os especialistas militares fazem cálculos de custo/benefício. Um dos que veio a público calcula que morrerão 75.000 pessoas (na esmagadora maioria iraquianos), o que é considerado um preço "razoável" para os benefícios que advirão da conquista.

Não sabemos se estes fatos são o fim ou o começo de uma época. Mas há algo neles intrigantemente repetitivo. De fato, não é a primeira vez que Bagdá se revela importante para os destinos do mundo e é, por isso, objeto de cobiça. Entre 750 e 1258 da nossa era, Bagdá foi a capital do califato Abássida e, entre o século VIII e o século X, viveu um período

---

3. A decisão de avançar para a guerra contra o Iraque, levada a cabo contra a vontade de milhões de cidadãos que, em fevereiro de 2003, se manifestaram nas ruas por todo o mundo, baseou-se na criminosa manipulação de dados sobre armas de destruição em massa e da ameaça que representavam para o mundo ocidental. Os documentos divulgados pelo Wikileaks em 2010 revelam como a defesa da ingerência militar, com o propósito de instaurar rapidamente "democracias de mercado", serviu para dar mais um passo no desmantelamento do sistema de segurança das Nações Unidas, proclamando a lei do mais forte na exploração dos recursos ao nível global e relegando definitivamente para o domínio da retórica a garantia da segurança humana.

de esplendor social e cultural que fez dela o centro do mundo. A geografia do século X descrevia Bagdá como estando "perto do centro do mundo" pelo seu esplendor e pela crença que a espécie humana teria ali nascido, na Mesopotâmia, uma crença que se manteve até a nossa época. Esses dois séculos foram a idade de ouro, do desenvolvimento das artes e das ciências, das escolas de medicina e de direito, dos observatórios astronômicos, dos contos das Mil e Uma Noites. Foi em Bagdá que se preservou a filosofia grega, tornando possível que, séculos mais tarde, os tradutores de Toledo entregassem esse legado à cultura ocidental. Mas Bagdá foi importante nesses séculos, como cidade global, centro comercial da região do mundo, o Oriente Médio, que até o século XIV foi o ponto fulcral do sistema mundial que assegurou as trocas comerciais entre o Oriente e o Ocidente. Por ela passava um dos três grandes caminhos para o Oriente antes de os portugueses descobrirem o quarto no século XV, a partir de então, dominante. Durante quinhentos anos, Bagdá foi a referência do "civilizado" e do "moderno". Quase todas as especificidades europeias a que Max Weber atribuiu a gênesis da Modernidade ocorreram séculos antes no mundo muçulmano. Pela sua importância, Bagdá foi sempre objeto de cobiça. Em 1258, quando estava já longe do seu apogeu, Bagdá foi conquistada e parcialmente destruída pelos mongóis. O historiador persa, Wassaf, que testemunhou a queda de Bagdá, descreveu de forma inesquecível o horror da cidade transformada "em brinquedo do monstro Tártaro". A dívida histórica do Ocidente é grande para com Bagdá. A ela regressamos sempre que visitamos as raízes da nossa cultura. Desta vez, porém, o Ocidente parece estar a regressar a Bagdá com outro espírito, o dos invasores mongóis. Daí a dúvida se este regresso não é afinal o regresso do "monstro Tártaro", sob a pele de um Ocidente que a inexorável jangada de pedra separou há muito das suas raízes, dando origem a um despotismo bem maior do que o despotismo oriental de que falavam Marx e Weber.

Visão, 17 de outubro de 2002

2003

...visited the world of...
...nor scales
...nimal effects
...measured toils
...followed by like...
...conversations over...
...e laughs at the beach
...ded for home
...now I wouldn't like to...
... problem was how to fi...
...too diffuse
...st names
...ing everywhere
...r vowels and consonan...
...ettes at the doors...
...ned in a greater word...
...his day
...m not where I live
...lives at home

Lula, a utopia realista

Não é a primeira vez que, no último meio século, políticos de esquerda chegam ao poder por via democrática no continente latino-americano. No próprio Brasil, João Goulart (1961-1964), no Chile, Salvador Allende (1970-1973) e, na Venezuela, Hugo Chávez (1998-2013). Os dois primeiros casos terminaram violentamente em ditaduras e o terceiro está à beira do colapso. Em todos os casos, a interferência dos EUA foi importante. Faz, pois, todo o sentido perguntar o que distingue Lula dos casos anteriores e nos faz crer que o seu destino será diferente. Mesmo sabendo que as condições são sempre diferentes e que a história não se repete, o que está em causa não é o destino específico desta exaltante experiência política, mas antes a análise dos seus fatores de êxito. Para além de muitos outros fatores — densidade política do Partido dos Trabalhadores (PT), consolidação democrática, carisma de Lula — o que verdadeiramente distingue Lula é a substituição da ideologia pela ética enquanto registro da confrontação política. Em vez do socialismo ou da revolução bolivariana, a honestidade e a transparência do governo, a solidariedade para com os mais fracos, a luta contra a fome e a pobreza. Esta reconfiguração ética do seu programa abriu espaço para os dois grandes fatores do seu êxito: no plano interno, a construção de alianças amplas e a redução da rejeição; no plano externo, a credibilidade do seu propósito de respeitar os compromissos financeiros do país, utilizando a pequeníssima margem de manobra para realizar políticas sociais, uma postura algo semelhante à mais recente do Fundo Monetário Internacional. O primeiro fator permitiu-lhe ser hoje um dos políticos eleitos com maior número de votos na história da democracia. O segundo fator fez com que os investidores e credores estrangeiros passassem da hostilidade à neutralidade armada. Estes fatores parecem fazer assentar a diferença de Lula no seu realismo. Mas, assim sendo, onde está a utopia? Qual é o significado político real do ex-operário a subir a rampa do Palácio do Planalto? A questão básica é de saber se e em que medida o governo de Lula conseguirá alterar as estruturas de poder social que transformaram o Brasil num dos mais injustos países do mundo. Uma resposta positiva a esta questão depende, em meu entender, de uma série de condições exigentes. Passo a mencionar as principais. A primeira é que o governo de Lula capitalize nas melhores práticas políticas de que o PT foi protagonista nos últimos dez anos. Entre essas práticas, destacam-se as experiências de democracia participativa, sob a forma do orçamento participativo, na gestão de mais de cem cidades do Brasil. O PT deve o seu êxito ao ter sido sempre um partido--movimento e não pode deixar de sê-lo pelo fato de ser governo. O PT, que inventou o orçamento participativo, deverá inventar outras formas de democracia participativa adequadas aos diferentes níveis e setores da governação. Ou seja, sem a reforma democrática do Estado é pouco crível que qualquer outra reforma tenha êxito. Esta condição está relacionada com a segunda: a gestão sábia e democrática das frustrações.

A eleição do Lula aumentou exponencialmente a discrepância entre as experiências atuais da grande maioria dos brasileiros e as expectativas quanto às melhorias que poderão decorrer do seu governo. Tal discrepância vai redundar em frustração que só não será disfuncional para o governo de Lula se for assumida democraticamente, ou seja, se o governo de Lula for solidário mesmo na formulação da impossibilidade de o ser. A este respeito há um paralelo perturbador entre o Brasil de hoje e a África do Sul de há dez anos. Em ambos os países, o simbolismo da subversão democrática atingiu o paroxismo: num caso, um negro a chegar ao poder, no outro, um operário. Tal como Lula, Mandela escolheu para as áreas econômicas do governo gente credível ante "os mercados", deixando as áreas sociais a cargo de políticos mais à esquerda. Não tendo sido estabelecidas nenhumas mediações entre as duas áreas, as áreas sociais acabaram por definhar ante a necessidade de abrir o país aos imperativos neoliberais, colocando a grande central sindical, a Congress of South African Trade Unions (Cosatu), forte apoiante do partido do governo (o African National Congress — ANC), numa posição de impasse que dura até hoje. A situação brasileira é felizmente distinta, não só porque a mediação está criada através do forte investimento político no Conselho Econômico e Social, mas também porque a abertura ao neoliberalismo foi feita antes e zelosamente pelos governos de Fernando Henrique Cardoso. Em todo o caso, as dificuldades que se avizinham terão de ser parte da democracia e não o limite desta.

A terceira condição reside em o Brasil deixar de se ver como demasiado grande e passar a ver-se como demasiado pequeno, pelo menos na sua capacidade para resistir à globalização neoliberal. Essa miniaturização criará a energia para duas globalizações regionais alternativas. A primeira é continental: o Mercosul. É sabido que a Associação de Livre Comércio das Américas (Alca) transformará o Brasil numa imensa maquiladora como está a acontecer no México (e sem ter o benefício da emigração à mão). A Alca inviabiliza, à partida, a ideia do novo contrato social proposta pelo Presidente Lula. Não vai ser fácil resistir à imposição da Alca e será impossível sem uma alternativa consistente.

O Mercosul é a instância que confere credibilidade à ideia da aproximação ao capitalismo social democrático da Europa, ou seja, à combinação de elevada competitividade com elevada proteção social mediante uma regulação pública ativa. A desglobalização só faz sentido enquanto proposta de reglobalização alternativa. O êxito desta globalização regional vai depender em parte da própria União Europeia e da sua capacidade para abandonar a hipocrisia de querer ser uma alternativa global aos EUA sem, contudo, nunca os confrontar fora da Europa. A outra forma de globalização regional alternativa é transcontinental e diz respeito à articulação política com outros países de desenvolvimento intermédio, nomeadamente com a Índia, a China e a África do Sul. Só assim será possível confrontar o super-Estado paralelo constituído pelos imperativos transnacionais do neoliberalismo. A articulação entre o Brasil e a Índia no âmbito da Organização Mundial do Comércio, no que respeita à luta pela supressão dos direitos de propriedade intelectual em casos de emergência de saúde pública (como, por exemplo, no caso do HIV/Aids), é um bom exemplo do muito que pode ser feito. A quarta condição para que a diferença de Lula faça diferença é paradoxalmente global e nacional e exige um esforço aturado de mediação entre diferentes escalas e horizontes de transformação social. Acaba de realizar-se em Porto Alegre o Fórum Social Mundial (FSM). Não é segredo para ninguém o papel do PT e dos movimentos sociais e ONGs seus simpatizantes no êxito do Fórum. Teria sido trágico se a óbvia autonomia recíproca entre o governo Lula e o FSM tivesse degenerado numa forma de "dissonância cognitiva", quer sob a forma de uma distanciação agressiva próxima do enjeitamento, por parte do governo do Lula, quer sob a forma da utilização do Fórum, por parte de grupos esquerdistas, dentro e fora do PT, para dar cobertura internacional às críticas ao "realismo" ou "oportunismo" lulista. A primeira atitude teria retirado a utopia ao realismo, enquanto a segunda teria retirado o realismo à utopia. Qualquer delas ter-nos-ia deixado na condição estúpida de não termos aprendido nada nestes anos. Sobretudo não termos aprendido que o outro mundo possível só é possível neste mundo e não noutro. Felizmente, o exigente esforço de mediação para neutralizar qualquer destas atitudes foi coroado de êxito. O êxito do Fórum foi o primeiro e mais auspicioso augúrio da era Lula. Ao Governo e ao movimento dos movimentos compete dar sustentabilidade às mediações sem as quais a era Lula não terá identidade própria.

Folha de S.Paulo, 3 de fevereiro de 2003

O segredo de justiça[1]

A justiça portuguesa tem vivido nas últimas semanas momentos de grande perturbação. Os portugueses — perplexos com a existência de indícios da prática do crime de pedofilia por um dos maiores comunicadores televisivos e com a sua prisão preventiva — assistem a uma vaga de *reality shows*, debates e artigos de opinião sobre o direito e a justiça, o desempenho dos tribunais e dos agentes judiciais, sem precedentes na história da comunicação social portuguesa. Duas das questões centrais do debate, distintas mas relacionadas, são a questão do segredo de justiça e a da relação entre os tribunais e a comunicação social. Centro-me, hoje, na primeira.

Na fase do inquérito, a fase fundamental da investigação penal, o segredo de justiça tem duas vertentes: veda o acesso ao processo a todas as pessoas não autorizadas e obriga todos os que têm acesso ao dever de guardar segredo, sob pena de incorrerem no crime de violação do segredo de justiça. A questão do segredo de justiça é uma questão recorrentemente controversa no interior do sistema judicial, reatualizada, com contornos mais dramáticos, sempre que os arguidos são pessoas econômica, política ou socialmente poderosas. Confrontam-se basicamente duas posições: de um lado, aqueles que enfatizam a forte contração dos direitos e garantias dos arguidos enquanto vigorar no processo o segredo de justiça; do outro, aqueles para quem o segredo é fundamental para o sucesso da investigação em que assentará a decisão sobre se alguém será ou não levado a julgamento, sendo tanto mais fundamental quanto mais poderosos forem os investigados. Para os primeiros, o atual regime do segredo de justiça deve sofrer duas alterações fundamentais: deve ser restringido a uma fase de investigação com prazos peremptórios e não deve ser regra para todos os

---

1. Com o novo Código de Processo Penal em Portugal, que entrou em vigor em 1987, consagrou-se o paradigma do segredo de justiça absoluto durante toda a investigação (fase de inquérito) e até a instrução ou, em casos especiais, até o julgamento propriamente dito — esse sim obrigatoriamente público. Com o crescente interesse e recorrentes atropelos ao segredo em face de uma justiça mais midiática e midiatizada, a solidez deste princípio foi sofrendo um processo de erosão.

processos. O Ministério Público deverá requerer expressamente em cada processo a imposição do segredo de justiça. Para os segundos, qualquer alteração ao segredo de justiça deve ser mínima e não deve pôr em causa os interesses e o êxito da investigação criminal. Em minha opinião, a segunda posição é, sem dúvida, a mais adequada às realidades sociológicas e judiciais do nosso país. Somos um país em que as elites sociais, políticas e econômicas estão habituadas à impunidade que lhes é, em parte, garantida pelas reconhecidas debilidades da nossa investigação criminal e pela pusilanimidade dos nossos magistrados. Vivemos um momento crucial em que esta situação se está de algum modo a inverter, sendo visível alguma capacidade e alguma vontade política para começar a investigar e a julgar "os de cima". Não admira que a reação destes seja agressiva. Para bem de todos nós, é decisivo que esta reação não atinja os seus objetivos. Para isso, porém, é também preciso que quem "guarda" o processo defina expressamente quem tem acesso a ele e puna exemplarmente quem violar o segredo. Recomendo que se siga o modelo da Holanda, cujo sistema judicial definiu regras especiais de segurança para os processos polêmicos, que vão desde a colocação de vidros especiais nas janelas das salas até o fechamento dos processos em cofres-fortes, a restrição do acesso de magistrados e funcionários a determinadas zonas, e a definição de regras rígidas para a rotina dos que têm acesso ao processo. Já no âmbito da pequena e média criminalidade (36% da criminalidade julgada são crimes de emissão de cheques sem provisão e crimes rodoviários), onde é pouca ou nula a investigação, o segredo de justiça, com a atual extensão, pode ser um obstáculo à adoção de medidas processuais mais céleres como, por exemplo, o processo sumaríssimo e a suspensão provisória do processo. Aí admito algumas alterações.

Visão, 6 de março de 2003

Suicídio coletivo?

Segundo Franz Hinkelammert, o Ocidente tem recorrentemente caído na ilusão de tentar salvar a humanidade através da destruição de parte dela. Trata-se de uma destruição salvífica e sacrificial, cometida em nome da necessidade de concretizar radicalmente todas as possibilidades abertas por uma dada realidade social e política sobre a qual se supõe ter um poder total. Foi assim no colonialismo com o genocídio dos povos indígenas e dos escravos africanos e com as guerras e chacinas em África e na Ásia. Foi assim no período de lutas imperialistas que causaram milhões de mortos em duas guerras mundiais e muitas guerras coloniais na África e na Ásia. Foi assim no estalinismo com o Gulag e no nazismo com o holocausto. É assim hoje no neoliberalismo com o sacrifício coletivo do Terceiro Mundo. Com a guerra contra o Iraque, cabe perguntar se está em curso uma nova ilusão genocida e sacrificial e qual o seu âmbito. Cabe sobretudo perguntar se a nova ilusão não anunciará a radicalização e perversão última da ilusão ocidental: destruir toda a humanidade com a ilusão de a salvar. Se assim for, tratar-se-á de uma radicalização do mesmo tipo da que, por razões muito diferentes, há muito vem sendo denunciada pelo movimento ecológico.

O genocídio sacrificial decorre de uma ilusão totalitária que se manifesta na crença de que não há alternativas à realidade presente e de que os problemas e as dificuldades que esta enfrenta decorrem de a sua lógica de desenvolvimento não ter sido levada até as últimas consequências. Se há desemprego, fome e morte no Terceiro Mundo, isso não resulta dos malefícios ou das deficiências do mercado; é antes o resultado de as leis do mercado não terem sido aplicadas integralmente. Se há terrorismo, tal não é devido à violência das condições que o geram; é antes devido ao fato de não se ter recorrido à violência total para eliminar fisicamente todos os terroristas e potenciais terroristas. Esta lógica política, assente na suposição do poder e do saber totais e na recusa das alternativas, é ultraconservadora, na medida em que pretende reproduzir infinitamente o *status quo*. É-lhe inerente a ideia do fim da história. Durante os últimos cem anos, o Ocidente passou por três versões dessa lógica e, portanto, por três versões do fim da história: o estalinismo com a sua lógica da eficiência insuperável do plano; o nazismo com a sua lógica da superioridade racial; e o neoliberalismo com a sua lógica da eficiência insuperável do mercado. Os dois primeiros momentos envolveram a destruição da democracia. O último trivializa a democracia, desarmando-a ante atores sociais suficientemente poderosos para privatizarem a seu favor o Estado e as instituições internacionais. Tenho caracterizado esta situação como uma combinação de democracia política com fascismo social. Uma manifestação atual desta combinação reside no fato de a fortíssima opinião pública mundial contra a guerra se revelar incapaz de parar a máquina de guerra posta em marcha por governantes supostamente democráticos. Em todos estes momentos domina uma pulsão de morte, um heroísmo de catástrofe, a ideia da iminência de um suicídio coletivo só prevenível pela destruição maciça do outro. Paradoxalmente, quanto mais ampla é a definição do outro e eficaz é a sua destruição, tanto mais provável é o suicídio coletivo. Na sua versão genocida sacrificial, o neoliberalismo é uma mistura de radicalização do mercado, neoconservadorismo e fundamentalismo cristão. A sua pulsão de morte tem assumido várias formas, desde a ideia das "populações descartáveis" para referir-se aos cidadãos do Terceiro Mundo inaptos para serem explorados como operários e consumidores até o conceito de "danos colaterais" para designar a morte de milhares de civis inocentes em consequência da guerra. Este último heroísmo da catástrofe está bem evidente em dois fatos: segundo cálculos fiáveis da Organização não Governamental MEDACT de Londres, morrerão no Iraque, durante a guerra e nos três meses seguintes, entre 48.000 e 260.000 civis (isto no caso de não haver guerra civil nem ataques nucleares); a guerra custará 100 bilhões de dólares, o suficiente para custear as despesas de saúde dos países mais pobres durante quatro anos. É possível lutar contra esta pulsão de morte? É importante ter em mente que historicamente a destruição sacrificial esteve sempre associada à pilhagem econômica dos recursos naturais e da força de trabalho, ao desígnio imperial de mudar radicalmente os termos das trocas econômicas, sociais, políticas e culturais ante a quebra das taxas de eficiência postuladas pela lógica maximalista da ilusão totalitária em vigor. É como se as potências hegemônicas passassem recorrentemente, tanto em sua fase de ascensão como em sua fase de declínio, por momentos de acumulação primitiva, legitimadores das mais ignominiosas violências em nome de futuros onde, por definição, não cabe tudo o que se tem de destruir. Em sua versão atual, o momento de acumulação primitiva consiste na combinação da globalização econômica neoliberal com a globalização da guerra. Contra ela está em curso a globalização contra-hegemônica, solidária, protagonizada pelos movimentos sociais e ONGs de que o terceiro Fórum Social Mundial (FSM) foi uma manifestação eloquente. O FSM tem sido uma portentosa afirmação da vida no seu sentido mais amplo e plural, incluindo seres humanos e natureza. Que desafios defronta ante a cada vez mais íntima interpenetração da globalização econômica e da globalização da guerra? Penso que a nova situação obriga o movimento dos movimentos a repensar-se e a reconfigurar as suas prioridades. É sabido que o FSM, logo em sua segunda reunião, em 2002, identificou a articulação entre o neoliberalismo econômico e o belicismo imperial e, por isso, organizou o Fórum Mundial da Paz de que a segunda edição teve lugar em 2003. Isso, porém, não basta. É necessária, em meu entender, uma inflexão estratégica. Os movimentos sociais, quaisquer que sejam as suas áreas de luta, devem dar prioridade à luta pela paz como condição necessária ao êxito de todas as outras lutas. Isto significa que têm de estar na frente da luta pela paz, não deixando que esta seja solitariamente ocupada pelos movimentos pela paz. Todos os movimentos contra-hegemônicos são, a partir de agora, movimentos pela paz. Estamos em plena quarta guerra mundial e a espiral de guerra vai certamente continuar a girar. O princípio da não violência que consta da Carta de Princípios do FSM tem de deixar de ser uma exigência feita aos movimentos para passar a ser uma exigência global dos movimentos. Esta inflexão é necessária para, nas atuais condições, contrapor à vertigem do suicídio coletivo a celebração da vida, um humanismo novo, cosmopolita, construído contra as abstrações iluministas, a partir da resistência concreta ao sofrimento humano concreto imposto pelo verdadeiro eixo do mal: neoliberalismo e guerra.

Visão, 20 de março de 2003

O império incessante

Escrevendo no final da 2ª Guerra Mundial, o filósofo Emmanuel Levinas afirma que o horror nazi não o surpreendeu. Segundo ele, não tendo sido inevitável o nazismo, tão pouco surgiu por acaso. A violência e a guerra em que se traduzira estavam inscritas nas concepções de ser e existência que têm dominado o Ocidente. Há nessas concepções uma violência ontológica que consiste em negar a existência do outro como igual. Trata-se de uma ideia colonial do ser que justifica a aniquilação do outro. Levinas pretendia com isto mostrar como surgira o antissemitismo. Penso que a colonialidade do ser e do poder são inerentes às sociedades modernas pelo menos desde o século XV e que as suas manifestações são muito mais vastas que o antissemitismo. São o racismo, o sexismo, a guerra, o colonialismo, o *apartheid* e o imperialismo.

Essa colonialidade consiste em atribuir-se o direito de definir quem é igual e quem é diferente e de decidir a sorte do diferente porque inferior. A justificação da decisão é dupla: por um lado, o inferior é perigoso, por outro lado, não sabe o que é bom para ele. O tempo e o espaço do inferior são vazios de sentido e por isso disponíveis para serem ocupados. Esta ideia de vazio de sentido provém de uma ignorância ativamente produzida a respeito do inferior. Do inferior não se pode ter um conhecimento detalhado porque isso complica o objetivo da ocupação. As terras dos indígenas da América estavam vazias porque ocupadas por seres sub-humanos. Tal como para Freud, a sexualidade é masculina e a mulher, um ser castrado pronto a ser ocupado pelo desejo do homem. Tal como para Bush, os iraquianos desejam a ocupação para serem libertados ou têm de se resignar a serem objetos de ocupação imperial. A possibilidade de resistência por parte deles não cabe na ignorância que se tem deles. Por isso, causa surpresa. É um comportamento bizarro. Porque conscientemente instrumental, o conhecimento que se tem do ser inferior é seletivo, estritamente direcionado para ocupação e imune a qualquer contaminação de proximidade. As bombas inteligentes são a versão mais acabada deste conhecimento em ação. A ocupação imperial é sempre reivindicada em nome do espaço vital, a expansão do campo de ação para que o ser colonizador possa desenvolver plenamente a sua humanidade. Este espaço vital tanto podem ser as terras indígenas da Conquista, como o continente africano depois da Conferência de Berlim, o corpo da mulher, dos escravos ou dos recrutados para o trabalho forçado, ou agora os poços de petróleo do Iraque. Para ser eficaz, a reivindicação do espaço vital tem de ser unilateral e inconsciente da sua unilateralidade. Na semana passada, o jornalista financeiro da Antena 1 afirmava com a máxima circunspecção: "Para levantar a moral dos mercados é fundamental que Bagdá seja ocupada esta semana".

A humanidade só pode chegar ao colonizado por via da ocupação. Por isso é tão fácil destruir a democracia em nome da democracia, eleger ditaduras e reservar os direitos humanos para quem os merece. Em 5 de março, o jornalista da *Fox News* comentava assim a tortura a que teria sido submetido um alegado membro da Al Qaeda: "É um pedaço de lixo humano sem direitos de nenhuma espécie". A ocupação é uma destruição criadora. Por coerência, a reconstrução do Iraque tem de começar no dia da sua destruição. Quanto mais destrutiva é a ocupação, mais alta é a justificação. Dizia Hitler: "Deus está conosco". Neste particular, Bush não é diferente.

Estava errado Kant quando pensava que o iluminismo traria a paz perpétua. Ao contrário, a guerra é inerente à modernidade. Estava errado Lênin quando pensava que o imperialismo era uma fase superior do capitalismo. Ao contrário, o capitalismo tem sido sempre imperial. Estava errado Marx quando pensava que o capitalismo era um sistema econômico. É, ao contrário, um sistema de dominação global que inclui a guerra, o sexismo, o racismo, o *apartheid*, o colonialismo e o imperialismo.

Visão, 3 de abril de 2003

Dear Issa[2]

Issa Shivji é professor da Faculdade de Direito da Universidade de Dar es Salaam (Tanzânia). Internacionalmente conhecido e um amigo meu de longa data, foi convidado há meses para participar num Colóquio Internacional sobre o Direito e a Justiça no Século XXI que o Centro de Estudos Sociais está a organizar e que se realizará na Universidade de Coimbra de 29 a 31 de maio próximo. Com este colóquio, em que participam conferencistas vindos da Europa, África, Américas e Ásia, pretendemos promover uma reflexão internacional sobre os desafios que o direito e a administração da justiça enfrentarão nas próximas décadas. Entusiasmado, Issa Shivji aceitou há meses o convite. Na semana passada escreveu-me a cliná-lo, com a justificação de não querer continuar a colaborar com os países ocidentais depois da invasão ilegal do Iraque e da barbárie *high-tech* infligida aos iraquianos. Diz ele a certa altura: "Como poderei eu teorizar sobre o direito e a justiça como campo de luta pela libertação dos oprimidos, tese que me é tão cara, quando bombas americanas pesando uma tonelada e rotuladas 'libertação do Iraque' enterram crianças de 13 anos, como o meu filho, em profundas crateras... A hegemonia institucional das nossas universidades apenas nos permite partilhar a nossa indignação nos bares, ao final da tarde, depois de termos apresentado as nossas circunspectas comunicações sobre o direito e a justiça. Basta de esquizofrenia intelectual!" Respondi-lhe, pedindo que reconsidere. Eis alguns trechos da minha mensagem: "A tua integridade moral e política, a tua lucidez crítica a respeito das concepções hegemônicas dos direitos humanos, a tua luta pela democracia participativa e por um conhecimento solidário estiveram na base do convite

---

2. Esta crônica refere-se às ações de boicote por parte de intelectuais contra regimes que violam sistematicamente os direitos humanos como ocorreu, por exemplo, contra o regime do *apartheid*, ou acontecem atualmente contra Israel pela ocupação da Palestina. A ação do Prof. Shivji, além de condenar a invasão do Iraque, manifesta uma crescente desconfiança sobre as "boas intenções" do militarismo ocidental, uma desconfiança partilhada pela "Carta ao Presidente Bush" escrita por Mia Couto em março de 2003. Disponível em: <http://www.novacultura.de/0304guerra2.html>.

que te dirigi e, naturalmente, dói-me o coração que sejam essas mesmas razões as que te levam a declinar o nosso convite. Queria dizer-te que a ciência que procuramos realizar aqui tem muitas atinências com a que tens vindo a realizar de modo brilhante. Para nós a ciência, objetiva mas não neutral, é um exercício de cidadania e estamos certos de que não há justiça social global sem justiça cognitiva global...

Ao contrário de Habermas, penso que o nazismo e Bush não são desvios ou aberrações da modernidade ocidental. São constitutivos dela. Não tinham de acontecer necessariamente, mas tampouco aconteceram por acaso. Como português, sinto-me envergonhado e revoltado com a posição do governo do meu país a favor da guerra, quando a grande maioria da população é contra. Tenho vindo a lutar contra essa posição por todos os meios democráticos ao meu alcance. Mas a luta tem de ser global e tem de nos mobilizar a todos. A ciência e os cientistas não podem dispensar-se de responder à questão: de que lado estou? Porque se o fizerem estão, de fato, a alinhar com a barbárie. Como sabes, tenho estado muito ativo nos trabalhos do Fórum Social Mundial e a ideia que nos nortcia é que não podemos render-nos ao pensamento único e à arrogância tecnológica do capitalismo selvagem e belicista. Não podemos desistir. É isso o que os falcões instalados na Casa Branca desejam. Por isso, meu Caro Issa, peço-te que faças da visita a Coimbra um momento de denúncia e de luta. Não quero que faças uma comunicação com ideias diferentes das que constam da tua mensagem. Se não vieres, lutaremos sem ti, ainda que a pensar em ti. Será, pois, mais difícil. Daí o meu pedido para que reconsideres. Os nossos filhos reconhecerão que as nossas ideias e as nossas lutas por uma sociedade mais justa e solidária não têm a eficácia das bombas, mas são a única alternativa digna de seres humanos."

Visão, 17 de abril de 2003

A judicialização da política

As relações entre o sistema judicial e o sistema político atravessam um momento de tensão sem precedentes cuja natureza se pode resumir numa frase: a judicialização da política conduz à politização da justiça. Há judicialização da política sempre que os tribunais, no desempenho normal das suas funções, afetam de modo significativo as condições da ação política. Tal pode ocorrer por duas vias principais: uma, de baixa intensidade, quando membros isolados da classe política são investigadores e eventualmente julgados por atividades criminosas que podem ter ou não a ver com o poder ou a função que a sua posição social destacada lhes confere; outra, de alta intensidade, quando parte da classe política, não podendo resolver a luta pelo poder, pelos mecanismos habituais do sistema político, transfere para os tribunais os seus conflitos internos através de denúncias cruzadas, quase sempre através da comunicação social, esperando que a exposição judicial do adversário, qualquer que seja o desenlace, o enfraqueça ou mesmo o liquide politicamente.

No momento em que ocorre, não é fácil saber se um dado processo de judicialização da política é de baixa ou de alta intensidade. Só mais tarde, através do seu impacto no sistema político e judicial, é possível fazer tal determinação. Enquanto a judicialização de baixa intensidade retira a sua importância da notoriedade dos investigados, a de alta intensidade retira-a da natureza dos conflitos subterrâneos que afloram judicialmente. É, por isso, que só esta última tende a provocar convulsões sérias no sistema político.

À luz destas considerações, pode concluir-se que a "operação mãos limpas", desencadeada pelo Ministério Público italiano, no início da década de 1990, constituiu uma judicialização da política de alta intensidade, enquanto a que ocorreu ao longo da década na Espanha, Bélgica e França foi de baixa intensidade. Pelas mesmas considerações, não é possível saber neste momento se estamos, entre nós, perante uma judicialização da política de baixa ou de alta intensidade. Qualquer que seja o caso, uma coisa é certa: a judicialização da política está a conduzir à politização da justiça. Esta consiste num tipo de questionamento da justiça que põe em causa não só a sua funcionalidade, como também a sua credibilidade, ao atribuir-lhe desígnios que violam as regras da separação dos poderes dos órgãos de soberania. A politização da justiça coloca o sistema judicial numa situação de *stress* institucional que, dependendo da forma como o gerir, tanto pode revelar dramaticamente a sua fraqueza como a sua força. É cedo para saber qual dos dois resultados prevalecerá, mas não restam dúvidas sobre qual o resultado que melhor servirá a credibilidade das instituições e a consolidação da nossa democracia: que o sistema judicial revele a sua força e não a sua fraqueza. Revelará a sua força se atuar celeremente, se mostrar ao país que, mesmo em situações de *stress*, consegue agir segundo os melhores critérios técnicos e as melhores práticas de prudência e consegue neutralizar quaisquer tentativas de pressão ou manipulação.

A complexidade do momento presente reside em que os portugueses não podem por agora obter resposta para duas questões que os assaltam: quais as razões da judicialização da política em curso? É perigosa ou é salutar para a nossa democracia? Por agora, teremos de nos contentar em analisar as manifestações da politização da justiça que decorrem dela e tentar identificar, a partir dela, os parâmetros de respostas futuras. Identifico três manifestações principais: as relações entre os meios de comunicação social e o sistema judicial; a polêmica sobre o segredo de justiça; e a polêmica sobre a prisão preventiva.

1. A politização da justiça transforma a plácida obscuridade dos processos judiciais na trepidante ribalta midiática dos dramas judiciais. Esta transformação é problemática devido às diferenças entre a lógica da ação midiática, dominada por tempos instantâneos, e a lógica da ação judicial, dominada por tempos processuais lentos. É certo que tanto a ação judicial como a ação midiática partilham o gosto pelas dicotomias drásticas entre ganhadores e perdedores, mas enquanto a primeira exige prolongados procedimentos de contraditório e provas convincentes, a segunda dispensa tais exigências. Em face disto, quando o conflito entre o judicial e o político ocorre na mídia, esta, longe de ser um veículo neutro, é um fator autônomo e importante do conflito. E, sendo assim, as iniciativas tomadas para atenuar ou regular o conflito entre o judicial e o político não terão nenhuma eficácia se os meios de comunicação social não forem incluídos no pacto institucional. É preocupante que tal fato esteja a passar despercebido e que, com isso, se trivialize a lei da selva midiática em curso.

2. Num contexto de politização da justiça, o problema do segredo de justiça é o problema da violação do segredo de justiça. O que se está a passar neste domínio é uma vergonha nacional. Não deixa de ser paradoxal que, num momento político-judicial que se apresenta como de luta contra a tradicional impunidade dos poderosos, quem quer que tenha poder para violar o segredo de justiça o possa fazer impunemente. O segredo de justiça protege tanto os interesses da investigação criminal como o bom nome e a privacidade dos arguidos. Sobretudo no domínio da criminalidade complexa, o segredo de justiça é uma condição de eficácia da investigação e, por isso, o respeito pelos direitos dos arguidos não está na atenuação do segredo. Está na aceleração do inquérito criminal por parte do Ministério Público e, portanto, na dotação das condições para que tal seja possível. A vulnerabilidade do segredo de justiça numa situação de *stress* institucional reside no fato de os que estão interessados em destruir o bom nome dos arguidos têm a cumplicidade dos que pretendem descredibilizar a investigação.

3. A prisão preventiva é tão importante à eficácia da investigação criminal quanto o segredo de justiça, mas, ao contrário deste, pode e deve ser substituída por medidas alternativas sempre que possível. O excesso de prisão preventiva entre nós resulta da morosidade da justiça e do tipo de criminalidade. Não há dados fiáveis sobre a incidência total da prisão preventiva. Há-os apenas sobre os presos preventivamente em processos à data de julgamento, estando assim excluídos os presos em fase de inquérito a que se não seguiu acusação e os que, tendo sido acusados, viram a prisão preventiva substituída por outra medida antes do julgamento. Do total dos processos julgados em 2001, 2,4% dos réus estavam em prisão preventiva. Desses, 44% eram julgados por crimes de droga; 19% por roubo; 15% por furto qualificado; 5,6% por homicídio. Dez anos antes, em 1991, 1,8% dos réus estavam em prisão preventiva, dos quais 49% por furto qualificado, 14% por crimes de droga, 11% por roubo e 7% por homicídio. A grande diferença reside no fato de os crimes de droga terem quadruplicado em dez anos, crimes para os quais o juiz não vê muitas vezes alternativa à prisão preventiva para que a atividade criminosa não continue a ser praticada. Em 2000, 92,7% dos réus em prisão preventiva foram condenados; dez anos

antes, essa percentagem foi de 95,6%. Ao longo da década, aumentou a duração média da prisão preventiva. Em 1992, em 54,2% dos casos, durou até 6 meses, e em 2,7%, mais de 18 meses. Em 2001, os números foram, respectivamente, 31,4% e 5,8%. Não são fáceis as estatísticas comparadas neste domínio. Por exemplo, enquanto entre nós, se houver recurso depois da condenação em primeira instância, o réu continua tecnicamente em prisão preventiva até a decisão transitar em julgado, em vários países europeus a prisão preventiva termina com a decisão da primeira instância, o que obviamente faz encurtar a sua duração. Estes dados talvez nos ajudem a refletir que, embora dramatizado em fase de politização da justiça, o problema da prisão preventiva tem pouco a ver com esta.

Público, 26 de maio de 2003

Os neoconservadores

Parafraseando o *Manifesto Comunista*, pode dizer-se que um novo espectro avassala o mundo. É o neoconservadorismo. Distingue-se do conservadorismo do século XIX porque a radicalidade das suas propostas é incompatível com o *status quo*. Tem a sua origem nos EUA e vai colhendo adeptos em círculos cada vez mais amplos da opinião pública de vários países da Europa e de outros continentes, onde quer que os laços políticos e culturais com os EUA sejam mais intensos. Se não domina já o comentário político na mídia portuguesa, está bem próximo disso. Como qualquer outra ideologia política radical, o seu ideário prima pela simplicidade e, de fato, pela recusa hostil da complexidade, da ponderação equilibrada entre interesses contrapostos ou da possibilidade de diálogo entre perspectivas diferentes. Sendo uma ideologia transnacional, os seus princípios, além de simples, são vagos, de modo a poderem adaptar-se às necessidades e às agendas de cada país. Assim, dadas as diferenças entre Portugal e os EUA, os neoconservadores portugueses distinguem-se dos norte-americanos apenas na exata medida do que é necessário para, nas nossas condições, serem tão genuinamente neoconservadores quanto eles.

Os inspiradores do movimento neoconservador norte-americano vieram da extrema-esquerda, do movimento trotskista dos anos 1930 e 1940, tornaram-se ferozmente anticomunistas nas três décadas seguintes, construíram o seu ideário político nos anos 1980 e 1990 e chegaram ao poder com George W. Bush. Herdaram das suas origens o gosto pela radicalidade e pelo politicamente incorreto, e, na designação usada por um dos neoconservadores, Dinesh D'Souza, pela "guerrilha social". Eis, em linhas gerais, o ideário. A "América" é um país excepcional pela sua origem e pelo seu destino. Porque é moralmente superior aos outros países, o patriotismo e o nacionalismo são valores não só intrinsecamente bons na "América", como necessários ao resto do mundo. O que é bom para a "América" é bom para o mundo. A proposição inversa é absurda. Essa superioridade moral está constantemente ameaçada por inimigos internos e externos e, como bem supremo que é, deve ser defendida por todos os meios, pois que, por definição, neste caso, os fins justificam os meios.

Compete ao intelectual neoconservador justificar *a posteriori* a clareza moral dos resultados, quaisquer que tenham sido os caminhos para chegar a eles. A coerência é sempre o começo da rendição.

Os inimigos externos ou querem destruir a "América", e devem ser esmagados pelas armas, ou querem rivalizar com a sua superioridade moral e devem ser divididos. É o caso da Europa. É imperiosa a divisão da Europa e, de preferência, feita pelos próprios europeus. A soberania nacional dos EUA é de natureza global e por isso não reconhece outras senão na medida em que a servem. Quanto aos inimigos internos, eles residem acima de tudo na própria natureza humana, que é fraca, sujeita à tentação do mal. O mal coletivo é sempre pior que o mal individual. O mal coletivo teve a sua encarnação moderna no Estado e, por isso, a luta contra ele é luta democrática por excelência, uma luta de múltiplas frentes: guerra ao contrato social, às políticas sociais e às concepções de democracia que os defendem; privatizações; o mercado como critério de eficácia e de sociabilidade; descentralização; estigmatização dos pobres como moralmente indignos. Por sua vez, o mal individual combate-se mantendo as populações em constante estado de alerta ante as ameaças que lhes são feitas e os riscos que correm. A união constrói-se, antes de tudo, sobre a ansiedade coletiva. Por isso, a visão apocalíptica do mundo é, no fundo, a única realista e eficaz.

Visão, 24 de julho de 2003

Angola na viragem

Acabo de regressar de uma visita a Angola onde não ia há 23 anos. Em 1980, os cooperantes cubanos, que na altura dominavam a universidade, não acharam conveniente que eu falasse aos estudantes. Em compensação, passei um tempo maravilhoso em conversa amena com o Manuel Rui, um grande escritor angolano e meu amigo. Os tempos mudaram. Desta vez, fui a convite da Faculdade de Direito para lançar um projeto de investigação e proferir palestras sobre "a globalização, o Estado nacional e o direito" e "o desafio da democracia e o desenvolvimento democraticamente sustentável", esta última em copatrocínio do Instituto Superior de Ciências da Educação (Isced) e da Adra (Ação para o Desenvolvimento Rural de Angola). Há muito tempo que não tinha o privilégio de falar para um auditório de jovens tão ávidos de conhecimentos e tão instigantes nos seus questionamentos.

    A primeira impressão que se tem hoje em Luanda — onde, em consequência da guerra, vive cerca de um terço da população do país — é de que o país está ainda a saborear a paz que agora se acredita que seja duradoura. O país está há quarenta anos em guerra e são agora mais evidentes do que nunca as imensas potencialidades deste país antes reprimidas pela violência. E é desta evidência que surge a segunda impressão: os enormes desafios que se põem ao Estado e à sociedade angolanos neste momento de viragem. Identifico quatro desafios principais. O primeiro desafio é o desafio da desigualdade social. Angola é um país riquíssimo e a esmagadora maioria do seu povo vive na miséria. A guerra serviu até agora para encobrir que nas desigualdades reside uma das mais persistentes continuidades entre a Angola colonial e a Angola pós-colonial. Aliás, embora as comparações sejam difíceis, a situação é hoje, neste domínio, mais grave que no tempo colonial. O segundo desafio é o da construção de um Estado democrático, eficiente e íntegro. Também aqui é pesada a herança do Estado colonial, mas ela está longe de explicar tudo. Este desafio defronta dois grandes obstáculos. O primeiro é o da corrupção, ou seja, da privatização do Estado por parte da elite no poder. As histórias que correm em Luanda sobre negociatas fabulosas, envolvendo líderes políticos e seus familiares, são deveras preocupantes tanto mais que o sistema judicial assiste passivo ao que se passa. O segundo obstáculo é o da difícil interiorização da mentalidade democrática por parte das forças políticas que conduzem a transição democrática. O partido único não deixa de o ser pelo mero fato de reconhecer a existência de outros partidos e de aceitar a disputa eleitoral. O terceiro desafio é o da construção de um modelo político social e cultural genuinamente angolano, um modelo que assuma o legado cultural do país (muito dele preexistente ao colonialismo) e o faça de maneira não tradicionalista, ou seja, em nome de uma racionalidade mais ampla que a ocidental e de uma modernidade menos imperial e mais multicultural do que a imposta pelo colonialismo e pela globalização neoliberal. Finalmente, o quarto desafio é o desafio da reconciliação nacional. As tarefas de reconciliação nacional são particularmente exigentes em Angola porque não respeitam exclusivamente à reconciliação entre os inimigos da guerra civil. Diz também respeito ao fracionismo que quase desde a sua fundação caracterizou o MPLA, desde a revolta ativa e a revolta de leste de 1972 até a facção Chipenda de 1974-75 e a revolta de 27 de maio de 1977. Só nesta última terão morrido 60.000 pessoas no seguimento do veredicto de Agostinho Neto: "não perdoamos". Para sarar estas feridas, Angola deverá ter a coragem de constituir uma Comissão de Verdade e de Reconciliação.

Visão, 21 de agosto de 2003

Cancún, Brasil

O Brasil atravessa um período tão exaltante quanto intrigante. A discussão política está nas ruas e nas famílias e ocupa as conversas e a intervenção pública dos intelectuais. O caso destes últimos é especialmente significativo, uma vez que não é frequente vê-los apaixonadamente envolvidos em debates políticos e muito menos em períodos de normalidade democrática. De fato, não encontro precedente para tal envolvimento senão no período que antecedeu a Revolução Russa, sobretudo entre fevereiro e outubro de 1917, quando se discutia acaloradamente o âmbito e a direção das reformas a haver. Não estamos hoje, como acontecia então, perante uma mudança de regime, mas estamos perante um fato talvez ainda mais importante, tendo em conta a história do Brasil: é a primeira vez que as oligarquias, que sempre governaram o país, cedem, por via eleitoral, a governação (e, em parte, o poder) aos representantes das classes populares, bem simbolizados na figura de um presidente que passou fome e só "comeu pão francês aos oito anos".

Em debate tão polarizado é possível distinguir três posições. A posição dos que estão tão desiludidos com as continuidades em relação ao governo anterior que deixaram de ter esperança em que o governo cumpra alguma das suas promessas eleitorais; a posição dos que se recusam a criticar o governo, dada a péssima situação herdada do governo anterior e o pouco tempo de governo que ainda tem; finalmente, a posição dos que, apesar de críticos do andamento da governação, lhe dão o benefício da dúvida e acreditam que as mudanças começarão a ser visíveis nos próximos meses. Como o governo está em funções há meio ano, as diferentes posições apoiam-se sobretudo em sinais, pelo que têm uma forte dose de subjetividade. É ela que confere interesse e paixão ao debate.

Acompanhando há muito a política brasileira, sinto-me identificado com a terceira posição e baseio-me para isso em vários sinais dos quais o mais convincente é o sentido da diplomacia brasileira. Uma das características mais intrigantes do governo Lula é a forte discrepância entre a submissão dócil e até com excesso de zelo à ortodoxia financeira do FMI, no plano interno, e uma posição cada vez mais crítica de tal ortodoxia, no plano internacional. Nas suas intervenções sobre política internacional, Lula tem vindo a endurecer o seu discurso contra a injustiça social global e a hipocrisia dos países ricos, ao imporem aos países pobres a abertura dos mercados, ao mesmo tempo que mantêm as suas economias fortemente protegidas e subsidiadas. E não se trata apenas de um discurso. Na reunião da OMC que acaba de se realizar em Cancún, o Brasil liderou o grupo dos 20, um conjunto de grandes países de desenvolvimento intermédio apostado em bloquear qualquer avanço na liberalização do comércio enquanto os EUA e a UE não eliminarem os subsídios à agricultura.

Em meu entender, esta discrepância entre política interna e política internacional é uma estratégia destinada a dar credibilidade e campo de manobra ao Brasil para propor as alterações nas regras do jogo que lhe permitam iniciar uma política de desenvolvimento socialmente responsável. Um país que cumpre as regras, ainda que injustas, tem mais credibilidade para propor a sua alteração. Apesar de grande, o Brasil é demasiado pequeno para, sozinho, conseguir tal alteração. Daí a nova solidariedade Sul-Sul. Para mim, é este o melhor sinal de como a esperança pode vencer o medo.

Visão, 18 de setembro de 2003

Said, o intelectual e a causa[3]

Edward Said não era muito conhecido entre nós. De origem palestina, professor de literatura comparada na Universidade de Columbia e o intelectual mais destacado na defesa da causa palestina, morreu aos 67 anos em Nova Iorque, no passado dia 24 de setembro, vítima de leucemia. A importância de Said decorre de uma combinação única entre perfil, obra e causa. Said era um intelectual público, uma categoria de intelectual em extinção. O intelectual público é o profissional das ciências ou das artes que intervém fora do campo profissional, no espaço público, com o objetivo de defender ideias, valores, causas em que se revê como cidadão, consciente de que em tal defesa participam vários conhecimentos para além daquele de que ele é um profissional especializado. O intelectual público é um alvo fácil de críticas, quer por parte dos seus adversários políticos, quer por parte daqueles (às vezes, os seus melhores discípulos) para quem o intelectual se deve confinar ao campo intelectual, deixando a política aos profissionais da política. Pierre Bourdieu, outro notável intelectual público, também recentemente falecido, ilustra bem o que acabo de dizer. No caso de Edward Said, os ataques vieram dos conservadores norte-americanos, do *lobby* israelita e dos fundamentalistas islâmicos. Em 1999, a revista conservadora *Commentary* chamava-lhe "o professor do terror". Por quê? Na resposta fundem-se a obra e a causa.

Crítico literário e musical e sociólogo da cultura, Said é sobretudo conhecido pelo seu livro *Orientalism*, publicado em 1978. Influenciado por Foucault, Fanon e Levi-Strauss, Said defende que há uma relação profunda entre cultura e poder, de tal maneira que as representações

---

3. Filho de árabes cristãos, nascido em Jerusalém, Edward Said escreveu vários livros sobre o conflito israel-palestino. Foi membro do Conselho Nacional Palestino, a partir do final dos anos 1970, tendo-se mais tarde afastado por oposição aos métodos utilizados pela direção da Organização para a Libertação da Palestina (OLP). Contrário aos acordos de Oslo, que punham em causa o reconhecimento à autodeterminação, a recuperação da integralidade dos territórios ocupados em 1967 (incluindo Jerusalém Oriental) e a defesa de direitos legítimos de mais de três milhões de refugiados palestinos, Said sustentava que a questão palestina não era "apenas uma questão árabe e islâmica (...) mas uma das grandes causas morais do nosso tempo".

culturais entre grupos sociais ou entre países refletem as relações de poder que há entre eles. Quanto mais desigual é essa relação mais enviesada é a representação do mais poderoso a respeito do menos poderoso. Foi assim, segundo ele, que se criou no Ocidente a imagem dos orientais, e nomeadamente dos árabes, como sensuais, corruptos, preguiçosos, atrasados, violentos, em suma, perigosos. Nos dois últimos séculos esta imagem legitimou o poder do Ocidente sobre o Oriente, sobreviveu ao fim do colonialismo e continua hoje a ser o fundamento da política internacional sempre que estão em causa estas duas regiões geopolíticas e geoculturais. O exemplo mais dramático da sua vigência é o tratamento internacional do conflito israel-palestino, a causa de Said. Nas últimas três décadas, Said foi o mais lúcido defensor das legítimas aspirações do povo palestino a viver em paz e com independência na sua terra, ao mesmo tempo que defendia o mesmo direito para os judeus. Isso lhe valeu a hostilidade dos fundamentalistas de ambos os lados. Sempre se manifestou contra o terrorismo, mas nunca deixou de afirmar que o terrorismo dos fortes, do Estado de Israel, era muito mais ignominioso que o terrorismo dos fracos, dos homens-bomba suicidas. Revoltava-se, como muitos de nós, contra a renda do Holocausto de que o Estado colonialista de Israel continua a usufruir no Ocidente para poder perpetrar os seus crimes contra populações civis inocentes e beneficiar-se da isenção de condenações e sanções que foram aplicadas a outros governos repressivos, como foi o caso da África do Sul. Morreu atormentado pelo Muro da Vergonha que vai separar famílias, campos de culturas e até universidades, como é o caso da universidade palestina de Al Quds. Talvez sem o saber, o presidente desta universidade ilustrou bem a tese do orientalismo ao afirmar: "Vamos ficar divididos em jaulas e o único movimento permitido será entre jaulas, tal como no jardim zoológico."

Visão, 2 de outubro de 2003

Tribunais e comunicação social

Os tribunais só recentemente ganharam visibilidade social junto da opinião pública. Este novo protagonismo dos tribunais está relacionado com novos tipos de criminalidade com forte repercussão social e política, como o crime econômico organizado, a corrupção e a pedofilia. Mas este fato seria insuficiente para retirar os tribunais da obscuridade se, entretanto, não fosse consumido pela indústria da informação e da comunicação. Subitamente, os tribunais constituem conteúdos apetecíveis. Se é certo que os processos judiciais sempre tiveram o potencial de se transformarem em dramas, durante muito tempo tratou-se de um teatro para um auditório restrito. Hoje, os meios de comunicação social transformam esse teatro de culto num teatro de *boulevard*, entretenimento em linguagem direta e acessível a grandes massas.

Este novo protagonismo judiciário e a relação que lhe está subjacente levanta vários problemas. O primeiro decorre das muitas disjunções entre a lógica da ação midiática e a lógica da ação judicial. As disjunções ocorrem em vários níveis. No nível dos tempos, entre os tempos instantâneos da comunicação social e os tempos processuais que, em confronto com os primeiros, surgem ainda mais lentos do que aquilo que de fato são. No nível das gramáticas codificadoras do relato dos fatos e da distribuição das responsabilidades, a disjunção é a seguinte: enquanto a adjudicação judicial moderna tem como característica saliente criar dicotomias drásticas entre ganhadores e perdedores, mas só depois de aturados e prolongados procedimentos de contraditório e provas convincentes, a comunicação social partilha com os tribunais a primeira característica mas não a segunda. A primeira cria uma cumplicidade entre tribunais e mídia que nem sempre é matizada pelas enormes diferenças que os dividem quanto à segunda característica. Um segundo problema decorre da relação de poder entre a justiça e a mídia. Esta relação é feita de instrumentalização recíproca. A mídia recorre às fontes judiciárias por pretender assumir, aos olhos da sociedade, uma função de justiça que a justiça nunca conseguirá atingir de forma satisfatória. A justiça recorre à mídia para superar a sua estrutural debilidade em relação aos outros órgãos de soberania. Porque os tribunais sempre dispensaram meios autônomos de comunicação com o público, esta relação redunda em dependência dos tribunais em relação à mídia. A comunicação judicial, necessariamente complexa e com ritmo próprio, é substituída por uma comunicação instantânea, pretensamente descritiva, desprovida de nuances, interessada no que se passou, por culpa de quem. Isto significa que, mesmo que seja possível melhorar a comunicação autônoma dos tribunais com o público, é bem possível que os cidadãos não consigam reconhecer essa comunicação e continuem a reclamar uma outra, a da mídia. Ou seja, o risco da midiatização da justiça é uma justiça incomunicável nos seus próprios termos. Há que encontrar novas vias que nos façam sair da opção entre tribunais *reality shows* e tribunais socialmente distantes e incomunicáveis. Eis algumas delas: alterar a formação dos magistrados de modo a aumentar a sua competência social, política e cultural; promover a autorregulação por parte dos profissionais de comunicação social; formar e credenciar jornalistas judiciários; criar gabinetes de imprensa das magistraturas para funcionar junto dos tribunais em que estejam a ser processados casos com notoriedade pública; reformar a Alta Autoridade para a Comunicação Social e institucionalizar um órgão com poderes disciplinares efetivos que coordene a gestão deontológica das empresas e dos profissionais de comunicação social.

Visão, 30 de outubro de 2003

Cartões de Boas-Festas

É costume enviar cartões de boas-festas aos amigos, aos clientes, aos superiores e aos inferiores. Os meus vão para aqueles com quem me sinto solidário:

1. Os doentes de Aids, sobretudo na África, congratulando-me com o acordo estabelecido na África do Sul entre as multinacionais farmacêuticas e o movimento de luta contra a Aids. A partir de agora as empresas de genéricos podem produzir os medicamentos antirretrovirais e exportá-los para 47 países da África Subsaariana. Os medicamentos que há pouco custavam 10.400 dólares por doente e por ano, passarão a custar 140 dólares. E mesmo assim muitos Estados vão precisar de apoio internacional.

2. As mulheres portuguesas que continuam a ser estigmatizadas nos tribunais e na opinião pública por terem praticado o aborto e para todas as mulheres e homens que lutam pela descriminalização. O crime do aborto é um dos sintomas mais deletérios da hipocrisia nacional sustentado pela santa aliança entre uma Igreja conservadora e um dos parlamentos mais machistas do mundo. Congratulemo-nos com o fato de a própria Igreja estar a dar sinais de que há limites para a misoginia.

3. O Governo do PT no Brasil e sobretudo a sua diplomacia que descobriu o potencial internacional do Brasil para a construção de um mundo melhor, obrigando os países ricos a confrontar a sua insinceridade quando impõem a abertura dos mercados aos países pobres e fecham os seus. Será que este potencial não pode ser orientado para dentro da sociedade brasileira e frutificar numa política que torne o Brasil uma sociedade mais justa como consta do programa do PT? Mas a minha solidariedade vai também para os quatro parlamentares que acabam de ser expulsos do partido. Tratou-se de uma medida injusta, desnecessária e contrária à história de um partido que desde a sua fundação soube acomodar facções e tendências como nenhum outro partido de esquerda.

4. Os iraquianos que não tiveram a sorte da Alemanha ou do Japão no final da Segunda Guerra Mundial. Entre um ditador sem escrúpulos e os libertadores que o derrotam e humilham sem escrúpulos, a alma de um povo é arrasada até ficar para além da esperança e da dignidade. Da ocupação ao caos vai o caminho que conduz da violência da democracia à democracia da violência.

5. Os povos indígenas e afrodescendentes de Cacarica, na região do pacífico colombiano, junto ao Panamá, que viram as suas terras roubadas e as suas aldeias massacradas, quando os criadores de gado, a agroindústria e os traficantes de droga se "interessaram" pelas suas riquezas e trouxeram consigo os senhores da guerra. Uma solidariedade muito especial pela luta notável de resistência que souberam organizar sob o lema "Somos terra desta terra".

6. Os mais de 150.000 doentes crônicos de Bhopal, intoxicados pela fuga de gás da fábrica de pesticidas da Union Carbide em 2 de dezembro de 1984, que receberam uma escassa indenização de 400 a 580 euros, que não cobre mais que cinco anos de despesas médicas. Continuam a morrer à razão de dez por mês.

7. As crianças de Ramallah que aprenderam a fazer brinquedos com os destroços das casas arrasadas pelos tanques e *bulldozers* israelitas e vivem cercadas de arame farpado e de *check points* donde só saem com passes difíceis de obter e de duração limitada. Vivem muito pior que os negros sob o *apartheid*, enquanto a União Europeia discute se a herança cristã deve constar da Constituição.

8. Os imigrantes ilegais em Portugal e no resto do mundo rico que fogem da fome e do desespero para vir viver no medo, na exploração, na precariedade e, às vezes, na fome e no desespero.

Visão, 31 de dezembro de 2003

2004

world of
scales
effects
measured toils
followed by like
conversations ever
laughs at the beach
for home
wouldn't like
problem was how to
too diffuse
names
everywhere
vowels and
at the doors
in a greater
day
not where I
live at home

Mumbai e o futuro

A quarta edição do Fórum Social Mundial (FSM), que se realizou em Mumbai (Índia) de 16 a 21 de janeiro, constituiu um passo muito significativo na consolidação do processo FSM. As três primeiras edições tinham-se realizado em Porto Alegre com escassa presença de delegados africanos e asiáticos, o que tinha levado muitos a pensar que o FSM, apesar de pretensamente mundial, era, de fato, uma iniciativa latino-americana e europeia. O êxito do FSM de Mumbai significou que o espírito de Porto Alegre — a crença de que um mundo mais justo e mais solidário é possível e a vontade política de lutar por ele — constitui uma aspiração universal. Pôde ser recriado na Ásia e não há nenhuma razão para pensar que o não possa ser em África ou noutras partes do mundo. Aliás, está já decidido que o FSM posterior ao de 2005 — desde o ano passado marcado para Porto Alegre — será realizado em África, em 2006 ou 2007, consoante o FSM continue a realizar-se anualmente ou passe a ser bianual, uma decisão que será tomada na próxima reunião do Conselho Internacional do FSM em abril próximo.

O FSM de Mumbai mostrou ainda que o espírito de Porto Alegre, sendo uma aspiração universal, adquire tonalidades próprias em diferentes regiões do mundo. A sua universalidade decorre do próprio âmbito da globalização neoliberal, ao submeter todas as regiões do mundo ao mesmo modelo econômico e às suas consequências: o aprofundamento das desigualdades sociais, a desmoralização do Estado e a destruição do meio ambiente. Neste sentido, a escolha de Mumbai para a realização do Fórum não podia ter sido mais acertada. Com cerca de 15 milhões de habitantes, Mumbai é o símbolo vivo das contradições do capitalismo contemporâneo. Importante centro financeiro e tecnológico e sede da pujante indústria cinematográfica da Índia — a Bollywood, que produz mais de 200 filmes por ano para um público cada vez mais global — Mumbai é uma cidade de pobreza certamente chocante aos olhos ocidentais. Mais de metade da população vive em bairros da lata (cerca de dois milhões, na rua), enquanto 73% das famílias, em geral, numerosas, vivem em habitações de uma só divisão. O crescimento recente da economia informal faz com que 2% da população total sejam vendedores ambulantes. Mas na Índia a luta contra este pano de fundo de desigualdade adquire cambiantes específicos e esses imprimiram a marca a este Fórum. Primeiro, às desigualdades econômicas, sexuais e étnicas somam-se aqui as desigualdades das castas que, apesar de constitucionalmente abolidas, continuam a ser um fator decisivo de discriminação. Os *dalits*, uma das castas inferiores, anteriormente designados por "intocáveis", tiveram uma presença muito forte no Fórum. Dos 100.000 participantes mais de 20.000 foram *dalits* que viram no Fórum uma oportunidade única de denunciar ao mundo a discriminação de que são vítimas. Segundo, o fator religião, que no Ocidente tende a ter menos peso em razão da secularização do poder, é no Oriente um fator social e político de primeira ordem. O fundamentalismo religioso — que avassala toda a região, e a própria Índia com a crescente politização do hinduísmo — foi um tema central de debate, bem como o papel da espiritualidade nas lutas sociais por um mundo melhor. Terceiro, tendo lugar na Ásia, o Fórum não podia deixar de dar uma particular atenção à luta pela paz, não só porque é na Ásia ocidental, do Iraque ao Afeganistão, que a agressão belicista dos EUA mais se faz sentir, como também porque a Ásia do Sul (Índia e Paquistão) é hoje uma região fortemente nuclearizada. Neste espírito, a Assembleia dos Movimentos Sociais convocou para o dia 20 de março, primeiro aniversário da invasão do Iraque, uma manifestação mundial contra a guerra. Quarto, no FSM de Mumbai a concepção ocidental de luta ecológica foi postergada em favor de concepções mais amplas que incluem a luta pela soberania alimentar, pela terra e pela água, pela preservação da biodiversidade e dos recursos naturais e pela defesa das florestas contra a agroindústria e a extração de madeiras.

Pelo seu próprio êxito, o FSM de Mumbai cria novos desafios ao processo do FSM. Identifico três principais. O primeiro é o da expansão do Fórum. Não se trata apenas da expansão geográfica, mas também da expansão temática e de perspectivas. Neste sentido, será cada vez mais incentivada a realização de fóruns locais, nacionais, regionais e temáticos de modo a aprofundar a sintonia do "Consenso de Porto Alegre" com as lutas que mobilizam os grupos sociais. Segundo, o FSM tem vindo a acumular um impressionante conjunto de conhecimentos sobre as organizações e os movimentos que o integram, sobre o mundo em que vivemos e as propostas que vão sendo apresentadas e postas em prática para o transformar. Este acervo tem de ser avaliado cuidadosamente para potenciar a sua utilidade, tornar o Fórum mais transparente para si próprio e permitir a todos uma oportunidade única de autoaprendizagem. Daí que se tenha discutido mais que antes a relação entre as ciências sociais e os conhecimentos populares. Terceiro, à medida que se acumula o conhecimento e se identificam as grandes áreas de convergência, cresce a necessidade de se desenvolverem planos de ação coletiva. Não se trata apenas de aumentar a eficácia do FSM — já que esta não se mede tanto por ações globais, como por ações locais e nacionais —, mas sobretudo de preparar respostas às tentativas por parte do Banco Mundial, do FMI e do Fórum Econômico de Davos de se apropriarem das agendas do FSM e as descaracterizarem em favor de soluções que não belisquem a desordem econômica em curso. Dada a sua natureza de espaço aberto, o FSM não assumirá propostas em nome próprio, mas facilitará a articulação entre as redes que o constituem no sentido de aprofundar os planos de ação coletiva e de os levar à prática.

Depois de Mumbai, o FSM é cada vez mais um processo que irá dando notícias cada vez mais desestabilizadoras para aqueles que, cinicamente instalados nos dividendos da injustiça social, pensam que o mundo nunca mais deixará de girar em seu favor.

Visão, 29 de janeiro de 2004

Manipulação maciça

O relatório de Lord Hutton, exonerando o Governo de Tony Blair de qualquer manipulação dos dados dos serviços secretos para justificar a invasão do Iraque, e as comissões de inquérito que acabam de ser criadas nos EUA e na Inglaterra para averiguar se os serviços secretos induziram em erro os governos destes países na opção pela guerra, são reveladores dos riscos que corre a democracia nestas duas grandes "pátrias" da democracia e, por implicação, no resto do mundo, dado o impacto do unilateralismo dos EUA nas relações internacionais pós 11 de Setembro. Nunca, em democracia, a aparência se pretendeu sobrepor tanto à realidade e nunca a disfarçou tão mal. Nunca os interesses de setores restritos encastrados no poder se impuseram de modo tão ignóbil aos interesses das maiorias dos seus países e das dos países que transformaram em alvos. Nunca tal imposição se serviu tanto da grande comunicação social para transformar a voracidade dos poderosos em desígnios nacionais e missões civilizatórias. Nunca a grande comunicação social traiu com tanto despudor o ideal republicano da opinião pública, assente no acesso livre à informação diversificada e no debate racional sobre ela. Nunca, finalmente, tudo isto foi (e continua a ser) feito em democracia com tanta impunidade, com os governantes a saírem ilesos dos desastres que provocaram, e os jornalistas e comentadores a serem confirmados por sobre o magma das contradições dos seus editoriais e comentários.

À data da invasão do Iraque, em 20 de março de 2003, sabia-se o seguinte. Mais de dez anos de embargo incapacitaram o Iraque para a produção de armas de destruição maciça. Nestas há que distinguir entre armas nucleares e armas químicas e biológicas. As primeiras são de fabricação complexa e o Iraque só as poderia obter por compra, por exemplo, à Rússia, uma hipótese altamente improvável. As segundas são feitas com materiais acessíveis e virtualmente todos os países as podem produzir, pelo que não é aceitável invadir qualquer país que as tenha, até porque a invasão pode desencadear o seu uso. Os serviços secretos dos EUA e da Inglaterra, em sucessivos relatórios, levantaram dúvidas à ideia de "ameaça iminente". Em face disso, os neoconservadores instalados no Pentágono criaram uma estrutura paralela, o Office of Special Plans, para fazer curto-circuito das verificações normais da informação e dar credibilidade a fontes, em geral, desacreditadas (os exilados do Iraque). Ainda no tempo de Clinton, esses mesmos conservadores tinham enviado um relatório ao Presidente recomendando a invasão do Iraque para fortalecer o controle dos EUA numa área problemática e garantir o acesso à segunda maior reserva de petróleo do mundo (podendo assim desarticular a Opep), sem que as armas de destruição maciça tivessem alguma importância nesse plano. Logo que a guerra "terminou", mostrou-se que eram falsas as provas da presença de armas de destruição maciça apresentadas na ONU por Colin Powell (então Secretário de Estado norte-americano), em 5 de fevereiro de 2003. Por outro lado, a desclassificação, depois da guerra, do documento apresentado pelo Diretor da CIA para justificar a invasão do Iraque revelou que o documento continha 40 cláusulas de reserva, incluindo 15 vezes o uso do advérbio "provavelmente", que foram eliminados da versão anteriormente publicada. A invasão do Iraque foi, pois, um objetivo premeditado, que apenas recorreu a uma justificação falsa por não poder usar a verdadeira. Não houve engano. Ou melhor, não foram os governantes que foram enganados pelos serviços secretos, foram os cidadãos que foram enganados pelos governantes. No solo estão milhares de mortos, na grande maioria civis inocentes, um país destruído à mercê dos fanáticos, e um precioso patrimônio cultural da humanidade pilhado ou reduzido a cacos. As armas de manipulação maciça utilizadas nesta operação macabra são a grande ameaça à paz e à democracia nos tempos mais próximos.

Visão, 12 de fevereiro de 2004

Insegurança em curso

O Ministro da Segurança Social e do Trabalho tem demonstrado uma grande capacidade para levar a cabo as reformas estruturais no sistema de segurança social sem provocar agitação social nem suscitar atenção midiática. A sua competência política tem beneficiado da concentração dos *media* no sistema judicial e do fato de grande parte do impacto das suas reformas na vida dos cidadãos não se sentir a curto prazo. Vem isto a propósito da regulamentação da Lei de Bases da Segurança Social de 2002, atualmente em curso, devendo estar concluída em maio para que a lei entre em vigor no início de 2005. Esta lei, que modifica a Lei de Bases de 2000, foi uma das primeiras prioridades deste ministro, tendo conseguido a sua aprovação em tempo relâmpago. As alterações relativamente à lei de 2000 parecem poucas mas são profundas. Concentro-me numa delas, o sistema de pensões da Segurança Social. É criado um sistema de três pilares assente no "plafonamento" já previsto na lei anterior mas agora sem grande parte das limitações que lhe eram impostas. São dois os limites (*plafonds*) às contribuições para a Segurança Social. Prevê-se que até 2.000 euros mensais continuaremos a contribuir para a SS com direito a uma pensão pública gerida em repartição (1º pilar). De 2.100 euros a 3.500 euros contribuiremos obrigatoriamente para um esquema complementar gerido em capitalização (fundo de pensões, 2º pilar). Acima do segundo montante, somos livres de descontar ou não para um esquema privado (Planos de Poupança Reforma, 3º pilar). Ao tornar obrigatória a retirada do sistema público de uma parte das contribuições, este sistema cria um bolo financeiro há muito almejado pelas empresas nacionais, tanto seguradoras como gestoras de fundos de pensões. Desde a década de 1980, quando participou na discussão da Lei de Bases da SS de 1984, que o Ministro Bagão Félix é um acérrimo advogado dos interesses destas empresas. Os lucros potenciais são tão elevados que a Comissão Europeia avisou recentemente o governo português de que este teria de cumprir o princípio da igualdade de tratamento, isto é, os fundos de pensões estrangeiros deveriam ter os mesmos benefícios fiscais que os fundos de pensões nacionais. O bolo terá, pois, de ser repartido com empresas europeias e é bem passível que as nacionais fiquem apenas com as migalhas.

Os interesses do capital financeiro estão assim acautelados. Poderá dizer-se o mesmo do interesse dos futuros pensionistas? Penso que não.

Primeiro, pelo efeito da individualização do risco. O sistema público assente numa dupla solidariedade, intergeracional (dos mais novos para com os mais velhos) e intrageracional (contribuição universal para um fundo comum que só alguns usam, por desemprego, doença, velhice etc.). Num esquema de capitalização, individual ou de grupo, esta solidariedade é nula ou muito restrita. Segundo, pelo efeito da transferência de risco. É forte a tendência para um regime em que as contribuições são definidas, mas não os benefícios (o montante da pensão deixa de estar garantido). O objetivo é transferir para os cidadãos os riscos associados aos fundos de pensões: contingência da carreira contributiva, volatilidade dos mercados financeiros, saúde financeira dos próprios fundos.

Terceiro, pelo efeito da pauperização da SS. Os custos da transição para o novo sistema são altos. Como não será viável aumentar muito as contribuições para a SS, só restará a esta ser cada vez mais seletiva, voltada para os pobres, expulsando as classes médias e entregando-as ao mercado. Um sistema para pobres será certamente um sistema pobre. A última razão para a insegurança dos cidadãos é que, uma vez instaurado o novo sistema, não há recuo possível. Será demasiado tarde para voltar ao sistema público.

Visão, 26 de fevereiro de 2004

Os Direitos Humanos

Escrevo de Quito, no Equador, onde acabo de participar no 35º Congresso da Federação Internacional das Organizações de Direitos Humanos (FIDH). A escolha de Quito para a realização do congresso é, em si mesma, um comentário eloquente à situação dos direitos humanos no Continente Americano. O Congresso deveria realizar-se na Colômbia, mas o governo colombiano recusou-se a garantir a segurança dos participantes no Congresso. Solidariamente, as organizações de direitos humanos do Equador disponibilizaram-se para o organizar. Fizeram-no com a consciência de que a situação dos direitos humanos no Equador, sem atingir a dramaticidade da Colômbia, é cada vez mais preocupante.

Os acontecimentos que rodearam o Congresso são bem prova disso. Há anos que realizo trabalho de investigação na Colômbia, juntamente com colegas colombianos. De cada vez que visito este país fico com a sensação de que a situação, de tão grave, não pode piorar. E, contudo, tem sempre vindo a piorar. O odioso "Plan Colombia" gizado pelos EUA para controlar militarmente a América do Sul, a partir da Colômbia, sob o pretexto da luta contra o narcotráfico, está a transformar a região num barril de pólvora pronto a explodir logo que os desígnios imperiais dos EUA se derem por cumpridos no Oriente Médio e as atenções se virarem para os vizinhos do Sul. A guerra "de baixa intensidade" que se trava nesta região é simultaneamente militar e econômica, e o seu objetivo último é controlar o acesso aos cada vez mais preciosos recursos naturais da região: o petróleo, os minérios e, sobretudo, a biodiversidade. Os povos indígenas, que habitam boa parte das regiões onde estão esses recursos, transformaram-se na última década numa importante força política, que reivindica o controle da riqueza dos seus territórios e avança propostas autônomas e alternativas às das empresas extrativas. Não admira, pois, que se tenham transformado num dos alvos principais da cobiça imperial. No plano militar, as operações centram-se na fumigação dos cultivos de coca. É uma guerra química, que destrói indiscriminadamente a agricultura de subsistência dos camponeses, com um impacto ambiental devastador. Para além da contaminação dos cursos de água, causa danos irreversíveis na saúde, sobretudo das crianças, e obriga à deslocação forçada de milhares de pessoas. No plano econômico, a guerra consiste na pressão para a celebração de tratados de livre comércio que, na prática, colocam os territórios indígenas à mercê das empresas multinacionais. A pressão militar e a pressão econômica vão de par e não são exercidas exclusivamente pelos EUA: por exemplo, a cooperação militar de Inglaterra e de Espanha com a Colômbia centra-se nos territórios onde estão ativas as empresas petrolíferas destes países.

O movimento indígena é hoje o grande obstáculo a este projeto imperial, e as consequências estão à vista. Quando na semana passada visitei o Presidente da Confederação das Nacionalidades Indígenas do Equador, o portão de entrada estava cravado das balas de alto calibre que o tinham tentado assassinar dias antes, quando regressava de uma reunião continental contra a Alca (a Associação de Livre Comércio das Américas). Nesse mesmo dia, era ameaçada de morte Nina Pacari, uma insigne advogada e uma das mais brilhantes líderes indígenas, que em maio passado esteve em Coimbra para participar no Colóquio "Direito e Justiça no Século XXI", organizado pelo Centro de Estudos Sociais. Na altura — quando estava em vigor o efêmero acordo entre o Governo e o Partido Indígena, Pashakuti — era Ministra dos Negócios Estrangeiros do Equador. Hoje, corre perigo de vida. A realização do Congresso da FIDH em Quito acabou por ser providencial, pois foi possível incluir nas resoluções finais uma denúncia firme desta e de outras violações dos direitos humanos.

Visão, 11 de março de 2004

Saramago[1]

Portugal é um país de conformistas exuberantes e de inconformistas silenciosos ou silenciados. Nestes nossos trinta anos de democracia, recordo, entre os últimos, dois homens notáveis, Jorge de Sena e Vitorino Magalhães Godinho. Inconformista é quem vai contra a corrente, contra o politicamente correto. Faz análises contra o senso comum e propostas para além do que é considerado legítimo. Ser inconformista é muito difícil nos dias de hoje devido ao peso da mídia. Por um lado, reforçam o conformismo ao transformá-lo na opinião pública. Por outro lado, ante o que identificam como inconformismo, ou ignoram-no, se podem, ou, se não podem, hostilizam-no pela dramatização, caricatura ou insulto. Esta atuação de hostilização só é acionada no caso dos inconformistas declarados. Entre os inconformistas silenciados e os inconformistas declarados há vários tipos de inconformismo ignorados pelo comentarismo conformista. Entre eles distingo os inconformistas pedagógicos sempre com esperança de desestabilizar o conformismo (Eduardo Prado Coelho, Maria de Lourdes Pintasilgo e Manuel Villaverde Cabral) e o inconformismo reflexivo, inconformado sobretudo ante o seu próprio inconformismo, de que temos um brilhante caso único, Eduardo Lourenço.

Nos últimos tempos assistimos a um surto de inconformismo declarado: Mário Soares, ao propor negociações com a Al Qaeda, e José Saramago, ao propor o voto em branco. Detenho-me hoje no último. O romance de Saramago é uma denúncia dos males da democracia em que vivemos: distância entre representantes e representados; incumprimento sistemático de programas eleitorais; vulnerabilidade à pressão dos interesses econômicos; e, acima de tudo, deterioração dos direitos sociais à

---

1. Em 2004, José Saramago publicou o *Ensaio sobre a lucidez*. A trama do romance parte do insólito criado num ato eleitoral em que a esmagadora maioria da população decide votar em branco. A óbvia mensagem política de Saramago teve repercussões em Portugal, quando das eleições legislativas de 2005, altura em que, na senda do Prêmio Nobel, vários movimentos apelaram ao voto em branco. Ainda que nessa ocasião os votantes em branco não tenham ultrapassado 1,8% dos leitores, a força metafórica da situação imaginada por Saramago permanece.

saúde, educação e segurança social, conquistados pela mesma democracia que agora os acha descartáveis. O consequente aumento das desigualdades sociais cria um padrão de relações entre cidadãos em que é patente o abismo entre a democracia política e a democracia social. Há quatro anos escrevi um livrito (*Reinventar a democracia*, Gradiva, 1998) em que temia podermos estar a entrar num período em que as sociedades são politicamente democráticas, mas socialmente fascistas. A proposta do voto em branco é uma metáfora que, como tal, polariza a relação ideal-real. É uma profissão de fé na democracia porque só esta permite o voto em branco. Mas, sendo o voto em branco, é um ato de resistência contra esta democracia que, no entanto, valida, na medida em que a usa para a denunciar. O voto em branco é, assim, um apelo a que, a partir desta democracia, se construa outra. E aqui termina a sua eficácia enquanto metáfora. Compete aos cidadãos que se sentem interpelados por ela continuar a tarefa de reinventar a democracia de modo a que o real se aproxime um pouco mais do ideal. Nessa reinvenção não se pode prescindir da democracia representativa como o próprio voto em branco testemunha. Mas tem de se ir para além dela e complementá-la com a democracia participativa. Na democracia representativa os cidadãos elegem os decisores políticos, isto é, renunciam a decidir para além do voto, delegando nos eleitos as decisões e esperando que eles decidam a contento. O desencanto de hoje nasce da frustração sistemática dessa esperança. Na democracia participativa os cidadãos tomam as decisões de modo organizado. Porque obriga a uma partilha do poder decisório, a complementaridade entre democracia representativa e democracia participativa é difícil, mas, como mostram as experiências em nível municipal, não é impossível. Penso, aliás, que nessa complementaridade está o futuro da democracia. Os inconformistas quase nunca têm razão nos precisos termos em que se manifestam. Mas quase sempre têm razão na identificação do problema que os inconforma e no sentido geral da solução que eventualmente lhe será dada. Aos inconformistas só a história, nunca os contemporâneos, pode dar razão.

Visão, 8 de abril de 2004

1974-2004

Nos últimos trinta anos três mega-acontecimentos romperam com o passado profundo do nosso país: o 25 de Abril, o fim do império colonial e a adesão à União Europeia. Somos hoje uma sociedade muito diferente e muito melhor. No entanto, intrigantemente, continuamos a ser assombrados pelo que chamo o problema do passado. Consiste num conjunto de ideias que explicam as deficiências do presente em função de condições históricas que pela sua longa duração fazem prever dificuldades na superação de tais deficiências no futuro próximo. Alguns exemplos ilustram o fundamento deste problema. Sobre a debilidade da nossa economia: "Qual há de nós que traga em si cousa feita em Portugal? Acharemos (e não ainda todos nós) que só o pano de linho e os sapatos são obras nossas" (Duarte Ribeiro de Macedo, 1675). Sobre o modo leviano com que se fazem nomeações para cargos políticos: "Lástima é que para escolher um melão se façam mais provas e diligências da sua bondade que para um conselheiro e para um ministro" (Francisco Manuel de Melo, publicado postumamente em 1721). Sobre a construção de estradas: "Supusemos que todo o progresso econômico estava em construir estradas... Não pensamos que as facilidades de viação, se favoreciam a corrente de saída dos produtos indígenas, favoreciam a corrente de entrada de forasteiros, determinando condições de concorrência para que não estávamos preparados e para que não soubemos preparar-nos" (Oliveira Martins, 1881). Sobre as elites políticas: "Não houve da parte de diversos partidos a menor consideração pelos valores mentais, o menor interesse pelos nossos jovens. Por isso, o que há de mais... são e idealista nas aspirações populares dispersa-se por aí, impotente e vago, como simples nebulosa que não toma corpo, que não influi nos fatos, que não chega a atuar" (António Sérgio, publicado em 1932).

O nosso problema do passado é real e não tem solução a curto prazo. Para o ir atenuando será necessário um esforço sustentado, ao longo de décadas, e tal só será possível se soubermos inserir no projeto europeu um projeto nacional, assente num novo contrato social que envolva os cidadãos e suas organizações, as instituições do Estado e o sistema político. Os pilares desse contrato são precisamente os três mega-acontecimentos que referi, entendidos agora como motores do desbloqueamento da sociedade portuguesa. O desbloqueamento pelo aprofundamento democrático (25 de Abril); pela liberação do potencial para um papel privilegiado, cosmopolita e multicultural, nas relações Norte/Sul (fim do império colonial); pela inequívoca e consistente prioridade dada à educação e ao conhecimento (UE).

Infelizmente são poucos os sinais de que estejamos a caminhar nesta direção. O sistema político — muito restritivo da participação de cidadãos — continua por reformar. É espantosa a penúria intelectual e cultural dos nossos governantes. A política continua a ser a via mais fácil de ascensão social. O anacronismo é tal que se entra hoje para a política como no antigo regime se entrava para o seminário. E, como antes, é crucial entrar jovem, hoje, pelas Jotas. Apesar de sermos o país com mais contatos com outros povos e outras culturas durante o período mais longo da história europeia, não temos sabido transformar esse fato numa vantagem comparativa. Finalmente, no momento em que Portugal começava a dar sinais de grande dinamismo científico, o Governo decide desestabilizar a comunidade científica com um modelo de financiamento e de avaliação desajustado e retrógrado. Positivo neste domínio é apenas a reação praticamente unânime dos cientistas portugueses em defesa da sustentabilidade do esforço feito nos últimos anos.

Visão, 6 de maio de 2004

Sociologia da tortura[2]

A estupefação e a indignação mundiais ante as imagens e relatórios sobre as torturas praticadas pela polícia militar norte-americana na prisão de Abu Graib são plenamente justificadas, mas não devem dispensar-nos de refletir sobre as causas profundas do que se passou, sobretudo porque o que se sabe do que se passou é a ponta do *iceberg* do que se está a passar e, muito provavelmente, continuará a passar. Eis algumas das causas:

1. **Guerra total**. Os nazis alemães desenvolveram pela primeira vez o conceito de "guerra total" para justificar todas as violações do direito internacional contra militares e populações civis dos países inimigos e contra os judeus e os ciganos alemães e não alemães. As Convenções de Genebra de 1949 visaram varrer da história este conceito ignominioso. Não o conseguiram, porém. Foi ressuscitado pelos israelitas, com Ariel Sharon e o seu projeto de extermínio dos palestinos, e pelos EUA depois do 11 de Setembro. A violação das Convenções de Genebra foi superiormente aprovada pelo Departamento de Defesa norte-americano, nomeadamente no que respeita à aplicação das técnicas mais agressivas da "matriz de *stress*" para obter informações dos detidos. Em Guantánamo há "combatentes ilegais" privados dos direitos mais elementares e sujeitos às mesmas torturas que os iraquianos porque se está em "guerra total". Sabe-se que um grupo secreto do Departamento de Defesa viaja pelo mundo, à margem das leis nacionais e internacionais, para raptar suspeitos onde quer que estejam e levá-los para centros de detenção secretos. Para além de Guantánamo, há vários outros espalhados pelo mundo. Também

---

2. No início do ano 2004, documentos que testemunham comportamentos indignos por parte de membros do exército dos Estados Unidos e da CIA no Iraque tornam-se públicos e são largamente difundidos nos meios de comunicação social. As fotografias tiradas no complexo penitenciário de Abu Ghraib, localizado na periferia da cidade de Bagdá, atestam a existência de métodos de tortura psicológica, física e sexual com o objetivo de obter informações por parte dos detidos. Na sequência desta divulgação, foram proibidos quaisquer tipos de aparelhos de gravação vídeo e/ou áudio nos centros de detenções das forças americanas.

porque a guerra é total nunca saberemos quantos milhares de civis iraquianos foram mortos nos últimos meses.
2. **Racismo.** O racismo é inerente ao Ocidente moderno. Teve no colonialismo a sua máxima expressão política, mas impregnou de tal maneira a mentalidade, tanto dos colonizadores como dos colonizados, que continua hoje a vigorar apesar de o colonialismo clássico já ter terminado. As raças e as etnias consideradas inferiores não são consideradas plenamente humanas e, por isso, não há que tratá-las como se fossem. O tratamento sub-humano é o único meio eficaz de obter informações de sub-humanos.
3. **Orientalismo.** Consiste num conjunto de crenças desenvolvidas no século XIX a respeito da superioridade da cultura ocidental em face da cultura oriental, nomeadamente islâmica, considerada estagnada, inimiga do progresso, fundamentalista e, como tal, uma ameaça à normal expansão da cultura ocidental. A profanação dos lugares sagrados e a pilhagem cultural, tal como a humilhação dos detidos, centrada na sua identidade cultural e religiosa, têm a seu favor a justificação da história: contribuem afinal para acelerar o triunfo da cultura ocidental.
4. **O inimigo íntimo.** O inimigo estrangeiro tem sempre um duplo, nacional, e o tratamento que ele merece não é melhor que o que é dado a este último. Alguns dos torturadores são, na vida civil, guardas prisionais habituados à rotina dos maus-tratos e da violência racista contra presos, na esmagadora maioria negros e jovens, muitos deles (em assustadora percentagem) a cumprir prisão perpétua por crimes que, por vezes, não vão além da prática repetida de pequenos furtos em supermercados. Mas o inimigo mais íntimo do torturador é o que está dentro dele próprio. A cultura dos EUA vive obcecada pelo medo da desintegração pessoal e coletiva provocada pelo desejo sexual, o qual, para ser contido, tem de ser mantido dentro de estritos limites de "normalidade" para além dos quais só existe perversão. As sevícias sexuais contra os detidos são uma ocasião única para exercer a perversão e simultaneamente negá-la pela normalidade da guerra total, do racismo e do orientalismo em que ela se insere.

Visão, 20 de maio de 2004

Boicote a Israel[3]

O tema de que vou tratar hoje não será abordado por nenhum dos candidatos ao Parlamento Europeu. É um tema "sensível". Para o tratar, socorro-me de fontes e interpretações judaicas, ainda que saiba que isso não me poupará de ser acusado de antissemitismo. Tenho para mim que Israel é um Estado colonial que submete o povo palestino a formas de *apartheid* mais graves que as que foram infligidas às populações negras pela África do Sul racista pré-Mandela. Esta situação, que dura desde 1948, assumiu nos últimos dois anos proporções inauditas. O Estado de Israel foi longe demais e não é provável que possa voltar atrás pela ação exclusiva de forças internas. É tempo, pois, de a comunidade internacional dizer: Basta! O holocausto não justifica tudo! E de converter essa exclamação em ações eficazes.

Uma delas é o boicote a produtos e cidadãos israelitas, e ninguém a poderá levar a cabo com mais eficácia que os cidadãos da União Europeia. Os parlamentares europeus que se associarem a esta ação estarão a dar um contributo importante para a paz no Oriente Médio. Reconheço que boicotar pessoas, muitas delas tão críticas do que se passa quanto nós, é tão doloroso para quem é boicotado como para quem boicota. Recordo, no entanto, que no caso da África do Sul esta foi uma das dimensões mais eficazes do boicote. Quando os artistas, os cientistas, os jornalistas sul-africanos verificaram que o *apartheid* punha em causa de modo muito concreto o normal desenrolar das suas vidas e não apenas o da dos negros, intensificaram muito mais a luta política interna *anti-apartheid* e aceleraram com isso o fim do odioso regime.

A criação do Estado de Israel envolveu a expulsão de milhões de palestinos das suas terras ancestrais numa operação com traços de limpeza

---

3. A mobilização da comunidade internacional — cidadãos e cidadãs, movimentos sociais, ONGs, Estados, Organizações supranacionais — constitui parte integrante de uma estratégia que mantenha uma vigilância e crítica sistemática às violações dos direitos humanos que ocorrem um pouco por todo o planeta. Não se substitui às forças "internas" que lutam por caminhos de democratização, emancipação e justiça social, mas podem constituir alavancas potenciadoras da sua ação.

étnica, como se conclui de passos não censurados das memórias de Yitzhak Rabin. Começou então o "politicídio" dos palestinos, como lhe chamou o sociólogo israelita Baruch Kimmerling, que passou pela ocupação da faixa de Gaza e da margem ocidental do Jordão, pela política dos colonatos judeus em territórios ocupados, pela construção de uma grelha de estradas destinada a separar as cidades e as aldeias palestinas, pelas barreiras de estradas e *checkpoints*, pelos passes em tudo semelhantes aos que os negros sul-africanos tinham de mostrar para entrar nas zonas dos brancos. Por fim, a construção do Muro de Segurança, uma parede de 8 metros de altura que, quando pronta, terá 700 quilômetros e se destina a encerrar os palestinos num enorme campo de concentração, onde só faltarão os fornos de cremação. Já estão construídos 180 km. Segundo a Agência das Nações Unidas para a coordenação da ajuda humanitária, já foram abatidas 102.320 árvores. Como este Muro da Vergonha está a ser construído dentro dos territórios palestinos, já foram confiscados 1.140 hectares. As crianças palestinas estão a aprender a trepar a parede para não chegarem tão tarde à escola. Há hoje dois *apartheids* em Israel. Um, dentro do seu território, que atinge cerca de um milhão de palestinos. O jornal israelita *Haarezt* da passada sexta-feira descreve o contraste chocante entre as condições sociais no bairro árabe (Rakevet) da cidade de Lod e as dos bairros judeus circundantes. Os habitantes do bairro não podem hoje sair dele sem passar por barreiras policiais. O segundo *apartheid* é o que está a fechar os palestinos em territórios sem viabilidade econômica, sem controle sobre qualquer dos recursos básicos e donde não se pode sair sem autorização da potência ocupante. E como se isto não bastasse, estão a ser arrasados bairros inteiros na faixa de Gaza, onde a percentagem da população a viver abaixo do nível da pobreza é de 84%. É tempo de a comunidade internacional dizer: Basta!

Visão, 3 de junho de 2004

O novo século americano

A um observador estrangeiro pode causar surpresa que tenha sido tão intensa a disputa eleitoral nos EUA, com recurso a tácticas ilegais para condicionar o resultado de uma eleição onde, segundo critérios políticos europeus, um candidato se posiciona no centro-direita (Kerry) e o outro, na direita-extrema direita (Bush). E mais surpresa causará o facto de a guerra no Iraque, apesar do seu trágico fracasso, ter sido o ponto mais forte da campanha de Bush. Os factos que causam surpresa escondem os factos que podem desvanecê-la. Ao contrário do que se pode pensar, no domínio da política interna muito esteve em causa nestas eleições. A política da Casa Branca é hoje dominada por uma aliança entre neoconservadores e fundamentalistas cristãos, para quem a oportunidade que lhes foi criada pelo 11 de Setembro para pôr em prática as suas reformas mais radicais não pôde ser inteiramente aproveitada durante o primeiro mandato de Bush. É, pois, crucial um segundo mandato para mudar verdadeiramente os EUA e tornar a mudança irreversível. São três os pilares em que assentam essas reformas: o excepcionalismo imperial; a desigualdade e o mercado como motores do progresso; o apelo a "valores morais" como legislação de Deus.

A guerra do Iraque foi pensada como primeira fase de uma estratégia de domínio total da área, que inclui a invasão do Irã e a colonização das ex-Repúblicas Soviéticas da Ásia Central. O domínio não assenta só no objectivo de controlar o petróleo, mas não faria sentido sem ele. Se estes planos não puderem ser inteiramente cumpridos, há um eixo do mal alternativo a destruir: Cuba, a Venezuela e, se não se portarem bem, o Brasil e a Argentina (e certamente, desde há quinze dias, o Uruguai). Em coerência com esta concepção imperial do poder, os fins justificam os meios, que podem ser a guerra ou o unilateralismo extremo no plano externo, e a fraude eleitoral ou a redução das liberdades democráticas, no plano interno. Ao contrário do que pretendiam os conservadores tradicionais — muitos dos quais apelaram ao voto em Kerry —, o Estado pode crescer e o déficit orçamental aumentar, desde que tal seja necessário para cumprir o desígnio imperial. Como os recursos não são ilimitados e as despesas militares têm total prioridade, as despesas sociais devem ser reduzidas ao mínimo. Esta redução, sendo necessária por razões pragmáticas, é justificada por questões de princípio: o Estado não pode retirar aos indivíduos a responsabilidade pelo seu bem-estar; esta exercita-se antes de tudo no mercado; a vitalidade do mercado assenta na substituição da regulação pela adesão voluntária a códigos de conduta e na redução de impostos.

Os grandes interesses econômicos não precisam subscrever integralmente este delírio imperialista e reacionário para poder beneficiar-se dele. O importante é não desperdiçar as insuspeitadas possibilidades de negócio que ele abre. Para a indústria militar, uma guerra potencialmente infinita — guerra total — significa que a luta pelo orçamento está ganha. Para a indústria farmacêutica, é crucial impedir o controle do preço dos medicamentos e a sua importação. Para as companhias de seguros, é fundamental que os prêmios de seguro possam continuar a subir a taxas cinco vezes mais elevadas que o salário, mesmo que com isso 45 milhões de cidadãos fiquem sem seguro médico. Para a indústria energética, esta é a oportunidade para ter lucros fabulosos com a subida do petróleo e, ao mesmo tempo, explorar o petróleo do Alasca, impedir o recurso às energias renováveis e eliminar o que ainda resta da proteção ambiental. Para a indústria educacional, a expansão do negócio está garantida se o sistema público de educação continuar a degradar-se e as propinas no ensino superior público continuarem a subir ao ritmo em que subiram nos últimos quatro anos (35%). Para o capital financeiro, é urgente o balão de oxigênio da privatização da segurança social e, em especial, do sistema de pensões. Esta é uma agenda ambiciosa, mas para os neoconservadores e fundamentalistas ela só fica completa quando se lhe junta a agenda religioso-ideológica aos "valores morais": proibir o aborto, o planeamento familiar e os casamentos entre homossexuais; limitar estritamente a investigação com células estaminais e a investigação da cura do HIV/Aids; reduzir a educação sexual à promoção da abstinência, como, de resto, já está a suceder no Texas. Quais são as implicações da vitória de Bush? 1. Cidadãos com medo são facilmente manipuláveis. Nestas eleições, os americanos deixaram-se convencer por Bush de que o verdadeiro chefe é aquele que, em vez de reconhecer um erro, o repete tantas vezes quantas as necessárias para o transformar num ato de coragem. A máquina de propaganda montada para inculcar esta ideia foi impressionante, mas ela só foi eficaz porque culminou um processo de desinformação sobre a guerra no Iraque que faz dos norte-americanos um dos povos mais mal informados do mundo. 2. Está em curso uma guerra civil nos EUA. De um lado, a América secular, moderada, que confia na ciência e na argumentação racional, tendencialmente isolacionista por temer os excessos do imperialismo, solidária para com os pobres, tanto no país como no mundo, olhando com alguma inveja para o modelo social europeu. Acredita em valores e inclui, entre eles, a paz, a solidariedade para com o próximo, mesmo que não pense como nós, ou a justiça fiscal. Do outro, a América religiosa ultraconservadora, para quem a Bíblia é fonte de verdade e os governantes, uma vez iluminados por Deus, são detentores de uma política revelada que deve ser seguida e não discutida. Todos os interesses terrenos devem ser subordinados à salvaguarda dos valores "legítimos": a família assente no casamento heterossexual e a proibição do aborto. Estas duas Américas não se comunicam. Bush levou a divisão ao extremo e não concebe a união da América senão como rendição total da América "errada". 3. Foi redescoberto o potencial da religião como ópio do povo, como mecanismo eficaz para levar as classes populares a votar contra os seus interesses (emprego, salário decente, educação e saúde baratas). A manipulação do voto pelo dinheiro não chega — e a prova é que os democratas nunca gastaram tanto dinheiro como nesta campanha —, é preciso juntar ao dinheiro a religião "verdadeira". 4. Segundo os ideólogos da Casa Branca, devemos preparar-nos para um choque apocalíptico entre a Cristandade e o Islã. Isto significa que, como aconteceu antes na história, os inimigos acabam por parecer-se muito entre si.

Visão, 11 de novembro de 2004

2005

Um Fórum para o futuro

O V Fórum Social Mundial, que se realizou em Porto Alegre de 26 a 31 de janeiro, foi um êxito organizativo e político. Mais uma vez, foi ganha a aposta na experimentação organizativa e metodológica. Desde o início, em 2001, o FSM tem sido dominado por um espírito de risco, contrário ao que domina o pensamento da esquerda tradicional. A realização do primeiro Fórum foi, por assim dizer, um tiro no escuro, e o fato de ter acertado no alvo revelou que estava no ar, em diferentes partes do mundo, uma aspiração difusa à construção de uma alternativa global à globalização neoliberal. O êxito do primeiro Fórum residiu em transformar essa aspiração numa voz nova e dar-lhe a oportunidade de se fazer ouvir. A decisão de realizar o terceiro Fórum em Mumbai foi igualmente uma estratégia de risco. Visou ampliar e diversificar a voz do Fórum com outros tipos de participantes, vivendo outros problemas em contextos culturalmente distintos dos primeiros Fóruns. E, mais uma vez, mereceu a pena correr o risco. O quinto Fórum, que acaba de realizar-se, obedeceu a uma metodologia totalmente nova, com os temas do debate escolhidos pelos movimentos e associações participantes no Fórum (e não pelos organizadores do Fórum, como acontecera antes) e os dias de trabalho organizados para facilitar o encontro entre movimentos de diferentes países interessados em organizar conjuntamente campanhas e outras ações coletivas. O objetivo foi desenhar uma metodologia que facilitasse a formulação e o planeamento de ações políticas concretas. E, mais uma vez, o objetivo foi alcançado. No próximo ano, o FSM será descentralizado, realizando-se, ao longo do ano, vários Fóruns regionais, alguns dos quais (Marrocos e Venezuela) na mesma data do Fórum Econômico de Davos. Também esta é uma estratégia de risco, na medida em que o objetivo de levar o Fórum a mais públicos colide com a realização de um único megaevento que atraia a mídia mundial. Em 2007 haverá de novo um FSM unificado, desta vez num país africano ainda por decidir.

O FSM é, assim, um campo de exuberante experimentação política e organizativa, e o seu contraste com o possibilismo estagnado e calculista dos velhos partidos de esquerda não podia ser mais evidente. Está em gestação uma nova cultura política e uma nova forma de fazer política assente nas seguintes ideias: o mundo está em processo acelerado de transformação, e o pensamento e práticas progressistas têm de evoluir a um ritmo correspondente; as lutas pela justiça social das próximas décadas vão exigir uma articulação mais intensa entre as diferentes forças de esquerda e de centro-esquerda, e essa articulação tem de combinar escalas de ação locais, nacionais e globais; esta articulação tem de ser feita com o respeito das diferenças políticas e culturais das organizações, maximizando o que é possível realizar em conjunto, sem perder a autonomia própria; a esquerda é hoje não só politicamente diversa, como também culturalmente diversa, e uma esquerda multicultural tem de saber traduzir entre linguagens políticas distintas (p. ex., como traduzir entre os conceitos-chave de dignidade e respeito, centrais nos movimentos indígenas, e os conceitos de luta de classes e socialismo dos movimentos operários); enquanto a velha cultura política só soube politizar polarizando, a nova propõe-se politizar despolarizando, criando pluralidades despolarizadas; é necessária uma nova relação entre partidos progressistas e movimentos sociais e ONGs progressistas para que com a base de respeito mútuo possam construir formas democráticas de alta intensidade, assentes na complementaridade entre democracia participativa e democracia representativa; finalmente, está em curso a substituição da monocultura de pensamento de esquerda por uma ecologia de pensamentos, saberes e práticas de esquerda.

Em meu entender, o maior êxito do FSM reside no modo como tem vindo a consolidar e difundir esta nova política de esquerda. E é na base dela que começam a frutificar as propostas concretas de ação coletiva. Não é seguro que tenham êxito, mas a verdade é que o discurso que as sustenta é de tal modo poderoso que está a ser apropriado pelo Fórum Econômico de Davos. A quem lê algumas das declarações de Davos não escapará a ideia de que a grande preocupação que elas revelam ante a pobreza, a injustiça social e a destruição do meio ambiente é o resultado do êxito com que se impôs mundialmente o espírito de Porto Alegre. Claro que entre o discurso e a prática vai uma enorme distância. Davos adota o discurso de Porto Alegre, mas não as propostas concretas para resolver os problemas identificados. É nessas propostas que o FSM se vai daqui em diante concentrar. A opinião pública está madura: para o cancelamento da dívida externa dos países do Sul; para a moratória aos processos de privatização da água; para o desmantelamento dos paraísos fiscais; para a tributação agravada das indústrias de guerra e das que produzem o efeito estufa; para garantir a soberania alimentar das populações; para lutas mais eficazes contra o racismo, o sexismo e a xenofobia; para a democratização profunda das Nações Unidas; para a eliminação de todas as agências financeiras multilaterais em que o voto é medido pela riqueza do país e em que os países atingidos pelas decisões financeiras não têm voz e muito menos o direito de ser indenizados, mesmo quando as próprias agências reconhecem os erros das suas decisões. Finalmente, a opinião pública está madura para um maior ativismo contra o novo colonialismo da agressão militar e para a busca de alternativas aos meios de comunicação social totalmente contaminados pelos interesses capitalistas globais e pelo imperialismo norte-americano.

O FSM abre novos horizontes para as lutas políticas, sociais e culturais em prol de uma sociedade moralmente decente, mais justa, mais solidária e mais equilibrada nas suas relações com a natureza. Só resta esperar que a esquerda tradicional se saiba renovar de acordo com este espírito novo. O FSM não aconteceu por ação dessa esquerda. Aconteceu apesar dela. Saberá ela tirar as lições disso?

Visão, 31 de janeiro de 2005

A economia e a guerra[1]

A indicação de Paul Wolfowitz para presidente do Banco Mundial (BM) foi recebida com ceticismo e perplexidade nos países europeus e com indignação e revolta nos países do chamado Terceiro Mundo e nas Organizações Não Governamentais de ajuda ao desenvolvimento. No entanto, só pode causar surpresa a quem não conheça o programa neoconservador que hoje domina o governo dos EUA.

O BM e o Fundo Monetário Internacional (FMI) foram criados em julho de 1944, na Conferência de Bretton Woods, com o duplo objetivo de financiar a reconstrução da Europa depois da devastação da Segunda Guerra Mundial e de evitar a ocorrência no futuro de depressões econômicas do tipo da que assolou o mundo capitalista nos anos 1930. Nessa conferência foi ainda decidida a criação de uma terceira instituição multilateral, a Organização Mundial de Comércio (OMC), com o objetivo de regular o comércio internacional, mas esta só veio a ser criada cinquenta anos depois, em 1995. O FMI tomou a seu cargo a supervisão das políticas macroeconômicas (déficit orçamental, política monetária, inflação, déficit comercial, dívida externa etc.), a ser acionada em momentos de crise, enquanto o BM se encarregou das políticas estruturais (políticas públicas, mercado de trabalho, política comercial, alívio da pobreza etc.). A ajuda ao desenvolvimento com que o BM veio a ser identificado nas décadas seguintes estava pouco presente no mandato inicial, uma vez que os países que mais tarde vieram a ser considerados "subdesenvolvidos" ou "em desenvolvimento" eram então colônias e o seu desenvolvimento era da responsabilidade das potências coloniais europeias. Tanto o BM como o FMI foram criados sob a égide do pensamento de Keynes, na crença de que os mercados funcionam frequentemente mal e que as suas

---

1. A nomeação de Paul Wolfowitz para a presidência do Banco Mundial, em 2005, foi a expressão da ligação umbilical entre a economia e a guerra, entre as instituições internacionais que governam a economia mundial e os interesses imperiais da potência hegemônica. Sem qualquer experiência em questões de desenvolvimento, acabado de sair da administração Bush, este ideólogo da invasão do Iraque e do neoconservadorismo cairia em desgraça passados dois anos, acusado de nepotismo.

falhas devem ser compensadas por uma forte intervenção do Estado na economia (política fiscal, investimento público etc.). A partir de 1980, com a era de Reagan e Thatcher, deu-se uma mudança radical (que envolveu purgas no BM) e as duas instituições passaram a ser as grandes missionárias da ideologia da supremacia do mercado e o Estado, antes visto como solução para os problemas econômicos, passou a ser visto como problema, apenas solúvel com a redução do peso do Estado na economia e na sociedade. Ao mesmo tempo que o BM e o FMI foram postos ao serviço do modelo norte-americano de capitalismo, o BM passou a ser visto como uma instituição dependente do FMI e este, por sua vez, vinculou-se mais e mais às orientações do Departamento do Tesouro dos EUA. Uma receita universal foi então imposta aos países em desenvolvimento: privatização (das empresas públicas, terra, educação, saúde e segurança social), liberalização dos mercados, desregulamentação da economia, precarização do emprego, descaso de preocupações ambientais. O resultado desastroso desta orientação está hoje à vista: o aumento dramático das desigualdades sociais; muitos países em África, na América Latina e na Ásia, à beira do caos social e político; 1,2 mil milhão de pessoas a viver com um dólar por dia e 2,8 a viver com dois dólares, ou seja, 45% da população mundial.

A partir de meados da década de 1990 começou a ser notória a tensão entre o BM e o FMI, com o BM a querer preocupar-se com questões "heterodoxas", como o meio ambiente, a discriminação sexual e a participação democrática, e a aproveitar-se dos golpes na arrogância do FMI produzidos pelos vários fracassos das políticas de ajuste estrutural, culminando no colapso da Argentina em 2001. Paralelamente, os movimentos sociais reunidos no Fórum Social Mundial têm vindo a exigir reformas profundas nas duas instituições ou mesmo a sua abolição. Em particular, denunciam a hipocrisia do BM e do FMI ao imporem a democracia aos países devedores quando eles próprios não são democráticos (47% do poder de voto no BM pertence à Europa e EUA). Estas críticas têm vindo a encontrar algum eco dentro do próprio BM e aqui reside uma das razões da indicação de Wolfowitz.

Para os neoconservadores, o BM é, tal como a ONU, uma organização suspeita porque vulnerável ao multilateralismo. Só é tolerável se se puder garantir o seu alinhamento incondicional com os interesses estratégicos dos EUA. Esse alinhamento exige uma maior vinculação da estratégia econômica à estratégia militar. Só assim o "Terceiro Mundo" deixará de sentir-se dividido entre a supremacia militar dos EUA e a supremacia econômica crescentemente atribuída à União Europeia e ao Euro. Para isso, é fundamental que a ajuda ao desenvolvimento recompense os países "solidários" na luta contra o terrorismo e puna os recalcitrantes. Por outro lado, é necessário preparar a entrada do BM no Iraque e convertê-la numa política de compensação para a retirada das tropas cada vez mais encurraladas num beco sem saída. É esta a missão de Wolfowitz: a economia é a continuação da guerra por outros meios.

Os movimentos e as ONGs do Fórum Social Mundial que ainda tinham dúvidas sobre o caráter imperialista e destrutivo do BM e do FMI deixaram de as ter, o que deve traduzir-se em mais forte mobilização para protestar contra estas instituições e para preparar alternativas realistas. A frase à entrada da sede do BM em Washington, DC, "o nosso sonho é um mundo sem pobreza", mostra agora a sua verdade cruel: o fim da pobreza será um sonho enquanto existirem instituições como o BM e o FMI.

Visão, 31 de março de 2005

Difícil libertação da teologia

Na vida como na morte, João Paulo II (JPII) foi um espetáculo midiático exaltante que revolucionou a imagem da Igreja no mundo católico e não católico. Agora que o espetáculo terminou, é tempo de refletir sobre o legado do Papa e os desafios com que a Igreja Católica se confronta. Quando João Paulo II iniciou o seu pontificado, a Igreja Católica debatia-se com três problemas:

1. **A questão da modernidade**: como interiorizar os valores da modernidade como a liberdade, os direitos humanos e a democracia.
2. **A questão ecumênica**: quais as possibilidades e os limites do diálogo com outras religiões.
3. **A questão social**: como articular evangelização com promoção humana em sociedades onde as desigualdades sociais não cessavam de aumentar. Estas questões tinham estado no centro do Concílio Vaticano II (1962-65) e tinham dominado os debates teológicos subsequentes entre aqueles para quem o Vaticano II tinha ido longe demais e pensavam ser necessário desativar o seu impulso reformista (os conservadores) e aqueles para quem o Vaticano II tinha de ser prosseguido, até porque não tinha ido tão longe quanto devia (os progressistas). A eleição de João Paulo II significou a vitória dos conservadores. A questão da modernidade foi tratada de modo contraditório. No nível externo, os valores da modernidade foram abraçados como pedras basilares da luta anticomunista. A modernidade tornou-se sinônimo de capitalismo e, pela primeira vez em sua história recente, a Igreja Católica identificou a sua mensagem com a de um sistema econômico concreto (encíclica *Centesimus Annus*). Esta posição selou a aliança de João Paulo II com Reagan e Thatcher, parceiros na revolução conservadora dos anos 1980. No nível interno, a questão da modernidade foi suprimida: democracia e liberdade são para vigorar na sociedade, não na Igreja. Esta, para ser fiel à sua missão, deve continuar a ser uma monarquia absoluta, centrada no Papa e na Cúria, e todos os desvios devem ser punidos. O povo

de Deus só existe na comunhão com a hierarquia e, por isso, não tem voz nem voto para além dela. Todo o impulso democratizante pós-conciliar foi, assim, neutralizado: exacerbou-se o centralismo, com o esvaziamento do Sínodo dos Bispos; dezenas de religiosos e teólogos foram suspensos, silenciados, censurados, por ousarem abordar questões proibidas: sacerdócio das mulheres, celibato, uso de contraceptivos, aborto, culto mariano, infalibilidade do Papa, novas fronteiras da biologia. Os jesuítas, entre quem soprava forte o vento da renovação, foram fustigados (substituição do Superior Geral, proibição da Congregação Geral de 1981). Pelo contrário, à *Opus Dei* — conhecida pelo seu conservadorismo teológico e disciplina rígida, e por defender a confessionalidade das instituições temporais — foi confiada a tecnologia institucional do restauracionismo, até ser convertida em prelatura pessoal do Papa, com o que passou a estar subtraída ao controle dos bispos locais. A contradição entre o tratamento interno e externo dos valores da modernidade passou despercebida do grande público pela maestria com que o Papa reduziu a abertura da Igreja à democratização da sua imagem midiática. E o mesmo se passou com a questão econômica. Devido à recusa de João Paulo II de qualquer abertura dogmática ou teológica, o diálogo inter-religioso ficou-se pelos espetáculos dos encontros ecumênicos. O mesmo se passou com a questão social, sendo que aqui a virulência conservadora de João Paulo II atingiu o paroxismo. Tratou-se de uma repressão brutal da teologia da libertação. Esta corrente teológica, assente na opção pelos pobres — "se Deus é Pai tem por missão tirar os seus filhos da miséria" — ganhava terreno na América Latina, continente onde vivem metade dos católicos do mundo, e traduziu-se num novo catolicismo popular que envolvia clérigos e leigos na luta social e política contra a injustiça social. É hoje sabido que João Paulo II se serviu de informações da CIA — sua aliada na luta contra o comunismo — para acusar bispos e padres de subversão marxista, suspendendo-os ou forçando-os a resignar. Agora que terminou o espetáculo, a Igreja confronta-se com as mesmas questões de 1979 e está em piores condições para lhes dar uma resposta positiva. A Igreja não se deixará iludir pela adesão dos jovens a João Paulo II. É certo que o adoravam, mas estariam provavelmente tão dispostos a seguir na prática os seus ensinamentos conservadores como os ensinamentos revolucionários de Che Guevara, colado ao peito das suas *t-shirts*. Muita da energia pós-conciliar para libertar a teologia perdeu-se. A verdade é que os grandes temas dos teólogos malditos — democracia interna, injustiça social, sexualidade, discriminação — têm de voltar a ser postos na mesa. Sem isso, é duvidoso que a Igreja Católica possa continuar a ter pretensões de ser o testemunho vivo de Cristo no mundo em movimento.

Visão, 21 de abril de 2005

Pedagogia constitucional[2]

Apesar de haver entre nós, por agora, um pacto de silêncio sobre a Constituição Europeia, os vivíssimos debates que esta suscita hoje em dia em França são demasiados ruidosos para não chegarem aos ouvidos dos portugueses e não suscitarem neles duas perplexidades. Por um lado, se o que está em causa é uma Constituição para todos os europeus, por que é que ela suscita tanta agitação em França e tanto desinteresse noutros países, entre os quais, aparentemente, o nosso? Será que somos todos europeus da mesma Europa e da mesma maneira? Por outro lado, que discussão política será esta que põe do mesmo lado políticos de orientações tão diversas como, por exemplo, entre nós, do lado do sim, Mário Soares e Ribeiro e Castro, e, do lado do não, Francisco Louçã e Pacheco Pereira? Quando o debate começar entre nós ele só contribuirá para o avanço da nossa democracia se estas perplexidades forem tomadas em conta pelos políticos e analistas. Dois meses antes do referendo em Espanha, 84% dos espanhóis sabiam pouco ou nada sobre a Constituição Europeia. É de suspeitar que os números não sejam muito diferentes entre nós. Este fato vai exigir uma pedagogia constitucional muito criteriosa, orientada para nos esclarecer sobre as seguintes questões:

1. Ao contrário do que sucedeu com a nossa Constituição e a dos restantes países da UE, a Constituição Europeia não resultou de uma Assembleia Constituinte eleita para o efeito, mas antes de uma Convenção — qualquer semelhança com a Convenção norte-americana de 1776 ou a francesa de 1792 é falaciosa — e do trabalho de cerca de cem personalidades. Por que foi adotado este método?

---

2. Três dias após a publicação desta crônica, quase 55% dos franceses opôs-se à ratificação da Constituição Europeia, passo seguido, pouco depois, pelos holandeses. O processo constitucional europeu seria interrompido por estes "nãos" que ditaram "uma pausa para reflexão" e a substituição da Constituição pelo Tratado Reformador, depois Tratado de Lisboa. Este resultado foi visto como manifestação do descontentamento com as políticas econômicas dos governos: foram os mais jovens, mais pobres e menos qualificados (os mais precários) que mais votaram "não" em França.

2. O Tratado da Constituição Europeia consta de 448 artigos, 2 anexos, 36 protocolos e 48 declarações. Quais as razões de um tamanho aparentemente tão exagerado? Pretende-se com ele esclarecer todas as questões, mesmo com o risco de tornar o documento inacessível aos cidadãos, ou, pelo contrário, ocultar laboriosamente o que se espera que ocorrerá na prática, mas que, se fosse tornado explícito, seria rejeitado pelos cidadãos?

3. Qual vai ser na prática a relação entre a Constituição Europeia e as Constituições nacionais? É possível a desobediência constitucional? A constitucionalização da UE envolve a desconstitucionalização dos Estados membros? Qual o significado da substituição do "direito ao trabalho", constante das Constituições nacionais, pela "liberdade de procurar emprego e trabalhar em qualquer Estado membro"? Pode o patrão despedir-me para subcontratar uma empresa de outro país comunitário que forneça o mesmo trabalho que eu faço por um salário inferior e menos direitos sociais?

4. Sendo certo que onde não há opções não há democracia, é curial transformar a opção entre o sim e o não numa opção entre a salvação e a catástrofe? É possível ser-se tão europeísta votando sim como votando não? É possível empolgar os europeus à volta da Constituição Europeia se o voto, qualquer que seja o seu sentido, for um voto pelo mal menor?

5. Qual é o sentido ético-político da Constituição Europeia? Desde que o unilateralismo e o belicismo norte-americanos começaram a avassalar o mundo, muitos europeus quiseram ver na UE uma alternativa credível, assente no respeito do direito internacional, na promoção da paz e na compatibilidade entre competitividade e proteção social. A Constituição Europeia consolida essa alternativa ou, pelo contrário, aproxima o modelo europeu do modelo norte-americano? Qual o sentido da referência na Constituição Europeia a intervenções militares preventivas fora do solo europeu?

6. A Constituição Europeia é para durar 10 ou 50 anos? Os europeus consideram que a UE é hoje a experiência política supranacional

mais importante do mundo, mas têm ideias diferentes sobre o modo como se deve aprofundar essa experiência. O debate sobre essas ideias começa ou acaba com a Constituição Europeia?

Portugal ganhou muito com a entrada na UE, mas teme agora ser relegado para uma periferia medíocre e sem futuro. É importante que os portugueses sejam europeístas por algo mais que a euroignorância.

Visão, 26 de maio de 2005

Luto e utopia em português

A utopia está de luto no espaço de língua oficial portuguesa. Enquanto imaginação ativa de uma sociedade melhor, a utopia implica a crítica radical da sociedade existente e a vontade veemente de a transformar no sentido imaginado. Como sem imaginação, crítica e vontade não há vida social, podemos dizer que a utopia nunca morre. O que morre são os projetos utópicos em que ela se concretiza. Quando tal acontece, a utopia fica de luto e só o alivia à medida que novos projetos utópicos vão emergindo no horizonte.

Nas últimas semanas têm vindo notícias de vários cantos do espaço de língua portuguesa, dando conta da morte dos projetos utópicos que marcaram a vida das nossas sociedades nos últimos trinta anos. A primeira notícia vem de Portugal com a morte de Álvaro Cunhal, líder histórico do Partido Comunista Português. É a notícia da morte do projeto utópico socialista marxista-leninista? Este projeto morreu (e bem) há trinta anos. Não foi ele certamente que foi a enterrar com Álvaro Cunhal, até porque não se pode celebrar simultaneamente um herói e o seu fracasso. A enterrar foi uma classe de políticos entregues incondicionalmente a uma causa que consideram justa, dispostos ao sacrifício pessoal em nome da solidariedade para com os mais fracos e com vista à construção de uma sociedade melhor. O vazio desta entrega é a dimensão do nosso luto. A segunda notícia vem de Moçambique. Um dos mais insignes jornalistas moçambicanos, Machado da Graça, compara com amargura os anos exaltantes do período revolucionário que se seguiu à independência — "pela frente estava todo um belo país a precisar do nosso trabalho e entusiasmo para andar para a frente"... "preparados para irmos onde Samora nos dissesse para irmos, sem pensar duas vezes" — com os tempos mais recentes: "Pelo ralo do esgoto [foram] desaparecendo os ideais e as chamadas conquistas populares. O que tinha sido nacionalizado, para servir o povo, foi sendo deixado arruinar para depois ser privatizado, a preço simbólico, para aqueles mesmos que levaram as coisas à ruína... Começamos a ver crescer, em paralelo, as barrigas dos dirigentes e as mansões luxuosas que foram surgindo como cogumelos." O luto de Machado da Graça é por um projeto de país, de um "país rebelde, senhor do seu nariz", sem ter de se vergar às imposições do capitalismo internacional. A terceira notícia vem do Brasil e conta-nos das suspeitas de corrupção que avassalam o governo de Lula, aparentemente envolvido no encobrimento de ilegalidades graves e na compra de votos para sobreviver politicamente. Esta notícia soma-se à do espantoso cinismo com que alguns governantes viram as costas às aspirações de justiça do povo sofrido que os elegeu. Ao contrário das duas mortes anteriores, esta não está ainda consumada, mas deixa já que se espalhe, quase por antecipação, uma sensação de luto inconsolável, como se as lutas abnegadas de várias gerações por uma democracia mais honrada fossem, tal como em Moçambique, desaparecendo inexoravelmente "pelo ralo do esgoto".

O espaço de língua portuguesa pode orgulhar-se, como nenhum outro espaço transnacional, dos exaltantes projetos utópicos dos últimos trinta anos. Vivemos hoje melhor porque eles fracassaram ou apesar de eles terem fracassado? O certo é que o problema da injustiça social que tais projetos pretendiam resolver continua conosco e o dilema do presente é que este problema é hoje tão real quanto irreais nos parecem as soluções então propostas. Quando começarmos a pensar em novas soluções, a utopia começará a aliviar o luto. Temos a poesia de Eugénio de Andrade para lembrar que assim será: "*Talvez a palavra atinja o seu cume/talvez um segredo/chegue ainda a tempo/e desperte o lume.*"

Visão, 23 de junho de 2005

Os zapatistas[3]

Saio da cidade do México num momento em que a classe política e os movimentos e organizações sociais refletem sobre a última declaração política do movimento zapatista, a Sexta Declaração da Selva Lacandona. É uma declaração importante para o México, a América Latina e, em geral, para os cidadãos que em todo o mundo lutam contra a exclusão social e aspiram a uma renovação da vida política democrática. Trata-se de um texto escrito num estilo desconcertantemente simples, dirigido à "gente simples e humilde" e em termos que esta entenda, pleno de ironia e carregado de imagens que apelam à experiência vivida das classes populares. E este é um primeiro aspecto a salientar, já que uma das manifestações da crise da política do nosso tempo reside na opacidade dúplice do discurso político dominante, um discurso que nega o que faz (submeter-se aos imperativos do capitalismo global) para fazer o que nega (deixar de estar ao serviço do bem-estar dos cidadãos).

A Sexta Declaração da Selva Lacandona está dividida em cinco partes: o que somos; onde estamos; como vemos o mundo; como vemos o nosso país, o México; o que vamos fazer. Destaco nela três aspectos principais. O primeiro consiste na opção, mais inequívoca do que nunca, pela ação política pacífica: "O que vamos fazer no México e no mundo, vamos fazê-lo sem armas, com um movimento civil e pacífico." Está aberta, pois, a possibilidade de o movimento zapatista vir a integrar o Fórum Social Mundial (FSM) (cuja carta de princípios exclui a luta armada), o que, em meu entender, seria bom para ambos. É certo que, no seguimento dos

---

3. O Exército Zapatista de Libertação Nacional (EZLN) surgiu a 1 de janeiro de 1994 nas montanhas do sudoeste mexicano. A sua composição é principalmente indígena, sobretudo das populações indígenas tzeltal, tzotzil e tojolabal do Estado de Chiapas, localizado na fronteira sul do país. É uma organização político-militar que declarou guerra ao Estado mexicano representado por um regime de partido-Estado que esteve mais de 70 anos (de 1929 até 2000) no poder. Esta declaração de guerra apoiou-se no artigo 39 da Constituição Nacional, onde se reconhece que "o povo tem, em todos os momentos, o direito de alterar ou modificar sua forma de governo". Na Primeira Declaração da Selva Lacandona (1994), o EZLN convocou o povo do México a apoiar suas demandas por trabalho, terra, moradia, alimentação, saúde, educação, independência, liberdade, democracia, justiça e paz.

encontros "intergalácticos" promovidos pelos zapatistas na década de 1990, são propostos agora novos "encontros intercontinentais" e são mesmo avançadas datas prováveis, mas nada disto parece colidir com a entrada em força no FSM. O segundo aspecto é que a intervenção zapatista não é feita contra a política, mas antes contra "esta política que não serve, e não serve porque não toma em conta o povo, não o escuta, não faz caso dele, só se aproxima dele quando há eleições e já nem sequer quer votos, pois bastam as sondagens para dizer quem ganha". Contra uma democracia representativa de baixa intensidade, propõe-se uma democracia de alta intensidade, que combine a democracia representativa com a participativa, pressionando os partidos a partir "de baixo", ou seja, através de uma forte mobilização social e política, uma campanha nacional para a construção de outra forma de fazer política, de um programa de luta nacional e de esquerda que esteja para além dos processos eleitorais. Esta mobilização deixa de se dirigir exclusivamente aos povos indígenas, a base social originária dos zapatistas, para incluir todos os explorados e excluídos: operários, camponeses, jovens, mulheres, deficientes, microempresários, reformados, homossexuais e lésbicas, crianças, emigrantes etc. Trata-se, pois, de organizar um vasto movimento social rebelde e pacífico. O terceiro aspecto a salientar é que a luta social e ação política de base têm de ser não apenas intersetoriais, mas também transnacionais. A globalização neoliberal, ao globalizar os processos de exclusão social, cria também as condições para organizar globalmente a solidariedade, solidariedade, antes de tudo, com os povos latino-americanos, mas também com todos os outros povos do mundo. Eis, em pleno estilo zapatista, como se dirigem aos povos europeus: "... e queremos dizer aos irmãos e irmãs da Europa Social, ou seja, a que é digna e rebelde, que não estão sós. Que nos alegram muito os seus grandes movimentos contra as guerras neoliberais. Que seguimos com atenção as suas formas de organização e de luta para aprender com elas. Que estamos a ver os modos como apoiá-los nas suas lutas e que não vamos mandar euros pois logo se desvalorizarão dada a desordem na UE. Mas talvez lhes vamos mandar artesanato e café para que o comercializem e tirem disso algum proveito para as suas lutas."

Visão, 7 de julho de 2005

Terrorismo: dois discursos[4]

Como é próprio dos fenômenos importantes nas sociedades democráticas, há dois discursos sobre o terrorismo: o conservador e o progressista. Específico do terrorismo é apenas o fato de o discurso conservador ser completamente dominante. Eis os traços principais deste discurso: "terroristas" são terroristas, ou seja, as definições oficiais de terrorismo são as definições "naturais", óbvias; o terrorismo nunca teve êxito; os terroristas são nossos inimigos e como tal devem ser tratados: a sua violência deve ser enfrentada com a nossa violência; tentar compreender o terrorismo para além deste quadro é ser cúmplice com ele. O medo e a indignação causados por atos de violência contra a vida de pessoas não diretamente envolvidas em qualquer conflito armado e a unanimidade dos critérios de reportagem e de análise nos grandes meios de comunicação social fazem com que passem despercebidas as muitas fragilidades do discurso conservador. Primeiro, há um debate jurídico-político sério sobre o que é o terrorismo. Por exemplo, o terrorismo restringe-se à violência contra a vida ou inclui também a violência contra a propriedade?

No segundo caso, muitos movimentos sociais, do *Greenpeace* ao Movimento dos Sem Terra, poderão ser considerados terroristas. O terrorismo restringe-se ao uso da força ou estende-se também à ameaça do uso da força? No segundo caso, a publicação de um documento pode ser um ato terrorista. O terrorismo é uma prática exclusiva de grupos políticos ou também pode ser praticado pelo Estado? Neste último caso, são terroristas muitos dos atos violentos do Estado de Israel contra palestinos, tal como o foram o genocídio da população maia da Guatemala nos anos

---

4. Uma das principais consequências dos atentados do 11 de Setembro de 2001 em Nova Iorque na ordem político-jurídica internacional foi a expansão do conceito de "terrorismo", a aplicação de uma nova estratégia de segurança nacional (a guerra preventiva) e a declaração da "guerra contra o terrorismo global". Além disso, os atentados de 11 de março de 2004 em Madrid e de Londres em 7 de julho de 2005 provocaram mudanças nas políticas públicas de segurança. Muitos governos empreenderam reformas penais que fortaleceram o Estado como instituição repressiva com capacidade para reprimir supostos atos de terrorismo e legitimaram a criminalização da pobreza e do protesto social pacífico.

1980, para já não falar da recente destruição da cidade de Falluja, no Iraque, pelas tropas norte-americanas. Segundo, quem, em que tempo histórico e com que critérios afere o êxito ou o fracasso do terrorismo? Como compreender que os líderes terroristas dos movimentos de libertação nacional tenham sido recebidos com estrondosos aplausos na ONU ou que o terrorista Nelson Mandela tenha sido galardoado com o Prêmio Nobel da Paz? Estas e outras questões abrem espaço para o discurso progressista sobre o terrorismo, o qual, em meu entender, não deve limitar-se a criticar o discurso conservador. Deve apresentar alternativas analíticas e políticas. 1. A violência política contra cidadãos é um ato político extremo que na grande maioria dos casos responde a atos políticos extremos do "inimigo". Desde há muito, mas sobretudo desde o fim da Segunda Guerra Mundial, a humilhação do mundo islâmico tem sido extrema, culminando agora com a invasão do Afeganistão e do Iraque. Enquanto não isolarmos os "nossos" extremistas, não podemos isolar os "deles". 2. O isolamento dos extremistas só é possível através do aprofundamento democrático e do multiculturalismo progressista, tanto em nível nacional, como em nível internacional. Extremistas haverá sempre; importante é isolá-los, quer de um lado quer do outro, exigindo que se dê às políticas de cooperação e de interculturalidade genuínas a oportunidade de mostrarem a sua eficácia. 3. Nenhuma oportunidade deve ser desperdiçada para quebrar a reciprocidade perversa dos extremismos. Neste contexto, pergunto-me se o governo português não estará a desperdiçar uma dessas oportunidades ao decidir enviar agora 150 militares para o Afeganistão. Terão os portugueses algum modo de saber se estão com isso a ser expostos a algum risco? Não deveriam ter o direito de se pronunciar sobre ele? Muito provavelmente a grande maioria dos que morreram no metrô de Londres andaram nas ruas a protestar contra a política de Blair no Iraque.

Visão, 21 de julho de 2005

Pós-lulismo progressista[5]

A perplexidade causada pela crise política brasileira reside no fato de Lula ora parecer apenas a ponta do *iceberg*, ora parecer o *iceberg* todo. No primeiro caso, Lula é a consequência de um sistema político e econômico que pode levar o país ao caos se entretanto não forem tomadas medidas corretivas corajosas. No segundo caso, Lula é a causa de uma perturbação política grave: o cargo de presidente da República, ao ser assumido por alguém com deficiente preparação técnica e política, transforma rapidamente os demasiados poderes que acumula em demasiadas impotências.

Por agora é difícil identificar o perfil da crise. Uma coisa é certa: o Brasil entra penosamente num novo período político, um período que podemos designar por pós-lulismo. É ainda cedo para definir o legado histórico do lulismo, enquanto forma de governo. Para já, ele parece ter constituído o máximo disfarce histórico do neoliberalismo nos últimos vinte anos, ou seja, a mais elaborada conversão política do mais lídimo representante dos oprimidos (pela sua trajetória e pelo seu peso eleitoral) no mais servil e pateticamente zeloso representante dos opressores.

O pós-lulismo pode ocorrer por várias vias, por *impeachment*, pela desistência de Lula a um novo mandato, pela candidatura seguida de derrota. A via certamente menos onerosa, mas também a mais improvável, seria a de um pós-lulismo conduzido pelo próprio Lula: demissão imediata da equipe econômica; redução do *superavit* e aumento do salário mínimo; reforma do sistema político de modo a torná-lo mais transparente e democrático. O problema central da esquerda brasileira é de saber se o pós-lulismo será também o pós-petismo. A descaracterização do petismo por parte do Governo Lula foi tão massiva e tão caricatural — montar

---

5. Em maio de 2005 rebentou no Brasil o escândalo do mensalão, esquema de suborno entre parlamentares envolvendo o alto escalão do governo Lula. O presidente Lula defendeu-se dizendo que de nada sabia, conseguiu retomar o apoio social, segurar o partido e a sua base aliada, sendo reeleito com facilidade em 2006 e terminando a sua gestão como o presidente com maior aceitação da história política brasileira.

um esquema de corrupção para fazer aprovar políticas de direita — que, paradoxalmente, o PT — o Partido dos Trabalhadores — tem todas as condições para sair reforçado no pós-lulismo. Basta para tal que tenha a coragem de assumir em pleno o ideário político e ético que lhe permitiu captar a esperança de tantos milhões de brasileiros. Pessoalmente, penso que as circunstâncias são favoráveis a que tal ocorra.

Todas as crises políticas são processos de emergência e, por isso, não podem ser vistos apenas pelo seu lado negativo. Duas emergências positivas devem ser salientadas. A primeira é que as próximas eleições brasileiras serão talvez as mais livres e transparentes da história recente da democracia representativa, não só no Brasil como no mundo. O PT tem tudo a ganhar com este fato, sobretudo porque a sua base social e política parece estar disponível para uma nova tentativa, desde que assente num pacto político e não mais num cheque em branco. Nas condições brasileiras, o tipo de esperança frustrada pela primeira tentativa não é facilmente transferível para a direita oligárquica. A segunda emergência positiva é a estatura política de Tarso Genro, um dos políticos de esquerda mais bem preparados do mundo. O seu nome internacional emergiu com a experiência do orçamento participativo em Porto Alegre, considerada pela ONU como uma das grandes inovações urbanas do final do século XX. Com a entrada no Governo Lula, Tarso Genro ganhou a dimensão nacional que há muito lhe era devida. Foi o melhor ministro — a reforma universitária por ele proposta é das mais consistentes e progressistas que conheço —, o ministro que com mais êxito brandiu o petismo contra o lulismo. Um partido que gerou políticos de estatura de Tarso Genro merece olhar o futuro com confiança. Mas tal só ocorrerá se o PT souber controlar a pulsão fracionista de molde a fazer dela gérmen da diversidade na união e não fator de fragmentação em lutas fratricidas pelo poder.

Visão, 15 de agosto de 2005

E se a justiça fosse parte da solução?

Tanto à esquerda como à direita domina hoje o pensamento negativo sobre a sociedade portuguesa. O pensamento negativo caracteriza-se por definir de tal maneira as crises que atravessamos que não há saída para elas ou, o que é o mesmo, as saídas possíveis que só um país muito diferente do nosso poderia lograr. Por qualquer destas vias a negatividade transforma-se em autoflagelação. Nenhuma sociedade sobrevive e muito menos floresce em tal registro psicocultural. Portugal necessita urgentemente de um pensamento cordial a seu respeito, de um pensamento crítico sem complacências mas construtivo à medida das possibilidades do país. Em nenhum setor este pensamento é hoje tão urgente como no setor da justiça. Comecemos pelo espectro da autoflagelação. Apesar de este ter sido o setor da administração pública mais acarinhado pelo Estado nos últimos trinta anos é, neste momento, um foco da agitação social; os portugueses não conseguem ver nas alterações ao regime de férias judiciais, subsistema de cuidados de saúde e regalias remuneratórias um justificado risco da perda de qualidade dos serviços de justiça porque são já, entre os europeus, os que dispõem de piores serviços. Entretanto, aumenta a perplexidade em face da escandalosa "impunidade" (ainda que formalmente explicável) de alguns poderosos ou figuras públicas, como, por exemplo, de forma paradigmática, no caso "Fátima Felgueiras". Este tem sido um dos calcanhares de aquiles da nossa justiça. Se a corrupção tem vindo a converter-se no problema central da qualidade da nossa democracia, pode dizer-se que a nossa justiça tem sido mais parte do problema do que da solução. A ideia de que o sistema judicial, globalmente considerado, trata de forma privilegiada as pessoas com poder e com dinheiro é fortemente corrosiva para sua imagem social. Inquietantemente, o problema já não reside apenas em a justiça não ser eficaz na luta contra a corrupção; reside no perigo de os cidadãos começarem a temer que a corrupção possa vir a entrar no próprio sistema judicial. E para além do que capta a atenção midiática, começa a ser notória a debilidade do sistema judicial na repressão de gravíssimas violações dos direitos humanos dos grupos sociais mais vulneráveis (mulheres, crianças, imigrantes, minorias étnicas etc.).

Apesar da sua gravidade, o atual momento de crise deve ser vivido como um momento positivo, como alavanca para a elaboração de um contrato social da justiça que garanta a concretização de uma agenda estratégica de reforma. Eis as linhas básicas desse contrato.

1. Uma nova política pública de justiça assente num sistema integrado de resolução de litígios, ampliando os mecanismos extrajudiciais, recentrando o papel dos tribunais na promoção da cidadania e no combate à grande criminalidade com alto potencial técnico e social. No futuro, os tribunais não devem ter um papel tão central, como têm hoje, na resolução dos litígios de massa, como são as ações de dívidas, os crimes de condução em estado de embriaguez ou sem habilitação legal. 2. Uma nova cultura judiciária que permita colocar a justiça ao serviço do aprofundamento da democracia, impedindo-a de transformar os casos em que os direitos das pessoas ou da sociedade estão gravemente ameaçados numa sucessão cegamente formalista de requerimentos, despachos, informações, junções, aberturas de conclusões, relatórios. Isto passa por um novo modelo de recrutamento e de formação de todos os operadores judiciais. 3. Um novo modelo de avaliação do desempenho, de colocação e progressão na carreira e de prestação de contas do sistema judicial. A construção de indicadores e de padrões de qualidade que permitam a avaliação externa do sistema judiciário é uma questão em debate em muitos países europeus, à qual o sistema judicial português não deve fugir. 4. Um novo paradigma de processo orientado pelos princípios da oralidade, consenso, simplificação dos procedimentos, uso dos meios eletrônicos e, ainda, no processo penal, pelos princípios da legalidade/oportunidade mitigada, da justiça restaurativa, do encurtamento dos prazos da prisão preventiva. 5. Reorganização do mapa judiciário que consagre a agregação/extinção de pequenas comarcas, a especialização dos tribunais judiciais, a criação do círculo judicial como matriz organizacional e centro de serviços jurídicos e de gestão de recursos humanos e financeiros do sistema. 6. Reforma do acesso ao direito e à justiça. Um novo figurino institucional de informação, consulta e patrocínio judiciário em que os advogados sejam recrutados por concursos públicos temporários e estejam vinculados, com alguma continuidade, às funções do regime de apoio judiciário. 7. Experimentalismo. As reformas devem ser introduzidas a título experimental e, uma vez avaliadas, tornadas definitivas.

Contra as carpideiras da autoflagelação, garanto que tudo isto está ao nosso alcance.

Visão, 13 de outubro de 2005

O julgamento de Saddam[6]

O fim da Guerra Fria fez prever a emergência de uma nova era de direito internacional. A coexistência pacífica assentava até então na política dos dois pesos, duas medidas, o que inviabilizava a ideia de uma ordem jurídica universalmente legítima. Acreditava-se, pois, que, a partir de 1989, esta ideia tinha finalmente condições para florescer, tornando possível uma defesa mais ampla e agressiva dos direitos humanos, criando uma jurisdição internacional capaz de punir eficazmente os abusos de poder e os crimes contra a humanidade cometidos por ditadores.

Foi nesse novo espírito que foram criados os Tribunais Internacionais para julgar os genocídios da Bósnia e do Ruanda, o Tribunal misto, internacional e nacional, da Serra Leoa, para julgar os crimes cometidos durante a guerra civil de 1996, e de Timor-Leste, para julgar os crimes da ocupação indonésia. Mas o ponto alto deste período foi a criação em 1998 (e entrada em vigor em 2003) do Tribunal Penal Internacional (TPI), com jurisdição universal, sobre crimes de guerra e genocídio. A sua filosofia básica foi a de demonstrar a superioridade ética, política e jurídica da democracia sobre a ditadura ao garantir simultaneamente a punição dos crimes e o direito a um julgamento independente e justo. Tudo leva a crer que as esperanças depositadas na justiça internacional na última década vão sofrer um rude golpe no julgamento de Saddam Hussein. Por imposição da potência ocupante, o tribunal que vai julgar Saddam é um tribunal iraquiano (criado em 2003), composto por magistrados iraquianos, regido por uma lei iraquiana que permite, entre outras coisas, que a identificação dos juízes não seja conhecida, que as sessões sejam secretas, que as provas sejam menos exigentes que num processo normal e possam incluir confissões obtidas por "coerção física". Acrescente-se que

---

6. No dia 9 de dezembro de 2003, a Autoridade Provisória da Coligação votou a favor da criação do Tribunal Especial Iraquiano, composto por cinco juízes iraquianos, para julgar Saddam Hussein e os seus assessores por crimes de guerra, crimes contra a humanidade e genocídio. No dia 5 de novembro de 2006, Saddam foi condenado à morte por enforcamento. A data e o local da execução foram segredo até que a sentença foi executada no dia 30 de dezembro de 2006.

os acusados não puderam escolher livremente os seus advogados e que os escritórios destes têm sido objeto de frequentes buscas. Num país em que um dos feitos de Saddam foi o de destruir a independência dos tribunais e em que, em plena guerra tribal, são escolhidos magistrados curdos e xiitas para julgar acusados sunitas, não é possível esperar que o julgamento seja visto pelos iraquianos ou pela comunidade internacional como uma manifestação do primado do direito e da justiça. Será visto como uma farsa judicial, uma justiça dos vencedores no pior sentido do termo. Por que optaram os EUA por esta solução "nacional", capaz de desacreditar ainda mais a sua "missão" no Iraque? Primeiro, os EUA têm conduzido uma guerra diplomática agressiva contra o TPI, indo ao ponto de aplicar sanções econômicas aos países que ratifiquem o tribunal e não garantam imunidade aos soldados norte-americanos. Segundo, os EUA não quiseram correr o risco de se terem de confrontar com juízes internacionais independentes que, além do mais, estariam impedidos pelo direito internacional de aplicar a pena de morte. Ora nem a potência ocupante nem os seus juízes admitem qualquer outra pena. Aliás, como Saddam tem 68 anos e, segundo o direito iraquiano, ninguém com mais de 70 anos pode ser executado, há que avançar com rapidez. O governo iraquiano acaba de promulgar um decreto nos termos do qual a pena de morte terá de ser executada no prazo de trinta dias após a última decisão de recurso. Finalmente, os EUA quiseram ter a mão livre para poder usar o julgamento para os fins mais convenientes. Por exemplo, ir mostrando aos norte-americanos um feroz inimigo vencido, na impossibilidade de mostrarem o Grande Inimigo Bin Laden. O tribunal iraquiano é o primeiro tribunal da era do unilateralismo da Superpotência. Não será o último.

Visão, 27 de outubro de 2005

Integração pluralista[7]

No dia 1 de dezembro de 1955, na cidade de Montgomery, no Alabama, Rosa Parks, uma mulher negra, de 42 anos, tomou o ônibus de regresso a casa. Quando interpelada por um branco para lhe ceder o lugar, ela recusou-se e foi presa por isso. Nessa altura, estavam em vigor no Sul dos Estados Unidos as leis da segregação racial. Nos ônibus, os negros — dois terços dos utentes dos transportes públicos — tinham de comprar o bilhete ao condutor, voltar a sair do ônibus e entrar pela porta de trás, depois de os brancos estarem instalados. As organizações que lutavam pelo fim da segregação decidiram usar o caso de Rosa Parks para pôr em causa a constitucionalidade das leis segregacionistas. Assim, explodiu, em nível nacional, o movimento negro pelos direitos cívicos e políticos. Rosa Parks foi enterrada na semana passada com honras de heroína nacional.

Na aparência, o contraste entre este caso e a agitação social na França não podia ser maior: de um lado, o êxito das políticas de integração social, do outro lado, o fracasso. São difíceis as comparações por estarmos perante processos sociais muito diferentes. Mas se o caso norte-americano tem hoje algum interesse para os europeus, este reside menos no seu êxito do que no seu relativo fracasso. Apesar dos esforços notáveis dos últimos cinquenta anos, a discriminação racial continua hoje a ser uma realidade penosa na sociedade norte-americana: a população afro-americana continua a preencher os estratos sociais mais baixos, as suas escolas são, em geral, de qualidade inferior às das populações brancas, os afro-americanos têm uma esperança de vida em média inferior à da população branca e constituem uma vítima privilegiada do sistema penal (25% dos afro-americanos entre 15 e 35 anos passaram algum tempo na prisão). Estes fatos podem ajudar-nos a ter uma ideia da magnitude dos

---

7. A 27 de outubro de 2005 um grupo de jovens jogava futebol no subúrbio de Paris, em Clichy-sous-Bois, quando a polícia chegou para inspecionar as suas identidades. Alguns fugiram porque não traziam identificação. Três esconderam-se num posto de transformação da Électricité de France (EDF) e morreram electrocutados. Este acontecimento foi o rastilho para que centenas de carros e caixotes de lixo fossem incendiados nas semanas seguintes e centenas de pessoas presas todas as noites em cerca de vinte localidades da periferia de Paris.

problemas para que as sociedades europeias se devem preparar. Em geral, eles decorrem da intensificação recíproca de dois fatores de hierarquização social: a classe social e a raça ou a etnia. As sociedades capitalistas assentam na desigualdade social, mas esta tende a ser menor quando são levadas a sério as políticas de igualdade de oportunidades, assentes nos sistemas nacionais de educação, saúde e segurança social. Historicamente, estas políticas foram mais levadas a sério na Europa que nos EUA (os jovens dos subúrbios de Paris têm acesso a um sistema nacional de saúde que está vedado a 40 milhões de cidadãos norte-americanos). Mas as políticas estão hoje a ser postas em causa com a chamada crise do Estado-Providência. Há dinheiro para combater o terrorismo, mas não para reparar os apartamentos de habitação social onde, pelo seu estado de degradação, são frequentes os acidentes, como os que, nos últimos meses, provocaram a morte a 60 pessoas nos mesmos bairros onde agora ocorrem os tumultos. A alternativa que tem vindo a ser imposta é a de conferir ao mercado uma presença muito maior nas tarefas de regulação social que antes cabiam ao Estado. Com isto, as políticas de igualdade de oportunidades dão lugar, no melhor dos casos, às políticas de emprego e de empregabilidade. Ora, para o mercado, é legítimo transformar um preconceito étnico-racial num critério de eficiência econômica. Não é necessariamente por ser racista que o empregador tende a recusar um candidato qualificado mas com um nome suspeito ou a viver num bairro suspeito. É, em parte, por isso que o desemprego nos subúrbios de Paris é superior ao dobro da média nacional.

Quando as desigualdades econômicas se cruzam com as discriminações étnico-raciais, os conflitos sociais tornam-se potencialmente muito perigosos. Como se está a ver em França, não podem ser resolvidos pela repressão nem sequer por meras políticas de emprego. É preciso atuar preventivamente e enfrentar na raiz os preconceitos étnicos, raciais e religiosos. Não nos deve dar que pensar que a população de origem africana, em Portugal, não chegando aos 2% da população, seja quase 10% da população prisional? Dada a diversidade de etnias e crenças em causa, faz sentido confiar o Alto Comissariado para a Imigração e Minorias Étnicas a um padre católico, como aconteceu até há pouco, e agora a alguém indicado pelo mesmo *lobby*, a Igreja Católica? As políticas que proponho visam a uma integração pluralista (oposta quer à assimilação quer aos guetos multiculturais): políticas ativas de emprego articuladas com ação afirmativa; educação intercultural; promoção da diversidade identitária e cultural no espaço público (e não apenas no espaço privado) como veículo de intermediação com o sistema político nacional e local; política de nacionalidade — são portugueses os filhos dos imigrantes nascidos em Portugal — que fortaleça, pela diversidade, a identidade portuguesa ou a identidade europeia. Quando é que a cachupa e a feijoada serão também pratos portugueses?

Visão, 10 de novembro de 2005

O meu balanço

O meu balanço não é do que passou mas antes do que vai passar, a partir dos sinais que nos foram sendo deixados em 2005. Não pretendo fazer previsões, antes inquirir em que medida o futuro veio até o presente. Quais as imprevisibilidades mais importantes que nos deixa?

A China. Até 1830, a balança comercial da China com a Europa era favorável à China. Os últimos cento e cinquenta anos foram anos de humilhação e de construção de um sistema alternativo ao Ocidental. Desde a década de 1980, assistimos à emergência de um fenômeno novo: a combinação entre o comunismo mais autoritário com o capitalismo mais selvagem, o que poderíamos chamar estalinismo de mercado. Em 2005, este modelo revelou toda a sua pujança: as viagens espaciais; crescimento econômico três vezes o dos EUA; investimento maciço em África. O que é aqui imprevisível? Ao contrário dos seus congêneres ocidentais, os manuais de estratégia militar chinesa estabelecem que a vitória não consiste em vencer o inimigo na batalha. Consiste em miná-lo por dentro, absorvê-lo de modo a que a batalha nunca tenha lugar. Irão os manuais ser seguidos? Se os chineses retirassem hoje os seus aforros da economia norte-americana, esta sofreria um profundo abalo.

Células estaminais. É uma outra guerra entre o Ocidente e o Oriente, uma guerra científica, com pouca ciência e muita política. A Coreia do Sul tem, como projeto nacional, tornar-se a maior potência mundial na clonagem de células estaminais humanas para fins terapêuticos. Para fortalecer a sua posição, procurou alianças com cientistas ocidentais, talvez desconhecendo que o Ocidente não cede barato a sua primazia. O escândalo acaba de estalar, no plano ético (uso de ovócitos de investigadoras do laboratório) e no plano científico (houve fraude na prova de produção de células estaminais humanas personalizadas?). Envolve cientistas, mídia, empresas de biotecnologia e os serviços secretos. Esta é uma área em que a linha abissal que divide a lógica da ciência da lógica do mercado é demasiado tênue para não temermos que o nosso corpo se transforme na próxima (pós--humana?) linha de montagem.

Exclusão e colonialismo. Nada de novo nesta frente: continuou a agravar-se a desigualdade social. Pelo menos, 8 milhões e 300 mil indivíduos ficaram felizes com esta notícia. É o número de indivíduos que têm investimentos superiores a um milhão de dólares, os chamados indivíduos EVL (de elevado valor líquido). Segundo o *Financial Times*, o seu número aumentou em 60% nos últimos sete anos. Relativamente nova foi a combinação entre exclusão social, colonialismo e racismo. Os protestos sociais em França mostraram até que ponto o passado colonial da Europa continua a persegui-la. Já tinham ocorrido em Inglaterra e é possível que surjam noutros países, inclusive naqueles que foram colónias e se tornaram independentes através do massacre de populações nativas e da subalternização de alguns grupos de imigrantes. É o caso da Austrália, que termina o ano nas notícias com a violência racista antiárabe nos subúrbios de Sidney. Como vai o Norte continuar a defender-se do Sul, cuja destituição provoca? Engenho repressivo não lhe falta. O Departamento de Segurança Nacional dos EUA acaba de ser autorizado a construir 1.100 quilômetros de vedações ao longo da costa Sul para impedir a entrada de "latinos".

Comércio livre. 2005 foi o ano de todas as frustrações para os países ricos. Não foi possível evitar o fracasso da reunião ministerial da Organização Mundial do Comércio que se acaba de realizar em Hong Kong. Depois de Cancún e Hong Kong, a Organização Mundial do Comércio tornou-se um cadáver adiado. O fato novo é que os países do Sul conseguiram o mínimo de união (para o que contribuiu muito o papel do Brasil, Índia e África do Sul) para poder fazer ouvir o óbvio: o comércio livre tem sido a fraude com que os países ricos têm imposto aos países pobres os termos de comércio mais desiguais desde o colonialismo. Estes fatos, combinados com o novo protagonismo da China e da Venezuela, fazem-nos especular sobre se não estaremos perante a emergência de um novo movimento dos não alinhados.

Terrorismo, democracia e libertação. É multissecular a tradição do Ocidente de violar os direitos humanos sob o pretexto de os defender. Estará a história a mudar? Se a guerra é o terrorismo dos fortes, será que o terrorismo é a guerra dos fracos? Poderá eliminar-se o terrorismo sem eliminar o terrorismo de Estado? 2005 mostrou que a democracia tem duas histórias. Uma é da sua subordinação aos interesses do capitalismo: impõe-se no Iraque, tolera-se a sua violação no Uzbequistão e liquida-se (se possível) na Venezuela. A outra história é a da luta democrática dos povos pela justiça social. As eleições na Bolívia testemunham essa luta. Qual das histórias vai prevalecer em 2006?

Em 2005 o futuro veio ao presente, mas, como é seu timbre, não veio para ficar. Em vez de previsões certas, temos imprevisibilidades decisivas.

Visão, 22 de dezembro de 2005

2006

O otimismo trágico

Nos últimos anos instalou-se na sociedade portuguesa culta uma atitude de pessimismo que, por tão reiterada e tão pouco contestada, corre o risco de se transformar no novo senso comum dos portugueses. Quem melhor deu expressão a esta atitude foi José Gil, no seu livro *Portugal, hoje: o medo de existir*. O seu êxito editorial pode ser indicativo de que um senso comum assente nela está, de fato, em gestação. Cabe referir que os momentos epocais de pessimismo são recorrentes na nossa história, e as passagens de século são particularmente atreitas a eles. Basta referir o que foi tão eloquentemente cultivada pela geração dos "Vencidos da Vida" no final do século XIX e que teve o seu período agudo entre o *Ultimatum* inglês de 1890 e a implantação da República, em 1910. E hoje, como ontem, tendem a dominar as análises essencialistas, de recorte psicologizante, que transformam os portugueses numa categoria homogênea à qual atribuem características de tal modo negativas que não parecem ter remédio. Daí o pessimismo.

Numa sociedade em que as elites culturais são pequenas, estrangeiradas e, em geral, desconhecedoras ou distantes da realidade do país, não é fácil saber até que ponto o pessimismo das elites é o pessimismo dos portugueses. Hoje, devido ao papel da mídia, brilhantemente analisado por José Gil, é possível que os dois pessimismos se correspondam mais. E aí está o perigo. As interpretações essencialistas sobre a sociedade portuguesa, que a consideram fechada, tendem, elas próprias, a ser fechadas, não deixando brechas por onde se possa pensar o futuro de modo não suicida. Ora, ao contrário de um intelectual isolado (veja-se Antero de Quental), nenhum país pode ter por horizonte o suicídio. Daí que o primeiro passo resida em substituir a psicanálise pela história, pela sociologia, pela filosofia, entre outras, porque estas tanto podem dar pistas para a adaptação ao que existe como para a resistência coletiva ao que existe. E a verdade é que os momentos de pessimismo assentam em condições sociológicas concretas, umas mais permanentes que outras. No final do século XIX, para além das sucessivas crises econômicas e políticas, o país confrontou-se com uma constatação dolorosa: depois de séculos a rever-se na posição de colonizador, o país, no momento crucial em que pretende ser o centro de um império efetivo, verifica que é afinal e ainda uma colónia informal da Inglaterra. Os meios de que o país dispõe estão aquém da sua ambição. Não dá sequer para mobilizar o patriotismo para a resistência, já que a Inglaterra não pretende atacar Lisboa. Pretende apenas tomar Lourenço Marques.

No final do século XX, às causas próximas da estagnação econômica desde 2000 junta-se outra constatação dolorosa: no momento crucial de se assumir como plenamente europeu, o país verifica que o nosso desenvolvimento é intermédio — no qual se misturam características do Primeiro Mundo e do Terceiro Mundo — e que a plena convergência, a dar-se, será um processo histórico difícil e longo. No sistema mundial moderno não é fácil aceder ao clube dos países desenvolvidos. Nos anos 1960 acedeu a Itália e quarenta anos depois, a Espanha (em parte à nossa custa). As transformações aceleradas por que passou a sociedade portuguesa nos últimos trinta anos, quase todas positivas, criaram expectativas que não se podem realizar numa geração. Por isso, talvez muitas das características atribuídas aos portugueses se possam encontrar, sob outras formas, nos polacos, brasileiros, mexicanos ou sul-africanos. Esta verificação ajudará, em 2006, a passar do pessimismo ao otimismo trágico, à consciência das dificuldades combinada com a recusa da ideia de que não há saída.

Visão, 3 de janeiro de 2006

O mundo solidário

O Fórum Social Mundial (FSM) de 2006 é policêntrico; realiza-se em três continentes. Acabam de ter lugar os eventos africano (Bamako, Mali) e americano (Caracas, Venezuela) e, no próximo mês de março, terá lugar o asiático (Karachi, Paquistão). O FSM de Bamako, do qual participaram cerca de 20.000 pessoas, revelou mais uma vez a capacidade da África para, apesar de todas as dificuldades, sediar realizações internacionais que permitem dar visibilidade às perspectivas africanas, não só sobre os problemas da África, como também sobre os problemas do mundo. Mereceram especial atenção os temas da segurança e da paz, dívida externa, modelos de desenvolvimento, acesso à terra e à água, luta das mulheres contra as muitas formas de discriminação (violência doméstica, destruição dos mercados locais, HIV/Aids). O Fórum de Bamako tornou claro que os problemas que afligem a África não são apenas o produto das relações injustas entre o Norte e o Sul; devem-se também a governos nacionais corruptos e autoritários. À luz da experiência de Bamako, é de prever que o FSM de 2007 (um só evento), a realizar-se em Nairóbi (Quénia), será um êxito e que, tal como o de Mumbai (Índia), em 2004, contribuirá para ampliar ainda mais a globalização solidária dos povos do mundo contra o neoliberalismo, a guerra imperial e a degradação ambiental.

No FSM de Caracas participaram cerca de 100.000 pessoas, sendo particularmente significativas as delegações da Colômbia, do Brasil e dos EUA. A grande participação de Organizações Não Governamentais e movimentos sociais norte-americanos foi uma das novidades mais vincadas deste Fórum. A presença destacada da ativista contra a guerra no Iraque Cinthia Sheehan — que montou a sua tenda de protesto em frente ao rancho de G. W. Bush no Texas — simbolizou a integração das forças progressistas norte-americanas — até agora relativamente isoladas — na luta continental e mundial por uma sociedade mais justa e pacífica. Pelas mesmas razões, deve destacar-se a Plataforma Sindical das Américas elaborada pela Organização Interamericana de Trabalhadores.

O FSM reflete sempre o contexto político da região onde tem lugar. Foi assim em Bamako e também em Caracas. Neste último caso, esse contexto refletiu-se em dois níveis. Primeiro, na saliência da luta contra o imperialismo econômico e militar dos EUA. Nunca como hoje os EUA tiveram tantas dificuldades de relacionamento com tantos países importantes do continente. O projeto de livre comércio continental (ALCA), promovido pelos EUA, ficou enterrado (talvez definitivamente) no Mar da Prata, onde teve lugar a última cimeira interamericana (novembro de 2005). Enquanto os EUA recorrem a tratados de livre comércio bilaterais com os países mais pobres do continente (as "alquitas", como lhe chama Hugo Chávez), Venezuela, Argentina, Brasil, Uruguai e Cuba vão desenvolvendo um projeto alternativo de integração regional. Não restam dúvidas de que a América Latina é hoje o elo fraco do imperialismo norte-americano.

Em segundo lugar, o contexto regional levou a múltiplos debates sobre a "onda" de governos democráticos de esquerda que perpassa o continente, cujas manifestações mais recentes são a eleição de Evo Morales na Bolívia e a de Michelle Bachelet no Chile e a que se podem juntar, em futuro próximo, a reeleição de Lula no Brasil e a eleição de López Obrador no México. Esta "onda" suscita um conjunto novo de questões sobre as estratégias dos movimentos sociais e, em especial, sobre as articulações destes com os governos e os partidos progressistas. Bamako e Caracas foram nas últimas semanas os rostos da sociedade civil global em luta pela paz e a justiça social.

Visão, 2 de fevereiro de 2006

As nossas caricaturas[1]

Verdadeiramente só são caricaturas as que fazemos de nós próprios, ou seja, no seio de uma dada sociedade que se imagina como de pertença comum. É de sua natureza não serem tomadas literalmente e, portanto, não ofenderem ou não ofenderem a ponto de quebrar o que temos em comum. As caricaturas que fazemos dos "outros", como não partem da pertença comum, correm sempre o risco de ser tomadas literalmente e ofenderem quem é caricaturado. Quanto maior for a distância entre "nós" e "eles" criada pelos traços da caricatura — por exemplo, os traços de um deus que eles veneram piamente e nós consideramos um fanático terrorista —, maior é o risco que tal aconteça. E, quando tal acontece, não se pode esperar que a ofensa seja expressa segundo as nossas regras. Para que tal acontecesse, seria preciso que estivéssemos "entre nós", uma condição que as caricaturas começaram por eliminar. Corre-se, aliás, outro risco: o de a reação nos caricaturar a nós próprios e nos ofender literalmente (até porque atingidos em pessoas e bens).

A contestação gerada pelas caricaturas dinamarquesas veio repor no centro do debate a questão de saber quem somos "nós" e quem são "os outros". Quando há cem anos proliferavam as caricaturas antissemitas, a reação dos progressistas, de que hoje nos honramos, era de que os traços das caricaturas sublinhavam que os judeus eram "outros", quando afinal eles eram parte de "nós". Tragicamente, não foi esta a posição que prevaleceu. Tal como então, o "nós" das caricaturas dinamarquesas é uma visão muito seletiva da sociedade europeia ocidental, contraposta a uma visão igualmente seletiva da sociedade islâmica. Ou

---

1. Em setembro de 2005, o jornal dinamarquês *Jyllands-Posten* publicou vários *cartoons* com o Islã e o profeta Maomé por referência. A recusa do governo dinamarquês em dialogar com as comunidades muçulmanas e com embaixadores de países islâmicos, e a republicação dos *cartoons* por outros jornais europeus em fevereiro de 2006, provocaram uma situação diplomática tensa, não só na Europa, como também em países majoritariamente islâmicos, com o incendiar de embaixadas europeias na Síria e no Líbano, por exemplo. Em 2007, a publicação de *cartoons* idênticos na Suécia provocaram reações, que culminariam no atentado em Estocolmo a 11 de dezembro de 2010.

seja, jogam na distância entre elas e sublinham-na. Ora, a verdade é que a Europa é hoje muito diversa culturalmente e que em muitos países que a compõem há minorias islâmicas significativas, o mundo islâmico interior. Estas minorias são parte de "nós" com todas as diferenças que reivindicam. Reivindicam simultaneamente o direito à igualdade e o direito ao reconhecimento da diferença. E que são parte de "nós" provam-no as reações das comunidades islâmicas na Europa: foram qualitativamente diferentes das que tiveram lugar no mundo islâmico exterior.

Em relação a este último, as caricaturas representam uma dupla afronta: estigmatizam as suas diferenças em relação à Europa e silenciam o mundo islâmico interior, de que se sentem irmãos. Ao contrário deste último, o mundo islâmico exterior não se vê forçado a reagir segundo os códigos de reação da Europa, até porque a Europa das caricaturas o caracteriza como incapaz de o fazer. Se o fizesse, estaria a autocaricaturar-se segundo a norma europeia.

As diferenças das reações são uma primeira lição a tirar deste incidente. O mundo islâmico interior conhece e vive uma Europa contraditória: a Europa imperial e discriminatória, mas também a Europa da liberdade e da democracia, sobretudo do Estado-Providência, da educação, saúde e segurança social públicas. Ao contrário, o mundo islâmico exterior só conhece da Europa e dos seus aliados a guerra da ocupação e da agressão, a pilhagem dos recursos naturais, a demonização da sua cultura, a inação ante o terrorismo de Estado de Israel, a humilhação diária nos aeroportos, escolas e universidades europeias. A segunda lição é que os universalismos da Europa das caricaturas (incluindo o da liberdade de expressão) sempre foram falsos e só foram acionados quando convieram. Ao mesmo tempo, os mesmos países que garantiam os direitos aos trabalhadores europeus sujeitavam os trabalhadores coloniais ao trabalho forçado. Os opressores esquecem facilmente a sua dualidade; os oprimidos não, porque, fruto da violência colonial, ela está inscrita no sofrimento do corpo e da alma.

Visão, 16 de fevereiro de 2006

As escalas do despotismo[2]

Um grupo de jovens menores maltratou sadicamente, apedrejou e espancou até à morte o transexual brasileiro Gisberto, um sem-teto de 45 anos. Aconteceu no Porto. Há poucos anos, o líder indígena Guadino Pataxó tinha ido a Brasília participar de uma marcha a favor da reforma agrária. A noite estava amena e decidiu dormir no banco do ponto de ônibus. De madrugada, um grupo de jovens acercou-se dele enquanto dormia, regou-o com gasolina e queimou-o vivo. Na polícia, confessaram que o fizeram para se divertir e pediram desculpas por não saber que ele era um líder indígena; pensavam que ele era "um qualquer sem-teto". Que há de comum entre estes dois casos de violência gratuita e as caricaturas dinamarquesas? A mesma incapacidade de reconhecer o outro como igual, a mesma degradação do outro a ponto de o transformar num objeto sobre o qual se pode exercer a liberdade e o gozo sem limites, a mesma conversão do outro num inimigo perturbador mais frágil que se pode abater com economia das regras da civilidade, sejam elas as que governam a paz ou as que governam a guerra.

As sociedades modernas assentam no contraste social, a ideia de uma ordem social assente na limitação voluntária da liberdade para tornar possível a vida em paz entre iguais. As ideias de cidadania e de direitos humanos são a expressão deste compromisso. As tensões entre o princípio da liberdade e o princípio da igualdade e as contradições entre eles e as práticas sociais que os desmentem constituem o cerne da política moderna. Como o grupo social dos reconhecidos como iguais era inicialmente muito restrito (os burgueses do sexo masculino), a grande maioria da população (mulheres, trabalhadores, escravos, povos colonizados) estava fora do contrato social e, portanto, sujeita ao despotismo dos que tinham poder sobre ela. As lutas sociais dos últimos duzentos anos têm sido lutas por inclusão no contrato social. Com o tempo, as lutas pela igualdade socioeconômica, protagonizadas pelos trabalhadores, foram complementadas

---

2. Ver neste volume a crônica "Galdino Jesus e o fascismo", de 8 de maio de 1997.

pelas lutas pelo reconhecimento das diferenças, por parte das mulheres, das minorias étnicas e religiosas, dos homossexuais etc.

Este movimento ascendente de inclusão e de civilidade está hoje bloqueado por via de uma combinação perversa entre capitalismo neoliberal e suas consequências (exclusão social, migrações) e a teologia política conservadora hoje dominante nas três religiões abraâmicas (cristianismo, judaísmo e islamismo). Paulatinamente, a solidariedade politicamente organizada é substituída pelo individualismo, e a filantropia e a celebração da diversidade, pela intolerância: em vez de cidadãos, consumidores e pobres; em vez de justiça social, a salvação; em vez do ecumenismo, o dogmatismo; em vez da hospitalidade, a xenofobia; em vez de conflitos institucionalizados, a violência do crime e da guerra.

O despotismo pré-moderno está, assim, a ser reinventado na sociedade e nos indivíduos, tanto nas macrorrelações entre países ou religiões, como nas microrrelações na família, na empresa ou na rua. Os poderosos e os despossuídos são degradados por igual, ainda que com consequências muito diferentes. Os despossuídos recorrem à violência ilegal, tanto contra os poderosos como contra os ainda mais despossuídos. Os poderosos recorrem à violência que legalizam pela invocação de princípios que, sem surpresa, estão sempre do seu lado. São Tomás de Aquino diria deles o que disse dos cristãos do seu tempo. Que padecem do *habitus principiorum*: o hábito de invocarem obsessivamente os princípios para se poderem dispensar da sua observância na prática.

Visão, 2 de março de 2006

Morales e a democracia

Pela terceira vez na história do país (1937, 1969, 2006), a Bolívia acaba de decretar a nacionalização dos seus recursos naturais. A medida terá, para já, um impacto econômico significativo apenas no caso do gás natural, de que a Bolívia detém uma das principais reservas no continente sul-americano. Qualquer democrata que se preze — ou seja, alguém para quem a democracia deve ser levada a sério, sob pena de ser descredibilizada e sucumbir facilmente a aventuras autoritárias — deverá saudar esta medida. Por três razões principais. Em primeiro lugar, porque ela foi uma das promessas eleitorais que levaram ao poder o presidente Evo Morales. Se as promessas eleitorais não forem cumpridas, o que tem vindo a ser recorrente no continente, a democracia representativa deixará a prazo de ter qualquer sentido. Acontece que, neste caso, o não cumprimento da promessa eleitoral seria particularmente grave porque os bolivianos mostraram de forma eloquente (com o sacrifício da própria vida) em várias ocasiões nos últimos anos a sua determinação em pôr fim à pilhagem dos seus recursos: os protestos maciços entre 2000 e 2005, que levaram à demissão de dois presidentes e culminaram com o referendo vinculante de julho de 2004, em que 89% dos participantes se pronunciaram a favor da nacionalização dos hidrocarbonetos. A segunda razão para saudar esta medida é que, se a democracia não é sustentável para além de certo limite de exclusão social, podemos dizer que a Bolívia está próximo desse limite, já que cerca de metade da população vive com menos de um euro e meio por dia. O empobrecimento agravou-se nas duas últimas décadas com o neoliberalismo, cujo cerco à sobrevivência do país não cessa de se apertar. Com a recente assinatura dos tratados bilaterais de livre comércio dos EUA com a Colômbia e o Peru, a exportação de produtos agrícolas (sobretudo soja) para os países vizinhos terminará.

É certo que a nacionalização não basta, porque se bastasse as nacionalizações anteriores teriam resolvido os problemas do país. Deve ser complementada com uma política progressista de redistribuição social e de investimento na saúde, na educação, nas infraestruturas básicas, na segurança social. Se tal complementaridade ocorrer, o contexto para a nacionalização não podia ser melhor, dado o aumento do preço dos recursos energéticos. Neste domínio, a democracia e a justiça social têm outro ponto de contato: é moralmente repugnante que as empresas energéticas colham frutos fabulosos — a vender o barril de petróleo acima de 70 dólares com base em contratos de exploração em que o preço de referência é muito inferior a 20 dólares — enquanto o povo morre de fome e de doenças curáveis, mantendo-se os níveis de escolaridade muito baixos. A terceira razão para saudar o decreto do presidente Morales é que esta nacionalização é muito moderada (não envolve expropriação) e visa repor a segurança jurídica, que deve ser um dos pilares da democracia. As privatizações da década de 1990, além de terem sido ruinosas para o país, foram ilegais, como acabam de declarar os tribunais, já que os contratos de exploração não foram aprovados pelo poder legislativo, como manda a Constituição. Em termos jurídicos, a nacionalização é condição mínima para que o governo da Bolívia possa renegociar os contratos com as empresas energéticas de modo mais justo, a fim de que estas renunciem aos seus superlucros (não aos seus lucros) para que o povo empobrecido possa viver um pouco melhor. Perante a força destas razões, cabe perguntar pelo porquê da reação hostil dos países muito mais ricos e aparentemente muito mais democráticos que a Bolívia. Será que quando a democracia interfere com os nossos negócios são estes que prevalecem?

Visão, 11 de maio de 2006

Os magistrados do futuro[3]

A formação de magistrados voltou a estar na ordem do dia na sequência da realização, em maio passado, de um debate organizado pelo Centro de Estudos Judiciários (CEJ). Tratou-se de uma iniciativa que merece aplauso por ter lugar no âmbito do processo de reforma da lei orgânica do CEJ, que considero urgente e sem a qual o CEJ não encontrará o seu lugar na formação dos magistrados. O atual modelo de formação, desenhado em 1979, quando da criação do CEJ, não sofreu, ao longo destes anos, alterações estruturais significativas. E o mundo mudou muito desde então. Mudou o perfil sociológico do desempenho dos tribunais: as mudanças quantitativas e qualitativas na natureza da litigação a partir da década de 1980, a globalização e as novas fronteiras do direito, as exigências da economia ao funcionamento da justiça, as novas formas de criminalidade, a corrupção, a midiatização da justiça, o aumento da tensão entre o poder político e o poder judicial. Mas mudou ainda mais o contexto social da justiça: o agravamento das desigualdades sociais, o aumento da diversidade cultural e religiosa, a emergência de novos riscos públicos e novos desafios ético-políticos no domínio do ambiente (por exemplo, as chamadas doenças ambientais), na saúde (as denominadas doenças emergentes), na alimentação (BSE, os organismos geneticamente modificados), nas novas tecnologias (das terapias genéticas à nanotecnologia), nas tecnologias de comunicação e informação (as exposições a campos eletromagnéticos). Todas estas mudanças obrigam a repensar profundamente o sistema de justiça e, mais em geral, o próprio perfil da cultura judiciária. Não haverá reformas eficazes se não houver uma cultura judiciária que as sustente. E para a criação dessa cultura judiciária é fundamental alterar o sistema de formação de magistrados.

---

3. Em 2013, a estrutura de docência continua amarrada às clássicas áreas do Direito. A totalidade dos formadores do Centro de Estudos Judiciários (CEJ) é magistrado do Ministério Público ou juiz. Os estágios decorrem apenas nos tribunais, com visitas esporádicas de reconhecimento a outras instituições. A participação de outros saberes cinge-se a colóquios e atividades afins e na formação contínua, sem peso avaliativo. Educam-se, assim, magistraturas tecnicamente evoluídas. E obtêm-se, por esta via, corpos profissionais sem sensibilidade social nem consciência crítica.

No atual modelo de formação identifico três fraquezas. A primeira é ser excessivamente técnica e assentar em pedagogias retrógradas. O CEJ só faz sentido se não reproduzir as Faculdades de Direito existentes e, para isso, é fundamental que se organize segundo três orientações fundamentais: a primeira, pedagógica, que faça do ensino-aprendizagem um processo interativo; a segunda, prática, que possibilite um mais profundo envolvimento na análise concreta de processos e na prática dos tribunais; a terceira, sociológica, que permita o conhecimento da sociedade nos planos econômico, social, político e cultural. Na formação devem intervir cientistas sociais em pé de igualdade com os demais formadores, o que significa que a avaliação não pode estar centrada apenas, ou sobretudo, em matérias jurídicas. Os estágios não devem ser circunscritos aos tribunais; devem incluir escritórios de advocacia, prisões, esquadras de polícia, organismos públicos, empresas, sindicatos, Organizações Não Governamentais, autarquias etc. A segunda fraqueza reside no pouco relevo dado, não só pelo CEJ, mas também pelas Faculdades de Direito, aos direitos humanos como um dos pilares fundamentais de uma ordem jurídica democrática. O que é particularmente grave no momento em que se torna mais evidente a indivisibilidade dos direitos humanos: a necessidade de defender com igual exigência os direitos cívicos, políticos, econômicos e sociais. A educação jurídica não pode deixar de ser orientada para o reforço da cidadania e da democracia. A terceira fraqueza reside na irrelevância da formação permanente. Esta formação deverá ser obrigatória e por períodos de tempo que a tornem efetiva: em vez de um ou dois dias, períodos de, pelo menos, duas ou quatro semanas, por ano. Deve ser específica e adequada à evolução das carreiras e à colocação em tribunais especializados.

Visão, 22 de junho de 2006

Timor: é só o começo[4]

A crise política no Timor, para além de ter colhido de surpresa a maior parte dos observadores, provoca algumas perplexidades e exige, por isso, uma análise menos trivial do que aquela que tem vindo a ser veiculada pela comunicação social internacional. Como é que um país, que ainda no final do ano passado teve eleições municipais, consideradas por todos os observadores internacionais como livres, pacíficas e justas, pode estar mergulhado numa crise de governabilidade? Como é que um país, que há três meses foi objeto de um elogioso relatório do Banco Mundial, que considerou um êxito a política econômica do Governo, pode agora ser visto por alguns como um Estado falhado?

À medida que se aprofunda a crise no Timor-Leste, os fatores que a provocaram vão-se tornando mais evidentes. A interferência da Austrália na fabricação da crise está agora bem documentada e vem ocorrendo desde há vários anos. Documentos de política estratégica australiana de 2002 revelam a importância do Timor-Leste para a consolidação da posição regional da Austrália e a determinação deste país em salvaguardar a todo o custo os seus interesses. Os interesses são econômicos (as importantes reservas de petróleo e gás natural estão calculadas em trinta mil milhões de dólares) e geomilitares (controlar rotas marítimas de águas profundas e travar a emergência do rival regional: a China). Desde o início de seu governo, o primeiro-ministro timorense, Mari Alkatiri, um político lúcido, nacionalista, mas não populista, centrou a sua política na defesa dos interesses do Timor, assumindo que eles não coincidiam necessariamente com os da Austrália. Isso ficou claro desde logo nas negociações sobre a partilha dos recursos do petróleo em que Alkatiri lutou por uma

---

4. Passados seis anos sobre a crise política em Timor-Leste de 2006, que muito se assemelhou a um golpe de Estado constitucional, realizaram-se num quadro formal de normalidade democrática as terceiras eleições presidenciais, assim como as parlamentares, ambas em 2012. Os atos eleitorais sucessivos ao longo dos dez anos depois da restauração da independência do país têm vindo a legitimar o regime e a consolidar a ideia de que a República Democrática de Timor-Leste é um país democrático e em condições de se governar pelos seus próprios meios.

maior autonomia do Timor e uma mais equitativa partilha dos benefícios. O petróleo e o gás natural têm sido a desgraça dos países pobres (que o digam a Bolívia, o Iraque, a Nigéria ou Angola). E o David timorense ousou resistir ao Golias australiano, subindo de 20% para 50% a parte que caberia ao Timor dos rendimentos dos recursos naturais existentes, procurando transformar e comercializar o gás natural a partir do Timor e não da Austrália, concedendo direitos de exploração a uma empresa chinesa nos campos de petróleo e gás sob o controle de Díli.

Por outro lado, Alkatiri resistiu às táticas intimidatórias e ao unilateralismo que os australianos parecem ter aprendido em tempos recentes dos seus amigos norte-americanos. O Pacífico do Sul é hoje para a Austrália o que a América Latina tem sido para os EUA há quase duzentos anos. Ousou diversificar as suas relações internacionais, conferindo um lugar especial às relações com Portugal, o que foi considerado um ato hostil por parte da Austrália, e incluindo nelas o Brasil, Cuba, Malásia e China. Por tudo isto, Alkatiri tornou-se um alvo a abater. O fato de se tratar de um governante legitimamente eleito fez com que tal não fosse possível sem destruir a jovem democracia timorense. É isso que está em curso.

Uma interferência externa nunca tem êxito sem aliados internos que ampliem o descontentamento e fomentem a desordem. Há uma pequena elite descontente, quiçá ressentida por não lhe ter sido dado acesso aos fundos do petróleo. Há a Igreja Católica que, depois de ter tido um papel meritório na luta pela independência, não hesitou em pôr os seus interesses acima dos interesses da jovem democracia timorense ao provocar a desestabilização política com as vigílias de 2005 apenas porque o governo decidiu tornar facultativo o ensino da religião nas escolas. Toleram mal um primeiro-ministro muçulmano, mesmo laico e muito moderado, porque o ecumenismo é só para celebrar nas encíclicas. E há, obviamente, Ramos-Horta, Prêmio Nobel da Paz, um político de ambições desmedidas, totalmente alinhado com a Austrália e os EUA e que, por essa razão, sabe não ter hoje o apoio do resto da região para a sua candidatura a Secretário-Geral da Organização das Nações Unidas. Foi ele o responsável pela passividade chocante da CPLP (Comunidade de Países de Língua Portuguesa) nesta crise. A tragédia de Ramos-Horta é que nunca seria um governante eleito pelo povo, pelo menos enquanto não afastar totalmente

Mari Alkatiri. Para isso, é preciso transformar o conflito político num conflito jurídico, convertendo eventuais erros políticos em crimes e contar com o zelo de um Procurador-Geral para produzir a acusação. Daí que as organizações de direitos humanos, que tão alto ergueram a voz em defesa da democracia do Timor, tenham agora uma missão muito concreta a cumprir: conseguir bons advogados para Mari Alkatiri e financiar as despesas com a sua defesa.

E que dizer de Xanana Gusmão? Foi um bom guerrilheiro e é um mau presidente. Cada século não produz mais que um Nelson Mandela. Ao ameaçar renunciar, criou um cenário de golpe de Estado constitucional, um atentado direto à democracia por que tanto lutou. Um homem doente e mal aconselhado corre o risco de hipotecar o crédito que ainda tem junto do povo para abrir caminho a um processo que acabará por destruí-lo.

O Timor-Leste não é o Haiti dos australianos, mas, se o vier a ser, a culpa não será dos timorenses. Uma coisa parece certa, o Timor é a primeira vítima da nova Guerra Fria, apenas emergente, entre os EUA e a China. O sofrimento vai continuar.

Visão, 6 de julho de 2006

Carta a Thomas Franck[5]

Escrevo-te esta carta com o coração apertado. Deixo a análise fria para a razão cínica que domina o comentário político ocidental. És um dos intelectuais judeus israelitas — como te costumas classificar para não esquecer que um quinto dos cidadãos de Israel são árabes — mais progressistas que conheço. Aceitei com gosto o convite que me fizeste para participar no Congresso que estás a organizar na Universidade de Tel Aviv. Sensibilizou-me sobretudo o entusiasmo com que acolheste a minha sugestão de realizarmos algumas sessões do Congresso em Ramalah. Escrevo-te hoje para te dizer que, em consciência, não poderei participar no congresso. Defendo, como sabes, que Israel tem direito a existir como país livre e democrático, o mesmo direito que defendo para o povo palestino. "Esqueço" com alguma má consciência que a Resolução 181 da ONU, de 1947, decidiu a partilha da Palestina entre um Estado judaico (55% do território) e um Estado palestino (44%) e uma zona internacional (os lugares santos: Jerusalém e Belém) para que os europeus expiassem os crimes hediondos que vinham cometendo contra o povo judaico desde a Idade Média. "Esqueço" também que, logo em 1948, a parcela do Estado árabe diminuiu quando 700.000 palestinos foram expulsos das suas terras e casas (levando consigo as chaves que muitos ainda conservam) e continuou a diminuir nas décadas seguintes, não sendo hoje mais de 20% do território.

Ao longo dos anos tenho vindo a acumular dúvidas de que Israel aceite, de fato, a solução dos dois Estados: a proliferação dos colonos, a construção de infraestruturas (estradas, redes de água e de eletricidade),

---

5. Thomas Franck, professor de direito internacional da Universidade de Nova Iorque. Em 29 de novembro de 1947, quando em praticamente todo o mundo sujeito ao colonialismo europeu se "pressagiava" o ocaso do colonialismo, a Assembleia Geral da Organização das Nações Unidas (ONU) propõe, mediante a aprovação da resolução 181, a divisão do território da Palestina, seguindo o plano proposto pelos EUA e União Soviética a ser aplicado pela Grã-Bretanha, na qualidade de "administrador" do território oficialmente reconhecido pela defunta Sociedade das Nações. A fundação de Israel em 1948 significou, na prática, uma nova partição colonial.

retalhando o território palestino para servir os colonos, os *check points* e, finalmente, a construção do Muro de Sharon a partir de 2002 (desenhado para roubar mais território aos palestinos, os privar do acesso à água e, de fato, os meter num vasto campo de concentração). As dúvidas estão agora dissipadas depois dos mais recentes ataques na faixa de Gaza e da invasão do Líbano. E agora tudo faz sentido. A invasão e a destruição do Líbano em 1982 ocorreu no momento em que Arafat dava sinais de querer iniciar negociações, tal como a de agora ocorre pouco depois do Hamas e da Fatah terem acordado em propor negociações. Tal como então, foram forjados os pretextos para a guerra. Para além de haver milhares de palestinos raptados por Israel (incluindo ministros de um governo democraticamente eleito), quantas vezes no passado se negociou a troca de prisioneiros?

Meu Caro Frank, o teu país não quer a paz, quer a guerra porque não quer dois Estados. Quer a destruição do povo palestino ou, o que é o mesmo, quer reduzi-lo a grupos dispersos de servos politicamente desarticulados, vagueando como apátridas desenraizados em quadrículos de terreno bem vigiados. Para isso dá-se ao luxo de destruir, pela segunda vez, um país inteiro e cometer impunemente crimes de guerra contra populações civis. Depois do Líbano, seguir-se-á a Síria e o Irã. E depois, fatalmente, virar-se-á o feitiço contra o feiticeiro e será a vez do teu Israel. Por agora, o teu país é o novo Estado pária, exímio em terrorismo de Estado, apoiado por um imenso *lobby* comunicacional — que sufocantemente domina os jornais do meu país — com a bênção dos neoconservadores de Washington e a vergonhosa passividade da União Europeia. Sei que partilhas muito do que penso e espero que compreendas que a minha solidariedade para com a tua luta passa pelo boicote ao teu país. Não é uma decisão fácil. Mas crê-me que, ao pisar a terra de Israel, sentiria o sangue das crianças de Gaza e do Líbano (um terço das vítimas) enlamear os meus passos e embargar-me a voz.

Visão, 27 de julho de 2006

Um acontecimento histórico[6]

Frequentemente, os acontecimentos históricos só são reconhecidos como tal muitos anos ou séculos depois. No tempo em que ocorrem, passam despercebidos porque o seu significado escapa aos critérios e interesses que definem a atualidade noticiosa. Enquanto esta se pauta pela realidade dominante e pelos significados constituídos, os acontecimentos históricos rompem com essa realidade e são portadores de significados emergentes, constituintes, destinados a fazer história em vez de a reproduzir. Acabo de ter o privilégio de participar num desses acontecimentos. Teve lugar entre 15 e 17 de julho na cidade de Cuzco, Peru, antiga capital do império inca, o umbigo do mundo, como lhe chamavam os incas, a 3 500 metros de altitude na cordilheira dos Andes. Tratou-se do congresso fundacional da Coordenadora Andina das Organizações Indígenas do Peru, Equador, Bolívia, Chile, Colômbia e Argentina. A conquista espanhola do final do século XV, além de dizimar os povos que habitavam estes territórios, destruir as suas cidades, monumentos, lugares sagrados e reprimir as suas culturas, usos e costumes, teve por efeito retalhar e separar as populações que restaram em unidades políticas diferentes que mais tarde, no século XIX, se transformaram nos diferentes países latino-americanos. Os povos indígenas originários da região andina, quéchua, aymará, mapuche e tantos outros, passaram a ser peruanos, bolivianos, equatorianos, chilenos, colombianos. O mesmo aconteceu com os povos da bacia amazônica e do resto da América do Sul e Central. As novas identidades nacionais nada tinham a ver com as identidades étnicas e culturais, uma situação muito semelhante à que viria a verificar-se depois na África e em vários locais da Ásia.

---

6. Desde as últimas décadas do século XX, os povos indígenas da América Latina começaram a desafiar o destino que as políticas indigenistas e as grandes correntes de pensamento ocidental lhes haviam antecipado: o seu irremediável desaparecimento. Pouco a pouco os movimentos protagonizados pelos indígenas foram-nos convertendo em uma das principais forças transformadoras e progressistas da região. A energia emancipadora das lutas indígenas demonstra uma enorme capacidade criativa para reinventar as suas identidades locais e criar novas solidariedades para combater, também em nível global, os imperativos do neoliberalismo.

De todo o modo, as lutas de resistência dos povos indígenas contra a ocupação dos seus territórios, a pilhagem dos seus recursos e a supressão das suas culturas passaram a ter por marco de referência o Estado. A reivindicação principal sempre foi a de que os Estados ditos nacionais se deveriam reconhecer como plurinacionais, já que a única nação reconhecida como tal — a dos brancos e mestiços descendentes dos colonos — se alimentava da opressão colonial das diferentes nacionalidades originárias existentes no território. Aliás, esta opressão continuou depois da independência; até hoje, razão por que, para os povos indígenas, o colonialismo ainda não terminou.

No último quartel do século passado os movimentos indígenas lograram alguns êxitos assinaláveis: as constituições de vários Estados passaram a reconhecer a plurinacionalidade e a interculturalidade e, em consequência, vários direitos coletivos dos povos indígenas (autogoverno dos seus territórios; direito indígena; línguas e culturas indígenas). Foram, no entanto, em grande medida, vitórias aparentes, pois coincidiram com a investida do neoliberalismo no continente. Ou seja, no momento em que se criaram as condições para uma verdadeira coesão nacional, iniciou-se um violento e avassalador processo de desnacionalização dos Estados e das economias: liberalização do comércio, privatização, desregulação e cortes nas políticas sociais foram os nomes de guerra da (des)ordem neoliberal imposta pelos programas de ajustamento estrutural e, mais tarde, negociada, com a mão de ferro da diplomacia norte-americana, no âmbito dos tratados de livre comércio.

Com a nova política, os territórios indígenas e os seus recursos — o petróleo, a água, a biodiversidade, o gás natural, a madeira — ficaram à mercê das empresas multinacionais, operando simultaneamente em vários países. Tornou-se, então, evidente que uma nova versão do colonialismo estava em marcha, um colonialismo transnacional e conduzido por agentes econômicos muito poderosos com a conivência de Estados cúmplices e fracos ou enfraquecidos. Perante forças transnacionais, as lutas nacionais estariam votadas ao fracasso. Tornou-se, pois, imperiosa a necessidade de articular a resistência e propor alternativas em nível igualmente transnacional, uma necessidade que o Fórum Social Mundial veio sublinhar. Foi então que os povos indígenas redescobriram o seu caráter transnacional originário — o serem quéchua ou aymará antes de serem peruanos ou bolivianos — e resolveram pô-lo ao serviço da constituição de um novo sujeito e de uma nova ação política internacional, plasmados numa agenda política andina a ser prosseguida, tanto nas instâncias internacionais como em cada um dos Estados andinos. 514 anos depois da conquista, os povos indígenas andinos reassumiram o que eram antes de as fronteiras nacionais os terem retalhado. Como dizia o líder equatoriano, Humberto Cholango, *"com a Coordenadora Andina o condor [a ave sagrada dos Incas] pode voltar a voar"*.

Visão, 3 de agosto de 2006

Cuba[7]

Cuba está a entrar num processo de transição política cuja complexidade decorre da natureza e duração do regime ainda em vigor, do peso da personalidade de Fidel Castro e da ameaça de intervenção externa por parte dos EUA. Apesar de muitas das promessas da revolução não se terem cumprido e de serem ainda hoje visíveis na sociedade cubana alguns traços do período pré-revolucionário, a revolução cubana continua a ser uma referência fortemente enraizada no imaginário político para muitos dos que lutam contra a injustiça social. Nem os mais ferozes críticos de Cuba ousam equiparar Fidel a Pinochet ou o regime de Cuba ao da Arábia Saudita. Quais as razões da perplexidade que Cuba suscita em alguns e do fascínio em outros?

A revolução cubana foi um dos acontecimentos mais notáveis da segunda metade do século XX. Um país empobrecido pela rapina das oligarquias, sujeito à constante tutela norte-americana ciosa em salvaguardar os seus vultosos interesses econômicos, transformado num imenso bordel e paraíso de máfias e governado por um ditador corrupto, Fulgêncio Batista, revolta-se em armas em nome dos ideais igualitários e humanísticos, entre os quais se salientam a reforma agrária, o efetivo acesso de todos os cubanos aos direitos à saúde, à educação e à habitação e a luta contra a dominação estrangeira. O êxito da revolução foi uma luz de esperança para milhões de latino-americanos oprimidos e explorados, ao mesmo tempo que deixou os EUA estupefatos perante a ousadia do desafio ao seu domínio regional por parte de um pequeno país, para mais situado a poucas dezenas de quilômetros. A reação não se fez esperar e dura até hoje: invasão (Baía dos Porcos), tentativas de assassinato de Fidel

---

7. Em julho de 2006, a sucessão de Fidel Castro pelo seu irmão, Raul, despertou a curiosidade generalizada da política internacional. Cuba interessa não só pelo exemplo de resistência, mas especialmente pela construção de um cenário de experimentação institucional e de consolidação de alternativas pós-capitalistas. Num período em que a capacidade de sobrevivência do capitalismo foi colocada em causa globalmente com uma crise econômica mundial, a discussão sobre a transição cubana e a reinvenção do socialismo são evidências incontestáveis de que ainda não se pode falar, nem em fim da história, nem capitalismo sem fim.

Castro (que incluíram lapiseiras com tinta venenosa e charutos explosivos), guerra biológica (a CIA contaminou a ilha com germes de febre suína africana, o que obrigou os cubanos a matar 500 mil porcos), bloqueios militares e o embargo econômico condenado pelas Nações Unidas desde o início. Apesar disso, o povo cubano resistiu e afirmou o seu direito à alternativa com êxito e é espantoso que o tenha feito perante um inimigo tão poderoso e tão pouco escrupuloso nos seus meios de ingerência.

O endurecimento ideológico, a dependência da União Soviética e o seu fim brusco, o embargo e a ameaça sempre iminente de uma invasão norte-americana impediram que muitas das promessas de revolução se realizassem, nomeadamente a democracia representativa e participativa e a melhoria do bem-estar econômico e social para toda a população. Mesmo assim são conhecidos os êxitos na área da saúde e da educação. A Casa das Américas é uma das instituições culturais mais notáveis de todo o continente, e ao longo de várias décadas a política externa de Cuba pautou-se pela solidariedade internacionalista, de que são exemplo os médicos e enfermeiros cubanos que no início apoiaram a revolução argelina e que hoje continuam a trabalhar em muitos países do chamado Terceiro Mundo, os professores e técnicos que apoiam inúmeros países do Sul, como Angola, Moçambique etc. e o apoio a Angola na sua luta contra a invasão da África do Sul do *apartheid*.

Apesar do silêncio público, Cuba é hoje um cadinho fervilhante de ideias sobre a transição. E, pese embora as muitas diferenças entre elas, dois princípios as unem: a defesa intransigente da independência nacional; a busca de uma solução democrática que garanta a continuidade e o aprofundamento das conquistas da revolução. É difícil encontrar no mundo povo mais cioso da sua independência e da sua dignidade. E talvez aqui resida a contribuição mais importante de Fidel Castro para a luta dos povos por uma sociedade mais justa: a dignidade e a altivez de dizer não à arrogância dos mais fortes. Aqui reside também o fascínio que a revolução cubana continua a exercer.

Visão, 11 de agosto de 2006

As dores do pós-colonialismo

O Brasil parece finalmente estar a passar do período da pós-independência para o período pós-colonial. A entrada neste último período dá-se pela constatação de que o colonialismo, longe de ter terminado com a independência, continuou sob outras formas, mas sempre em coerência com o seu princípio matricial: o racismo como uma forma de hierarquia social não intencional porque assente na desigualdade natural das raças. Esta constatação pública é o primeiro passo para se iniciar a viragem descolonial, mas esta só ocorrerá se o racismo for confrontado por uma vontade política desracializante firme e sustentável. A construção dessa vontade política é um processo complexo, mas tem a seu favor convenções internacionais e, sobretudo, a força política dos movimentos sociais protagonizados pelas vítimas inconformadas da discriminação racial. Para ser irreversível, a viragem descolonial tem de ocorrer no Estado e na sociedade, no espaço público e no espaço privado, no trabalho e no lazer, na educação e na saúde.

A modernidade ocidental foi simultaneamente um processo europeu, dotado de mecanismos poderosos, como a liberdade, igualdade, secularização, inovação científica, direito internacional e progresso; e um processo extraeuropeu, dotado de mecanismos não menos poderosos, como o colonialismo, racismo, genocídio, escravatura, destruição cultural, impunidade, não ética da guerra. Um não existiria sem o outro. Por terem sido concedidas aos descendentes dos colonos europeus e não aos povos originários ou aos para aqui trazidos pela escravatura (com exceção do Haiti), as independências latino-americanas legitimaram o novo poder por via dos mecanismos do processo europeu para poderem continuar a exercê-lo por via dos mecanismos do processo extraeuropeu. Assim se naturalizou um sistema de poder, até hoje em vigor, que, sem contradição aparente, afirma a liberdade e a igualdade e pratica a opressão e a desigualdade.

Assentes neste sistema de poder, os ideais republicanos da democracia e da igualdade constituem uma hipocrisia sistémica. Só quem pertence à raça dominante tem o direito (e a arrogância) de dizer que a raça não existe ou que a identidade étnica é uma invenção. O máximo de consciência possível desta democracia hipócrita é diluir a discriminação racial na discriminação social. Admite que os negros e os indígenas são discriminados porque são pobres para não ter de admitir que eles são pobres porque são negros e indígenas. Uma democracia de muito baixa intensidade. A sua crise final começa no momento em que as vítimas da discriminação se organizam para lutar contra a ideologia que os declara ausentes e as práticas que os oprimem enquanto presenças desvalorizadas. Os agentes destas lutas distinguem-se dos seus antecessores por duas razões. Em primeiro lugar, empenham-se na luta simultânea pela igualdade e pelo reconhecimento da diferença. Reivindicam o direito de ser iguais quando a diferença os inferioriza e o direito de ser diferentes quando a igualdade os descaracteriza. Em segundo lugar, apostam em soluções institucionais dentro e fora do Estado para que o reconhecimento dos dois princípios seja efetivo. Daí a luta pelos projetos de Lei de cotas e do Estatuto da Igualdade Racial. O alto valor democrático destes projetos de lei reside na ideia de que o reconhecimento da existência do racismo só é legítimo quando visa à eliminação do racismo. É o único antídoto eficaz contra os que têm o poder de desconhecer ou negar o racismo para o continuarem a praticar impunemente.

Estes projetos de lei, se aprovados e aplicados, darão ao Brasil uma nova autoridade moral e um novo protagonismo político no plano internacional. No plano interno, será possível a construção de uma coesão social sem a enorme sombra do silêncio dos excluídos. Para que tal ocorra, os movimentos sociais não podem confiar demasiado na vontade dos governantes, dado que eles são produtos do sistema de poder que naturalizou a discriminação racial. Para que eles sintam a vontade de se descolonizarem é necessário pressioná-los e mostrar-lhes que o seu futuro colonial tem os dias contados. Esta pressão não pode ser obra exclusiva do movimento negro e do movimento indígena. É necessário que o MST, os movimentos de direitos humanos, sindicais, feministas, ecológicos se juntem à luta, no entendimento de que, no momento presente, a luta pelas cotas e pela igualdade racial condensa, de modo privilegiado, as contradições de que nascem todas as outras lutas em que estão envolvidos.

Folha de S.Paulo, 21 de agosto de 2006

O futuro da democracia

Analisada globalmente a democracia oferece-nos duas imagens muito contrastantes. Por um lado, na forma de democracia representativa, ela é hoje considerada internacionalmente o único regime político legítimo. Investem-se milhões de euros e dólares em programas de promoção da democracia, em missões de fiscalização de processos eleitorais e, quando algum país do chamado Terceiro Mundo manifesta renitência em adotar o regime democrático, as agências financeiras internacionais têm meios de o pressionar através das condições de concessão de empréstimos. Por outro lado, começam a proliferar os sinais de que os regimes democráticos instaurados nos últimos trinta ou vinte anos traíram as expectativas dos grupos sociais excluídos, dos trabalhadores cada vez mais ameaçados nos seus direitos e das classes médias empobrecidas. Inquéritos recentes feitos na América Latina revelam que em alguns países a maioria da população preferiria uma ditadura desde que lhes garantisse algum bem-estar social. Acresce que as revelações, cada vez mais frequentes, de corrupção levam à conclusão de que os governantes legitimamente eleitos usam o seu mandato para enriquecer à custa do povo e dos contribuintes. Por sua vez, o desrespeito dos partidos, uma vez eleitos, pelos seus programas eleitorais parece nunca ter sido tão grande. De modo que os cidadãos se sentem cada vez menos representados pelos seus representantes e acham que as decisões mais importantes dos seus governos escapam à sua participação democrática.

O contraste entre estas duas imagens oculta um outro, entre as democracias reais e o ideal democrático. Rousseau foi quem melhor definiu este ideal: uma sociedade só é democrática quando ninguém for tão rico que possa comprar alguém e ninguém seja tão pobre que tenha de se vender a alguém. Segundo este critério, estamos ainda longe da democracia. Os desafios que são postos à democracia no nosso tempo são os seguintes. Primeiro, se continuarem a aumentar as desigualdades sociais entre ricos e pobres ao ritmo das três últimas décadas, em breve, a igualdade jurídico-política entre os cidadãos deixará de ser um ideal republicano para se tornar uma hipocrisia social constitucionalizada. Segundo, a democracia atual não está preparada para reconhecer a diversidade cultural, para lutar eficazmente contra o racismo, o colonialismo e o sexismo e as discriminações em que eles se traduzem. Isto é tanto mais grave quanto é certo que as sociedades nacionais foram-no e são cada vez mais multiculturais e multiétnicas. Terceiro, as imposições econômicas e militares dos países dominantes são cada vez mais drásticas e menos democráticas. Assim sucede, em particular, quando vitórias eleitorais legítimas são transformadas pelo chefe da diplomacia norte-americana em ameaças à democracia, sejam elas as vitórias do Hamas, de Hugo Chávez ou de Evo Morales. Finalmente, o quarto desafio diz respeito às condições da participação democrática dos cidadãos. São três as principais condições: ser garantida a sobrevivência: quem não tem com que se alimentar e à sua família tem prioridades mais altas que votar; não estar ameaçado: quem vive ameaçado pela violência no espaço público, na empresa ou em casa, não é livre, qualquer que seja o regime político em que vive; estar informado: quem não dispõe da informação necessária a uma participação esclarecida, equivoca-se quer quando participa, quer quando não participa.

Pode dizer-se com segurança que a promoção da democracia não ocorreu de par com a promoção das condições de participação democrática. Se esta tendência continuar, o futuro da democracia, tal como a conhecemos, é problemático.

Visão, 31 de agosto de 2006

A exatidão do erro[8]

O comentário no Ocidente ao discurso do Papa alinhou-se pelas seguintes ideias: não foi um discurso do Papa, foi um discurso do professor; talvez o Papa tenha cometido um erro ao escolher a citação do Imperador de Bizâncio, mas isso não justifica as violentas reações no mundo islâmico; o enfoque central do discurso foi a relação entre a razão e a fé, e a crítica do moderno secularismo ocidental.

Por que razão nenhum destes argumentos é convincente? O Papa falou como Papa e escolheu o contexto que lhe permitisse romper mais claramente com a doutrina papal até agora vigente. Essa doutrina, vinda do Concílio Vaticano II e continuada pelo Papa João Paulo II, era a do ecumenismo e do diálogo entre religiões, no pressuposto de que todas são um caminho para Deus e têm, por isso, de ser tratadas com igual respeito, mesmo que cada uma reclame uma relação privilegiada com a Revelação. O ecumenismo obrigava a considerar como desvios ou adulterações o uso da violência como arma de afirmação religiosa. Esta posição é desde há muito questionada pelo atual Papa, para quem a superioridade da religião cristã está na sua capacidade única de compatibilizar a fé e a razão: agir irracionalmente contradiz a natureza de Deus, uma verdade perene que decorre da filiação do Cristianismo na filosofia grega. Ao contrário, no Islã o serviço de Deus está para além da racionalidade. Por isso, a violência islâmica não é um desvio, antes é inerente ao Islã, o que faz do Islamismo uma religião inferior. Esta doutrina está bem documentada na sua condenação dos teólogos mais avançados no diálogo ecumênico, na sua recusa em designar o Islã como uma religião de paz, na sua

---

8. O discurso "Fé, razão e universidade: recordações e reflexões" que foi proferido pelo Papa Bento XVI na Universidade de Regensburg, a 12 de setembro de 2006, podia à primeira vista parecer apenas uma lição de teologia, mas uma análise mais acurada revela mensagens mais profundas. Um mês depois do discurso, que suscitou inúmeras críticas e polêmica, um grupo de autoridades e acadêmicos islâmicos dos mais diversos quadrantes endereçou uma "Carta Aberta" ao Papa Bento XVI, na qual, por um lado, são aplaudidos os esforços do Papa no combate ao domínio do positivismo e do materialismo e, por outro lado, é fortemente criticada a visão sobre o uso da violência e a relação entre a razão e o Islã apresentadas no discurso.

posição contrária à entrada da Turquia na União Europeia, dada a incompatibilidade essencial entre Islamismo e Cristianismo e ainda na sua convicção de que o Islã é incompatível com a democracia.

É, pois, claro que o Papa não cometeu um erro. Foi exato no modo como formulou a sua provocação. Aliás, se o seu discurso pretendesse ser uma lição de teologia, ela seria de péssima qualidade. Por que não referiu o contexto da conversa entre o imperador e o persa e ocultou o passado beligerante e cruzadista do primeiro? Por que não citou outras opiniões contemporâneas totalmente contrárias à que preferiu? Por que não referiu que em qualquer das religiões abraâmicas há preceitos que podem justificar o recurso à violência, assim tendo sucedido em nome de todas elas? Perante estas interrogações, é necessário analisar o discurso do papa pelos seus reais objetivos políticos. O primeiro, e o mais óbvio, é o de apor o selo do Vaticano na guerra de Bush contra o Islã e na guerra de civilizações mais vasta que a fundamenta. Tal como João Paulo II alinhara o Vaticano com os EUA na luta contra o comunismo, Bento XVI pretende o mesmo alinhamento, agora na luta contra o Islamismo. Em seu entender, perante o avanço do Islã a resposta tem de ser mais dura, e precisa do poder temporal para se concretizar. Tal como aconteceu com as Cruzadas ou a Inquisição. Trata-se, pois, de uma teologia de vencedores, uma teologia teoconservadora, paralela à política neoconservadora.

O segundo objetivo é muito mais vasto. Ao defender uma relação privilegiada entre o Cristianismo e a racionalidade grega, o Papa visa estabelecer o Cristianismo como a única religião moderna. Só no âmbito dela é possível conceber "atos irracionais" (a perseguição dos judeus, as guerras religiosas, a violenta evangelização dos índios) como desvios ou exceções, por mais recorrentes que sejam. Por outro lado, visa fazer uma crítica radical a um dos pilares da modernidade: o secularismo. O Papa questiona a distinção entre o espaço público e o espaço privado, e acha "irracional" que a religião tenha sido relegada para o espaço privado. Dessa "irracionalidade" decorrerão todas as outras que atormentam as sociedades contemporâneas. Daí a urgência de trazer a mensagem cristã para a vida pública, para a educação e a saúde, para a política e a cultura. O perigo desta crítica do secularismo está em que ela coincide com a posição dos clérigos islâmicos mais extremistas para quem, em vez de modernizar o Islã, há que islamizar a modernidade. Os opostos tocam-se, e não se tocam para dialogarem, senão para se confrontarem. A irracionalidade deste choque reside nas concepções estreitas de racionalidade de que se parte. De um lado, uma racionalidade que transforma a fé numa crença racional ocidental; do outro, uma racionalidade que transforma a razão na manifestação transparente da intensidade da fé islâmica. A luta contra estes extremismos é mais urgente do que nunca, pois sabemos que eles foram no passado os incubadores de guerras e genocídios devastadores. Mas pode o Ocidente lutar contra o extremismo do Oriente do mesmo passo em que reforça o seu?

Visão, 28 de setembro de 2006

Lula e a esquerda

Depois da inesperada fragilidade revelada no primeiro turno, a vitória retumbante de Lula no segundo deixou o mundo estupefato. É um acontecimento político notável, e o mérito cabe por inteiro a Lula. Só ele poderia reacender o entusiasmo da mobilização em milhares de militantes magoados e desiludidos pelos desacertos da sua política durante o primeiro mandato. Mas as razões do seu êxito são bem mais profundas e merecem reflexão. A vitória de Lula representa um "choque de realidade" para as elites políticas que governaram o Brasil até 2002. A distância e a arrogância que as separa do país real e a acumulação histórica de ressentimento que isso criou entre as classes populares não lhes permitiu aproveitar as fragilidades do candidato Lula. 58 milhões de brasileiros, na sua maioria pobres, preferiram correr o risco de votar num governo que os pode desiludir a votar num governo que, à partida, já não os consegue iludir.

É inescapável a perplexidade causada por duas enormes dissonâncias cognitivas reveladas nestas eleições. A primeira consiste na discrepância entre a dramática polarização política, sobretudo no segundo turno, e as diferenças moderadas entre as duas propostas políticas, sobretudo se tivermos em conta as políticas do primeiro mandato de Lula e se descontarmos a questão das privatizações. A segunda reside em que o candidato que conquistou o voto e o coração de milhões de pobres é o mesmo que recebeu efusivas e cúmplices felicitações de Bush, a quem só interessa o bem-estar dos ricos e dos muito ricos. Esta foi a única eleição recente na América Latina em que o candidato de esquerda não sofreu a interferência da embaixada norte-americana. Significam estas dissonâncias que alguém está a enganar alguém? Não necessariamente. A razão para elas está no fato de a distância que separa as elites oligárquicas das classes populares não ser apenas econômica, apesar de esta ser enorme num dos países mais injustos do mundo. É também cultural e racial. Isto explica o êxito da política simbólica de Lula, a sua capacidade para ampliar o impacto político de medidas relativamente tímidas, devolvendo a autoestima a milhões de brasileiros humilhados não apenas pela fome, mas também pelas barreiras no acesso à educação e pelo racismo insidioso da suposta democracia racial. Graças a tal capacidade, medidas não originariamente de esquerda, como a bolsa-família, puderam ser constitutivas de cidadania social, e pequenas transferências de rendimento puderam ser transformadas em mudanças qualitativas. Tudo isto foi possível devido a uma sutil inversão do sinal político: atribuída por Lula, a bolsa-família foi credivelmente entendida pelos brasileiros como "isto é o mínimo que vos devo"; se fosse atribuída por um presidente de direita, dissesse ele o que dissesse, seria sempre entendida como "isto é o máximo que vos devo". Esta inversão escapou aos analistas políticos.

O segundo mandato de Lula terá de ser diferente do primeiro. Com a sua lucidez habitual, Tarso Genro formulou o óbvio, o que, em política, é quase sempre tabu: a era Palloci acabou. Só que acabou há já tempo, pelo menos desde que, no final de agosto, o Conselho de Desenvolvimento Econômico e Social aprovou por unanimidade os "Enunciados da Concertação". Entre esses enunciados, está a baixa da taxa de juros para níveis médios internacionais nos próximos cinco anos e a duplicação da parcela da renda nacional apropriada pelos 20% mais pobres nos próximos quinze. A partir de 1 de janeiro, Lula terá de começar a preparar o pós-lulismo: uma forma de governo de esquerda que não dependa da capacidade de um líder carismático para disfarçar com o discurso da antipolítica a incapacidade para substituir a velha política por uma nova política. Essa nova política tem de ser preparada de um modo consistente, e o primeiro passo é certamente a reforma do sistema político e a reforma do Estado. Só elas permitirão concretizar as políticas de justiça social, cultural e racial em que os brasileiros depositaram a sua esperança. Mas tudo isto só acontecerá se os brasileiros não se limitarem a esperar. E tudo leva a crer que assim sucederá. A plataforma política dos movimentos sociais — "Treze Pontos para um Projeto Popular para o Brasil" — apresentada a Lula a 19 de outubro é um sinal de que o tempo dos cheques em branco acabou e de que a luta contra a cultura política autoritária terá de ser travada com decisão para impedir que o golpismo ocorra, mesmo que a coberto da lei (um exemplo grotesco desta possibilidade é a vergonhosa sentença judicial contra o grande intelectual e democrata Emir Sader). Algures, entre os enunciados de concertação e os treze pontos, o governo do segundo mandato será uma nova era.

Folha de S.Paulo, 6 de novembro de 2006

A Ásia

De repente, os governos ocidentais mais desenvolvidos (G7) descobriram uma nova ameaça: a Ásia, entendendo-se por Ásia basicamente a China e a Índia. A mídia começou a bombardear a opinião pública com uma série de dados todos eles ameaçadores para a hegemonia do Ocidente na economia mundial: em 2030 a China será a maior economia do mundo, deixando para trás os EUA; dentro de 25 anos a soma do produto interno bruto (PIB) da China e da Índia será superior à do G7; daqui até meados do século, a China e a Índia crescerão 22 vezes, enquanto o G7 crescerá apenas duas vezes e meia; a China já é o quinto maior exportador, o sexto maior importador e o maior investidor na África; a cimeira África-Ásia do passado mês de novembro mostrou que uma nova e poderosa parceria mundial está a emergir, entre uma China sedenta de matérias-primas (Angola é já o principal fornecedor de petróleo da China na África) e uma África ansiosa por se libertar das humilhantes condições de financiamento impostas pelos países ocidentais; o controle que a China detém já sobre a dívida pública dos EUA faz com que nada lhe possa ser imposto que esta veja como contrário aos seus interesses; se a China continuar a financiar a economia mundial ao ritmo atual e sem respeitar as condições que o FMI e o BM consideram sacrossantas, estas duas instituições, até há pouco todo-poderosas, serão em breve irrelevantes.

Estes fatos mostram que o pânico está instalado por mais diplomáticos que sejam os termos em que é manifestado. Mas a sua importância histórica vai muito para além dele. Em primeiro lugar, não escapará aos observadores mais atentos, sobretudo àqueles que vivem fora do G7, a dualidade dos discursos hegemônicos sobre a economia mundial dos últimos trinta anos e a hipocrisia que ela exprime. Durante todos estes anos fomos ensinados sobre as vantagens da globalização da economia. Imaginar-se-ia que, se o capitalismo global é algo intrinsecamente bom, pouco importa quem o impulsiona e só pode ser considerado auspicioso que dois países com um terço da população mundial se juntem à locomotiva principal. Afinal se verifica que o capitalismo global só é incondicionalmente bom quando favorece os interesses dos países ocidentais. Passar-se-á o mesmo com a democracia?

Mas o significado histórico da ameaça asiática é ainda mais amplo porque está a obrigar a rever toda a história da modernidade ocidental, uma história escrita por ocidentais, dotados da certeza retrospectiva que o passado, apesar de muito recente, convergia necessariamente para o seu triunfo e para a irreversibilidade desse triunfo. O questionamento deste eurocentrismo é hoje evidente e é, efetivamente, com perguntas que ele melhor se pode expressar. Como se explica que a Europa tenha sido o centro do mundo desde o século XV quando a balança comercial da China com a Europa foi favorável à primeira até ao início do século XIX, ou quando o PIB conjunto da China e da Índia foi, entre 1580 e 1830, 50% do PIB mundial, só depois diminuindo drasticamente para menos de 10%? Que fazer das teorias de Marx e de Weber sobre o excepcionalismo econômico, político e religioso do Ocidente que justificou o desenvolvimento do capitalismo aqui e não noutra região do mundo? Não será mais plausível pensar que a economia mundial teve um desenvolvimento multissecular no Oriente e que, depois de dois breves séculos de viragem para o Ocidente, está de novo a reverter para o Oriente? Que significado atribuir ao fato, hoje confirmado, que a América não foi descoberta por Cristóvão Colombo, mas muito tempo antes, pelos chineses, apesar de estes terem decidido aí não permanecer?

Visão, 21 de dezembro de 2006

2007

the world of
scales
effects
measured coils
followed by like
conversations ever
laughs at the beach
headed for home
how i wouldn't like
problem was how to
too diffuse
names
everywhere
vowels and consonants
at the doors
in a greater
this day
not where i live
live at home

O espectro de Saddam[1]

O Ocidente não é um sistema político-cultural homogêneo. O que se exprime pela voz dos EUA e seus aliados (cada vez menos em número e com menor grau de convicção) é um Ocidente agonizante e sem Norte; incapaz de agir de acordo com os princípios e valores que pretendeu seguir e impor aos seus inimigos, parece-se cada vez mais com estes. Barbarizado na luta contra o que designa por barbárie, transforma-se no Mal que desenha os eixos do Mal, reduz a força dos princípios ao princípio da força e acaba por imolar-se no sangue que faz derramar.

O julgamento de Saddam Hussein ficará para a história como uma das mais grotescas caricaturas da justiça internacional. Apesar de ser apresentado como um exercício da justiça iraquiana, foi, de fato, um ato de justiça internacional selvagem, dirigido ao milímetro a partir de Washington e estritamente sujeito às conveniências políticas internas dos EUA. Da escolha dos crimes a julgar (havia muitos por onde escolher) à seleção dos juízes (e suas sucessivas substituições), às alterações oportunísticas do processo, à farsa do julgamento e dos recursos, à definição da pena e ao *timing* da sua execução, tudo foi decidido fora das paredes do tribunal e segundo critérios de investimento político que nada têm a ver com o Iraque.

A "página nova" (sem Saddam) com que Bush quer começar 2007 não se refere ao Iraque, mas ao Congresso norte-americano, a partir de janeiro controlado pelo partido democrático. Foi uma justiça tanto ou mais circense quanto a justiça revolucionária que Saddam acionou (numa época em que era apoiado pelos EUA) para julgar os implicados no atentado à sua vida, os mesmos que agora serviram de fundamento à sua

---

1. Saddam Hussein foi condenado pela morte de 148 xiitas e executado em dezembro de 2006. A condenação de Saddam à pena capital por enforcamento foi o veredicto final do julgamento de Dujail, relacionado com os crimes cometidos depois da tentativa de assassinato em julho de 1982 de que foi vítima nesta localidade. Muitos são os crimes atrozes que ficaram por julgar, como torturas, ameaças, perseguição política e o genocídio de Anfal contra os curdos em 1988. Contudo, este histórico de violações extremamente graves dos direitos humanos e do direito internacional cometidas pelo regime de Saddam não o eximia do direito a um julgamento justo.

condenação. Onde está a diferença ocidental, do primado do direito e das garantias de uma justiça independente? Ou, perguntando como Bartolomé de Las Casas, ao questionar, no século XVI, as atrocidades cometidas pelos espanhóis contra os índios da América: quem são afinal os bárbaros? Foi um julgamento-emboscada, uma justiça de vencedores, mas sem a dignidade da justiça de Nuremberg que julgou os crimes do nazismo. É que, ao contrário desta última, os vencedores só ficticiamente o são, no perímetro da pista de circo montada pela grande mídia ocidental. De fato, estes vencedores estão historicamente derrotados e as consequências dessa derrota não se abaterão apenas sobre eles.

Cabe, pois, perguntar por que se perdeu a oportunidade de realizar um julgamento que dignificasse os julgadores e não os expusesse ao ridículo de serem menos dignos que o réu, um julgamento que reforçasse a justiça internacional e consolidasse o consenso global sobre a punição dos crimes conta a humanidade? Por que o Ocidente bushiano é constituído pela mesma fraqueza que comanda o extremismo do terrorista suicida. Reclamando para si uma inocência sacrificial que o dispensa de distinguir entre culpados e inocentes, não tolera mediações, negociações, compromissos, enfim, a paz e, acima de tudo, não reconhece a dignidade do outro, do outro que, mesmo culpado, tem direito a um julgamento justo.

Dessa fraqueza emerge o espectro de Saddam, o espectro da força que a derrota pode dar: a coragem de enfrentar um inimigo muito mais poderoso e a dignidade com que se assumem as consequências. Humilhado pela morte de um irmão (amado ou odiado) em dia sagrado, o povo muçulmano tem toda a razão para crer que o sangue derramado é inocente, tal como o do filho de Abraão festejado pelo Hajj. A vingança de Saddam é ele ser um ditador sanguinário com o direito, conferido pelos seus algozes, a ser reclamado por muitos como herói ou mártir. Por isso, não é por Saddam que os sinos dobram. Os sinos dobram pelo Ocidente bushiano.

Visão, 4 de janeiro de 2007

África renasce

Acaba de realizar-se em Nairóbi, com pleno êxito, o sétimo Fórum Social Mundial (FSM). Cada vez mais dominada pelos interesses do capitalismo global, a grande mídia não deu nenhuma atenção a este acontecimento e, em vez disso, assestou os seus holofotes no Fórum Econômico Mundial (FEM), uma instituição decadente por onde passa a má consciência dos ganhadores com a globalização neoliberal, ganhadores que são cada vez menos em número e cada vez mais imorais pela desproporção dos seus ganhos.

Se os jornalistas tivessem liberdade para investigar, constatariam que os temas discutidos no FSM precedem em alguns anos os discutidos no FEM. Obviamente que as soluções propostas por um e por outro são muito diferentes, mas não restam dúvidas de que, desde 2001, é o FSM quem faz a agenda das grandes questões internacionais. Foi assim com a pobreza, a dívida externa, a catástrofe ecológica, os direitos dos povos indígenas, das mulheres e assim será com a questão da terra, da água, da saúde e da guerra.

O FSM de Nairóbi revelou que, para além da África do Sul, há outros países africanos com capacidade de organizar com eficiência uma reunião de 100.000 pessoas. E foi importante que se realizasse na África, o continente mais duramente atingido pelo neoliberalismo, já que as sessões anteriores do Fórum, realizadas no Brasil e na Índia, não permitiram uma participação significativa dos movimentos e organizações sociais africanas. Delegações de muitos países percorreram milhares de quilômetros para trazerem ao FSM a notícia das suas lutas, trocarem experiências e estabelecerem contatos com vista a ações conjuntas futuras. Tal como aconteceu nas sessões anteriores, o continente anfitrião pôde imprimir a marca das suas prioridades. Foi assim possível verificar que a luta contra a guerra tem na África um sentido muito diferente daquele que domina no Atlântico Norte.

Quando se compara a esperança de vida dos suecos, 80 anos (77 em 1990), com a dos botsuanos, 34 (64 em 1990) — em si mesmo um desmentido cruel da pretensa homogeneização das formas de vida trazidas pela globalização —, resulta muito claro que a guerra mais perversa é a da epidemia do HIV/Aids. A luta contra ela foi uma das grandes prioridades desta edição do FSM, juntamente com as lutas pelo acesso à terra, à saúde e à educação, pela igualdade de direitos das mulheres, pelo perdão da dívida e pela preservação dos conhecimentos tradicionais.

O Fórum de Nairóbi teve ainda duas outras novidades. Por um lado, o último dia foi dedicado à formulação de propostas de ações coletivas distribuídas por 21 grandes áreas temáticas, cada uma delas ocupando um vasto espaço para acolher os movimentos e organizações interessadas em juntar aí as suas iniciativas e as suas forças. Por outro lado, nunca como nesta edição se discutiu tanto o futuro do FSM. Ao contrário do que alguns pensam, esta foi uma prova de vitalidade do impulso solidário desencadeado pelo processo do FSM. Assim, em 2008, em vez de uma reunião magna e concentrada, o Fórum será uma nuvem de milhares de eventos (manifestações, colóquios, exposições etc.) a ter lugar nos quatro cantos do mundo nos mesmos dias em que se reúne o FEM. Esta será a maneira de a sociedade civil global dos que lutam contra a injustiça social, a perda de direitos e a catástrofe ecológica denunciar o circo de ostentação e falsa filantropia que ocorre em Davos. E nem estará sozinha. O insuspeito *Los Angeles Times* acaba de acusar a Fundação Bill e Melinda Gates, a mais rica do mundo, de enriquecer com os investimentos em empresas cujas atividades causam os problemas que a fundação supostamente quer resolver (pobreza, dívida, doença etc.).

Visão, 30 de janeiro de 2007

Aprender com o Sul

Quando, em 1537, decretou na bula *Sublimis Deus* que os índios tinham alma, o Papa Paulo III abriu um longo processo histórico que se encerrou com a eleição, em 2005, do primeiro índio presidente de um país, Evo Morales, na Bolívia. Com 62% de população indígena, a Bolívia é um dos países da América Latina mais ricos em recursos naturais e um dos mais pobres. Este contraste, que, aliás, caracteriza muitos outros países do Sul global, bastaria para fazer um juízo sobre o "modelo de desenvolvimento" que o colonialismo e o capitalismo impuseram à grande maioria da população do mundo nos últimos cinco séculos. Mas, melhor que juízos éticos, falam as resistências e as alternativas de que novos atores sociais e novas práticas transformadoras vão dando testemunho um pouco por toda a parte. Aproveitando a oportunidade histórica que lhe foi dada pelo imperialismo norte-americano, ao concentrar-se, na última década, nas riquezas petrolíferas do Médio Oriente, a América Latina está hoje na vanguarda da reinvenção do Estado, da democracia e da esquerda, e a Bolívia é talvez o país mais avançado neste domínio. Não deixa de ser sintomático que sejam os excluídos dos excluídos, os povos indígenas, a protagonizar este processo.

Depois de duas semanas de trabalho intenso com os líderes dos movimentos indígenas, de camponeses, de mulheres e de deputados da Assembleia Constituinte apostados na refundação do Estado boliviano, chego à conclusão de que o grande problema da esquerda europeia e norte-americana reside em continuar a pensar em termos de teorias que foram desenvolvidas em seis países do Norte global (Inglaterra, Alemanha, França, Itália, União Soviética e EUA), enquanto as práticas de transformação social mais inovadoras estão a ocorrer no Sul global. Esta discrepância, que produz uma cegueira arrogante e uma estagnação disfarçada de complexidade, vai durar muito tempo, enquanto a ideia de progresso continuar a impedir os países mais desenvolvidos de aprender com os países menos desenvolvidos. O seu custo maior é impossibilitar a emergência de formas não colonialistas de solidariedade entre as forças progressistas do Sul e do Norte. Como me dizia uma grande líder indígena, sempre olhamos para a Europa como uma possível alternativa, mas, com tristeza, verificamos que já nem sequer no modelo social europeu acreditam; pelo que vemos, a diferença entre a direita e a esquerda europeias é a opção pela privatização mais ou menos selvagem dos serviços públicos e surpreende que não vejam uma relação entre tal política e o aumento da criminalidade, da desigualdade social, da corrupção e do racismo.

O processo boliviano é frágil e de desfecho incerto. Em Santa Cruz de la Sierra, centro do capitalismo agrário, vi deputados constituintes indígenas serem insultados e agredidos por grupos de extrema direita. O que me impressionou na atitude dos deputados foi que, em contraste com a esquerda europeia hegemônica, são militantes de causas, não são funcionários de coisas.

Visão, 12 de abril de 2007

Socialismo do século XXI

O que de mais relevante está a acontecer em nível mundial, acontece à margem das teorias dominantes e, até, em contradição com elas. Há vinte anos, o pensamento político conservador declarou o fim da história, a chegada da paz perpétua dominada pelo desenvolvimento "normal" do capitalismo — em liberdade e para benefício de todos — finalmente liberto da concorrência do socialismo, lançado este irremediavelmente no lixo da história. À revelia de todas estas previsões, houve, neste período, mais guerra que paz, as desigualdades sociais agravaram-se, a fome, as pandemias e a violência intensificaram-se, a China "desenvolveu-se" sem liberdade e mediante violações maciças dos direitos humanos e, finalmente, o socialismo voltou à agenda política de alguns países. Concentro-me neste último porque ele constitui um desafio tanto ao pensamento político conservador, como ao pensamento político progressista. A ausência de alternativa ao capitalismo foi tão interiorizada por um como por outro. Daí que, no campo progressista, tenham dominado "terceiras vias", buscando encontrar no capitalismo a solução dos problemas que o socialismo não soubera resolver.

Em 2005, o presidente da Venezuela, Hugo Chávez, colocou na agenda política o objetivo de construir o "socialismo do século XXI". Desde então, dois outros governantes, tal como Chávez, democraticamente eleitos — Evo Morales (Bolívia) e Rafael Correa (Equador) —, tomaram a mesma opção. Qual o significado deste aparente desmentido do fim da história? Qual o perfil da alternativa proposta ao capitalismo? Que potencialidades e riscos ela contém? O socialismo reemerge porque o capitalismo neoliberal não só não cumpriu as suas promessas como tentou disfarçar esse fato com arrogância militar e cultural; porque a sua voracidade de recursos naturais o envolveu em guerras injustas e acabou por dar poder a alguns países que os detêm; porque Cuba — qualquer que seja a opinião a respeito do seu regime — continua a ser um exemplo de solidariedade internacional e de dignidade na resistência contra a superpotência; porque, desde 2001, o Fórum Social Mundial tem vindo a apontar para futuros pós-capitalistas, ainda que sem os definir; porque nesse processo ganharam força e visibilidade movimentos sociais cujas lutas pela terra, pela água, pela soberania alimentar, pelo fim da dívida externa e das discriminações raciais e sexuais, pela identidade cultural e por uma sociedade justa e ecologicamente equilibrada parecem estar votadas ao fracasso no marco do capitalismo neoliberal.

O socialismo do século XXI, como o próprio nome indica, define-se, por enquanto, melhor pelo que não é do que pelo que é: não quer ser igual ao socialismo do século XX, cujos erros e fracassos não quer repetir. Não basta, porém, afirmar tal intenção. É preciso realizar um debate profundo sobre os erros e fracassos para que seja credível a vontade de evitá-los. Quando, em dezembro passado, o presidente Chávez anunciou o propósito de criar um Partido Socialista unificado a partir de diferentes partidos que apoiam o governo, o temor que tal gerou de, com isso, estar a propor um regime de partido único de tipo soviético, é bem demonstrativo de como estão vivas as memórias do passado recente.

Se tal desidentificação em relação ao socialismo do século XX for levada a cabo de maneira consequente, alguns dos seguintes traços da alternativa deverão emergir: um regime pacífico e democrático assente na complementaridade entre a democracia representativa e a democracia participativa; legitimidade da diversidade de opiniões, não havendo lugar para a figura sinistra do "inimigo do povo"; modo de produção menos assente na propriedade estatal dos meios de produção do que na associação de produtores; regime misto de propriedade onde coexistam a propriedade privada, estatal e coletiva (cooperativa); concorrência por um período prolongado entre a economia do egoísmo e a economia do altruísmo, digamos, entre Windows Microsoft e Linux; sistema que saiba competir com o capitalismo na geração de riqueza e lhe seja superior no respeito pela natureza e na justiça distributiva; nova forma de Estado experimental, mais descentralizada e transparente, de modo a facilitar o controle público do Estado e a criação de espaços públicos não estatais; reconhecimento da interculturalidade e da plurinacionalidade (onde for caso disso); luta permanente contra a corrupção e os privilégios decorrentes da burocracia ou da lealdade partidária; promoção da educação, dos conhecimentos (científicos e outros) e do fim das discriminações sexuais, raciais e religiosas como prioridades governativas.

Será tal alternativa possível? A questão está em aberto. Nas condições do tempo presente, parece mais difícil que nunca implantar o socialismo num só país, mas, por outro lado, não se imagina que o mesmo modelo se aplique em diferentes países. Não haverá, pois, socialismo e sim socialismos do século XXI. Terão em comum reconhecerem-se na definição de socialismo como democracia sem fim.

Folha de S.Paulo, 21 de maio de 2007

O estado do mundo segundo três interrogações

Vivemos num tempo de perguntas fortes e de respostas fracas. As perguntas fortes são as que se dirigem não apenas às nossas opções de vida individual e coletiva, mas sobretudo às raízes, aos fundamentos que criaram o horizonte das possibilidades entre que é possível optar. São, por isso, perguntas que causam uma perplexidade especial. As respostas fracas são as que não conseguem reduzir essa perplexidade e que, pelo contrário, a podem aumentar. As perguntas e as respostas variam de cultura para cultura, de região do mundo para região do mundo. Mas a discrepância entre a força das perguntas e a fraqueza das respostas parece ser comum. Decorre da multiplicação em tempos recentes das zonas de contato entre culturas, religiões, economias, sistemas sociais e políticos e formas de vida diferentes em resultado do que chamamos vulgarmente globalização. As assimetrias de poder nessas zonas de contato são hoje tão grandes quanto eram no período colonial, se não maiores. Mas são hoje muito mais vastas e numerosas. A experiência do contato é sempre uma experiência de limites e de fronteiras. Nas condições de hoje, é ela que suscita a discrepância entre as perguntas fortes e as respostas fracas.

Entre muitas outras, seleciono três interrogações fortes. A primeira pode formular-se assim: se a humanidade é só uma, por que é que há tantos princípios diferentes sobre a dignidade humana, todos pretensamente únicos, e, por vezes, contraditórios entre si? Na raiz desta interrogação está a constatação, hoje cada vez mais inequívoca, de que a compreensão do mundo excede em muito a compreensão ocidental do mundo. O regresso da teologia política (islamismo, hinduísmo e cristianismo políticos) nas três últimas décadas conferiu uma premência especial a esta interrogação, dado que os monopólios religiosos tendem a fomentar extremismos tanto entre os membros das diferentes religiões, como entre os que lutam contra eles. A resposta dominante a esta interrogação são os direitos humanos. É uma resposta fraca porque se refugia na universalidade abstrata (um particularismo ocidental) e não explica por que razão tantos movimentos sociais contra a injustiça e a opressão não formulam as suas lutas em termos de direitos humanos e, por vezes, aliás, as formulam segundo princípios que são contraditórios com os dos direitos humanos.

Esta interrogação desdobra-se numa outra. Qual o grau de coerência exigível entre os princípios, quaisquer que eles sejam, e as práticas que têm lugar em nome deles? Esta interrogação assume uma premência especial nas zonas de contato porque é nestas que os princípios mais tentam ocultar as suas discrepâncias com as práticas e que estas se revelam com mais brutalidade, sempre que a ocultação não tem êxito. Também aqui a resposta dos direitos humanos é fraca. Limita-se a aceitar como natural ou inevitável que a reiterada afirmação dos princípios não perca credibilidade com a cada vez mais sistemática e gritante violação dos direitos humanos por parte tanto de atores estatais, como não estatais. Continuamos a ir às feiras da inovação da indústria dos direitos humanos (*global compact*, programas de luta contra a pobreza, objetivos do milênio etc.), mas, a caminho delas, temos de passar por um cemitério cada vez mais inabarcável de promessas traídas.

A segunda interrogação é esta: se a legitimidade do poder político assenta no consenso dos cidadãos, como garantir este último quando se agravam as desigualdades sociais e se tornam mais visíveis as discriminações sexuais, étnico-raciais e culturais? As respostas dominantes são duas e são igualmente fracas: a democracia representativa e o multiculturalismo. A democracia representativa é uma resposta fraca porque os cidadãos se sentem cada vez menos representados pelos seus representantes; porque, nunca como hoje, os partidos violaram tanto as promessas eleitorais, uma vez no poder; porque os mecanismos de prestação de contas são cada vez mais irrelevantes; porque o mercado político (a concorrência entre ideologias ou valores que não têm preço) está a ser absorvido pelo mercado econômico (concorrência entre valores que têm preço), tornando-se assim sistêmica a corrupção. Por estas razões, o poder político tende a assentar mais na resignação dos cidadãos do que no seu consenso. Por sua vez, o multiculturalismo hegemônico é uma resposta fraca porque é excludente em sua pretensão de inclusão: tolera o outro, dentro de certos limites, mas em caso algum imagina ser enriquecido e transformado pelo outro. É, assim, uma afirmação de arrogância cultural.

A terceira interrogação é a seguinte. Como mudar um mundo onde os quinhentos indivíduos mais ricos têm tanto rendimento quanto o dos 40 países mais pobres ou o de 416 milhões de pessoas e onde o colapso ecológico é uma possibilidade cada vez menos remota? As respostas dominantes são o desenvolvimento, a ajuda ao desenvolvimento e o desenvolvimento sustentável. São variantes da mesma resposta fraca, a de que os problemas causados pelo capitalismo se resolvem com mais capitalismo. Pressupõe que a economia do altruísmo não é uma alternativa credível à economia do egoísmo e que a natureza não merece outra racionalidade senão a irracionalidade com que a tratamos e destruímos.

Jornal de Letras, 30 de maio de 2007

A partilha da África

Tudo leva a crer que estejamos perante uma nova partilha da África. A do final do século XIX foi protagonizada pelos países europeus em busca de matérias-primas que sustentassem o desenvolvimento capitalista e tomou a forma de dominação colonial. A do início do século XXI tem um conjunto de protagonistas mais amplo e ocorre através de relações bilaterais entre países independentes. Para além dos "velhos" países europeus, a partilha inclui agora os EUA, a China, outros países "emergentes" (Índia, Brasil, Israel etc.) e mesmo um país africano, a África do Sul. Mas a luta continua a ser por recursos naturais (sobretudo petróleo, gás e terras) e continua a ser musculada, com componentes econômicos, diplomáticos e militares. Tragicamente, tal como antes, é bem possível que a grande maioria dos povos africanos pouco beneficie da exploração escandalosamente lucrativa dos seus recursos.

Os EUA importam hoje mais petróleo da África do que da Arábia Saudita, e calcula-se que em 2015 25% venham do continente. Angola é já o segundo maior exportador africano para os EUA (depois da Nigéria). Por sua vez, a China faz vastíssimos investimentos na África, os maiores dos quais em Angola que, no ano passado, se tornou o maior fornecedor africano de petróleo à China. E o comércio bilateral entre os dois países ultrapassou os 5 bilhões de dólares. Entretanto, as empresas multinacionais sul-africanas expandem-se agressivamente no continente nas áreas da energia, telecomunicações, construção, comércio e turismo. Ao contrário do que se poderia esperar de um governo do Congresso Nacional Africano (ANC) de Nelson Mandela, não as move o pan-africanismo. Move-as o capitalismo neoliberal puro e duro, imitando bem as concorrentes do Norte.

A primeira partilha de África conduziu à Primeira Guerra Mundial e submeteu o continente a um colonialismo predador. E a atual? A luta agora centra-se no petróleo e na distribuição dos rendimentos do petróleo. Uma visita breve a Luanda é suficiente para avaliar da vertigem da construção civil a cargo de empresas chinesas, portuguesas e brasileiras, da selva urbana do trânsito, dos luxuosos condomínios fechados, alugados às empresas petrolíferas, da lotação dos hotéis esgotada com meses de antecedência, enfim, da palavra "negócio" e "empresa" na boca de toda a gente que tem um veículo de tração às quatro rodas ou aspira a tê-lo. Nada disto chocaria, sobretudo num país só há trinta anos libertado do colonialismo, devastado por uma guerra fratricida fomentada pela África do Sul do *apartheid* e depois financiada pelos amigos de hoje até estes se convencerem de que a paz poderia ser um bom negócio, um país com carências abissais de infraestruturas sem as quais não será possível nenhum desenvolvimento. O que choca é que, paredes meias com o mundo da renda petrolífera, viva a grande maioria da população de Luanda na mais abjeta miséria dos musseques em barracos de zinco e cartão, sem luz nem saneamento, pagando caro pela água potável, com lixeiras e esgotos pestilentos servindo de recreio às crianças cuja mortalidade é das mais altas do continente.

Visão, 21 de junho de 2007

As grandes manobras[2]

A nova fase da globalização chama-se regionalização. Na Ásia, na África e na América Latina aprofundam-se os laços de cooperação entre os países com vista a melhor responder aos "desafios globais". Todos estes movimentos ocorrem sob o olhar atento das grandes potências. Nos próximos meses, em antecipação da Cimeira Europa-África, a África vai estar na mira de muitos interesses. A minha suspeita é que nenhum deles seja o interesse das populações africanas injustamente empobrecidas. Temo que, mais uma vez, os desígnios globais se combinem com políticos e políticas locais no sentido de privarem os povos africanos do direito a um desenvolvimento justo e democraticamente sustentável. No caso da África, a Europa tem uma dívida histórica, decorrente do colonialismo, a qual, para ser paga, obrigaria a uma política africana muito diferente da dos EUA. Para estes, os objetivos estratégicos na África são os seguintes: luta contra o terrorismo, controle do acesso aos recursos naturais, contenção da expansão chinesa. Muitos países do continente (por exemplo, Angola) apoiam ativamente os EUA na luta contra o terrorismo. A crescente importância do golfo da Guiné (Nigéria, Angola, São Tomé e Príncipe, Gabão, Guiné Equatorial, Gana) para assegurar o acesso ao petróleo está bem patente na recente criação do Comando de África pelo Pentágono. A contenção da China é mais problemática não só pela força abissal que ela representa — em 2005, a China consumiu 26% do aço e metade do cimento produzido em todo o mundo — como pelo fato de se dispor a investir em todos os países que as potências ocidentais rejeitam, do Sudão à Somália. Se a Europa não tiver outros objetivos em nada poderá contribuir para os problemas que se avizinham. Estes têm a ver com o agravamento da injustiça social e com a recusa das populações a sujeitarem-se ao papel de vítimas.

---

2. Durante a presidência portuguesa da União Europeia (UE), teve lugar, em dezembro de 2007, em Lisboa, a Cimeira UE-África. Nos meses precedentes ao evento, o continente africano foi, mais uma vez, alvo da atenção dos Estados centrais, em particular os EUA e a UE, focados, como sempre, nos seus próprios interesses estratégicos, como o controle dos recursos naturais, a luta contra o terrorismo e a migração. Nestes aspectos, a política europeia não se distinguiu da dos EUA.

A condenação política de Robert Mugabe não pode deixar de ter em conta que a Inglaterra não cumpriu o compromisso assumido no tratado da independência de cofinanciar a reforma agrária do Zimbábue, consciente como estavam as partes de que 1% a 2% da população (branca) ocupava 90% da terra agrícola e 4.000 agricultores (brancos) consumiam 90% da água disponível para a irrigação. O fato de a situação na África do Sul e na Namíbia não ser muito diferente faz temer pela estabilidade na África Austral. As relações tensas entre Angola e a África do Sul — com boatos de tentativas cruzadas de assassinatos políticos que não serão totalmente destituídos de fundamento — não têm sido bom prenúncio. Angola destina-se a ser um grande ator na região. Para isso, é fundamental que se não repita em Angola o que está a acontecer na Nigéria, onde a produção petrolífera baixou para metade devido à violência política no delta do Níger provocada pela injustiça na distribuição da renda petrolífera. Preocupa que em Angola não se vislumbre o mínimo gesto de redistribuição social (tipo bolsa-família do Brasil) quando é certo que uma migalha (digamos, o equivalente a um dia dos rendimentos do petróleo) permitiria à população dos musseques de Luanda comer uma refeição digna por dia durante um ano.

Visão, 19 de julho de 2007

A urgência e o infinito

Todos os dias nos chegam notícias perturbadoras: o aquecimento global e a catástrofe ecológica cada vez mais iminente; a conspícua preparação de uma nova guerra nuclear; os milhões de pessoas que morrem anualmente de doenças que com um pequeno investimento mundial podiam ser erradicadas, como, por exemplo, a malária, a tuberculose e a Sida/Aids; a manipulação da preocupação com um bem essencial à nossa sobrevivência, a água, para a privatizar e a transformar em mais uma fonte de lucro, tornando-a inacessível aos mais pobres; a bárbara destruição da vida no Oriente Médio e em Darfur em nome da democracia, do petróleo e da religião. Quando os nossos afazeres e prazeres diários não nos conseguem distrair destas notícias somos assolados por dois sentimentos contraditórios: um sentimento de urgência e um sentimento de mudança civilizacional.

O primeiro sentimento impele-nos a pensar que algo tem de ser feito a curto prazo, pois doutro modo será provavelmente tarde demais. Parece ser do senso comum que se não atuarmos a curto prazo talvez não haja longo prazo. A angústia que este sentimento nos provoca aumenta quando verificamos que este senso comum não parece partilhado pelas instituições políticas que nos governam. As instituições nacionais não se sentem responsáveis por nada do que se passa além-fronteiras e os problemas globais com impacto nacional (como as mudanças climáticas), sendo da responsabilidade de todos, não são afinal da responsabilidade de nenhum país em particular. Por sua vez, as instituições internacionais reforçam-nos, no seu melhor, o nosso senso comum, mas o discurso da urgência é neutralizado pela prática da impotência já que, afinal, são reféns das instituições políticas nacionais.

O segundo sentimento advém-nos da suspeita de que as notícias perturbadoras se irão acumular cada vez mais enquanto prevalecer esta civilização tão criativa quanto destrutiva, dominada pela ideia de que só tem valor o que tem preço, capaz de acumular riquezas fabulosas nas mãos de poucos e transformar, com indiferença repugnante, uma boa parte da humanidade em população descartável, uma civilização tão predadora do homem e da natureza quanto sedutora pelo modo como penetra na nossa pele e nos prende a uma compulsão ideológica do consumo, quer possamos ou não consumir. Aqui o nosso senso comum diz-nos que só a longo prazo será possível modificar as coisas, tarefa de muitas gerações, centrada na educação para a paz e para a solidariedade, para a cidadania e para a racionalidade ambiental. E a angústia advém-nos de que neste caso estamos ainda mais desprovidos de instituições já que estas, sendo produto desta civilização, em nada nos podem ajudar a construir outra.

Perante estes sentimentos contraditórios de urgência e de mudança civilizacional, de curto prazo e de longo prazo, estamos mais sós do que nunca. E se ninguém pode pensar ou agir por nós, porque não começarmos a pensar com mais autonomia e a agir coletivamente com mais inovação e ousadia? Por mais contraditório que pareça, será em nós que tanto as ações urgentes como as mudanças civilizacionais começarão. Ou então não começarão nunca.

Visão, 16 de agosto de 2007

Lixo e cidadania

Acabo de participar, como conferencista, no 6º Festival do Lixo e Cidadania realizado em Belo Horizonte, por iniciativa do Movimento Nacional dos Catadores de Materiais Recicláveis (MNCR). Uma experiência surpreendente e riquíssima. Surpreendente, porque juntou o mais desprezível (o lixo) com o mais precioso (a cidadania) num tipo de evento (festival) a que associamos celebração e alegria. Riquíssima, porque aprendi ou reaprendi incomparavelmente mais do que ensinei.

Aprendi que os seres humanos, mesmo os mais excluídos e nas condições mais indignas — aqueles para quem o nosso lixo é um luxo e o endereço é um viaduto ou uma soleira de porta — não desistem de lutar por uma vida digna, assente na reivindicação de direitos de cidadania que, apesar de impunemente desrespeitados, lhes dão notícia da sua humanidade. São milhares de sombras móveis coladas a carroças desengonçadas que percorrem as cidades, atrapalhando os postais ilustrados e a indústria turística, populações descartáveis apesar de ganharem o seu sustento coletando para reciclagem o que descartamos como papel velho, vidro e plástico usados ou sucata.

Aprendi que muitas das lutas mais exigentes pela inclusão social exigem formas de organização e mobilização autônomas, já que as agendas dos partidos não contemplam as aspirações dos mais excluídos e os sindicados não reconhecem formas de trabalho que extravasam do modelo do capitalismo industrial. O MNCR agrega hoje centenas de organizações e cooperativas de que são membros cerca de 300.000 catadores. Por via da organização e mobilização ressignificaram a sua autoestima e identidade, passando de miseráveis comedores de lixo a uma ocupação profissional, a de "catador de material reciclável", reconhecida pelo Código Brasileiro de Ocupações sob o número 5.192. São, pois, recicladores que reciclaram a própria vida. Aprendi que a sociedade de consumo em que vivemos — baseada na incessante fabricação de necessidades que não temos e no endividamento extremo que nos impede de satisfazer as que verdadeiramente temos — despreza o saber ecológico daqueles que transformam os restos do consumo em consumo sustentável de restos. Calcula-se que o mundo produz anualmente 1,84 bilhão de toneladas de lixo por ano, a maior parte dele resíduos sólidos que, por falta de reaproveitamento, polui a atmosfera e contamina o solo e as águas subterrâneas. Nem mesmo os movimentos ambientalistas dos países com milhares de catadores de lixo se deram conta destes seus aliados naturais, certamente não pertencentes, como eles, à classe média e muito menos portadores de discursos que escondem com a beleza das palavras a sujidade do mundo.

Aprendi ainda que há uma alternativa à economia do egoísmo — que o capitalismo transformou no modo natural de fazer, ter e ser —, a economia do altruísmo, das cooperativas e das organizações econômicas populares onde a rentabilidade está ao serviço do bem-estar e se inclui, dentro do tempo de trabalho, o tempo de alfabetização e de formação profissional, a ginástica para aliviar o estresse muscular da especialização (separação, triagem e enfardamento de sucata) e a discussão sobre violações de direitos humanos no trabalho e em casa, nomeadamente a discriminação sexual e a violência doméstica. Neste domínio, há que registrar a solidariedade prestada pelos serviços de extensão de universidades públicas que finalmente se deram conta de que o seu futuro passa por um novo contrato social, não, como antes, vinculado às elites econômicas, mas antes solidário com as classes populares e os cidadãos impotentes para fazer valer os seus direitos diante de profissionais ininteligíveis e secretarias labirínticas.

Afinal, talvez eu já soubesse tudo isto. Apenas fiquei a saber melhor que os excluídos não precisam que lhes ensinem o que é uma vida digna. Precisam apenas de aliados que possam dar testemunho deles e, com isso, ampliar a sua voz e a sua luta. Suspeito que foi por isso que me convidaram.

Visão, 27 de setembro de 2007

Nem tudo o que reluz é verde[3]

A questão ambiental entrou finalmente no discurso público e na agenda política, o que não deixa de causar alguma surpresa aos ativistas dos movimentos ecológicos, sobretudo àqueles que militam há mais tempo e se habituaram a ser apodados de utópicos e inimigos do desenvolvimento. A surpresa é tanto maior se se tiver em conta que o fenômeno não parece estar relacionado com uma intensificação extraordinária da militância ecológica. Quais, pois, as razões?

Ao longo das últimas quatro décadas, os movimentos ecológicos foram ganhando credibilidade à medida que a investigação científica foi demonstrando que muitos dos argumentos por eles invocados se traduziam em fatos indesmentíveis — a redução e perda da biodiversidade, as chuvas ácidas, o aquecimento global, as mudanças climáticas, a escassez de água etc. — que, a prazo, poriam em causa a sustentabilidade da vida na terra. Com isto, ampliaram-se os estratos sociais sensíveis à questão ambiental, e a classe política mais esclarecida ou mais oportunista (ainda que por vezes disfarçada de sociedade civil, como é o caso de Al Gore) não perdeu a oportunidade para encontrar nessa questão um novo campo de atuação e de legitimação. Assim se explica o importante relatório sobre a "conta climática" de um economista nada radical, Nicholas Stern, encomendado por um político em declínio, Tony Blair. Neste processo foram "esquecidos" muitos dos argumentos dos ambientalistas, nomeadamente aqueles que punham em causa o modelo de desenvolvimento capitalista dominante. Este "esquecimento" foi fundamental para a segunda razão do atual *boom*

---

3. Apesar dos limitados benefícios e dos sérios danos ambientais, sociais e econômicos comprovados, as áreas de expansão dos agrocombustíveis alargam-se: segundo um relatório de 2010 da Friends of the Earth, 1/3 da terra vendida ou cedida por longos períodos na África destina-se à produção de agrocombustíveis. A pressão sobre a terra atinge ecossistemas importantes e territórios indígenas e de comunidades locais, que não participaram em nenhum processo decisório relativo a esta opção. Em contraponto a esta lógica, os movimentos sociais e ecológicos demonstram a capacidade dos sistemas agrícolas ecológicos, de pequena dimensão, e produção diversificada para construir e reforçar o direito à alimentação, ao trabalho digno, à participação, à justiça geracional, e a continuidade dos ciclos vitais da Terra.

ambiental: a emergência do ecologismo empresarial, das indústrias da ecologia (não necessariamente ecológicas) e, acima de tudo, dos agrocombustíveis, cujos promotores preferem designar, *et pour cause*, como biocombustíveis.

As reservas que os movimentos sociais (ambientalistas e outros) levantam a este último fenômeno merecem reflexão tanto mais que, tal como aconteceu antes, é bem provável que só daqui a muitos anos (tarde demais?) sejam aceites pela classe política e opinião pública. A primeira pode formular-se como uma pergunta: é de esperar que as indústrias da ecologia resolvam o problema ambiental quando é certo que a sustentabilidade econômica delas depende da permanente ameaça à sustentabilidade da vida na terra? A eficiência ambiental dos agrocombustíveis é uma questão em aberto que, aliás, se agravará com a "segunda geração de agrocombustíveis" que, entre outras coisas, inclui a introdução de plantas (árvores) geneticamente modificadas. Por outro lado, a produção dos agrocombustíveis (cana-de-açúcar, soja e palma asiática), como monocultura, usa fertilizantes, polui os cursos de água e é já hoje uma das causas do desmatamento, da subida do preço da terra e da emergência de uma nova economia de plantação, neocolonial e global. A segunda reserva está relacionada com a anterior e diz respeito ao impacto da expansão dos agrocombustíveis na produção de alimentos. No início de setembro, o *bushel* de trigo (cerca de 36 litros) atingiu o preço recorde de 8 dólares na bolsa de mercadorias de Chicago. Más colheitas (derivadas das mudanças climáticas), o aumento da procura pela China e a Índia e a produção de agrocombustíveis foram as razões do aumento e a expectativa é de que a subida continue. O aumento do preço dos alimentos vai afetar desproporcionalmente populações empobrecidas dos países do Sul, pois gastam mais de 80% dos seus parcos rendimentos na alimentação. Ao decidir atribuir 7,3 bilhões de dólares em subsídios para a produção de agrocombustíveis, os EUA produziram de imediato um aumento (que chegou a 400%) do preço do alimento básico dos mexicanos, a *tortilla*. Reside aqui a terceira reserva: os agrocombustíveis podem vir a contribuir para a desigualdade entre países ricos e países pobres. Enquanto na UE a opção pelos agrocombustíveis corresponde, em parte, a preocupações ambientais, nos EUA a preocupação é com a diminuição da dependência do petróleo. Em qualquer dos casos, estamos perante mais uma forma de protecionismo sob a forma de subsídios à agroindústria, e, como a produção doméstica não é de nenhum modo suficiente, é, de novo, nos países do Sul que se vão buscar as fontes de energia. Se nada for feito, repetir-se-á a maldição do petróleo: a pobreza das populações em países ricos em recursos energéticos.

O que há a fazer? Critérios exigentes de sustentabilidade global; democratização do acesso à terra e regularização da propriedade camponesa; subordinação do agrocombustível à segurança e à soberania alimentares; novas lógicas de consumo (se a eficiência do transporte ferroviário é 11 vezes superior à dos transportes rodoviários, por que não investir apenas no primeiro?); alternativas ao mito do desenvolvimento e numa nova solidariedade do Norte para com o Sul. Neste domínio, o governo equatoriano acaba de fazer a proposta mais inovadora: renunciar à exploração do petróleo numa vasta reserva ecológica se a comunidade internacional indenizar o país em 50% da perda de rendimentos derivados dessa renúncia.

Visão, 25 de outubro de 2007

¿Por qué no te callas?

Esta frase, pronunciada pelo rei da Espanha, dirigindo-se ao presidente Hugo Chávez durante a XVII Cimeira Iberoamericana, corre o risco de ficar na história das relações internacionais como um símbolo das contas por saldar entre as potências ex-colonizadoras e as suas ex-colônias. Não se imagina um chefe de Estado europeu a dirigir-se nesses termos publicamente a um seu congênere europeu, quaisquer que tenham sido as razões do primeiro para reagir às afirmações do último. Como qualquer frase que intervém no presente a partir de uma história não resolvida, esta frase é reveladora a diferentes níveis.

Revela a dualidade de critérios na avaliação do que é ou não democrático. Está documentado o envolvimento do (então) primeiro-ministro de Espanha, José Maria Aznar, no golpe de Estado que, em 2002, tentou depor um presidente democraticamente eleito, Hugo Chávez. E com a agravante que na altura a Espanha presidia à União Europeia. Para Chávez, Aznar, ao atuar desta forma, comportou-se como um fascista. Pode questionar-se a adequação deste epíteto. Mas haverá tanta razão para defender as credenciais democráticas de Aznar, como fez pateticamente Zapatero, sem sequer denunciar o caráter antidemocrático desta ingerência? Haveria lugar à mesma veemente defesa se o presidente eleito de um país europeu colaborasse num golpe de Estado para depor outro presidente europeu eleito? Mas a dualidade de critérios tem ainda uma outra vertente: a da avaliação dos fatores externos que interferem no desenvolvimento dos países. Zapatero criticou aqueles que invocam fatores externos para encobrir a sua incapacidade de desenvolver os países. Era uma alusão a Chávez e à sua crítica do imperialismo norte-americano. Podem criticar-se os excessos de linguagem de Chávez, mas não é possível fazer esta afirmação no Chile sem ter presente que ali, há trinta e quatro anos, um presidente democraticamente eleito, Salvador Allende, foi deposto e assassinado por um golpe de Estado orquestrado pela CIA e por Henry Kissinger. Tampouco é possível fazê-lo sem ter presente que atualmente a CIA tem em curso as mesmas táticas usando o mesmo tipo de organizações da "sociedade civil" para desestabilizar a democracia venezuelana.

Tanto Zapatero como o rei ficaram particularmente agastados pelas críticas às empresas multinacionais espanholas (busca desenfreada de lucros e interferência na vida política) feitas, em diferentes tons, pelos presidentes da Venezuela, Nicarágua, Equador, Bolívia e Argentina. Ou seja, os presidentes legítimos das ex-colónias foram mandados calar mas, de facto, não se calaram. Esta recusa significa que estamos a entrar num novo período histórico, o período pós-colonial, um período longo que se caracterizará pela afirmação mais vigorosa na vida internacional dos países que se libertaram do colonialismo europeu, assente na recusa das dominações neocoloniais que persistiram para além do fim do colonialismo. Isto explica por que é que a frase do rei da Espanha, destinada a isolar Chávez, saiu pela culatra.

Mas "¿por qué no te callas?" é ainda reveladora a outros níveis. Saliento três.

1º) A desorientação da esquerda europeia, simbolizada pela indignação oca de Zapatero, incapaz de dar qualquer uso credível à palavra "socialismo" e tentando desacreditar aqueles que o fazem. Pode questionar-se o "socialismo do século XXI" — eu próprio tenho reservas e preocupações em relação a desenvolvimentos recentes na Venezuela —, mas a esquerda europeia deverá ter a humildade para reaprender, com a ajuda das esquerdas latino-americanas, a pensar em futuros pós-capitalistas.

2º) A frase espontânea do rei da Espanha, seguida do ato insolente de abandonar a sala, mostrou que a monarquia espanhola pertence mais ao passado da Espanha que ao seu futuro. Se, como escreveu o editorialista de *El País*, o rei desempenhou o seu papel, é precisamente este papel que mais e mais espanhóis põem em causa, ao advogarem o fim da monarquia, afinal uma herança imposta pelo franquismo.

3º) Onde estiveram Portugal e o Brasil nesta Cimeira? Ao mandar calar Chávez, o rei falou em família. O Brasil e Portugal são parte dela?

Visão, 22 de novembro de 2007

Ser real em Al Walajeh[4]

Segundo um dos grandes teólogos da libertação, o jesuíta Jon Sobrino — que escapou por sorte aos assassinos de Don Óscar Romero em El Salvador — o mundo em que vivemos hoje exige que sejamos reais. Ser real significa viver de tal maneira que não tenhamos de nos envergonhar por vivermos neste mundo. É uma exigência radical quando são tantos os motivos para nos envergonharmos e quando, para vencer a vergonha, seriam necessárias intervenções e mudanças de tal magnitude que a ação individual parece irrelevante, se não ridícula. Mas a exigência de sermos reais é ainda mais radical se tivermos em mente que muitos dos motivos de vergonha nos escapam, porque não sabemos deles, porque as vítimas deles são invisíveis, estão em silêncio ou silenciadas.

Entre tantos outros motivos, estou envergonhado por viver num mundo onde existe Al Walajeh. Estamos no Natal. A 4 quilómetros da cidade onde nasceu Jesus Cristo está a pequena aldeia palestina de Al Walajeh. Não nos é fácil chegar lá e é ainda mais difícil aos seus habitantes saírem de lá: porque não querem sair de lá definitivamente e porque não podem sair de lá sempre que precisam de ir tratar de um assunto fora da aldeia. Antes da criação do Estado de Israel, em 1948, Al Walajeh era uma próspera e bela comunidade agrícola bordejada por suaves colinas revestidas com a floresta nativa da região. Desde então, perdeu 75% da sua área, muitas das suas casas foram demolidas por ordem do município de Jerusalém, sob o pretexto de não terem licença de construção, e grande parte da sua floresta foi arrasada para criar as áreas onde foram sendo construídos os colonatos judeus. O pouco que restava acaba de ser destruído para

---

4. Quando as obras terminarem, Al-Walajeh ficará completamente cercada por uma barreira de nove metros de altura, isolada de Belém e Jerusalém. Os habitantes perderão praticamente todas as suas terras (500 hectares), o acesso a cuidados de saúde (não existem hospitais no perímetro interior) e o contato com os seus familiares no exterior (está prevista uma única saída que será fortemente policiada limitando a circulação de pessoas e bens). O Muro em Al-Walajeh terá quase cinco mil metros de comprimento e passará ao lado de dezenas de casas, que serão demolidas. Os seus habitantes receberão posteriormente a conta respeitante aos custos da demolição, bem como uma multa pela ilegalidade da casa que acabaram de perder.

construir mais uns quilômetros do novo Muro da Vergonha que, quando completado, terá cerca de 703 quilômetros. Al Walajeh é hoje um campo de concentração, e os nomes desta cerca infame são, além do muro, os colonatos de Gilo, Har-Gilo e Giv'at Yael. As demolições continuam e algumas casas já foram demolidas várias vezes. O objetivo desta política de sistemática humilhação e destruição é levar os 1.700 habitantes a abandonarem a aldeia. Mas eles recusam-se a fazê-lo porque foi aqui que nasceram, tal como os seus antepassados.

Al Walajeh é o símbolo do sistema de *apartheid* e de limpeza étnica que o Estado de Israel tem vindo a consolidar na Palestina com total impunidade. É esta impunidade que me envergonha. E envergonha-me tanto mais quanto ela, apesar de monstruosa, ser apenas uma pequena peça de um sistema muito mais vasto de impunidades que está a pôr a ferro e fogo todo o Oriente Médio e, amanhã, talvez o mundo inteiro. No centro desse sistema está Israel com o apoio incondicional dos EUA, a cumplicidade covarde da União Europeia e a corrupção dos líderes dos Estados árabes da região. Este sistema está à beira de um teste fundamental, o Irã. É sabido que os três últimos conflitos militares da região — Afeganistão (2001), Iraque (2003) e Líbano (2006) — fortaleceram muito mais o Irã que Israel. Por razões parcialmente diferentes — controle do petróleo da Eurásia ou a segurança militar — nem aos EUA nem a Israel convém um Irã forte e independente. Mas as estratégias para o conter podem, de momento, divergir devido sobretudo a condições internas. Os serviços secretos dos EUA — os mesmos que embarcaram nas falsidades de G. W. Bush para impor a invasão do Iraque a todo o custo — decidiram desta vez que seria demasiado perigoso arriscar uma Terceira Guerra Mundial, antecipada por Bush, com base em mais uma falsidade: a de que o Irã está à beira de ter uma bomba nuclear. A reação violenta das autoridades israelitas mostra até que ponto pode ser destrutiva a sua paranoia securitária, a mesma que impedirá sempre a constituição de dois verdadeiros Estados na Palestina e muito mais um verdadeiro Estado pluricultural (a única solução justa). Como antes no Iraque e na Síria, Israel pode atuar "sozinho", mas as consequências são agora mais imprevisíveis. E não esqueçamos que a relativa diminuição da violência no Iraque se deve à intervenção direta do Irã.

Para que eu seja real, denuncio o que se passa em Al Walajeh e apelo ao boicote a Israel e deixo aos habitantes desta pequena aldeia dois sinais de esperança. Num relatório da ONU, de fevereiro passado, afirma-se pela primeira vez que as políticas de Israel "se assemelham às do *apartheid*". Por outro lado, já por três vezes nos últimos anos, altos dirigentes israelitas desistiram de desembarcar num aeroporto europeu com medo de serem presos por acusações de crimes de guerra.

Visão, 20 de dezembro de 2007

2008

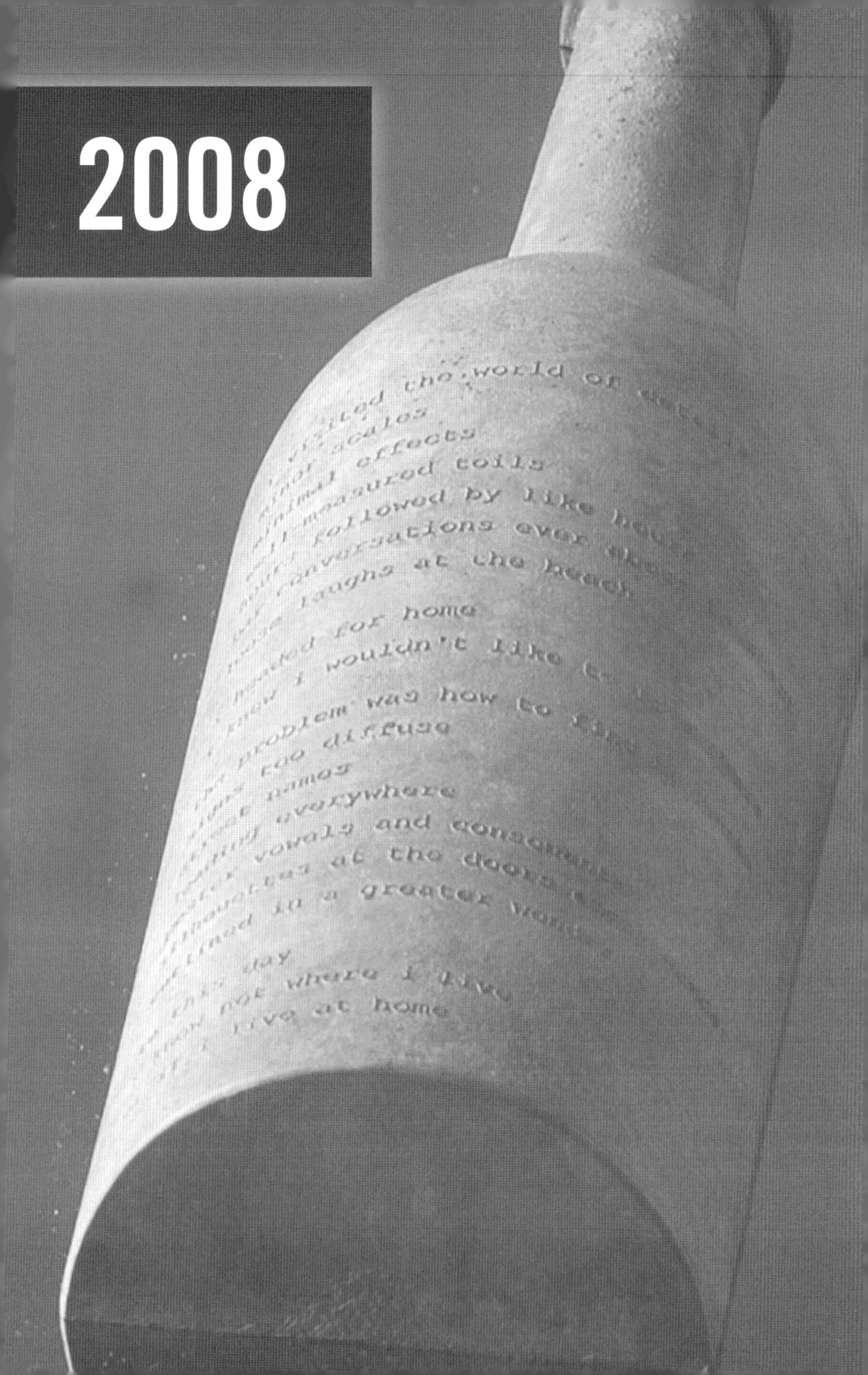

A África provincianiza a Europa

Ao contrário do que tem sucedido na mídia africana, o fracasso da recente Cimeira Europa-África não tem sido objeto de nenhuma análise séria na mídia europeia. No contexto global em que vivemos, esta ausência é preocupante, pois revela que a Europa ou nunca entendeu a África ou deixou de a entender. O silêncio afirma ruidosamente: "Isto é África. O que se espera?" E a pergunta é retórica. Perante ela, os africanos perguntam-se perplexos: "Que Europa é esta que pensa assim?" E, ao contrário dos europeus, procuram respostas já que, depois de séculos de colonialismo, não se podem dar ao luxo de não entender a Europa.

Há um ditado africano que diz: "Enquanto a história da caça ao leão for contada pelos caçadores, os leões serão sempre perdedores." O pouco de história de África que os europeus conhecem é a história do caçador, a história europeia de África, e enquanto isto não mudar a África só confirmará aos europeus o que já "sabem" dela. Ou seja, nada que sirva para fundar outro tipo de relações que não as coloniais e as neocoloniais. Para começar, seria importante ter em mente que a recente cimeira ocorreu no seguimento de várias outras — a Cimeira África-EUA, em 2005, a Cimeira África-América Latina, em 2006, e a Cimeira África-China, em 2007 — e que todas elas, sobretudo as duas últimas, tiveram resultados palpáveis, apesar de terem ocorrido com parceiros para quem a África, até há pouco, era algo estranho e remoto. Ou seja, ao contrário da Europa, os novos parceiros não tiveram dificuldade em entender a nova África.

E o que é a nova África? É uma África que procura aprender as lições da globalização neoliberal para receber dela, não apenas os custos, como até aqui, mas também alguns benefícios. Para isso, tem de unir-se para que o mundo desenvolvido não continue a dividi-la, tal como o fez a geografia colonial. Está em curso um novo impulso de pan-africanismo, mais pragmático que o anterior, centrado em instituições novas ou renovadas, quer de âmbito continental (a União Africana), quer de âmbito regional (por exemplo, a Comunidade de Desenvolvimento da África Austral, SADC), apostado em resolver com recursos internos as crises que ocorrem (de Darfur ao Quênia, passando pela Guiné-Bissau) e alimentando-se das vitórias que nascem da união. Em suma, a África sente que é preferível caminhar com os próprios pés, mesmo que sangrem, do que com muletas, mesmo que de ouro.

Por outro lado, a nova África interroga-se hoje intensamente sobre donde vem. De algum tempo a esta parte, está em curso uma revisão profunda da história do colonialismo que envolve uma reflexão sobre a África pré-colonial. O debate é intenso, mas emerge dele um sentimento de que a África não pode desperdiçar nenhuma originalidade ou experiência histórica africana, mesmo que ela tenha sido desvirtuada e manipulada pelo colonialismo. Daí uma reavaliação dos sistemas de governo tradicionais (as autoridades tradicionais) e o modo como podem ser postos ao serviço de uma democracia que não seja apenas uma imitação ou imposição ocidental. Como construir uma cidadania articulada com as fortes pertenças comunitárias, sobretudo quando se sabe que um Estado--Providência tipo europeu, mesmo se desejado, é objetivo distante? Como conceber um Estado que saiba articular várias fontes de legitimidade para estar mais próximo dos cidadãos e não cair na voracidade da corrupção, tantas vezes induzida de fora? A questão da relação entre cidadania e etnicidade torna-se premente. Mas os africanos sabem que por detrás do "tribalismo" de que a África é acusada pelo Norte desenvolvido está o verdadeiro tribalismo, o tribalismo que divide a África em duas tribos: a dos que têm tudo e a dos que não têm nada, a imensa maioria. É neste tribalismo profundo que assenta o tribalismo que interessa à mídia ocidental. Violência no Quênia? "Isto é África. O que se espera?" E a estrondosa derrota de Thabo Mbeki, presidente da África do Sul, no recente Congresso do Partido do Congresso Nacional Africano (ANC), ante o seu opositor Jacob Suma, e o modo como o tsunami Zuma foi absorvido pela democracia sul-africana? Também isso é "Isto é África. Que se espera?"?

A imaginação catastrófica do Ocidente não sabe ler África senão através de metáforas apocalípticas, como genocídio e limpeza étnica. Se procurasse entender, veria que por detrás da violência estão conflitos de terra e pelo controle de recursos naturais, muitos deles resultados de tortuosas heranças coloniais, outros assentes em lutas pelo controle político e territorial pós-independência, mascaradas de nacionalismo e de identidade nacional. É, pois, a tribo dos camponeses pobres, expulsos das suas terras, tantas vezes em nome de megaprojetos de grandes empresas multinacionais europeias, financiados pelo Banco Mundial e com a conivência de elites políticas corruptas, é essa tribo que está por detrás dessa violência. E também em relação a ela a Europa não se pode considerar inocente. A politização da etnicidade foi fortemente manipulada pelo colonialismo e, depois das independências, se as potências colonizadoras tivessem cumprido os compromissos assumidos de facilitar a reforma agrária, a tribo dos camponeses pobres não existiria hoje. De África, a Europa só vê as realidades que confirmam a sua nostalgia da visão colonial.

Visão, 17 de janeiro de 2008

Libertem a língua[1]

Sendo a ortografia uma pequena dimensão da vida da língua, seria legítimo esperar que não fosse necessário o acordo ortográfico ou que, sendo-o, pudesse ser celebrado sem dificuldade nem drama. No caso da língua portuguesa assim não é, e há que refletir por quê. A razão fundamental reside no fantasma do colonialismo inverso que desde há séculos assombra as relações entre Portugal e o Brasil. Durante séculos, a única colônia com propósitos de ocupação efetiva no império português, o Brasil, foi sempre e simultaneamente um tesouro e uma ameaça grandes demais para Portugal. Depois de um curto apogeu no século XVI, Portugal foi durante toda a modernidade ocidental capitalista um país semiperiférico, isto é, um país de desenvolvimento intermédio, desprovido dos recursos políticos, financeiros e militares que lhe permitissem controlar eficazmente o seu império e usá-lo para seu exclusivo benefício. Teve, pois, de o partilhar desde cedo com as outras potências imperiais europeias, e foi por conveniência destas que ele se manteve até tão tarde. A partir do século XVIII, Portugal foi simultaneamente o centro de um império e uma colônia informal da Inglaterra. À semiperifericidade de Portugal correspondeu a semicolonialidade do Brasil, tão bem analisada por Antonio Candido, a ideia contraditória de um país mal colonizado e superior ao colonizador, um país que resgatou a independência de Portugal e que, logo depois da sua própria independência, foi visto como uma ameaça aos interesses de Portugal na África.

A relação colonizador-colonizado entre Brasil e Portugal foi sempre uma relação à beira do colapso ou à beira da inversão. Até hoje. É essa indefinição que torna tão necessário quanto difícil o acordo ortográfico. Do lado português, a posição ante o acordo assenta sempre na ideia de

---

1. Aprovado e ratificado pelo Parlamento português em maio de 2008, o "Acordo Ortográfico" suscitou ampla discussão pública e despertou um sentimento generalizado de resistência por parte da sociedade portuguesa. Nesta negociação — que excluiu os restantes países de língua oficial portuguesa — o que prevaleceu foram os interesses político-econômicos, em nome da diplomacia transatlântica, em vez de se procurar valorizar a diversidade identitária, linguística e cultural das línguas portuguesas.

"rendição ao Brasil", tanto para o aceitar como para o recusar. Em ambos os casos, o fantasma do colonialismo do inverso, em vez da ideia libertadora do inverso do colonialismo.

Acontece que hoje a inconsequência do acordo tem consequências que não tinha, por exemplo, em 1911. Em 1911, o acordo teve lugar entre dois países em que a língua portuguesa era a língua natural. No caso português, o colonialismo proibia que as línguas nacionais faladas nas colónias fossem um problema linguístico, no caso do Brasil, o colonialismo interno impedia que as línguas indígenas existissem. Portugal considerava-se o dono da língua portuguesa, mas porque não o era de fato, o acordo só começou a ser implementado em 1931.

Hoje são oito os países de língua portuguesa, e em seis deles a língua portuguesa coexiste com outras línguas nacionais, algumas delas mais faladas que o português. Nestes países, o contexto da política da língua é muito mais complexo. Mexer no português só faz sentido se se mexer nas línguas nacionais, e mexer nestas, em países que há pouco saíram de uma guerra civil, pode ter consequências bem mais graves que as do drama bufo luso-brasileiro. Por estas razões, deviam ser estes países a decidir o desacordo, mas pelas mesmas razões é pouco provável que aceitassem tal magnanimidade.

Neste contexto, a língua portuguesa deve ser deixada em paz, entregue à turbulência da diversidade que torna possível que nos entendamos todos em português. Revejo-me, pois, no comentário irónico e contraditório de Fernando Pessoa aos acordos ortográficos, escrito em 1931, ano em que se implementava o acordo de 1911: "*Odeio... não quem escreve em orthographia simplificada, mas a pagina mal escrita, como pessoa propria, a syntaxe errada, como gente em que se bata, a orthographia sem ipsilon, como o escarro direto que me enoja independentemente de quem o cuspisse.*

Sim, porque a orthographia também é gente. A palavra é completa vista e ouvida. E a gala da translitteração greco-romana veste-m'a do seu vero manto regio, pelo qual é senhora e rainha".

Apesar de transcrito na ortografia de Pessoa, foi difícil entender este passo?

Visão, 17 de abril de 2008

A fome infame

Há muito conhecido dos que estudam a questão alimentar, o escândalo finalmente estalou na opinião pública: a substituição da agricultura familiar, camponesa, orientada para a autossuficiência alimentar e os mercados locais, pela grande agroindústria, orientada para a monocultura de produtos de exportação (flores ou tomates), longe de resolver o problema alimentar do mundo, agravou-o. Tendo prometido erradicar a fome do mundo no espaço de vinte anos, confrontamo-nos hoje com uma situação pior do que a que existia há quarenta anos. Cerca de um sexto da humanidade passa fome; segundo o BM, 33 países estão à beira de uma crise alimentar grave; mesmo nos países mais desenvolvidos os bancos alimentares estão a perder as suas reservas; e voltaram as revoltas da fome que em alguns países já causaram mortes. Entretanto, a ajuda alimentar da Organização das Nações Unidas (ONU) está hoje a comprar a 780 dólares a tonelada de alimentos que no passado mês de março comprava a 460 dólares. A opinião pública está a ser sistematicamente desinformada sobre esta matéria para que se não dê conta do que se está a passar. É que o que se está a passar é explosivo e pode ser resumido do seguinte modo: a fome do mundo é a nova grande fonte de lucros do grande capital financeiro, e os lucros aumentam na mesma proporção que a fome. A fome no mundo não é um fenômeno novo. Ficaram famosas na Europa as revoltas da fome (com o saque dos comerciantes e a imposição da distribuição gratuita do pão) desde a Idade Média até ao século XIX.

O que é novo na fome do século XXI diz respeito às suas causas e ao modo como as principais são ocultadas. A opinião pública tem sido informada que o surto da fome está ligado à escassez de produtos agrícolas, e que esta se deve às más colheitas provocadas pelo aquecimento global e às alterações climáticas; ao aumento de consumo de cereais na Índia e na China; ao aumento dos custos dos transportes devido à subida do petróleo; à crescente reserva de terra agrícola para produção dos agrocombustíveis.

Todas estas causas têm contribuído para o problema, mas não são suficientes para explicar que o preço da tonelada do arroz tenha triplicado desde o início de 2007. Estes aumentos especulativos, tal como os do preço do petróleo, resultam de o capital financeiro (bancos, fundos de pensões, fundos *hedge* [de alto risco e rendimento]) ter começado a investir fortemente nos mercados internacionais de produtos agrícolas depois da crise do investimento no setor imobiliário.

Em articulação com as grandes empresas que controlam o mercado de sementes e a distribuição mundial de cereais, o capital financeiro investe no mercado de futuros na expectativa de que os preços continuarão a subir, e, ao fazê-lo, reforça essa expectativa. Quanto mais altos forem os preços, mais fome haverá no mundo, maiores serão os lucros das empresas e os retornos dos investimentos financeiros. Nos últimos meses, os meses do aumento da fome, os lucros da maior empresa de sementes e de cereais aumentaram 83%. Ou seja, a fome de lucros da Cargill alimenta-se da fome de milhões de seres humanos. O escândalo do enriquecimento de alguns à custa da fome e subnutrição de milhões já não pode ser disfarçado com as "generosas" ajudas alimentares. Tais ajudas são uma fraude que encobre outra maior: as políticas econômicas neoliberais, que há trinta anos têm vindo a forçar os países do Terceiro Mundo a deixar de produzir os produtos agrícolas necessários para alimentar as suas próprias populações e a concentrar-se em produtos de exportação, com os quais ganharão divisas que lhes permitirão importar produtos agrícolas… dos países mais desenvolvidos. Quem tenha dúvidas sobre esta fraude que compare a recente "generosidade" dos EUA na ajuda alimentar com o seu consistente voto na ONU contra o direito à alimentação reconhecido por todos os outros países.

O terrorismo foi o primeiro grande aviso de que se não pode impunemente continuar a destruir ou a pilhar a riqueza de alguns países para benefício exclusivo de um pequeno grupo de países mais poderosos. A fome e a revolta que acarreta parece ser o segundo aviso. Para lhes responder eficazmente, será preciso pôr termo à globalização neoliberal, tal como a conhecemos. O capitalismo global tem de voltar a sujeitar-se a regras que não as que ele próprio estabelece para seu benefício. Deve ser exigida uma moratória imediata nas negociações sobre produtos agrícolas em curso na Organização Mundial do Comércio. Os cidadãos têm de começar a privilegiar os mercados locais, recusar nos supermercados os produtos que vêm de longe, exigir do Estado e dos municípios que criem incentivos à produção agrícola local, exigir da União Europeia e das agências nacionais para a segurança alimentar que entendam que a agricultura e a alimentação industriais não são o remédio contra a insegurança alimentar. Bem pelo contrário.

Visão, 8 de maio de 2008

A cultura do ludíbrio

O ex-secretário de imprensa do presidente Bush, Scott McClellan, acaba de publicar um livro intitulado *O que aconteceu: dentro da Casa Branca de Bush e a cultura do ludíbrio em Washington*. O furor político e mediático que causou decorre de duas revelações: quando ordenou a invasão do Iraque, a Administração Bush sabia que o Iraque não tinha armas de destruição maciça (ADM) e montou uma poderosa "campanha de propaganda" para levar a opinião pública norte-americana e mundial a aceitar uma "guerra desnecessária"; os grandes meios de comunicação foram "cúmplices ativos" dessa campanha, não só porque não questionaram as fontes governamentais, como porque incendiaram o fervor patriótico e censuraram as posições céticas contrárias à guerra.

Estas revelações e as reações que causaram têm implicações que as transcendem. Antes de tudo, é surpreendente todo este escândalo, pois as revelações não trazem nada de novo. As informações em que assentam eram conhecidas na altura da invasão a partir de fontes independentes. Nelas me baseei para justificar nesta coluna a minha total oposição à guerra que, além de "desnecessária", era injusta e ilegal. Isto significa que as vozes independentes foram estigmatizadas como sendo ideológicas e antipatrióticas, tal como hoje criticar Israel equivale a ser considerado antissemita. Em 2001, no Egito, e antes de a máquina de propaganda ter começado a devorar a verdade, o próprio Secretário de Estado Colin Powell dissera que não havia nenhuma informação sólida de que o Iraque tivesse armas de destruição maciça.

Isto me conduz à segunda implicação destas revelações: o futuro do jornalismo. A máquina de propaganda do Departamento de Defesa norte-americano assentou em três táticas: impor a presença de generais na reserva em todos os noticiários televisivos cujas intervenções tinham como objetivo demonstrar a existência das armas de destruição maciça; ter toda a mídia sob observação e telefonar aos seus diretores ou proprietários ao mínimo sinal de ceticismo ou oposição à guerra; convidar jornalistas de confiança de todo o mundo (também de Portugal) para serem convencidos da existência das armas de destruição maciça e regressarem aos seus países possuídos da mesma convicção belicista. Vimos isso trágica e grotescamente no nosso país. A verdade é que em Washington e em todo o país circulavam na mídia independente informações que contradiziam a lavagem ao cérebro, muitas delas provindas de generais e de antigos altos funcionários da Casa Branca. Por que não ocorreu a esses jornalistas amigos fazer uma verificação cruzada das fontes como lhes exigia o código deontológico?

Para o bem do jornalismo, alguns deles procuraram resistir à pressão e sofreram as consequências. Jessica Yellin, hoje na CNN, e na altura no canal ABC, confessou publicamente que os diretores e donos do canal a pressionaram para escrever histórias a favor da guerra e censuraram todas as que eram mais críticas. Um produtor foi despedido por propor um programa com metade de posições a favor da guerra e metade de posições contra. Quem resistiu foi considerado antipatriótico e amigo dos terroristas. Isto mesmo aconteceu no nosso país. Quantos jornalistas não foram sujeitos à mesma intimidação? Quantos artigos de opinião contrários à guerra foram rejeitados? E os que escreveram propaganda e intimidaram subordinados alguma vez se retrataram, pediram desculpa, foram demitidos? É que eles colaboraram para que um milhão de iraquianos fossem mortos, dezenas de milhares de soldados norte-americanos fossem feridos e mortos e um país fosse totalmente destruído. Tudo isto terá sido preço, não da democracia — ridículo conceber como democrático este Estado colonial e mais fraturado que a Somália —, mas sim do controle das reservas do petróleo do Golfo e da promoção dos interesses do petróleo, da indústria militar e de reconstrução em que os donos da mídia têm fortes investimentos.

Para disfarçar o problema moral dos cúmplices da guerra e da destruição, um comentador de direita do nosso país socorreu-se recentemente da mais desconcertante e desesperada justificação da guerra: se não havia armas de destruição maciça, havia pelo menos a convicção de que elas existiam. Ora, o livro de McClellan acaba de lhe retirar este argumento. De qual se socorrerá agora? O trágico é que a "máquina" de propaganda continua montada e está agora dirigida ao Irã. O seu funcionamento será mais difícil e sê-lo-á tanto mais quanto melhores condições tiverem os jornalistas para cumprir o seu código deontológico.

Visão, 5 de junho de 2008

Bifurcação na justiça

Entende-se por bifurcação a situação de um sistema instável em que uma alteração mínima pode causar efeitos imprevisíveis e de grande porte. Penso que o sistema judicial brasileiro vive neste momento uma situação de bifurcação.

O Brasil é um dos países latino-americanos com mais forte tradição de judicialização da política. Há judicialização da política sempre que os conflitos jurídicos, mesmo que titulados por indivíduos, são emergências recorrentes de conflitos sociais subjacentes que o sistema político em sentido estrito (Congresso e governo) não quer ou não pode resolver. Os tribunais são, assim, chamados a decidir questões que têm um impacto significativo na recomposição política de interesses conflitantes em jogo.

Neste momento, o país atravessa um período alto de judicialização da política. Entre outras ações, tramitam no STF a demarcação do território indígena Raposa/Serra do Sol, a regularização dos territórios quilombolas e as ações afirmativas vulgarmente chamadas cotas. Muito diferentes entre si, esses casos têm em comum serem emanações da mesma contradição social que atravessa o país desde o tempo colonial: uma sociedade cuja prosperidade foi construída à base da usurpação violenta dos territórios originários dos povos indígenas e com recurso à sobre-exploração dos escravos que para aqui foram trazidos.

Por essa razão, no Brasil, a injustiça social tem um forte componente de injustiça histórica e, em última instância, de racismo anti-índio e antinegro. De tal forma que resulta ineficaz e mesmo hipócrita qualquer declaração ou política de justiça social que não inclua a justiça histórica. E, ao contrário do que se pode pensar, a justiça histórica tem menos a ver com o passado que com o futuro. Estão em causa novas concepções de país, soberania e desenvolvimento. Desde há 20 anos, sopra no continente um vento favorável à justiça histórica. Desde a Nicarágua, em meados dos anos 1980, até a discussão em curso da nova Constituição do Equador, têm vindo a consolidar-se as seguintes ideias.

Primeira, a unidade do país se reforça quando se reconhece a diversidade das culturas dos povos e das nações que o constituem. Segunda, os povos indígenas nunca foram separatistas. Pelo contrário, nas guerras fronteiriças do século XIX, deram provas de um patriotismo que a história oficial nunca quis reconhecer. Hoje, quem ameaça a integridade nacional não são os povos indígenas; são as empresas transnacionais, com sua sede insaciável de livre acesso aos recursos naturais, e as oligarquias, quando perdem o controle do governo central, como bem ilustra o caso de Santa Cruz de la Sierra (Bolívia).

Terceira, dado o peso de um passado injusto, não é possível, pelo menos por algum tempo, reconhecer a igualdade das diferenças (interculturalidade) sem reconhecer a diferença das igualdades (reconhecimentos territoriais e ações afirmativas).

Quarta, não é por coincidência que 75% da biodiversidade do planeta se encontra em territórios indígenas ou de afrodescendentes. Pelo contrário, a relação desses povos com a natureza permitiu criar formas de sustentabilidade que hoje se afiguram decisivas para a sobrevivência do planeta.

É por essa razão que a preservação dessas formas de manejo do território transcende o interesse desses povos. Interessa ao país no seu conjunto e ao mundo. Pela mesma razão, o reconhecimento dos territórios tem de ser em sistema contínuo, pois doutro modo desaparecem as reservas e, com elas, a identidade cultural dos indígenas e a própria biodiversidade.

Esses são os ventos da história e da justiça social no atual momento do continente. Ao longo do século XX, não foi incomum que instâncias superiores do sistema judicial atuassem contra os ventos da história, e quase sempre os resultados foram trágicos.

Nos anos 1930, a Suprema Corte dos EUA procurou bloquear as políticas do "New Deal" do presidente Roosevelt, o que impediu a recuperação econômica e social que só a Segunda Guerra Mundial permitiu. No início dos anos 1970, o Superior Tribunal do Chile boicotou sistematicamente as políticas do presidente Allende que visavam à justiça social, à reforma agrária, à soberania sobre os recursos naturais, fortalecendo assim as forças e os interesses que ganharam com o seu assassinato.

Em momentos de bifurcação histórica, as decisões do STF nunca serão formais, mesmo que assim se apresentem. Condicionarão decisivamente o futuro do país. Para o bem ou para o mal.

Folha de S.Paulo, 10 de junho de 2008

A transição em Angola[2]

Dezesseis anos depois do último ato eleitoral, realizam-se no próximo dia 5 de setembro eleições legislativas em Angola. Tudo leva a crer que serão eleições livres e que se, no pior dos casos, houver fraude eleitoral, ela não será significativa. É um acontecimento importante para Angola, para a África, e para todos os democratas do mundo. Depois dos recentes e trágicos acontecimentos no Zimbábue e no Quênia (durante alguns anos considerados países exemplares na transição democrática), a África precisa de experiências democráticas bem-sucedidas. A importância especial de Angola neste contexto decorre do fator petróleo. Como demonstram os casos acima mencionados, o petróleo não é o único fator de instabilidade política. É um fato que historicamente a relação entre petróleo e democracia tem sido essencialmente de antagonismo. É assim no Oriente Médio e foi assim na América Latina até à última década. Na África, um simples relance pelos maiores produtores de petróleo é revelador a este respeito. São eles, em função das importantes reservas de petróleo, Líbia, Nigéria, Argélia, Angola, Guiné Equatorial, Gabão, Chade e Sudão.

Objetivamente, o fato de mediarem dezesseis anos entre dois atos eleitorais significa que Angola é um país em transição democrática. Em situações destas, duas perguntas se levantam. Trata-se de uma transição irreversível? Qual a sua natureza sociopolítica? Para a primeira questão são identificáveis duas respostas. Segundo a resposta pessimista, tudo está em aberto. Usando uma metáfora aeronáutica, a transição será um avião a subir mas ainda longe de atingir a velocidade de cruzeiro. Pode atingi-la ou pode cair, entretanto. Ao contrário, a resposta otimista entende que depois dos traumas da guerra — Angola esteve em guerra mais de quarenta anos (de 1961 a 2002) — e da experiência política desde 2002, a

---

2. As segundas eleições legislativas de Angola realizaram-se dias 5 e 6 de setembro de 2008 e foram declaradas transparentes e livres pela comunidade internacional, resultando na vitória esmagadora do MPLA com 81,76% dos votos. A Unita viu-se reduzida a 10,36%. Esta maioria absoluta permitiu que, no início de 2010, fosse aprovada a nova Constituição, sem que houvesse necessidade de garantir o consenso da oposição.

transição não pode senão ser irreversível. Há razões objetivas para considerar esta última resposta mais plausível. É certo que militam contra ela alguns fatores de peso: um setor fundamentalista do MPLA para quem as eleições visam apenas legitimar o poder que não podem pôr em causa; o excessivo peso do setor militar (com generais muito ricos, transformados em empresários e envolvidos em todo o tipo de negócios, do petróleo aos bancos e ao imobiliário); uma questão tabu em Angola — a questão étnica —, a qual, por não ser assumida politicamente, pode germinar descontroladamente. Apesar disto, as razões a favor da irreversibilidade da transição são bastante fortes. Primeiro, o MPLA está internamente dividido e se, por um lado, há os fundamentalistas, por outro lado, há aqueles que chegam a desejar que o partido não ganhe com maioria absoluta para aprofundar e alargar ainda mais a partilha de poder já existente. O próximo congresso do MPLA, marcado para dezembro, será certamente revelador das tensões e tendências. Segundo, mesmo a classe empresarial, que em grande medida se criou à sombra do Estado e segundo processos que envolvem todo o tipo de favorecimento ilícito e de corrupção, deseja hoje mais autonomia e estabilidade, uma e outra só obtíveis em democracia. Terceiro, emerge uma pequeníssima mas influente classe média aspiracional que pretende ver reconhecido o seu mérito por razões que não as da lealdade política. Há hoje 100.000 estudantes universitários nas 12 universidades angolanas (a qualidade destas é outra questão). Finalmente, no interior das classes populares cresce um associativismo de base, relativamente autônomo em relação ao MPLA e que o MPLA só poderá cooptar se der credibilidade ao jogo democrático e à partilha do poder.

A segunda questão, a da natureza da transição, é bem mais complicada. No plano político, tudo leva a crer que durante algum tempo a democracia angolana será uma democracia vigiada ou musculada, sujeita à venalidade dos políticos que o petróleo e os diamantes incentiva, à definição consular da agenda política, à tentativa de absorver as energias da sociedade civil e de as pôr ao serviço do Estado e do partido no poder. Será, em suma, uma democracia de baixa intensidade. No plano institucional, o presidencialismo autocentrado e o peso-inércia do controle político sobre o setor administrativo contribuirão para atrasar a consolidação das instituições políticas e administrativas. As necessidades da partilha do poder (ora mais real, ora mais aparente) e a tentação de distribuição populista de recursos não serão favoráveis à emergência de políticas públicas e sociais credíveis. No plano social, é preocupante o aumento da exclusão social e a cada vez mais chocante convivência do luxo mais extravagante ao lado da pobreza mais abjeta. Apesar do vertiginoso crescimento econômico dos últimos anos, Angola continua a integrar o pelotão dos países com mais baixo desenvolvimento humano. Calcula-se que as reservas do petróleo terminarão dentro de 20 anos. Angola não tem muito tempo para se tornar uma sociedade mais justa e mais livre.

Visão, 31 de julho de 2008

O impensável aconteceu[3]

A palavra não aparece na mídia norte-americana, mas é disso que se trata: nacionalização. Perante as falências ocorridas, anunciadas ou iminentes de importantes bancos de investimento, das duas maiores sociedades hipotecárias do país e da maior seguradora do mundo, o Governo Federal dos EUA decidiu assumir o controle direto de uma parte importante do sistema financeiro. A medida não é inédita, pois o Governo interveio em outros momentos de crise profunda: em 1792 (no mandato do primeiro presidente do país), em 1907 (neste caso, o papel central na resolução da crise coube ao grande banco de então, J. P. Morgan, hoje, Morgan Stanley, também em risco), em 1929 (a grande depressão que durou até a Segunda Guerra Mundial: em 1933, 1.000 norte-americanos por dia perdiam as suas casas a favor dos bancos) e 1985 (a crise das sociedades de aforro). O que é novo na intervenção em curso é a sua magnitude e o fato de ela ocorrer ao fim de trinta anos de evangelização neoliberal conduzida com mão de ferro em nível global pelos EUA e pelas instituições financeiras por eles controladas, FMI e o Banco Mundial: mercados livres e, porque livres, eficientes; privatizações; desregulamentação; Estado fora da economia porque inerentemente corrupto e ineficiente; eliminação de restrições à acumulação de riqueza e à correspondente produção de miséria social. Foi com estas receitas que se "resolveram" as crises financeiras da América Latina, Ásia e África e que se impuseram ajustamentos estruturais em dezenas de países. Foi também com elas que milhões de pessoas foram lançadas no desemprego, perderam as suas terras ou os seus direitos laborais, tiveram de emigrar.

À luz disto, o impensável aconteceu: o Estado deixou de ser o problema para voltar a ser a solução; cada país tem o direito de fazer prevalecer

---

3. Em setembro de 2008, a crise norte-americana dos *subprimes* causou a insolvência de bancos de investimento e outras instituições financeiras. A bancarrota da Lehman Brothers, importante banco de investimento, e a nacionalização das hipotecárias Fanny Mae e Freddie Mack assinalam o momento simbólico de viragem numa crise financeira de impacto global. Os últimos quatro anos têm sido marcados pela forma como a União Europeia e respectivos Estados-membros tentam resolver os esbulhos decorrentes dos planos de resgate financeiro das instituições bancárias.

o que entende ser o interesse nacional contra os ditames da globalização; o mercado não é, por si, racional e eficiente, apenas sabe racionalizar a sua irracionalidade e ineficiência enquanto estas não atingirem o nível de autodestruição; o capital tem sempre o Estado à sua disposição e, consoante os ciclos, ora por via da regulação, ora por via da desregulação. Esta não é a crise final do capitalismo e, mesmo se fosse, talvez a esquerda não soubesse o que fazer dela, tão generalizada foi a sua conversão ao evangelho neoliberal. Muito continuará como dantes: o espírito individualista, egoísta e antissocial que anima o capitalismo; o fato de que a fatura das crises é sempre paga por quem nada contribuiu para elas, a esmagadora maioria dos cidadãos, já que é com seu dinheiro que o Estado intervém e muitos perdem o emprego, a casa e a pensão.

Mas muito mais mudará.

1. O declínio dos EUA como potência mundial atinge um novo patamar. Este país acaba de ser vítima das armas de destruição financeira maciça com que agrediu tantos países nas últimas décadas e a decisão "soberana" de se defender foi afinal induzida pela pressão dos seus credores estrangeiros (sobretudo chineses) que ameaçaram com uma fuga que seria devastadora para o atual *American way of life*.

2. O FMI e o Banco Mundial deixaram de ter qualquer autoridade para impor as suas receitas, pois sempre usaram como bitola uma economia que se revela agora fantasma. A hipocrisia dos critérios duplos (uns válidos para os países do Norte global e outros válidos para os países do Sul global) está exposta com uma crueza chocante. Daqui em diante, a primazia do interesse nacional pode ditar, não só proteção e regulação específicas, como também taxas de juro subsidiadas para apoiar indústrias em perigo (como as que o Congresso dos EUA acaba de aprovar para o setor automóvel). Não estamos perante uma desglobalização, mas estamos certamente perante uma nova globalização pós-neoliberal, internamente muito mais diversificada. Emergem novos regionalismos, já hoje presentes na África e na Ásia, mas também importantes na América Latina, como o agora consolidado com a criação da União das Nações Sul-Americanas e do Banco do Sul. Por sua vez,

a União Europeia, o regionalismo mais avançado, terá de mudar o curso neoliberal da atual Comissão sob pena de ter o mesmo destino dos EUA.

3. As políticas de privatização da segurança social ficam desacreditadas: é eticamente monstruoso que seja possível acumular lucros fabulosos com o dinheiro de milhões de trabalhadores humildes e abandonar estes à sua sorte quando a especulação dá errado.

4. O Estado que regressa como solução é o mesmo Estado que foi moral e institucionalmente destruído pelo neoliberalismo, o qual tudo fez para que sua profecia se cumprisse: transformar o Estado num antro de corrupção. Isto significa que se o Estado não for profundamente reformado e democratizado em breve será, agora sim, um problema sem solução.

5. As mudanças na globalização hegemônica vão provocar mudanças na globalização dos movimentos sociais que se vão certamente refletir no Fórum Social Mundial: a nova centralidade das lutas nacionais e regionais; as relações com Estados e partidos progressistas e as lutas pela refundação democrática do Estado; contradições entre classes nacionais e transnacionais e as políticas de alianças.

Visão, 25 de setembro de 2008

Uma Casa Branca negra

É muito provável que o próximo presidente dos EUA seja um afrodescendente. O significado de tal fato é enorme e insere-se num processo histórico mais amplo. As três últimas décadas foram de muita esperança e desilusão a respeito da democracia representativa. Muitos países conquistaram ou reconquistaram a democracia neste período mas a garantia dos direitos cívicos e políticos ocorreu de par com a degradação dos direitos sociais, o aumento da desigualdade social, da corrupção e do autoritarismo. O desencanto, numa época em que a revolução não foi uma alternativa credível à democracia, fez com que surgissem novos atores políticos, movimentos sociais e líderes, na maioria dos casos com poucas ou nenhumas vinculações à classe política tradicional. As Américas são uma ilustração eloquente disto ainda que os processos políticos sejam muito diferentes de país para país. Em 1998 um mulato chega à presidência da Venezuela e propõe a revolução bolivariana; em 2002 um operário metalúrgico é eleito presidente do Brasil e propõe uma mistura de continuidades e rupturas; em 2005 um indígena é eleito presidente da Bolívia e propõe a refundação do Estado; em 2006 um economista sem passado político é eleito presidente do Equador com a proposta da revolução cidadã; em 2006 e 2007 duas mulheres são eleitas presidentes do Chile e da Argentina respectivamente e com projetos de continuidade mais ou menos retocada; em 2008 um bispo, teólogo da libertação, é eleito presidente do Paraguai e põe fim a décadas de domínio do partido oligárquico através da aliança patriótica para a mudança, e ainda em 2008 é provável que um negro chegue à Casa Branca com o *slogan*: "*Change, yes we can*".

Uma nova política de cidadania e de identidade, sem dúvida mais inclusiva, está a impregnar estes processos democráticos, o que nem sempre significa uma política nova. Por isso pode ser um sol de pouca dura. De todo modo, é importante que líderes vindos de grupos sociais que na história da democracia mais tarde conquistaram o direito de voto assumam hoje um papel de preeminência. No caso dos EUA, isto acontece apenas cerca de cinquenta anos depois de os negros conquistarem direitos cívicos e políticos plenos.

A eleição de Obama, a ocorrer, é o resultado da revolta dos norte-americanos ante a grave crise econômica e a estrondosa derrota no Iraque, apesar de declarada como vitória até ao último momento, como já aconteceu no Vietnã. O fenômeno Obama revela contraditoriamente a força e a fragilidade da democracia nos EUA. A força, porque a cor da sua pele simboliza um ato dramático de inclusão e de reparação: à Casa Branca dos senhores chega um descendente de escravos, mesmo que ele pessoalmente o não seja. A fragilidade, porque dois temores assolam os que o apoiam: que seja assassinado por racistas extremistas e que a sua vitória eleitoral, se não for muito expressiva, seja negada por fraude eleitoral, o que não sendo novo (o W. Bush foi "eleito" pelo Supremo Tribunal) representa agora uma ocorrência ainda mais sinistra.

Se nada disto ocorrer, um jovem negro, filho de um estudante queniano e de uma norte-americana, terá o papel histórico de presidir, ao fim do longo século XX, o século americano. A crise financeira, apesar de grave, é apenas a ponta do *iceberg* da crise econômica que assola o país, e tudo leva a crer que a sua resolução, a ocorrer, não permitirá que os EUA retomem o papel de liderança do capitalismo global que tiveram até aqui. Em nome da competitividade a curto prazo foi destruída a competitividade a longo prazo: diminuiu o investimento na educação e na saúde dos cidadãos, na investigação científica e nas infraestruturas; aumentaram exponencialmente as desigualdades sociais; a economia da morte do complexo militar-industrial continua a devorar os recursos que podiam ser canalizados para a economia da vida; o consumo sem aforro nativo e o belicismo sem recursos próprios fizeram-se financiar pelos créditos de países terceiros que não vão continuar a confiar numa economia dirigida por executivos vorazes e irresponsáveis que se atascam em luxo enquanto as empresas abrem falência e transformam os seus passivos em endividamento das próximas gerações.

A União Europeia (UE) já chegou a esta conclusão e parece ter a veleidade de tomar o lugar dos EUA, apesar de nos últimos vinte anos só não ter sido uma aluna mais fiel do modelo norte-americano porque os cidadãos não permitiram. Acresce que nas relações com os países que na América Latina, na África e na Ásia podiam ser parceiros de um novo modelo econômico e social mais justo e solidário a UE persiste em assumir posições imperialistas e neocoloniais que lhe retiram qualquer credibilidade. A transformação não virá da UE ou dos EUA. Terá de lhes ser imposta pela vontade dos cidadãos dos países que mais sofreram com os desmandos recentes do capitalismo de cassino.

Visão, 23 de outubro de 2008

Obama: The Day After[4]

A magia e o simbolismo da eleição do presidente Obama varreram o mundo como um cometa. O clarão da esperança, da vitória contra o racismo, da oportunidade da paz foi tão intenso que, por momentos, o mundo pareceu reconciliado consigo mesmo. Foram momentos breves, mas deram para imaginar a utopia de uma sociedade mais democrática, sem preconceitos raciais, centrada na busca da paz e da justiça social. Como todas as luzes muito fortes, o clarão cegou-nos para a realidade que estava sentada ao lado da imaginação em pose tão sedutora. No preciso momento em que o mundo assistia comovido ao discurso de aceitação de Obama na noite de 4 de novembro, uma festa de casamento no norte do Afeganistão era destruída pelos bombardeiros não tripulados dos EUA, deixando no solo o sangue e a roupa de festa de quarenta cadáveres. Foi o sexto casamento destruído assim desde que a coligação liderada pelos EUA invadiu o Iraque. À medida que o clarão se esvai, o mundo respira e prepara-se para um período de alguma suspensão entre as frustrações que se seguem às grandes expectativas e a necessidade de não fazer juízos precipitados.

O mundo a que me refiro não é todo o mundo; não são, por exemplo, os racistas que estão à espera do primeiro sinal para gritar: "os negros não sabem governar"; são os cidadãos dos EUA e de todo o mundo que na noite da eleição rejubilaram com a possibilidade de um mundo melhor. São a esmagadora maioria da espécie humana, mas o seu poder não é proporcional ao seu número. Na área da segurança e da guerra, os motivos de otimismo são: fechamento da base de Guantánamo; abolição da tortura; revogação de cerca de duzentos decretos presidenciais que fizeram dos EUA um Estado autoritário, no plano interno, e um Estado pária, no plano internacional; regresso da diplomacia e do multilaterismo. Os motivos de

---

4. Na noite de 4 de novembro de 2008 "Yes we can"! parecia deixar de ser um mero *slogan*. Os EUA elegiam o primeiro presidente negro, apenas cerca de 50 anos depois do fim (oficial) da segregação racial que marcou de forma indelével a história deste país. O sonho de mudança para um futuro melhor parecia mais real. Cinco anos volvidos são mais as continuidades do que as ruturas com as administrações anteriores, tanto na política interna como na política internacional. Está ainda por encerrar a prisão-vergonha de Guantánamo.

preocupação são, antes de tudo, a guerra. Cumprirá Obama a promessa de retirar as tropas do Iraque em dezesseis meses?

A proposta de promover um acordo entre a Índia e o Paquistão sobre o território de Caxemira (sem consultar os seus habitantes, claro) a fim de o exército paquistanês ficar mais disponível para combater os Talibãs, além de irrealista, corre o risco de transformar o Afeganistão na guerra de Obama, tal como o Iraque foi a guerra de Bush. Se Osama bin Laden é, de fato, o inspirador do terrorismo, só os Talibãs o poderão entregar e para isso há que negociar com eles, o que não é possível se eles continuarem a ser o inimigo, apesar de controlarem o poder local de mais de metade do país e a sua maior base étnica (os Pashtuns) estar repartida entre o Afeganistão e o Paquistão. Quem pode hoje imaginar que o Vietnã tenha sido alguma vez uma ameaça comunista à segurança dos EUA? E, no entanto, em nome dela morreram 58.000 soldados norte-americanos e um milhão de vietnamitas. O que se dirá amanhã da "ameaça terrorista" do Iraque e do Afeganistão? No plano internacional não é seguro que Obama realize a grande viragem no sentido do respeito pelos povos com interesses divergentes dos das multinacionais dos EUA, nem que dê prioridade às boas relações com a Rússia, agora que se sabe que a Geórgia foi ativamente induzida a invadir a Ossétia do Sul para provocar a invasão russa, donde se esperavam dividendos para a campanha de McCain; agora que se sabe que a instalação de mísseis a 800 km da fronteira russa foi uma provocação premeditada dos neoconservadores. No plano da economia, a dimensão da crise que se aproxima ainda está por averiguar e a capacidade de manobra de Obama é pequena.

Tal como sucede em Portugal, vai recorrer ao investimento público para travar o desemprego. Mas aproveitará a oportunidade para construir um "capitalismo de rosto humano", tal como fez Roosevelt na crise de 1929 e Reagan e Clinton desfizeram? Em Washington D.C. trabalham cerca 40.000 *lobbyistas*, procurando influenciar o voto de 537 representantes do povo para que tal não aconteça.

Visão, 20 de novembro de 2008

O longo 2008[5]

Tudo leva a crer que o ano de 2008 não termine em 31 de dezembro. O tempo inerte do calendário cederá o passo ao tempo incerto das transformações sociais. Muito do que se desencadeou em 2008 vai continuar, sem nenhuma solução de continuidade, em 2009 e mais além. Analisemos algumas das principais continuidades.

Crise financeira ou o baile de gala da finança? Os últimos quatro meses foram muito reveladores dos dois mundos em que o mundo está dividido, o mundo dos ricos e o mundo dos pobres, separados, mas unidos para que o mundo dos pobres continue a financiar o mundo dos ricos. Dois exemplos. Fala-se de crise hoje porque atingiu o centro do sistema capitalista. Há trinta anos que os países do chamado Terceiro Mundo têm estado em crise financeira, solicitando, em vão, para a resolver, medidas muito semelhantes às que agora são generosamente adotadas nos EUA e União Europeia. Por outro lado, os 700 bilhões de dólares de *bail-out* estão a ser entregues aos bancos sem nenhuma restrição e não chegam às famílias que não podem pagar a hipoteca da casa ou o cartão de crédito, que perdem o emprego e estão a congestionar os bancos alimentares e a "sopa dos pobres". No país mais rico do mundo, um dos grandes bancos resgatado, o Goldman Sachs, acaba de declarar no seu relatório que neste ano fiscal pagou apenas 1% de impostos. Entretanto, foi apoiado com dinheiro dos cidadãos que pagam entre 30% e 40% de impostos. À luz disto, os cidadãos de todo o mundo devem saber que a crise financeira não está a ser resolvida para seu benefício e que isso se tornará patente

---

5. O ano de 2008 foi marcado pelo início de uma profunda crise financeira iniciada nos Estados Unidos da América, acabando por se alastrar ao mundo inteiro e sem fim à vista. Para salvar a banca, diminuiu-se drasticamente a despesa pública, com medidas de austeridade sem precedentes (diminuição de salários, aumento da carga fiscal, diminuição de direitos sociais, entre outras) que apenas contribuíram para aumentar as disparidades sociais e a pobreza. Resgataram-se os bancos, abdicou-se do Estado social e, inevitavelmente, aumentou o fosso entre ricos e pobres. Portugal, em conjunto com a Grécia e Irlanda, enfrenta o pesadelo coletivo de uma intervenção externa que cada vez mais se parece com uma ditadura consentida por aqueles que supostamente representam a vontade coletiva democraticamente eleita.

em 2009. Na Europa, os jovens gregos foram os primeiros a dar-se conta. É de prever que não sejam um caso isolado.

Zimbábue: o fardo neocolonial. A crise do Zimbábue é a melhor prova de que as contas coloniais estão ainda por saldar. A sua importância reside no fato de a questão que lhe subjaz — a questão da terra — poder incendiar-se proximamente noutros países (África do Sul, Namíbia, Moçambique, Colômbia etc.). À data da independência (1980), 6.000 agricultores brancos possuíam 15,5 milhões de hectares, enquanto quatro milhões e meio de agricultores negros apenas detinham 4,5 milhões de hectares, quase toda terra árida. Os acordos da independência reconheceram esta injustiça e estabeleceram o compromisso de a Inglaterra financiar a redistribuição de terras. Tal nunca aconteceu. Mugabe é um líder autoritário que suscita muito pouca simpatia e o seu poder pode estar a chegar ao fim, mas a sua sobrevivência até agora assenta na ideia de justiça anticolonial, com o que os zimbabuianos estão de acordo, mesmo que achem os métodos de Mugabe incorretos. Recentemente falou-se de intervenção militar, uma questão que divide os africanos e onde, mais uma vez, a mão dos EUA (African Command, recém-criado) pode estar presente. Seria um erro fatal não deixar a diplomacia africana seguir o seu curso.

Sessenta anos de direitos pouco humanos. A celebração, em 2008, dos 60 anos da Declaração Universal, deixou um sabor amargo. Os avanços tiveram lugar mais nos discursos do que nas práticas. A esmagadora maioria da população do mundo não é sujeita de direitos humanos; é antes objeto de direitos humanos, objeto de discursos por parte dos reais sujeitos de direitos humanos, dos governos, fundações, ONGs, igrejas etc. Será preciso um muito longo 2008 para inverter esta situação.

Cuba: o começo da transição? Apesar de só no próximo ano se celebrarem os cinquenta anos da revolução cubana, falou-se muito de Cuba em 2008. A doença de Fidel levantou a questão da transição. De quê? E para quê? Vai ser um outro tema do longo 2008 e mais importante para o futuro do mundo do que se pode imaginar. É que se é possível dizer que a Europa e os EUA seriam hoje o que são sem a revolução cubana, já o mesmo se não pode dizer da América Latina, da África e da Ásia, ou seja, das regiões do planeta onde vive cerca de 85% da população mundial.

Visão, 24 de dezembro de 2008

2009

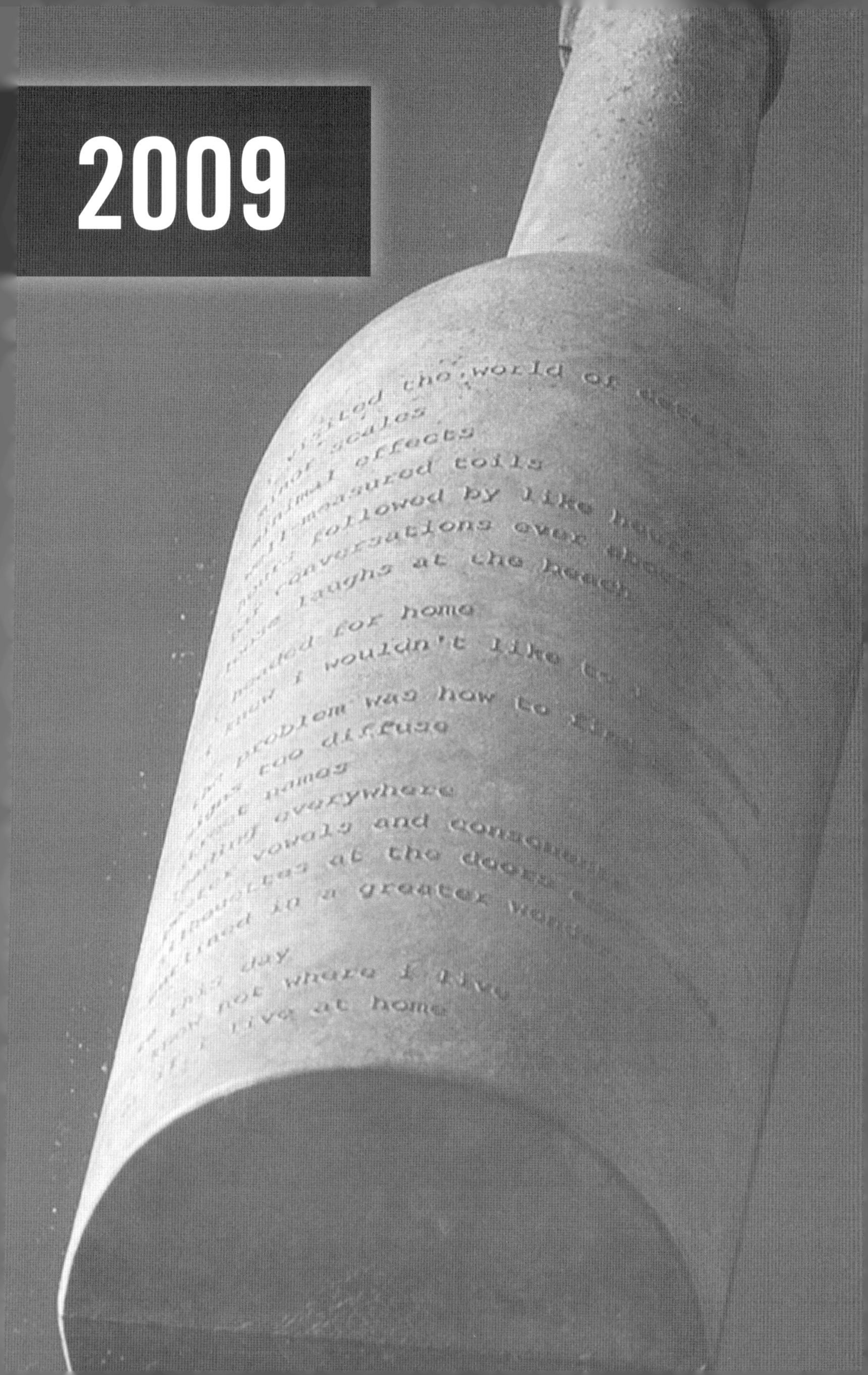

Réquiem por Israel?[1]

Está ocorrendo na Palestina o mais recente e brutal massacre do povo palestino cometido pelas forças ocupantes de Israel com a cumplicidade do Ocidente, uma cumplicidade feita de silêncio, hipocrisia e manipulação grotesca da informação, que trivializa o horror e o sofrimento injusto e transforma ocupantes em ocupados, agressores em vítimas, provocação ofensiva em legítima defesa.

As razões próximas, apesar de omitidas pelos meios de comunicação ocidentais, são conhecidas. Em novembro passado a aviação israelense bombardeou a faixa de Gaza em violação das tréguas; o Hamas propôs a renegociação do controle dos acessos à faixa de Gaza, Israel recusou, e tudo começou. Esta provocação premeditada teve objetivos de política interna e internacional bem definidos: recuperação eleitoral de uma coligação em risco; exército sedento de vingar a derrota do Líbano; vazio da transição política nos EUA e a necessidade de criar um fato consumado antes da investidura do presidente Obama. Tudo isto é óbvio, mas não nos permite entender o ininteligível: o sacrifício de uma população civil inocente mediante a prática de crimes de guerra e de crimes contra a humanidade cometidos com a certeza da impunidade.

É preciso recuar no tempo. Não ao tempo longínquo da bíblia hebraica, o mais violento e sangrento livro alguma vez escrito. Basta recuar sessenta anos, à data da criação do Estado de Israel. Nas condições em que foi criado e depois apoiado pelo Ocidente, o Estado de Israel é o mais recente (certamente não o último) ato colonial da Europa. De um dia para o outro, 750.000 palestinos foram expulsos das suas terras ancestrais e condenados a uma ocupação sangrenta e racista para que a Europa expiasse o crime hediondo do Holocausto contra o povo judeu.

Uma leitura atenta dos textos dos sionistas fundadores do Estado de Israel revela tudo aquilo que o Ocidente hipocritamente ainda hoje finge

---

1. Com a cumplicidade dos grandes meios de comunicação, o apoio do Ocidente a Israel tem estigmatizado a oposição às ações israelitas, associando-as ao antissemitismo ou à apologia do terrorismo. O regresso às negociações de paz tem sido permanentemente ameaçado pelo avanço de construções nos colonatos judeus na Cisjordânia e em Jerusalém Oriental.

desconhecer: a criação de Israel é um ato de ocupação e como tal terá de enfrentar para sempre a resistência dos ocupados; não haverá nunca paz, qualquer apaziguamento será sempre aparente, uma armadilha a ser desarmada (daí, que a seguir a cada tratado de paz se tenha de seguir um ato de violação que a desminta); para consolidar a ocupação, o povo judeu tem de se afirmar como um povo superior condenado a viver rodeado de povos racialmente inferiores, mesmo que isso contradiga a evidência de que árabes e judeus são todos povos semitas; com raças inferiores só é possível um relacionamento de tipo colonial, pelo que a solução dos dois Estados é impensável; em vez dela, a solução é a do *apartheid*, tanto na região, como no interior de Israel (daí, os colonatos e o tratamento dos árabes israelenses como cidadãos de segunda classe); a guerra é infinita e a solução final poderá implicar o extermínio de uma das partes, certamente a mais fraca.

O que se passou nos últimos sessenta anos confirma tudo isto, mas vai muito para além disto. Nas duas últimas décadas, Israel procurou, com êxito, sequestrar a política norte-americana na região, servindo-se para isso do *lobby* judaico, dos neoconservadores e, como sempre, da corrupção dos líderes políticos árabes, reféns do petróleo e da ajuda financeira norte-americana. A guerra do Iraque foi uma antecipação de Gaza: a lógica é a mesma, as operações são as mesmas, a desproporção da violência é a mesma; até as imagens são as mesmas, sendo também de prever que o resultado seja o mesmo. E não se foi mais longe porque Bush, entretanto, se debilitou. Não pediram os israelenses autorização aos EUA para bombardear as instalações nucleares do Irã?

É hoje evidente que o verdadeiro objetivo de Israel, a solução final, é o extermínio do povo palestino. Terão os israelenses a noção de que a *shoah* com que o seu vice-ministro da defesa ameaçou os palestinos poderá vir a vitimá-los também? Não temerão que muitos dos que defenderam a criação do Estado de Israel hoje se perguntem se nestas condições — e repito, nestas condições — o Estado de Israel tem direito de existir?

Carta Maior, 12 de janeiro de 2009

Consensos problemáticos

Desde há anos me intriga a facilidade com que nas sociedades europeias e da América do Norte se criam consensos. Refiro-me a consensos dominantes, perfilhados pelos principais partidos políticos e pela grande maioria dos editorialistas e comentaristas dos grandes meios de comunicação social. São tanto mais intrigantes quanto ocorrem sobretudo em sociedades onde supostamente a democracia está mais consolidada e onde, por isso, a concorrência de ideias e de ideologias se esperaria mais livre e intensa. Por exemplo, nos últimos trinta anos vigorou o consenso de que o Estado é o problema, e o mercado, a solução; que a atividade econômica é tanto mais eficiente quanto mais desregulada; que os mercados livres e globais são sempre de preferir ao protecionismo; que nacionalizar é anátema, e privatizar e liberalizar é a norma.

Mais intrigante é a facilidade com que, de um momento para o outro, se muda o conteúdo do consenso e se passa do domínio de uma ideia ao de outra totalmente oposta. Nos últimos meses assistimos a uma dessas mudanças. De repente, o Estado voltou a ser a solução, e o mercado, o problema; a globalização foi posta em causa; a nacionalização de importantes unidades econômicas, de anátema passou a ser a salvação. Mais intrigante ainda é o fato de serem as mesmas pessoas e instituições a defenderem hoje o contrário do que defendiam ontem, e de aparentemente o fazerem sem a mínima consciência de contradição. Isto é tão verdade a respeito dos principais conselheiros econômicos do presidente Obama, como a respeito do presidente da Comissão da União Europeia ou dos atuais governantes dos países europeus. E parece ser irrelevante a suspeita de que, sendo assim, estamos perante uma mera mudança de tática, e não perante uma mudança de filosofia política e econômica, a mudança que seria necessária para enfrentar com êxito a crise.

Ao longo destes anos, houve vozes dissonantes. O consenso que vigorou no Norte global esteve longe de vigorar no Sul global. Mas a dissensão ou não foi ouvida ou foi punida. É sabido, por exemplo, que desde 2001 o FSM tem vindo a fazer uma crítica sistemática ao consenso dominante, na altura simbolizado pelo FEM. A perplexidade com que lemos o último relatório do FEM e verificamos alguma convergência com o diagnóstico feito pelo Fórum Social Mundial faz-nos pensar que, ou o FSM teve razão cedo demais, ou o FEM tem razão tarde demais. A verdade é que, mais uma vez, o consenso é traiçoeiro. Pode haver alguma convergência entre o FEM e o FSM quanto ao diagnóstico, mas certamente não quanto à terapêutica. Para o FEM e, portanto, para o novo consenso dominante, rapidamente instalado, é crucial que a crise seja definida como crise do neoliberalismo, e não como crise do capitalismo, ou seja, como crise de um certo tipo de capitalismo, e não como crise de um modelo de desenvolvimento social que, nos seus fundamentos, gera crises regulares, o empobrecimento da maioria das populações dele dependentes e a destruição do meio ambiente. É igualmente importante que as soluções sejam da iniciativa das elites políticas e econômicas, tenham um caráter tecnoburocrático, e não político, e sobretudo que os cidadãos sejam afastados de qualquer participação efetiva nas decisões que os afetam e se resignem a "partilhar o sacrifício" que cabe a todos, tanto aos detentores de grandes fortunas como aos desempregados ou aposentados com a pensão mínima.

A terapêutica proposta pelo FSM, e por tantos milhões de pessoas cuja voz continuará a não ser ouvida, impõe que a solução da crise seja política e civilizacional, e não confiada aos que, tendo produzido a crise, estão apostados em continuar a beneficiar da falsa solução que para ela propõem. O Estado deverá certamente ser parte da solução, mas só depois de profundamente democratizado e livre dos *lobbies* e da corrupção que hoje o controlam. Urge uma revolução cidadã que, assente numa sábia combinação entre democracia representativa e democracia participativa, permita criar mecanismos efetivos de controlo democrático, tanto da política como da economia. É necessária uma nova ordem global solidária que crie condições para uma redução sustentável das emissões de carbono até 2016, data em que, segundo os estudos da Organização das Nações Unidas, o aquecimento global, ao ritmo atual, será irreversível e se transformará numa ameaça para a espécie humana. A existência da Organização Mundial de Comércio é incompatível com essa nova ordem. É necessário que a luta pela igualdade entre países e no interior de cada país seja finalmente uma prioridade absoluta. Para isso, é necessário que o mercado volte a ser servo, já que como senhor se revelou terrível.

Visão, 12 de março de 2009

Justiça social e justiça histórica

Ao voltar do período de férias, os Ministros do Supremo Tribunal Federal enfrentarão uma questão crucial para a construção da identidade do Brasil pós-constituinte: é possível adotar um sistema de ações afirmativas para ingresso nas universidades públicas que destine parte das vagas a negros e indígenas?

Ao rejeitar o pedido de liminar em ação movida pelo DEM, ex-PFL, que pretendia ver suspensa a matrícula dos alunos aprovados na UnB no âmbito de uma política de seleção com estes contornos, o Ministro Gilmar Mendes sugeriu que a resposta a esta questão fosse buscada em função do impacto das ações afirmativas sobre um dos elementos que acompanha o constitucionalismo moderno desde as suas origens, na Revolução Francesa: a fraternidade. Perguntou o ministro se, com o advento de programas como o da UnB, o país estaria abrindo mão da ideia de um país miscigenado e adotando o conceito de uma nação bicolor, que opõe "negros" a "não negros". E indagou se não haveria formas mais adequadas de realizar "justiça social", tal como a adoção de cotas pelo critério da renda. A proposta de situar o juízo de constitucionalidade no horizonte da fraternidade representa uma importante inovação no discurso do STF. Mas assim como o debate sobre a adoção de ações afirmativas baseadas na cor da pele não pode ser dissociado do modo como a sociedade brasileira se organizou racialmente, o debate sobre a concretização da Constituição não pode desprezar as circunstâncias históricas nas quais ela se insere. A enunciação do ideário da fraternidade nas revoluções iluministas europeias caminhou de par com a negação da fraternidade fora da Europa.

Nesse "novo mundo", do qual o Brasil se tornou parte desde que a Carta de Caminha chegou ao rei de Portugal, a prosperidade foi construída à base da usurpação violenta dos territórios originários dos povos indígenas e da sobre-exploração dos escravos que para aqui foram trazidos. Por essa razão, no Brasil, a injustiça social tem um forte componente de injustiça histórica e, em última instância, de racismo anti-índio e antinegro.

É claro que na organização das suas relações raciais o Brasil difere de países como os EUA, na medida em que apresenta um grau bem maior de miscigenação. A questão é saber se esse maior grau de miscigenação foi suficiente para evitar a persistência de desigualdades estruturais associadas à cor da pele e à identidade étnica ou, em outras palavras, se o fim do colonialismo como relação política acarretou o fim do colonialismo como relação social. Indicadores sociais de toda ordem dizem que essas desigualdades não apenas persistem, como prometem seguir atormentando as gerações futuras. Um estudo recente divulgado pela Secretaria Especial de Direitos Humanos da Presidência da República, por exemplo, mostra que o risco de ser assassinado no Brasil é 2,6 vezes maior entre adolescentes negros do que entre brancos.

Falar em fraternidade no Brasil significa, essencialmente, enfrentar o peso desse legado, o que representa um grande desafio para um país em que muitos tomam a ideia de democracia racial como dado, não como projeto. Mas se o desafio for enfrentado na sua inteireza pelas instituições sem que se busque diluir a gravidade do problema em categorias fluidas como a dos "pobres", o país caminhará não apenas para a consolidação de uma nova ordem constitucional, no plano jurídico, como também para a construção de uma ordem verdadeiramente pós-colonial, no plano sociopolítico.

Ao estabelecer e monitorar um sistema de ações afirmativas que destina parte das vagas a pretos, pardos e indígenas, a UnB tem oferecido três grandes contribuições para essa transição. Em primeiro lugar, o sistema de educação superior pode recusar-se a reproduzir as desigualdades que lhe são externas e mobilizar a comunidade para a construção de alternativas de inclusão de segmentos historicamente alijados das universidades em razão da cor da pele ou identidade étnica. Em segundo lugar, a construção e adoção de alternativas com este recorte não acarreta prejuízo para a qualidade dos trabalhos acadêmicos; ao contrário, traz mais diversidade, criatividade e dinamismo ao campus. Em terceiro lugar, apesar de levantar reações pontuais, como a do DEM, e de incluir decisões que sempre serão polêmicas, como a do critério de identificação dos beneficiários, ações afirmativas baseadas na cor da pele ou identidade étnica conseguem desenvolver um elevado grau de legitimidade na comunidade acadêmica. Basta ver como diversos grupos de pesquisa e setores do movimento estudantil se articularam em defesa do sistema da UnB quando este se viu confrontado pela ação do DEM.

Para os estudiosos das reformas universitárias, seria fundamental que o programa da UnB pudesse completar o ciclo de 10 anos previsto no Plano de Metas da instituição.

Sobre o posicionamento a ser adotado pelo STF diante do problema, a resposta não está clara. O Tribunal poderá desprezar a experiência da UnB sob o receio de que ela venha a dissolver o mito de um país fraterno, porque mais miscigenado que outros.

Mas o Tribunal também poderá conceder que o programa da UnB representa, bem ao contrário, uma tentativa válida de institucionalizar a fraternidade ao reconhecer a existência de grupos historicamente desfavorecidos, contribuindo, assim, para a efetivação da justiça social. Somente a segunda resposta permite combinar justiça social com justiça histórica.

Folha de S.Paulo, 26 de agosto de 2009

De Copenhague a Yasuní[2]

Como já se previa, a próxima Conferência da Organização das Nações Unidas sobre a Mudança Climática, a realizar em Copenhague de 7 a 18 de dezembro, será um fracasso que os políticos irão tentar disfarçar com recurso a vários códigos semânticos como "acordo político", "passo importante na direção certa". O fracasso reside em que, ao contrário dos compromissos assumidos nas reuniões anteriores, não serão adotadas em Copenhague metas legalmente obrigatórias para a redução das emissões dos gases responsáveis pelo aquecimento global cujos perigos para a sobrevivência do planeta estão hoje suficientemente demonstrados para que o princípio da precaução deva ser acionado. A decisão foi tomada durante a recente Cimeira da Cooperação Ásia-Pacífico e, mais uma vez, quem a ditou foi a política interna dos EUA: a braços com a reforma do sistema de saúde, o Presidente Obama não quer assumir compromissos à margem do Congresso norte-americano e não pode ou não quer mobilizar este último para uma decisão que envolva medidas hostis ao forte *lobby* do setor das energias não renováveis. Os cidadãos do mundo continuarão, pois, a assistir ao espetáculo confrangedor de políticos irresponsáveis e de interesses econômicos demasiado poderosos para se submeterem ao controle democrático e assim ficarão até se convencerem de que está nas suas mãos construir formas democráticas mais fortes capazes de impedir a irresponsabilidade dos políticos e o despotismo econômico.

Mas a reunião de Copenhague não será totalmente em vão porque a sua preparação permitiu que se conhecessem melhor movimentos e iniciativas, por parte de organizações sociais e por parte de Estados, reveladores de uma nova consciência ambiental global e de outras possibilidades de inovação política. Uma das propostas mais audaciosas e inovadoras é a

---

2. Com a finalidade de concretizar a proposta "Yasuní-ITT", o Equador subscreveu, em agosto de 2010, um acordo com o Programa das Nações Unidas para o Desenvolvimento (PNUD), que será administrado pelo Multi-Donor Trust Fund (MDTF), o primeiro MDTF nacional. Até ao presente, recebeu contributos da Alemanha, Austrália, Canadá, Espanha, França, Inglaterra, Irlanda, Itália e Japão. Os detalhes sobre a gestão do fundo podem ser lidos em: http://mptf.undp.org/yasuni.

Iniciativa ITT do Equador apresentada, pela primeira vez, em 2007 pelo então ministro da Energia e Minas, o grande intelectual-ativista Alberto Acosta, mais tarde presidente da Assembleia Constituinte.

Trata-se de um exercício de corresponsabilização internacional que aponta para uma nova relação entre países mais desenvolvidos e países menos desenvolvidos e para um novo modelo de desenvolvimento, o modelo pós-petrolífero. O Equador é um país pobre apesar de (ou por causa de) ser rico em petróleo e a sua economia depender fortemente da exportação de petróleo: o rendimento petrolífero constitui 22% do Produto Interno Bruto e 63% das exportações. A destruição humana e ambiental causada por este modelo econômico na Amazônia é verdadeiramente chocante. Em consequência direta da exploração do petróleo por parte da Texaco (mais tarde, Chevron), entre 1960 e 1990, desapareceram por inteiro dois povos amazônicos, os tetete e os sansahauri.

A iniciativa equatoriana visa romper com este passado e consiste no seguinte. O Estado equatoriano compromete-se a deixar no subsolo reservas de petróleo calculadas em 850 milhões de barris existentes em três blocos — Ishpingo, Tambococha e Tipuyini (daí, o acrônimo da iniciativa) — do Parque Nacional Amazônico Yasuní, se os países mais desenvolvidos compensarem o Equador em metade dos rendimentos que deixará de ter em resultado dessa decisão. O cálculo é que a exploração gerará, ao longo de 13 anos, um rendimento de 4 a 5 bilhões de euros e emitirá para a atmosfera 410 milhões de toneladas de CO_2. Tal não ocorrerá se o Equador for compensado em cerca de 2 bilhões de euros mediante um duplo compromisso. Esse dinheiro é destinado a investimentos ambientalmente corretos: em energias renováveis, reflorestamento etc.; o dinheiro é recebido sob a forma de certificados de garantia, um crédito que os países "doadores" receberão de volta e com juros caso o Equador venha a explorar o petróleo, uma hipótese pouco provável dada a dupla perda para o país (perda do dinheiro recebido e a ausência de rendimentos do petróleo durante vários anos, entre a decisão de explorar e a primeira exportação).

Ao contrário do Protocolo de Kyoto, esta proposta não visa criar um mercado de carbono; pelo contrário, visa evitar que ele seja emitido. Não se limita, pois, a apelar à diversificação das fontes energéticas; sugere a necessidade de reduzir a procura de energia, quaisquer que sejam as suas fontes, o que implica uma mudança de estilo de vida que será sobretudo exigente nos países mais desenvolvidos. Para ser eficaz, a proposta deverá ser parte de um outro modelo de desenvolvimento e ser adotada por outros países produtores de petróleo. Aliás, a sustentar esta proposta equatoriana está a nova Constituição do Equador, uma das mais progressistas do mundo, que, a partir das cosmovisões e práticas indígenas do que designam como "viver bem" (Sumak Kawsay) — assentes numa relação harmoniosa entre seres humanos e não humanos, incluindo o que na cultura ocidental se designa por natureza — propõe uma concepção nova e revolucionária de desenvolvimento centrada nos direitos da natureza.

Esta concepção deve ser interpretada como uma contribuição indígena para o mundo inteiro, pois ganha adeptos em setores cada vez mais vastos de cidadãos e movimentos à medida que se vai tornando evidente que a degradação ambiental e a depredação dos recursos naturais, além de insustentáveis e socialmente injustas, conduzem ao suicídio coletivo.

Uma utopia? A verdade é que a Alemanha já se comprometeu a entregar ao Equador 50 milhões de euros por ano durante os 13 anos em que o petróleo seria explorado. Um bom começo?

Visão, 19 de novembro de 2009

Justiça: a década da visibilidade[3]

A década que agora termina foi a década do choque de realidade para a sociedade portuguesa. A década anterior fora a década das expectativas: a aproximação crescente e aparentemente irreversível do rendimento médio dos portugueses ao rendimento médio europeu. Era uma expectativa luminosa para uma sociedade de desenvolvimento intermédio, com uma economia de exígua dimensão e fraca especialização internacional, um Estado social de recente criação e com deficiente consagração de direitos sociais e econômicos e com a taxa mais baixa da Europa de redução da pobreza por via das políticas sociais. Na década de 2000 as expectativas luminosas foram-se transformando progressivamente em frustrações sombrias: em vez de aproximação ao rendimento europeu, afastamento; impacto devastador na economia das políticas neoliberais europeias de controle do déficit; perda de direitos sociais, da segurança social à saúde, dos direitos laborais (particularmente flagrante) à educação. Resultado: somos um dos países da Europa com mais desigualdades sociais e maior risco de pobreza, com os maiores índices de atipicidade e precariedade das relações laborais medida por critérios objetivos (o número de trabalhadores com contratos a termo, de trabalhadores autônomos, de trabalhadores pobres).

Que tem o sistema judicial a ver com isto? A justiça é um bem público que deve estar ao serviço do desenvolvimento econômico e social e do aprofundamento da democracia. Cumpriu esse objetivo ao longo da década? Esta foi a década da visibilidade judicial e o que ela permitiu ver é

---

3. A emergência de tipos de criminalidade com forte repercussão social e política, como a corrupção, o crime econômico organizado e a pedofilia, bem como a chegada aos tribunais de personagens com poder social e econômico, a par do crescente interesse da indústria da informação e da comunicação social na justiça, trouxeram uma maior visibilidade social dos tribunais portugueses junto da opinião pública. Na década da visibilidade, os tribunais revelaram dificuldade em comunicar com o público, afirmando-se a mídia como os tradutores por excelência da linguagem judicial. A imagem midiática da justiça é uma imagem desfocada e distorcida, fruto do confronto entre a lógica instantânea da mídia e a complexidade e os ritmos processuais próprios do sistema judicial.

motivo de desassossego para os cidadãos. Antes de mais, a visibilidade do sistema judicial em conflito consigo próprio ou com o sistema político, em ambos os casos longe do que os cidadãos esperam dele. A última década foi marcada por momentos em que a tensão institucional, usando a comunicação social como palco, atingiu os limites do admissível numa democracia consolidada, se é que não os ultrapassou: alterações aos regimes de férias judiciais; subsistema de cuidados de saúde; regalias remuneratórias; conflitos entre as cúpulas da magistratura judicial e do Ministério Público sobre os poderes na condução do processo judicial, em especial, na condução da investigação criminal; conflitos dentro dos corpos profissionais, entre o Bastonário da Ordem dos Advogados e respectivos Conselhos Distritais, entre a Associação Sindical de Juízes e o Conselho Superior da Magistratura, entre o Sindicato do Ministério Público e a Procuradoria-Geral da República. Estes conflitos institucionais aprofundaram as percepções negativas dos portugueses sobre o sistema judicial e minaram a sua legitimidade social.

O outro tipo de visibilidade judicial decorreu dos casos processados pelos tribunais, uma visibilidade que tem duas dimensões: os tribunais não podem expor e dar visibilidade aos problemas sociais sem eles próprios se exporem e tornarem socialmente visíveis. Ao longo da década, foram vários os casos mediáticos em que estiveram envolvidas personalidades conhecidas, de que o caso Casa Pia é exemplo paradigmático. A exposição mediática, para a qual os magistrados não estavam (nem estão) preparados, os incidentes do processo e a morosidade do seu andamento acabaram por vincar na opinião pública uma dupla ideia negativa sobre os tribunais: que são ineficientes e que são reféns dos desequilíbrios entre a capacidade técnica da defesa e da acusação. Mas o problema vem de trás e é bem mais complexo. Considerando que a criminalidade complexa, em especial, a criminalidade econômico-financeira, a corrupção, o tráfico de influências e o abuso do poder têm sido fatores importantes na degradação da nossa vida coletiva, é forçoso concluir que o sistema judicial tem contribuído, por omissão, para este estado de coisas. É extenso o rosário de casos em que os tribunais se deixaram enredar de maneira inglória e com um desprezo total pela exigência cidadã de transparência e justiça: fundos sociais europeus, Partex, faturas falsas, Caixa Econômica Açoreana, Junta Autônoma de Estradas (JAE), Universidade Moderna, Caso da Mala, Freeport, Portucale, Operação Furacão, Apito Dourado, Somague, entre outros. O que se conhece de casos mais recentes (Caso BCP, Caso BPN e Face Oculta) não nos sossega quanto ao seu destino.

Acontece que a hipervisibilidade da ineficiência nestes casos vai de par com a invisibilização de outras ineficiências que afetam tanto ou mais as percepções dos cidadãos sobre a justiça porque os deixam desarmados perante o infortúnio. Se é verdade que os indicadores mostram elevados níveis de ineficiência no desempenho do sistema de justiça (tribunais judiciais, órgãos de polícia criminal, Ministério Público, instituições conexas), o seu impacto na vida dos cidadãos e das empresas é muito diferenciado. Os anos de espera podem ser dramáticos para quem é vítima de violência doméstica, para quem espera por uma indenização de um acidente de trabalho que o/a incapacitou, para a criança que espera por uma pensão de alimentos ou aguarda numa instituição que lhe encontrem uma família, para a pequena e média empresa que, não beneficiando do efeito de escala das grandes empresas, asfixia ante os créditos que não cobra. O drama reside no fato de o sistema judicial não dar mostras de começar a compreender que há diferenças nas urgências e que a igualdade reside no tratamento diferenciado do que é diferente.

Perturbador é que tampouco tenha mudado apesar de esta ter sido a década das reformas: no âmbito da procura judicial (desjudicialização de conflitos, criação e reforço da presença de meios alternativos de resolução de litígios: arbitragem, mediação, julgados de paz); no âmbito da tramitação dos processos (reformas do processo civil e penal, contencioso administrativo e fiscal, procedimento de injunção para a cobrança de dívidas, criação da figura do solicitador de execução); na desformalização de atos (sobretudo na vertente comercial) ou criando novo mapa e organização judiciária para os tribunais comuns, administrativos e fiscais. A desmaterialização dos processos por via da informatização foi uma das medidas emblemáticas de um dos últimos governos, apostando, quer na dotação dos tribunais com redes e equipamentos informáticos, quer em programas que permitem uma interação mais eficiente entre os vários intervenientes processuais (magistrados, seção de processos, advogados, solicitadores de execução, instituições colaborantes do judiciário etc.).

Os desafios para os próximos anos devem assentar nas seguintes ideias-chave: combate à criminalidade grave e complexa — investigações levadas a cabo com competência e eficácia, cuja conclusão de acusação ou de arquivamento assente em fundamentos e em estratégia de provas sólidas; igualdade de acesso ao direito e à justiça — depois de uma década que restringiu (em plena crise econômica) o direito de acesso ao apoio judiciário e aumentou as custas judiciais; transparência — dadas as condições tecnológicas que permitem uma verdadeira justiça de proximidade; eficiência e qualidade do sistema judicial — num período tão difícil para a vida dos portugueses, a justiça só é verdadeiramente cega se tiver a paixão da justiça social.

Visão, 12 de dezembro de 2009

2010

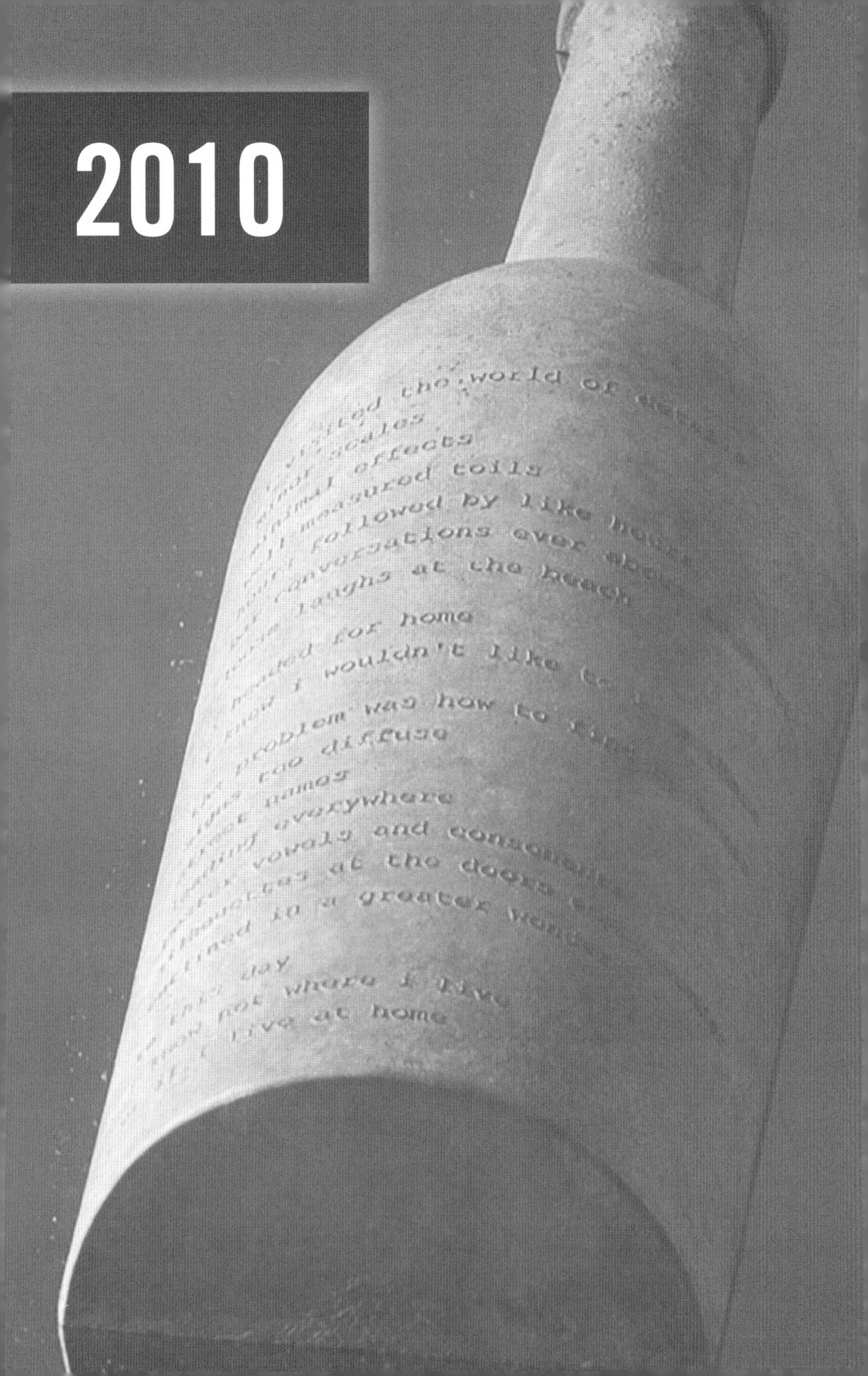

Os EUA estão doentes

Em sentido metafórico, a sociedade norte-americana está doente por muitas razões. Há mais de trinta anos passo alguns meses por ano nos EUA e tenho vindo a observar uma acumulação progressiva de "doenças", mas não é delas que quero escrever hoje. Hoje escrevo sobre doença no sentido literal e faço-o a propósito da reforma do sistema de saúde em discussão final no Congresso. As lições desta reforma para o nosso país são evidentes. Os EUA são o único país do mundo desenvolvido em que a saúde foi transformada em mercadoria e o seu provimento entregue ao mercado privado das seguradoras. Os resultados são assustadores. Gastam por ano duas vezes mais em despesas de saúde que qualquer outro país dito desenvolvido e, apesar disso, 49 milhões de cidadãos não têm nenhum seguro de saúde e 45 mil morrem por ano por falta dele. Mais, a cada passo surgem notícias aterradoras de pessoas com doenças graves a quem as seguradoras cancelam os seguros, a quem recusam pagar tratamentos que lhes poderiam salvar a vida ou a quem recusam vender o seguro por serem conhecidas as suas "condições preexistentes", ou seja, a probabilidade de virem necessitar de cuidados de saúde dispendiosos no futuro.

A perversidade do sistema reside em que os lucros das seguradoras são tanto maiores quanto mais gente da classe média baixa ou trabalhadores de pequenas e médias empresas são excluídos, ou seja, grupos sociais que não aguentam constantes aumentos dos prêmios de seguro que nada têm a ver com a inflação. No meio de uma grave crise econômica e alta taxa de desemprego, a seguradora Anthem Blue Cross — que no ano passado declarou um aumento de 56% nos seus lucros — anunciou há semanas uma subida de 39% dos prêmios na Califórnia, o que provocaria a perda do seguro a 800.000 pessoas. A medida foi considerada criminosa e escandalosa por alguns membros do Congresso.

Por todas estas razões, há um consenso nos EUA de que é preciso reformar o sistema de saúde, e essa foi uma das promessas centrais da campanha de Barack Obama. A sua proposta assentava em duas medidas principais: criar um sistema público, financiado pelo Estado, que, ainda que residual, pudesse dar uma opção aos que não conseguem pagar os seguros; regular o setor de modo que os aumentos dos prêmios não pudessem ser decididos unilateralmente pelas seguradoras. Há um ano que a proposta de lei tramita no Congresso e não é seguro que a lei seja aprovada até à Páscoa, como pede o presidente norte-americano. Mas a lei que virá a ser aprovada não contém nenhuma das propostas iniciais de Obama. Pela simples razão de que o *lobbying* das seguradoras gastou 300 milhões de euros para pagar aos congressistas encarregados de elaborar a lei (para as suas campanhas, para as suas causas e, afinal, para os seus bolsos). Há seis *lobbyistas* da área de saúde registrados por cada membro do Congresso. *Lobbying* é a forma legal de exercer pressão sobre políticos nos EUA, situação que o resto do mundo chama de corrupção. A proposta, a ser aprovada, está de tal modo desfigurada que muitos setores progressistas (ou seja, setores um pouco menos conservadores) pensam que seria melhor não promulgar a lei. Entre outras coisas, a lei "entrega" às seguradoras cerca de 30 milhões de novos clientes sem nenhum controle sobre o montante dos prêmios. Os EUA estão doentes porque a democracia norte-americana está doente.

Que lições?

1. É um crime social transformar a saúde em mercadoria.
2. Uma vez dominantes no mercado, as seguradoras mostram uma irresponsabilidade social assustadora. São responsáveis perante os acionistas, não perante os cidadãos.
3. Têm armas poderosas para dominar os governos e a opinião pública.

Em Portugal, convém-lhes demonizar o SNS só até ao ponto de retirar dele a classe média, mais sensível à falta de qualidade, mas nunca ao ponto de o eliminar pois, doutro modo, deixariam de ter o "caixote do lixo" para onde atirar os doentes que não querem. Os mais ingênuos ficam perplexos perante os prejuízos dos hospitais públicos e os lucros dos privados. Não se deram conta de que os prejuízos dos hospitais públicos, por mais eficientes que sejam, serão sempre a causa dos lucros dos hospitais privados.

Visão, 11 de março de 2010

O fascismo financeiro

Há alguns anos publiquei, a convite do Dr. Mário Soares, um pequeno texto — *Reinventar a democracia* (Lisboa: Gradiva, 1998) — que, pela sua extrema atualidade, não resisto à tentação de evocar aqui. Neste livro considero eu que um dos sinais da crise da democracia é a emergência do fascismo social. Não se trata do regresso ao fascismo do século passado. Não se trata sequer de um regime político, mas antes de um regime social. Em vez de sacrificar a democracia às exigências do capitalismo, promove uma versão empobrecida de democracia que torna desnecessário, e mesmo inconveniente, o sacrifício. Trata-se, pois, de um fascismo pluralista e, por isso, de uma forma de fascismo que nunca existiu. Identificava então cinco formas de sociabilidade fascista, uma das quais era o fascismo financeiro. E sobre este dizia o seguinte.

O fascismo financeiro é talvez o mais virulento. Comanda os mercados financeiros de valores e de moedas, a especulação financeira global, um conjunto hoje designado por economia de cassino. Esta forma de fascismo social é a mais pluralista na medida em que os movimentos financeiros são o produto de decisões de investidores individuais ou institucionais espalhados por todo o mundo e, aliás, sem nada em comum senão o desejo de rentabilizar os seus valores. Por ser o fascismo mais pluralista é também o mais agressivo porque o seu espaço-tempo é o mais refratário a qualquer intervenção democrática. Significativa, a este respeito, é a resposta do corretor da bolsa de valores quando lhe perguntavam o que era para ele o longo prazo: "longo prazo para mim são os próximos dez minutos". Este espaço-tempo virtualmente instantâneo e global, combinado com a lógica de lucro especulativa que o sustenta, confere um imenso poder discricionário ao capital financeiro, praticamente incontrolável apesar de suficientemente poderoso para abalar, em segundos, a economia real ou a estabilidade política de qualquer país.

A virulência do fascismo financeiro reside em que ele, sendo de todos o mais internacional, está a servir de modelo a instituições de regulação global crescentemente importantes apesar de pouco conhecidas do público. Entre elas, as empresas de *rating*, as empresas internacionalmente acreditadas para avaliar a situação financeira dos Estados e os consequentes riscos e oportunidades que eles oferecem aos investidores internacionais. As notas atribuídas — que vão de AAA a D — são determinantes para as condições em que um país ou uma empresa de um país pode aceder ao crédito internacional. Quanto mais alta a nota, melhores as condições. Estas empresas têm um poder extraordinário. Segundo o colunista do *The New York Times*, Thomas Friedman, "o mundo do pós-guerra fria tem duas superpotências, os EUA e a agência Moody's". Moody's é uma dessas agências de *rating*, ao lado da Standard and Poor's e Fitch Investors Services. Friedman justifica a sua afirmação acrescentando que "se é verdade que os EUA podem aniquilar um inimigo utilizando o seu arsenal militar, a agência de qualificação financeira Moody's tem poder para estrangular financeiramente um país, atribuindo-lhe uma má nota".

Num momento em que os devedores públicos e privados entram numa batalha mundial para atrair capitais, uma má nota pode significar o colapso financeiro do país. Os critérios adotados pelas empresas de *rating* são em grande medida arbitrários, reforçam as desigualdades no sistema mundial e dão origem a efeitos perversos: o simples rumor de uma próxima desqualificação pode provocar enorme convulsão no mercado de valores de um país. O poder discricionário destas empresas é tanto maior quanto lhes assiste a prerrogativa de atribuírem qualificações não solicitadas pelos países ou devedores visados. A virulência do fascismo financeiro reside no seu potencial de destruição, na sua capacidade para lançar no abismo da exclusão países pobres inteiros.

Escrevia isto a pensar nos países do chamado Terceiro Mundo. Estava longe de pensar que o fosse recuperar a pensar em países da União Europeia.

Visão, 6 de maio de 2010

A CPLP vista da África

A CPLP é constituída predominantemente por países africanos. Não admira que nela dominem as dinâmicas políticas africanas, regionais e que sejam estas a condicionar as relações com países como Portugal e o Brasil. O regionalismo africano é hoje muito diversificado e intenso e é herdeiro de duas tradições: o pan-africanismo e o colonialismo. Há, por um lado, a União Africana e várias organizações regionais das quais as principais são a Comunidade Econômica dos Estados da África Ocidental (CEDEAO), a Comunidade Econômica dos Estados da África Central (CEEAC), a Comunidade Econômica dos Estados da África Austral (SADC) e a Comunidade da África Oriental (EAC). Há também, por outro lado, as organizações que decorrem do colonialismo e dos laços neocoloniais que se procuraram manter depois das independências: a Commonwealth, a Francofonia e a CPLP. De todas elas, a CPLP é aquela em que os países africanos têm, por agora, mais capacidade de manobra pelo fato de o fraco desenvolvimento de Portugal e a guerra de libertação não terem permitido à antiga potência colonial controlar os processos de desenvolvimento pós-independência. Isto não significa que os laços neocoloniais não possam vir a surgir, quer protagonizados por Portugal, quer pelo Brasil (que foi colonizado, não colonizador, outra originalidade da CPLP).

As organizações de origem neocolonial são vistas pelos países africanos com uma forte dose de pragmatismo. Daí que Moçambique seja membro de pleno direito da Commonwealth e observador da Francofonia e Cabo Verde, Guiné-Bissau e São Tomé e Príncipe sejam membros de pleno direito da Francofonia. Arvorar a prevalência linguística, as tradições culturais ou os valores de direitos humanos em critérios definidores de pertença a estas organizações faz muito pouco sentido à luz do que tem sido a lógica da sua evolução. Quando qualquer destes critérios é acionado, ele revela uma de duas coisas. Ou é usado para disfarçar as verdadeiras motivações: a expulsão do Zimbábue da Commonwealth por violar os direitos humanos, quando o verdadeiro "crime" foi o de expropriar os agricultores brancos, descendentes dos colonos. Ou é usado tão seletivamente que, no mínimo, revela hipocrisia. Se, com olhar desapaixonado, observarmos o que se passa nos países da CPLP (e não me refiro exclusivamente aos africanos), não temos grandes razões para triunfalismo e, perante isso, a opção é entre a incoerência ou a arrogância de reclamarmos o privilégio de definir a norma: aos filhos legítimos da CPLP permitimos tudo, aos filhos adotivos exigimos que cumpram a lei e os princípios.

Os países africanos têm hoje um interesse acrescido em fortalecer as organizações internacionais de que participam e em maximizar as valências que elas oferecem (Portugal e o acesso à União Europeia; o Brasil e o acesso aos países emergentes). São várias as razões. África confronta-se com um problema de segurança que em larga medida é importado e que, paradoxalmente, é causado por quem lho pretende resolver: a criação, em 2007, do Africom, o Comando militar dos EUA para a África, por enquanto sediado fora de África. Na aparência vocacionado para combater o fundamentalismo islâmico e apoiar as missões de paz, o Africom visa garantir o acesso dos EUA aos recursos naturais estratégicos do continente (petróleo, bauxita, urânio, aquíferos, terra) ante a eventual ameaça da China. Faz prever mais instabilidade política e uma corrida aos armamentos (tal como está a acontecer na América Latina), o que será fatal para países a braços com carências sociais elementares. Um multilateralismo alternativo pode ser uma salvaguarda. A segunda razão prende-se com a invisibilidade do sofrimento das populações africanas e a necessidade de lhe pôr fim. Ressentem os africanos que tanta atenção mundial seja dada ao derrame do petróleo no golfo do México quando a destruição ambiental do delta do Níger, muitas vezes mais grave e em resultado de décadas de criminosa negligência, não suscite interesse midiático.

Visão, 27 de julho de 2010

A desuniversidade

O processo de Bolonha — a unificação dos sistemas universitários europeus com vista a criar uma área europeia de educação superior — tem sido visto como a grande oportunidade para realizar a reforma da universidade europeia. Penso, no entanto, que os universitários europeus terão de enfrentar a seguinte questão: o processo de Bolonha é uma reforma ou uma contrarreforma? A reforma é a transformação da universidade que a prepare para responder criativamente aos desafios do século XXI, de cuja definição ela ativamente participa. A contrarreforma é a imposição à universidade de desafios que legitimam a sua total descaracterização, sob o pretexto da reforma. A questão não tem, por agora, resposta, pois está tudo em aberto. Há, no entanto, sinais perturbadores de que as forças da contrarreforma podem vir a prevalecer. Se tal acontecer, o cenário distópico terá os seguintes contornos.

Agora que a crise financeira permitiu ver os perigos de criar uma moeda única sem unificar as políticas públicas, a fiscalidade e os orçamentos do Estado, pode suceder que, a prazo, o processo de Bolonha se transforme no euro das universidades europeias. As consequências previsíveis serão estas: abandonam-se os princípios do internacionalismo universitário solidário e do respeito pela diversidade cultural e institucional em nome da eficiência do mercado universitário europeu (e extraeuropeu) e da competitividade; as universidades mais débeis (concentradas nos países mais débeis) são lançadas pelas agências de *rating* universitário no caixote do lixo do *ranking*, tão supostamente rigoroso quanto realmente arbitrário e subjetivo, e sofrerão as consequências do desinvestimento público acelerado; muitas universidades encerrarão e, tal como já está a acontecer a outros níveis de ensino, os estudantes e seus pais vaguearão pelos países em busca da melhor *ratio* qualidade/preço, tal como já fazem nos centros comerciais em que as universidades, entretanto, se terão transformado.

O impacto interno será avassalador: a relação investigação/docência, tão proclamada por Bolonha, será o paraíso para as universidades no topo do *ranking* (uma pequeníssima minoria) e o inferno para a esmagadora maioria das universidades e universitários. Os critérios de mercantilização reduzirão o valor das diferentes áreas de conhecimento ao seu preço de mercado e o latim, a poesia ou a filosofia só serão mantidos se algum *macdonald* informático vir neles utilidade. Os gestores universitários serão os primeiros a interiorizar a orgia classificatória, objetivo-maníaca e índice-maníaca; tornar-se-ão exímios em criar receitas próprias por expropriação das famílias ou pilhagem do descanso e da vida pessoal dos docentes, exercendo toda a sua criatividade na destruição da criatividade e da diversidade universitárias, normalizando tudo o que é normalizável e destruindo tudo o que o não é. Os professores serão proletarizados por aquilo de que supostamente são donos — o ensino, a avaliação e a investigação — zumbis de formulários, objetivos, avaliações impecáveis no rigor formal e necessariamente fraudulentas na substância, *workpackages*, *deliverables, milestones*, negócios de citação recíproca para melhorar os índices, comparações entre o publicas onde-não-me-interessa-o-quê, carreiras imaginadas como exaltantes e sempre paradas nos andares de baixo. Os estudantes serão donos da sua aprendizagem e do seu endividamento para o resto da vida, em permanente deslize da cultura estudantil para cultura do consumo estudantil, autônomos nas escolhas de que não conhecem a lógica nem os limites, personalizadamente orientados para as saídas do desemprego profissional.

O serviço da educação terciária estará finalmente liberalizado e conforme às regras da Organização Mundial do Comércio. Nada disto tem de acontecer, mas para que não aconteça é necessário que os universitários e as forças políticas para quem esta nova normalidade é uma monstruosidade definam o que tem de ser feito e se organizem eficazmente para que seja feito. Será o tema da próxima crônica.

Visão, 26 de agosto de 2010

A reuniversidade

Na minha última crónica descrevi um cenário perturbador do futuro da universidade em resultado dos processos de reforma atualmente em curso. Fiz questão de salientar que se trata apenas de um cenário possível e que a sua ocorrência pode ser evitada se forem tomadas algumas medidas exigentes.

1. É preciso começar por reconhecer que a nova normalidade criada pelo cenário descrito significaria o fim da universidade tal como a conhecemos.

2. É necessário tirar as consequências dos vícios da universidade anterior ao processo de Bolonha: inércia e endogamia por detrás da aversão à inovação; autoritarismo institucional disfarçado de autoridade académica; nepotismo disfarçado de mérito; elitismo disfarçado de excelência; controle político disfarçado de participação democrática; neofeudalismo disfarçado de autonomia departamental ou facultária; temor da avaliação disfarçado de liberdade académica; baixa produção científica disfarçada de resistência heroica a termos de referência estúpidos e a comentários ignorantes de *referees*.

3. O processo de Bolonha deve retirar do seu vocabulário o conceito de capital humano. As universidades formam seres humanos e cidadãos plenos e não capital humano sujeito como qualquer outro capital às flutuações do mercado. Não se pode correr o risco de confundir sociedade civil com mercado. As universidades são centros de saber no sentido mais amplo do termo, o que implica pluralismo científico, interculturalidade e igual importância conferida ao conhecimento que tem valor de mercado e ao que o não tem. A análise custo/benefício no domínio da investigação e desenvolvimento é um instrumento grosseiro que pode matar a inovação em vez de a promover. Basta consultar a história das tecnologias para se concluir que as inovações com maior valor instrumental foram desenvolvidas sem nenhuma atenção à análise custo/benefício. Será fatal para as universidades se a reforma for orientada para neutralizar os mecanismos de resistência contra

as imposições unilaterais do mercado, os mesmos que, no passado, foram cruciais para resistir contra as imposições unilaterais da religião e do Estado.

4. A reforma deve incentivar as universidades a desenvolverem uma concepção ampla de responsabilidade social que se não confunda com instrumentalização. No caso português, os contratos celebrados entre as universidades e o governo no sentido de aumentar a qualificação da população tornam ridícula a ideia do isolamento social das universidades, mas, se nem todas as condições forem cumpridas, podem sujeitar as instituições a um estresse institucional destrutivo que atingirá de maneira fatal a geração dos docentes na casa dos trinta e quarenta anos.

5. Para que tal não suceda, é necessário que a todos os docentes universitários sejam dadas iguais oportunidades de realizar investigação, não as fazendo depender do *ranking* da universidade nem do tópico de investigação, não sendo toleradas nem cargas letivas asfixiantes, nem a degradação dos salários (mantendo as carreiras abertas e permitindo que os salários possam ser pagos, em parte, pelos projetos de investigação).

6. O processo de Bolonha deve tratar os *rankings* como o sal na comida, ou seja, com moderação. Para além disso, deve introduzir pluralidade de critérios na definição dos *rankings* à semelhança do que já vigora noutros domínios: nas classificações dos países, o índice do Produto Interno Bruto coexiste hoje com o índice de desenvolvimento humano do Programa das Nações Unidas para o Desenvolvimento (PNUD).

Tudo isto só será possível se o processo de Bolonha for cada vez mais uma energia endógena e cada vez menos uma imposição de peritos internacionais que transformam preferências subjetivas em políticas públicas inevitáveis; e se os encarregados da reforma convencerem a União Europeia e os Estados a investir mais nas universidades, não para responder a pressões corporativas, mas porque este é o único investimento capaz de garantir o futuro da ideia da Europa enquanto Europa de ideias.

Visão, 23 de setembro de 2010

Respirar é possível

As eleições no Brasil tiveram uma importância internacional inusitada. As razões diferem consoante a perspectiva geopolítica que se adote. Vistas da Europa, as eleições tiveram um significado especial para os partidos de esquerda. A Europa vive uma grave crise que ameaça liquidar o núcleo duro da sua identidade: o modelo social europeu e a social-democracia. Apesar de estarmos perante realidades sociológicas distintas, o Brasil ergueu nos últimos oito anos a bandeira da social-democracia e reduziu significativamente a pobreza. Fê-lo, reivindicando a especificidade do seu modelo, mas fundando-o na mesma ideia básica de combinar aumentos de produtividade econômica com aumentos de proteção social. Para os partidos que na Europa lutam pela reforma, mas não pelo abandono, do modelo social, as eleições no Brasil vieram trazer um pouco mais de ar para respirar.

No continente americano, as eleições no Brasil tiveram uma relevância sem precedentes. Duas perspectivas opostas se confrontaram. Para o governo dos EUA, o Brasil de Lula foi um parceiro relutante, desconcertante e, em última análise, não fiável. Combinou uma política econômica aceitável (ainda que criticável por não ter continuado o processo das privatizações) com uma política externa hostil. Para os EUA, é hostil toda a política externa que não se alinhe integralmente com as decisões de Washington. Tudo começou logo no início do primeiro mandato de Lula, quando este decidiu fornecer meio milhão de barris de petróleo à Venezuela de Hugo Chávez que nesse momento enfrentava uma greve do setor petroleiro depois de ter sobrevivido a um golpe em que os EUA estiveram envolvidos. Este ato significou um tropeço enorme para a estratégia política norte-americana de isolar o governo de Chávez. Os anos seguintes vieram confirmar a pulsão autonomista do governo de Lula. O Brasil manifestou-se veementemente contra o bloqueio a Cuba, criou relações de confiança com governos eleitos mas considerados hostis, a Bolívia e o Equador, e defendeu-os dos golpes da direita tentados em 2008 e 2010, respectivamente. O Brasil promoveu formas de integração regional, tanto no plano econômico, como no político e militar, à revelia dos EUA. E, ousadia das ousadias, procurou um relacionamento independente com o governo "terrorista" do Irã.

Na década passada, a guerra no Oriente Médio fez com que os EUA "abandonassem" a América Latina. Estão hoje de regresso, e as formas de intervenção são mais diversificadas que antes. Dão mais importância ao financiamento de organizações sociais, ambientais e religiosas, cujas agendas as afastem dos governos hostis a derrotar, como acaba de ser documentado nos casos da Bolívia e do Equador. O objetivo é sempre o mesmo: promover governos totalmente alinhados. E as recompensas pelo alinhamento total são hoje maiores que antes. A obsessão do candidato Serra com o narcotráfico na Bolívia (um ator secundaríssimo) sinalizava o desejo aberto de alinhamento. A visita de Hillary Clinton e a confirmação, pouco antes das eleições, de um embaixador duro ("falcão"), Thomas Shannon, são sinais evidentes da estratégia norte-americana: um Brasil alinhado com Washington provocaria, qual efeito dominó, a queda dos outros governos não alinhados do subcontinente. O projeto vai manter-se mas por agora ficou adiado.

A outra perspectiva sobre as eleições foi o reverso da anterior. Para os governos "desalinhados" do continente e para as classes e movimentos sociais que os levaram democraticamente ao poder, as eleições brasileiras foram um sinal de esperança: há espaço para uma política regional com algum grau de autonomia e para um novo tipo de nacionalismo, apostado em mais redistribuição da riqueza coletiva.

Folha de São Paulo, 2 de novembro de 2010

Wikiliquidação do império?

A divulgação de centenas de milhares de documentos confidenciais, diplomáticos e militares, pela Wikileaks, acrescenta uma nova dimensão ao aprofundamento contraditório da globalização. A revelação, num curto período, não só de documentação que se sabia existir mas a que durante muito tempo foi negado o acesso público por parte de quem a detinha, como também de documentação que ninguém sonhava existir, dramatiza os efeitos da revolução das tecnologias de informação e obriga a repensar a natureza dos poderes globais que nos (des)governam e as resistências que os podem desafiar. O questionamento deve ser tão profundo que incluirá a própria Wikileaks: é que nem tudo é transparente na orgia de transparência que a Wikileaks nos oferece.

A revelação é tão impressionante pela tecnologia como pelo conteúdo. A título de exemplo, ouvimos horrorizados este diálogo — Good shooting. Thank you — enquanto caem por terra jornalistas da Reuters e crianças a caminho do colégio, ou seja, enquanto se cometem crimes contra a humanidade. Ficamos a saber que o Irã é consensualmente uma ameaça nuclear para os seus vizinhos e que, portanto, está apenas por decidir quem vai atacar primeiro, se os EUA ou Israel. Que a grande multinacional farmacêutica Pfizer, com a conivência da embaixada dos EUA na Nigéria, procurou fazer chantagem com o Procurador-Geral deste país para evitar pagar indenizações pelo uso experimental indevido de drogas que mataram crianças. Que os EUA fizeram pressões ilegítimas sobre países pobres para os obrigar a assinar a declaração não oficial da Conferência da Mudança Climática de dezembro passado em Copenhague, de modo a poderem continuar a dominar o mundo com base na poluição causada pela economia do petróleo barato. Que Moçambique não é um Estado-narco totalmente corrupto, mas pode correr o risco de o vir a ser. Que no "plano de pacificação das favelas" do Rio de Janeiro se está a aplicar a doutrina da contrainsurgência desenhada pelos EUA para o Iraque e Afeganistão, ou seja, que se estão a usar contra um "inimigo interno" as táticas usadas contra um "inimigo externo". Que o irmão do "salvador" do Afeganistão, Hamid Karzai, é um importante traficante de ópio. Etc. etc. num quarto de milhão de documentos.

Irá o mundo mudar depois destas revelações? A questão é saber qual das globalizações em confronto — a globalização hegemônica do capitalismo ou a globalização contra-hegemônica dos movimentos sociais em luta por um outro mundo possível — irá beneficiar mais com as fugas de informação. É previsível que o poder imperial dos EUA aprenda mais rapidamente as lições da Wikileaks que os movimentos e partidos que se lhe opõem em diferentes partes do mundo. Está já em marcha uma nova onda de direito penal imperial, leis "antiterroristas" para tentar dissuadir os diferentes "piratas" informáticos (hackers), bem como novas técnicas para tornar o poder wikiseguro. Mas, à primeira vista, a Wikileaks tem maior potencial para favorecer as forças democráticas e anticapitalistas. Para que esse potencial se concretize são necessárias duas condições: processar o novo conhecimento adequadamente e transformá-lo em novas razões para mobilização.

Quanto à primeira condição, já sabíamos que os poderes políticos e econômicos globais mentem quando fazem apelos aos direitos humanos e à democracia, pois que o seu objetivo exclusivo é consolidar o domínio que têm sobre as nossas vidas, não hesitando em usar, para isso, os métodos fascistas mais violentos. Tudo está a ser comprovado, e muito para além do que os mais avisados poderiam admitir. O maior conhecimento cria exigências novas de análise e de divulgação. Em primeiro lugar, é necessário dar a conhecer a distância que existe entre a autenticidade dos documentos e a veracidade do que afirmam. Por exemplo, que o Irã seja uma ameaça nuclear só é "verdade" para os maus diplomatas que, ao contrário dos bons, informam os seus governos sobre o que estes gostam de ouvir e não sobre a realidade dos fatos. Do mesmo modo, que a tática norte-americana da contrainsurgência esteja a ser usada nas favelas é opinião do Consulado Geral dos EUA no Rio. Compete aos cidadãos interpelar o governo nacional, estadual e municipal sobre a veracidade desta opinião. Tal como compete aos tribunais moçambicanos averiguar a alegada corrupção no país. O importante é sabermos divulgar que muitas das decisões de que pode resultar a morte de milhares de pessoas e o sofrimento de milhões são tomadas com base em mentiras e criar a revolta organizada contra tal estado de coisas.

Ainda no domínio do processamento do conhecimento, será cada vez mais crucial fazermos o que chamo uma sociologia das ausências: o que não é divulgado quando aparentemente tudo é divulgado. Por exemplo, resulta muito estranho que Israel, um dos países que mais poderia temer as revelações devido às atrocidades que tem cometido contra o povo palestino, esteja tão ausente dos documentos confidenciais. Há a suspeita fundada de que foram eliminados por acordo entre Israel e Julian Assange. Isto significa que vamos precisar de uma Wikileaks alternativa ainda mais transparente. Talvez já esteja em curso a sua criação.

A segunda condição (novas razões e motivações para a mobilização) é ainda mais exigente. Será necessário estabelecer uma articulação orgânica entre o fenômeno Wikileaks e os movimentos e partidos de esquerda até agora pouco inclinados a explorar as novas possibilidades criadas pela revolução das tecnologias de informação. Essa articulação vai criar a maior disponibilidade para que seja revelada informação que particularmente interessa às forças democráticas anticapitalistas. Por outro lado, será necessário que essa articulação seja feita com o Fórum Social Mundial (FSM) e com a mídia alternativa que o integra. Curiosamente, o FSM foi a primeira novidade emancipatória da primeira década do século e a Wikileaks, se for aproveitada, pode ser a primeira novidade da segunda década. Para que a articulação se realize é necessária muita reflexão intermovimentos que permita identificar os desígnios mais insidiosos e agressivos do imperialismo e do fascismo social globalizado, bem como as suas insuspeitadas debilidades em nível nacional, regional e global. É preciso criar uma nova energia mobilizadora a partir da verificação aparentemente contraditória de que o poder capitalista global é simultaneamente mais esmagador do que pensamos e mais frágil do que o que podemos deduzir linearmente da sua força. O FSM, que se reúne em fevereiro próximo em Dakar, está a precisar renovar-se e fortalecer-se, e esta pode ser uma via para que tal ocorra.

Visão, 16 de dezembro de 2010

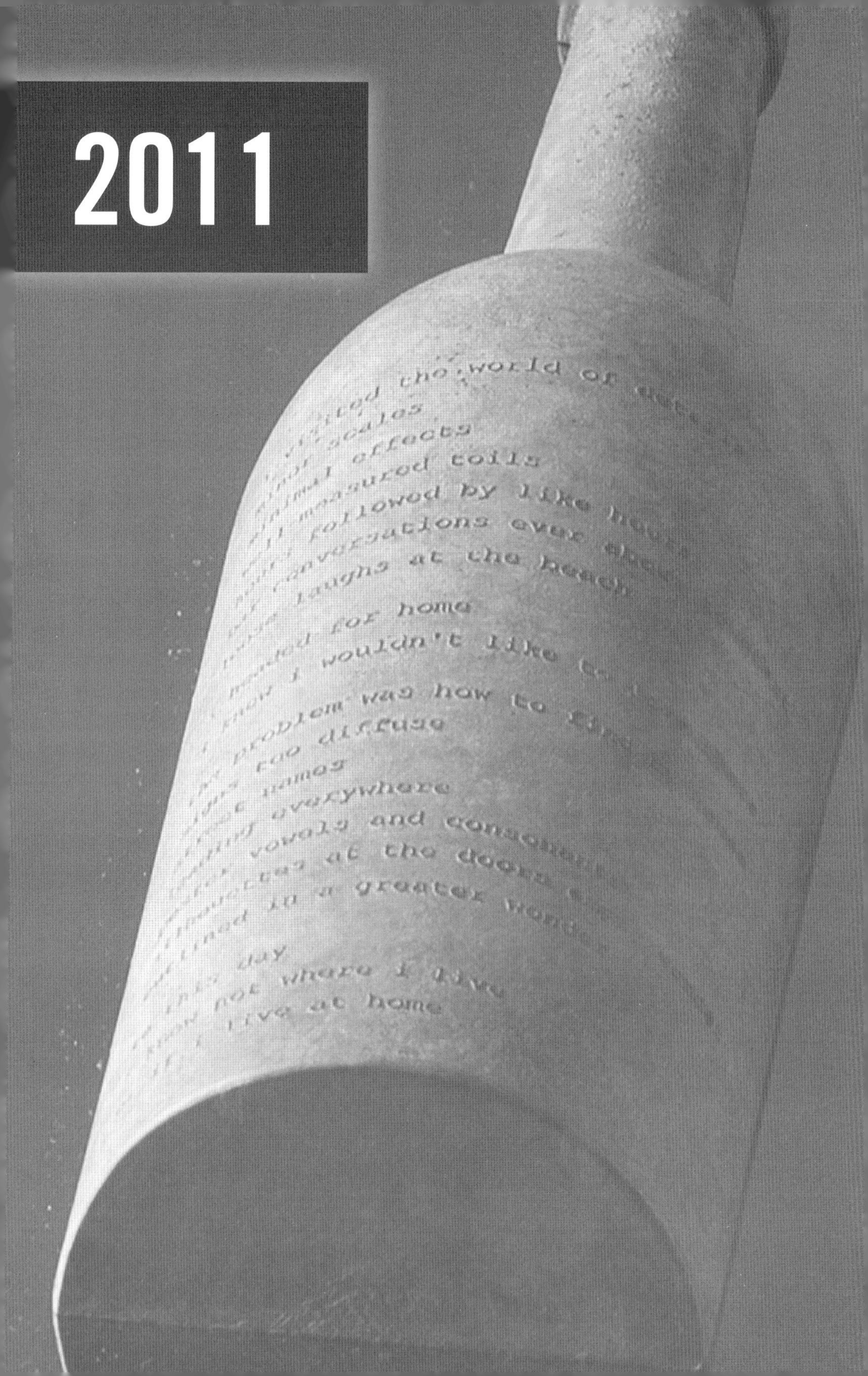

Poderá o Ocidente aprender?

Está a realizar-se em Dakar o XI FSM. É a segunda vez que se reúne na África (a primeira foi em 2007 em Nairóbi), o que revela o interesse dos seus organizadores em chamar a atenção para os problemas africanos e para o impacto que eles terão no mundo. Mal podiam supor que, ao tempo da realização do Fórum, o Norte de África estivesse no centro dos noticiários mundiais e os protestos sociais contra a crise econômica e as ditaduras apoiadas pelo Ocidente fossem tão vigorosos, tão contagiantes e tão assentes num dos princípios básicos do FSM, o da radicalização da democracia como instrumento de transformação social.

A solidariedade do FSM com as lutas sociais no Norte de África tem raízes e razões que escapam à mídia ocidental ou que esta aborda em termos que revelam a dupla dificuldade do Ocidente em aprender com as experiências do mundo e em ser fiel aos princípios e valores de que se diz guardião. O FSM tem vindo a alertar, desde a sua criação, para a insustentabilidade econômica, social, política, energética e ambiental do atual modelo econômico neoliberal, dominado pelo capital financeiro desregulado, e para o fato de os custos mundiais daqui decorrentes não se confinarem aos países menos desenvolvidos. A agitação social no Norte de África tem uma das suas raízes na profunda crise econômica que a região atravessa. Os protestos sociais das últimas semanas no Egito não se podem compreender sem as greves no setor têxtil dos últimos três anos, as quais, apesar de violentamente reprimidas, não mereceram a atenção midiática ocidental. Dez anos depois de o FSM ter alertado para o fato, o Fórum Econômico Mundial (FEM) (reunido há semanas em Davos), veio declarar que o agravamento das desigualdades sociais é o risco mais grave (mais grave que o risco da degradação ambiental) que o mundo corre nas próximas décadas). O que o FEM não diz é que tal risco decorre das políticas econômicas que ele defendeu ao longo de toda a década. Com um bom clube de ricos, pode ter assomos de má consciência, mas não pode pôr em causa a sua escandalosa acumulação de riqueza.

Vista do FSM, a crise do Norte de África significa o colapso da segunda fronteira da Europa desenvolvida. A primeira é constituída pela

Grécia, Portugal, Espanha, Itália e Irlanda. Com as duas fronteiras em crise, o centro torna-se frágil e o "material" do eixo franco-alemão pode passar em breve do aço ao plástico. Mais profundamente, a história mostra que a estabilidade e a prosperidade da Europa começam e acabam no Mediterrâneo. Por que é que o Ocidente (Europa e América do Norte) não aprende com a história e os fatos? Para o FSM, o Ocidente só aprenderá quando o que se passa nas periferias se parecer demasiado com o que se passa no centro. Talvez não tarde muito, e o problema é que pode ser então demasiado tarde para aprender.

A solidariedade do FSM com o Norte de África tem uma outra raiz: o respeito incondicional pela sua aspiração democrática. Neste domínio a hipocrisia do Ocidente não tem limites. O seu objetivo é garantir a transição pacífica de uma ditadura pró-americana, pró-israelita, a favor da ocupação colonial da Palestina por parte de Israel, anti-iraniana, a favor da livre circulação do petróleo, pró-bloqueio à faixa de Gaza, anti-Hamas, a favor da divisão Fatah/Hamas para uma democracia com as mesmas características. Só assim se explica a obsessão em detectar fundamentalistas nos protestos e em falsificar a natureza política e social da Irmandade Islâmica. Os interesses de Israel e do petróleo não permitirão ao Ocidente ser alguma vez coerente nesta região do mundo com os princípios que proclama. Não aprendeu com os 100.000 mortos que resultaram da anulação (a que deu entusiástico apoio) da vitória democrática da Frente de Salvação Islâmica nas eleições da Argélia em 1991. Nem aprendeu com a conversão da faixa de Gaza no mais repugnante campo de concentração em resultado do não reconhecimento da vitória eleitoral do Hamas em 2006. Será que o Ocidente só aprenderá quando for pós-ocidental?

Visão, 10 de fevereiro de 2011

As mulheres não são homens

No passado dia 8 de março celebrou-se o Dia Internacional da Mulher. Os dias ou anos internacionais não são, em geral, celebrações. São, pelo contrário, modos de assinalar que há pouco para celebrar e muito para denunciar e transformar. Não há natureza humana assexuada; há homens e mulheres. Falar de natureza humana sem falar na diferença sexual é ocultar que a "metade" das mulheres vale menos que a dos homens. Sob formas que variam consoante o tempo e o lugar, as mulheres têm sido consideradas como seres cuja humanidade é problemática (mais perigosa ou menos capaz) quando comparada com a dos homens. À dominação sexual que este preconceito gera chamamos patriarcado e ao senso comum que o alimenta e reproduz, cultura patriarcal. A persistência histórica desta cultura é tão forte que mesmo nas regiões do mundo onde ela foi oficialmente superada pela consagração constitucional da igualdade sexual as práticas cotidianas das instituições e das relações sociais continuam a reproduzir o preconceito e a desigualdade. Ser feminista hoje significa reconhecer que tal discriminação existe e é injusta e desejar ativamente que ela seja eliminada. Nas atuais condições históricas, falar de natureza humana como se ela fosse sexualmente indiferente, seja no plano filosófico, seja no plano político, é pactuar com o patriarcado.

A cultura patriarcal vem de longe e atravessa tanto a cultura ocidental como as culturas africanas, indígenas e islâmicas. Para Aristóteles, a mulher é um homem mutilado e para São Tomás de Aquino, sendo o homem o elemento ativo da procriação, o nascimento de uma mulher é sinal da debilidade do procriador. Esta cultura, ancorada por vezes em textos sagrados (Bíblia e Corão), tem estado sempre ao serviço da economia política dominante que, nos tempos modernos, tem sido o capitalismo e o colonialismo. Em *Three Guineas* (1938), em resposta a um pedido de apoio financeiro para o esforço de guerra, Virginia Woolf recusa, lembrando a secundarização das mulheres na nação, e afirma provocatoriamente: "Como mulher, não tenho país. Como mulher, não quero ter país. Como mulher, o meu país é o mundo inteiro." Durante a ditadura portuguesa, as *Novas cartas portuguesas*, publicadas em 1972 por Maria Isabel Barreno, Maria Teresa Horta e Maria Velho da Costa, denunciavam o patriarcado como parte da estrutura fascista que sustentava a guerra colonial na África. "Angola é nossa" era o correlato de "as mulheres são nossas (de nós, homens)" e no sexo delas se defendia a honra deles. O livro foi imediatamente apreendido porque justamente percebido como um libelo contra a guerra colonial e as autoras só não foram julgadas porque, entretanto, ocorreu a Revolução dos Cravos em 25 de Abril de 1974.

A violência que a opressão sexual implica ocorre sob duas formas, *hardcore* e *softcore*. A versão *hardcore* é o catálogo da vergonha e do horror do mundo. Em Portugal, morreram 43 mulheres em 2010, vítimas de violência doméstica. Na Cidade Juarez (México) foram assassinadas nos últimos anos 427 mulheres, todas jovens e pobres, trabalhadoras nas fábricas do capitalismo selvagem, as *Maquiladoras*, um crime organizado hoje conhecido por femicídio. Em vários países de África e no Oriente Próximo continua a praticar-se a mutilação genital feminina. Na Arábia Saudita, até há pouco, as mulheres nem sequer tinham certidão de nascimento. No Irã, a vida de uma mulher vale metade da do homem num acidente de aviação; em tribunal, o testemunho de um homem vale tanto quanto o de duas mulheres; a mulher pode ser apedrejada até à morte em caso de adultério, prática, aliás, proibida na maioria dos países de cultura islâmica.

A versão *softcore* é insidiosa e silenciosa e ocorre no seio das famílias, instituições e comunidades, não porque as mulheres sejam inferiores, mas, pelo contrário, porque são consideradas superiores no seu espírito de abnegação e na sua disponibilidade para ajudar em tempos difíceis. Porque é uma disposição natural não há sequer que lhes perguntar se aceitam os encargos ou sob que condições. Em Portugal, por exemplo, os cortes nas despesas sociais do Estado atualmente em curso vitimizam em particular as mulheres. As mulheres são as principais provedoras do cuidado a dependentes (crianças, velhos, doentes, pessoas com deficiência). Se, com o encerramento dos hospitais psiquiátricos, os doentes mentais são devolvidos às famílias, o cuidado fica a cargo das mulheres. A impossibilidade de conciliar o trabalho remunerado com o trabalho doméstico faz com que Portugal tenha um dos valores mais baixos de fecundidade do mundo. Cuidar dos vivos torna-se incompatível com desejar mais vivos.

Mas a cultura patriarcal tem, em certos contextos, uma outra dimensão particularmente perversa: a de criar a ideia na opinião pública que as mulheres são oprimidas e, como tal, vítimas indefesas e silenciosas. Este estereótipo torna possível ignorar ou desvalorizar as lutas de resistência e a capacidade de inovação política das mulheres. É assim que se ignora o papel fundamental das mulheres na revolução do Egito ou na luta contra a pilhagem da terra na Índia; a ação política das mulheres que lideram os municípios em tantas pequenas cidades africanas e a sua luta contra o machismo dos líderes partidários que bloqueiam o acesso das mulheres ao poder político nacional; a luta incessante e cheia de riscos pela punição dos criminosos levada a cabo pelas mães das jovens assassinadas em Cidade Juarez; as conquistas das mulheres indígenas e islâmicas na luta pela igualdade e pelo respeito da diferença, transformando por dentro as culturas a que pertencem; as práticas inovadoras de defesa da agricultura familiar e das sementes tradicionais das mulheres do Quênia e de tantos outros países da África; a resposta das mulheres palestinas quando perguntadas por autoconvencidas feministas europeias sobre o uso de contraceptivos: "Na Palestina, ter filhos é lutar contra a limpeza étnica que Israel impõe ao nosso povo."

Visão, 10 de março de 2011

Inconformismo e criatividade[1]

É hoje consensual que o capitalismo necessita de adversários credíveis que atuem como corretivos da sua tendência para a irracionalidade e para a autodestruição, a qual lhe advém da pulsão para funcionalizar ou destruir tudo o que pode interpor-se no seu inexorável caminho para a acumulação infinita de riqueza, por mais antissociais e injustas que sejam as consequências. Durante o século XX esse corretivo foi a ameaça do comunismo e foi a partir dela que, na Europa, se construiu a social-democracia (o modelo social europeu e o direito laboral). Extinta essa ameaça, não foi até hoje possível construir outro adversário credível em nível global. Nos últimos trinta anos, o Fundo Monetário Internacional (FMI), o Banco Mundial, as agências de *rating* e a desregulação dos mercados financeiros têm sido as manifestações mais agressivas da pulsão irracional do capitalismo. Têm surgido adversários credíveis em nível nacional (muitos países da América Latina) e, sempre que isso ocorre, o capitalismo recua, retoma alguma racionalidade e reorienta a sua pulsão irracional para outros espaços. Na Europa, a social-democracia começou a ruir no dia em que caiu o Muro de Berlim. Como não foi até agora possível reinventá-la, o FMI intervém hoje na Europa como em casa própria.

Poderá surgir em Portugal algum adversário credível capaz de impedir que o país seja levado à bancarrota pela irracionalidade das agências de *rating* apostadas em produzir a realidade que serve os interesses dos especuladores financeiros que as controlam com o objetivo de pilhar a nossa riqueza e devastar as bases da coesão social? É possível imaginar duas vias por onde pode surgir um tal adversário.

A primeira é a via institucional: líderes democraticamente eleitos reúnem o consenso das classes populares (contra a mídia conservadora e

---

1. Em abril de 2011, Portugal encontrava-se numa fase de transição de um governo de centro-esquerda (Partido Socialista-PS) para um de centro-direita (Partido Social Democrata-PSD/Centro Democrático Social-CDS). Este último, sob tutela internacional da *troika* (Comissão Europeia, Banco Central Europeu e Fundo Monetário Internacional), está a pôr em prática a destruição do Estado social em obediência ao receituário ideológico do neoliberalismo.

os economistas encartados) para praticar um ato de desobediência civil contra os credores e o FMI, aguentam a turbulência criada e relançam a economia do país com maior inclusão social. Foi isto que fez Nestor Kirchner, como presidente da Argentina, em 2003. Recusou-se a aceitar as condições de austeridade impostas pelo FMI, dispôs-se a pagar aos credores apenas um terço da dívida nominal, obteve um financiamento de três bilhões de dólares da Venezuela e lançou o país num processo de crescimento anual de 8% até 2008. Foi considerado um pária pelo FMI e seus agentes. Quando morreu, em 2010, o mesmo FMI, com inaudita hipocrisia, elogiou-o pela coragem com que assumira os interesses do país e relançara a economia. Em Portugal, um país integrado na União Europeia e com líderes treinados na ortodoxia neoliberal, não é crível que o adversário credível possa surgir por via institucional. O corretivo terá de ser europeu, e Portugal perdeu a esperança de esperar por ele no momento em que o PSD, de maneira irresponsável, pôs os interesses partidários acima dos interesses do país.

 A segunda via é extrainstitucional e consiste na rebelião dos cidadãos inconformados com o sequestro da democracia por parte dos mercados financeiros e com a queda na miséria de quem já é pobre e na pobreza de quem era remediado. A rebelião ocorre na rua, mas visa pressionar as instituições a devolver a democracia aos cidadãos. É isto que está a ocorrer na Islândia. Inconformados com a transformação da dívida de bancos privados em dívida soberana (o que aconteceu entre nós com o escandaloso resgate do BPN), os islandeses mobilizaram-se nas ruas, exigiram uma nova Constituição para defender o país contra aventureiros financeiros e convocaram um referendo em que 93% se manifestaram contra o pagamento da dívida. O parlamento procurou retomar a iniciativa política, adoçando as condições de pagamento, mas os cidadãos resolveram voltar a organizar novo referendo, o qual terá lugar a 9 de abril. Para forçar os islandeses a pagar o que não devem as agências de *rating* estão a usar contra eles as mesmas técnicas de terror que usam contra os portugueses. No nosso caso é um terror preventivo dado que os portugueses ainda não se revoltaram. Alguma vez o farão?

Visão, 7 de abril de 2011

A pensar nas eleições

Nos próximos tempos, as elites conservadoras europeias, tanto políticas como culturais, vão ter um choque: os europeus são gente comum e, quando sujeitos às mesmas provações ou às mesmas frustrações por que têm passado outros povos noutras regiões do mundo, em vez de reagir à europeia, reagem como eles. Para essas elites, reagir à europeia é acreditar nas instituições e agir sempre nos limites que elas impõem. Um bom cidadão é um cidadão bem comportado, e este é o que vive entre as comportas das instituições. Dado o desigual desenvolvimento do mundo, não é de prever que os europeus venham a ser sujeitos, nos tempos mais próximos, às mesmas provações a que têm sido sujeitos os africanos, os latino-americanos ou os asiáticos. Mas tudo indica que possam vir a ser sujeitos às mesmas frustrações. Formulado de modos muito diversos, o desejo de uma sociedade mais democrática e mais justa é hoje um bem comum da humanidade. O papel das instituições é regular as expectativas dos cidadãos de modo a evitar que o abismo entre esse desejo e a sua realização não seja tão grande que a frustração atinja níveis perturbadores. Ora, é observável um pouco por toda a parte que as instituições existentes estão a desempenhar pior o seu papel, sendo-lhes cada vez mais difícil conter a frustração dos cidadãos. Se as instituições existentes não servem, é necessário reformá-las ou criar outras. Enquanto tal não ocorre, é legítimo e democrático atuar à margem delas, pacificamente, nas ruas e nas praças. Estamos a entrar num período pós-institucional.

Os jovens acampados no Rossio e nas praças da Espanha são os primeiros sinais da emergência de um novo espaço público — a rua e a praça — onde se discute o sequestro das atuais democracias pelos interesses de minorias poderosas e se apontam os caminhos da construção de democracias mais robustas, mais capazes de salvaguardar os interesses das maiorias. A importância da sua luta mede-se pela ira com que investem contra eles as forças conservadoras. Os acampados não têm de ser impecáveis nas suas análises, exaustivos nas suas denúncias ou rigorosos nas suas propostas. Basta-lhes ser clarividentes na urgência em ampliar a agenda política e o horizonte de possibilidades democráticas, e genuínos na aspiração a uma vida digna e social e ecologicamente mais justa.

Para contextualizar a luta das acampadas e dos acampados, são oportunas duas observações. A primeira é que, ao contrário dos jovens (anarquistas e outros) das ruas de Londres, Paris e Moscou no início do século XX, os acampados não lançam bombas nem atentam contra a vida dos dirigentes políticos. Manifestam-se pacificamente e a favor de mais democracia. É um avanço histórico notável que só a miopia das ideologias e a estreiteza dos interesses não permite ver. Apesar de todas as armadilhas do liberalismo, a democracia entrou no imaginário das grandes maiorias como um ideal libertador, o ideal da democracia verdadeira ou real. É um ideal que, se levado a sério, constitui uma ameaça fatal para aqueles cujo dinheiro ou posição social lhes tem permitido manipular impunemente o jogo democrático. A segunda observação é que os momentos mais criativos da democracia raramente ocorreram nas salas dos parlamentos. Ocorreram nas ruas, onde os cidadãos revoltados forçaram as mudanças de regime ou a ampliação das agendas políticas. Entre muitas outras demandas, os acampados exigem a resistência às imposições da *troika* para que a vida dos cidadãos tenha prioridade sobre os lucros dos banqueiros e especuladores; a recusa ou a renegociação da dívida; um modelo de desenvolvimento social e ecologicamente justo; o fim da discriminação sexual e racial e da xenofobia contra os imigrantes; a não privatização de bens comuns da humanidade, como a água, ou de bens públicos, como os correios; a reforma do sistema político para o tornar mais participativo, mais transparente e imune à corrupção.

A pensar nas eleições acabei por não falar das eleições. Não falei?

Visão, 2 de junho de 2011

A água é nossa

As privatizações são o objetivo central do governo. Por que esta centralidade se as receitas que elas geram são uma migalha da dívida? Porque o verdadeiro objetivo delas é destruir o Estado Social, eliminar a ideia de que o Estado deve ter, como função primordial, garantir níveis decentes e universais de proteção social. Sujeitar os serviços públicos à lógica do mercado implica transformar cidadãos com direitos em consumidores com necessidades que se satisfazem no mercado. Cada um consome segundo as suas posses. Para os indigentes, o Estado e as organizações de caridade garantem mínimos de subsistência. Mesmo assim, há privatizações e privatizações, e a privatização da água é a mais escandalosa de todas porque ela põe em causa o próprio direito à vida.

A água é um bem comum da humanidade e o direito à água potável, um direito fundamental. Um direito de que está privada cerca de um quarto da população mundial (1,5 bilhão de pessoas). Todos os dias morrem 30.000 pessoas por doenças provocadas pela falta de água potável. As alterações climáticas fazem prever que este problema se agravará nas próximas décadas. Considerando que quase metade da população mundial vive com menos de 2 dólares por dia, e, por isso, sem condições para aceder ao mercado da água, tudo recomendaria que as medidas para garantir o acesso à água fossem orientadas pela ideia do direito fundamental e não pela ideia da necessidade básica.

Apesar disso, desde a década de 1980, a onda neoliberal fez com que muitos países privatizassem os sistemas de água. As consequências foram desastrosas: as tarifas subiram mais de 20%; o investimento na manutenção das infraestruturas diminuiu; a qualidade da água piorou; as poucas multinacionais que controlam o mercado mundial, ao preferirem as empresas do seu grupo, levaram à falência as empresas nacionais que forneciam os sistemas municipais; houve conflitos violentos (por exemplo, na África do Sul) quando a empresa fechou as torneiras a quem não pagava as contas; foram denunciadas cláusulas danosas nos contratos, conflitos de interesses e corrupção. Diante disto, os cidadãos de muitos países e cidades organizaram-se para impedir a privatização ou para lutar contra ela. Ficou famosa "a guerra da água" em Cochabamba (2000); em vários países, as lutas populares mudaram as Constituições para garantir a água como bem público; iniciativas de cidadãos levaram à substituição das parcerias público-privadas por parcerias público-públicas (entre governos centrais, regionais e municipais).

Este movimento não se confinou ao mundo menos desenvolvido. Por toda a Europa cresce o movimento contra a privatização da água e ele é forte nos países que tutelam hoje a política portuguesa, a França e a Alemanha. Ao fim de 25 anos, Paris remunicipalizou a gestão da água em 1 de janeiro de 2010. O mesmo se passou com Grenoble, mobilizada pela inovadora associação *Eau Secours*. Na Alemanha numerosas cidades estão a remunicipalizar a gestão da água, e Berlim não quer esperar por 2028 para terminar a concessão à multinacional francesa Veolia. Por tudo isto, o mercado da água entrou em refluxo. Assim se explica que a privatização da água não conste do *menu* das privatizações da *troika*.

Não é a primeira vez nem será a última que uma política considerada inovadora pelo governo português, é, de fato, uma política anacrônica, fora do tempo. Mas como a cartilha deste governo tem uma lógica temporal muito própria (varrer da memória dos portugueses o 25 de abril e o Estado Social que ele promoveu) não é de esperar que ele se envergonhe do seu anacronismo. Só os portugueses o poderão travar através de lutas de democracia direta e participativa, tais como protestos, organizações cívicas, petições, referendos, e da litigação judicial. Para eles, sim, será importante saber que a luta contra a privatização da água tem tido uma elevada taxa de êxito. O grupo Águas de Portugal não é um bom exemplo de gestão, mas a solução não é privatizá-lo; é refundá-lo.

Visão, 4 de agosto de 2011

Os limites da ordem

Os violentos distúrbios na Inglaterra não devem ser vistos como um fenômeno isolado. São um perturbador sinal dos tempos. Está a ser gerado nas sociedades contemporâneas um combustível altamente inflamável que flui nos subterrâneos da vida coletiva sem que se dê conta. Quando vem à superfície, pode provocar um incêndio social de proporções inimagináveis. Este combustível é constituído pela mistura de quatro componentes: a promoção conjunta da desigualdade social e do individualismo, a mercantilização da vida individual e coletiva, a prática do racismo em nome da tolerância, o sequestro da democracia por elites privilegiadas e a consequente transformação da política em administração do roubo "legal" dos cidadãos e do mal-estar que ele provoca. Cada um destes componentes tem uma contradição interna. Quando elas se sobrepõem, qualquer incidente pode provocar uma explosão. Desigualdade e individualismo. Com o neoliberalismo, o aumento brutal da desigualdade social deixou de ser um problema para passar a ser a solução. A ostentação dos ricos e dos super-ricos transformou-se em prova do êxito de um modelo social que só deixa na miséria a esmagadora maioria dos cidadãos supostamente porque estes não se esforçam o suficiente para terem êxito. Isso só foi possível com a conversão do individualismo em valor absoluto, o qual, contraditoriamente, só pode ser vivido como utopia da igualdade, da possibilidade de todos dispensarem por igual a solidariedade social, quer como agentes dela, quer como seus beneficiários. Para o indivíduo assim construído, a desigualdade só é um problema quando lhe é adversa e quando isso sucede nunca é reconhecida como merecida.

Mercantilização da vida. A sociedade de consumo consiste na substituição das relações entre pessoas por relações entre pessoas e coisas. Os objetos de consumo deixam de satisfazer necessidades para as criar incessantemente e o investimento pessoal neles é tão intenso quando se têm, como quando não se têm. Os centros comerciais são a visão espectral de uma rede de relações sociais que começa e acaba nos objetos. O capital, com a sua sede infinita de rentabilidade, tem vindo a submeter à lógica do mercado bens que sempre pensamos serem demasiado comuns (a água e o ar) ou demasiado pessoais (a intimidade e as convicções políticas) para serem trocados no mercado. Entre acreditar que o dinheiro medeia tudo e acreditar que tudo pode ser feito para o obter vai um passo muito menor do que se pensa. Os poderosos dão esse passo todos os dias sem que nada lhes aconteça. Os despossuídos, que pensam que podem fazer o mesmo, acabam nas prisões.

Racismo da tolerância. Os distúrbios na Inglaterra começaram com uma dimensão racial. O mesmo sucedeu em 1981, e nos distúrbios que abalaram a França em 2005. Não é coincidência; são afloramentos da sociabilidade colonial que continua a dominar as nossas sociedades, décadas depois de terminar o colonialismo político. O racismo é apenas um componente, tanto mais que em todos os distúrbios mencionados se envolveram jovens de várias etnias. Mas é importante, porque junta à exclusão social um elemento de inabarcável corrosão da autoestima, a inferioridade do ser agravada pela inferioridade do ter. Um jovem negro das nossas cidades vive cotidianamente uma suspeição social que existe independentemente do que ele ou ela seja ou faça. E essa suspeição é tanto mais virulenta quando ocorre numa sociedade distraída pelas políticas oficiais da luta contra a discriminação e pela fachada do multiculturalismo e da benevolência da tolerância.

Sequestro da democracia. O que há de comum entre os distúrbios de Inglaterra e a destruição do bem-estar dos cidadãos provocada pelas políticas de austeridade comandadas pelas agências de notação e os mercados financeiros? São ambos sinais dos limites extremos da ordem democrática. Os jovens amotinados são criminosos, mas não estamos perante uma "criminalidade pura e simples", como afirmou o primeiro-ministro David Cameron. Estamos perante uma denúncia política violenta de um modelo social e político que tem recursos para resgatar bancos e não os tem para resgatar a juventude de uma vida de espera sem esperança, do pesadelo de uma educação cada vez mais cara e mais irrelevante, dado o aumento do desemprego, do completo abandono em comunidades que as políticas públicas antissociais transformaram em campos de treino da raiva, da anomia e da revolta.

Entre o poder neoliberal instalado e os amotinados urbanos há uma simetria assustadora. A indiferença social, a arrogância, a distribuição injusta dos sacrifícios estão a semear o caos, a violência e o medo, e os semeadores dirão amanhã, genuinamente ofendidos, que o que semearam nada tem a ver com o caos, a violência e o medo instalados nas ruas das nossas cidades. Os desordeiros estão no poder e poderão em breve ser imitados por aqueles que não têm poder para os pôr na ordem.

Público, 14 de agosto de 2011

Primeira carta às esquerdas

Não ponho em causa que haja um futuro para as esquerdas mas o seu futuro não vai ser uma continuação linear do seu passado. Definir o que têm em comum equivale a responder à pergunta: o que é a esquerda? A esquerda é um conjunto de posições políticas que partilham o ideal de que os humanos têm todos o mesmo valor, e são o valor mais alto. Esse ideal é posto em causa sempre que há relações sociais de poder desigual, isto é, de dominação. Neste caso, alguns indivíduos ou grupos satisfazem algumas das suas necessidades, transformando outros indivíduos ou grupos em meios para os seus fins. O capitalismo não é a única fonte de dominação mas é uma fonte importante.

Os diferentes entendimentos deste ideal levaram a diferentes clivagens. As principais resultaram de respostas opostas às seguintes perguntas. Poderá o capitalismo ser reformado de modo a melhorar a sorte dos dominados, ou tal só é possível para além do capitalismo? A luta social deve ser conduzida por uma classe (a classe operária) ou por diferentes classes ou grupos sociais? Deve ser conduzida dentro das instituições democráticas ou fora delas? O Estado é, ele próprio, uma relação de dominação, ou pode ser mobilizado para combater as relações de dominação? As respostas opostas a estas perguntas estiveram na origem de violentas clivagens. Em nome da esquerda cometeram-se atrocidades contra a esquerda; mas, no seu conjunto, as esquerdas dominaram o século XX (apesar do nazismo, do fascismo e do colonialismo), e o mundo tornou-se mais livre e mais igual graças a elas. Este curto século de todas as esquerdas terminou com a queda do Muro de Berlim. Os últimos trinta anos foram, por um lado, uma gestão de ruínas e de inércias e, por outro, a emergência de novas lutas contra a dominação, com outros atores e linguagens que as esquerdas não puderam entender. Entretanto, livre das esquerdas, o capitalismo voltou a mostrar a sua vocação antissocial. Voltou a ser urgente reconstruir as esquerdas para evitar a barbárie.

Como recomeçar? Pela aceitação das seguintes ideias. Primeiro, o mundo diversificou-se e a diversidade instalou-se no interior de cada país. A compreensão do mundo é muito mais ampla que a compreensão ocidental do mundo; não há internacionalismo sem interculturalismo. Segundo, o capitalismo concebe a democracia como um instrumento de acumulação; se for preciso, redu-la à irrelevância e, se encontrar outro instrumento mais eficiente, dispensa-a (o caso da China). A defesa da democracia de alta intensidade é a grande bandeira das esquerdas. Terceiro, o capitalismo é amoral e não entende o conceito de dignidade humana; a defesa desta é uma luta contra o capitalismo e nunca com o capitalismo (no capitalismo, mesmo as esmolas só existem como relações públicas). Quarto, a experiência do mundo mostra que há imensas realidades não capitalistas, guiadas pela reciprocidade e pelo cooperativismo, à espera de serem valorizadas como o futuro dentro do presente. Quinto, o século passado revelou que a relação dos humanos com a natureza é uma relação de dominação contra a qual há que lutar; o crescimento econômico não é infinito. Sexto, a propriedade privada só é um bem social se for uma entre várias formas de propriedade e se todas forem protegidas; há bens comuns da humanidade (como a água e o ar). Sétimo, o curto século das esquerdas foi suficiente para criar um espírito igualitário entre os humanos que sobressai em todos os inquéritos; este é um patrimônio das esquerdas que estas têm vindo a dilapidar. Oitavo, o capitalismo precisa de outras formas de dominação para florescer, do racismo ao sexismo e à guerra e todas devem ser combatidas. Nono, o Estado é um animal estranho, meio anjo meio monstro, mas, sem ele, muitos outros monstros andariam à solta, insaciáveis à cata de anjos indefesos. Melhor Estado, sempre; menos Estado, nunca.

Com estas ideias, vão continuar a ser várias as esquerdas, mas já não é provável que se matem umas às outras e é possível que se unam para travar a barbárie que se aproxima.

Visão, 25 de agosto de 2011

Segunda carta às esquerdas

A democracia política pressupõe a existência do Estado. Os problemas que vivemos hoje na Europa mostram que não há democracia europeia porque não há Estado europeu. E porque muitas prerrogativas soberanas foram transferidas para instituições europeias, as democracias nacionais são hoje menos robustas porque os Estados nacionais são pós-soberanos. Os déficits democráticos nacionais e o déficit democrático europeu alimentam-se uns aos outros e todos se agravam por, entretanto, as instituições europeias terem decidido transferir para os mercados financeiros (isto é, para meia dúzia de grandes investidores, à frente dos quais o Deutsche Bank) parte das prerrogativas transferidas para elas pelos Estados nacionais. Ao cidadão comum será hoje fácil concluir (lamentavelmente só hoje) que foi uma trama bem urdida para incapacitar os Estados europeus no desempenho das suas funções de proteção dos cidadãos contra riscos coletivos e de promoção do bem-estar social. Esta trama neoliberal tem vindo a ser urdida em todo o mundo, e a Europa só teve o privilégio de ser "tramada" à europeia. Vejamos como aconteceu.

Está em curso um processo global de desorganização do Estado democrático. A organização deste tipo de Estado baseia-se em três funções: a função de confiança, por via da qual o Estado protege os cidadãos contra forças estrangeiras, crimes e riscos coletivos; a função de legitimidade, através da qual o Estado garante a promoção do bem-estar; e a função de acumulação, com a qual o Estado garante a reprodução do capital a troco de recursos (tributação, controle de setores estratégicos) que lhe permitam desempenhar as duas outras funções.

Os neoliberais pretendem desorganizar o Estado democrático através da inculcação na opinião pública da suposta necessidade de várias transições. Primeira: da responsabilidade coletiva para a responsabilidade individual. Segundo os neoliberais, as expectativas da vida dos cidadãos derivam do que eles fazem por si e não do que a sociedade pode fazer por eles. Tem êxito na vida quem toma boas decisões ou tem sorte e fracassa quem toma más decisões ou tem pouca sorte. As condições diferenciadas do nascimento ou do país não devem ser significativamente alteradas pelo

Estado. Segunda: da ação do Estado baseada na tributação para a ação do Estado baseada no crédito. A lógica distributiva da tributação permite ao Estado expandir-se à custa dos rendimentos mais altos, o que, segundo os neoliberais, é injusto, enquanto a lógica distributiva do crédito obriga o Estado a conter-se e a pagar o devido a quem lhe empresta. Esta transição garante a asfixia financeira do Estado, a única medida eficaz contra as políticas sociais. Terceira: do reconhecimento da existência de bens públicos (educação, saúde) e interesses estratégicos (água, telecomunicações, correios) a serem zelados pelo Estado para a ideia de que cada intervenção do Estado em área potencialmente rentável é uma limitação ilegítima das oportunidades de lucro privado. Quarta: do princípio da primazia do Estado para o princípio da primazia da sociedade civil e do mercado. O Estado é sempre ineficiente e autoritário. A força coercitiva do Estado é hostil ao consenso e à coordenação dos interesses e limita a liberdade dos empresários que são quem cria riqueza (dos trabalhadores não há menção). A lógica imperativa do governo deve ser substituída na medida do possível pela lógica cooperativa de governança entre interesses setoriais, entre os quais o do Estado. Quinta, dos direitos sociais para os apoios em situações extremas de pobreza ou incapacidade e para a filantropia. O Estado social exagerou na solidariedade entre cidadãos e transformou a desigualdade social num mal quando, de fato, é um bem. Entre quem dá esmola e quem a recebe não há igualdade possível, um é sujeito da caridade e o outro é objeto dela.

Perante este perturbador receituário neoliberal, é difícil imaginar que as esquerdas não estejam de acordo sobre o princípio "melhor Estado, sempre; menos Estado, nunca" e que disso não tirem consequências.

Visão, 22 de setembro de 2011

O desenvolvimento do subdesenvolvimento

Está em curso o processo de subdesenvolvimento do país. As medidas que o anunciam, longe de serem transitórias, são estruturantes, e os seus efeitos vão sentir-se por décadas. As crises criam oportunidades para redistribuir riqueza. Consoante as forças políticas que as controlam, a redistribuição irá num sentido ou noutro. Imaginemos que a redução de 15% do rendimento aplicada aos funcionários públicos, por via do corte dos subsídios de Natal e de férias, fosse aplicada às grandes fortunas, a Américo Amorim, Alexandre Soares dos Santos, Belmiro de Azevedo, Famílias Mello etc. Recolher-se-ia muito mais dinheiro e afetar-se-ia imensamente menos o bem-estar dos portugueses. À partida, a invocação de uma emergência nacional aponta para sacrifícios extraordinários que devem ser impostos aos que estão em melhores condições de os suportar. Por isso se convocam os jovens para a guerra, e não os velhos. Não estariam os super-ricos em melhores condições de responder à emergência nacional?

Esta é uma das perplexidades que leva os indignados a manifestarem-se nas ruas. Mas há muito mais. Perguntam-se muitos cidadãos: as medidas de austeridade vão dar resultado e permitir ver luz ao fundo do túnel daqui a dois anos? Suspeitam que não porque, para além de irem conhecendo a tragédia grega, vão sabendo que as receitas do Fundo Monetário Internacional (FMI), agora adotadas pela União Europeia (UE), não deram resultado em nenhum país onde foram aplicadas — do México à Tanzânia, da Indonésia à Argentina, do Brasil ao Equador — e terminaram sempre em desobediência e desastre social e econômico. Quanto mais cedo a desobediência, menor o desastre. Em todos estes países foi sempre usado o argumento do desvio das contas superior ao previsto para justificar cortes mais drásticos. Como é possível que as forças políticas não saibam isto e não se perguntem por que é que o FMI, apesar de ter sido criado para regular as contas dos países subdesenvolvidos, tenha sido expulso de quase todos eles e os seus créditos se confinem hoje à Europa. Por que a cegueira do FMI e por que é que a UE a segue cegamente? O FMI é um clube de credores dominado por meia dúzia de instituições financeiras, à frente das quais a Goldman Sachs, que pretendem manter os países endividados a fim de poderem extorquir deles as suas riquezas e de fazê-lo nas melhores condições, sob a forma de pagamento de juros extorsionários e das privatizações das empresas públicas vendidas sob pressão a preços de saldo, empresas que acabam por cair nas mãos das multinacionais que atuam na sombra do FMI. Assim, a privatização da água pode cair nas mãos de uma subsidiária da Bechtel (tal como aconteceu em Cochabamba após a intervenção do FMI na Bolívia), e destinos semelhantes terão a privatização da TAP, dos Correios ou da Rádio Televisão Portuguesa. O *back-office* do FMI são os representantes de multinacionais que, quais abutres, esperam que as presas lhes caiam nas mãos. Como há que tirar lições mesmo do mais lúgubre evento, os europeus do sul suspeitam hoje, por dura experiência, quanta pilhagem não terão sofrido os países ditos do Terceiro Mundo sob a cruel fachada da ajuda ao desenvolvimento.

Mas a maior perplexidade dos cidadãos indignados reside na pergunta: que democracia é esta que transforma um ato de rendição numa afirmação dramática de coragem em nome do bem comum? É uma democracia pós-institucional, quer porque quem controla as instituições as subverte (instituições criadas para obedecer aos cidadãos passam a obedecer a banqueiros e mercados), quer porque os cidadãos vão reconhecendo, à medida que passam da resignação e do choque à indignação e à revolta, que esta forma de democracia partidocrática está esgotada e deve ser substituída por uma outra mais deliberativa e participativa, com partidos mas pós-partidária, que blinde o Estado contra os mercados, e os cidadãos, contra o autoritarismo estatal e não estatal. Está aberto um novo processo constituinte. A reivindicação de uma nova Assembleia Constituinte, com forte participação popular, não deverá tardar.

Visão, 20 de outubro de 2011

O que está em jogo

O verniz estalou. O aprofundamento da crise europeia tornou possível uma nova radicalidade e uma nova transparência. Até há pouco eram consideradas radicais as posições daqueles que se opunham à intervenção e às receitas da *troika* por razões de soberania, de democracia e por suspeitarem que a crise era o pretexto para a direita aplicar em Portugal a "política de choque" das privatizações, incluindo as da saúde e da educação. Propunham a desobediência ao memorando em face do desastre grego ou pediam uma auditoria da dívida para retirar dela parcelas de endividamento ilegítimas ou mesmo ilegais. Eram consideradas radicais porque punham em causa a sobrevivência do euro, porque desacreditavam ainda mais o nosso país no contexto europeu e internacional, porque, se fossem aplicadas, produziriam um desastre social, precisamente o que se pretendia evitar com o memorando.

O aprofundamento da crise está a dar azo a uma nova radicalidade que, paradoxalmente, e ao contrário da radicalidade anterior, parte da estrita obediência à lógica que preside à *troika* e ao memorando. Comentadores do *Financial Times* e políticos dos países do Norte da Europa defendem o fim do euro, porque afinal o "euro é o problema", propõem um euro para os países mais desenvolvidos e outro para os menos desenvolvidos, defendem que a saída do euro por parte da Grécia (ou de outros países, subentende-se) pode não ser uma má ideia desde que controlada, e defendem, finalmente, a permanência do euro na condição de os países endividados se renderem totalmente ao controle financeiro da Alemanha (federalização sem democracia). Ou seja, a radicalidade tem hoje duas faces e isto talvez nos permita uma nova transparência quanto ao que está em jogo ou nos convém. A transparência do que se omite é tão importante quanto a do que se diz. Em ambos os casos ocorre porque os interesses subjacentes estão à superfície.

A transparência do que se omite.

1. Não é possível voltar à "normalidade" no atual quadro institucional europeu. Neste quadro, a União Europeia caminha

inevitavelmente para a desagregação. Depois da Espanha seguir-se-ão a Itália e a França.
2. As políticas de austeridade, para além de injustas socialmente, são não só ineficazes como contraproducentes. Ninguém pode pagar as suas dívidas produzindo menos e, por isso, estas medidas terão de ser seguidas por outras ainda mais gravosas, até que o povo (não tenhamos medo da palavra), o povo fustigado, sofrido, desesperado diga: Basta!
3. Os mercados financeiros, dominados como estão pela especulação, nunca recompensarão os portugueses pelos sacrifícios feitos, já que não reconhecer a suficiência destes é o que alimenta o lucro do investimento especulativo. Sem domar as dinâmicas especulativas e esperando que o mundo faça o que pode e deve começar a ser feito em nível apenas europeu, o desastre social ocorre tanto pela via da obediência como pela via da desobediência aos mercados.

A transparência do que nos convém. Falo dos portugueses, mas o meu "nós" envolve os 99% dos cidadãos e todos os imigrantes do Sul da Europa e envolve todos os europeus para quem uma Europa de nacionalismos é uma Europa em guerra e para quem a democracia é um bem tão exigente que só faz sentido se, ele próprio, for distribuído democraticamente. Qualquer solução que vise minimizar o desastre que se aproxima deve ser uma solução europeia, ou seja, uma solução que deve ser articulada com, pelo menos, alguns países do euro. São duas as soluções possíveis. A primeira, que é o cenário A, consiste em fazer pressão, articuladamente com os outros países "em dificuldade", no sentido de se alterar a curto prazo o quadro institucional da UE de modo a que se torne possível mutualizar a dívida, federalizando a democracia. Isto implica, entre outras coisas, dar poderes ao parlamento europeu, fazer a Comissão responder perante ele e eleger diretamente a presidência. Implica também uma política industrial europeia e a busca de equilíbrios comerciais no interior da Europa. Por exemplo, a Alemanha, que tanto exporta para a Europa, deverá importar mais da Europa, abandonando o mercantilismo da sua procura incessante de excedentes? Para tal ser possível é preciso uma política aduaneira e de preferências comerciais intraeuropeias, assim como uma refundação da Organização Mundial do Comércio, aliás já hoje um cadáver adiado, no sentido de começar a construir o modelo de cooperação internacional do futuro: acordos globais e regionais que, cada vez mais e sempre na medida do possível, façam com que os lugares de consumo coincidam com os lugares de produção. Implica também uma regulação financeira prudente em nível europeu que passa por um mandato pós-neoliberal para o Banco Central Europeu (mais poderes de intervenção com base em mais controle democrático na estrutura e no funcionamento). Esta solução contrapõe-se frontalmente à solução autoritária proposta pela Alemanha que consiste em submeter todos os países à tutela alemã como contrapartida dos *eurobonds* ou outro mecanismo de europeização da dívida. Esta rendição ao imperialismo alemão significaria que na Europa só tem direito à democracia quem tem dinheiro.

O cenário A é exigente e exigiria que, desde já, e apesar dos limites do atual mandato, o Banco Central Europeu assumisse um papel muito mais ativo para assegurar o tempo de transição. A prudência recomenda, no entanto, que a hipótese de tal cenário falhar seja prevista e considerada seriamente. Devíamos por isso desde já começar a preparar o cenário B, uma saída deste euro, a sós ou juntamente com outros países, com o argumento, que os fatos comprovam, de que, com ele, as desigualdades entre países não cessarão de aumentar. A auditoria da dívida será um sinal da seriedade dos nossos propósitos. Os custos sociais da solução B não são mais altos quanto os custos do falhanço da solução A e permitem, pelo menos, ver uma luz ao fim do túnel.

Público, 24 de novembro de 2011

As lições da Europa

A Europa está assombrada pelo fantasma da exaustão histórica. Depois de durante cinco séculos se ter atribuído a missão de ensinar o mundo, parece ter pouco a ensinar e, o que é mais trágico, parece não ter capacidade para aprender com a experiência do mundo. O cantinho europeu, apesar de ser cada vez menor no contexto mundial, não consegue compreender o mundo senão através de conceitos gerais e princípios universais e nem sequer se dá conta que a sua própria fidelidade a eles é hoje uma miragem. Partindo da ideia de que a compreensão do mundo é muito mais ampla que a compreensão europeia do mundo, as dificuldades por que passa a Europa podem ser um campo de aprendizagem fértil para o mundo. Eis as principais lições.

Primeira lição: a ideia de que as crises são oportunidades é uma verdade ambígua porque as oportunidades vão em direções opostas e são aproveitadas por quem melhor se prepara antes da crise. A direita usou a crise para aplicar a "doutrina de choque" das privatizações e da destruição do Estado social (privatização da educação e da saúde). Não tinha conseguido fazê-lo por via democrática mas foi preparando a opinião pública para a ideia de que não há alternativa ao senso comum neoliberal. A esquerda, pelo contrário, deixou-se desarmar por esse senso comum e por isso não pôde aproveitar a crise para mostrar o fracasso do neoliberalismo (tanto pela estagnação como pela injustiça) e propor uma alternativa pós-neoliberal. O movimento ecológico, que era forte, deixou-se bloquear pelo *slogan* do crescimento mesmo sabendo que *este* crescimento é insustentável, perdendo assim a oportunidade que lhe foi dada pela reunião do Rio+20, em 2012.

Segunda lição: a liberalização do comércio é uma ilusão produtiva para os países mais desenvolvidos. Para ser justo, o comércio deve assentar em acordos regionais amplos que incluam políticas industriais conjuntas e a busca de equilíbrios comerciais no interior da região. A Alemanha, que tanto exporta para a Europa, deverá importar mais da Europa? Para tal ser possível é preciso uma política aduaneira e de preferências comerciais regionais, assim como uma refundação da Organização Mundial do Comércio, aliás já hoje um cadáver adiado, no sentido de começar a construir o modelo de cooperação internacional do futuro: acordos globais e regionais que, cada vez mais e sempre na medida do possível, façam com que os lugares de consumo coincidam com os lugares de produção.

Terceira lição: os mercados financeiros, dominados como estão pela especulação, nunca recompensarão os países pelos sacrifícios feitos, já que não reconhecer a suficiência destes é o que alimenta o lucro do investimento especulativo. Sem domar as dinâmicas especulativas, o desastre social ocorre tanto pela via da obediência como pela via da desobediência aos mercados.

Quarta lição: a democracia pode desaparecer gradualmente e sem ser por golpe de Estado. Vários países da Europa vivem uma situação de suspensão constitucional, um novo tipo Estado de exceção que não visa perigosos terroristas mas sim os cidadãos comuns, os seus salários e as suas pensões. A substituição de Berlusconi (para a qual havia boas razões democráticas) foi decidida pelo Banco Central Europeu. O estatuto dos bancos centrais, criado para os tornar independentes da política, acabou por tornar a política dependente deles. A democracia, depois de parcialmente conquistada, pode ser gradualmente esventrada pela corrupção, pela mediocridade e pusilanimidade dos dirigentes e pela tecnocracia em representação do capital financeiro a quem sempre serviu.

Folha de S.Paulo, 15 de novembro de 2011

Terceira carta às esquerdas

Quando estão no poder, as esquerdas não têm tempo para refletir sobre as transformações que ocorrem nas sociedades e quando o fazem é sempre por reação a qualquer acontecimento que perturbe o exercício do poder. A resposta é sempre defensiva. Quando não estão no poder, dividem-se internamente para definir quem vai ser o líder nas próximas eleições, e as reflexões e análises ficam vinculadas a esse objetivo. Esta indisponibilidade para reflexão, se foi sempre perniciosa, é agora suicida. Por duas razões. A direita tem à sua disposição todos os intelectuais orgânicos do capital financeiro, das associações empresariais, das instituições multilaterais, dos *think tanks*, dos *lobbistas*, os quais lhe fornecem diariamente dados e interpretações que não são sempre faltos de rigor e sempre interpretam a realidade de modo a levar a água ao seu moinho. Pelo contrário, as esquerdas estão desprovidas de instrumentos de reflexão abertos aos não militantes e, internamente, a reflexão segue a linha estéril das facções. Circula hoje no mundo uma imensidão de informações e análises que poderiam ter uma importância decisiva para repensar e refundar as esquerdas depois do duplo colapso da social-democracia e do socialismo real. O desequilíbrio entre as esquerdas e a direita no que respeita ao conhecimento estratégico do mundo é hoje maior que nunca.

A segunda razão é que as novas mobilizações e militâncias políticas por causas historicamente pertencentes às esquerdas estão a ser feitas sem nenhuma referência a elas (salvo talvez à tradição anarquista) e muitas vezes em oposição a elas. Isto não pode deixar de suscitar uma profunda reflexão. Está a ser feita? Tenho razões para crer que não e a prova está nas tentativas de cooptar, ensinar, minimizar, ignorar a nova militância. Proponho algumas linhas de reflexão. A primeira diz respeito à polarização social que está a emergir das enormes desigualdades sociais. Vivemos um tempo que tem algumas semelhanças com o das revoluções democráticas que avassalaram a Europa em 1848. A polarização social era enorme porque o operariado (então uma classe jovem) dependia do trabalho para sobreviver, mas (ao contrário dos pais e avós) o trabalho não dependia dele, dependia de quem o dava ou retirava a seu bel-prazer, o patrão; se trabalhasse, os salários eram tão baixos e a jornada tão longa que a saúde perigava e a família vivia sempre à beira da fome; se fosse despedido, não tinha nenhum suporte exceto o de alguma economia solidária ou do recurso ao crime. Não admira que, nessas revoluções, as duas bandeiras de luta tenham sido o direito ao trabalho e o direito a uma jornada de trabalho mais curta. 150 anos depois, a situação não é totalmente a mesma mas as bandeiras continuam a ser atuais. E talvez o sejam hoje mais do que o eram há 30 anos. As revoluções foram sangrentas e falharam, mas os próprios governos conservadores que se seguiram tiveram de fazer concessões para que a questão social não descambasse em catástrofe. A que distância estamos nós da catástrofe? Por enquanto, a mobilização contra a escandalosa desigualdade social (semelhante à de 1848) é pacífica e tem um forte pendor moralista-denunciador. Não mete medo ao sistema financeiro-democrático. Quem pode garantir que assim continue? A direita está preparada para a resposta repressiva a qualquer alteração que se torne ameaçadora. Quais são os planos das esquerdas? Vão voltar a dividir-se como no passado, umas tomando a posição da repressão e outras, a da luta contra a repressão?

A segunda linha de reflexão tem igualmente muito a ver com as revoluções de 1848 e consiste em como voltar a conectar a democracia com as aspirações e as decisões dos cidadãos. Das palavras de ordem de 1848, sobressaíam liberalismo e democracia. Liberalismo significava governo republicano, separação entre estado e religião, liberdade de imprensa; democracia significava sufrágio "universal" para os homens. Neste domínio, muito se avançou nos últimos 150 anos. No entanto, as conquistas têm vindo a ser postas em causa nos últimos 30 anos e nos últimos tempos a democracia mais parece uma casa fechada ocupada por um grupo de extraterrestres que decide democraticamente pelos seus interesses e ditatorialmente pelos interesses das grandes maiorias. Um regime misto, uma democradura. O movimento dos indignados e do *occupy* recusam a expropriação da democracia e optam por tomar decisões por consenso nas suas assembleias. São loucos ou são um sinal das exigências que vêm aí? As esquerdas já terão pensado que se não se sentirem confortáveis com formas de democracia de alta intensidade (no interior dos partidos e na república) esse será o sinal de que devem retirar-se ou refundar-se?

Visão, 15 de dezembro de 2011

2012

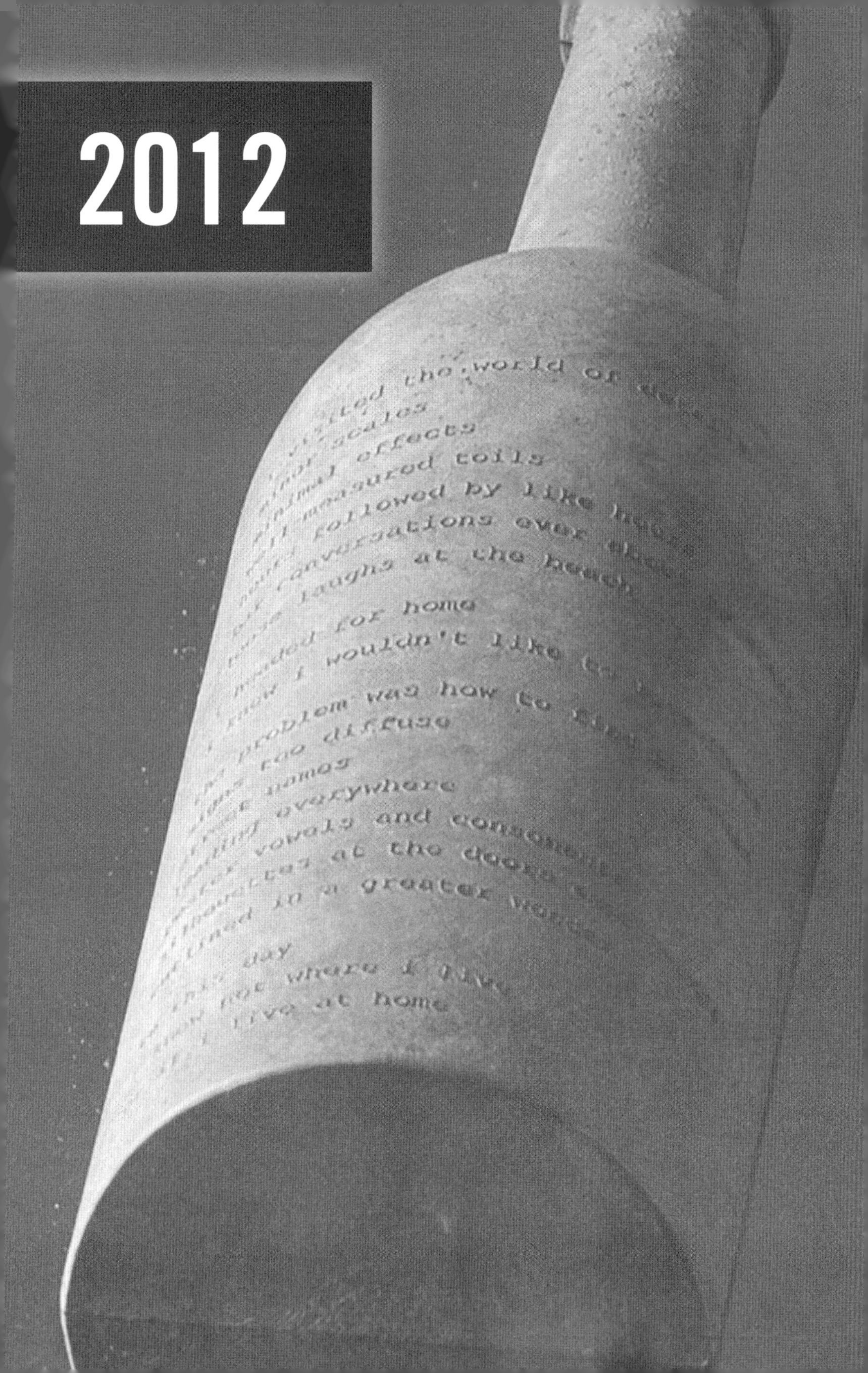

Diário: de Goa a Chiapas

19 de dezembro de 2011

Goa. Numa esplanada nas margens do Mandovi. Na minha frente, numerosos barcos semelhantes aos que nos filmes americanos vimos sulcar o Mississippi. São cassinos, uma das indústrias mais florescentes de Goa. Faz hoje cinquenta anos que as tropas do Presidente Nehru puseram termo a quatrocentos e cinquenta anos de colonialismo. É um dia festivo. Há horas desfila na Avenida marginal um cortejo sobre os cinquenta anos de libertação, carros alegóricos de diferentes bairros, organizações, clubes, religiões, celebrando a convivência pacífica. Muita dança e muita música estranhas ao olhar e ouvido ocidentais. De repente, o som desafinado de uma banda filarmônica, garbosa em seus metais lustrosos.

Cheguei anteontem, vindo de Nova Délhi, onde proferi a Ganguli Lecture deste ano, em homenagem a esse grande intelectual indiano. Do frio de Délhi ao calor de Goa, das paisagens ordenadas da capital à exuberância dos mangais, palmares, cajueirais bordejados por uma estrada a fervilhar com o alarido das buzinas, aqui e acolá um pequeno comércio onde tudo é estranho exceto o nome português do proprietário, atual ou passado. Chego ao hotel-charme Pangin Inn pela mão do meu querido amigo Peter De Souza. É uma magnífica mansão colonial inteiramente mobiliada em estilo indo-português. No caminho, paro, meio incrédulo, para ouvir um som familiar-estranho que vem da praça próxima. É um grupo de cinco homens e um violino, reverentemente alinhados em volta de um pequeno santuário e uma cruz de pedra. Estão a cantar as ladainhas preparatórias do Natal. É um som da minha infância e um cantar onde se acotovelam com o concani, a língua de Goa, palavras em português e latim. Sento-me para me recompor das emoções e alguém se aproxima de mim e me pergunta se quero conhecer por dentro uma casa portuguesa de Goa. É a casa do filho do estudioso goês Manuel da Costa Aleixo, autor do *Dicionário de Literatura Goesa*. O deslumbramento dos interiores pausados e frescos das casas coloniais de gente grada.

Vim aqui participar num colóquio internacional integrado nas celebrações da libertação, co-organizado pelo Indian Institute of Advanced

Study, pelo Centro de Estudos Sociais, e pela Universidade de Goa. Foi um colóquio notável pela qualidade e número de participações vindas de todos os continentes. Em dois momentos diferentes experienciei como o colonialismo segue polêmico nestas paragens. Primeiro, após a conferência de abertura para que gentilmente me convidaram os colegas indianos. Falei das características do colonialismo português, bem diferente do inglês, e fiz questão de salientar que das diferenças não seria legítimo concluir se o colonialismo português foi melhor ou pior que o inglês, já que todos foram maus. No final, uma antropóloga indiana, professora na Califórnia, criticou-me por eu ter dado uma visão muito positiva do colonialismo português. Respondi-lhe que essa era uma interpretação errada do que eu tinha dito. Para minha surpresa, leio no principal diário da Índia, *The Times of India*, do dia seguinte, que eu afirmara que o colonialismo português fora pior que o inglês pelo fato de Portugal ser menos desenvolvido que a Inglaterra. Poucas horas depois recebo uma mensagem de uma jornalista da *Lusa* preocupada com o teor da notícia e querendo saber em que é que eu me baseava para considerar o colonialismo português pior que o inglês. Desfiz o equívoco e expliquei a minha posição. Mereceu a pena. Era uma jornalista muito competente, a julgar pela notícia que escreveu.

O segundo momento foi emocionalmente muito intenso. A Universidade de Goa, em colaboração com a associação dos lutadores pela liberdade (*freedom fighters*), organizou uma sessão pública comemorativa da libertação, para a qual fui também convidado. Os *freedom fighters* são os goeses que se opuseram ativamente ao colonialismo português e que, por isso, "conheceram" de perto a PIDE, tendo sofrido perseguições, prisões, torturas e exílio. Eram cinco anciãos (quatro homens e uma mulher). Durante duas horas deram o seu testemunho sobre as violências e atrocidades de que foram vítimas. Falavam em concani, pelo que as minhas emoções disparavam desatreladas das palavras que ouvia. Ao que me contaram, foi a primeira vez que aceitaram partilhar com um português um painel público para discutir a libertação. Falei com o coração apressado apesar do peso. Fui enfático em agradecer-lhes a grande lição de generosidade que me tinham proporcionado ao aceitar partilhar o painel comigo depois de tudo o que passaram, apesar de eu, obviamente, não me sentir historicamente responsável pelo colonialismo português. Ao contrário do que aconteceu em outras ocasiões, não se preocuparam em purificar o lugar por onde tinham estado portugueses. Pelo contrário, senti que vivíamos um pequeno momento de reconciliação histórica. A facilitá-lo estava a pessoa que presidiu à sessão, a escritora Maria Aurora Couto, a pessoa que mais me impressionou em Goa. O seu livro, *Goa a Daughter's Story*, em breve disponível em português, é um texto notável que nos diz mais sobre Goa que mil textos de história. Não sei se estou apaixonado por Goa se por ela.

1 de janeiro de 2012

San Cristóbal de las Casas, Chiapas, México. São 9 horas da manhã. Bebo um café e como tortillas com papaia num restaurante do zócalo, a praça principal desta belíssima cidade colonial, cuja história e nome evocam a violência e os dilemas teológicos da colonização do Novo Mundo, e também a resistência persistente e heroica dos povos indígenas contra o colonialismo e o racismo ao longo de séculos. Faz hoje dezoito anos que os guerrilheiros do Exército Zapatista de Libertação Nacional (EZLN) ocuparam esta praça e toda a cidade e outras cidades mais do Estado de Chiapas. Na minha frente, está o edifício da Câmara Municipal, de cuja varanda leram a sua proclamação de guerra contra o tratado de livre Comércio do México com os EUA e o Canadá, que entrava em vigor nesse mesmo dia. O simbolismo do ato não podia ser mais denso: no preciso momento em que o México se declarava um país desenvolvido, os zapatistas recordavam aos mexicanos e à comunidade internacional que o México era, em realidade, um país em desenvolvimento que se subordinava ao imperialismo americano para que ao neoliberalismo fosse mais fácil pilhar as riquezas do país. Os fatos vieram a confirmar que os zapatistas tinham razão.

À minha direita está a catedral. Um barroco despojado e luminoso, tão límpido quanto os ares de Los Altos de Chiapas. Foi esta catedral que D. Samuel Ruiz, bispo de Chiapas, converteu num território de paz para que os zapatistas e os delegados do governo mexicano pudessem dialogar nos dias seguintes ao levantamento, pondo termo ao curto período de enfrentamento militar. D. Samuel, ou simplesmente "o pai" para os indígenas da América Central, foi um destacado defensor da teologia da libertação e assumiu como sua a luta dos indígenas maias empobrecidos, humilhados, ignorados, explorados, massacrados por fazendeiros sem escrúpulos e seus capangas, o que o fez provar o ranço disciplinador e reacionário do Vaticano.

Jantei a ceia de Ano-Novo com a pintora Beatriz Aurora, que ilustra os livros do Subcomandante Marcos, e com a filósofa da UNAM Fernanda Navarro, que fugiu do Chile de Pinochet no mesmo avião em que fugiu a viúva de Allende, a quem serviu durante anos de intérprete. Neste canto do mundo, ser de Portugal é ser da terra de Saramago, o escritor solidário com os zapatistas que escreveu um magnífico prólogo ao livro de contos do Sub, *Don Durito de la Lacandona*. Ao sair de casa das minhas amigas, compreendi melhor a genialidade do levantamento zapatista naquele dia. À meia-noite a cidade é atordoada pelos fogos de artifício com que cada bairro saúda a entrada do ano. Os disparos zapatistas confundiram-se de tal modo com o foguetório festivo que os soldados só se deram conta deles alguns minutos e algumas tequilas mais tarde.

As sementes do trabalho apostólico de Dom Samuel germinam por cerros, igrejas, cafés e livrarias. Uma delas é a Universidade de la Tierra, que me convidou para participar no "2º Seminario Internacional de Reflexión y Análisis: Planeta Tierra y Movimientos Anti-sistémicos". Aqui, as reflexões mais exigentes sobre a situação do mundo e a epistemologia têm lugar em salas ao lado dos pavilhões de tecelagem, carpintaria, tipografia, eletricidade etc., onde os jovens aprendem ofícios ao mesmo tempo que, em conjunto com os professores, realizam todo o trabalho de administração e de manutenção. Os nomes de várias salas fazem-me evocar momentos mágicos da minha vida. A sala Ivan Illich. De repente, estou em 1971, na varanda do CIDOC, o Centro Intercultural de Documentación fundado por Ivan para revolucionar a sociedade industrial e a educação formal. Na nossa frente, a serenidade imprevisível do vulcão Popocatépetl. Celebramos os 45 anos de Ivan e em breve iniciarei o seminário que dirijo, conjuntamente com André Gorz, sobre direito e revolução. Ivan tem uma imensa ternura por mim, entusiasma-se com a minha tese de doutoramento e publica-a. Temos diferenças, mas quer-me como a um discípulo dileto.

A Revolução do 25 de Abril e os encargos que assumi em Portugal ditaram a nossa separação. Uma angústia enorme me percorre. Podia ter sido diferente? A vozearia dos quase quinhentos jovens vindos de todo o mundo faz-me regressar às discussões do tempo atual, tão diferentes e, afinal, tão iguais à que tínhamos há quarenta anos. O Subcomandante Marcos não está presente — é ano de eleições no México e a "comandancia" está reunida em reflexão mas estão muitos quadros e ativistas zapatistas em convívio alegre com os muitos jovens que vieram dos movimentos das indignações das ruas e praças da Europa e dos EUA. Falo durante uma hora para um auditório de muitas centenas. Começo por lhes dizer que nem tudo está perdido e que temos direito à esperança. Não lhes dou conselhos. Dou-lhes o meu testemunho, o testemunho de um otimista trágico que procura ser um rebelde competente.

Jornal de Letras, 11 de janeiro de 2012

Quarta carta às esquerdas

As divisões históricas entre as esquerdas foram justificadas por uma imponente construção ideológica mas, na verdade, a sua sustentabilidade prática — ou seja, a credibilidade das propostas políticas que lhes permitiram colher adeptos —assentou em três fatores: o colonialismo, que permitiu a deslocação da acumulação primitiva de capital (por despossessão violenta, com incontável sacrifício humano, muitas vezes ilegal mas sempre impune) para fora dos países capitalistas centrais onde se travavam as lutas sociais consideradas decisivas; a emergência de capitalismos nacionais com características tão diferenciadas (capitalismo de estado, corporativo, liberal, social-democrático) que davam credibilidade à ideia de que haveria várias alternativas para superar o capitalismo; e, finalmente, as transformações que as lutas sociais foram operando na democracia liberal, permitindo alguma redistribuição social e separando, até certo ponto, o mercado das mercadorias (dos valores que têm preço e se compram e se vendem) do mercado das convicções (das opções e dos valores políticos que, não tendo preço, não se compram nem se vendem). Se para algumas esquerdas tal separação era um fato novo, para outras era um ludíbrio perigoso.

Os últimos anos alteraram tão profundamente qualquer destes fatores que nada será como antes para as esquerdas tal como as conhecemos. No que respeita ao colonialismo as mudanças radicais são de dois tipos. Por um lado, a acumulação de capital por despossessão violenta voltou às ex-metrópoles (furtos de salários e pensões; transferências ilegais de fundos coletivos para resgatar bancos privados; impunidade total do gangsterismo financeiro) pelo que uma luta de tipo anticolonial terá de ser agora travada também nas metrópoles, uma luta que, como sabemos, nunca se pautou pelas cortesias parlamentares. Por outro lado, apesar de o neocolonialismo (a continuação de relações de tipo colonial entre as ex-colônias e as ex-metrópoles ou seus substitutos, caso dos EUA) ter permitido que a acumulação por despossessão no mundo ex-colonial tenha prosseguido até hoje, parte deste está a assumir um novo protagonismo (Índia, Brasil, África do Sul, e o caso especial da China, humilhada pelo imperialismo ocidental durante o século XIX) e a tal ponto que não sabemos se haverá no futuro novas metrópoles e, por implicação, novas colônias.

Quanto aos capitalismos nacionais, o seu fim parece traçado pela máquina trituradora do neoliberalismo. É certo que na América Latina e na China parecem emergir novas versões de dominação capitalista mas intrigantemente todas elas se prevalecem das oportunidades que o neoliberalismo lhes confere. Ora, 2011 provou que a esquerda e o neoliberalismo são incompatíveis. Basta ver como as cotações bolsistas sobem na exata medida em que aumenta desigualdade social e se destrói a proteção social. Quanto tempo levarão as esquerdas a tirar as consequências?

Finalmente, a democracia liberal agoniza sob o peso dos poderes fáticos (máfias, maçonaria, *Opus Dei*, transnacionais, FMI, Banco Mundial) e da impunidade da corrupção, do abuso do poder e do tráfico de influências. O resultado é a fusão crescente entre o mercado político das ideias e o mercado econômico dos interesses. Está tudo à venda e só não se vende mais porque não há quem compre. Nos últimos cinquenta anos as esquerdas (todas elas) deram um contributo fundamental para que a democracia liberal tivesse alguma credibilidade junto das classes populares e os conflitos sociais pudessem ser resolvidos em paz. Sendo certo que a direita só se interessa pela democracia na medida em que esta serve os seus interesses, as esquerdas são hoje a grande garantia do resgate da democracia. Estarão à altura da tarefa? Terão a coragem de refundar a democracia para além do liberalismo? Uma democracia robusta contra a antidemocracia, que combine a democracia representativa com a democracia participativa e a democracia direta? Uma democracia anticapitalista ante um capitalismo cada vez mais antidemocrático?

Visão, 12 de janeiro de 2012

Rio+20: as críticas

Antes da crise financeira, a Europa foi talvez o continente onde mais se refletiu sobre a gravidade dos problemas ecológicos que enfrentamos. Toda esta reflexão está hoje posta de lado e parece, ela própria, um luxo insustentável. Disso é prova evidente o modo como foram tratados pela mídia dois acontecimentos das últimas semanas, o Fórum Econômico Mundial de Davos e o Fórum Social Mundial Temático de Porto Alegre. O primeiro mereceu toda a atenção, apesar de nada de novo se discutir nele: as análises gastas sobre a crise europeia e a mesma insistência em ruminar sobre os sintomas da crise, ocultando as suas verdadeiras causas. O segundo foi totalmente omitido, apesar de nele se terem discutido os problemas que mais decisivamente condicionam o nosso futuro: as mudanças climáticas, o acesso à água, a qualidade e a quantidade dos alimentos disponíveis ante as pragas da fome e da subnutrição, a justiça ambiental, os bens comuns da humanidade. Esta seletividade midiática mostra bem os riscos que corremos quando a opinião pública se reduz à opinião que se publica.

O Fórum de Porto Alegre visou discutir a Rio+20, ou seja, a Conferência da ONU sobre o desenvolvimento sustentável que se realiza no próximo mês de junho no Rio de Janeiro, 20 anos depois da primeira Conferência da ONU sobre o tema, também realizada no Rio, uma conferência pioneira no alertar para os problemas ambientais que enfrentamos e para as novas dimensões da injustiça social que eles acarretam. Os debates tiveram duas vertentes principais. Por um lado, a análise crítica dos últimos vinte anos e o modo como ela se reflete nos documentos preparatórios da Conferência; por outro, a discussão de propostas que vão ser apresentadas na Cúpula dos Povos, a conferência das organizações da sociedade civil que se realiza paralelamente à conferência intergovernamental da ONU. Nesta crônica centro-me na análise crítica e dedicarei a próxima crônica às propostas.

As conclusões principais da análise crítica foram as seguintes. Há 20 anos, a ONU teve um papel importante em alertar para os perigos que a vida humana e não humana corre se o mito do crescimento econômico infinito continuar a dominar as políticas econômicas e se o consumismo irresponsável não for controlado; o planeta é finito, os ciclos vitais de reposição dos recursos naturais estão a ser destruídos e a natureza "vingar-se-á" sob a forma de mudanças climáticas que em breve serão irreversíveis e afetarão de modo especial as populações mais pobres, acrescentando assim novas dimensões de injustiça social às muitas que já existem. Os Estados pareceram tomar nota destes alertas e muitas promessas foram feitas, sob a forma de convenções e protocolos. As multinacionais, grandes agentes da degradação ambiental, pareceram ter ficado em guarda.

Infelizmente, este momento de reflexão e de esperança em breve se desvaneceu. Os EUA, então principal poluidor e hoje principal poluidor *per capita*, recusou-se a assumir qualquer compromisso vinculante no sentido de reduzir as emissões que produzem o aquecimento global. Os países menos desenvolvidos reivindicaram o seu direito a poluir enquanto os mais desenvolvidos não assumissem a dívida ecológica por terem poluído tanto há tanto tempo. As multinacionais investiram para influenciar as legislações nacionais e os tratados internacionais no sentido de prosseguir as suas atividades poluidoras sem grandes restrições. O resultado está espelhado nos documentos preparados pela ONU para a Conferência da Rio+20. Neles recolhem-se informações importantes sobre inovações de cuidado ambiental mas as propostas que fazem — resumidas no conceito de economia verde — são escandalosamente ineficazes e até contraproducentes: convencer os mercados (sempre livres, sem qualquer restrições) sobre as oportunidades de lucro em investirem no meio ambiente, calculando custos ambientais e atribuindo valor de mercado à natureza. Ou seja, não há outro modo de nos relacionarmos entre humanos e com a natureza que não seja o mercado. Uma orgia neoliberal.

Visão, 9 de fevereiro 2012

Construir a Cúpula dos Povos[1]

Prometi no último ensaio analisar as propostas que a sociedade civil está a preparar para apresentar na Cúpula dos Povos que se reúne no Rio de Janeiro no próximo mês de junho paralelamente à reunião da ONU sobre as mudanças climáticas, a Rio+20. Eis algumas delas.

Primeiro, a centralidade e a defesa dos bens comuns da humanidade como resposta à mercantilização, privatização e financeirização da vida, implícita no conceito de economia verde. Os bens comuns da humanidade são bens produzidos pela natureza ou pelos grupos humanos que devem ser de propriedade coletiva, diferente da privada e da estatal, ainda que, neste último caso, compita ao Estado cooperar na proteção dos bens comuns. A primeira mulher a ganhar o Prêmio Nobel da Economia, Elinor Ostrom, tem dedicado todo o seu trabalho à análise da diversidade dos meios de gestão dos bens comuns, sempre com a salvaguarda do princípio de que o direito aos bens comuns é igual para todos. Os bens comuns são o contraponto do desenvolvimento capitalista e não apenas um seu apenso como acontece com o conceito de sustentabilidade. E para além do uso individual dos bens comuns, teorizado por Ostrom, há que ter em conta os usos coletivos de comunidades indígenas e camponesas. Entre os bens comuns: ar e atmosfera, água, aquíferos, rios, oceanos, lagos, terra comunal ou ancestral, sementes, biodiversidade, parques e praças, língua, paisagem, memória, conhecimento, calendário, Internet, HTML, produtos distribuídos com licenciamento livre, wikipedia, informação genética, zonas digitais livres etc. Os bens comuns pressupõem direitos comuns ou individuais de uso temporário. A água começa a ser vista como um bem comum por excelência, e as lutas contra a sua privatização em vários países são das que têm tido mais êxito.

---

1. A Cúpula dos Povos é o momento simbólico de um novo ciclo na trajetória de lutas globais que produz novas convergências entre movimentos de mulheres, indígenas, negros, juventudes, agricultores/as familiares e camponeses, trabalhadores/as, povos e comunidades tradicionais, quilombolas, lutadores pelo direito à cidade, e religiões de todo o mundo. As assembleias, mobilizações e a grande Marcha dos Povos foram os momentos de expressão máxima destas convergências (Declaração Final da Cúpula dos Povos).

Segundo, a passagem gradual de uma civilização antropocêntrica para uma civilização biocêntrica, o que implica reconhecer os direitos da natureza; redefinir o viver bem e a prosperidade de modo a não dependerem do crescimento infinito; promover energias verdadeiramente renováveis (não incluem os agrocombustíveis) que não impliquem expulsões de camponeses e indígenas dos seus territórios; desenhar políticas de transição para os países cujos orçamentos dependam excessivamente da extração de matérias-primas, sejam elas minérios, petróleo ou produtos agrícolas em regime de monocultura com preços controlados por grandes empresas monopolistas do Norte.

Terceiro, defender a soberania alimentar, o princípio de que, na medida do possível, cada comunidade deve ter o controlo sobre os bens alimentares que produz e consome, aproximando consumidores dos produtores, defendendo a agricultura camponesa, promovendo a agricultura urbana, de tempos livres, proibindo a especulação financeira com produtos alimentares. A soberania alimentar exige a proibição da compra massiva de terra (nomeadamente na África) por parte de países estrangeiros (China, Japão, Arábia Saudita, Kuwait) ou multinacionais (o projeto da sul-coreana Daewoo de comprar 1,3 milhão de hectares em Madagáscar) em busca de reservas alimentares.

Quarto, consumo responsável que inclui uma nova ética de cuidado e uma nova educação: a responsabilidade perante os que não têm acesso ao consumo mínimo para garantir a sobrevivência; a luta contra a obsolescência artificial dos produtos; a preferência por produtos produzidos por economias sociais e solidárias assentes no trabalho e não no capital, no florescimento pessoal e coletivo e não na acumulação infinita; a preferência por consumos coletivos e partilhados sempre que possível; uma maior literacia sobre os processos de produção dos produtos de consumo de modo a poder recusar consumir produtos feitos à custa de trabalho escravo, expulsão de camponeses e indígenas, contaminação de águas, destruição de lugares sagrados, guerra civil, ocupação de tipo colonial.

Quinto, incluir em todas as lutas e em todas as propostas de alternativas as exigências transversais do aprofundamento da democracia e da luta contra a discriminação sexual, racial, étnica e religiosa, e contra a guerra.

Visão, 8 de março de 2012

Quinta carta às esquerdas

Por que é que a atual crise do capitalismo fortalece quem a causou? Por que é que a racionalidade da "solução" da crise assenta nas previsões que faz e não nas consequências que quase sempre as desmentem? Por que é que está a ser tão fácil ao Estado trocar o bem-estar dos cidadãos pelo bem-estar dos bancos? Por que é que a grande maioria dos cidadãos assiste ao seu empobrecimento como se fosse inevitável e ao enriquecimento escandaloso de poucos como se fosse necessário para a sua situação não piorar ainda mais? Por que é que a estabilidade dos mercados financeiros só é possível à custa da instabilidade da vida da grande maioria da população? Por que é que os capitalistas individualmente são, em geral, gente de bem e o capitalismo, no seu todo, é amoral? Por que é que o crescimento econômico é hoje a panaceia para todos os males da economia e da sociedade sem que se pergunte se os custos sociais e ambientais são ou não sustentáveis? Por que é que Malcom X estava cheio de razão quando advertiu: "Se não tiverdes cuidado, os jornais convencer-vos-ão de que a culpa dos problemas sociais é dos oprimidos, e não de quem os oprime?" Por que é que as críticas que as esquerdas fazem ao neoliberalismo entram nos noticiários com a mesma rapidez e irrelevância com que saem? Por que é que as alternativas escasseiam no momento em que são mais necessárias?

Estas questões devem estar na agenda de reflexão política das esquerdas sob pena de, a prazo, serem remetidas ao museu das felicidades passadas. Isso não seria grave se esse fato não significasse, como significa, o fim da felicidade futura das classes populares. A reflexão deve começar por aí: o neoliberalismo é, antes de tudo, uma cultura de medo, de sofrimento e de morte para as grandes maiorias; não se combate com eficácia se não se lhe opuser uma cultura de esperança, de felicidade e de vida. A dificuldade que as esquerdas têm em assumirem-se como portadoras desta outra cultura decorre de terem caído durante demasiado tempo na armadilha com que as direitas sempre se mantiveram no poder: reduzir a realidade ao que existe, por mais injusta e cruel que seja, para que a esperança das maiorias pareça irreal. O medo na espera mata a esperança na felicidade. Contra esta armadilha é preciso partir da ideia de que a realidade é a soma do que existe e de tudo o que nela é emergente como possibilidade e como luta pela sua concretização. Se não souberem detectar as emergências, as esquerdas submergem ou vão para o museu, o que dá no mesmo.

Este é o novo ponto de partida das esquerdas, a nova base comum que lhes permitirá depois divergirem fraternalmente nas respostas que derem às perguntas que formulei. Uma vez ampliada a realidade sobre que se deve atuar politicamente, as propostas das esquerdas devem ser credivelmente percebidas pelas grandes maiorias como prova de que é possível lutar contra a suposta fatalidade do medo, do sofrimento e da morte em nome do direito à esperança, à felicidade e à vida. Essa luta deve ser conduzida por três palavras-guia: democratizar, desmercantilizar, descolonizar. Democratizar a própria democracia, já que a atual se deixou sequestrar por poderes antidemocráticos. É preciso tornar evidente que uma decisão democraticamente tomada não pode ser destruída no dia seguinte por uma agência de *rating* ou por uma baixa de cotação nas bolsas (como pode vir a acontecer proximamente na França). Desmercantilizar significa mostrar que usamos, produzimos e trocamos mercadorias mas que não somos mercadorias nem aceitamos relacionar-nos com os outros e com a natureza como se fossem apenas mercadorias. Somos cidadãos antes de sermos empreendedores ou consumidores e para o sermos é imperativo que nem tudo se compre e nem tudo se venda, que haja bens públicos e bens comuns, como a água, a saúde, a educação. Descolonizar significa erradicar das relações sociais a autorização para dominar os outros sob o pretexto de que são inferiores: porque são mulheres, porque têm uma cor de pele diferente, ou porque pertencem a uma religião estranha.

Visão, 5 de abril de 2012

A sociologia crítica da catástrofe[2]

Não há um consenso europeu sobre as políticas orçamentais e programas de austeridade em curso. Há, isso sim, um consenso de direita e uma incapacidade temporária de as esquerdas europeias apresentarem uma alternativa credível à escala de cada país. O tempo até que tal suceda é o fator mais incerto e mais decisivo na solução da crise europeia. Quanto maior for, mais se consolida a nova ordem pós-social democrática que foi pensada muito antes da crise e que a direita quer agora impor para vigorar nas próximas décadas. A nova ordem é um paraíso para o capital financeiro, um purgatório (agora sem bênção eclesial) para o capital produtivo e um inferno para a grande maioria dos cidadãos, a catástrofe das expectativas de vida que até agora pareciam razoáveis e merecidas. A catástrofe está a ser administrada em doses supostamente homeopáticas para que a paralisia das alternativas dure mais tempo (hoje, um corte, amanhã, um aumento do preço da água ou da energia, depois de amanhã, o encerramento de um serviço). Que pode ser feito para encurtar este tempo?

1. Saber para onde caminhamos. Está em curso o fim da convergência. O plano A da política de resgate em curso (PREC) consiste em criar as condições para que os países em dificuldades regressem à "normalidade dos mercados". Isso só é possível à custa de mais reduções salariais e cortes nas despesas públicas e da sujeição destes países a uma disciplina não negociada que compromete o seu desenvolvimento e esvazia a sua soberania. Assim se consolida a dualidade entre países desenvolvidos e países menos desenvolvidos no seio da Europa. Portugal, Grécia, Irlanda e (quem sabe?) Espanha serão o México da Europa. Se não nos convém esta Europa é urgente lutar para que ela não continue a acontecer.

---

2. "Portugal tem vindo a fazer as suas reformas estruturais, mas está a sofrer de fadiga da austeridade, e isso começa a ver-se nas ruas, e pode tornar-se um problema. O governo está a demonstrar vontade de prosseguir com as reformas mas, perante essa fadiga, temos de perceber o que vai ceder primeiro." Palavras de Nouriel Roubini numa palestra em *Wall Street* em junho de 2013. Disponível em: <http://expresso.sapo.pt/fadiga-de-austeridade-em-portugal-pode-ser-um-problema=f811815#ixzz2ZCssBkCR>.

2. A PREC só pode produzir dois resultados: mais PRECs ou a expulsão do euro. Os relatórios e os *blogs* dos fundos financeiros preveem (sabem, porque são eles quem faz acontecer as previsões) que, tal como na Grécia, ao primeiro resgate seguir-se-á um segundo resgate com mais restrições e austeridade e alguma reestruturação da dívida liderada pelos credores. Isto significa que Portugal pode estar sob tutela mais uns anos (até 2018?) e, se assim for, uma geração inteira terá vivido sob um regime colonial disfarçado de democracia, mas, na prática, controlado por uma Companhia Majestática, a Goldman Sachs. Se, mesmo assim, o plano A não resultar, segue-se o plano B, a expulsão do euro ou uma solução que produza o mesmo efeito. Disso se fala já para o caso da Grécia. Se o plano A é devastador para as nossas aspirações de país europeu, a expulsão do euro não o seria menos devido às condições em que ocorrerá, depois de as PRECs terem destruído a nossa base econômica (que até há pouco dava muitos sinais de alteração qualitativa da especialização produtiva), terem esmifrado a nossa riqueza, as nossas poupanças, o nosso ouro. Admite-se que o PS se sinta preso ao PREC 1, mas não se admite que não se declare desde já contra qualquer PREC 2 ou 3. É esta a sua oportunidade para se desvincular de heranças espúrias e começar a construir uma alternativa.

3. Desobediência dentro do euro. Parece incrível que, apesar de tudo isto, uma solução não catastrófica para o nosso país tenha de ser encontrada em nível europeu. Mas assim deve ser, ainda que para isso sejam necessárias duas condições muito exigentes. A primeira são atores políticos que explorem todas as brechas do sistema. O direito internacional geral e a grande maioria dos tratados internacionais preveem cláusulas de derrogação em caso de emergência nacional. Essa derrogação pode implicar controle temporário de capitais e de importações e moratória no serviço da dívida. Pode esta desobediência por parte de um pequeno país não ser punida com a imediata expulsão? Tudo depende das alianças que entretanto se forem forjando. Três coisas são certas: quem expulsar não deixa de correr grandes riscos; alguém vai ter de desobedecer e alguém terá de ser o primeiro; é impensável que o eixo Paris-Berlim continue a ser o único eixo na UE e que não seja possível criar outras alianças entre outros países, entre os quais, amanhã, a própria França. A

segunda condição diz respeito ao sistema político europeu. As propostas que envolvem a Europa no seu todo devem ser formuladas no nível político que as torne credíveis. Como se tem visto, esse nível não pode ser o nível nacional. Há pois que refundar o sistema político europeu através da criação de um círculo eleitoral europeu único e de listas transnacionais donde emerjam os novos dirigentes de uma Europa verdadeiramente democrática. Dentro ou fora do euro, por opção ou por imposição terá de haver desobediência; o problema é saber a que nível de desastre ela ocorrerá.

Visão, 15 de abril de 2012

As mulheres, a crise e a pós-crise

Acabo de participar em Istambul no Congresso Internacional da Associação dos Direitos das Mulheres no Desenvolvimento. Mais de 2.500 mulheres ativistas vindas dos mais diferentes países reuniram-se para discutir e desafiar os obstáculos econômicos, políticos, culturais, religiosos que continuam a bloquear a plena cidadania das mulheres. Estávamos reunidos na Turquia, onde as mulheres não são mais que 25% da força de trabalho, a violência contra as mulheres aumenta, o partido no governo mostra muito pouco entusiasmo pela igualdade de direitos das mulheres, e o primeiro-ministro exorta as mulheres a terem pelo menos três filhos. Aliás, o desagrado que este congresso causou às autoridades fez com que muitas mulheres (e.g. moçambicanas) vissem os seus vistos de entrada recusados.

O impacto da crise europeia foi um dos temas do congresso, analisado no âmbito mais amplo de outras crises que o mundo atravessa. São muito diferentes as trajetórias de vida das mulheres em diferentes partes do mundo mas têm algo em comum (ainda que a intensidade varie muito). Mesmo em tempos de relativo desafogo social, continuam a ser vítimas de discriminações sociais, salariais e no acesso à terra ou à propriedade; de assédios sexuais e de violência no espaço doméstico e no trabalho; e do bloqueio no acesso à esfera púbica e à atividade política. Em tempos de crise, este sofrimento injusto não só se mantém, como até se agrava. Nos países do Sul global, a crise ecológica e alimentar tem um impacto específico nas mulheres africanas, asiáticas e latino-americanas, que têm a seu cargo a busca da água, boa parte das tarefas agrícolas e a preparação dos alimentos. Nos países do Norte global, a crise financeira veio afetar as mulheres de múltiplas maneiras, algumas delas pouco visíveis. Mesmo quando não são as primeiras a ser despedidas, as mulheres têm de se desdobrar em novas atividades pagas e não pagas para manter o orçamento familiar acima da asfixia. São faxinas, costura, explicações, cozinhar para fora, *babysitting*, artesanato, horta caseira etc. Por outro lado, os custos sociais e psicológicos da crise no bem-estar das famílias recaem sobretudo nas mulheres. Exigem delas um esforço adicional numa área da economia que os economistas convencionais nunca reconheceram e sem a qual as sociedades não subsistem: a economia do cuidado. É um conjunto vasto de trabalho não pago que serve as crianças e os velhos da família, que gere a depressão ou a agressividade (ou ambas) do companheiro estressado pelo emprego ou pela falta dele, que atende às necessidades dos filhos casados e agora necessitados de algumas refeições decentes por semana ou do apoio da família (quase sempre eufemismo de mãe) nos tempos livres dos filhos antes passados nas atividades extraescolares, no balé ou no tênis etc. Mas não esqueçamos que a economia de cuidado pode circular em dois sentidos, de pais para filhos e de filhos para pais, e que o verdadeiro colapso social ocorre quando ela já não é possível em nenhum dos sentidos. A esta economia do cuidado também chamamos sociedade providência porque em Portugal ela sempre teve de colmatar as fortes lacunas do Estado-Providência que, ao contrário do que clama a direita, foi sempre fraco e sempre se apoiou na proteção social a cargo das famílias. Um dos efeitos perversos da crise é fixar as mulheres no trabalho não pago e fazê-lo com um apelo às virtudes dos papéis tradicionais da "dona de casa".

As mulheres, que suportam um fardo desigual quando a austeridade imposta pelo neoliberalismo desaba sobre as famílias, sabem bem que a solução é lutar por um outro modelo econômico que elimine as causas do fardo: redução drástica dos orçamentos militares, reconhecimento de outras economias baseadas na reciprocidade e na dádiva, serviços públicos eficientes, tributação progressiva, direitos de cidadania eficazes, incluindo os direitos reprodutivos e sexuais, que libertem as mulheres do jugo do sexismo e do fundamentalismo religioso (católico ou muçulmano).

Visão, 3 de maio de 2012

Sexta carta às esquerdas

Historicamente, as esquerdas dividiram-se sobre os modelos de socialismo e as vias para os realizar. Não estando o socialismo, por agora, na agenda política — mesmo na América Latina a discussão sobre o socialismo do século XXI perde fôlego —, as esquerdas parecem dividir-se sobre os modelos de capitalismo. À primeira vista, esta divisão faz pouco sentido pois, por um lado, há neste momento um modelo global de capitalismo, de longe hegemônico, dominado pela lógica do capital financeiro, assente na busca do máximo lucro no mais curto espaço de tempo, quaisquer que sejam os custos sociais ou o grau de destruição da natureza. Por outro lado, a disputa por modelos de capitalismo deveria ser mais uma disputa entre as direitas do que entre as esquerdas. De fato, assim não é. Apesar da sua globalidade, o modelo de capitalismo agora dominante assume características distintas em diferentes países e regiões do mundo, e as esquerdas têm um interesse vital em discuti-las, não só porque estão em causa as condições de vida, aqui e agora, das classes populares que são o suporte político das esquerdas, como também porque a luta por horizontes pós-capitalistas — de que algumas esquerdas ainda não desistiram, e bem — dependerá muito do capitalismo real de que se partir.

Sendo global o capitalismo, a análise dos diferentes contextos deve ter em mente que eles, apesar das suas diferenças, são parte do mesmo texto. Assim sendo, é perturbadora a disjunção atual entre as esquerdas europeias e as esquerdas de outros continentes, nomeadamente as esquerdas latino-americanas. Enquanto as esquerdas europeias parecem estar de acordo em que o crescimento é a solução para todos os males da Europa, as esquerdas latino-americanas estão profundamente divididas sobre o crescimento e o modelo de desenvolvimento em que este assenta. Vejamos o contraste. As esquerdas europeias parecem ter descoberto que a aposta no crescimento econômico é o que as distingue das direitas, apostadas na consolidação orçamental e na austeridade. O crescimento significa emprego e este, a melhoria das condições de vida das maiorias. Não problematizar o crescimento implica a ideia de que qualquer crescimento é bom. É uma ideia suicida para as esquerdas. Por um lado, as direitas facilmente a aceitam (como já estão a aceitar, por estarem convencidas de que será o *seu* tipo de crescimento a prevalecer). Por outro lado, significa um retrocesso histórico grave em relação aos avanços das lutas ecológicas das últimas décadas, em que algumas esquerdas tiveram um papel determinante. Ou seja, omite-se que o modelo de crescimento dominante é insustentável. Em pleno período preparatório da Conferência da ONU Rio+20, não se fala de sustentabilidade, não se questiona o conceito de economia verde mesmo que, para além da cor das notas de dólar, seja difícil imaginar um capitalismo verde.

Em contraste, na América Latina as esquerdas estão polarizadas como nunca sobre o modelo de crescimento e de desenvolvimento. A voracidade da China, o consumo digital sedento de metais raros e a especulação financeira sobre a terra, as matérias-primas e os bens alimentares estão a provocar uma corrida sem precedentes aos recursos naturais: exploração mineira de larga escala e a céu aberto, exploração petrolífera, expansão da fronteira agrícola. O crescimento econômico que esta corrida propicia choca com o aumento exponencial da dívida socioambiental: apropriação e contaminação da água, expulsão de muitos milhares de camponeses pobres e de povos indígenas das suas terras ancestrais, desmatamento, destruição da biodiversidade, ruína de modos de vida e de economias que até agora garantiram a sustentabilidade. Confrontadas com esta contradição, uma parte das esquerdas opta pela oportunidade extrativista desde que os rendimentos que ela gera sejam canalizados para reduzir a pobreza e construir infraestruturas. A outra parte vê no novo extrativismo a fase mais recente da condenação colonial da América Latina a ser exportadora de natureza para os centros imperiais que saqueiam as imensas riquezas e destroem os modos de vida e as culturas dos povos. A confrontação é tão intensa que põe em causa a estabilidade política de países como a Bolívia ou o Equador.

O contraste entre as esquerdas europeias e latino-americanas reside em que só as primeiras subscreveram incondicionalmente o "pacto colonial" segundo o qual os avanços do capitalismo valem por si, mesmo que tenham sido (e continuem a ser) obtidos à custa da opressão colonial dos povos extraeuropeus. Nada de novo na frente ocidental enquanto for possível fazer o *outsourcing* da miséria humana e da destruição da natureza.

Para superar este contraste e iniciar a construção de alianças transcontinentais seriam necessárias duas condições. As esquerdas europeias deveriam pôr em causa o consenso do crescimento que, ou é falso, ou significa uma cumplicidade repugnante com uma demasiado longa injustiça histórica. Deveriam discutir a questão da insustentabilidade, pôr em causa o mito do crescimento infinito e a ideia da inesgotável disponibilidade da natureza em que assenta, assumir que os crescentes custos socioambientais do capitalismo não são superáveis com imaginárias economias verdes, defender que a prosperidade e a felicidade da sociedade depende menos do crescimento do que da justiça social e da racionalidade ambiental, ter a coragem de afirmar que a luta pela redução da pobreza é uma burla para disfarçar a luta que não se quer travar contra a concentração da riqueza.

Por sua vez, as esquerdas latino-americanas deveriam discutir as antinomias entre o curto e o longo prazo, ter em mente que o futuro das rendas diferenciais geradas atualmente pela exploração dos recursos naturais está nas mãos de umas poucas empresas multinacionais e que, no final deste ciclo extrativista, os países podem estar mais pobres e dependentes do que nunca, reconhecer que o nacionalismo extrativista garante ao Estado receitas que podem ter uma importante utilidade social se, em parte pelo menos, forem utilizadas para financiar uma política da transição, que deve começar desde já, do extrativismo predador para uma economia plural em que o extrativismo só seja útil na medida em que for indispensável.

As condições para políticas de convergência global são exigentes mas não são impossíveis e apontam para opções que não devem ser descartadas sob pretexto de serem políticas do impossível. A questão não está em ter de optar pela política do possível contra a política do impossível. Está em saber estar sempre no lado esquerdo do possível.

Visão, 31 de maio de 2012

Sétima carta às esquerdas

A que esquerdas me dirijo? Aos partidos e movimentos sociais que lutam contra o capitalismo, o colonialismo, o racismo, o sexismo e a homofobia, e a todos os cidadãos que não se consideram organizados mas partilham os objetivos e aspirações daqueles que se organizam para lutar contra tais objetivos. É um público muito vasto, sobretudo porque inclui aqueles que têm práticas de esquerda sem se considerarem de esquerda. E, no entanto, parece tão pequeno. Nas últimas semanas, as esquerdas tiveram a oportunidade de vivenciar a riqueza global das alternativas que oferecem e de identificar bem as forças de direita a que se opõem. Infelizmente, essa oportunidade foi desperdiçada. Na Europa, as esquerdas estavam avassaladas pelas crises e urgências do imediato e, noutros continentes, a mídia ocultou o que de novo e de esquerda pairava no ar.

Refiro-me à Conferência da ONU Rio+20 e à Cúpula dos Povos que se realizaram no Rio de Janeiro. A primeira realizou-se na Barra da Tijuca e a segunda no Aterro do Flamengo. Eram poucos os quilômetros que as separavam, mas havia um vasto oceano de distância política entre elas. Na Barra, estavam os governos e a sociedade civil bem comportada, incluindo as empresas multinacionais que cozinhavam os discursos e organizavam o cerco aos negociadores oficiais. Na Barra, a direita mundial deu um espetáculo macabro de arrogância e de cinismo ante os desafios incontornáveis da sustentabilidade da vida no planeta. Nenhum compromisso obrigatório para reduzir os gases do efeito estufa, nenhuma responsabilidade diferenciada para os países que mais têm poluído, nenhum fundo para o desenvolvimento sustentável, nenhum direito de acesso universal à saúde, nenhuma quebra de patentes farmacêuticas em situações de emergência e de pandemias. Em vez disso, a economia verde, o cavalo de Troia para o capital financeiro passar a gerir os bens globais e os serviços que a natureza nos presta gratuitamente. Qualquer cidadão menos poluído entende que não é vendendo natureza que a podemos defender e não acredita que os problemas do capitalismo se possam resolver com mais capitalismo. Mas foi isso o que a mídia levou ao mundo.

Ao contrário, a Cúpula dos Povos foi a expressão da riqueza do pensamento e das práticas que os movimentos sociais de todo o mundo estão a levar a cabo para permitir que as gerações vindouras usufruam do planeta em condições pelo menos iguais às de que dispomos. Milhares de pessoas, centenas de eventos, um conjunto inabarcável de práticas e de propostas de sustentabilidade. Alguns exemplos: defesa dos espaços públicos nas cidades que priorizem o pedestre, o convívio social, a vida associativa, com gestão democrática e participação popular, transportes coletivos, hortas comunitárias e praças sensoriais; economia cooperativa e solidária; soberania alimentar, agricultura familiar e educação para a alimentação sem produtos agrotóxicos; novo paradigma de produção--consumo que fortaleça as economias locais articuladas translocalmente; substituição do PIB por indicadores que incluam a economia do cuidado, a saúde coletiva, a sociedade decente e a prosperidade não assente no consumo compulsivo; mudança na matriz energética baseada nas energias renováveis descentralizadas; substituição do conceito de capital natural pelo de natureza como sujeito de direitos; defesa de bens comuns, como a água e a biodiversidade, que apenas permitem direitos de uso temporários; garantia do direito à terra e ao território das populações camponesas e indígenas; democratização dos meios de comunicação; tributação penalizante das atividades extrativas e industriais contaminantes; direito à saúde sexual e reprodutiva das mulheres; reforma democrática do Estado que elimine a pandemia da corrupção e trave a transformação em curso do Estado protetor em Estado predador; transferências de tecnologia que atenuem a dívida ecológica.

Se as esquerdas quiserem ter futuro, têm de adotar o futuro que está contido nestas propostas e transformá-las em políticas públicas.

Visão, 28 de junho de 2012

Moçambique: a maldição da abundância?

A "maldição da abundância" é uma expressão usada para caracterizar os riscos que correm os países pobres onde se descobrem recursos naturais objeto de cobiça internacional. A promessa de abundância decorrente do imenso valor comercial dos recursos e dos investimentos necessários para o concretizar é tão convincente que passa a condicionar o padrão de desenvolvimento econômico, social, político e cultural. Os riscos desse condicionamento são, entre outros: crescimento do PIB em vez de desenvolvimento social; corrupção generalizada da classe política que, para defender os seus interesses privados, se torna crescentemente autoritária para se poder manter no poder, agora visto como fonte de acumulação primitiva de capital; aumento em vez de redução da pobreza; polarização crescente entre uma pequena minoria super-rica e uma imensa maioria de indigentes; destruição ambiental e sacrifícios incontáveis às populações onde se encontram os recursos em nome de um "progresso" que estas nunca conhecerão; criação de uma cultura consumista que é praticada apenas por uma pequena minoria urbana mas imposta como ideologia a toda a sociedade; supressão do pensamento e das práticas dissidentes da sociedade civil sob o pretexto de serem obstáculos ao desenvolvimento e profetas da desgraça. Em suma, os riscos são que, no final do ciclo da orgia dos recursos, o país esteja mais pobre econômica, social, política e culturalmente do que no seu início. Nisto consiste a maldição da abundância.

Depois das investigações que conduzi em Moçambique entre 1997 e 2003, visitei o país várias vezes. Da visita que acabo de fazer colho uma dupla impressão que a minha solidariedade com o povo moçambicano transforma em dupla inquietação. A primeira tem precisamente a ver com a orgia dos recursos naturais. As sucessivas descobertas (algumas antigas) de carvão (Moçambique é já o sexto maior produtor de carvão em nível mundial), gás natural, ferro, níquel, talvez petróleo anunciam um *El Dorado* de rendas extrativistas que podem ter um impacto no país semelhante ao que teve a independência. Fala-se numa segunda independência. Estarão os moçambicanos preparados para fugir à maldição da abundância?

Duvido. As grandes multinacionais, algumas bem conhecidas dos latino-americanos, como a Rio Tinto e a brasileira Vale do Rio Doce (Vale Moçambique), exercem as suas atividades com muito pouca regulação estatal, celebram contratos que lhes permitem o saque das riquezas moçambicanas com mínimas contribuições para o orçamento de Estado (em 2010 a contribuição foi de 0,04%), violam impunemente os direitos humanos das populações onde existem recursos, procedendo ao seu reassentamento (por vezes mais de um num prazo de poucos anos) em condições indignas, com o desrespeito dos lugares sagrados, dos cemitérios, dos ecossistemas que têm organizado a sua vida desde há dezenas ou centenas de anos. Sempre que as populações protestam são brutalmente reprimidas pelas forças policiais e militares. A Vale é hoje um alvo central das organizações ecológicas e de direitos humanos pela sua arrogância neocolonial e pelas cumplicidades que estabeleceu com o governo. Tais cumplicidades assentam por vezes em perigosos conflitos de interesses, entre os interesses do país governado pelo Presidente Guebuza e os interesses das empresas do empresário Guebuza, donde podem resultar graves violações dos direitos humanos, como quando o ativista ambiental Jeremias Vunjane, que levava consigo para a Conferência da ONU, Rio+20, denúncias dos atropelos da Vale, foi arbitrariamente impedido de entrar no Brasil e deportado (e só regressou depois de muita pressão internacional), ou quando, às organizações sociais é pedida uma autorização do governo para visitar as populações reassentadas como se estas vivessem sob a alçada de um agente soberano estrangeiro. São muitos os indícios de que as promessas dos recursos começam a corromper a classe política de alto a baixo e os conflitos no seio desta são entre os que "já comeram" e os que "querem também comer". Não é de esperar que, nestas condições, os moçambicanos no seu conjunto beneficiem dos recursos. Pelo contrário, pode estar em curso a angolanização de Moçambique. Não será um processo linear porque Moçambique é muito diferente de Angola: a liberdade de imprensa é incomparavelmente superior; a sociedade civil está mais organizada; os novos-ricos têm medo da ostentação porque ela zurzida semanalmente na imprensa e também pelo medo dos sequestros; o sistema judicial, apesar de tudo, é mais independente para atuar; há uma massa crítica de acadêmicos moçambicanos credenciados internacionalmente capazes de fazer análises sérias que mostram que "o rei vai nu".

A segunda impressão/inquietação, relacionada com a anterior, consiste em verificar que o impulso para a transição democrática que observara em estadias anteriores parece estancado ou estagnado. A legitimidade revolucionária da Frelimo sobrepõe-se cada vez mais à sua legitimidade democrática (que tem vindo a diminuir em recentes atos eleitorais) com a agravante de estar agora a ser usada para fins bem pouco revolucionários; a partidarização do aparelho de Estado aumenta em vez de diminuir; a vigilância sobre a sociedade civil aperta-se sempre que nela se suspeita dissidência; a célula do partido continua a interferir com a liberdade acadêmica do ensino e investigação de universitários; mesmo dentro da Frelimo, e, portanto, num contexto controlado, a discussão política é vista como distração ou obstáculo ante os benefícios indiscutidos e indiscutíveis do "desenvolvimento". Um autoritarismo insidioso disfarçado de empreendedorismo e de aversão à política ("não te metas em problemas") germina na sociedade como erva daninha.

Ao partir de Moçambique, uma frase do grande escritor moçambicano Eduardo White cravou-se em mim e em mim ficou: "nós que não mudamos de medo por termos medo de o mudar" (*Savana*, 20/7/2012). Uma frase talvez tão válida para a sociedade moçambicana como para a sociedade portuguesa e para tantas outras acorrentadas às regras de um capitalismo global sem regras.

Visão, 26 de julho de 2012

Oitava carta às esquerdas: as últimas trincheiras

Quem poderia imaginar há uns anos que partidos e governos considerados progressistas ou de esquerda abandonassem a defesa dos mais básicos direitos humanos, por exemplo, o direito à vida, ao trabalho e à liberdade de expressão e de associação, em nome dos imperativos do "desenvolvimento"? Acaso não foi por via da defesa desses direitos que granjearam o apoio popular e chegaram ao poder? Que se passa para que o poder, uma vez conquistado, se vire tão fácil e violentamente contra quem lutou para que ele fosse poder? Por que razão, sendo um poder das maiorias mais pobres, é exercido em favor das minorias mais ricas? Por que é que, neste domínio, é cada vez mais difícil distinguir entre os países do Norte e os países do Sul?

Os fatos

Nos últimos anos, os partidos socialistas de vários países europeus (Grécia, Portugal e Espanha) mostraram que podiam zelar tão bem pelos interesses dos credores e especuladores internacionais quanto qualquer partido de direita, não parecendo nada anormal que os direitos dos trabalhadores fossem expostos às cotações das bolsas de valores e, portanto, devorados por elas. Na África do Sul, a polícia ao serviço do governo do ANC, que lutou contra ao *apartheid* em nome das maiorias negras, mata 34 mineiros em greve para defender os interesses de uma empresa mineira inglesa. Bem perto, em Moçambique, o governo da Frelimo, que conduziu a luta contra o colonialismo português, atrai o investimento das empresas extrativistas com a isenção de impostos e a oferta da docilidade (a bem ou a mal) das populações que estão a ser afetadas pela mineração a céu aberto. Na Índia, o governo do partido do Congresso, que lutou contra o colonialismo inglês, faz concessões de terras a empresas nacionais e estrangeiras e ordena a expulsão de milhares e milhares de camponeses pobres, destruindo os seus meios de subsistência e provocando um enfrentamento armado. Na Bolívia, o governo de Evo Morales, um indígena levado ao poder pelo movimento indígena, impõe, sem consulta prévia e com uma sucessão rocambolesca de medidas e contramedidas, a construção de uma autoestrada em território indígena (Parque Nacional TIPNIS) para escoar recursos naturais. No Equador, o governo de Rafael Correa, que corajosamente concede asilo político a Julian Assange, acaba de ser condenado pela Corte Interamericana de Direitos Humanos por não ter garantido os direitos do povo indígena Sarayaku em luta contra a exploração de petróleo nos seus territórios. E já em maio de 2003 a Comissão tinha solicitado ao Equador medidas cautelares a favor do povo Sarayaku que não foram atendidas.

Em 2011, a Comissão Interamericana de Direitos Humanos (CIDH) *solicita* ao Brasil, mediante uma medida cautelar, que suspenda imediatamente a construção da barragem de Belo Monte (que, quando pronta, será a terceira maior do mundo) até que sejam adequadamente consultados os povos indígenas por ela afetados. O Brasil protesta contra a decisão, retira o seu embaixador na Organização dos Estados Americanos (OEA), suspende o pagamento da sua cota anual à OEA, retira o seu candidato à CIDH e toma a iniciativa de criar um grupo de trabalho para propor a reforma da CIDH no sentido de diminuir os seus poderes de questionar os governos sobre violações de direitos humanos. Curiosamente, a suspensão da construção da barragem acaba agora de ser decretada pelo Tribunal Regional Federal da 1ª Região (Brasília) com base na falta de estudos de *impacto* ambiental.

Os riscos

Para responder às questões com que comecei esta crônica, vejamos o que há de comum entre todos estes casos. Todas as violações de direitos humanos estão relacionadas com o neoliberalismo, a versão mais antissocial do capitalismo nos últimos cinquenta anos. No Norte, o neoliberalismo impõe a austeridade às grandes maiorias e o resgate dos banqueiros, substituindo a proteção social dos cidadãos pela proteção social do capital financeiro. No Sul, o neoliberalismo impõe a sua avidez pelos recursos naturais, sejam eles os minérios, o petróleo, o gás natural, a água ou a agroindústria. Os territórios passam a ser terra, e as populações que nelas habitam, obstáculo ao desenvolvimento que é necessário remover quanto mais rápido melhor. Para o capitalismo extrativista, a única regulação verdadeiramente aceitável é a autorregulação, a qual inclui, quase sempre, a autorregulação da corrupção dos governos. Honduras oferece neste momento um dos mais extremos exemplos de autorregulação da atividade mineira, onde tudo se passa entre a Fundação Hondurenha de Responsabilidade Social Empresarial (FUNDAHRSE) e a embaixada do Canadá. Sim, o Canadá que há vinte anos parecia ser uma força benévola nas relações internacionais e hoje é um dos mais agressivos promotores do imperialismo mineiro.

Quando a democracia concluir que não é compatível com este tipo de capitalismo e decidir resistir-lhe, pode ser demasiado tarde. É que, entretanto, pode o capitalismo ter já concluído que a democracia não é compatível com ele.

O que fazer?

Ao contrário do que pretende o neoliberalismo, o mundo só é o que é porque nós queremos. Pode ser de outra maneira se a tal nos propusermos. A situação é de tal modo grave que é necessário tomar medidas urgentes mesmo que sejam pequenos passos. Essas medidas variam de país para país e de continente para continente ainda que a articulação entre elas, quando possível, seja indispensável. No continente americano a medida mais urgente é travar o passo à reforma da CIDH em curso. Nessa reforma estão particularmente ativos quatro países com quem sou solidário em múltiplos aspectos de seu governo, o Brasil, o Equador, a Venezuela e a Argentina. Mas no caso da reforma da CIDH estou firmemente ao lado dos que lutam contra a iniciativa destes governos e pela manutenção do estatuto atual da CIDH. Não deixa de ser irônico que os governos de direita, que mais hostilizam o sistema interamericano de direitos humanos, como é o caso da Colômbia, assistam deleitados ao serviço que os governos progressistas objetivamente lhes estão a prestar.

O meu primeiro apelo é aos governos brasileiro, equatoriano, venezuelano e argentino para que abandonem o projeto da reforma. E o apelo é especialmente dirigido ao Brasil, dada a influência que tem na região. Se tiverem uma visão política de longo prazo, não lhes será difícil concluir que serão eles e as forças sociais que os têm apoiado quem, no futuro, mais pode vir a beneficiar do prestígio e da eficácia do sistema interamericano de direitos humanos. Aliás, a Argentina deve à CIDH e à Corte a doutrina que permitiu levar à justiça os crimes de violação dos direitos humanos cometidos pela ditadura, o que muito acertadamente se converteu numa bandeira dos governos Kirchner na política dos direitos humanos.

Mas porque a cegueira do curto prazo pode prevalecer, apelo também a todos os ativistas de direitos humanos do continente e a todos os movimentos e organizações sociais — que viram no Fórum Social Mundial e na luta continental contra a ALCA a força da esperança organizada — que se juntem na luta contra a reforma da CIDH em curso. Sabemos que o sistema interamericano de direitos humanos está longe de ser perfeito, quanto mais não seja porque os dois países mais poderosos da região nem sequer subscreveram a Convenção Americana de Direitos Humanos (EUA e Canadá). Também sabemos que, no passado, tanto a Comissão como a Corte revelaram debilidades e seletividades politicamente enviesadas. Mas também sabemos que o sistema e as suas instituições têm vindo a fortalecer-se, atuando com mais independência e ganhando prestígio através da eficácia com que têm condenado muitas violações de direitos humanos. Desde os anos de 1970 e 1980, em que a Comissão levou a cabo missões em países como o Chile, a Argentina e a Guatemala e publicou relatórios denunciando as violações cometidas pelas ditaduras militares, até às missões e denúncias depois do golpe de Estado de Honduras em 2009; para não falar nas reiteradas solicitações para o encerramento do centro de detenção de Guantánamo. Por sua vez, a recente decisão da Corte no caso "Povo Indígena Kichwa de Sarayaku versus Equador", de 27 de julho passado, é um marco histórico de direito internacional, não só em nível do continente, como em nível mundial. Tal como a sentença "Atala Riffo y niñas versus Chile" envolvendo a discriminação em razão da orientação sexual. E como esquecer a intervenção da CIDH sobre a violência doméstica no Brasil que conduziu à promulgação da Lei Maria da Penha?

Os dados estão lançados. À revelia da CIDH e com fortes limitações na participação das organizações de direitos humanos, o Conselho Permanente da OEA prepara um conjunto de recomendações para serem apresentadas para aprovação na Assembleia Geral Extraordinária, o mais tardar até março de 2013 (até 30 de setembro, os Estados apresentarão as suas propostas). Do que se sabe, todas as recomendações vão no sentido de limitar o poder da CIDH para interpelar os Estados em matéria de violação de direitos humanos. Por exemplo: dedicar mais recursos à promoção dos direitos humanos e menos à investigação de violações; encurtar de tal modo os prazos de investigação que tornam impossível uma análise cuidada; eliminar do relatório anual a referência a países cuja situação dos direitos humanos merece atenção especial; limitar a emissão e extensão de medidas cautelares; acabar com o relatório anual sobre a liberdade de expressão; impedir pronunciamentos sobre violações que pairam como ameaças mas ainda não foram concretizadas.

Cabe agora aos ativistas de direitos humanos e a todos os cidadãos preocupados com o futuro da democracia no continente travar este processo.

Visão, 21 de agosto de 2012

À procura de sujeitos políticos[3]

Numa democracia liberal a funcionar normalmente, a questão do sujeito político não se põe, pois a sociedade politicamente organizada em partidos gera os sujeitos necessários à condução da vida coletiva. A democracia portuguesa não está a funcionar normalmente, como de resto acontece nos outros países da Europa do Sul. A razão é conhecida: é uma democracia tutelada por uma força estrangeira que não responde democraticamente perante os portugueses. O governo é uma delegação de uma agência internacional de negócios. Daqui decorrem os outros sinais de anormalidade. Entre os milhares de cidadãos que se manifestam na rua capta-se um evidente sentimento antipartidos que abrange todo o espectro político. Esse clamor desliza por vezes para a antipolítica, onde germinam todos os extremismos. Mas a criatividade da crise portuguesa é tão grande que a direita no poder gerou a sua própria indignação contra o poder. Figuras gradas do PSD e do CDS manifestam-se com uma violência tão grande que o cidadão distraído nem se apercebe de que elas cozinharam ao longo de décadas a mediocridade política que está no poder. Temos dois movimentos de indignados, os que só têm a rua para se indignar e os que têm ao seu dispor os jornais, as rádios e as televisões para o fazer.

---

3. A democracia portuguesa está suspensa porque as decisões políticas que afetam mais fortemente os cidadãos não decorrem de escolhas destes nem respeitam a Constituição. Estalou um conflito fundamental entre os direitos de cidadania e as exigências dos "mercados" financeiros, e esse conflito está a ser decidido a favor dos "mercados". As decisões formalmente democráticas são substantivamente imposições do capital financeiro internacional para garantir a rentabilidade dos seus investimentos, tendo para isso ao seu serviço as instituições financeiras multilaterais, o Banco Central Europeu, a Comissão Europeia, o euro e os Governos nacionais que se deixaram chantagear. Ao contrário do fascismo histórico, o atual fascismo financeiro, em vez de destruir a democracia, esvazia-a de qualquer força para lhe poder fazer frente e transforma-a numa monstruosidade política: um Governo de cidadãos que governa contra os cidadãos; o Governo legitimado pelos direitos dos cidadãos que se exerce violando e destruindo esses direitos. A defesa da democracia real exige uma união do tipo daquela que uniu as forças antifascistas que tanto lutaram pela democracia que Portugal teve até há pouco e que os portugueses conquistaram há menos de 40 anos.

De tudo resulta que os partidos no poder são um sujeito político ausente, ao mesmo tempo que não parece haver um sujeito alternativo, já que o PS, depois de ter assinado o *memorandum* e as parcerias público-privadas, só poderá ser oposição se começar por se opor a si mesmo. A expressão da ausência de sujeitos políticos à direita e ao centro está na proposta de um governo de unidade nacional que gira a crise até que a Europa a resolva. Esperar pela Europa é o mesmo que esperar por Godot. Se nada fizermos pela nova Europa (o que implica desobediência organizada ao *memorandum* e a toda a política e economia que ele pressupõe), a velha Europa nada fará por nós. Daí a minha convicção de que estamos à procura de novos sujeitos políticos. Não penso haver condições para a emergência de um sujeito político de extrema direita. O cenário mais credível tem duas dimensões. A primeira é a constituição de um novo sujeito político que capte a energia de muitos milhares de cidadãos dispostos a soltar-se das suas lealdades partidárias para encontrar uma solução para o país a partir de alternativas concretas. Não se trata de criar um partido novo. Trata-se de criar uma frente eleitoral e política através de um ato de refundação de dois partidos, o PS e o BE. O PS convoca um congresso extraordinário, desvincula-se do *memorandum* e dos contratos das parcerias leoninas e elege um líder para a borrasca (o atual é o líder da bonança feita de bonança). O BE, também em congresso, liberta-se de toda a ideologia de vanguarda. Elege um líder de retaguarda, que põe o BE a caminhar com a sociedade excluída e sobretudo com a que caminha mais devagar. Assim refundados, estes dois partidos podem gerar um novo sujeito político de alta intensidade democrática.

A segunda dimensão consiste na convocação, que desde já sugiro, de um Fórum Social do Sul da Europa, a realizar no próximo ano. Complementa e expande o imenso potencial revelado pelo Congresso Democrático das Alternativas. Por um lado, é europeu e não apenas português; por outro, é convocado por movimentos e organizações sociais, e não apenas por cidadãos. Este Fórum discutirá os caminhos para a Europa a partir da premissa da sua profunda democratização. Poderá gerar a energia que leve a UE a merecer o Prêmio Nobel da Paz, por enquanto uma piada de gosto duvidoso. Será convocado por velhos e novos movimentos, pelos indignados, sindicatos, estudantes, desempregados, imigrantes, movimentos feministas, antirracistas, ecologistas, de gays e lésbicas etc. Os sindicatos sentir-se-ão então revigorados e acompanhados, mais capazes de conviver com a diversidade sem a procurar suprimir sob uma avalanche de bandeiras vermelhas e de discursos longos e maçudos dos seus líderes.

Visão, 18 de outubro de 2012

As lições da vitória de Obama[4]

Talvez não passe muito tempo antes que o que ocorre nos EUA deixe de ter importância para o mundo. Na semana passada dizia-se no Brasil que a presidente Dilma Roussef estaria mais preocupada com o que se passaria no XVIII Congresso do Partido Comunista Chinês do que com o resultado das eleições norte-americanas. Seja com for, o poder político-militar e financeiro dos EUA faz com que, por agora, o que se passa neste país deva ser objeto de reflexão. A primeira lição das recentes eleições é que a concentração da riqueza e a desregulação do financiamento das campanhas eleitorais estão a pôr em risco a democracia. Estas foram as eleições mais caras da história dos EUA, e a falta de transparência nas contribuições financeiras para os diferentes candidatos nunca foi tão chocante. Quem não tem riqueza pessoal ou capacidade para mobilizar a riqueza dos outros não tem nenhuma hipótese de vir a ser um membro da classe política por mais preparado ou dotado que seja. Uma decisão infame do Tribunal Supremo dos EUA determinou recentemente que as empresas são pessoas e que, como tal, podem contribuir livremente para o financiamento das eleições sem terem de prestar contas (a decisão Citizens United). Esta decisão pode ser fatal para a democracia americana. O estado de Montana acaba de decidir que as empresas não são "gente", abrindo assim o caminho para uma emenda constitucional que anule a decisão do Supremo Tribunal. Este grito de revolta contra o sequestro da democracia não terá por agora eficácia e as primeiras desilusões dos apoiantes de Obama vão ser talvez na área da segurança social. O capital financeiro de Wall Street que apoiou Obama quer privatizar a segurança social e pode vir a consegui-lo.

O poder do dinheiro está a destruir a democracia americana por muitas outras vias. Recentemente foi denunciada uma organização privada,

---

4. O balanço legislativo do governo Obama desde o início de 2013 é sombrio: a derrota na reforma da legislação de controle de armas de fogo; a austeridade económica forçada pela falta de acordo no Congresso. O mesmo se passa no tocante à política externa: a dificuldade de convencer a Rússia a retirar o seu apoio ao regime sírio; o escândalo das escutas de Washington denunciado por Edward Snowden.

não registrada como lobista, cuja função é preparar legislação favorável às empresas (impedir a sindicalização, eliminar exigências ambientais etc.) em todos os níveis do governo, local, estadual e federal. Depois de identificar políticos manipuláveis, coloca-lhes nas mãos os projetos de lei e recompensa-os se eles conseguirem a aprovação. Chama-se American Legislative Exchange Council e tem sido financiada pelas maiores empresas dos EUA. Por outro lado, grupos conservadores recorrem à "supressão de voto", um conjunto de estratagemas para impedir que os grupos sociais inclinados a votar em candidatos mais à esquerda exerçam o seu direito de voto: exigência de formas de identificação caras ou difíceis de obter; mensagens aos subordinados avisando-os de possível demissão se votarem errado; *placards* à entrada de cidades com propensão pro-Obama, advertindo enganosamente que quem cometer alguma irregularidade ao votar (ex.: votar fora da sua secção de voto) pode ser punido com penas graves; suspeitas discutidas nas redes sociais de que se a diferença de votos entre os candidatos fosse pequena, as máquinas de voto eletrônicas poderiam estar programadas para viciar os resultados contra Obama. A experiência americana mostra que é urgente reformar o sistema político e o financiamento das campanhas de modo a impedir que o poder econômico roube o sonho democrático sem sequer precisar recorrer à ditadura.

A segunda lição é que os cidadãos não aceitam que a educação e a saúde deixem de ser um direito para passarem a ser uma mercadoria a que tem acesso apenas quem a pode comprar. Dentro dos limites impostos por um Congresso hostil e por um poder econômico bem organizado, Obama avançou com algumas políticas públicas que garantiram mais direitos aos grupos sociais vulneráveis. Esses grupos coincidiam em parte com o que se designa por minorias (negros, latinos e imigrantes). Unidos a outros grupos sociais hostilizados pelos conservadores (mulheres e gays), eles foram a maioria de Obama. A lição é simples: no início do século XXI, os governos que atentarem contra o direito à educação e à saúde serão abandonados pelos eleitores.

Visão, 15 de novembro de 2012

A privataria em curso

O termo privataria foi cunhado por um grande jornalista brasileiro, Elio Gaspari, e popularizado por um dos mais brilhantes jornalistas investigativos do Brasil, Amaury Ribeiro Jr. O livro deste último — *A privataria tucana* (São Paulo: Geração Editorial, 2011) —, um *best-seller*, relata, com grande solidez documental, o processo ruinoso das privatizações levado a cabo no Brasil durante a década de 1990. A investigação, que durou dez anos, não só denuncia a "selvajaria neoliberal dos anos 1990", que dizimou o patrimônio público brasileiro, deixando o país mais pobre e os ricos mais ricos, como também estabelece de forma convincente a conexão entre a onda privatizante e a abertura de contas sigilosas e de empresas de fachada nos paraísos fiscais do Caribe, onde se lava o dinheiro sujo da corrupção, das comissões e propinas ilegais arrecadadas pelos intermediários e facilitadores dos negócios. Aconselho a leitura do livro aos portugueses que não se conformam com o discurso do "interesse nacional" para legitimar a dilapidação da riqueza nacional em curso, a todos os dirigentes políticos que se sentem perplexos perante a rapidez e a opacidade com que as privatizações ocorrem e aos magistrados do Ministério Público e investigadores da PJ por suspeitar que vão ter muito trabalho pela frente se tiverem meios e coragem.

As privatizações não são necessariamente privataria. São-no quando os interesses nacionais são dolosamente prejudicados para permitir o enriquecimento ilícito daqueles que, em posições de mando ou de favorecimento político, comandam ou influenciam as negociações e as decisões em favor de interesses privados. As privatizações não têm nada a ver com racionalidade econômica. São o resultado de opções ideológicas servidas por discursos que escondem as suas verdadeiras motivações. No Brasil, o discurso foi o de transformar as privatizações numa "condição para o país entrar na modernidade". Em Portugal, o discurso é o do interesse nacional, tutelado pela *troika*, em reduzir o déficit e a dívida e ganhar competitividade. Em ambos os países, a motivação real é criar novas áreas de acumulação e lucro para o capital. No caso português isso passa pela destruição tanto do setor empresarial do Estado como do Estado social. No último caso, sobretudo, trata-se de uma opção ideológica de quem usa a crise para impor medidas que nunca poderia legitimar por via eleitoral. Para termos uma ideia da carga ideológica por detrás das privatizações, supostamente necessárias para amortizar a dívida pública, basta ler o orçamento de 2013: a receita total das privatizações, de 2011 a 2013, será de três mil e setecentos milhões de euros, ou seja, menos de 2% da dívida pública... A privataria tende a ocorrer quando se trata de processos massivos de privatização. Joseph Stiglitz cunhou um neologismo ácido para definir a onda privatista que avassalou as economias do Terceiro Mundo nos anos 1980 e 1990, "briberization", um termo cujo significado se aproxima do de privataria. No caso português, a tutela externa e os prazos que o governo tem interesse em não renegociar favorecem vendas em saldo e, com isso, oportunidades de compensação especial em ganhos ilícitos para os que as tornam possíveis. Como a corrupção não tem uma capacidade infinita de inovação, é de prever que muito do que se passou no Brasil se esteja a passar em Portugal. É preocupante que alguns dos baluartes da segunda geração de corrupção do Brasil, aliás já condenados, surjam nas notícias das privatizações em Portugal. É o caso de José Dirceu (*Público*, 17 de janeiro).

A privataria ocorre por via da articulação entre dois mundos: o mundo das privatizações: conseguir condições particularmente favoráveis aos investidores; e o submundo da corrupção: lavar o dinheiro das comissões ilegais recebidas. No que respeita ao Primeiro Mundo, alguns dos estratagemas da privataria incluem: criar na opinião pública imagens negativas sobre a gestão ou o valor das empresas estatais; fazer investimentos ou subir os preços dos serviços antes dos leilões; absorver dívidas para tornar as empresas mais atrativas ou permitir que as dívidas sejam contabilizadas sem criteriosa definição do seu montante e condições; definir parâmetros que beneficiem o candidato que se pretende privilegiar e que idealmente o transformem em candidato único; passar ilegalmente informação estratégica com o mesmo objetivo; confiar em serviços de consultoria, fazendo vista grossa a possíveis conflitos de interesses; permitir que os compradores, em vez de trazerem capital próprio, contraiam empréstimos no exterior que acabarão por fazer crescer a dívida externa; permitir que fundos públicos sejam usados para alienar patrimônio público em favor de interesses privados.

O submundo da corrupção reside na lavagem do dinheiro. Trata-se da transferência de dinheiro para paraísos fiscais mediante a criação de empresas *offshores* (de fato, nada mais do que caixas postais) onde os verdadeiros titulares das contas desaparecem sob o nome dos seus procuradores. Aí o dinheiro pousa, repousa e, depois de lavado, é repatriado para investimentos pessoais ou financiamento de partidos.

Visão, 17 de dezembro de 2012

A frente da ciência

Portugal foi o país da UE que nos últimos vinte anos mais progrediu nas diferentes áreas da ciência. Os números falam por si. A despesa em investigação em % do PIB em 1995 foi 0,5 e, em 2010, 1,6. Em 1990, havia 8.000 investigadores, em 2010, 46.256, o que correspondia a 8,3 investigadores por mil ativos (a média da UE é 6, e a da OCDE, 8), a maior taxa de crescimento da Europa. Em 1990 realizaram-se 337 doutoramentos e em 2010, 1.660. Quanto à produção científica referenciada internacionalmente no Science Citation Index, em 2000 somava 2.602 artigos e, em 2010, 8.224. As patentes submetidas à European Patent Office foram 8 em 1990 e 165 em 2009. O crescimento do número de investigadores gerou uma dinâmica no setor privado, onde a integração de investigadores foi igualmente galopante: passaram de 4.014 em 2005 para 10.841 em 2009.

O significado mais óbvio destes números é que eles mostram o caminho que Portugal estava a tomar para fugir à fatalidade de sermos um fornecedor de mão de obra barata. À medida que o sistema nacional de ciência se ampliava e os avanços científicos eram paulatinamente transferidos para a indústria e serviços, alterava-se a especialização internacional da nossa economia de modo a aproximá-la da que é típica dos países mais desenvolvidos. A mão de obra altamente qualificada manteria a vantagem comparativa do país já que, apesar de bem paga, seria mais barata que a correspondente noutros países europeus.

Este esforço deu um salto qualitativo a partir de 2000 com a criação dos laboratórios associados (LA). Os LAs resultaram da conversão de alguns dos melhores centros de investigação (com classificação excelente), aos quais foram dadas melhores condições para se expandirem, contratando investigadores exclusivamente dedicados à investigação e criando estruturas administrativas que lhes permitissem colaborar com outras instituições, celebrar contratos ou concorrer a financiamentos europeus. Isto permitiria ainda acabar com a situação perversa de Portugal, um dos países menos desenvolvidos da Europa, contribuir com mais dinheiro para os fundos de ciência da UE do que aquele que os seus investigadores obtinham em projetos. Pode discutir-se se outros centros mereciam ter sido convertidos em LAs (situação que pode corrigir-se a qualquer momento, e aliás conduziu, ao longo dos últimos 12 anos, ao alargamento do leque inicial), mas o que não pode pôr-se em causa é o êxito da aposta nesta inovação do sistema científico e tecnológico nacional. Foram até agora criados 26 LAs. Integram 28% do total dos investigadores doutorados; entre 2007 e 2012, obtiveram 88% dos financiamentos europeus do 7º programa-quadro (122 milhões de euros) conseguidos pela totalidade dos centros de investigação. A renovação do pessoal científico tornada possível pelos LAs explica que a maioria dos seus investigadores esteja abaixo dos 45 anos de idade, enquanto nos outros centros a maioria está acima dos 50 anos.

O orçamento de 2013 deveria testemunhar a determinação de o país continuar a investir na investigação científica. Sendo objetivamente os LAs a alavanca mais dinâmica desse investimento, resulta incompreensível que o próximo orçamento da FCT (Fundação para a Ciência e Tecnologia) assuma uma atitude hostil em relação aos LAs, expressa em duas medidas. Por um lado, enquanto a FCT sofre um corte ligeiro de 4,4% (aliás compensado pelo aumento dos fundos comunitários), os LAs sofrem um corte médio de 30%, o que, em alguns casos, os torna insustentáveis. Por outro lado, apesar de os LAs terem o seu estatuto renovado até 2020 (com avaliações intercalares), fala-se agora de uma outra "refundação" de todas as instituições científicas a partir de 2014 que pode comprometer esse estatuto. Tudo isto cria instabilidade que compromete um dos investimentos mais reprodutivos que o país realizou nos últimos vinte anos. Não esqueçamos que, dos 1 200 investigadores contratados ao abrigo do Compromisso com a Ciência, 41% são estrangeiros. A fuga de cérebros já começou. A FCT está a tempo de evitar o pior, até porque não se trata de ir buscar mais dinheiro ao orçamento. Trata-se apenas de o distribuir com critérios de eficiência.

Visão, 13 de dezembro de 2012

O Estado social, Estado-Providência e de Bem-Estar

A designação "Estado social" tem várias genealogias. Foi com esta designação que Marcello Caetano tentou rebatizar o Estado Novo. No virar do século XIX para o século XX foi a designação usada pelos socialistas para marcar a forma política do Estado que faria a transição para o socialismo. É esta também a designação que consta da Constituição Portuguesa de 1976. Nas ciências sociais, e consoante as filiações teóricas, as designações mais comuns têm sido a de Estado-Providência ou Estado de bem-estar. É tendo em mente estas últimas designações que falo do Estado social, um tipo de Estado cuja melhor concretização teve lugar nos países europeus mais desenvolvidos depois da Segunda Guerra Mundial. O Estado social é o resultado de um compromisso histórico entre as classes trabalhadoras e os detentores do capital. Este compromisso foi a resposta a uma dolorosa história recente de guerras destrutivas, lutas sociais violentas e crises econômicas graves. Nos termos desse compromisso ou pacto, os capitalistas renunciam a parte da sua autonomia enquanto proprietários dos fatores de produção (aceitam negociar com os trabalhadores temas que antes lhes pertenciam em exclusividade) e a parte dos seus lucros no curto prazo (aceitam ser mais fortemente tributados), enquanto os trabalhadores renunciam às suas reivindicações mais radicais de subversão da economia capitalista (o socialismo e, para o atingir, a agitação social sem condições em face da injustiça da exploração do homem pelo homem). Esta dupla renúncia é gerida pelo Estado, o que confere a este alguma autonomia em relação aos interesses contraditórios em presença. O Estado tutela a negociação coletiva entre o capital e o trabalho (a concertação social) e transforma os recursos financeiros que lhe advêm da tributação do capital privado e dos rendimentos salariais em "capital social", ou seja, num vasto conjunto de políticas públicas e sociais. As políticas públicas traduzem-se num forte intervencionismo estatal na produção de bens e serviços que aumentam a médio prazo a produtividade do trabalho e a rentabilidade do capital (formação profissional, investigação científica, aeroportos e portos, autoestradas, política industrial e de desenvolvimento regional, parques industriais, telecomunicações etc. etc.). As políticas sociais são as políticas públicas que decorrem dos direitos econômicos e sociais dos trabalhadores e dos cidadãos em geral (população ativa efetiva, crianças, jovens, desempregados, idosos, aposentados, "domésticas", produtores autônomos). Traduzem-se em despesas em bens e serviços consumidos pelos cidadãos gratuitamente ou a preços subsidiados: educação, saúde, serviços sociais, habitação, transportes urbanos, atividades culturais, atividades de tempos livres. Algumas das políticas sociais envolvem transferências de pagamentos de vária ordem financiados por contribuições dos trabalhadores ou por impostos no âmbito da Segurança Social (bolsas de estudo, abono de família, rendimento social de inserção, pensões, subsídios por doença e por desemprego). As transferências ocorrem, por via da solidariedade social institucionalizada pelo Estado, dos mais ricos para os mais pobres, dos empregados para os desempregados, da geração adulta e ativa para as gerações futuras e os aposentados, dos saudáveis para os doentes.

O conjunto das políticas públicas e sociais tem uma tripla função. Primeiro, cria condições para o aumento da produtividade que, pela sua natureza ou volume, não podem ser realizadas pelas empresas individuais, abrindo assim o caminho para a socialização dos custos da acumulação capitalista, razão por que a redução dos lucros a curto prazo redundará, no médio prazo, em expansão dos lucros. Segundo, as despesas em capital social aumentam a procura interna de bens e serviços através de investimentos e consumos coletivos e individuais. Terceiro, garante uma expectativa de harmonia social porque assenta na institucionalização (isto é, normalização, desradicalização) dos conflitos entre o capital e o trabalho e porque proporciona uma redistribuição de rendimentos a favor das classes trabalhadoras (salários indiretos) e da população carente, fomentando o crescimento das classes médias, em todos criando um interesse na manutenção do sistema de relações, políticas, sociais e econômicas que torna possível essa redistribuição. Enquanto gestor global deste sistema, o Estado assume grande complexidade porque tem de garantir uma articulação estável entre os três princípios de regulação do

Estado moderno propícios a tensões entre si: o Estado, o mercado e a comunidade. A estabilidade exige que o Estado tenha certa primazia sem asfixiar o mercado ou a comunidade. Se, por um lado, o Estado garante a consolidação do sistema capitalista, por outro lado obriga os principais atores do sistema a alterarem o seu cálculo estratégico: os empresários são levados a trocar o curto prazo pelo médio prazo, e os trabalhadores são levados a trocar um futuro radioso, mas muito distante e incerto, por um presente e um futuro próximo com alguma dignidade. O Estado social assenta, assim, na ideia da compatibilidade (e até complementaridade) entre desenvolvimento econômico e proteção social, entre acumulação de capital e legitimidade social e política de quem a garante; em suma, entre capitalismo e democracia.

Este modelo de Estado e de capitalismo tem vindo a ser atacado a partir dos anos 1970 até a seu cume nos anos 1990 por um modelo alternativo, designado por neoliberalismo, que assenta na substituição da primazia do Estado pela do mercado na regulação social. É um ataque ideológico, ainda que disfarçado de uma nova racionalidade econômica. São muitas as razões para a crescente agressividade deste ataque, mas todas elas têm em comum o serem fatores que favorecem a transformação da ideologia em pretensa racionalidade. Eis algumas delas: o modelo neoliberal está centrado na predominância do capital financeiro (sobre o capital produtivo) e para ele só há curto prazo; ou o médio prazo é, quando muito, alguns minutos mais; com o tempo, os trabalhadores e seus aliados transformaram a opção socialista, de incerta e distante, em opção esquecida, e passaram a aceitar, como vitórias, perdas menores, que só são menores porque vão sendo seguidas por outras maiores; o trabalho assalariado alterou-se profundamente e transformou-se num recurso global, sem que entretanto se tenha criado um mercado globalmente regulado de trabalho; o "compromisso histórico" gerido pelo Estado nacional transforma-se num anacronismo quando o próprio Estado passa a ser gerido pelo capital global.

O Estado social português nasceu em contraciclo, depois da revolução do 25 de Abril de 1974. Em parte por isso, nunca passou de um Estado muito pouco ambicioso (quando comparado com os outros

Estados europeus), um quase-Estado-Providência, como o designei nos anos 1990, e nunca deixou de depender de uma forte sociedade-providência. Mas, mesmo assim, foi essencial na criação e consolidação da democracia portuguesa da terceira república. É este o sentido da sua consagração constitucional. E porque entre nós a democracia e o Estado social nasceram juntos, não é possível garantir a sobrevivência de qualquer deles sem o outro.

Diário de Notícias, 29 de dezembro de 2012

2013

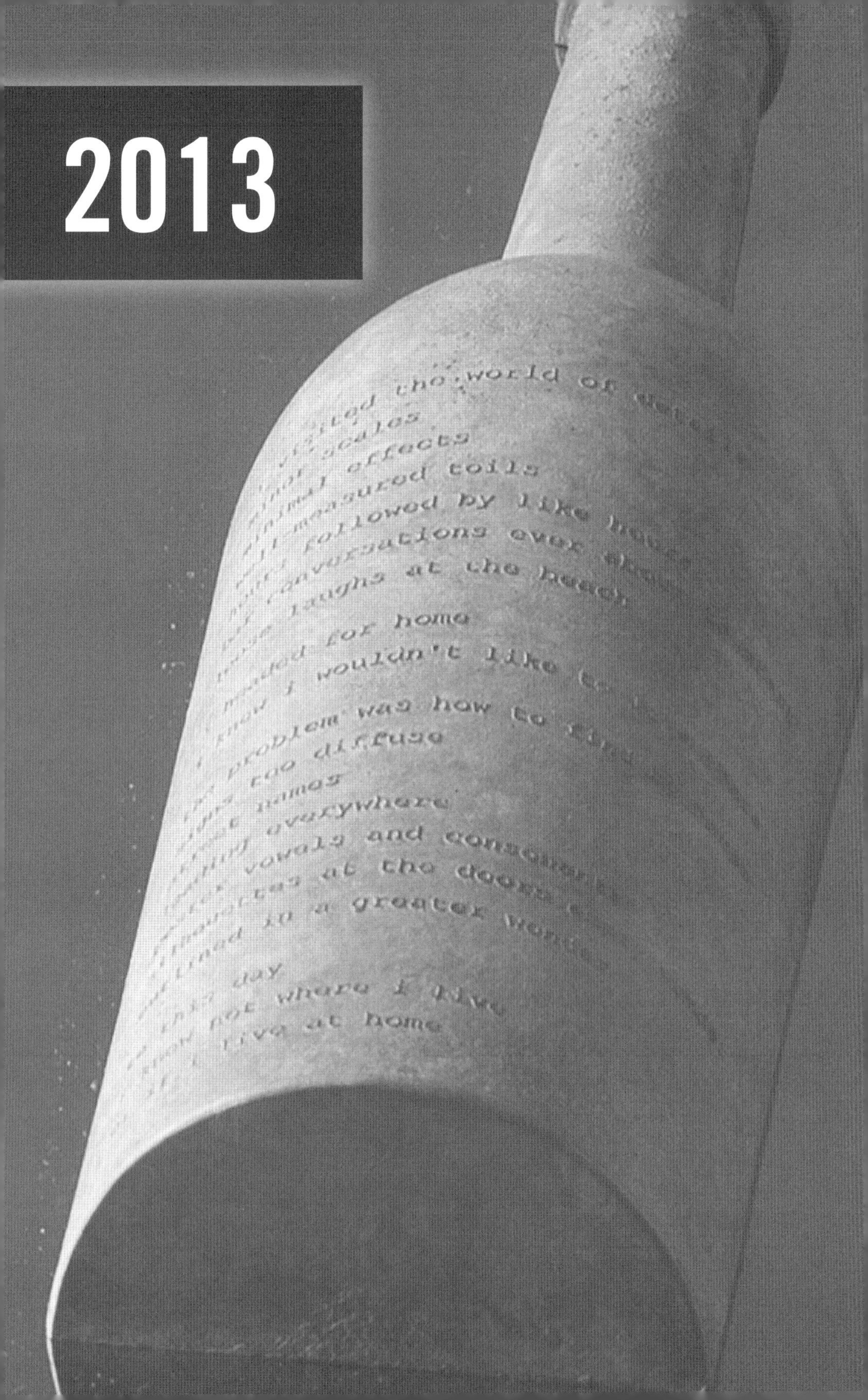

PS (Política Surrealista)

Por que é que um cidadão de esquerda, preocupado com o rumo que o país está a tomar, temendo que a distância dos cidadãos em relação ao sistema político democrático se agrave, inconformado com a falta de unidade entre as forças de esquerda sociologicamente majoritárias, tem dificuldade em conter a raiva ante as insondáveis uniões divisionistas e divisões unitaristas do PS? Por três razões. Primeiro, sentimento de impotência: sabe que se der um murro na mesa o único efeito possível é magoar-se, tal a incapacidade do partido em distinguir luta política de luta por cargos políticos. Segundo, sensação de perigo: o país precisa de uma alternativa política e o PS, sendo decisivo na construção dela, parece apostado em desistir antes mesmo de tentar. Terceiro, inconformismo ante o desperdício da oportunidade: o PS tem algum potencial para reinventar-se como partido de esquerda, um potencial muito limitado e problemático, mas mesmo assim existente.

Centro-me na última razão por ser a única que permite transformar a raiva em esperança, mesmo que esta mal se distinga do desespero. Dois fatos bloqueiam esse potencial e outros dois podem ativá-lo. O primeiro bloqueio decorre da qualidade dos líderes. A estatura de Mário Soares criou uma sombra difícil de dissipar. Os líderes que se seguiram distinguiram-se mais pela integridade ética do que pela coragem política (Vítor Constâncio, António Guterres e Jorge Sampaio). O mais lúcido e corajoso de todos, Ferro Rodrigues, foi assassinado politicamente de forma sumária e vergonhosa (a fabricação do seu envolvimento no processo Casa Pia). O segundo bloqueio advém da perda de cultura socialista (e até de cultura geral) entre os dirigentes que amortece as clivagens políticas e aguça as clivagens pessoais. Quem não for militante do PS — a esmagadora maioria dos portugueses — não entende a hostilidade entre José Sócrates e António José Seguro quando ambos são produto da mesma terceira via (entre capitalismo e capitalismo) que vergou os partidos socialistas europeus às exigências do neoliberalismo e os fez vender a alma do Estado de bem-estar social. Seguro está condenado a continuar Sócrates em piores condições e sem sequer (querer) ter margem de manobra para as medidas de reforma do Estado com cidadania que os governos de Sócrates implementaram com algum êxito. Causa arrepios pensar que não frustrará as expectativas apenas por estas serem nulas.

O primeiro fato ativador do potencial de transformação do PS é o contexto europeu e mundial. O Sul da Europa, o Oriente Médio e o Norte de África são as faces mais visíveis da vertigem predadora de um capitalismo selvagem que só se reconhece na extração violenta dos recursos humanos e naturais. É agora mais visível que nunca que o socialismo democrático foi construído contra a corrente, com muita luta e coragem. A Guerra Fria permitiu-lhe economizar na luta e na coragem, e a tal ponto que não resistiu ao fim dela. Tornou-se então claro que a coragem e a vontade de luta dos socialistas se tinham transformado, elas próprias, num instrumento da Guerra Fria, capazes de se exercitar contra comunistas e esquerdistas mas nunca contra capitalistas. É bem possível que não sejam os socialistas, a reinventar o socialismo democrático. Uma coisa é certa: a ideia de um outro mundo possível nunca foi tão urgente e necessária e reside nela a última reserva democrática do mundo.

O segundo fato potenciador é que os socialistas portugueses já mostraram estar conscientes de que qualquer vitória que o atual líder lhes proporcione a curto prazo será paga no futuro com pesadas derrotas. Os militantes socialistas jovens e pobres — que (ainda?) não enriqueceram no governo nem nas empresas — leram com atenção o livro de António Costa, *Caminho aberto*, publicado em 2012, e certamente ficaram tão impressionados como nós com a experiência governativa, a lucidez política, a capacidade de negociação com adversários, revelada pelo autor num livro que retrata como poucos o Portugal político dos últimos vinte anos e abre pistas luminosas sobre os desafios que a sociedade portuguesa enfrenta. Devem sentir, como nós, a dificuldade em conter a raiva. Poderão bater com o murro na mesa e terem algum efeito além de se magoarem? A tragédia do socialismo democrático atual é ser um fogo apagado que só reacende as brasas quando troca a coragem política pela ética como se a coragem política não fosse eminentemente ética.

Visão, 7 de fevereiro de 2013

Nona carta às esquerdas

2013 na Europa será um desastre no plano social e imprevisível no plano político. Conseguirão os governos europeus criar a estabilidade que lhes permita terminar o mandato ou ocorrerão crises políticas que obriguem a convocar eleições antecipadas? Digamos que cada uma destas hipóteses tem 50% de chances de se realizar. Assim sendo, é necessário que os cidadãos tenham a certeza de que a instabilidade política que possa surgir é o preço a pagar para que surja uma alternativa de poder e não apenas uma alternância no poder. Poderão as esquerdas construir tal alternativa? Sim, mas só se se transformarem e se unirem, o que é exigir muito em pouco tempo.

Ofereço o meu contributo para a configuração de tal alternativa. Primeiro, as esquerdas devem centrar-se no bem-estar dos cidadãos e não nas possíveis reações dos credores. A história mostra que o capital financeiro e as instituições multilaterais (FMI, BCE, BM, Comissão Europeia) só são rígidas na medida em que as circunstâncias não as forçarem a ser flexíveis. Segundo, o que historicamente une as esquerdas é a defesa do Estado social forte: educação pública obrigatória gratuita; serviço nacional de saúde tendencialmente gratuito; segurança social sustentável com sistema de pensões assente no princípio da repartição e não no de capitalização; bens estratégicos ou monopólios naturais (água, correios) nacionalizados.

As diferenças entre as esquerdas são importantes, mas não ofuscam esta convergência de base, e foi ela que sempre determinou as preferências eleitorais das classes populares. É certo que a direita também contribuiu para o Estado social (basta lembrar Bismark na Prússia), mas fê-lo sempre pressionada pelas esquerdas e recuou sempre que essa pressão baixou, como é o caso, desde há 30 anos, na Europa. A defesa do Estado social forte deve ser a prioridade das prioridades e, portanto, deve condicionar todas as outras.

O Estado social não é sustentável sem desenvolvimento. Neste sentido haverá divergências sobre o peso da ecologia, da ciência ou da flexissegurança no trabalho, mas o acordo de fundo sobre o desenvolvimento é inequívoco e esta é, portanto, a segunda prioridade a unir as esquerdas, já que, como a salvaguarda do Estado social é prioritária, tudo tem de ser feito para garantir o investimento e a criação de emprego.

E aqui entra a terceira prioridade que deverá unir as esquerdas. Se para garantir o Estado social e o desenvolvimento é preciso renegociar com a *troika* e os restantes credores, então tal renegociação tem de ser feita com determinação. Ou seja, a hierarquia das prioridades torna claro que não é o Estado social que se deve adaptar às condições da *troika*, mas, ao contrário, que devem ser estas a adaptar-se à prioridade em manter o Estado social. Esta é uma mensagem que tanto os cidadãos como os credores entenderão bem, ainda que por razões diferentes.

Para que a unidade assim criada entre as esquerdas tenha êxito político, há que considerar três fatores: risco, credibilidade e oportunidade. Quanto ao risco, é importante mostrar que os riscos não são superiores aos que os cidadãos europeus já estão a correr: os do Sul, empobrecer acorrentados à condição de periferia, fornecendo mão de obra barata à Europa desenvolvida; e todos em geral, perda progressiva de direitos em nome da austeridade, aumento do desemprego, privatizações, democracias reféns do capital financeiro. O risco da alternativa é um risco calculado destinado a pôr à prova a convicção com que o projeto europeu está a ser salvaguardado.

A credibilidade reside, por um lado, na convicção e na seriedade com que se formular a alternativa e no apoio democrático com que ela contar e, por outro lado, no fato de o país ter mostrado que é capaz de fazer sacrifícios de boa-fé (Grécia, Irlanda e Portugal são exemplo disto). Apenas não aceita sacrifícios impostos de má-fé, sacrifícios impostos como máximos apenas para abrir caminho para outros maiores.

A oportunidade está aí para ser aproveitada.

A indignação generalizada e expressa massivamente nas ruas, praças, redes sociais, centros de saúde e de estudos, entre outros espaços, não se plasmou num bloqueio social à altura dos desafios presentes. O atual contexto de crise requer uma nova política de frentes populares à escala local, estatal e europeia formadas por uma pluralidade heterogênea de sujeitos, movimentos sociais, ONGs, universidades, instituições públicas, governos, entre outros atores que, unidos na sua diversidade, sejam capazes, mediante formas de organização, articulação e ação flexíveis, de lograr uma unidade firme de ação e propósitos.

O objetivo é unir as forças das esquerdas em alianças democráticas estruturalmente semelhantes às que constituíram a base das frentes antifascistas do período entre guerras, com o qual existem semelhanças perturbadoras. Menciono apenas duas: a profunda crise financeira e econômica e as desanimadoras patologias da representação (crise generalizada dos partidos políticos e sua incapacidade para representar os interesses das classes populares) e da participação (o sentimento de que votar não muda nada). O perigo do fascismo social e seus efeitos, cada vez mais sentidos, tornam necessária a formação de frentes capazes de lutar contra a ameaça fascista e mobilizar as energias democráticas adormecidas da sociedade. No início do século XXI, estas frentes devem emergir de baixo, de uma politização mais articulada com a indignação que flui nas ruas.

Esperar sem esperança é a pior maldição que pode cair sobre um povo. A esperança não se inventa, constrói-se com inconformismo, rebeldia competente e alternativas realistas à situação presente.

Rebelión, 21 de fevereiro de 2013

Chávez: O legado e os desafios

Morreu o líder político democrático mais carismático das últimas décadas. Quando acontece em democracia, o carisma cria uma relação política entre governantes e governados particularmente mobilizadora, porque junta à legitimidade democrática uma identidade de pertença e uma partilha de objetivos que está muito para além da representação política. As classes populares, habituadas a serem golpeadas por um poder distante e opressor (as democracias de baixa intensidade alimentam esse poder) vivem momentos em que a distância entre representantes e representados quase se desvanece. Os opositores falarão de populismo e de autoritarismo, mas raramente convencem os eleitores. É que, em democracia, o carisma permite níveis de educação cívica democrática dificilmente atingíveis noutras condições. A difícil química entre carisma e democracia aprofunda ambos, sobretudo quando se traduz em medidas de redistribuição social da riqueza. O problema do carisma é que termina com o líder. Para continuar sem ele, a democracia precisa ser reforçada por dois ingredientes cuja química é igualmente difícil, sobretudo num imediato período pós--carismático: a institucionalidade e a participação popular.

Ao gritar nas ruas de Caracas "Todos somos Chávez!" o povo está lucidamente consciente de que Chávez houve um só e que a revolução bolivariana vai ter inimigos internos e externos suficientemente fortes para pôr em causa a intensa vivência democrática que ele lhes proporcionou durante catorze anos. O presidente Lula, do Brasil, também foi um líder carismático. Depois dele, a presidenta Dilma aproveitou a forte institucionalidade do Estado e da democracia brasileiras, mas tem tido dificuldade em complementá-la com a participação popular. Na Venezuela, a força das instituições é muito menor, ao passo que o impulso da participação é muito maior. É neste contexto que devemos analisar o legado de Chávez e os desafios no horizonte.

O legado de Chávez

Redistribuição da riqueza. Chávez, tal como outros líderes latino-americanos, aproveitou o *boom* dos recursos naturais (sobretudo petróleo) para realizar um programa sem precedentes de políticas sociais, sobretudo nas áreas da educação, saúde, habitação e infraestruturas que melhoraram substancialmente a vida da esmagadora maioria da população. Alguns exemplos: educação obrigatória gratuita; alfabetização de mais de um milhão e meio de pessoas, o que levou a Unesco a declarar a Venezuela como "territorio libre de analfabetismo"; redução da pobreza extrema de 40% em 1996 para 7,3% hoje; redução da mortalidade infantil de 25 por mil para 13 por mil no mesmo período; restaurantes populares para os setores de baixos recursos; aumento do salário mínimo, hoje o salário mínimo regional mais alto, segundo a OIT. A Venezuela saudita deu lugar à Venezuela bolivariana.

A integração regional. Chávez foi o artífice incansável da integração do subcontinente latino-americano. Não se tratou de um cálculo mesquinho de sobrevivência e de hegemonia. Chávez acreditava como ninguém na ideia da Pátria Grande de Simón Bolívar. As diferenças políticas substantivas entre os vários países eram vistas por ele como discussões no seio de uma grande família. Logo que teve oportunidade, procurou reatar os laços com o membro da família mais renitente e mais pró-EUA, a Colômbia. Procurou que as trocas entre os países latino-americanos fossem muito para além das trocas comerciais e que estas se pautassem por uma lógica de solidariedade, complementaridade econômica e social e reciprocidade, e não por uma lógica capitalista. A sua solidariedade com Cuba é bem conhecida, mas foi igualmente decisiva com a Argentina, durante a crise da dívida soberana em 2001-2002, e com os pequenos países do Caribe.

Foi um entusiasta de todas as formas de integração regional que ajudassem o continente a deixar de ser o *backyard* dos EUA. Foi o impulsionador da Alba (Alternativa Bolivariana para as Américas), depois Alba-TCP (Aliança Bolivariana para os Povos da Nossa América — Tratado de Comércio dos Povos) como alternativa à Alca (Área de Livre Comércio das Américas) promovida pelos EUA, mas também quis ser membro do Mercosul. Celac (Comunidade dos Estados Latino-Americanos e Caribenhos), Unasul (União de Nações Sul-Americanas) são outras das instituições de integração dos povos da América Latina e Caribe a que Chávez deu o seu impulso.

Anti-imperialismo. Nos períodos mais decisivos de seu governo (incluindo a sua resistência ao golpe de Estado de que foi vítima em 2002), Chávez confrontou-se com o mais agressivo unilateralismo dos EUA (George W. Bush), que teve o seu ponto mais destrutivo na invasão do Iraque. Chávez tinha a convicção de que o que se passava no Oriente Médio viria um dia a passar-se na América Latina se esta não se preparasse para essa eventualidade. Daí o seu interesse na integração regional. Mas também estava convencido de que a única maneira de travar os EUA seria alimentar o multilateralismo, fortalecendo o que restava da Guerra Fria. Daí, a sua aproximação à Rússia, China e Irã. Sabia que os EUA (com o apoio da União Europeia) continuariam a "libertar" todos os países que pudessem contestar Israel ou ser uma ameaça para o acesso ao petróleo. Daí a "libertação" da Líbia, seguida da Síria e, em futuro próximo, do Irã. Daí também o "desinteresse" dos EUA e UE em "libertarem" o país governado pela mais retrógrada ditadura, a Arábia Saudita.

O socialismo do século XXI. Chávez não conseguiu construir o socialismo do século XXI a que chamou o socialismo bolivariano. Qual seria o seu modelo de socialismo, sobretudo tendo em vista que sempre mostrou uma reverência para com a experiência cubana que muitos consideraram excessiva? Conforta-me saber que em várias ocasiões Chávez tenha referido com aprovação a minha definição de socialismo: "Socialismo é a democracia sem fim". É certo que eram discursos, e as práticas seriam certamente bem mais difíceis e complexas. Quis que o socialismo bolivariano fosse pacífico, mas armado para não lhe acontecer o mesmo que aconteceu a Salvador Allende. Travou o projeto neoliberal e acabou com a ingerência do FMI na economia do país; nacionalizou empresas, o que causou a ira dos investidores estrangeiros que se vingaram com uma campanha impressionante de demonização de Chávez, tanto na Europa (sobretudo na Espanha) como nos EUA. Desarticulou o capitalismo que existia, mas não o substituiu. Daí as crises de abastecimento e de investimento, a inflação e a crescente dependência dos rendimentos do petróleo. Polarizou a luta de classes e pôs em guarda as velhas e as novas classes capitalistas, as quais durante muito tempo tiveram quase o monopólio da comunicação social e sempre mantiveram o controle do capital financeiro. A polarização caiu na rua e muitos consideraram que o grande aumento da criminalidade era produto dela (dirão o mesmo do aumento da criminalidade em São Paulo ou Joanesburgo?).

O Estado comunal. Chávez sabia que a máquina do Estado construída pelas oligarquias que sempre dominaram o país tudo faria para bloquear o novo processo revolucionário que, ao contrário dos anteriores, nascia com a democracia e alimentava-se dela. Procurou, por isso, criar estruturas paralelas caracterizadas pela participação popular na gestão pública. Primeiro foram as *misiones* e *gran misiones*, um extenso programa de políticas governamentais em diferentes setores, cada uma delas com um nome sugestivo (por exemplo, a Misión Barrio Adentro para oferecer serviços de saúde às classes populares), com participação popular e a ajuda de Cuba. Depois, foi a institucionalização do poder popular, um ordenamento do território paralelo ao existente (Estados e municípios), tendo como célula básica a comuna, como princípio, a propriedade social e como objetivo, a construção do socialismo. Ao contrário de outras experiências latino-americanas que têm procurado articular a democracia representativa com a democracia participativa (o caso do orçamento participativo e dos conselhos populares setoriais), o Estado comunal assume uma relação confrontacional entre as duas formas de democracia. Esta será talvez a sua grande debilidade.

Os desafios para a Venezuela e o continente

A partir de agora começa a era pós-Chávez. Haverá instabilidade política e econômica? A revolução bolivariana seguirá em frente? Será possível o chavismo sem Chávez? Resistirá ao possível fortalecimento da oposição? Os desafios são enormes. Eis alguns deles.

A união cívico-militar. Chávez assentou o seu poder em duas bases: a adesão democrática das classes populares e a união política entre o poder civil e as forças armadas. Esta união foi sempre problemática no continente e, quando existiu, foi quase sempre de orientação conservadora e mesmo ditatorial. Chávez, ele próprio um militar, conseguiu uma união de sentido progressista que deu estabilidade ao regime. Mas para isso teve de dar poder económico aos militares o que, para além de poder ser uma fonte de corrupção, poderá amanhã virar-se contra a revolução bolivariana ou, o que dá no mesmo, subverter o seu espírito transformador e democrático.

O extrativismo. A revolução bolivariana aprofundou a dependência do petróleo e dos recursos naturais em geral, um fenómeno que longe de ser específico da Venezuela, está hoje bem presente em outros países governados por governos que consideramos progressistas, sejam eles o Brasil, a Argentina, o Equador ou a Bolívia. A excessiva dependência dos recursos está a bloquear a diversificação da economia, está a destruir o meio ambiente e, sobretudo, está a constituir uma agressão constante às populações indígenas e camponesas onde se encontram os recursos, poluindo as suas águas, desrespeitando os seus direitos ancestrais, violando o direito internacional que obriga à consulta das populações, expulsando-as das suas terras, assassinando os seus líderes comunitários. Ainda na semana passada assassinaram um grande líder indígena da Sierra de Perijá (Venezuela), Sabino Romero, uma luta com que sou solidário há muitos anos. Saberão os sucessores de Chávez enfrentar este problema?

O regime político. Mesmo quando sufragado democraticamente, um regime político à medida de um líder carismático tende a ser problemático para os seus sucessores. Os desafios são enormes no caso da Venezuela. Por um lado, a debilidade geral das instituições, por outro, a criação de uma institucionalidade paralela, o Estado comunal, dominada pelo partido criado por Chávez, o PSUV (Partido Socialista Unificado da Venezuela). Se a vertigem do partido único se instaurar, será o fim da revolução bolivariana. O PSUV é um agregado de várias tendências e a convivência entre elas tem sido difícil. Desaparecida a figura agregadora de Chávez, é preciso encontrar modos de expressar a diversidade interna. Só um exercício de profunda democracia interna permitirá ao PSUV ser uma das expressões nacionais do aprofundamento democrático que bloqueará o assalto das forças políticas interessadas em destruir, ponto por ponto, tudo o que foi conquistado pelas classes populares nestes anos. Se a corrupção não for controlada e se as diferenças forem reprimidas por declarações de que todos são chavistas e de que cada um é mais chavista do que o outro, estará aberto o caminho para os inimigos da revolução. Uma coisa é certa: se há que seguir o exemplo de Chávez, então é crucial que não se reprima a crítica. É necessário abandonar de vez o autoritarismo que tem caracterizado largos setores da esquerda latino-americana.

O grande desafio das forças progressistas no continente é saber distinguir entre o estilo polemizante de Chávez, certamente controverso, e o sentido político substantivo de seu governo, inequivocamente a favor das classes populares e de uma integração solidária do subcontinente. As forças conservadoras tudo farão para os confundir. Chávez contribuiu decisivamente para consolidar a democracia no imaginário social. Consolidou-a onde ela é mais difícil de ser traída, no coração das classes populares. E onde também a traição é mais perigosa. Alguém imagina as classes populares de tantos outros países do mundo verter pela morte de um líder político democrático as lágrimas amargas com que os venezuelanos inundam as televisões do mundo? Este é um patrimônio precioso tanto para os venezuelanos como para os latino-americanos. Seria um crime desperdiçá-lo.

Público, 11 de março de 2013

A vida está acima da dívida[1]

A mãe de todas as mensagens das manifestações do passado fim de semana foi a afirmação da vida contra a morte. Uma afirmação com três nomes: dignidade, democracia e patriotismo. E uma canção, onde coube todo o país, exceto o governo. Sentindo um perigo e uma ameaça viscerais, os portugueses recusam-se a deixar de gostar de si e do seu país. Vivem um momento de intensa inteligência intuitiva que está além e aquém do que os discursos e representações oficiais dizem deles. Recusam-se a aceitar que uma vida honesta feita de muito trabalho e estudo possa ser apelidada de preguiçosa, leviana e aventureira, que os impostos e os descontos pagos ao longo da vida tenham sido em vão, que quem menos pagou seja quem é mais protegido num momento de dificuldade coletiva. Recusam-se a aceitar que a democracia seja uma máquina de triturar a esperança, um moinho que só sabe moer o moleiro, uma farsa onde só são reais os fios que sustentam as marionetes, uma engrenagem encalhada num parlamento à beira-mar enterrado. Recusam-se a aceitar que os representantes eleitos pelo povo representem exclusivamente os interesses de credores predadores, que os governantes tenham outra pátria que não a dos governados, que a riqueza do país e o bem-estar dos cidadãos se transformem em penhora de um futuro hipotecado, que o roubo deixe de o ser apenas por estar institucionalizado e cotado internacionalmente. Recusam-se a aceitar que um governo nacional se comporte como a comissão liquidatária do país, reduza a história e a cultura a números, de que aliás retira tantas previsões quantas imprevisões, viaje às escondidas pelo país e só fale em público quando o público é estrangeiro.

Esta inteligência intuitiva, que afirma a dignidade, a democracia e o patriotismo, permite entender o que parece inexplicável: que o governo

---

[1]. "A todos os cidadãos e cidadãs, com e sem partido, com e sem emprego, com e sem esperança, apelamos a que se juntem a nós. A todas as organizações políticas e militares, movimentos cívicos, sindicatos, partidos, coletividades, grupos informais, apelamos a que se juntem a nós. De norte a sul do país, nas ilhas, no estrangeiro, tomemos as ruas" (apelo do Movimento *Que se Lixe a Troika*, responsável pelas manifestações que em 2 de março de 2013 ocorreram um pouco por todo o país alastrando mesmo além fronteiras).

seja indigno, apesar de ocupar instituições dignas; antidemocrático, apesar de ter sido eleito democraticamente; e antipatriótico, apesar de se dizer nosso ante outros países. A inteligência intuitiva não dispensa razões nem desconhece riscos, mas tem com umas e outros uma relação indireta ou fractal. Tem assim uma leveza traiçoeira que torna o seu tratamento político complexo. Eis algumas das razões. Cerca de 20% da receita fiscal vai para pagar juros (por cada 100 euros, 20 vão para os credores); pagamos em juros mais do que gastamos com a educação (108%) e 86% do que gastamos com a saúde; os juros representam 15% da despesa efetiva total do Estado; a política de austeridade aniquila os devedores até ao ponto de nada mais lhes poder tirar senão a vida nua que ainda lhes restar; se propuséssemos uma renegociação da dívida e não pagássemos juros durante o período de negociação (moratória), o nosso orçamento estaria equilibrado e seria possível libertar recursos para investimento e criação de emprego.

Quais os riscos? Se a política atual se mantiver, os portugueses passarão os próximos trinta anos a transferir a sua poupança para o exterior; com o ritmo migratório de 40.000 pessoas por ano, na grande maioria jovens e muitos deles altamente qualificados, daqui a dez anos Portugal será um imenso deserto com balões Google de *resorts* para turistas. Mais do que riscos, estas são certezas. Contra elas, há que ponderar os riscos da moratória. Portugal ficará sem acesso aos mercados? Mas não é esta a situação atual? O que aconteceu com a Islândia? Os credores, confrontados com uma ameaça credível de moratória, serão rígidos ou negociarão receber alguma coisa em vez de nada? A UE deixará cair definitivamente a periferia, como tem vindo a fazer, ou entenderá finalmente que a crise do Sul da Europa só é grave porque há um norte que se alimenta dela e dispõe de uma moeda apenas coerente com a sua economia? Ante riscos de desastre e certezas desastrosas, a inteligência intuitiva não hesita.

O hino à vida que se ouviu pelo país inteiro foi uma moção popular pela demissão do governo. Parafraseando o que Humberto Delgado disse sobre o que faria de Salazar se ganhasse as eleições: obviamente, demitam-se!

Visão, 7 de março de 2013

O Mediterrâneo em chamas

Regressei da Tunísia, onde participei no Fórum Social Mundial, convencido de que o Mediterrâneo continuará a fazer jus à importância que lhe atribuíram Hegel e Fernand Braudel, ainda que por razões diferentes. Se para Hegel o Mediterrâneo foi o elemento unificador e o centro da história mundial, para Braudel ele foi o berço do capitalismo. Ambos valorizaram o Mediterrâneo a partir da Europa e do que entenderam ser a superioridade da Europa. Eu vejo no Mediterrâneo a premonição de um mundo diferente, não sei se melhor se pior, mas onde a Europa que aqueles autores imaginaram será um passado cada vez menor para populações cada vez mais vastas do mundo. Pode parecer estranho que estes pensamentos me ocorram no momento em que participo numa reunião de muitos milhares de pessoas vindas de todo o mundo unidas pela vontade de lutar por um mundo melhor. Mas, como sociólogo, não posso fugir à magia de estar na cidade de Túnis onde nasceu, em 1332, Ibn Khaldun, aquele que hoje considero ser o grande fundador das ciências sociais modernas depois de durante décadas ter ensinado que os fundadores eram Max Weber, Émile Durkheim e Karl Marx. Num livro esplêndido Ibn Kaldun aborda temas tão diversos como história universal, ascensão e queda das civilizações, condições da coesão e da mudança social, economia, teologia islâmica e teoria política. Refiro-me a *Muqaddimah*, ou *Prolegomena*, escrito em 1377.

Imerso no bulício do comércio da Medina ou na algaraviada das palavras de ordem da marcha monumental com que abriu o Fórum Social Mundial, leio de memória o livro e entendo por que as duas margens do Mediterrâneo estão em chamas. A norte, os cidadãos de países supostamente democráticos assistem ao confisco de suas economias, dos seus salários e da sua esperança para satisfazer banqueiros insaciáveis, à chantagem de governos sobre tribunais constitucionais como se as Constituições fossem tão descartáveis quanto a montanha de papel que resta da comida macdonaldizada, ao pesadelo alemão que, depois de destruir a Europa duas vezes num século, parece querer destruí-la uma terceira vez, sempre em nome da superioridade teutônica. E tudo isto se passa nas cidades italianas outrora livres e em países como Portugal e a Espanha a que Braudel conferiu tanta importância no nascimento do capitalismo moderno e que agora nem importância conseguem conferir à humilhação a que são sujeitos. A sul, cidadãos sedentos de democracia e de dignidade concluem que estiveram sujeitos a duas ditaduras, a dos ditadores e suas polícias e a do capitalismo global. Entre a surpresa e a confirmação de tanta derrota histórica, verificam que os vizinhos do norte saudaram a sua libertação da primeira ditadura mas em caso algum toleram que se libertem da segunda. Pelo contrário, prendem, matam ou deixam morrer os seus filhos que, em desespero, se lançam ao mar na esperança de uma vida melhor chamada Ilha de Lampedusa. Se com a democracia vem a miséria não é difícil concluir pela miséria da democracia. E é ainda mais fácil se das ditaduras mais retrógradas do Golfo Pérsico vem um Islã agressivo que sabe explorar a piedade dos crentes para bloquear o ímpeto democrático que, caso o contágio funcionasse, um dia poderia chegar ao golfo. O que sucederia aos super-ricos do norte se os super-ricos do sul não pudessem dispor das ditaduras para prosperar nos negócios?

Ibn Khaldun não narra estes fatos mas narra outros muito semelhantes. Comum a todos é a ideia de que as civilizações declinam quando as elites políticas que querem servir o povo não o podem fazer e as que se querem servir do povo têm o caminho livre. Em termos contemporâneos seria assim. Os membros da classe política que se dedicam ao país fazem-no de forma a nunca poderem participar do governo. Todos os outros, a esmagadora maioria, governam o país em função de carreiras pessoais futuras, sejam elas as instituições internacionais, o comentário político ou o emprego em multinacionais. Se isto não é o princípio do fim é o fim de todos os princípios.

Visão, 4 de abril de 2013

O Diktat alemão

Na reunião de 9 de abril entre o Secretário do Tesouro norte-americano e o superministro alemão Wolfgang Schäuble ficou provado que o fundamentalismo neoliberal domina hoje mais na Europa que nos EUA. À recomendação feita por Jacob Lew de que a Europa atenue a ênfase na austeridade e promova o crescimento econômico, respondeu desabridamente o ministro alemão que "na Europa ninguém vê uma contradição entre consolidação fiscal e crescimento" e que "devemos parar com este debate que nos diz que temos de optar entre austeridade e crescimento". Provar que há alternativas ao diktat alemão do nacional-austeritarismo e que elas são politicamente viáveis é o maior desafio que as sociedades europeias, a portuguesa incluída, hoje defrontam. O desafio é comum, ainda que a sua concretização varie de país para país. A história europeia mostra de maneira muito trágica que não é um desafio fácil. A razão alemã tem um lastro de predestinação divina que o filósofo Fichte definiu bem em 1807 quando contrapôs o alemão ao estrangeiro desta forma: o alemão está para o estrangeiro como o espírito está para a matéria, como o bem está para o mal. Perante isto, qualquer transigência é sinal de fraqueza e de inferioridade. O próprio direito tem de ceder à força para que esta não enfraqueça. Quando, no começo da Primeira Guerra Mundial, há quase um século, a Alemanha invadiu e destruiu a Bélgica, sob o pretexto falso de se defender da França, violou todos os tratados internacionais, dada a neutralidade daquele pequeno país (as agressões alemãs tendem historicamente a tomar como alvo inicial os países mais fracos). Sem qualquer escrúpulo, o chanceler alemão declarou no parlamento: "A ilegalidade que praticamos havemos de procurar reparar logo que tivermos atingido o nosso escopo militar. Quando se é ameaçado e se luta por um bem supremo, cada qual governa-se como pode."

Esta arrogância não exclui alguma magnanimidade, desde que as vítimas se portem bem. Da nota que a chancelaria alemã enviou à chancelaria belga em 2 de agosto de 1914 — um documento que ficará na história como um monumento de mentira e felonia internacionais — constam as condições 3 e 4 que rezam assim: "3. Se a Bélgica observar uma atitude benévola, a Alemanha obriga-se, de acordo com as autoridades do governo belga, a comprar contra dinheiro contado tudo quanto for necessário às suas tropas e a indenizar quaisquer danos causados na Bélgica pelas tropas alemãs. 4. Se a Bélgica se comportar de um modo hostil às tropas alemãs e se, especialmente, levantar dificuldades à sua marcha... a Alemanha será obrigada, com grande desgosto seu, a reputar a Bélgica como inimiga". Ou seja, se, como diríamos hoje, os belgas fossem bons alunos e se deixassem instrumentalizar pelos interesses alemães, o seu sacrifício, se bem que injusto, receberia uma hipotética recompensa. Caso contrário, sofreriam sem dó nem piedade. Como sabemos, a Bélgica, inspirada pelo rei Alberto, decidiu não ser boa aluna e pagou por isso o elevado preço da destruição e dos massacres, uma agressão tão vil que ficou conhecida como a "violação da Bélgica".

Dada esta superioridade *über alles*, humilhar a arrogância alemã tem sempre envolvido muita destruição material e humana, tanto dos povos vítimas dessa arrogância como do povo alemão. Claro que a história nunca se repete e que a Alemanha é hoje um país sem poder militar e governado por uma vibrante democracia. Mas três fatos perturbadores obrigam os restantes países europeus a tomar em conta a história. Em primeiro lugar, é perturbador verificar que o poder econômico alemão está hoje convertido em fonte de uma ortodoxia europeia que beneficia unilateralmente a Alemanha, ao contrário do que esta quer fazer crer. Também em 1914 o governo imperial pretendia convencer os belgas de que a invasão alemã do seu país era para seu bem, "um dever imperioso de conservação", e que "o governo alemão sentiria vivamente que a Bélgica reputasse [a invasão] como um ato de hostilidade", como se escreve na infame declaração já referida. Em segundo lugar, são perturbadoras as manifestações de preconceito racial em relação aos países latinos na opinião pública alemã. Vem à memória o antropólogo racista alemão, Ludwig Woltmann (1871-1907) que, inconformado com a genialidade de alguns latinos (Dante, Da Vinci, Galileu etc.), procurou germanizá-los. Conta-se, por exemplo, que escreveu a Benedetto Croce para lhe perguntar se o grande Gianbattista Vico era alto e de olhos azuis. Perante a resposta negativa, não se desconcertou e replicou: "seja como for, Vico deriva evidentemente do alemão Wieck". Tudo isto parece hoje ridículo, mas vem à memória sobretudo tendo em mente o terceiro fato perturbador. Um inquérito realizado há pouco mais de um ano aos alunos das escolas secundárias alemãs (entre 14 e 16 anos de idade) revelou que um terço não sabia quem fora Hitler e que 40% estavam convencidos de que os direitos humanos tinham sido sempre respeitados pelos governos alemães desde 1933.

Público, 28 de abril de 2013

Há alternativa

A morte de Margaret Thatcher serviu de motivo para revisitar e debater o *slogan* que a tornou famosa: TINA (There Is No Alternative), ou seja, não há alternativa ao capitalismo neoliberal. Muito se discutiu sobre o tema, tendo em vista que indicadores de bem-estar da Inglaterra têm hoje valores muito inferiores aos do tempo em que Thatcher chegou ao poder. A zona do euro vive hoje uma nova versão da TINA, as políticas de austeridade impostas pela Alemanha. O dano social que a nova ortodoxia pode causar na Europa é muito superior ao que causou na Inglaterra, porque temos uma moeda que, apesar de comum, é gerida apenas por um país, porque não temos um mar do Norte com petróleo e porque o patamar de bem-estar de que se parte é já baixo em alguns países, como é o caso de Portugal. Estaremos condenados a só questionar eficazmente a nova ortodoxia quando os jovens europeus assistirem ao funeral de Angela Merkel?

Para responder negativamente a esta pergunta são necessárias duas condições: identificar as alternativas e dispor de atores políticos capazes de lutar por elas. Na Europa, a reflexão séria sobre estas condições foi relegada para as margens da sociedade política, sejam elas os jovens indignados e as massas de desempregados decididos a lutar na rua para fugir ao abismo do suicídio, ou os grupos de ativistas e intelectuais foragidos da mediocridade partidária para poder pensar criticamente e agir de maneira condizente. Nessas margens reside a esperança. No próximo dia 11 de maio os foragidos da mediocridade partidária reúnem-se em Lisboa no colóquio "Vencer a Crise com o Estado Social e com a Democracia". Refiro-me à iniciativa do Congresso Democrático das Alternativas. Os participantes sabem que enfrentam um enorme desafio: identificar, a partir das margens, alternativas que sejam menos marginais que eles próprios. Ou seja, criar uma contra-hegemonia credível entre os cidadãos e organizações sociais. Eis os desafios.

Primeiro, vencer a barreira da comunicação social, hoje dominada por interesses e comentadores que, no máximo, querem que tudo mude para que tudo fique na mesma. Segundo, explorar a ideia de que, na luta social, a renovação da esquerda pode vir dos que sabem que estão do lado da dignidade sem distinções marcadas pelos passados de esquerda e/ou de direita. Terceiro, não abdicar de conceber a coesão social no único terreno em que ela não é a banha da cobra de discursos presidenciais: na diminuição das desigualdades sociais e na eliminação das discriminações sexuais, raciais, religiosas. Quarto, mostrar que a democracia precisa de ser democratizada sob pena de ser sequestrada por ditaduras avulsas, sejam elas capital financeiro, corrupção endêmica, autarcas dinossáuricos, legisladores que legislam em causa própria pela magia de uma curta viagem entre a bancada parlamentar e o escritório de advocacia, donos de supermercados que ensinam educação cívica aos portugueses como se estes fossem mais uma promoção. Quinto, convencer sobretudo os jovens que a apatia social é tão antidemocrática quanto o terrorismo e que há mais ativismo para além do Facebook e do Twitter. Sexto, fazer as contas de modo a que fique claro que os portugueses nunca viveram acima das suas posses, exceto o 1% que fez fortunas em paraísos fiscais, nas parcerias público-privadas, nas fraudes bancárias, em comissões ilegais de obras públicas desnecessárias, em prêmios e honorários astronômicos de gestores treinados para dar lucros a patrões chineses, extorquindo os últimos cêntimos a consumidores empobrecidos também pela conta da eletricidade. Sétimo, dar voz à lição da história europeia de que o Estado Social não é um peso ou uma "gordura", mas um músculo imprescindível da coesão social, do desenvolvimento e da democracia. Oitavo, dar uma atenção especial às forças de segurança, mostrando-lhes que o outro lado da austeridade é o desprezo pelos cidadãos e a repressão do protesto social e que se devem ver ao espelho em cada vítima que fizerem.

Visão, 2 de maio de 2013

Um manifesto de mudança

Muitos se perguntam sobre o que se está a passar na sociedade portuguesa para que personalidades, atores políticos e organizações sociais estejam a pôr de lado as suas divergências para se juntarem em ações de luta contra o atual governo e as suas políticas da austeridade. As razões são várias e os níveis de convergência são diversos, o que significa que a força desta convergência talvez resida em criar condições para redefinir as divergências democráticas num novo ciclo político que se aproxima. Eis algumas das razões.

O novo antifascismo. A democracia portuguesa está suspensa porque as decisões políticas que afetam mais decisivamente os cidadãos não decorrem de escolhas destes nem respeitam a Constituição. Estalou um conflito fundamental entre os direitos de cidadania e as exigências dos "mercados" financeiros, e esse conflito está a ser decidido a favor dos "mercados". As decisões formalmente democráticas são substantivamente imposições do capital financeiro internacional para garantir a rentabilidade dos seus investimentos, tendo para isso ao seu serviço as instituições financeiras multilaterais, o Banco Central Europeu, a Comissão Europeia, o euro e os governos nacionais que se deixaram chantagear. Ao contrário do fascismo histórico, o atual fascismo financeiro, em vez de destruir a democracia, esvazia-a de qualquer força para lhe poder fazer frente e transforma-a numa monstruosidade política: um governo de cidadãos que governa contra os cidadãos; o governo legitimado pelos direitos dos cidadãos que se exerce violando e destruindo esses direitos. A defesa da democracia real exige uma união do tipo daquela que uniu as forças antifascistas que tanto lutaram pela democracia que tivemos até há pouco e que conquistamos há menos de quarenta anos. Porque o fascismo é diferente, são também diferentes as formas de luta. Mas o que está em causa é o mesmo: construir uma democracia digna do nome.

Da alternância à alternativa. A crise financeira de 2008 significou o fim do que no pós-guerra se convencionou chamar "capitalismo democrático", uma convivência sempre tensa entre os interesses dos investidores em maximizar os seus lucros e os interesses dos trabalhadores em ter salários justos e trabalho com direitos. A convivência resultou de um pacto por via do qual os trabalhadores renunciaram às reivindicações mais radicais (o socialismo) em troca de concessões do capital (tributação e regulação) que tornaram possível o Estado social ou de bem-estar. Este pacto começou a entrar em crise logo nos anos 1970, mas colapsou definitivamente com a crise de 2008, não só pelo modo como a crise ocorreu mas pelo modo como foi "resolvida": a favor do capital financeiro que a tinha criado, o qual, em vez de punido e regulado, foi resgatado e libertado para repor rapidamente a sua rentabilidade e os bônus dos seus agentes. Os partidos políticos com vocação de governo distinguiram-se no pós-guerra pelo modo como geriram o pacto. Nisso consistiu a alternância. Desde 2008 tal pacto deixou de existir e por isso a alternância deixou de fazer sentido. Em Portugal, a assinatura do memorando da *troika* selou o fim do pacto e da alternância que fazia dele um pacto democrático. A partir de agora, em vez de alternância, é necessário buscar uma alternativa. As divergências no interior da coligação do governo nada têm a ver com a alternativa e mostram que a alternância à alternância (com os mesmos partidos ou com algum deles e o PS) seria a reprodução, em forma de farsa, da tragédia que vivemos. A alternativa implica decidir entre a lógica do capitalismo financeiro e a lógica da política democrática. Neste momento as duas lógicas são inconciliáveis. Os democratas portugueses convergem na ideia de que a democracia deve prevalecer e sabem que para que tal ocorra são necessários atos de desobediência às exigências dos "mercados", o que certamente vai envolver alguma turbulência social e política, cujos custos devem ser minimizados. Acima de tudo haverá que enfrentar a intimidação e a manipulação do medo, os drones com que os "mercados" destroem sem custos os direitos dos cidadãos. A desobediência pode assumir várias formas mas todas envolvem assumir que a dívida, tal como existe, é impagável; e injusta, porque não se pode liquidar um país para liquidar uma dívida. A opção pela democracia é a alternativa mas o modo de a levar à prática não é unívoco, tal como nada é unívoco em democracia. Ou seja, a alternativa contém em si alternativas. E aqui surgem as divergências que vão definir o novo ciclo político.

A Europa real e a Europa ideal. As divergências incidem em três temas: articular ou não a desobediência ao capital financeiro com a permanência no euro; centrar os esforços em renegociar a posição na UE ou em abrir a novos espaços e parceiros geopolíticos; dado que o fim desta UE é uma questão de tempo, lutar ou não por uma outra inequivocamente sujeita à lógica da democracia. Como é próprio de uma transição de paradigma, todas as posições envolvem riscos e nem sempre será fácil calculá-los. Mas mesmo nas divergências há alguma convergência: a atual UE está totalmente colonizada pela lógica dos "mercados"; o aprofundamento da integração em curso está a ser feito à custa das democracias da Europa do Sul; seria melhor que as posições de desobediência fossem tomadas por vários países articuladamente.

A luta política extrainstitucional. Os partidos políticos de esquerda são os mais tímidos neste processo de convergência porque têm demasiados interesses investidos no atual ciclo político e temem pelo seu futuro. Têm dificuldade em admitir que, se não assumirem riscos, estão condenados a ser o verniz democrático das unhas do fascismo financeiro. O dilema que enfrentam é sério: se acompanharem o movimento social que aponta para um novo ciclo democrático, podem estar a cometer suicídio; se não o acompanharem, serão vistos como parte do problema que enfrentamos e não como parte da solução, correndo o risco de, no melhor dos casos, se tornarem irrelevantes, o que é outra forma de suicídio. Perante este dilema, que todos devemos compreender, os cidadãos e as cidadãs não têm outro remédio senão vir para a rua reclamar a queda do governo e forçar os partidos de esquerda e centro-esquerda a assumir riscos, ajudando a minimizar os custos sociais e políticos da turbulência política que se aproxima sem olhar a cálculos partidários. Estamos talvez a entrar num momento forte de democracia participativa, servindo de fonte de revitalização da democracia representativa. Das instituições que sobrevivem à suspensão da democracia os democratas portugueses apenas têm alguma esperança no Tribunal Constitucional. Pelo respeito que lhes merece a instituição da Presidência da República, preferem nada dizer sobre o seu atual locatário.

Público, 30 de maio de 2013

Democracia ou capitalismo?

A relação entre democracia e capitalismo foi sempre uma relação tensa, senão mesmo de contradição. O capitalismo só se sente seguro se governado por quem tem capital ou se identifica com as suas "necessidades", enquanto a democracia é o governo das maiorias que nem têm capital nem razões para se identificar com as "necessidades" do capitalismo, bem pelo contrário. O conflito é distributivo: a pulsão para a acumulação e concentração da riqueza por parte dos capitalistas e a reivindicação da redistribuição da riqueza por parte dos trabalhadores e suas famílias. A burguesia teve sempre pavor de que as maiorias pobres tomassem o poder e usou o poder político que as revoluções do século XIX lhe concederam para impedir que tal ocorresse. Concebeu a democracia liberal de modo a garantir isso mesmo através de medidas que mudaram no tempo mas mantiveram o objetivo: restrições ao sufrágio, primazia absoluta do direito de propriedade individual, sistema político e eleitoral com múltiplas válvulas de segurança, repressão violenta de atividade política fora das instituições, corrupção dos políticos, legalização dos *lobbies*. E sempre que a democracia se mostrou disfuncional, manteve-se aberta a possibilidade do recurso à ditadura, o que aconteceu muitas vezes.

No imediato pós-guerra muito poucos países tinham democracia, vastas regiões do mundo estavam sujeitas ao colonialismo europeu que servira para consolidar o capitalismo euro-norte-americano, a Europa estava devastada por mais uma guerra provocada pela supremacia alemã, e no Leste consolidava-se o regime comunista que se via como alternativa ao capitalismo e à democracia liberal. Foi neste contexto que surgiu o chamado capitalismo democrático, um sistema assente na ideia de que, para ser compatível com a democracia, o capitalismo deveria ser fortemente regulado, o que implicava a nacionalização de setores-chave da economia, a tributação progressiva, a imposição da negociação coletiva e até, como aconteceu na então Alemanha Ocidental, a participação dos trabalhadores na gestão das empresas. No plano científico, Keynes representava então a ortodoxia econômica, e Hayek, a dissidência. No plano político, os direitos econômicos e sociais foram o instrumento privilegiado para estabilizar as expectativas dos cidadãos e as defender das flutuações constantes e imprevisíveis dos "sinais dos mercados". Esta mudança alterava os termos do conflito distributivo mas não o eliminava. Pelo contrário, tinha todas as condições para o acirrar logo que abrandasse o crescimento econômico que se seguiu nas três décadas seguintes. E assim sucedeu.

Desde 1970, os Estados centrais têm vindo a gerir o conflito entre as exigências dos cidadãos e as exigências do capital, recorrendo a um conjunto de soluções que gradualmente foram dando mais poder ao capital. Primeiro, foi a inflação, depois, a luta contra a inflação acompanhada do aumento do desemprego e do ataque ao poder dos sindicatos, a seguir, o endividamento do Estado em resultado da luta do capital contra a tributação, da estagnação econômica e do aumento das despesas sociais decorrentes do aumento do desemprego e, finalmente, o endividamento das famílias, seduzidas pelas facilidades de crédito concedidas por um setor financeiro finalmente livre de regulações estatais, para iludir o colapso das expectativas a respeito do consumo, educação e habitação.

Até que a engenharia das soluções fictícias chegou ao fim com a crise de 2008 e se tornou claro quem tinha ganho o conflito distributivo: o capital. Prova disso: o disparar das desigualdades sociais e o assalto final às expectativas de vida digna da maioria (os cidadãos) para garantir as expectativas de rentabilidade da minoria (o capital financeiro). A democracia perdeu a batalha e só não perderá a guerra se as maiorias perderem o medo, se revoltarem dentro e fora das instituições e forçarem o capital a voltar a ter medo, como sucedeu há sessenta anos.

Visão, 30 de maio de 2013

Brasil: o preço do progresso

Com a eleição da presidente Dilma Roussef, o Brasil quis acelerar o passo para se tornar uma potência global. Muitas das iniciativas nesse sentido vinham de trás, mas tiveram um novo impulso: Conferência da ONU sobre o Meio Ambiente, Rio+20, em 2012, Campeonato do Mundo de Futebol em 2014, Jogos Olímpicos em 2016, luta por lugar permanente no Conselho de Segurança da ONU, papel ativo no crescente protagonismo das "economias emergentes", os Brics (Brasil, Rússia, Índia, China e África do Sul), nomeação de José Graziano da Silva para Diretor-Geral da Organização das Nações Unidas para a Alimentação e Agricultura (FAO), em 2012, e de Roberto Azevedo para Diretor-Geral da Organização Mundial de Comércio, a partir de 2013, uma política agressiva de exploração dos recursos naturais, tanto no Brasil como na África, nomeadamente em Moçambique, favorecimento da grande agricultura industrial, sobretudo para a produção de soja, agrocombustíveis e a criação de gado.

Beneficiando de uma boa imagem pública internacional granjeada pelo presidente Lula e as suas políticas de inclusão social, este Brasil desenvolvimentista impôs-se ao mundo como uma potência de tipo novo, benévola e inclusiva. Não podia, pois, ser maior a surpresa internacional perante as manifestações que na última semana levaram para a rua centenas de milhares de pessoas nas principais cidades do país. Enquanto perante as recentes manifestações na Turquia foi imediata a leitura sobre as "duas Turquias", no caso do Brasil foi mais difícil reconhecer a existência de "dois Brasis". Mas ela aí está aos olhos de todos. A dificuldade em reconhecê-la reside na própria natureza do "outro Brasil", um Brasil furtivo a análises simplistas. Esse Brasil é feito de três narrativas e temporalidades. A primeira é a narrativa da exclusão social (um dos países mais desiguais do mundo), das oligarquias latifundiárias, do caciquismo violento, de elites políticas restritas e racistas, uma narrativa que remonta à colônia e se tem reproduzido sobre formas sempre mutantes até hoje. A segunda narrativa é a da reivindicação da democracia participativa que remonta aos últimos 25 anos e teve os seus pontos mais altos no processo constituinte que conduziu à Constituição de 1988, nos orçamentos participativos sobre políticas urbanas em centenas de municípios, no *impeachment* do presidente Collor de Mello em 1992, na criação de conselhos de cidadãos nas principais áreas de políticas públicas, especialmente na saúde e educação aos diferentes níveis da ação estatal (municipal, estadual e federal). A terceira narrativa tem apenas dez anos de idade e diz respeito às vastas políticas de inclusão social adotadas pelo presidente Lula da Silva a partir de 2003 e que levaram a uma significativa redução da pobreza, à criação de uma classe média com elevado pendor consumista, ao reconhecimento da discriminação racial contra a população afrodescendente e indígena e às políticas de ação afirmativa e à ampliação do reconhecimento de territórios de quilombolas e indígenas.

O que aconteceu desde que a presidente Dilma assumiu funções foi a desaceleração ou mesmo estancamento das duas últimas narrativas. E como em política não há vazio, o espaço que elas foram deixando de baldio foi sendo aproveitado pela primeira e mais antiga narrativa que ganhou novo vigor sob as novas roupagens do desenvolvimento capitalista a todo o custo, e as novas (e velhas) formas de corrupção. As formas de democracia participativa foram cooptadas, neutralizadas no domínio das grandes infraestruturas e megaprojetos e deixaram de motivar as gerações mais novas, órfãs de vida familiar e comunitária integradora, deslumbradas pelo novo consumismo ou obcecadas pelo desejo dele. As políticas de inclusão social esgotaram-se e deixaram de corresponder às expectativas de quem se sentia merecedor de mais e melhor. A qualidade de vida urbana piorou em nome dos eventos de prestígio internacional que absorveram os investimentos que deviam melhorar transportes, educação e serviços públicos em geral. O racismo mostrou a sua persistência no tecido social e nas forças policiais. Aumentou o assassinato de líderes indígenas e camponeses, demonizados pelo poder político como "obstáculos ao desenvolvimento" apenas por lutarem pelas suas terras e modos de vida, contra o agronegócio e os megaprojetos de mineração e hidrelétricos (como a barragem de Belo Monte, destinada a fornecer energia barata à indústria extrativa).

A presidente Dilma foi o termômetro desta mudança insidiosa. Assumiu uma atitude de indisfarçável hostilidade aos movimentos sociais e aos povos indígenas, uma mudança drástica em relação ao seu antecessor.

Lutou contra a corrupção, mas deixou para os parceiros políticos mais conservadores as agendas que considerou menos importantes. Foi assim que a Comissão de Direitos Humanos, historicamente comprometida com os direitos das minorias, foi entregue a um pastor evangélico homofóbico e promoveu uma proposta legislativa conhecida como "cura gay". As manifestações revelam que, longe de ter sido o país que acordou, foi a presidente quem acordou. Com os olhos postos na experiência internacional e também nas eleições presidenciais de 2014, a presidente Dilma tornou claro que as respostas repressivas só agudizam os conflitos e isolam os governos. No mesmo sentido, os presidentes de câmara de nove cidades capitais já decidiram baixar o preço dos transportes. É apenas um começo. Para ele ser consistente é necessário que as duas narrativas (democracia participativa e inclusão social intercultural) retomem o dinamismo que já tiveram. Se assim for, o Brasil estará a mostrar ao mundo que só merece a pena pagar o preço do progresso, aprofundando a democracia, redistribuindo a riqueza criada e reconhecendo a diferença cultural e política daqueles para quem progresso sem dignidade é retrocesso.

Público, 19 de junho de 2013

Brasil: a grande oportunidade

A história ensina e a atualidade confirma que não é nos períodos de mais aguda crise ou privação que os cidadãos se revoltam contra um estado de coisas injusto, obrigando as instituições e o poder político a inflexões significativas no governo. Sendo sempre difíceis as comparações, seria de esperar que os jovens gregos, portugueses e espanhóis, governados por governos conservadores que lhes estão a sequestrar o futuro, tanto no emprego como na saúde e na educação, se revoltassem nas ruas mais intensamente que os jovens brasileiros, governados por um governo progressista que tem prosseguido políticas de inclusão social, ainda que minado pela corrupção e, por vezes, equivocado a respeito da prioridade relativa do poder econômico e dos direitos de cidadania. Sendo esta a realidade, seria igualmente de esperar que as forças de esquerda do Brasil não se tivessem deixado surpreender pela explosão de um mal-estar que se vinha acumulando e que as suas congêneres do Sul da Europa se estivessem a preparar para os tempos de contestação que podem surgir a qualquer momento. Infelizmente assim não sucedeu nem sucede. De um lado, uma esquerda no governo fascinada pela ostentação internacional e pelo *boom* dos recursos naturais; do outro, uma esquerda em oposição acéfala, paralisada entre o centrismo bafiento de um Partido Socialista ávido de poder a qualquer preço e o imobilismo embalsamado do Partido Comunista. O Bloco de Esquerda é o único interessado em soluções mais abrangentes mas sabe que sozinho nada conseguirá.

Mas a semelhança entre as esquerdas dos dois lados do Atlântico termina aqui. As do Brasil estão em condições de transformar o seu fracasso numa grande oportunidade. Se as aproveitarão ou não, é uma questão em aberto, mas os sinais são encorajadores. Identifico os principais. Primeiro, a presidente Dilma reconheceu a energia democrática que vinha das ruas e praças, prometeu dar a máxima atenção às reivindicações dos manifestantes, e dispôs-se finalmente a encontrar-se com representantes dos movimentos e organizações sociais, o que se recusara fazer desde o início do seu mandato. Resta saber se neste reconhecimento se incluem os movimentos indígenas que mais diretamente têm afrontado o modelo de desenvolvimento, assente na extração de recursos naturais a qualquer preço, e têm sido vítimas constantes da violência estatal e paraestatal e de violações grosseiras do direito internacional (consulta prévia, inviolabilidade dos seus territórios). Segundo, sinal da justeza das reivindicações do Movimento Passe Livre (MPL) sobre o preço e as condições de transportes, em muitas cidades foram anulados os aumentos de preço e, em alguns casos, prometeram-se passes gratuitos para estudantes. Para enfrentar os problemas estruturais neste setor, a presidente prometeu um plano nacional de mobilidade urbana. Sendo certo que as concessionárias de transportes são fortes financiadoras das campanhas eleitorais, tais problemas nunca serão resolvidos sem uma reforma política profunda. A presidente, ciente disso e do polvo da corrupção, dispôs-se a promover tal reforma, garantindo maior participação e controle cidadão, e mais transparência às instituições. Reside aqui o terceiro sinal. Creio, no entanto, que só muito pressionada é que a presidente se envolverá em tal reforma. Está em vésperas de eleições, e ao longo do seu mandato conviveu melhor com a bancada parlamentar ruralista (com um poder político infinitamente superior ao peso populacional que representa) e com suas agendas do latifúndio e da agroindústria do que com os setores em luta pela defesa da economia familiar, reforma agrária, territórios indígenas e quilombolas, campanhas contra os agrotóxicos etc. A reforma do sistema político terá de incluir um processo constituinte, e nisso se deverão envolver os setores políticos das esquerdas institucionais e movimentos e organizações sociais mais lúcidos.

O quarto sinal reside na veemência com que os movimentos sociais que têm vindo a lutar pela inclusão social e foram a âncora do Fórum Social Mundial no Brasil se distanciaram dos grupos fascistoides e violentos infiltrados nos protestos e das forças políticas conservadoras (tendo ao seu serviço a grande mídia), apostadas em tirar dividendos do questionamento popular. Virar as classes populares contra o partido e os governos que, em balanço geral, mais têm feito pela promoção social delas era a grande manobra da direita, e parece ter fracassado. A isso ajudou também a promessa da presidente de cativar 100% dos direitos da exploração do petróleo para a educação (Angola e Moçambique, despertem enquanto é tempo) e de atrair milhares de médicos estrangeiros para o serviço unificado de saúde (o SUS, correspondente ao SNS português). Nestes sinais reside a grande oportunidade de as forças progressistas no governo e na oposição aproveitarem o momento extrainstitucional que o país vive e fazerem dele o motor do aprofundamento da democracia no novo ciclo político que se aproxima. Se o não fizerem, a direita tudo fará para que o novo ciclo seja tão excludente quanto os velhos ciclos que durante tantas décadas protagonizou. E não esqueçamos que terá a seu lado o *big brother* do Norte, a quem não convém um governo de esquerda estável em nenhuma parte do mundo, e muito menos no quintal que ainda julga ser seu.

Visão, 27 de junho de 2013

Desculpe, presidente Evo Morales

Esperei uma semana que o governo do meu país pedisse formalmente desculpas pelo ato de pirataria aérea e de terrorismo de Estado que cometeu, juntamente com a Espanha, a França e a Itália, ao não autorizar a escala técnica do seu avião no regresso à Bolívia depois de uma reunião em Moscou, ofendendo a dignidade e a soberania do seu país e pondo em risco a sua própria vida. Não esperava que o fizesse, pois conheço e sofro o colapso diário da legalidade nacional e internacional em curso no meu país e nos países vizinhos, a mediocridade moral e política das elites que nos governam, e o refúgio precário da dignidade e da esperança nas consciências, nas ruas e nas praças, depois de há muito terem sido expulsas das instituições. Não pediu desculpa. Peço eu, cidadão comum, envergonhado por pertencer a um país e a um continente que é capaz de cometer esta afronta e de o fazer de modo impune, já que nenhuma instância internacional se atreve a enfrentar os autores e os mandantes deste crime internacional. O meu pedido de desculpas não tem qualquer valor diplomático, mas tem um valor talvez ainda superior, na medida em que, longe de ser um ato individual, é a expressão de um sentimento coletivo, muito mais vasto do que pode imaginar, por parte de cidadãos indignados que todos os dias juntam mais razões para não se sentirem representados pelos seus representantes. O crime cometido contra si foi mais uma dessas razões. Alegramo-nos com seu regresso em segurança a casa e vibramos com a calorosa acolhida que lhe deu o seu povo ao aterrar em El Alto. Creia, senhor presidente, que, a muitos quilômetros de distância, muitos de nós estávamos lá, embebidos no ar mágico dos Andes.

O senhor presidente sabe melhor do que qualquer de nós que se tratou de mais um ato de arrogância colonial no seguimento de uma longa e dolorosa história de opressão, violência e supremacia racial. Para a Europa, um presidente índio é sempre mais índio do que presidente e, por isso, é de esperar que transporte droga ou terroristas no seu avião presidencial. Uma suspeita de um branco contra um índio é mil vezes mais crível que a suspeita de um índio contra um branco. Lembra-se bem que os europeus, na pessoa do Papa Paulo III, só reconheceram que a gente do seu povo tinha alma humana em 1537 (bula *Sublimis Deus*), e conseguiram ser tão ignominiosos nos termos em que recusaram esse reconhecimento durante décadas como nos termos em que finalmente o aceitaram. Foram precisos 469 anos para que, na sua pessoa, fosse eleito presidente um indígena num país de maioria indígena. Mas sei que também está atento às diferenças nas continuidades. A humilhação de que foi vítima foi um ato de arrogância colonial ou de subserviência colonial? Lembremos um outro "incidente" recente entre governantes europeus e latino-americanos. Em 10 de novembro de 2007, durante a XVII Cimeira Iberoamericana realizada no Chile, o rei da Espanha, desagradado pelo que ouvia do saudoso presidente Hugo Chávez, dirigiu-se-lhe intempestivamente e mandou-o calar. A frase "Por qué no te callas" ficará na história das relações internacionais como um símbolo cruelmente revelador das contas por saldar entre as potências ex-colonizadoras e as suas ex-colônias. De fato, não se imagina um chefe de Estado europeu a dirigir-se nesses termos publicamente a um seu congênere europeu, quaisquer que fossem as razões.

O senhor presidente foi vítima de uma agressão ainda mais humilhante, mas não lhe escapará o fato de que, no seu caso, a Europa não agiu espontaneamente. Fê-lo a mando dos EUA e, ao fazê-lo, submeteu-se à ilegalidade internacional imposta pelo imperialismo norte-americano, tal como, anos antes, o fizera ao autorizar o sobrevoo do seu espaço aéreo para voos clandestinos da CIA, transportando suspeitos a caminho de Guantánamo, em clara violação do direito internacional. Sinais dos tempos, senhor presidente: a arrogância colonial europeia já não pode ser exercida sem subserviência colonial. Este continente está a ficar demasiado pequeno para poder ser grande sem ser aos ombros de outrem. Nada disto absolve as elites europeias. Apenas aprofunda a distância entre elas e tantos europeus, como eu, que veem na Bolívia um país amigo e respeitam a dignidade do seu povo e a legitimidade das suas autoridades democráticas.

Público, 10 de julho de 2013

Índice analítico

A

Aborto 109, 112, 175, 211, 212, 213, 215, 332, 394, 417, 418, 428
Absolvição 307
Abu Graib 412
Abundância 139, 205, 632
Acampados 586, 587
Acordo de Comércio Livre da América do Norte (Nafta) 72
Acordo Multilateral de Investimentos (AMI) 203
Acordo Ortográfico 522
Acumulação 30, 33, 51, 218, 249, 294, 374, 375, 482, 533, 561, 579, 584, 594, 595, 614, 619, 632, 645, 651, 652, 680
Afeganistão 92, 114, 309, 314, 317, 349, 350, 354, 363, 400, 438, 515, 539, 540, 573
África 11, 73, 74, 84, 86, 132, 150, 158, 164, 181, 229, 244, 270, 272, 273, 275, 309, 311, 344, 373, 378, 394, 399, 425, 448, 455, 470, 484, 491, 501, 503, 509, 519, 520, 521, 522, 530, 533, 534, 538, 542, 565, 566, 579, 582, 583, 619, 658, 682
África Austral 504, 519, 565
África Central 275, 565
África do Sul 48, 63, 64, 74, 86, 114, 157, 201, 217, 256, 262, 280, 291, 307, 308, 311, 359, 368, 369, 391, 394, 414, 449, 474, 491, 501, 502, 504, 520, 542, 588, 614, 635, 682
African National Congress — ANC 368
África Oriental 565
África Subsaariana 275, 394
Agência Americana de Apoio ao Desenvolvimento (USAID) 157
Agenda 21 346
Agostinho Neto 387
Agricultura 33, 84, 259, 266, 276, 277, 389, 406, 525, 619, 682
Agricultura familiar 54, 72, 125, 524, 583, 631

Agrocombustíveis 509, 510, 524, 619, 682

Água 43, 48, 53, 259, 264, 266, 325, 346, 400, 406, 423, 455, 465, 468, 469, 471, 491, 496, 502, 504, 505, 508, 509, 510, 587, 588, 589, 591, 594, 596, 598, 604, 616, 618, 621, 622, 625, 628, 631, 636, 659, 666

Alberto Acosta 553

Alfabetização 508, 663

Aliança Bolivariana para os Povos da Nossa América — Tratado de Comércio dos Povos (Alba-TCP) 663

Al Qaeda 352, 377, 408

Alternativa 15, 34, 35, 36, 42, 72, 90, 91, 99, 124, 127, 129, 130, 132, 172, 181, 188, 191, 195, 206, 221, 243, 268, 282, 284, 291, 292, 294, 297, 298, 302, 303, 323, 347, 355, 369, 379, 382, 421, 431, 446, 474, 494, 495, 496, 497, 500, 508, 536, 575, 602, 622, 623, 657, 659, 660, 663, 675, 677, 678, 680

Alternativa Bolivariana para as Américas (Alba) 663

Álvaro Cunhal 34, 35, 433

Al Walajeh 514, 515, 516

Amazônia 164, 283, 553

América do Norte 72, 73, 223, 274, 547, 580

América Latina 11, 14, 129, 150, 152, 157, 158, 164, 177, 183, 235, 244, 270, 283, 284, 307, 308, 322, 343, 344, 425, 428, 435, 456, 466, 470, 477, 482, 493, 503, 519, 530, 533, 534, 538, 542, 566, 572, 584, 615, 627, 628, 663, 664

Angela Merkel 675

Angola 16, 64, 116, 119, 354, 386, 387, 466, 474, 484, 501, 503, 504, 530, 531, 532, 582, 633, 686

Angústia 505, 506, 612

Anistia 135, 136, 137

Antero de Quental 205, 453

Antifascismo 677

Anti-imperialismo 664

Antirretrovirais 311, 312, 394

António Costa 658

António José Seguro 657

António Manuel Baptista 337

Antraz 311, 312, 359

Apartheid 14, 63, 64, 127, 201, 220, 256, 307, 308, 332, 376, 377, 378, 395, 414, 415, 474, 502, 515, 516, 546, 635

Aquecimento global 193, 349, 505, 509, 524, 548, 552, 617

Arábia Saudita 359, 363, 473, 501, 582, 619, 664

Arafat 63, 318, 469

Argentina 157, 232, 322, 416, 425, 456, 470, 513, 536, 585, 597, 637, 638, 663, 666

Ariel Sharon 412

Armando Guebuza 633

Armas de destruição maciça 149, 402, 403, 526, 527

Arrogância 106, 169, 170, 177, 212, 245, 265, 310, 339, 347, 379, 425, 474, 475, 482, 495, 499, 566, 592, 630, 633, 672, 673, 688, 689

Ásia 73, 132, 150, 152, 158, 189, 225, 229, 235, 270, 309, 373, 378,

399, 400, 425, 470, 484, 503, 533, 534, 538, 542

Ásia Central 266, 350, 416

Ásia do Sul 400

Ásia Oriental 209

Assembleia Constituinte 430, 493, 553, 598

Assembleia dos Movimentos Sociais 400

Associação de Livre Comércio das Américas (Alca) 369, 407

Atlântico 318, 491, 685

Augusto Pinochet 231, 232, 473, 612

Austrália 316, 449, 465, 466, 552

Autoflagelação 38, 441, 442

B

Bagdá 363, 364, 377, 412

Bamako 455, 456

Banco Central Europeu 235, 584, 601, 603, 640, 677

Banco Mundial (BM) 87, 129, 157, 162, 164, 173, 181, 191, 226, 232, 262, 263, 265, 266, 291, 302, 348, 401, 424, 465, 521, 533, 534, 584, 615

Bangladesh 172, 330

Barack Obama 561

Barragem de Belo Monte 636, 683

Bartolomé de Las Casas 490

Baruch Kimmerling 415

Basta 118, 125, 155, 162, 164, 264, 351, 375, 378, 414, 415, 440, 453, 461, 496, 545, 550, 569, 586, 600, 615, 646, 659

Bens comuns 587, 594, 616, 618, 621, 631

Bhopal 395

Bíblia 418, 581

Big brother 687

Bill Clinton 61, 66, 114, 182, 223

Biodiversidade 83, 128, 164, 266, 277, 291, 400, 406, 471, 509, 529, 618, 628, 631

Bismark 659

Bloco de Esquerda (BE) 685

Boas-Festas 169, 175, 394

Bolívia 16, 114, 158, 187, 282, 346, 450, 456, 461, 462, 466, 470, 493, 495, 513, 529, 536, 571, 572, 598, 628, 635, 666, 688, 689

Bollywood 399

Bolsa de Valores 160, 205, 563

Bolsa família 483, 504

Bósnia 131, 175, 443

Brancos 59, 64, 74, 111, 148, 151, 217, 218, 272, 415, 445, 471, 504, 542, 550, 565

Brasil 14, 17, 53, 60, 66, 84, 129, 139, 142, 155, 157, 202, 206, 225, 226, 235, 247, 248, 256, 262, 263, 266, 271, 280, 282, 283, 284, 291, 305, 312, 316, 321, 361, 367, 368, 369, 388, 389, 394, 416, 434, 439, 440, 449, 455, 456, 466, 475, 476, 482, 483, 491, 501, 504, 513, 522, 523, 528, 536, 549, 550, 565, 566, 571, 572, 597, 614, 633, 636, 637, 638,

643, 645, 646, 662, 666, 682, 684, 685, 686
Brasília 179, 459, 636

C

Cabul 349
Caju 302
Calamidade 259, 261, 262, 263, 264
Campeonato do Mundo de Futebol 682
Canadá 142, 202, 311, 312, 316, 552, 611, 637, 638
Cancún 388, 389, 449
Capital 33, 93, 100, 101, 102, 160, 181, 191, 221, 226, 266, 405, 417, 524, 525, 534, 563, 569, 579, 595, 603, 604, 614, 622, 627, 630, 631, 636, 640, 643, 646, 650, 651, 652, 659, 660, 664, 676, 677, 678, 680, 681
Capital estrangeiro 204, 256
Capital global 263, 652
Capital humano 569
Capitalismo 14, 15, 33, 41, 42, 47, 48, 49, 75, 76, 100, 104, 105, 120, 131, 142, 143, 149, 154, 193, 194, 195, 200, 209, 217, 218, 220, 230, 231, 242, 256, 269, 276, 286, 289, 291, 293, 301, 303, 315, 316, 323, 341, 369, 377, 379, 399, 425, 427, 434, 435, 448, 450, 460, 473, 484, 485, 491, 493, 494, 495, 496, 500, 501, 507, 508, 525, 534, 537, 538, 540, 548, 563, 574, 581, 582, 584,

593, 594, 614, 615, 620, 627, 628, 629, 630, 634, 636, 637, 652, 657, 658, 664, 670, 671, 675, 677, 678, 680
Caracas 455, 456, 662
Caribe 645, 663
Caricaturas 457, 458, 459, 489
Carisma 91, 367, 662
Carlos Cardoso 280, 281
Casa Branca 155, 223, 279, 360, 379, 416, 418, 526, 527, 536, 537
Catadores de lixo 508
Catástrofe ecológica 85, 318, 491, 492, 505
Celso Daniel 321
Células estaminais 417, 448
Centro 255, 259
Centro de Estudos de Cultura Contemporânea (Cedec) 305
Centro de Estudos Sociais da Faculdade de Economia da Universidade de Coimbra (CES) 16, 280
Centro Democrático Social-CDS 584
Centros comerciais 335, 567, 590
Che Guevara 91, 187, 200, 429
Cherokees 279
Chiapas 71, 72, 92, 145, 435, 609, 611
Chile 157, 202, 231, 232, 354, 367, 456, 470, 512, 529, 536, 612, 638, 689
China 162, 163, 164, 207, 208, 235, 240, 251, 279, 313, 369, 448, 449, 465, 466, 467, 484, 485, 495, 501, 503, 510, 519, 524, 566, 594, 614, 615, 619, 628, 664, 682

CIA 66, 231, 232, 354, 403, 412, 428, 474, 512, 689

Cidadania 24, 26, 51, 54, 67, 79, 80, 81, 82, 98, 103, 104, 106, 107, 108, 130, 145, 146, 151, 179, 183, 203, 211, 219, 239, 252, 294, 317, 336, 361, 379, 442, 459, 464, 483, 506, 507, 520, 536, 625, 626, 640, 658, 677, 685

Cidade Juarez 582, 583

Ciência 97, 141, 249, 649

Ciências Sociais 47, 49, 50, 51, 52, 53, 315, 337, 339, 352, 401, 650, 670

Ciganos 59, 114, 147, 148, 412

Cimeira da Cooperação Ásia-Pacífico 552

CNN 527

Cochabamba 589, 598

Coesão social 84, 142, 143, 144, 332, 476, 584, 676

Coincineração 238, 290

Colin Powell 403, 526

Colômbia 107, 108, 114, 127, 129, 141, 157, 158, 164, 172, 176, 177, 185, 267, 280, 282, 283, 284, 322, 350, 406, 407, 455, 461, 470, 542, 637, 663

Colonialismo 14, 74, 127, 217, 218, 247, 248, 256, 274, 373, 376, 377, 387, 391, 413, 423, 449, 468, 471, 475, 478, 493, 501, 502, 503, 513, 519, 520, 521, 522, 523, 550, 565, 581, 591, 593, 609, 610, 611, 614, 630

Colonialismo europeu 248, 309, 468, 513, 680

Colonialismo inglês 635

Colonialismo português 64, 86, 127, 217, 218, 247, 248, 253, 256, 610, 635

Comissão Interamericana de Direitos Humanos (CIDH) 636

Comissões de Verdade e de Reconciliação 307

Companhias de seguros 417

Comuna 665

Comunicação social 11, 13, 28, 59, 73, 92, 97, 103, 109, 189, 259, 264, 300, 305, 326, 343, 350, 371, 380, 381, 392, 393, 402, 412, 423, 437, 465, 547, 555, 556, 664, 675

Comunidade 54, 65, 88, 105, 124, 129, 141, 142, 147, 200, 202, 207, 208, 230, 232, 238, 255, 262, 264, 269, 273, 282, 293, 313, 340, 343, 411, 414, 415, 444, 457, 458, 509, 511, 514, 530, 550, 582, 591, 611, 618, 619, 652

Comunidade da África Oriental (EAC) 565

Comunidade de Desenvolvimento da África Austral (SADC) 519

Comunidade dos Estados Latino-Americanos e Caribenhos (Celac) 663

Comunidade dos Países de Língua Portuguesa (CPLP) 183, 466

Comunidade Econômica dos Estados da África Central (CEEAC) 565

Comunidade Econômica dos Estados da África Ocidental (CEDEAO) 565

Comunidade Europeia 72, 202

Comunismo 142, 196, 231, 242, 341, 353, 428, 448, 480, 584
Concílio Vaticano II 344, 427, 479
Conferência da Cooperação Econômica da Ásia Pacífico 162
Conferência de Berlim 377
Conflito 42, 48, 49, 50, 53, 63, 103, 115, 230, 244, 282, 283, 350, 359, 381, 390, 391, 437, 467, 556, 640, 677, 680, 681
Conflito jurídico 467
Conformismo 302, 306, 408
Congress of South African Trade Unions (Cosatu) 368
Consenso 15, 75, 77, 137, 141, 144, 176, 181, 191, 239, 286, 362, 442, 499, 530, 547, 548, 561, 584, 596, 605, 622, 629
Consenso de Porto Alegre 400
Consenso de Washington 152, 181, 182, 191, 263
Consenso global 490
Conspiração 351, 352, 357
Constituição 27, 79, 107, 112, 135, 204, 395, 430, 431, 432, 435, 462, 528, 530, 549, 554, 585, 640, 650, 677, 682
Constituição Europeia 430, 431, 432
Consumo 51, 54, 103, 116, 174, 178, 195, 201, 202, 206, 221, 227, 286, 305, 327, 330, 332, 333, 334, 346, 506, 507, 511, 524, 537, 568, 590, 601, 603, 619, 628, 631, 681
Contrato 82, 83, 191, 192, 219, 220, 221, 222, 275, 303, 369, 385, 410, 411, 442, 459, 508

Contrato Social 82, 83, 179, 185, 191, 192, 219, 220, 221, 222, 303, 369, 385, 410, 442, 459, 508
Convenção do Direito do Mar 88
Convergência 40, 48, 65, 66, 228, 401, 454, 547, 548, 622, 629, 659, 677, 679
Convicção 23, 28, 35, 108, 244, 281, 285, 480, 489, 526, 527, 641, 660, 664
Cooperação 82, 128, 131, 183, 184, 253, 254, 407, 438, 503, 601, 603
Corão 581
Crianças 71, 98, 105, 111, 116, 175, 189, 190, 261, 297, 310, 313, 333, 378, 395, 407, 415, 436, 441, 469, 502, 573, 582, 626, 651
Crise 15, 41, 42, 43, 47, 49, 54, 67, 77, 78, 84, 121, 123, 124, 127, 137, 139, 140, 153, 180, 191, 193, 206, 219, 220, 222, 225, 226, 236, 293, 318, 331, 334, 337, 361, 424, 435, 439, 440, 441, 446, 453, 465, 466, 473, 476, 519, 525, 533, 534, 537, 540, 541, 542, 547, 548, 558, 561, 567, 571, 579, 580, 597, 599, 602, 616, 620, 622, 625, 626, 630, 640, 641, 646, 650, 659, 660, 661, 663, 664, 669, 675, 677, 678, 681, 685
Crise alimentar 524
Crise climática 346
Crise europeia 599, 616, 622, 625
Cristianismo 142, 357, 460, 498
Cristóvão Colombo 246, 485
Cuba 65, 90, 91, 92, 162, 176, 199, 231, 416, 456, 466, 473, 474, 495, 542, 571, 663, 665

Cultura 31, 34, 38, 41, 47, 55, 59, 67, 82, 90, 103, 105, 109, 110, 119, 131, 138, 148, 152, 156, 174, 183, 205, 206, 217, 223, 247, 248, 250, 254, 267, 270, 272, 296, 307, 313, 315, 331, 334, 335, 336, 339, 340, 356, 357, 363, 364, 390, 411, 413, 422, 442, 458, 470, 471, 480, 483, 498, 499, 522, 526, 528, 554, 568, 581, 582, 583, 620, 628, 632, 657, 668

Cultura democrática 103, 223, 224, 336

Cultura jurídica 75, 77, 273, 442, 463

Cultura liberal 223

Cultura republicana 223

Cúpula dos Povos 616, 618, 630, 631

Cura gay 684

D

Dakar 291, 575, 579

Dalits 400

Daniel Ortega 66, 318

Darfur 505, 519

Davos 14, 235, 293, 401, 421, 422, 492, 579, 616

Déficit 54, 149, 152, 181, 251, 267, 326, 332, 416, 424, 555, 595, 645

Democracia 15, 16, 25, 26, 27, 28, 30, 37, 41, 42, 47, 54, 66, 74, 76, 77, 78, 79, 80, 84, 86, 87, 90, 102, 104, 105, 106, 107, 121, 135, 137, 139, 142, 145, 146, 156, 158, 160, 169, 172, 173, 200, 203, 213, 215, 216, 220, 222, 223, 238, 239, 248, 249, 250, 252, 256, 269, 278, 279, 281, 294, 296, 297, 302, 308, 318, 321, 328, 342, 350, 352, 358, 363, 367, 368, 374, 377, 381, 385, 386, 395, 402, 403, 408, 409, 425, 427, 429, 430, 431, 434, 435, 441, 442, 443, 449, 450, 458, 461, 462, 464, 466, 467, 475, 476, 477, 478, 480, 482, 484, 493, 497, 505, 512, 520, 527, 530, 531, 536, 537, 547, 550, 555, 556, 562, 563, 574, 579, 580, 585, 586, 587, 590, 591, 594, 595, 598, 599, 600, 601, 603, 605, 614, 615, 619, 621, 623, 637, 639, 640, 643, 652, 653, 660, 662, 664, 665, 666, 667, 668, 671, 673, 676, 677, 678, 679, 680, 681, 684, 687

Democracia direta 90, 146, 215, 216, 589, 615

Democracia moderna 51

Democracia parlamentar 212

Democracia participativa 21, 25, 26, 27, 28, 41, 105, 124, 140, 183, 213, 238, 273, 298, 321, 322, 368, 378, 409, 422, 496, 548, 615, 665, 679, 682, 683, 684

Democracia política 28, 77, 342, 374, 409, 595

Democracia progressista 66

Democracia representativa 25, 26, 27, 28, 41, 105, 146, 183, 215, 238, 298, 409, 422, 436, 440, 461, 474, 477, 496, 499, 536, 548, 615, 665, 679

Democracia social 28, 409

Democracia socialista 35, 41, 42

Desalinhados 572
Desassossego 47, 266, 321, 348, 556
Desastre 52, 597, 599, 600, 603, 624, 659, 669
Descentralização 33, 385
Descolonização 29, 74, 121, 251, 253, 328
Descolonizar 621
Desemprego 15, 80, 93, 123, 161, 172, 181, 186, 206, 235, 289, 331, 335, 373, 405, 446, 533, 540, 561, 568, 591, 651, 660, 681
Desenvolvimento 28, 29, 30, 31, 42, 43, 48, 49, 72, 75, 81, 82, 83, 85, 86, 103, 106, 115, 120, 127, 139, 153, 172, 183, 186, 187, 190, 192, 193, 195, 203, 204, 206, 249, 253, 259, 263, 272, 273, 282, 289, 291, 294, 311, 316, 318, 326, 328, 337, 343, 346, 347, 348, 355, 356, 364, 369, 373, 386, 389, 424, 425, 426, 454, 455, 485, 493, 495, 500, 501, 502, 503, 509, 511, 512, 522, 528, 532, 548, 553, 554, 555, 565, 569, 570, 586, 587, 597, 598, 611, 616, 618, 622, 627, 628, 630, 632, 634, 635, 637, 651, 652, 659, 660, 676, 683, 686
Desigualdade 15, 24, 76, 97, 100, 103, 142, 146, 150, 153, 186, 277, 297, 318, 321, 355, 386, 400, 416, 446, 449, 475, 494, 510, 536, 581, 590, 596, 605, 615
Desmercantilizar 621
Desobediência 109, 110, 112, 301, 304, 431, 585, 597, 599, 600, 603, 623, 624, 641, 678, 679

Desordeiros 592
Despenalização 211, 212, 213
Desuniversidade 567
Dia Internacional da Mulher 581
Dignidade 103, 140, 147, 169, 170, 175, 187, 259, 283, 297, 298, 341, 345, 395, 422, 474, 490, 495, 652, 668, 671, 676, 684, 688, 689
Dignidade humana 302, 323, 498, 594
Dilma Roussef 643, 682
Dinesh D'Souza 384
Dinheiro 105, 106, 143, 155, 172, 173, 177, 178, 194, 225, 253, 254, 262, 263, 299, 300, 354, 418, 441, 446, 534, 535, 541, 553, 587, 591, 597, 601, 643, 645, 646, 647, 648, 649, 673
Diplomacia 183, 184, 210, 244, 284, 388, 394, 471, 478, 522, 539, 542
Direita 29, 32, 34, 35, 39, 41, 42, 61, 106, 111, 112, 113, 120, 121, 135, 136, 146, 182, 185, 191, 228, 240, 241, 268, 270, 278, 295, 296, 321, 331, 340, 341, 360, 416, 440, 441, 483, 494, 527, 571, 584, 599, 602, 604, 605, 611, 615, 622, 626, 630, 635, 637, 640, 641, 659, 676, 686, 687
Direitos coletivos 98, 163, 471
Direitos humanos 67, 68, 73, 75, 76, 77, 78, 79, 83, 84, 90, 91, 98, 108, 145, 156, 162, 163, 164, 165, 176, 177, 183, 185, 189, 211, 230, 231, 232, 249, 250, 270, 272, 281, 283, 284, 295, 296, 304, 313, 350, 355,

358, 377, 378, 406, 407, 414, 427,
441, 443, 449, 459, 464, 467, 476,
489, 495, 498, 499, 508, 542, 565,
574, 633, 635, 636, 637, 638, 639,
674

Direitos individuais 98, 163

Direitos sociais e econômicos 76, 77, 555

Distúrbios 590, 591

Dívida 181, 236, 262, 263, 265, 291, 301, 302, 304, 358, 364, 423, 424, 455, 484, 491, 492, 496, 503, 585, 587, 588, 599, 600, 601, 617, 623, 628, 631, 645, 646, 663, 668, 669, 678

Dominação 14, 76, 274, 323, 377, 473, 501, 581, 593, 594, 615

E

Economia solidária 605

Economia verde 617, 618, 628, 630

Eduardo Lourenço 39, 40, 141, 408

Educação 12, 72, 84, 90, 103, 118, 121, 144, 146, 161, 191, 212, 224, 249, 262, 263, 297, 315, 316, 331, 335, 340, 346, 409, 411, 417, 418, 425, 435, 446, 447, 458, 461, 464, 473, 474, 475, 480, 482, 492, 496, 506, 537, 550, 555, 567, 568, 591, 596, 599, 602, 612, 619, 621, 631, 644, 651, 659, 662, 663, 669, 676, 681, 683, 685, 686

Edward Said 390

Egito 131, 309, 526, 579, 583

Einstein 338

Eleições 21, 25, 31, 32, 36, 65, 66, 72, 86, 90, 107, 112, 118, 122, 126, 155, 160, 177, 185, 186, 213, 215, 217, 218, 255, 278, 279, 318, 321, 361, 408, 416, 417, 436, 440, 450, 465, 482, 530, 531, 571, 572, 580, 586, 587, 604, 613, 643, 659, 669, 684, 686

Elvis Presley 187

Emancipação Social 280

Embargo 90, 162, 199, 313, 402, 474

Emergência 47, 55, 126, 129, 135, 147, 150, 160, 175, 179, 180, 183, 220, 229, 236, 240, 264, 281, 296, 311, 316, 331, 347, 361, 369, 440, 443, 448, 449, 463, 465, 493, 510, 532, 555, 563, 586, 593, 597, 614, 623, 630, 641

Emmanuel Levinas 376

Endividamento 161, 333, 348, 507, 537, 568, 599, 681

Envelhecimento 331, 332

Equador 16, 114, 164, 165, 282, 283, 284, 406, 407, 470, 495, 513, 528, 536, 552, 553, 554, 571, 572, 597, 628, 636, 637, 638, 666

Eric Hobsbawm 318

Escravatura 71, 254, 307, 309, 475

Esperança 39, 68, 99, 192, 249, 284, 300, 346, 388, 389, 395, 408, 409, 440, 443, 473, 483, 516, 536, 539, 572, 585, 591, 613, 617, 620, 621, 638, 657, 661, 668, 670, 675, 679, 688

Esperança de vida 261, 312, 331, 445, 491, 671

Esquerda 16, 21, 25, 28, 32, 34, 35, 36, 38, 39, 40, 41, 42, 43, 61, 65, 66, 68, 90, 106, 129, 135, 136, 146, 181, 182, 185, 191, 240, 241, 268, 278, 291, 295, 296, 341, 367, 368, 384, 394, 421, 422, 423, 436, 439, 440, 441, 456, 482, 483, 493, 494, 513, 534, 571, 575, 584, 593, 602, 615, 630, 635, 644, 657, 667, 675, 676, 679, 685, 687

Estado 15, 16, 27, 29, 30, 41, 42, 59, 61, 62, 65, 67, 76, 77, 78, 82, 86, 98, 99, 100, 109, 112, 120, 123, 124, 126, 129, 130, 143, 144, 145, 149, 150, 152, 153, 158, 159, 161, 164, 165, 169, 174, 179, 181, 183, 184, 185, 186, 191, 193, 194, 199, 200, 201, 204, 211, 220, 221, 225, 229, 230, 236, 247, 255, 263, 265, 269, 283, 289, 290, 293, 295, 297, 299, 300, 309, 310, 311, 312, 316, 318, 322, 326, 336, 346, 350, 353, 354, 368, 374, 385, 386, 391, 399, 410, 414, 416, 417, 425, 431, 435, 437, 441, 446, 450, 465, 467, 468, 469, 471, 475, 476, 483, 493, 496, 512, 515, 520, 525, 527, 531, 533, 534, 535, 536, 539, 547, 548, 552, 553, 561, 564, 565, 567, 570, 582, 588, 593, 594, 595, 596, 598, 603, 611, 618, 620, 629, 631, 633, 634, 638, 646, 650, 651, 652, 653, 658, 662, 664, 665, 666, 669, 681, 688, 689

Estado de direito 123, 135

Estado democrático 120, 169, 221, 386, 595

Estado democrático. 120, 595

Estado moderno 78, 123, 143, 152, 248, 651

Estado Novo 30, 170, 353, 650

Estado-Providência 42, 51, 54, 76, 77, 78, 82, 84, 87, 99, 120, 129, 130, 180, 191, 201, 221, 289, 333, 446, 458, 520, 626, 650, 653

Estados Unidos da América 16, 50, 61, 65, 92, 109, 111, 125, 127, 128, 142, 154, 155, 160, 163, 176, 177, 178, 181, 182, 189, 193, 194, 203, 204, 209, 223, 225, 229, 231, 232, 235, 236, 237, 244, 270, 276, 279, 282, 284, 294, 307, 309, 311, 312, 313, 316, 317, 318, 323, 324, 343, 344, 349, 350, 353, 354, 356, 357, 359, 360, 363, 367, 369, 384, 385, 389, 400, 402, 403, 406, 407, 412, 413, 416, 418, 424, 425, 426, 444, 446, 448, 449, 455, 456, 461, 466, 467, 468, 473, 480, 484, 489, 493, 501, 503, 510, 515, 519, 525, 529, 533, 534, 535, 536, 537, 538, 539, 540, 541, 542, 545, 546, 549, 552, 561, 562, 564, 566, 571, 572, 573, 574, 611, 613, 614, 617, 638, 643, 644, 663, 664, 672, 689

Estatuto da Igualdade Racial 476

Eugénio de Andrade 434

Euro 205, 206, 323, 326, 436, 461, 567, 599, 601, 623, 624, 640, 675, 677

Euroignorância 432

Europa 11, 16, 50, 61, 66, 73, 74, 78, 84, 85, 86, 114, 118, 120, 121, 129, 130, 131, 132, 142, 152, 155, 157, 158, 160, 178, 181, 182, 194, 213, 214, 215, 223, 229, 231, 235, 236, 242, 243, 245, 246, 249, 250, 270, 271, 274, 275, 309, 326, 330, 336, 341, 342, 343, 344, 357, 369, 378, 384, 385, 424, 425, 430, 436, 446, 448, 449, 457, 458, 485, 494, 503, 519, 521, 524, 542, 545, 549, 555, 570, 571, 579, 580, 584, 589, 595, 597, 599, 600, 601, 602, 603, 604, 613, 616, 622, 624, 627, 630, 640, 641, 648, 658, 659, 660, 664, 669, 670, 672, 675, 678, 679, 680, 685, 688, 689

Eutanásia 109

Evo Morales 456, 461, 478, 493, 495, 635, 688

Exaustão 139, 150, 602

Exclusão 43, 75, 80, 99, 116, 118, 147, 150, 183, 185, 186, 191, 218, 219, 255, 256, 280, 301, 308, 355, 435, 436, 449, 460, 461, 532, 564, 591, 682

Ex-colônias 330, 512, 513, 614, 689

Exército Zapatista de Libertação Nacional (EZLN) 145, 435, 611

Experimentalismo 139, 442

Expo'98 205, 206

Extrativismo 628, 629, 666

Extrema-direita 111, 112, 113, 120, 121, 185, 321

Extremistas 160, 174, 211, 309, 355, 438, 480, 537

F

Falluja 438

Família 71, 73, 81, 83, 116, 152, 161, 169, 172, 173, 200, 269, 309, 310, 317, 331, 332, 335, 336, 388, 391, 399, 418, 460, 478, 513, 541, 557, 568, 582, 605, 625, 626, 651, 663, 680, 681

Fascismo 41, 120, 142, 152, 179, 180, 220, 221, 222, 242, 243, 308, 318, 342, 374, 459, 563, 564, 575, 593, 640, 661, 677, 679

FBI 317

Felicidade 174, 305, 620, 621, 629

Fernando Henrique Cardoso 362, 368

Fernando Pessoa 523

Fidel Castro 90, 187, 199, 473, 474

Filosofia 80, 82, 124, 268, 339, 364, 443, 453, 479, 547, 568

Financial Times 266, 316, 317, 361, 449, 599

Fome 73, 74, 83, 110, 116, 118, 128, 181, 205, 264, 267, 276, 277, 289, 301, 302, 310, 313, 367, 373, 388, 395, 462, 482, 495, 524, 525, 605, 616

Fórum Econômico Mundial (FEM) 14, 235, 491, 579

Fórum Mundial da Paz 375

Fórum Social Mundial (FSM) 14, 235, 291, 301, 321, 322, 323, 355, 369, 375, 379, 399, 425, 426, 435, 455, 471, 491, 495, 535, 548, 575, 638, 670, 686

Fragmentação 55, 102, 440
Francisco Louçã 430
Franz Hinkelammert 373
Frederick De Klerk 63
freedom fighters 610
Frei Bartolomeu de las Casas 71
Frelimo 86, 217, 255, 256, 281, 634, 635
Freud 118, 285, 376
Fronteira 316, 435, 540, 579, 628
Fukuyama 268, 269
Fulgêncio Batista 473
Funcionários públicos 597
Fundação Gulbenkian 205
Fundamentalismo 109, 110, 174, 175, 223, 309, 356, 362, 374, 400, 566, 626, 672
Fundo Monetário Internacional (FMI) 87, 129, 162, 181, 191, 209, 226, 236, 262, 291, 328, 348, 367, 424, 584, 597
Futuro 22, 31, 39, 40, 41, 52, 62, 126, 151, 161, 179, 199, 208, 217, 220, 221, 226, 249, 252, 256, 259, 271, 272, 278, 291, 296, 307, 309, 318, 343, 346, 356, 357, 358, 362, 399, 409, 410, 421, 424, 432, 440, 442, 448, 450, 453, 456, 463, 476, 477, 478, 492, 508, 513, 526, 528, 529, 539, 542, 561, 569, 570, 593, 594, 601, 603, 615, 616, 629, 631, 638, 639, 652, 658, 664, 668, 679, 685

G

Galdino Jesus 179, 459
Gaza 415, 469, 545, 546, 580
Gênova 301, 303
George Bush 66, 455, 515
Gianbattista Vico 673
Gilberto Freyre 248
Globalização 13, 14, 24, 25, 143, 146, 147, 156, 162, 171, 173, 174, 181, 183, 195, 202, 229, 249, 273, 274, 275, 276, 280, 281, 291, 292, 294, 301, 302, 303, 313, 323, 324, 341, 342, 347, 354, 355, 356, 361, 369, 375, 386, 387, 399, 421, 436, 455, 463, 484, 491, 492, 498, 503, 519, 525, 534, 535, 547, 573, 574
Goa 246, 252, 609, 610, 611
Goldman Sachs 541, 597, 623
Golfo Pérsico 671
Google 669
Governo 13, 21, 137, 177, 231, 238, 239, 241, 249, 255, 260, 262, 263, 265, 271, 281, 318, 326, 352, 370, 394, 402, 407, 411, 439, 440, 465, 533, 640
Grécia 131, 541, 580, 599, 622, 623, 635, 660
Greenpeace 437
Guadino Pataxó 459
Guantánamo 412, 539, 638, 689
Guatemala 73, 201, 354, 437, 638
Guerra 14, 64, 73, 74, 83, 92, 114, 115, 116, 179, 181, 185, 187, 194, 196, 238, 244, 245, 259, 273, 282,

283, 301, 309, 318, 323, 324, 349, 350, 352, 353, 358, 359, 360, 363, 373, 374, 375, 376, 377, 379, 385, 386, 395, 400, 402, 403, 406, 407, 416, 417, 418, 423, 424, 426, 435, 436, 437, 443, 444, 448, 449, 455, 458, 459, 460, 469, 475, 480, 481, 491, 492, 495, 502, 505, 516, 526, 527, 528, 530, 539, 540, 545, 546, 565, 572, 581, 589, 594, 597, 600, 611, 619, 650, 661, 680, 681

Guerra biológica 474

Guerra civil 48, 87, 185, 374, 387, 418, 443, 523, 619

Guerra colonial 118, 121, 296, 373, 582

Guerra do Golfo 343, 359

Guerra do Iraque 416, 546

Guerra dos Bálcãs 242

Guerra do Vietnã 63

Guerra Fria 65, 66, 116, 127, 154, 155, 162, 194, 243, 314, 349, 443, 467, 658, 664

Guerra total 412, 413, 417

Guiné-Bissau 183, 184, 301, 519, 565

Gulag 341, 373

H

Habermas 379

Habitação 90, 146, 289, 297, 446, 473, 651, 663, 681

Haiti 65, 66, 92, 93, 467, 475

Hamas 318, 469, 478, 545, 580

Hegel 268, 269, 670

Hemofílicos 169

História 15, 23, 29, 41, 42, 53, 73, 74, 85, 86, 90, 103, 111, 149, 194, 227, 228, 243, 244, 248, 267, 268, 274, 309, 310, 317, 337, 338, 341, 343, 353, 357, 367, 371, 373, 374, 388, 394, 409, 411, 412, 413, 418, 427, 439, 440, 449, 450, 453, 461, 470, 473, 485, 489, 495, 512, 519, 520, 529, 536, 539, 569, 580, 611, 643, 650, 659, 668, 670, 672, 673, 676, 685, 688, 689

HIV/Aids 301, 369, 417, 455, 492

Holocausto 114, 147, 308, 341, 373, 391, 414, 545

Homossexuais 179, 297, 417, 436, 460

Honduras 114, 158, 172, 637, 638

Hugo Chávez 283, 367, 456, 478, 495, 496, 512, 513, 571, 662, 663, 664, 665, 666, 667, 689

Humanidade 88, 89, 244, 247, 295, 297, 318, 324, 325, 349, 358, 373, 377, 403, 443, 490, 498, 505, 507, 524, 545, 573, 581, 586, 587, 588, 594, 616, 618

Humberto Cholango 472

Humberto Delgado 669

I

Ibn Kaldun 670

Identidade 23, 26, 31, 33, 36, 73, 127, 131, 132, 141, 142, 147, 219, 251,

252, 270, 295, 329, 370, 413, 447, 475, 496, 507, 520, 529, 536, 549, 550, 571, 662

Idosos 71, 80, 81, 99, 100, 651

Igreja 66, 109, 110, 175, 199, 211, 212, 213, 214, 229, 230, 343, 344, 345, 394, 427, 428

Igreja Católica 66, 229, 230, 307, 331, 332, 343, 344, 427, 429, 446, 466

Igreja de Roma 66, 109, 110, 175, 229

Igualdade 51, 54, 76, 97, 103, 106, 109, 119, 147, 148, 170, 172, 199, 200, 237, 278, 294, 297, 350, 404, 446, 458, 459, 464, 475, 476, 477, 492, 529, 548, 557, 558, 581, 583, 590, 596, 625

Ilha de Moçambique 254

Imigrantes 59, 81, 111, 118, 131, 164, 270, 271, 275, 296, 297, 330, 343, 350, 356, 395, 441, 447, 449, 587, 600, 642, 644

Império colonial 410, 411

Incêndios florestais 125, 126

Inconformistas 408, 409

Independência 64, 67, 86, 138, 152, 155, 169, 170, 228, 251, 255, 281, 297, 391, 433, 435, 444, 465, 466, 471, 474, 475, 504, 520, 522, 542, 565, 632, 638

Índia 157, 189, 246, 252, 266, 280, 291, 312, 360, 369, 399, 400, 449, 455, 484, 485, 491, 501, 510, 524, 540, 583, 610, 614, 635, 682

Indígenas 83, 107, 145, 156, 164, 246, 266, 267, 297, 373, 376, 377, 395, 406, 407, 410, 422, 435, 436, 470, 471, 472, 476, 491, 493, 494, 509, 523, 528, 529, 549, 550, 554, 581, 583, 611, 612, 618, 619, 628, 631, 636, 666, 683, 685, 686

Indigentes 150, 588, 632

Indignados 597, 598, 605, 640, 642, 675, 688

Índio 179, 493, 528, 549, 688

Indonésia 67, 127, 154, 155, 163, 184, 201, 209, 252, 279, 597

Indústria militar 283, 417, 527

Inglaterra 182, 251, 270, 402, 407, 449, 454, 493, 504, 522, 542, 552, 590, 591, 610, 675

Inimigo 34, 49, 50, 52, 78, 102, 111, 112, 143, 161, 193, 195, 231, 242, 243, 300, 314, 323, 343, 350, 351, 354, 358, 360, 384, 385, 387, 412, 413, 418, 437, 438, 444, 448, 459, 474, 489, 490, 496, 509, 540, 564, 573, 662, 667

Instituto para o Desenvolvimento da Democracia 107

Insulto 313, 337, 408

Integração 33, 67, 72, 125, 301, 326, 328, 330, 341, 445, 446, 455, 456, 571, 648, 663, 664, 667, 679

Intelectual público 390

Interculturalidade 438, 471, 496, 529, 569

Internet 112, 116, 156, 275, 316, 618

Intranquilidade 116, 117

Invasão do Iraque 378, 400, 402, 403, 424, 515, 526, 664

Investigação 16, 42, 97, 135, 136, 137, 138, 157, 184, 207, 223, 231,

232, 249, 254, 272, 280, 281, 305, 315, 316, 351, 353, 371, 372, 382, 386, 406, 417, 509, 537, 556, 567, 568, 569, 570, 634, 639, 645, 648, 649, 650

Irã 309, 310, 313, 354, 359, 363, 416, 469, 515, 527, 546, 572, 573, 574, 582, 664

Iraque 309, 314, 359, 360, 363, 373, 374, 377, 378, 400, 402, 403, 412, 416, 418, 424, 426, 438, 444, 450, 455, 466, 489, 515, 526, 537, 539, 540, 546, 573, 664

Iraquianos 359, 363, 376, 378, 395, 412, 413, 443, 444, 527

Islamismo 142, 460, 498

Israel 131, 307, 308, 309, 318, 359, 360, 378, 391, 414, 415, 437, 458, 468, 469, 501, 514, 515, 516, 526, 545, 546, 573, 575, 580, 583, 664

Issa Shivji 378

Istambul 242, 243, 625

Itália 157, 160, 246, 270, 454, 493, 552, 580, 600, 688

J

Jean-Bertrand Aristide 65
Jesuítas 428
Joanesburgo 346, 347, 348, 349, 665
João Goulart 367
João Paulo II 109, 175, 199, 229, 244, 427, 428, 429, 479, 480
Jogos Olímpicos 682

John F. Kennedy 90, 343
John Kerry 416
Jorge de Sena 408
José Gil 453
José Maria Aznar 512
Joseph Schumpeter 51, 193, 194
José Ramos-Horta 67, 154, 466
José Saramago 227, 228, 408, 612
José Sócrates 657, 658
Juan Carlos, rei da Espanha 512, 513, 689
Judaísmo 357, 460
Julián Assange 575, 636
Justiça 16, 97, 98, 103, 136, 137, 138, 169, 170, 200, 228, 231, 232, 241, 249, 250, 254, 272, 297, 300, 307, 336, 371, 372, 378, 380, 381, 382, 383, 392, 393, 407, 434, 441, 442, 443, 444, 463, 489, 490, 496, 528, 542, 549, 555, 556, 557, 558, 616, 638
Justiça fiscal 418
Justiça histórica 528, 549, 551
Justiça social 87, 93, 249, 347, 355, 379, 414, 422, 450, 456, 460, 462, 483, 528, 529, 539, 549, 551, 558, 629

K

Kant 377
Karl Marx 38, 195, 268, 285, 341, 364, 377, 485, 670

Kichwa 638
Kuwait 363, 619

L

Laboratórios associados 648
Lei de cotas 476
Lei Maria da Penha 638
Lésbicas 179, 297, 436, 642
Leste 34, 50, 132, 158, 330, 680
Leste Europeu 33, 48, 50, 51, 52, 55, 66, 129, 270
Leste-Oeste 48, 49, 50, 230
Líbano 131, 310, 354, 457, 469, 515, 545
Liberalismo 42, 81, 86, 87, 181, 223, 224, 587, 605, 615
Liberdade 12, 28, 51, 54, 76, 77, 112, 145, 148, 189, 191, 199, 200, 236, 248, 269, 283, 297, 314, 317, 350, 427, 431, 435, 458, 459, 475, 491, 495, 569, 596, 605, 610, 633, 634, 635, 639
Libertação 38, 64, 65, 66, 86, 145, 185, 199, 200, 309, 331, 360, 378, 390, 427, 428, 435, 438, 449, 514, 536, 565, 609, 610, 611, 664, 671
Líbia 530, 664
Lição 161, 213, 214, 242, 301, 302, 303, 458, 479, 480, 602, 603, 610, 643, 644, 676
Lixo 116, 252, 269, 377, 445, 495, 507, 508, 562, 567
López Obrador 456

Lord Hutton 402
Lourenço Marques 454
Luanda 386, 501, 502, 504
Lucro 61, 62, 88, 89, 120, 193, 194, 225, 302, 505, 563, 596, 600, 603, 617, 627, 645
Lula da Silva 683
Luta armada 64, 108, 150, 255, 314, 435
Luta de classes 42, 422, 664
Lutero 343, 345
Luxo 202, 272, 469, 507, 519, 532, 537, 616

M

Macau 207, 208, 251, 252
MacDonald's 276
Machado da Graça 433
Maçonaria 615
Madre Teresa de Calcutá 187
Máfia 68
Magistrados 135, 137, 138, 158, 170, 232, 253, 273, 280, 372, 393, 443, 444, 463, 556, 557, 645
Malária 259, 266, 267, 275, 301, 311, 505
Malcom X 620
Mali 302, 455
Manifesto Comunista 195, 196, 341, 384
Manuel Rui 386
Mão de obra 14, 270, 271, 648, 660

Maquiladoras 582
Marcello Caetano 650
Margaret Thatcher 152, 675
Mari Alkatiri 465, 467
Mário de Andrade 139
Mário Soares 21, 23, 135, 141, 408, 430, 563, 657
Matéria-prima 267, 330
Mediterrâneo 131, 132, 580, 670
Mercado 62, 81, 88, 89, 105, 124, 129, 130, 142, 150, 153, 158, 160, 181, 193, 194, 195, 201, 206, 225, 236, 249, 265, 281, 292, 293, 303, 311, 315, 316, 331, 335, 341, 346, 363, 373, 374, 385, 405, 416, 417, 424, 425, 446, 448, 499, 525, 534, 547, 548, 553, 561, 562, 564, 567, 568, 569, 570, 588, 589, 591, 596, 614, 615, 617, 652
Mercado Comum 33
Mercadorias 225, 510, 614, 621
Mercados financeiros 143, 149, 206, 235, 354, 361, 405, 563, 584, 585, 591, 595, 600, 603, 620
Mercantilização 50, 316, 567, 590, 618
Mercosul 105, 369, 663
México 71, 72, 73, 129, 145, 202, 232, 297, 316, 369, 435, 456, 566, 582, 597, 611, 613, 622
Michelle Bachelet 456
Microsoft 316, 496
Mídia 171, 309, 349, 381, 384, 392, 393, 408, 421, 448, 453, 484, 490, 491, 519, 520, 526, 527, 533, 555, 575, 579, 584, 616, 630, 686

Ministério Público 125, 170, 372, 380, 382, 463, 556, 557, 645
Minorias étnicas 59, 83, 179, 191, 192, 297, 441, 460
Miséria 43, 71, 81, 83, 108, 110, 118, 128, 202, 235, 291, 294, 386, 428, 502, 533, 585, 590, 628, 671
Moçambique 16, 64, 73, 86, 87, 183, 210, 217, 218, 244, 245, 253, 254, 255, 256, 259, 260, 261, 262, 263, 264, 265, 272, 273, 279, 280, 281, 301, 302, 354, 433, 434, 474, 542, 565, 573, 632, 633, 634, 635, 682, 686
Mortalidade infantil 61, 331, 663
Mosquitos 274, 275
Mossad 352
Movimento dos Países Não Alinhados 127
Movimento dos Sem Terra (MST) 437
Movimento Passe Livre (MPL) 686
Movimento sindical 99, 100, 101, 102, 103, 104, 160, 161
Movimentos populares 162, 283
Movimentos sociais 79, 83, 102, 104, 107, 146, 150, 191, 194, 196, 211, 237, 238, 239, 325, 336, 369, 375, 414, 422, 425, 437, 455, 456, 475, 476, 483, 496, 498, 509, 510, 535, 536, 572, 574, 630, 631, 660, 683, 686
Muçulmano 364, 466, 490, 626
Mudança 14, 68, 272, 327, 328, 329, 332, 348, 354, 356, 388, 416, 425, 505, 506, 536, 539, 547, 554, 631, 670, 677, 681, 683

Mulatos 151

Mulheres 14, 71, 81, 98, 99, 106, 148, 151, 161, 172, 173, 175, 188, 191, 206, 211, 213, 224, 246, 278, 297, 331, 332, 333, 344, 357, 394, 428, 436, 441, 455, 459, 460, 491, 492, 493, 536, 581, 582, 583, 618, 621, 625, 626, 631, 644

Multinacionais 87, 149, 163, 164, 177, 183, 186, 204, 230, 275, 301, 302, 347, 348, 394, 407, 471, 501, 513, 521, 540, 588, 598, 617, 619, 629, 630, 633, 671

Mumbai 291, 399, 400, 401, 421, 455

Muro da Vergonha 391, 415, 515

Muro de Berlim 303, 584, 593

N

Nacionalismo étnico 150

Nacionalização 461, 462, 533, 547, 680

Nairóbi 291, 455, 491, 492, 579

Narmada 266

Natal 514, 597, 609

Natureza 52, 83, 179, 191, 200, 219, 220, 247, 278, 284, 303, 324, 339, 351, 375, 380, 385, 401, 423, 457, 463, 473, 479, 496, 500, 505, 529, 530, 531, 554, 573, 580, 581, 594, 617, 618, 619, 621, 627, 628, 629, 630, 631, 651, 682

Navegar 89, 334

Nazismo 114, 120, 142, 147, 152, 241, 242, 318, 373, 374, 376, 379, 490, 593

Nehru 127, 609

Nelson Mandela 63, 360, 368, 414, 438, 467, 501

Neoliberalismo 14, 128, 145, 149, 181, 217, 245, 297, 302, 315, 323, 341, 368, 369, 373, 374, 375, 439, 455, 461, 470, 471, 491, 535, 548, 584, 590, 602, 611, 615, 620, 626, 636, 637, 652, 657

Nestor Kirchner 585

Nicarágua 48, 66, 114, 142, 158, 314, 318, 354, 513, 528

Nietzsche 268, 285

Nigéria 114, 164, 279, 466, 501, 503, 504, 530, 573

Norte 132, 245, 255, 449, 489, 493, 501, 511, 520, 534, 547, 619, 625, 635, 636, 675, 687

Norte de África 579, 580, 658

Norte-Sul 49, 50, 53, 88, 128, 230, 246, 411, 455

Nova Délhi 266, 609

O

Occupy 605

Ocidente 42, 50, 51, 63, 110, 132, 154, 174, 242, 243, 309, 356, 357, 364, 373, 376, 391, 400, 413, 448, 449, 479, 481, 484, 485, 489, 490, 520, 545, 579, 580

Oklahoma, atentado 111, 112

11 de Setembro 309, 310, 311, 313, 314, 323, 347, 348, 349, 351, 352, 354, 355, 356, 359, 402, 412, 416, 437

OPEP 403

Opinião 11, 12, 13, 146, 170, 174, 244, 341, 372, 574

Opinião pública 13, 194, 276, 300, 302, 349, 352, 358, 359, 360, 374, 384, 392, 394, 402, 408, 422, 423, 484, 510, 524, 526, 555, 556, 562, 583, 595, 602, 616, 646, 673

Oportunidade 47, 254, 260, 261, 262, 263, 323, 400, 401, 416, 417, 421, 438, 442, 490, 493, 509, 539, 540, 567, 602, 623, 628, 630, 657, 660, 663, 685, 687

Opressão 24, 43, 71, 274, 297, 298, 471, 475, 498, 582, 628, 688

Opus Dei 428, 615

Organização das Nações Unidas (ONU) 89, 90, 128, 193, 466, 468, 524, 548, 552

Organização do Comércio e Desenvolvimento Econômico (OCDE) 203

Organização dos Estados Americanos (OEA) 164, 636

Organização Mundial de Comércio (OMC) 236, 424, 548, 682

Organizações Não Governamentais (ONGs) 83, 107, 183, 302, 347, 369, 375, 414, 422, 424, 426, 455, 464, 542, 660

Orientalismo 391, 413

Oriente 42, 51, 309, 356, 364, 391, 400, 406, 414, 448, 481, 485, 493, 505, 515, 530, 572, 582, 658, 664

Oriente Médio 309, 364, 406, 414, 505, 515, 530, 572, 658, 664

Ortografia 522, 523

Osama bin Laden 318, 349, 352, 358, 359, 360, 444, 540

Otimismo trágico 140, 453, 454

P

Pacheco Pereira 430

Países desenvolvidos 72, 75, 76, 78, 84, 88, 143, 144, 153, 163, 203, 211, 274, 347, 454, 622

Palestinos 308, 309, 310, 390, 412, 414, 415, 437, 468, 469, 545, 546

PALOPs 183, 253, 271

Panamá 114, 283, 395

Papa Bento XVI 479

Papa João Paulo II 109, 199, 244, 479

Papa Paulo III 493, 688

Paquistão 189, 330, 358, 400, 455, 540

Paris 114, 139, 263, 445, 446, 587, 589, 623

Parlamento Europeu 414

Parque Nacional TIPNIS 636

Participação 21, 25, 26, 28, 30, 65, 80, 101, 102, 104, 106, 107, 108, 124, 137, 145, 146, 150, 157, 172, 213, 215, 221, 237, 241, 290, 298,

301, 321, 331, 343, 355, 411, 425, 455, 463, 477, 478, 491, 509, 548, 569, 598, 631, 639, 661, 662, 665, 680, 686

Partido Comunista Português (PCP) 33, 38, 433

Partido dos Trabalhadores (PT) 321, 367, 440

Partidos 15, 21, 68, 77, 79, 86, 129, 150, 160, 213, 216, 238, 239, 255, 256, 270, 278, 387, 410, 421, 422, 436, 456, 477, 496, 499, 507, 535, 547, 571, 574, 575, 598, 605, 630, 635, 640, 641, 647, 657, 661, 668, 678, 679

Partido Social Democrata (PSD) 584

Partido Socialista (PS) 33, 40, 129, 182, 211, 213, 327, 496

Partido Socialista Unificado da Venezuela (PSUV) 666

Partilha 120, 173, 250, 392, 409, 465, 466, 468, 501, 531, 662

Passado 15, 22, 23, 34, 39, 41, 55, 101, 113, 157, 199, 211, 247, 249, 278, 279, 307, 309, 318, 322, 341, 346, 353, 410, 449, 469, 471, 480, 481, 485, 513, 528, 529, 553, 563, 570, 593, 594, 605, 638, 668, 670

Passado político 536

Patentes 156, 163, 265, 311, 312, 630, 648

Pátria Grande 663

Patrimônio Comum da Humanidade 88, 89

Patriotismo 384, 454, 529, 668

Paz perpétua 377, 495

Pedofilia 343, 344, 345, 371, 392, 555

Pena de morte 110, 111, 296, 313, 317, 343, 444

Pensar 13, 42, 44, 52, 67, 83, 103, 184, 207, 209, 226, 267, 268, 272, 273, 276, 305, 306, 309, 342, 357, 379, 399, 416, 433, 434, 446, 453, 485, 493, 505, 506, 513, 528, 548, 564, 586, 587, 658, 675

Pensões 81, 201, 205, 232, 271, 327, 333, 404, 405, 417, 524, 603, 614, 651, 659

Pentágono 314, 317, 349, 350, 351, 354, 402, 503

Perestroika 50, 51, 52

Perguntas fortes 498

Peru 114, 282, 283, 461, 470

Pessimismo 38, 39, 139, 170, 453, 454

Petróleo 49, 88, 121, 128, 164, 194, 267, 278, 309, 359, 360, 377, 403, 406, 416, 417, 462, 465, 466, 471, 484, 501, 503, 504, 505, 510, 511, 515, 524, 527, 530, 531, 532, 546, 553, 554, 566, 571, 573, 580, 619, 632, 636, 662, 664, 666, 675, 686

PIDE 610

Pierre Bourdieu 390

Pirataria aérea 688

Plano Colômbia 282, 283, 284

Pluralismo 569

Polícia 63, 64, 118, 124, 135, 138, 179, 351, 412, 445, 459, 464, 557, 635

Polícia Judiciária 125

Políticas sociais 113, 129, 150, 152, 153, 161, 201, 367, 385, 471, 555, 596, 651, 663

Poluição 194, 238, 276, 573

Porto Alegre 105, 106, 173, 235, 291, 292, 293, 301, 303, 304, 321, 323, 324, 354, 369, 399, 400, 421, 422, 440, 616

Portugal 21, 23, 35, 39, 41, 42, 44, 53, 60, 67, 68, 71, 72, 73, 74, 77, 78, 79, 84, 85, 86, 88, 89, 97, 98, 106, 118, 119, 120, 131, 132, 135, 136, 142, 157, 161, 169, 182, 183, 192, 205, 210, 217, 227, 231, 243, 250, 251, 253, 254, 260, 262, 263, 265, 266, 280, 296, 300, 311, 316, 326, 331, 333, 334, 353, 371, 384, 395, 408, 410, 411, 432, 433, 441, 446, 447, 453, 466, 513, 522, 523, 526, 540, 541, 549, 562, 565, 566, 580, 582, 584, 585, 589, 599, 610, 612, 622, 623, 626, 635, 640, 645, 646, 648, 658, 660, 669, 671, 675, 678

Pós-lulismo 439, 440, 483

Pós-modernismo 339

Pós-moderno de oposição 140

Povos indígenas 83, 107, 164, 266, 297, 373, 395, 406, 436, 470, 471, 472, 491, 493, 528, 529, 549, 611, 628, 636, 683

PREC 170, 622, 623

Predadores 668

Prêmio Nobel da Paz 63, 154, 438, 466, 641

Presente 22, 41, 62, 100, 117, 179, 220, 221, 268, 353, 361, 373, 381, 410, 434, 448, 450, 476, 497, 512, 552, 594, 652, 666

Pretos 217, 550

Primeira Guerra Mundial 152, 264, 501, 672

Primeiro Mundo 44, 72, 275, 454, 646

Princesa Diana 187

Prisão 63, 136, 176, 231, 295, 296, 317, 371, 381, 382, 383, 412, 413, 442, 445, 539

Privataria 645, 646

Privatizações 152, 226, 256, 281, 385, 462, 482, 533, 571, 588, 589, 598, 599, 602, 645, 646, 660

Processo de Bolonha 567, 569, 570

Programa das Nações Unidas para o Desenvolvimento 552, 570

Programa das Nações Unidas para o Desenvolvimento (PNUD) 552, 570

Progresso 43, 44, 83, 103, 195, 196, 205, 248, 266, 267, 410, 413, 416, 475, 493, 632, 682, 684

Prolegomena 670

Propriedade 143, 148, 203, 302, 437, 496, 511, 594, 618, 625, 680

Propriedade intelectual 156, 163, 301, 311, 369

Propriedade social 665

Prosperidade 114, 131, 235, 243, 309, 311, 528, 549, 580, 619, 629, 631

Protesto social 150, 437, 676

Protocolo de Kyoto 349, 553

Psicanálise 307, 453

Q

Quênia 73, 86, 173, 312, 455, 519, 520, 530, 583
Quito 406, 407
Quotidiano 21, 23, 24, 26, 27, 28, 43, 47, 91, 101, 188, 209, 305, 334

R

Racismo 14, 52, 59, 80, 118, 119, 120, 121, 217, 218, 256, 307, 308, 331, 376, 377, 413, 423, 449, 475, 476, 478, 482, 494, 528, 539, 549, 590, 591, 594, 611, 630, 683
Rafael Correa 495, 636
Ramallah 395
Rating 193, 563, 564, 567, 584, 585, 621
Realidade 67, 118, 123, 124, 139, 186, 187, 188, 211, 252, 273, 312, 326, 338, 373, 402, 445, 453, 470, 482, 539, 555, 574, 584, 604, 611, 620, 621, 685
Reality show 371, 393
Receita fiscal 669
Reciclagem 238, 507
Redução 82, 99, 143, 149, 152, 181, 193, 221, 236, 238, 251, 335, 344, 349, 367, 416, 417, 425, 439, 509, 548, 552, 555, 597, 626, 629, 632, 651, 663, 683
Referendo 67, 211, 212, 213, 214, 215, 216, 304, 430, 461, 585

Reflexão 38, 39, 40, 41, 65, 75, 86, 111, 146, 147, 154, 161, 162, 175, 176, 205, 217, 264, 285, 286, 305, 330, 378, 430, 482, 510, 520, 575, 604, 605, 613, 616, 617, 620, 643, 675
Regionalização 30, 183, 214, 215, 227, 503
Regras 128, 163, 181, 206, 236, 252, 291, 347, 348, 358, 372, 381, 389, 457, 459, 525, 568, 634
Regulação social 50, 124, 143, 220, 221, 293, 446, 652
Renamo 255, 256, 281, 314, 354
Rendimento 61, 71, 120, 181, 270, 483, 500, 524, 553, 555, 597, 651
República 21, 27, 64, 107, 132, 137, 213, 238, 239, 253, 263, 271, 354, 439, 453, 465, 550, 556, 605, 653, 679
Resignação 15, 97, 137, 499, 598
Resolução dos litígios 273, 442
Resort 669
Respostas fracas 498
Reuniversidade 569
Revolução Bolivariana 367, 536, 662, 665, 666
Revolução Russa 240, 388
Rio+20 602, 616, 617, 618, 628, 630, 633, 682
Risco 16, 28, 84, 103, 104, 154, 172, 175, 225, 269, 289, 317, 318, 332, 334, 335, 361, 362, 393, 405, 421, 431, 438, 441, 444, 453, 457, 467, 482, 512, 524, 533, 540, 545, 550, 555, 569, 573, 579, 643, 660, 679, 688

Robert Mugabe 504
Ronald Regan 268
Rosa Parks 445
Rússia 114, 225, 226, 240, 264, 350, 402, 540, 643, 664, 682

S

Saddam Hussein 242, 310, 359, 363, 443, 489
Salários 118, 161, 202, 204, 206, 249, 253, 281, 327, 541, 570, 603, 604, 614, 651, 670, 678
Salazar 669
Salvador Allende 13, 231, 367, 512, 664
Samora Machel 217, 281
Santo Agostinho 116
São Paulo 139, 140, 179, 321, 665
São Tomás de Aquino 460, 581
Sarayaku 636, 638
Saudade 39, 188
Saúde 43, 61, 62, 76, 77, 81, 84, 90, 103, 109, 144, 146, 152, 161, 169, 175, 181, 191, 201, 202, 213, 214, 221, 224, 249, 262, 263, 267, 275, 276, 278, 284, 290, 297, 312, 335, 346, 369, 374, 405, 407, 409, 418, 425, 435, 441, 446, 458, 461, 463, 473, 474, 475, 480, 491, 492, 514, 537, 552, 555, 556, 561, 562, 596, 599, 602, 604, 621, 630, 631, 644, 651, 659, 660, 663, 665, 669, 683, 685, 686

Schengen 74, 118
Secularismo 479, 480
Século XIX 75, 100, 101, 123, 131, 201, 270, 297, 343, 353, 384, 453, 470, 485, 501, 524, 529, 615, 650, 680
Século XX 122, 264, 270, 285, 297, 308, 318, 337, 339, 343, 454, 470, 473, 496, 529, 537, 584, 587, 593, 650
Século XXI 67, 378, 407, 495, 496, 497, 501, 513, 524, 567, 627, 644, 661, 664
Segredo de Justiça 371, 372, 381, 382
Segunda Guerra Mundial 48, 114, 115, 162, 363, 376, 395, 424, 438, 529, 533, 650
Segurança social 76, 77, 81, 83, 84, 112, 123, 142, 144, 152, 191, 201, 224, 226, 232, 249, 333, 346, 404, 409, 417, 425, 446, 458, 461, 535, 555, 643, 659
Seguro de saúde 61, 561
Sequestro 585, 586, 590, 591, 643
Serviço Nacional de Saúde 62, 76, 81, 213, 659
Sexismo 52, 376, 377, 423, 478, 594, 626, 630
Sexta Declaração da Selva Lacandona 435
Sífilis 246, 247, 248
Simón Bolívar 663
Sindicatos 79, 100, 101, 102, 103, 146, 150, 151, 202, 464, 642, 668, 681
Sionismo 307, 308

Sistema de saúde 61, 552, 561
Sistema fiscal 143
Sobrevivência 88
Social-democracia 130, 199, 244, 341, 571, 584, 604
Socialismo 35, 48, 49, 90, 100, 142, 200, 230, 231, 236, 318, 328, 367, 422, 473, 495, 496, 497, 513, 604, 627, 650, 658, 664, 665, 678
Socialismo bolivariano 664
Socialismo do século XXI 495, 496, 513, 627, 664
Sociedade 54, 124, 135, 136, 146, 147, 150, 152, 159, 161, 162, 171, 177, 179, 181, 186, 188, 191, 193, 195, 199, 200, 207, 208, 209, 211, 212, 218, 220, 223, 224, 227, 239, 240, 241, 253, 259, 268, 272, 281, 285, 289, 293, 294, 295, 296, 297, 299, 305, 306, 315, 326, 327, 328, 329, 330, 331, 332, 333, 334, 335, 336, 339, 342, 343, 344, 351, 353, 376, 379, 386, 392, 394, 409, 410, 411, 423, 425, 427, 433, 441, 442, 445, 446, 453, 454, 455, 457, 459, 460, 464, 468, 473, 474, 475, 477, 478, 480, 496, 522, 528, 532, 539, 547, 549, 555, 561, 586, 590, 591, 595, 604, 620, 629, 632, 634, 640, 641, 658, 661, 672, 675, 677
Sociedade civil 30, 42, 73, 82, 86, 97, 100, 106, 107, 123, 124, 138, 145, 150, 183, 214, 220, 230, 269, 273, 280, 283, 291, 292, 293, 294, 299, 300, 456, 492, 509, 512, 531, 569, 596, 616, 618, 630, 632, 633, 634

Sociologia 16, 47, 99, 205, 251, 339, 412, 453, 574, 622
Sofrimento 68, 169, 189, 202, 236, 264, 313, 375, 458, 467, 545, 566, 574, 620, 621, 625
Solidariedade 54, 73, 80, 81, 82, 83, 84, 85, 99, 100, 101, 102, 108, 114, 120, 129, 131, 150, 154, 156, 169, 175, 176, 201, 202, 243, 249, 259, 260, 271, 283, 293, 294, 310, 333, 347, 348, 352, 355, 367, 389, 394, 395, 405, 418, 433, 436, 460, 469, 474, 493, 495, 506, 508, 511, 579, 580, 590, 596, 632, 651, 663
Solução 15, 80, 100, 271, 301, 326, 332, 342, 409, 410, 425, 441, 444, 468, 474, 495, 515, 533, 535, 541, 546, 547, 548, 589, 590, 600, 601, 620, 622, 623, 626, 627, 641, 679
Somália 73, 92, 503, 527
Subcomandante Marcos 612, 613
Subsídios 204, 209, 389, 510, 511, 597, 651
Sudão 73, 92, 114, 310, 503, 530
Suécia 202, 326, 457
Suharto 67, 155, 209, 232
Sul 15, 49, 50, 73, 92, 118, 132, 141, 177, 179, 189, 245, 246, 259, 266, 282, 283, 316, 346, 445, 449, 466, 493, 504, 511, 534, 547, 625, 635, 636
Sul da Europa 84, 344, 600, 641, 658, 669, 685
Sul-Sul 128, 389
Sumak Kawsay 554

T

Talibãs 354, 540
Tarso Genro 173, 440, 483
Teologia 429, 460, 479, 480, 498
Teologia da Libertação 65, 66, 199, 200, 428, 611
Teologia islâmica 670
Teoria democrática 51, 146, 304
Terceira Guerra Mundial 515
Terceiro Mundo 44, 71, 72, 73, 86, 87, 88, 110, 127, 244, 245, 267, 274, 275, 279, 313, 373, 374, 424, 426, 454, 474, 477, 525, 541, 564, 598, 646
Terra 88, 206, 437, 509
Terrorismo 437, 449
The New York Times 317, 564
There Is No Alternative 675
Timor-Leste 67, 127, 154, 155, 163, 201, 207, 209, 210, 279, 443, 465, 467
Tobin 236, 291, 304
Tolerância 107, 108, 110, 331, 357, 590, 591
Tony Blair 182, 236, 402, 509
Torres Gêmeas 348, 349, 350, 351, 353, 359
Trabalho 15, 17, 33, 34, 36, 41, 51, 52, 59, 63, 67, 68, 72, 81, 97, 99, 101, 102, 103, 104, 123, 143, 146, 150, 163, 164, 173, 181, 189, 191, 200, 201, 202, 207, 219, 221, 227, 236, 248, 249, 271, 272, 274, 275, 292, 294, 297, 305, 331, 332, 374, 377, 404, 406, 421, 424, 430, 431, 433, 435, 458, 475, 493, 507, 508, 509, 557, 582, 604, 605, 612, 618, 619, 625, 626, 635, 636, 645, 650, 651, 652, 659, 668, 678
Transexual 459
Transgênicos 276, 277
Tribunais 97, 98, 137, 138, 156, 157, 158, 176, 249, 251, 273, 317, 318, 351, 371, 380, 392, 393, 394, 442, 443, 444, 462, 463, 464, 528, 555, 556, 557, 574, 670
Tribunal Penal Internacional 295, 349, 358, 443
Troika 584, 587, 589, 599, 645, 660, 668, 678
Tuberculose 301, 311, 505
Turquia 131, 314, 480, 625, 682

U

Ultimatum inglês 453
União Africana 519, 565
União de Nações Sul-Americanas (Unasul) 663
União Europeia 14, 74, 83, 84, 89, 118, 131, 132, 141, 142, 155, 177, 183, 203, 205, 242, 243, 270, 282, 284, 286, 324, 326, 328, 349, 369, 395, 410, 414, 426, 469, 480, 503, 512, 515, 525, 533, 535, 537, 541, 547, 564, 566, 570, 585, 597, 599, 664

União Soviética 33, 91, 132, 231, 318, 468, 474, 493
Unicef 175
Unita 64, 314, 354, 530
Universidade 16, 105, 121, 249, 315, 316, 317, 386, 391, 479, 567, 569, 570
Urgência 37, 232, 244, 323, 325, 480, 505, 506, 586
Utopia 105, 123, 367, 370, 433, 434, 539, 554, 590
U'wa 267

Vaticano 65, 66, 109, 175, 229, 230, 343, 344, 427, 479, 480, 612
Velhos 36, 54, 79, 247, 333, 405, 421, 501, 582, 597, 626, 641, 687
Venezuela 158, 259, 283, 284, 322, 367, 416, 421, 449, 450, 455, 456, 495, 513, 536, 571, 585, 637, 662, 663, 665, 666
25 de Abril de 1974 23, 24, 30, 77, 78, 118, 135, 231, 240, 241, 331, 353, 410, 411, 582, 612, 652
Violência 59, 71, 80, 87, 107, 108, 112, 136, 139, 145, 146, 149, 153, 177, 179, 241, 254, 281, 283, 298, 303, 313, 314, 321, 322, 324, 349, 350, 352, 353, 354, 355, 373, 375, 376, 386, 395, 413, 437, 438, 449, 455, 458, 459, 460, 478, 479, 480, 495, 504, 508, 515, 520, 521, 546, 557, 582, 592, 611, 625, 638, 640, 686, 688
Vitorino Magalhães Godinho 408
Voto em branco 408, 409

Wall Street 225, 228, 622, 643
Wikileaks 363, 573, 574, 575
Wolfgang Schäuble 672

X

Xanana Gusmão 467
Ximenes Belo 67, 154, 210

Y

Yasuní 552, 553
Yitzhak Rabin 63, 415

Zapatistas 71, 72, 297, 435, 436, 611, 612, 613
Zimbábue 86, 504, 530, 542, 565

LEIA TAMBÉM

▶ **PARA UMA REVOLUÇÃO DEMOCRÁTICA DA JUSTIÇA**

Boaventura de Sousa Santos

3ª edição - 1ª reimpressão (2014)
136 páginas
ISBN 978-85-249-1658-8

A revolução democrática da justiça nunca poderá ocorrer sem a revolução democrática do Estado e da sociedade.

Mas esta, por sua vez, não será possível sem a revolução democrática da justiça. É, pois, pertinente perguntar pela contribuição do sistema judicial para uma tal revolução democrática mais ampla.

LEIA TAMBÉM

▶ **PELA MÃO DE ALICE**
O Social e o Político
na Pós-Modernidade

Boaventura de Sousa Santos

14ª edição (2013)
544 páginas
ISBN 978-85-249-2032-5

Esta é uma versão revista e ampliada da primeira edição publicada em meados da década de 1990. A aceitação que este livro conheceu junto do público ao longo dos anos é talvez o melhor testemunho da atualidade dos temas que nele são abordados. Trata-se de um livro muito especial, entre todos os escritos por Boaventura de Sousa Santos, pelo seu caráter seminal. Nele se encontram os fundamentos de grande parte do trabalho que viria a desenvolver em anos posteriores e até mesmo no presente.

LEIA TAMBÉM

▶ SE DEUS FOSSE UM ATIVISTA DOS DIREITOS HUMANOS

Boaventura de Sousa Santos

2ª edição (2014)
168 páginas
ISBN 978-85-249-2177-3

Neste livro o autor centra-se nos desafios aos direitos humanos quando confrontados com os movimentos que reivindicam a presença da religião na esfera pública. Estes movimentos, crescentemente globalizados, e as teologias políticas que os sustentam constituem uma gramática de defesa da dignidade humana que rivaliza com a que subjaz aos direitos humanos e muitas vezes a contradiz. As concepções e práticas convencionais ou hegemônicas dos direitos humanos não são capazes de enfrentar esses desafios, nem sequer imaginam que seja necessário fazê-lo. Como procura demonstrar ao longo da obra, só uma concepção contra-hegemônica de direitos humanos pode estar à altura destes desafios.

Impressão e acabamento
Imprensa da Fé